U0918241

# 中国城市群房地产投资策略

吕俊博　刘　宏/著

Real Estate Investment Strategy in China's Urban Cluster

天津出版传媒集团
天津人民出版社

**图书在版编目（CIP）数据**

中国城市群房地产投资策略/吕俊博，刘宏著. -- 天津：天津人民出版社，2019. 8
ISBN 978-7-201-14618-8

Ⅰ. ①中… Ⅱ. ①吕… ②刘… Ⅲ. ①城市群-房地产投资-研究-中国 Ⅳ. ①F299. 233

中国版本图书馆CIP数据核字（2019）第083492号

**中国城市群房地产投资策略**
ZHONGGUO CHENGSHIQUN FANGDICHAN TOUZI CELUE
吕俊博 刘 宏 著

**出　　版** 天津人民出版社
**出 版 人** 刘 庆
**地　　址** 天津市和平区西康路35号康岳大厦
**邮政编码** 300051
**邮购电话** （022）23332469
**网　　址** http://www. tjrmcbs. com
**电子邮箱** reader@ tjrmcbs. com

**责任编辑** 王昊静
**策划编辑** 李俊丽
**装帧设计** 久品轩

**印　　刷** 河北宝昌佳彩印刷有限公司
**经　　销** 新华书店
**开　　本** 710×1000毫米 1/16
**印　　张** 40. 75
**字　　数** 404千字
**版次印次** 2019年8月第1版 2019年8月第1次印刷
**定　　价** 591. 00元

房地产投资是大家广泛关注的话题，中国城市化进程带来的红利，将在政府、百姓和企业三方进行利益分配。对于各级城市政府而言，本书可以帮助各级政府官员科学认知所在城市的城市群地位与特征，找出城市之间的发展差距，站在房地产投资的视角，给出城市经营定位和引导房地产行业发展的工具方法。城市是需要经营的，政府拥有了经营好房地产的能力，从本质上就具备了经营城市资源、规划城市未来、造福城市百姓的能力。

对于百姓而言，城市户口政策已经放开，你可以随时选择心仪的城市，但你选择城市的代价就是把你的青春和财富交给这个城市。高企的房价已经告诉我们，70 后、80 后的大学毕业生因选择不同的城市导致当下财富积累已经出现了很大的分化。本书帮助你科学评价你关注的城市，并教会你如何从人口、经济、市场等多个角度观察推测这个城市未来 3 ~5 年的发展趋势，助力你拥有准确选择城市、把握投资时机的源能力。

对于房地产企业和房地产投资机构而言，房企竞争日益加剧，投资拓展的成败是决定房企生存发展的试金石，从城市群的视角解读城市投资价值，构建城市投资九宫格模型，发现价值洼地，规避投资陷阱，助力房企和投资机构最优化配置资源，回馈股东和投资人就是最大的实践价值。

本书作者为大型上市房地产企业地产研究所总监，长期从事区域经济和城市投资研究。本书是其多年研究的系统梳理和总结：中国区域经济发展进入以城市群为主的“经济战国”时代！房地产投资逻辑就是“经济战国”时代城市发展的未来！“经济战国”地图恰是房企投资征战制胜全国的战略密码！

第一章至第六章为全书总论部分。

第一章主要借助战国的历史背景，从区域经济研究的视角介绍“经济战国”时代的由来，从城市名称的变迁说起，分析区域经济诸侯形成的历程，以形似的战国图推开城市群区域经济研究的大门，从合纵连横的战国经典智慧谋略描绘城市群新的竞争格局，再从区域空间发展机理和人类社会变迁动线解读出战国空间格局是中国城市群区域经济自然演化的雏形。

第二章从房企投资的视角，以宇宙第一房企的城市群规模战为引子，介绍部分典型房企对城市群的价值认知。全国房地产投资占固定资产投资的三分之一，房地产投资逻辑就是“经济战国”时代城市发展的未来。本章还介绍了国内外学者和业界大咖对于城市群房地产投资的研究综述，并阐述了其理论意义和实践意义。

第三章以城市群选美做比喻，从城市群的基本认知、发展主要阶段、历史演化过程、城市群分布和等级划分四个方面，全面展示城市群的前世今生。

第四章主要介绍城市房地产投资潜力评价体系，分别从评价体系设计的主要思路、主要评价指标概述、总体框架和权重设计，以及数据分析与验证四个层面展开论述。

第五章分别从城市发展潜力、房地产市场热度和房地产投资安全性三个单一维度对 12 个主要城市群的 189 个城市进行综合打分排名。

第六章重点介绍城市房地产投资潜力的二维模型，阐述刚性的城市发展框和柔性的房地产市场热度之间形成的逻辑和互动关系。之后重磅推出本书重点研究成果——九宫格模型，为了强化理解应用，本书还进行了分区策略推演说明，并从城市群总体认知、区域对比分析、城市投资策略三个层面给出应用攻略。

第七章首先从房地产产品消费升级的角度解读房地产投资的核心逻辑，帮助读者从城市等级体系结构视角观察城市群的发展现状，通过 14 个维度的雷达分析、12 个城市群的经济联系强度分析、城市群二维散点布局分析三个维度给出城市群房地产投资的全景分析。

第八章至第十九章为全书分论部分。

分别论述了长三角、珠三角、京津冀等 12 个主要城市群的基本情况、城市基本面研判和房地产热度研判，总结其城市群区域经济发展的主要脉络和特征，并给出房地产综合投资策略。为了更加丰富直观介绍城市群与房地产投资的关系，我们分别从县域经济、世界湾区经济、房地产调控政策、人口新政、新经济发展模式、棚改货币化安置等七个方面结合具体城市群开展专题论述。

第二十章至第二十一章为全书结论部分。

第二十章我们针对广大读者包含政府、百姓、房企共同关心的中国城市群区域经济发展的趋势和未来，给出新“经济战国”时代的五大预测，即“得人口者得天下、产业结构定乾坤、阡陌交通领头筹、纵横争霸骋七雄、生态环境笃未来”。

第二十一章我们聚焦房企的发展战略，给出新的三大城市群战略思维：

一是每个房企都有其城市群基因。

二是房企的下一波红利在于城市群经济结构的梯次转型。

三是赢得全国布局的关键在于拿下核心城市群局部战场。

通过对典型房企中梁的战略演化专题研究，结合全书主要分析结论，给出房企的终极战略选择撒手锏——“弓箭”模型。

“话说天下大势，分久必合，合久必分……”小时候喜欢一边听着广播里的单田芳讲评书，一边铺开大大的地图找寻那些评书中的城市地名。后来读了历史，知道了春秋战国时期可能一座城就是一个国，几个城就是一个大国，几个大国纵横捭阖就是天下了。

再后来，读了经济，才知道天下没有国界，称王不必打仗，欧洲几个国家货币贸易一体化就是所谓的欧盟了，美国在地图上画了一个圈就是北美自由贸易区了，中国崛起依靠的是“一带一路”经济命运共同体。想要实现伟大中国梦的繁华荣光，就需要认知世界区域经济发展的规律，大力发展城市群这个区域经济最重要的空间载体。

秉经济战略之道，承城市重组之术，执投资逻辑之策。中国区域经济发展进入“经济战国”时代，是中国空间历史发展演化的必然结果，是世界经济格局发展变化的趋势性选择，更是推开了实现中华民族伟大复兴、改革再出发的源动力之门。站在这个历史维度之上，我们需要刷新中国城市群城市发展的规律性认知，以全民经济支柱——房地产投资的视角构建一个与时俱进的财富积累模型。

挖，深挖，再深挖！

做研究如同挖金矿！作为一个地产从业者，其研究初衷本是希望站在城市群发展的视角给出一些可供房企投资实操的策略性方法，此为第一层次的开挖。于是乎行业研究、企业分析，打破行业一维模型的认知，给出一个二维分析模型。之后又发现传统的四象限法太粗，城市投资策略无法实现精准打击，需要给出一个高效简明的投资策略，此为第二层次的深挖。于是乎数据分析投资案例比对，开创行业先河以新一线城市作为百分标准，构建更加明晰的九宫格模型。投资策略模型有了，发现房地产投资不能独善其身，必须顺应区域经济发展的大势动能方可辨析方向，于是展开了第三波的再深挖，我们需要剖析城市群经济发展的互动机制和变化趋势。

区域经济研究也好，城市群研究也罢，过于严苛的理论模型和缜密分析是我等经济学小辈无法驾驭的，更何况还要应用在房地产投资分析中。而最难的是，我们给出的不是理论专著，我们要给出的是让所有人都能听明白的投资逻辑。

我们希望用最通俗的语言给大家分享城市群房地产投资的盛宴，说说现象，侃侃逻辑，聊聊方法。中国城市化带来的红利最终会在地方政府、百姓和房企三方之间进行利益分配，地方政府可以来听听你所在城市的定位逻辑和发展脉络，百姓可以来聊聊你所关心的城市还有没有投资潜力，房企一起聊聊城市群视角下的城市投资策略。九宫格策略模型中 3 万多个数据和几百个城市投资案例分析验证便是我要呈现给大家的大餐！

# 第二部分　布阵



# 第三部分　征战

# 专题目录

# 第一部分

## 排兵

兵者，国之大事，死生之地，存亡之道，不可不察也。

——《孙子兵法·始计篇》

# 第一章

# “经济战国”时代的到来

## 第一节　引子故事——我的名字：城市符号的变迁

我们从一个有趣的城市故事开始讲起：

**引子故事：**

“我的名字”——城市符号的变迁

Base：廊坊

最初，我被人习惯称之为：**河北廊坊**或河北省廊坊市，因为我的行政区划属于河北，我经常去的地方叫省会，天津、保定、石家庄都曾经是我仰慕的大哥。后来，尤其是改革开放以后，大家都根据自己的特点给自己贴标签，如山城、江城、冰城、花都、陶都、瓷都，靓丽多彩。我想想廊坊最大的特点是距离北京近，当然更想沾点首都的光，于是我介绍自己是：**北京边上的廊坊**。现在京津冀一体化了，首都二机场在廊坊，通武廊已经无缝对接，北京、天津加雄安，廊坊就在正中间，廊坊迎来大发展，现在我大声介绍自己是：**京津冀大廊坊**。

一个城市名字称谓的变化，其实折射了城市发展定位的变迁。随着中国城市化进程的加剧，大部分城市坐标经历了**行政区划——城市自我生长——城市群定位**三个历史阶段。行政区划阶段主要时间跨度集中在计划经济阶段和改革开放初期，区域经济大部分是以省为单位组织的农业经济和计划体制下的分配式工业经济，其城市向心力指向行政权力地。

对于一般城市而言，省会城市是大家膜拜和羡慕的对象；城市自我生长阶段主要集中在改革开放中后期，区域经济以大力发展工业经济为主，各级城市疯狂上马工业项目，开办工业园区招商引资，形成了以市长/市委书记为主体的市长经济模式，单个城市自我生长，城市之间无序竞争；“十三五”规划以后，尤其是进入新时代以来，我国农业产业增加值降到10%以下，中央明确了城市群的发展定位，推出了一系列打破行政藩篱的协调机制，如2015年国务院颁布的《京津冀协同发展规划纲要》，经济发展的各种资源和要素在城市之间自由流动，城市群内部资源分配已经基本完成且初步均衡，区域经济大会上“大哥小弟”的座次图已经排好，城市之间的竞争已经从“单打独斗”的单机版升级为“组团打怪”的联机版模式。如图1-1所示。

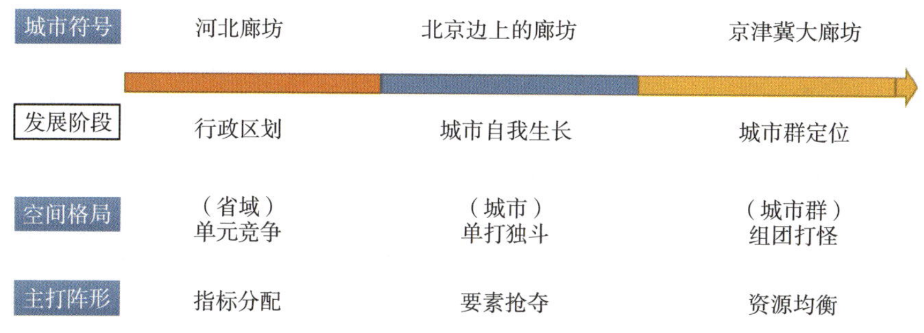


**图1-1 城市发展阶段与特征**

## 第二节 经济诸侯的出现

城市群是国家战略的选择。“经济无国界，亮剑城市群”，在市场经济进入城市自由竞争阶段，区域经济依托改革开放的活力，迅速形成了活跃的城市群经济体系。改革开放的第一波活力释放在20世纪80年代初期，以经济特区的设立和发展为标志。

1980年5月，中共中央和国务院决定将深圳、珠海、汕头和厦门四个出口特区改称为经济特区，经济特区带活了珠三角城市群的发展；改革开放的第二波活力释放在20世纪90年代初期，是以国家级新区的设立和发展为标志，1992年设立的上海浦东新区和1994年设立的天津滨海新区，激活了长三角和京津冀城市群的快速发展；改革开放的第三波活力释放在2013年以后，国家先后在上海、天津、广东、福建、辽宁、浙江、河南、湖北、四川、重庆、陕西设立自由贸易试验区，希冀以自贸区为龙头带动城市群区域经济的快速发展。在此基础上，除了长三角、珠三角、京津冀城市群之外，很快长江中游城市群、成渝城市群、中原城市群、关中城市群纷纷列入国家城市群规划。

从某种意义上讲，国家已经改变了改革开放初期东部地区率先崛起带动中西部地区共同发展的东中西梯次发展战略，在改革开放进入新的历史时期后，国家正在引导和鼓励以城市群为依托、以自贸区为创新突破口的新型区域经济发展战略。

**这是一个重大变革，经济要素自由流动、创新机制充分授权、区域经济自由竞争、城市版图自由组合，城市群经济共同体已经形成，俨然是一个个经济上的诸侯国。**如果和同时期的欧洲国家相比，也是毫不逊色的。经济总量上，长三角城市群和意大利相差无几，京津冀城市群可以匹敌西班牙，中原城市群超过荷兰，成渝城市群媲美比利时。如果放到全球经济一体化的视野中，每一个城市群都是一方经济诸侯。

## 第三节　形似的战国图

Time：战国

穿越2400年的策略游戏

翻看战国地图，竟然惊奇地发现，各大城市群犹如经济上的战国。廊坊所处的京津冀城市群北部地区就是燕国属地，长三角区域范围竟然和越国国界相差无几，关中之地矗立秦国，山东半岛览胜齐国，成渝战巴蜀，中游遥望楚，淮海几相争，中原展宏图，一幅宏大的“经济战国”地图画卷在我眼前展开。

这十二个主要的“诸侯国”，国土面积、人口、经济、城市个数等指标比起真正的战国时期而言，都是具有相当经济实力的。下面我们先看看当下“经济战国”时代，这十二个主要“诸侯国”的国力。如表1-1所示。

**表1-1 十二个主要“诸侯国”的国力**

| 城市群 | 土地面积（万平方千米） | 地区生产总值（万亿元） | 总人口（亿人） | 城市个数 |
| --- | --- | --- | --- | --- |
| 长三角 | 21.2 | 12.7 | 1.5 | 26 |
| 珠三角 | 4.2 | 9.2 | 0.6 | 21 |
| 京津冀 | 21.7 | 7.5 | 1.1 | 14 |
| 长江中游 | 31.7 | 7.3 | 1.3 | 28 |
| 成渝 | 18.5 | 3.8 | 0.9 | 16 |
| 中原 | 28.7 | 6. | 1.6 | 30 |
| 山东半岛 | 15.6 | 6.7 | 1 | 17 |
| 海峡西岸 | 27 | 4.8 | 0.9 | 20 |
| 辽中南 | 9.7 | 1.9 | 0.3 | 9 |
| 淮海 | 5.7 | 2.1 | 0.5 | 8 |
| 关中 | 10.7 | 1.6 | 0.4 | 10 |
| 太原 | 2.5 | 0.7 | 0.2 | 5 |

对照战国时期，当下之所以称为“经济战国”，主要还有以下四个共同之处：

**一是竞争激烈。**天下从成百上千个小国家整合为十多个大实体国家，原本的战略缓冲空间不复存在，各个大国不得不面对直接残酷竞争的格局。资源的集中使得各国间的战争规模、战争烈度也急剧上升。相比“经济战国”时代，国家经济版图已经由34个省级经济主体和334个地级经济主体（包括294个地级市），整合形成了十多个主要的强区域经济的城市群，城市群内部经济协作稳定均衡，城市群之间竞争加剧，人口流动迁徙已经呈现出典型的城市群之间流动轨迹，中原、成渝城市群等人口出现回流迹象，城市群经济辐射范围内处在交界区的城市，如安阳、运城、菏泽等正面临新的选择。

**二是变法图强。**战国时代的真正含义不是诸侯割据，而是变法强国。在彼此间不断的激烈攻伐中，如何谋求在竞争中生存下来，并且富国强兵成了各国决策层的首要考量目标。在此时代出现的普遍的需求之下，一系列的变法改革应时展开。以魏国的李悝改革为起点，各国争相进行以富国强兵为目标的变法运动，如楚国的吴起变法、齐国的邹忌改革、赵国的胡服骑射，还有具有历史意义的秦国商鞅变法。反观当下的“经济战国”时代，各式变革层出不穷，从天津、西安的人口新政，到自贸区经济新政、区域一体化协调机制，再到全面开花的房地产调控政策，各城市群的城市已经改变过去中庸温和式的发展策略，通过改革亮剑争夺经济红利。

**三是城市协同。**战国时代各诸侯国都有自己领头的城市，一般是分封之地，其人口数较多、经济发达，战国七雄之所以强，也源于其核心城市较强，齐国为临淄、楚国为郢、燕国为蓟、韩国为宛、赵国为邯郸、魏国为大梁、秦国为咸阳。且七雄基本形成了完整的城市体系，除了领头的城市，还有一批发展较好的城市，如燕国的代城、下都、辽西、辽东；齐国的安阳、即墨、琅琊、曲阜；魏国的少梁、濮阳、大梁、商丘、安邑；韩国的宜阳、平阳；楚国的广陵、会稽、寿春、郢都、汨罗；秦国的陇西、栎阳等。现在的各城市群已经基本形成较为完善的城市体系，各城市群的领头城市也都已经基本就位，如长三角之上海、京津冀之北京、中原之郑州、关中之西安，还有几个城市群尚在争夺领导地位的过程中，其发展速度也因此相对缓慢，如珠三角之广州与深圳、香港地区，成渝城市群之成都与重庆，山东半岛城市群之济南与青岛。

**四是七雄并立。**合纵连横、强者恒强是战国之道，战国最终七雄并立，叱咤风云。“经济战国”时代，城市群也将面临合并整合，国家规划20个城市群，真正能称为城市群的也就10多个，而最终屹立于经济战国版图的城市群可能最多也就是七雄并立。通过研究，我们期望能提前解读出经济战国七雄所在，为城市及企业投资绘制一个珍藏版的绝密“经济战国”军事地图。

而这张**“经济战国”地图恰是房企投资征战制胜全国的战略密码。**

# 第四节　神似的战国策

城市群竞争先是城市群核心城市经济崛起，人口资源虹吸效应明显。各个城市群崛起，但由于崛起时间及空间资源不同，一定会出现某个异军突起的局部大鳄，这时怎么办？城市群连横，远交近攻，联手抗击以实现战略均衡。

**合纵连横是当今城市群经济格局竞争的终极智慧谋略。**对于经济战国而言，合纵是指同一区域内不同城市等级的城市之间纵向联合形成经济共同体，是城市群边界扩张和内部经济合作协同的主要策略；而连横是指城市群经济体之间横向联合构筑形成短期经济协同或竞争关系，是城市群经济体之间相互竞争合作和对外交往的主要策略。当然，这两个策略在一定条件下是可以转化或共存的。

## 专题：城市群谋略大片——《谍中谍之长沙问道》

长沙作为湖南省会城市和交通枢纽，其领头城市地位毋庸置疑。随着城市经济的崛起和交通网络的构建，振臂一呼，联合株洲、湘潭先搞长株潭一体化，进而不停收编省内相邻的一些地级城市，岳阳、衡阳、益阳、常德、娄底等纷纷表示跟随，于是内部合纵体系构建完成，环长株潭城市群成立。

起初，这个城市群在省内不得了，集中了全湖南近60%的人口和79%的GDP，但是在和东部长三角城市群和南部珠三角城市群的经济往来中，发现自己4000万人口和2.5万亿GDP根本没有竞争力，因为竞争不在一个等量级上，经济总量只是长三角的20%、珠三角的30%。

这时候怎么办？连横就是唯一的出路。和谁连横呢？珠三角文化不同、交通不便；长三角距离太远，又怕受气；长沙带着环长株潭城市群选择和地缘更近、文化相通且有共同中部崛起目标的武汉城市圈连横。无独有偶，以南昌为领头城市的环鄱阳湖城市群在经历了一番挣扎思考之后，也做出了同样的选择。如图 1－2 所示。

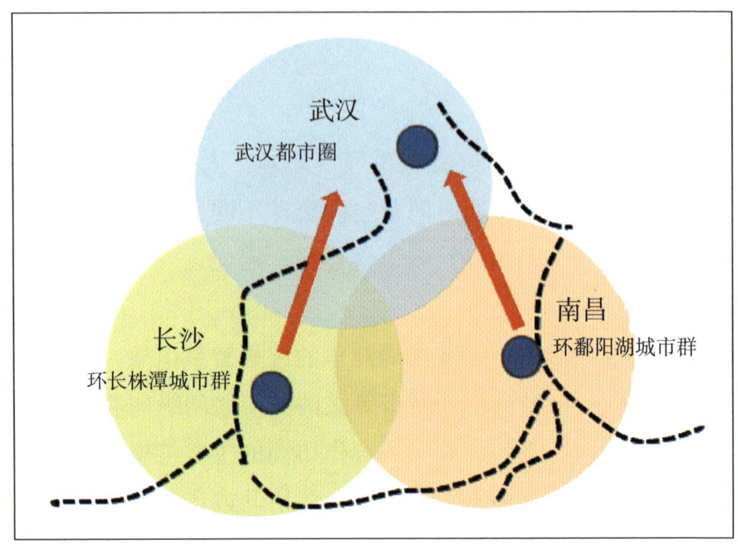


**图 1－2　长江中游城市集群连横示意图**

于是，2012 年 2 月，具有历史意义的连横策略大会——长江中游城市集群三省会商会在武汉东湖国际会议中心举行，长江中游城市群正式进入全面启动和具体实践新阶段。

城市群的形成除了一定规模的国土面积、人口和城市个数外，最重要的是需要有一个完整的城市等级体系。如果把城市群比作一个家族，那么这个家族就必须有一个族长。想当族长要满足几个条件：

一是出道早，要历史悠久有威望。

二是底子厚，要家境殷实有产业。

三是要有人拥护。

一个自然形成的小族群好办，几个小族群合成一个大族群时，就需要一些智慧了。

2012 年，三家会商时只是形成了一个类似联盟的长江中游城市集群罢了，要想形成真正意义上统一协调发展的城市群，必须选出首位核心城市。武汉城市群所属战国时期为楚，有想当楚霸王的基因和动力，但是经济战国时代有江湖规矩，这个领头城市必须民选才行，否则大家不服。三个门派的跟随者开始嚷嚷，楚派跟随者喊武汉经济最强、人口最多、高校集聚，武汉该当领头城市；湘派跟随者说长沙人均财富最多，自古人杰地灵，长沙该当领头城市；赣派跟随者嘟囔，南昌革命历史悠久，城市群崛起需要南昌起义的精神鼓舞……反正南昌不当领头城市，我不服！

楚国有高人，**合纵连横的2.0升级版出炉：合纵之谋，连横之策**。武汉首先派出学者代表团游说各方和中央政府及媒体，于是涌出很多长江中游城市群经济研究的文章，理论逻辑是否正确、评价是否公正暂且不论，最终结果是一边倒地支持武汉，武汉获得了人和上的优势，同时给长沙和南昌施加心理压力。

而后武汉放低姿态，先去找南昌，说以长江为纽带，南昌距离长江还有段距离，应该先发展武汉——九江——南昌沿线。南昌有利可图，表示支持！然后武汉又去找长沙，说咱们以前都是楚国属地，文化相邻，京广大动脉串联发展，应该先发展武汉——长沙沿线，长沙认为有道理！

三家开会时，武汉说这里交通方便，服务又好，以后来这里开会；南昌同意。二比一通过，武汉获得地利优势。这时候武汉又说，重要的是要争取中央对长江中游城市群的支持，在规划里写上三个中心，大家没意见赶紧上报，目标一致，大家举手通过。

而从最终公布的《长江中游城市群规划纲要》来看，其编制的主要思路和内容基本在很大程度上采用了武汉派学者的观点。此后，武汉一方面大力发展经济和基础设施；另一方面积极运作国家中心城市的定位。2017年1月，国家批复，武汉定位为全国经济中心、高水平科技创新中心、商贸物流中心和国际交往中心四大功能为支撑的国家中心城市，并将发展路线图勾勒为：立足中游、引领中部、服务全国、链接全球。自此，武汉天时、地利、人和聚齐，武汉作为长江中游城市群唯一的国家中心城市，领头城市地位最终确定。

这里有一个小插曲，合肥最早属于长江中游城市群，与武汉、长沙、南昌并称为“中四角”，但在武汉争夺领头城市的时候，无暇顾及合肥，而上海则趁机发动了合纵攻势，游说合肥加入长三角。合肥两相权衡，决定跟着上海发展，最终长三角完成扩编，以合肥为中心的江淮城市群纳入长三角经济共同体。

**每个城市群都需要拼出一个毋庸置疑的智慧型领头城市。**合纵连横之策将有效促进城市群经济的融合发展，它既是策略也是趋势，主动选择将获得优势，被动选择将错失先机。天津和武汉相比其实也不差，也是国家中心城市，人口、经济甚至高校资源都非常丰富。问题是领头城市是个区域内的相对概念，天津虽强，而北京更强，不只是经济地位，还有文化和政治地位。天津前些年独立发展而缺乏整体城市群经济思维，结果延缓了京津冀城市群的发展，最后中央出台了《京津冀协同发展纲要》以明确各自区域发展定位，之后又通过领导层的更迭互换加深理解和布局。

合纵连横是城市群内外部发展最重要的策略，其实上升到国家层面的更高维度看，各城市群构筑的连横经济体在国家层面形成合纵模式，而这一模式可以推广应用在“一带一路”战略层面。如果政府鼓励城市群经济体和“一带一路”沿线经济体量相当的国家开展连横合作，将获得在国家层面的合纵经济优势地位，同时又拥有了更多的腾挪发展空间，最终通过合纵实现降维式的经济统治，则大国复兴之路将走快一步。

## 第五节　机理相通的战国脉

从城市群的缘起看，自战国以来的城市群集聚和演化路径机理是研究当下以城市群为特征的区域经济发展的主要脉络。

我们把城市群发展的机理溯源到战国时期，是偶然，也是必然。因为**中国战国时代的空间格局是中国城市群区域经济自然演化的雏形。**如图1－3所示。

罗振宇曾推荐过一本书，叫作《四夷居中国》，该书是当代青年人类学家张经纬老师的创新之作，讲述的是东亚大陆人类史，其中一些思维视角帮我们打通了经济战国的机理脉络。从空间地理结构上看，东亚大陆被“波浪状镶嵌结构”分割的几大区域之间存在着联系。而且区域之间发生关联的主要路径一直存在，并且是固定的。

从城市群缘起的角度来理解，这里面有两层含义：一是中国的城市群

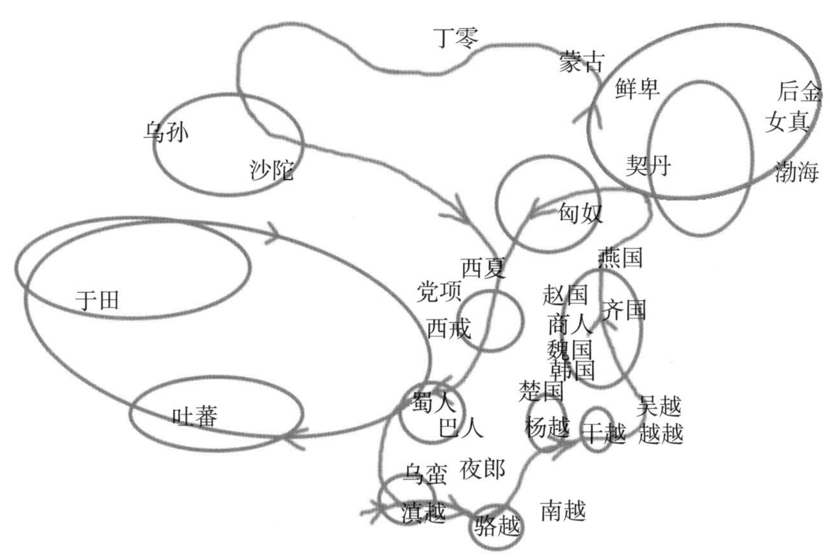


**图 1－3　战国时代的空间格局**

空间是由于地理构造自然形成的，按照东西山脉的交叉机理，东亚大陆像棋盘格一样把大陆分成若干自然集聚的区域，以渭河谷地为中心，逆时针螺旋曲线排列，而这些区域绝大部分就是现在主要的城市群空间格局。如渭河谷地对应关中，四川盆地对应成渝，两湖（洞庭湖南北）盆地对应长江中游城市群，鄱阳湖盆地对应原先的环鄱阳湖城市群，黄淮海平原对应山东半岛、京津冀和淮海城市群，东北平原对应辽中南和哈长城市群，蒙古高原对应呼包鄂榆城市群，准格尔盆地对应天山北坡城市群，北部湾盆地北部平原对应北部湾城市群等。这些区域的共同特点在于，都位于“波浪状镶嵌结构”的波谷位置，并且是东亚大陆人口聚居最密集的区域。而这些区域正是我国规划城市群的主要空间区位。

二是城市群区域之间的关联路径和通道也是历史形成且固定的，且城市群之间压力传递和运动的方向也是保持不变的。如渭河谷地的关中可以直接从武关道进入两湖盆地，这是秦国攻楚的路线，也是关中城市群和长江中游城市群重要的关联通道；从南越向北经“绍兴—萍乡—北海断裂带”接入黄淮海平原是南部人群迁移的大动脉，也是南方城市群重要的历史通道，从这一点也就解释了为什么海峡西岸城市群经济大而不强，且中心城市的聚合吸附力差的根本原因；长三角沿大运河方向向北是吴越伐齐的路线，也是长三角区域和北方城市群衔接沟通的最重要通道；而燕赵之国由于地理空间限制北进困难，只能转而西进或南拓，所以京津冀城市群的主要经济辐射作用一直沿京沪、京广发展。处在关联路径的重要节点型区域，由于人口流动空间转换的需要，会产生人口和经济的大规模集聚，而这些区域往往就是历史演化形成的重要城市群空间所在，如长三角、山东半岛、京津冀、关中、成渝、珠三角、长江中游等区域。而处在关联路径上的通道型自然集聚区域，如淮海、中原等城市群，一般会受到相邻城市群的挤压和影响，其发展相对缓慢些。如图 1－4 所示。

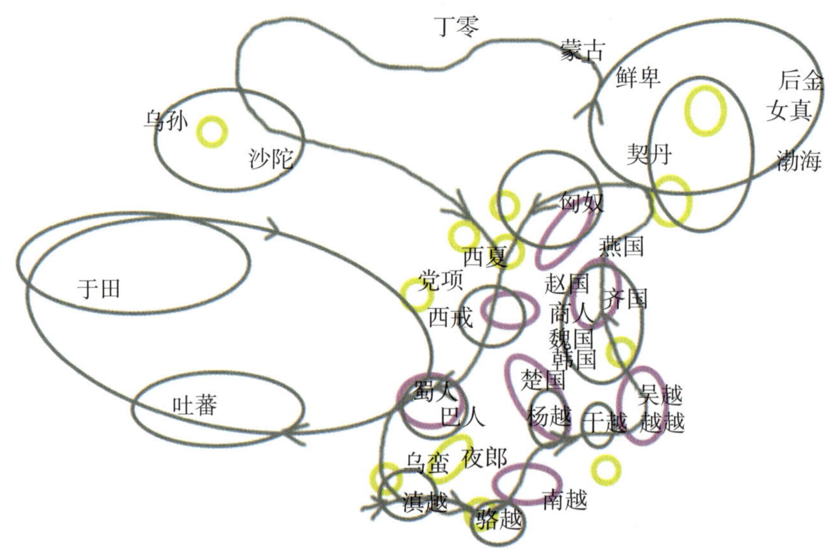


**图 1－4　城市群缘起区域空间分布图**

从人类历史和空间构造角度来说，中国区域经济发展进入“经济战国”时代，是中国战国时期以来空间历史发展演化的必然结果，国家规划的城市群和战国时代诸侯国的空间分布基本保持一致。一如当时面临西戎等外部环境的压力发生人口、经济的迁移运动一样，我们当前面临中美贸易战等形势多变的国际经济环境，改革再出发，国家提出了以城市群经济体为发展重点的经济强国战略，各城市群由于自然资源禀赋和承受外部压力的影响不同，而自发展开自强富民的经济社会变革，城市群经济发展将迎来新一轮的崛起契机。

马蹄声声，隆隆而至，“经济战国”时代的大幕已经拉开。

第二章

# “宇宙第一房企”的世界难题

## 第一节 引子故事——房企规模战

Base：广东顺德

规模！规模！！还是规模！！！

“宇宙第一房企”司令部发出总攻令。

于是，新一轮房企大战开打！

100亿元，淘汰出局！1000亿元，刚入门槛！5000亿元，宇宙第一房企！10000亿元，我的未来不是梦！

随着房地产行业规模屡创新高，房地产企业集中度逐年上升，2017年TOP房企有16家进入房地产销售额千亿俱乐部，行业巨头碧桂园更是率先突破5000亿元大关。和2017年全国商品房销售额13.3万亿元相比，号称“宇宙第一房企”的碧桂园即使把触角都伸到了县城，还没达到全国份额的4%。

寡头垄断是企业家的梦想，在房地产这个地方经济支柱产业里，庞大的经济基数给了梦想家们足够的想象空间。而类比美国的房地产发展史，万科、碧桂园、恒大等业界翘楚纷纷把市场份额目标瞄准美国三大房企霍顿公司（D. R. Horton）、普尔特房屋（Pulte Group）和莱纳（Lennar）。如果碧桂园在国内的市场占有率可以比肩2015年霍顿7.3%全美市场占有率的话，10000亿元的梦想还真不是吹出来的，更何况中国企业家还有走出去的雄心壮志！

**房地产寡头垄断的时代已经来临。**

一方面，国家的房地产行业政策促进了寡头垄断市场的形成，为了加快经济发展的产业化、规模化，国家制定了一系列提高产业集中度的政策。其中，“招拍挂”制度的闪亮登场，直接加速了行业垄断的步伐。2007 年 9 月，国土资源部发布的《招标拍卖挂牌出让国有建设用地使用权规定》决定：受让人必须付清全部土地出让金后，才能领取土地使用权证书，这一政策对已经上市的资金雄厚的房地产企业影响不大，甚至可能是利好。而中小企业的生存将很困难，大批中小房地产公司将倒闭，仅留下一些大型房地产公司垄断市场价格致使房地产行业寡头垄断时代快速来临。

另一方面，“经济诸侯”的格局促进了以城市群为空间载体的寡头垄断市场结构，经济发达的城市群借助其资金、资源、人才等优势扶持本地大型房地产企业的发展，同时借助城市群建设极大地拓宽寡头垄断的市场范围，而大部分城市建设的目标就是以构建产业链为主线，促进区域市场一体化，实现资源共享、优势互补。这必然为区域内龙头房地产企业消除市场壁垒、拓宽市场范围，将垄断优势扩大到整个城市群经济区域。

此外，消费者品牌意识的觉醒刺激了寡头垄断市场结构的形成。随着中国开放成熟起来的中国消费者，其品牌意识与日俱增，从而进一步促进了寡头垄断市场结构的形成。消费者认品牌，将自己的货币选票投向品牌房地产开发商，使能够拥有品牌的房地产企业逐渐垄断市场份额，成为本行业的垄断寡头。同时，市场化竞争格局的逐步完善和跨区域大型公司的组建成为寡头垄断企业诞生的培育土壤。

当下，1.5 万余家中国房企既是中国城市化的助力者，也是城市化红利的受益者。随着中国城市化进程的加快，房企进入规模化竞争阶段，根据中国指数研究院公布的 2017 年中国房地产销售额百亿企业排行榜，目前国内有 144 家房企跻身百亿军团，其中 16 家房企销售额突破 1000 亿元。而根据《财富》杂志最新公布的 2018 中国 500 强企业排行榜，共有 38 家房地产企业跻身 500 强企业。如表 2 – 1 所示。

**表 2－1　38 家房地产企业跻身 500 强企业**

| 排序 | 公司名称 | 全国排名 | 上年排名 | 排名变化 | 营业收入（亿元） | 利润（亿元） | 备注 |
|---|---|---|---|---|---|---|---|
| 1 | 中国恒大集团 | 22 | 29 | 7 | 3110.2 | 243.7 | |
| 2 | 绿地控股集团 | 23 | 23 | 0 | 2904.2 | 90.4 | |
| 3 | 万科企业股份 | 31 | 24 | －7 | 2429.0 | 280.5 | |
| 4 | 碧桂园控股 | 36 | 42 | 6 | 2269.0 | 260.6 | |
| 5 | 保利房地产集团 | 58 | 41 | －17 | 1463.4 | 156.3 | |
| 6 | 华润置地 | 77 | 75 | －2 | 1027.4 | 199.4 | |
| 7 | 龙湖地产 | 110 | 119 | 9 | 720.8 | 126.0 | |
| 8 | 世贸房地产控股 | 116 | 106 | －10 | 704.3 | 78.4 | |
| 9 | 融创中国控股 | 121 | 179 | 58 | 658.7 | 110.0 | |
| 10 | 华夏幸福基业 | 135 | 120 | －15 | 596.4 | 87.8 | |
| 11 | 雅居乐集团控股 | 153 | 150 | －3 | 516.1 | 60.3 | |
| 12 | 绿城中国控股 | 178 | 219 | 41 | 419.5 | 94.1 | |
| 13 | 新城发展控股 | 187 | 223 | 36 | 408.2 | 37.9 | |
| 14 | 荣盛房地产发展股份 | 193 | 207 | 14 | 387.0 | 57.6 | |
| 15 | 金地（集团）股份 | 197 | 118 | －79 | 376.6 | 68.4 | |
| 16 | 北京首都开发股份 | 201 | 213 | 12 | 366.8 | 23.6 | |
| 17 | 金科地产集团股份 | 209 | 198 | －11 | 347.6 | 20.0 | |
| 18 | 阳光城集团股份 | 223 | 310 | 87 | 331.6 | 20.6 | |
| 19 | 佳兆业集团控股 | 229 | 338 | 109 | 327.8 | 32.8 | |
| 20 | 旭辉控股（集团） | 236 | 271 | 35 | 318.2 | 48.3 | |
| 21 | 中国金茂控股集团 | 242 | 230 | －12 | 310.7 | 39.8 | |
| 22 | 融信中国控股 | 245 | 499 | 254 | 303.4 | 16.8 | |
| 23 | 龙光地产控股 | 266 | 295 | 29 | 276.9 | 64.3 | |
| 24 | 保利置业集团 | 268 | 243 | －25 | 274.7 | 21.3 | |
| 25 | 仁恒置地集团 | 287 | 248 | －39 | 256.2 | 32.2 | |
| 26 | 金融街控股股份 | 291 | 305 | 14 | 255.2 | 30.1 | |

续表

| 排序 | 公司名称 | 全国排名 | 上年排名 | 排名变化 | 营业收入（亿元） | 利润（亿元） | 备注 |
|---|---|---|---|---|---|---|---|
| 27 | 四川蓝光发展股份 | 302 | 285 | -17 | 245.5 | 13.7 | |
| 28 | 泰禾集团股份 | 303 | 293 | -10 | 243.3 | 21.2 | |
| 29 | 越秀地产股份 | 311 | 291 | -20 | 237.9 | 22.6 | |
| 30 | 时代中国控股 | 319 | 368 | 49 | 231.1 | 26.7 | |
| 31 | 禹州地产股份 | 339 | 434 | 95 | 217.0 | 27.6 | |
| 32 | 首创置业股份 | 344 | 298 | -46 | 212.9 | 20.2 | |
| 33 | 光明房地产集团 | 351 | 292 | -59 | 208.1 | 19.5 | |
| 34 | 中国奥园地产集团股份 | 382 | 485 | 103 | 191.2 | 16.4 | |
| 35 | 北大资源（控股） | 439 | 452 | 13 | 162.5 | 3.3 | |
| 36 | 宝龙地产控股 | 454 | 410 | -44 | 155.9 | 33.4 | |
| 37 | 北京北辰实业股份 | 456 | - | - | 154.6 | 11.4 | |
| 38 | 建业地产股份 | 499 | - | - | 138.8 | 8.1 | |

由于中国的消费者对于房地产需求的快速升级迭代，除一线城市外的各级城市主政者也在努力把握城市土地资源变现的政策风口，以便在下一轮的城市发展排位赛中抢得起跑优势；中国的房地产业即将跨越百家争鸣的“春秋时代”，而受到政府“只住不炒”的持续调控和世界城市群的发展规律影响，我们对于中国城市房地产发展应该有更加前瞻性的认知。

2013至2016年连续4年，房地产投资占全国固定资产投资的比值几乎都在三分之一左右，房地产投资是城市投资最重要的风向标，也是市场化程度最高、嗅觉最灵敏的投资行为，投资逻辑就是规律性认知，只有认清发展规律，把握房地产投资逻辑，才能读懂当下，把握未来。

从这个角度看，**房地产投资逻辑就是“经济战国”时代城市发展的未来！**

# 第二节　房企的城市群价值认知

2017 年，中国的城镇化率达到 58.5%。世界城市化发展研究表明，当一个经济体的城镇化率超过 50% 后，将进入城市化的中期加速阶段。城市化将告别以单个城市发展为主的时代，城市之间将出现严重分化，取而代之的则是以“城市群”模式组团发展，城市群将成为中国未来城镇化的主要形态。如图 2－1 所示。

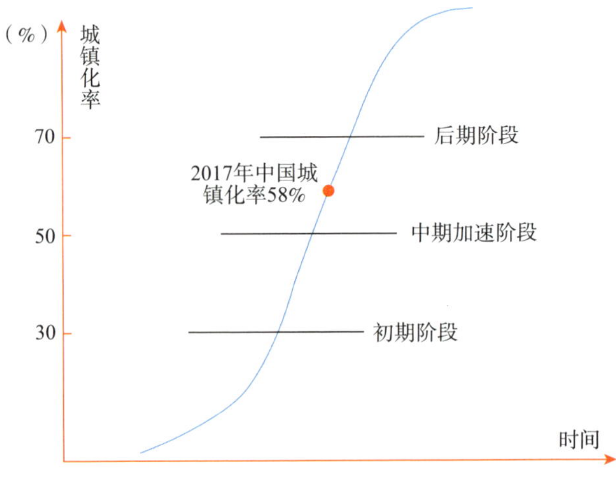


**图 2－1　城市化发展曲线图**

从政府层面看，我国“十三五”规划提出“要加快城市群建设发展”，未来的生产力布局和新的经济增长点都将围绕城市群进行。由于城市群内部分工定位不同、城市发展阶段不同、需求不同导致房地产投资价值的差异明显，以城市群视角进行城市价值的解读成为城市房地产研究的必然趋势。

从房企层面看，在热点城市调控加码、中心城市拿地成本高的背景下，包括万科、保利、金科等在内的主流房企，2014 年就开始布局核心城市辐射圈范围内的其他城市，以及轨道交通发展相对成熟的地区。

一二三四线的城市分级模式逐渐成为“过去式”，而围绕着城市群展开的首位核心城市、中心城市、卫星城市划分方式，不仅成为房企开发投资布局的着眼点，还是其转型运营的着力点。城市群逻辑也预示了中国区域经济发展的主流趋势。

## 专题：典型房企的城市群战略思考

### 保利的实践：“3 +2 + X”的区域布局战略 + 城市群战略部

保利地产是城市群战略最深入的房企之一，其几年前便提出了“3 + 2 + X”的区域布局战略：“3”即京津唐、长三角、珠三角区域；“2”即武汉、成都两个城市；“X”即其他潜力城市。财报显示，2016 年保利已实现三个 300 亿级别、两个 200 亿级别及一个百亿级别的城市群布局。保利地产为强化城市群战略，还一度成立了城市群战略部，加强战略研究和落地转化。

### 金科的实践：三圈一带，助力美好中国

金科坚持聚焦城市群战略，加强城市群研究成果转化落位。金科通过城市群研究推动“三圈一带”战略布局，即在京津冀经济圈、长三角经济圈、成渝经济圈和长江经济带进行区域开发布局。

金科观点：市场逻辑在变化，而城市逻辑发生了更大的变化。现在的市场不是按一二三四线城市单个城市的定位发生分化，而是以都市圈为单元的城市群分化。资金、人才、政策都围绕核心的城市群转变，城市群内部的单个城市的差异和分化逐步趋同，城市群之间的差异越来越大。

2017 年 6 月，金科股份发布 2017 年 – 2020 年战略规划纲要：力争 2020 年冲击 2000 亿，紧密围绕“改革创新、合作共赢”的总体思路，重点推进“一快二低三高”经营发展新模式；以国家城市群发展战略为导向，紧密围绕“三圈一带”“八大城市群”进行战略布局，坚持聚焦城市群战略，加强城市群研究成果转化落位，深耕省会核心城市，全国化布局基本完成。

## 第三节　大师指路：国内外研究综述

解疑释惑还需要请各派大师们云集华山，指点迷津。

国外学者对于城市群的研究成果较为丰富，主要有三大门派。

先请“演化派”阐述观点：从 20 世纪初期城市群研究启蒙阶段，英国学者霍华德以“城市群体角度研究城市”和英国学者格迪提出“城市演化的形态”；到 20 世纪中期城市群研究中期丰富阶段，法国学者戈德曼考察北美城市后预测大都市带是未来城市发展的方向，日本学者小林博氏研究东京大都市圈后归纳出城市群发展过程的三个概念：大都市地区、大城市区、城市化地带。

再请“城市体系派”出招：自 1980 年以后城市群研究进入深化阶段，弗里德曼指出城市体系的等级关系将成为跨国公司纵向生产地域分工的体现。

最后请出“市场派”补充发言：部分学者提出“城市群巨大市场或集聚效应与本身的行业、供应方和需求侧溢出有关”。

国内学者是“综合派”，主要对国外“演化派”的观点进行了综合引进。国内学者和行业专家也对城市群进行了较为深入的研究，国内最早在 20 世纪 80 年代初以“巨大都市带”的观点引入戈德曼大都市带理论，学者周一星提出“都市连绵区”概念，学者代合治于 1998 年在《中国城市群的界定及其分布研究》以城市群的面积、总人口、城市人口、城市数量和城市等级结构为指标划定中国四个等级共 17 个城市群，开创了中国城市群等级评价的先河。

姚士谋在 1992 年首次系统完整地提出了中国城市群的基本概念，并通过持续研究，在 2016 年出版的《中国城市群新论》较为全面系统地阐述城市群发展的基本理论、发展规律、国际经验，并对 14 个城市群进行了描述评价和趋势分析。

再看看具体房地产行业与城市群的研究门派。中国的城市房地产整体起步较晚，关于城市化与房地产市场的研究非常少。研究既要把握市场动态总结经验，又要善于理论创新发现规律，其研究难度也非常大。国内最具影响力的研究是丁祖昱 2014 年出版的《中国城市化进程中住房市场发展研究》，该书论述了我国城市化与住房市场之间的相互关系，并构建评价体系对中国城市进行了实证研究。值得一提的是，该书的理论模型与构想也在市场应用中取得成功，丁祖昱主持研发的“中国房地产决策咨询系统（CRIC）”已经是业界重要的数据库工具。该书虽然对住房市场和城市化作了论述，但并未从城市群视角进行论述，其城市分类也沿用一二三线的城市分层体系。

真正开展城市群房地产研究的很少，但政府部门、房地产业界和投资机构的关注度都很高。住建部政策研究中心主任秦虹提出，房地产企业在进行投资时，要瞄准成熟的、密度大的城市群。

中房数据研究院院长陈晟提出，城市群成了我国城镇发展的主要空间载体形态，城市之间的人口、经济、产业、金融关联与溢出效应日益明显，城市间房地产市场的联动也愈发频繁。无论是房价还是调控政策，从核心城市扩散至周边城市的周期正在不断缩短。对开发企业而言，空间大格局的变化也将直接影响到企业的战略抉择，“一线城市赚利润，二线城市扩规模”，未来将更多地成为开发企业的一种选择。中投证券在 2016 年 6 月发布房地产行业中期策略报告《与城市群共成长》，专门聚焦城市群房地产行业研究，并提出如下主要观点：

一是通过对美、日等世界级城市群的发展轨迹考察，发现城市群是国家经济乃至世界经济新的增长引擎。

二是世界经济重心正在向亚太转移，中国成为世界经济新增长极，新型城镇化战略以发展城市群为主体。

三是高速发展的轨道交通网络正成为连接中国五大城市群的纽带，并推动其崛起。

四是中国城市群的发展，落后城市人口向沿海、沿江和铁路沿线地区聚集，以及轨道交通网络化多样化，必将为房地产行业发展带来新的发动机。

# 第四节　坐而论道：研究意义阐释

如果您是学界前辈或是业界大咖，咱们可以坐而论道、对弈赏月，仔细聊聊本书研究的理论意义：

## 理论意义

城市群是城市区域化和区域城市化发展的一种高级形态，城市群的发展是由城市的发展演化形成的，而推动城市化或城市群化最重要甚至唯一的标准是人口的集聚。而随着新型城镇化和城市群发展研究的逐步深入，城市人口变化与房地产市场变化的重点是城市市区住宅市场变化的关系问题。

本书立足中国城市群发展现状和国情，从城市群现状特征、发展因子、演化趋势等角度来研究我国房地产市场发展的问题，试图建立城市群发展与房地产发展的理论模型并探寻其互动发展的机理，尝试揭示城市人口变化、房地产市场变化、城市发展变化和城市群内部演化之间的内在逻辑，通过构建多维度的评价体系对城市群及所属城市进行重新筛分评价，最终通过实证分析论证城市群与房地产市场发展的模式和互动机制，这些分析对研究我国城市群发展和房地产市场发展均有重要的理论意义。

## 实践意义

中国城市化进程带来的红利，将在政府、百姓和企业三方进行利益分配，本研究力求从城市群房地产发展的视角分别给出一些独立思考的路径和方法。

对于各级城市政府而言，本书可以帮助各级政府官员科学认知所在城市的城市群地位与特征，找出城市之间的发展差距，站在房地产投资的视角，给出城市经营定位和引导房地产行业发展的工具方法。**城市是需要经营的，政府拥有了经营好房地产的能力，从本质上就具备了经营城市资源、规划城市未来、造福城市百姓的能力。**

如果您是关心房地产的老百姓，看这本书等于拾漏了。对于百姓而言，**城市户口政策已经放开，人们迁徙和对居住地的选择越来越容易。对绝大部分80后、90后，甚至00后而言，与他们父辈相比，他们拥有了最重要的人生权利——城市选择权。**你可以不必对你出生的城市从一而终，你也可以随时用脚投票，但城市也在选择你，你选择城市的代价就是把你的青春和奋斗交给这座城市。房价已经告诉我们，70后、80后同样的大学毕业生，选择不同的城市，当下财富积累已经出现了很大分化。本书帮助你科学评价你关注的城市，并教会你如何从人口、经济、市场等多个角度观察推测这个城市3~5年的发展趋势，助力你拥有准确选择城市、把握投资时机的源能力。

如果您是房地产行业的从业者，您可收藏好了，这可是房企投资寻宝图啊！对于房地产企业和房地产投资机构而言，2018年房企竞争加剧，投资拓展的成败是决定房企生存发展的试金石，从城市群的视角解读城市投资价值，构建城市投资九宫格模型，发现价值洼地，规避投资陷阱，助力房企和投资机构最优化配置资源，回馈股东和投资人就是最大的实践价值。

# 第三章

# 揭开城市群的面纱

**战国七雄纵横天下既是棋局谋略，更是国力选美SHOW。“经济战国”选秀场，实力担当你就来。选秀四部曲：自报家门、成长历程、身世背景、晋级大比拼。**

## 第一节 城市群基本认知

城市群（城市带、城市圈、都市带或都市圈）是指以中心城市为核心，向周围辐射构成城市的集合。城市群是世界经济社会发展到一定阶段，城市空间发展格局的一种高级形态，是区域城市化和城市区域化的重要表现，是产业、经济、人口等要素集聚与扩散共同作用的产物。中国的城市群正在快速发展，中国的长三角城市群已经成为世界第六大城市群，粤港澳大湾区城市群和京津冀城市群亦有望跻身世界级城市群之列。

### 专题：国际公认世界六大城市群的选美探秘

用一句话说清楚什么是国际公认世界级城市群，“城市扎堆凑在大洋旁、经济密切露富灯光亮”，加上横批凑上一副对联——“一起显摆”。这是大家公认的一群爱显摆的富婆城市闺蜜团。

随着技术的进步，“夜灯”数据逐渐成为人们观测城市经济水平和人口聚集的重要工具。根据NASA－NOAA的Suomi国家极地轨道伙伴卫星

(NPP) 观测到的2016年地球“夜灯”图像，我们可以看到，以伦敦为核心的英国城市群、以纽约为核心的美国东北部大西洋沿岸城市群、以巴黎为核心的欧洲西北部城市群、以东京为核心的日本太平洋沿岸城市群和以芝加哥为核心的北美五大湖城市群夜间灯光亮度最高且已连成片，表明这些区域经济发展水平较高，城市发展成熟。

城市群选美比赛开场，先请豪华的美大西洋闺蜜团第一个登场：

美国大西洋沿岸城市群位于美国东北部大西洋沿岸，是美国经济核心地带，世界上最发达的地区之一。整个城市群区包括北起波士顿，南至华盛顿，共包括200多座城镇。占地面积13.8万平方千米，仅占美国总面积的1.5%，却拥有4500万人口，占了整个美国的人口的20%。城市群内包含了纽约、华盛顿、波士顿、费城等美国的主要城市。这一区域是美国最核心的经济带，制造业的产值占全国的30%，这里不仅是美国最大的商贸中心，也是世界上最大的国际金融中心。

第二个上台的是华贵的五大湖闺蜜团。北美五大湖城市群分布于五大湖沿岸，横跨美国和加拿大两国。整个城市群比较著名的城市有美国的芝加哥、底特律和加拿大的多伦多、蒙特利尔等。区域内占地面积约24.5万平方千米，人口约5000万。五大湖城市群是美国和加拿大最发达的地区之一，这里有美国通用、福特和克莱斯勒三大汽车公司，其产量和销售额约占美国总数的80%左右，是一个巨大的世界工厂。

第三个出场的是精致的东京闺蜜团。日本太平洋沿岸城市群也称东海道城市群，是一个以东京、大阪、名古屋三个城市圈为中心的城市群。这个区域总面积3.5万平方千米，占日本国土的6%；人口近7000万，占全国总人口的61%。这个城市群是日本政治、经济、文化、交通的中心，分布着日本80%以上的金融、教育和研究开发机构，工业产值占全国的65%。

第四个走来的是雍容的伦敦闺蜜团。英国伦敦城市群由英国由伦敦—利物浦一线的城市构成，包含了世界纺织工业之都——曼彻斯特、纺织机械重镇——利兹、伯明翰、谢菲尔德等大城市。是英国主要的生产基地，面积为4.5万平方千米，人口3650万。英国伦敦城市群是世界六大城市群中地域面积最小、发展最早、城市密度最大的城市群。这里所聚集的财富超过了英国的其他地区的总和。是欧洲最大、世界第三大金融中心！

第五个出场的是浪漫的北欧闺蜜团。欧洲西北部城市群是世界上涉及国家最多的城市群，包含法国巴黎城市圈、莱因—鲁尔一线，以及荷兰—比利城市圈在内的多个国际性大都市。这是一个超级城市带，这里集中了40座人口超过10万人的城市，总面积145万平方千米，总人口4600万，是整个欧洲最富有的区域之一。

最后登台的是端庄的长三角闺蜜团。中国长三角城市群是以中国上海为中心的城市群，包括上海、江苏、安徽三省市在内的26个地级以上城市。总面积21.17万平方千米，总人口1.5亿。长三角城市群受益于中国的快速崛起，将致力于打造一个举世瞩目的世界城市群，也是集全球经济、文化、高科技产业为一体的大型城市群！

富婆闺蜜团之所以大家公认，肯定有很多共同之处。世界级城市群空间格局的主要特征有：

- 具有良好的地理位置和自然条件，高度城市化。
- 具有中枢支配地位的国家核心区域。
- 具有完整的城市等级体系，大中心城市与中小城市均衡匹配发展。
- 空间体系结构形态大多沿长轴呈带状拓展。
- 具有发达的区域性基础设施网络。

## 第二节　城市群发展的主要阶段

从世界城市群普遍的发展规律来看，城市群的总体发展大致经历以“吸—溢—网—片”为特征的四个阶段。城市的最初发展都是以核心大城市的虹吸效应为主，吸聚周边小城市的各类资源，核心城市地位不断强化。此后，核心城市的人口及资源承载力遇到瓶颈，开始有意识地向周边城市扩散、辐射形成新城新区，溢出效应显现。外溢效应的产生，使城市之间的关联度得以提升，随着各类生产要素联系的日益紧密，核心城市及其周边将形成城市群的网状辐射。最终，若干城市群之间人口、经济活动彼此联系，大都市带由此形成。如图 3－1 所示。

阶段一：强核吸附

特征：吸

- 区域中仅有一个大规模城市，整个区域的资本、人才等各种资源向核心城市不断集聚
- 核心城市吸取的力量远大于外扩的力量

拿地机会：

- 区域中心城市拿地

阶段二：强核外溢

特征：溢

- 区域中心城市规模膨胀；不断向外扩张，城市周边出现以某种功能（居住、产业、行政等）为主的快速发展的副城区
- 郊区化成为中心城市发展的趋势

拿地机会：

- 区域中心城市近郊或城市周边紧密辐射城市拿地

阶段三：网状辐射

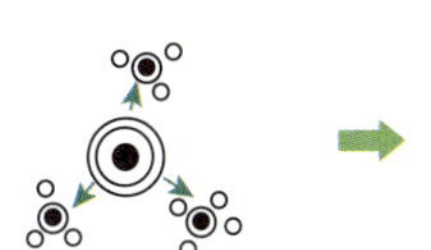

特征：网

- 区域中心城市与周边其他城市形成了产业分工和功能互补，根据行政地位、经济实力、产业和交通辐射力逐渐形成区域次中心城市、功能性中心城市、功能增长型城市等城市等级
- 中心城市外扩的力量凸显，成为发展趋势

拿地机会：

- 区域中心城市以外的次中心城市、功能中心城市、增长型城市拿地

阶段四：连片发展升级为大都市带

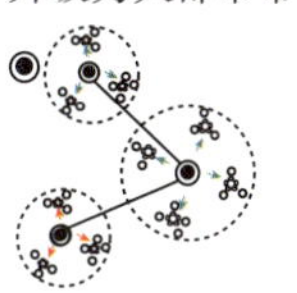

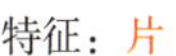

特征：片

- 城市群内多个超大城市和较大城市分工默契、协调发展，成为区域经济发展、金融贸易及信息技术的集聚与扩散中心

拿地机会：

- 区域中心城市及次中心城市等毗邻相向发展区或特色城镇拿地

**图 3－1　城市群发展的主要阶段**

城市群发展的第一阶段为强核吸附阶段。这一阶段以“吸”为主要特征。区域中仅有一个大规模城市，整个区域的资本、人才等资源向核心城市不断集聚，核心城市吸聚的力量远大于外扩的力量。这一阶段的拿地机会主要集中在区域中心城市。

城市群发展的第二阶段为强核外溢阶段。这一阶段以“溢”为主要特征，区域中心城市规律膨胀，不断向外扩张，城市周边出现以某种功能，如居住、产业、行政等功能为主的快速发展的副城区。郊区化成为中心城市发展的趋势。这一阶段的拿地机会主要在区域中心城市近郊或城市周边紧密辐射城市。

城市群发展的第三阶段为网状辐射阶段。这一阶段以“网”为主要特征，区域中心城市与周边其他城市形成了产业分工和功能互补。根据行政地位、经济实力、产业和交通辐射力逐渐形成区域次中心城市、功能性中心城市、功能增长型城市等城市等级；中心城市外扩的力量凸显，成为发展趋势。这一阶段的拿地机会主要在区域中心城市以外的次中心城市、功能中心城市和增长型城市。

城市群发展的第四阶段为连片发展阶段，有些已经升级为大都市带阶段。这一阶段以“片”为主要特征，城市群内多个超大城市和较大城市分工默契、协调发展，成为区域经济发展、金融贸易及信息技术的集聚与扩散中心。区域内城镇密度大，都市带毗邻区和交通节点地区引领多中心城市相向发展。这一阶段应主要集中在区域中心城市及次中心城市等毗邻相向发展区或特色城镇拿地。

## 第三节 中国城市群的发展历程

中国城市群的发展经历了城市发展自然集聚和国家规划引领发展两个阶段。

一方面，城市是人口自然集聚的产物，而城市群则是在人口基础上城市集聚的表现。中国城市的夜间灯光图直观地显示了中国城市群的自然集聚状态。2016 年的夜间灯光图直观表现出长三角、珠三角城市群形成大面积亮度较高区域，京津冀城市群中北京、天津的亮度显著高于河北周边，更多城市群仅核心城市亮度较高，如长江中游城市群的武汉；成渝城市群的成都、重庆；中原城市群的郑州；海峡西岸城市群的福州、厦门；关中城市群的西安等。这也表明，这些城市群尚处在发展初期，核心城市虹吸效应远大于外溢效应，尚未形成区域间的联动发展。

另一方面，城市群发展也受到国家规划引领和政府资源引导配置的影响。2006 年以来，中国陆续出台了一系列重要的政策和文件，为中国不同层次的城市群提供了战略与制度安排，加速了中国城市群发展的进程。近年来，城市群的发展在我国被提升到前所未有的战略高度。

2006 年《中华人民共和国国民经济和社会发展第十一个五年规划刚要》明确提出，“要把城市群作为推进城镇化的主体形态”，标志着城市群发展道路首次进入国家战略框架。

2013 年中央城镇化工作会议提出，要“把城市群作为主体形态，促进大中小城市和小城镇合理分工、功能互补、协同发展”。

2014 年，《国家新型城镇化规划（2014—2020 年）》提出，要“优化提升东部地区城市群”“培育发展中西部地区城市群”“建立城市群发展协调机制”。

城市群作为我国推进城镇化的主体形态，在各地城镇化实践中不断体现。党的十九大报告提出的中国特色社会主义进入新时代的判断和人民对美好生活的新期待，全面贯彻创新、协调、绿色、共享、开放新的发展理念，是党和政府对新时代城市群发展的新要求。如表 3 -1 所示。

**表 3 -1　中国城市群发展相关的政策文件**

| 中国城市群发展密切相关的政策文件 | | |
|---|---|---|
| 政策及文件 | 年份 | 主要内容 |
| 《国家“十一五”》规划纲要 | 2006 | 首次提出“把城市群作为推进城镇化的主体形态” |
| 《全国主体功能区规划—构建高效、协调、可持续的国土空间开发格局》 | 2010 | 提出城市化发展格局，突出四类主体功能区，城市群总体上归入优化开发区和重点开发区 |
| 《中国国民经济和社会发展“十二五”规划纲要》 | 2011 | 按照统筹规划、合理布局、完善功能、以大代小的原则，遵循城市发展客观规律，以大城市为依托，以中小城市为重点，逐步形成辐射作用大的城市群，促进大中小城市和小城镇协调发展。在东部地区逐步打造更具国际竞争力的城市群，在中西部有条件的地区培育壮大若干城市群。 |
| 中央城镇化工作会议 | 2012 | 首次提出了新型城镇化 6 大任务，其中第四大任务就是优化城镇化布局及形态，首次提出把城市群作为推进新型城镇化的主体 |
| 《国家新型城镇化规划（2014 -2020 年）》 | 2014 | 将国土空间划分为优化、重点、限制、禁止开发四类，并设计了“两横三纵”的城市化总体战略 |
| 《中共中央关于制定国民经济和社会发展第十三个五年规划的建议》 | 2015 | 发挥城市群辐射带动作用，优化发展京津冀、长三角、珠三角三大城市群，形成东北地区、中原地区、长江中游、成渝地区、关中平原等城市群 |

经过近些年的发展，中国的城市群已经成为中国城镇化的主要载体。初步统计，中国城市群总面积占全国的30%，却集中了全国65%的总人口、82%的经济总量、73%的固定资产投资、80%的社会消费品零售总额和86%的高等学校在校学生。

## 第四节　中国城市群的分布和等级划分

### 规划定位 PK

根据国家发改委对相关城市群的规划描述，20个城市群中共有世界级城市群3个、国家级城市群2个、区域级城市群9个、地区级城市群6个。如表3-2所示。

**表3-2　中国城市群规划层级**

| 层级 | 数量 | 名称 |
|---|---|---|
| 世界级 | 3 | 长三角、粤港澳、京津冀 |
| 国家级 | 2 | 长江中游、成渝 |
| 区域级 | 9 | 哈长、山东半岛、辽中南、海峡西岸、关中、中原、淮海、北部湾、天山北坡 |
| 地区级 | 6 | 呼包鄂榆、太原、宁夏沿黄、兰西、滇中、黔中 |

### 综合实力大比拼

结合国家对城市群的发展定位，以近三年各城市群商品住宅销售额均值为主要参考依据，结合经济、人口等重要宏观指标，将列入国家规划的20个城市群细分为5个等级。如表3-3所示。

表 3-3 中国城市群等级划分

| 城市群等级 | 城市群 | 规划发展定位 | 销售额（亿元） | GDP（亿元） | 常住人口（万人） |
| --- | --- | --- | --- | --- | --- |
| 一线城市群 | 长三角城市群<br>粤港澳大湾区<br>京津冀城市群 | 世界级城市 | >10000 | >75000 | >10000 |
| 二线城市群 | 长江中游城市群<br>成渝城市群<br>中原城市群<br>山东半岛城市群 | 国家级城市群<br>强区域级城市群 | >4000 | >50000 | >6000 |
| 三线城市群 | 海峡西岸城市群<br>辽中南城市群<br>哈长城市群<br>淮海城市群 | 区域级城市群 | >2000 | >20000 | >4000 |
| 四线城市群 | 关中城市群<br>北部湾城市群<br>天山北坡城市群 | 弱区域级城市群 | >1000 | >10000 | >2000 |
| 五线城市群 | 呼包鄂榆城市群<br>太原城市群<br>宁夏沿黄城市群<br>兰西城市群<br>清中城市群<br>黔中城市群 | 地区级地市群 | <1000 | <10000 | <2000 |

本书重点研究了十二大城市群，包括长三角、珠三角、京津冀 3 个一线城市群，长江中游、成渝、中原、山东半岛 4 个二线城市群，三线城市群中的海峡西岸、辽中南、淮海，以及四线城市群中的关中城市群和五线城市群中的晋中城市群。为了保证城市群研究的广度，我们还研究了五线城市群中滇中、黔中城市群的部分主要城市。

# 第二部分

## 布阵

“夫未战而庙算胜者，得算多也，未战而庙算不胜者，得算少也。多算胜，少算不胜，而况于无算乎!”

——《孙子兵法·始计篇》

第四章

# 智谋——城市房地产投资潜力评价体系

**欲先攻其事，必先利其器。投资评价体系是房企征战城市房地产投资战场的主要利器。**

## 第一节　评价体系设计的主要思路

为了将所有城市放在同一维度下进行比较分析，我们通过确定分析模块，筛选相关度较高的评价指标，而后通过新一线城市基准中位值进行标准化处理，并对数据进行修偏和差异化处理后，通过因子分析的方法，对城市变量指标得分进行加权求和，进而将最终得分进行排序。

设计《中国主要城市群城市房地产投资发展潜力评级体系》是一个系统的流程。它从总体上分为两大部分，如图4-1所示。

第一部分：研究和设计“城市房地产投资发展潜力指标体系”，在前面进行了大量行业内比较和研究工作，主要包括六个步骤：

（1）指标体系设计和模型搭建。

（2）进行可行性分析（通过专家访谈、问卷方法、实际案例推演等进行指标筛选）。

（3）修改和确定指标体系。

（4）权重的设计、调查、推演与确定。

（5）通过数据验证并形成完整的评价指标体系。

（6）知名房企城市投资策略案例推演与九宫格模型确立。

第二部分：后续的数据整理、统计和研究工作。在“城市房地产投资发展潜力指标体系”设计完成后，利用该指标做好城市群全景城市综合研究工作。主要包括六个步骤：

（1）理顺调查渠道，收集2015年至2018年4月有关城市发展和房地产市场的全部数据。

（2）对各项指标数据进行标准化处理。

（3）对标准化处理后的各项数据进行打分并加权汇总。

（4）综合得出全景的中国主要城市群189个城市房地产投资发展潜力散点分布图及排名。

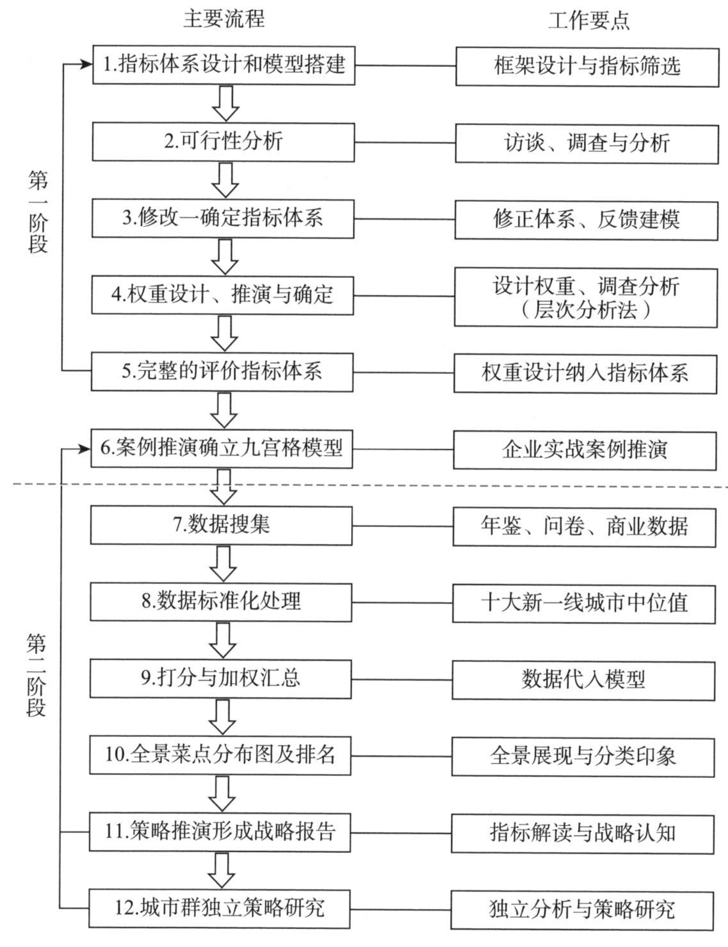


**图4－1　评价体系设计的主要思路**

（5）针对散点分布图开展九宫格分区策略模型推演并形成战略分析报告。

（6）针对12个城市群分别开展独立研究和分析并形成策略研究报告。

# 第二节　主要评价指标概述

我们选取了和城市投资潜力相关的11个一级指标和40个二级指标纳入评价指标体系，并将它们聚合分析形成五大模块的分析指标。各模块主要指标如下：

## 人口指标

图4-2　人口指标

常住人口指全年经常在家或在家居住5个月以上的人口，也包括流动人口在所在的城市居住。常住人口是城市的重要基数型指标，评价体系中主要从指标考量其城市人口等量级，一般来讲300万、500万、800万及1000万人口代表了不同的城市基础人口规模。

而常住户籍人口比则是重要的变量型指标，常住户籍人口比主要描述城市人口流向，代表未来需求潜力。常住户籍人口比大于1，代表城市为人口流入型城市；常住户籍人口比小于1，则代表人口有外流现象。在城市群内部，首位核心城市和次中心城市一般为人口流入型城市；而在全国范围看，“经济战国”时代，优秀强大的城市群整体呈现人口流入型，如珠三角、长三角等城市群。

中小学生在校生人数是一个基数型指标，它是一个城市刚需型家庭数量的绝对指标，从这个指标可以大概预测出一个城市的房地产刚需刚改需求量，但部分地区受二胎、多胎的影响或某些大城市生育意愿极低的影响，个别城市数据有可能存在一定偏差。小学生增幅是一个变量型指标，它反映家庭结构性变化趋势。如果一个城市小学生增幅为正，则说明城市吸附力较强。由于1年的增幅指标数据较小，无法反映出发展趋势，本书采用2012年和2016年数据相比得出5年增幅，便于分析研究。

城镇化率和城镇化率增幅是一对基数和增量的关系。城镇化率是指一个地区城镇常住人口占该地区常住总人口的比例。城镇化率增幅反映城镇化率增长的速度，是一个相对指标，可用于城市之间的对比分析。当前情况下，很多专家认为城镇化是城市房地产发展的主要动力，所以在城市基本面情况相同的情况下，城镇化率越低代表潜力越大，城镇化率增幅越大代表近期城市的人口吸引力越大。

非公就业人数及占比反映城市经济的竞争力结构。如果一个城市非公就业人数多则代表民营经济越发达，市场化程度越高；如果非公就业比例非常高，则当地国有经济发达，市场化程度较低，部分城市存在个别超大规模国企，其所在城市市场的整体变化会受到企业职工收入变化，甚至企业福利政策变化的影响，如大型企业提供非商品房的企业产住房。这些城市大多为煤、铁行业较发达的能源资源型城市，如阳泉、萍乡等城市。这类城市进驻需要谨慎关注，或最好与当地大型龙头企业合作开发。

此外，城市市区人口数及占比也是比较重要的指标，可以反映一个城市的人口集中度水平，可以结合其他经济类指标，综合判断其城市市区对周边县域人口的吸附力水平。

## 经济指标

城市GDP指数是衡量一个地区经济发展水平最好的工具，它是一个基数型指标，其规模水平反映城市整体经济水平，万亿俱乐部城市已经基本

**图 4－3　经济指标**

是一二线城市，5000 亿元、2000 亿元、1000 亿元代表了不同的城市经济水平。GDP 增幅反映城市经济发展的速度，也是一个参考性经济评价指标。

城市第三产业增加值和比重是衡量一个城市产业发展和区域辐射力的重要指标，该指标为相对指标。一般来讲，一个城市经济越发达，其第一产业比重越小，而第三产业比重越大。

城镇人均可支配收入是指反映居民家庭全部现金收入能用于安排家庭日常生活的那部分收入。它是家庭总收入扣除交纳的所得税、个人交纳的社会保障费及调查户的记账补贴后的收入。城镇人均可支配收入增幅可以反映当地城镇居民收入变化情况。

人均住户存款余额是一个分析数据，在各城市统计公报中可以查询到住户存款余额数据，将该数据和常住人口相比得出人均住户存款余额，可以反映居民手中的存款情况，也是反映居民购房首付能力的主要指标。山西部分城市人均住户存款余额明显高于其他省市，刺激这些城市房地产市场的最好策略可能不是价格和品质优势，或许改变他们对于贷款杠杆的认知更容易成功。如果可以查询到住户贷款余额数据，修正数据后得出人均贷款余额指标，则可以反映居民杠杆率情况，也有较大的参考意义。

一般财政预算收入是财政收入的来源之一，有计划有组织并由国家支配的纳入预算管理的资金。财政总收入包括一般公共预算收入、上划中央收入【消费税、增值税（包括营改增）、企业和个人所得税】两部分。一般财政预算收入可以反映城市的财富水平，也是城市可支配资源的基础型指标，可以用于城市间政府财力水平的比较分析。

A 股上市公司数量代表当地经济活力水平，也从另一个层面反映了当地市场化水平的高低。

## 容量指标

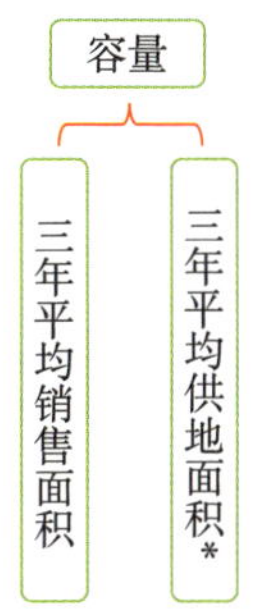


**图 4－4　容量指标**

市场容量指标主要反映其城市本级市场规模水平情况，主要从房地产销售面积和土地供地面积两个层面看。这里主要有两点提示：

一是统计口径为城市市本级，而非城市市域。

二是为了看房地产整体情况，去除个别年份政策影响等异常因素，我们采用三年平均数值作为评价依据。

## 城市发展指标

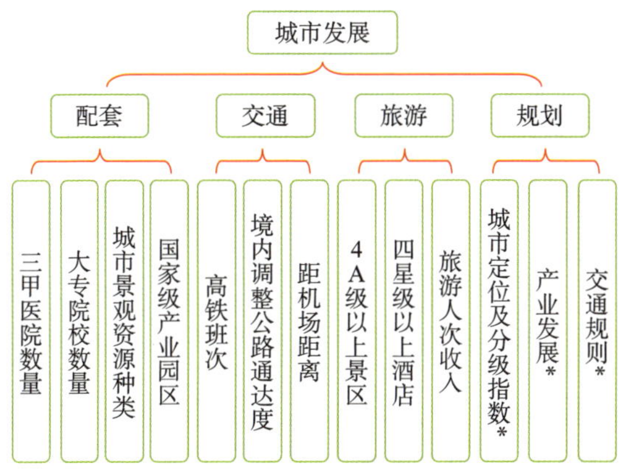


**图 4－5　城市发展指标**

城市发展指标我们从配套资源、交通、旅游、规划引领四个方面进行综合评价。

配套资源方面，三甲医院数量主要反映城市医疗配套资源情况，也间接反映城市吸附力水平；大专院校数量主要反映外来人口结构和城市创新发展能力情况，也间接反映城市吸附力水平。拥有山、水、林、湖等自然资源较多的城市，容易做出高端住宅，也是城市人居幸福程度的主要反映；国家级产业园区数量可以反映当地产业发展状况，政策支持力度和产业集聚度等情况。

交通方面，高铁班次数量可以反映高铁的通达程度和频次，是中长距离交通便利性指标；境内高速公路通达度可以反映高速公路的便捷性，是中短距离交通便利性指标；机场等级与距机场距离可以反映航空便利性情况，是中长距离交通便利性指标。

旅游方面，4A 级以上景区的数量可以反映当地旅游资源情况，以国家文化旅游部公布的景区名单为准，如果涉及旅游地产类项目，其权重和参考系数应更高一些；四星级及以上酒店数量反映当地旅游和商务配套情况；旅游人次和收入反映当地旅游经济情况，分析得出的人均旅游消费也是判断其旅游经济发展阶段和水平的一个重要指标，同时从整体看旅游人次也是影响旅游地产或投资客户的因素之一。

规划引领方面，城市定位一般为国务院或省政府对于城市发展的定位，可能表述不同，但大概可以区分为核心城市、都市区城市、区域中心城市、一般城市等几个层级；城市分级我们采用新财经的城市分级标准，重点考察城市发展基础配套情况；产业发展和交通发展作为影响人口集聚的重要因素，也是我们需要密切关注的因素。

## 热度指标

市场热度指标，我们从房价热度、地价热度、发展潜力、竞争热度四个方面进行综合评价。

房价热度方面，房价指数是城市房地产绝对房价指标，房价指数是指近期的城市本级房价与新一线城市中位值房价的比值，用于反映房价相对

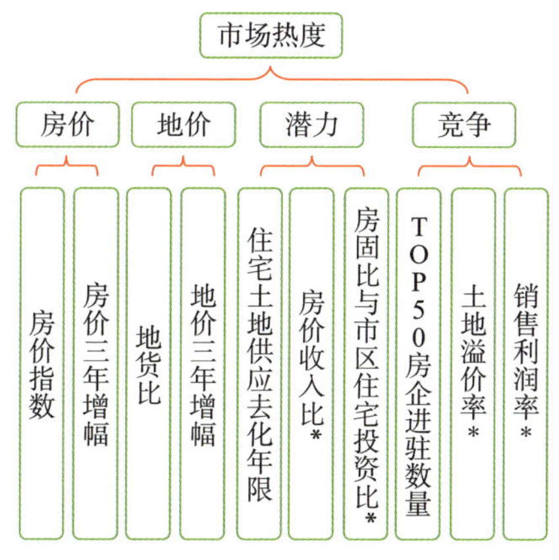


**图4－6　市场热度指标**

热度；房价三年增幅是近期的城市本级房价与2015年平均房价的比值，用于反映时间维度上的房价变化情况。

地价热度方面，地货比是房地产投资的重要衡量指标，地货比是指近6个月的城市本级房价平均楼面地价与近期城市本级房价的比值，用于反映地价相对热度，也是反映房企拿地规模性和杠杆率的总和指标；地价三年增幅是近6个月的城市本级楼面地价与2015年平均楼面地价的比值，用于反映时间维度上的地价变化情况。

发展潜力方面，房地产的去化周期是反映城市房地产市场的主要指标，由于涉及城市较多，且市场库存数据较难收集，我们采用住宅土地供应去化年限作为替代性指标。住宅土地供应去化年限是三年住宅用地供应面积与三年平均住宅销售面积的比值，同时用该数值与新一线城市群去化年限中位值相比得出最终评价数值，该指标为适度性指标。房价收入比是指住房价格与城市居民家庭年收入之比，是反映城市居民购买力的重要衡量指标。

房固比即房地产投资额与固定资产投资额的比值，该指标为适度性指标。在楼市政府调控方面有一个著名的观点，那就是坚持每年房地产投资不能超过固定资产投资的25%，当然也最好不要低于15%，确保适度的房地产市场容量和严格控制楼面地价尤为重要。市区住宅投资比即市区住宅房地产投资额与全市住宅房地产投资额的比值，反映市区房地产发展的集中度，间接反映城市市区吸附力水平。

竞争热度方面，TOP50 房企进驻数量代表市场开放和活跃程度。房企数量较少，要么是城市发展基本面较差，无力支撑活跃的房地产市场；要么是当地市场封闭，几乎不对外来房企开放。

如果当地房企进驻数量过多，远大于市场容量，则预示市场竞争非常激烈。土地溢价是指合同内约定或招标公告土地价格以外的土地交易差额，土地溢价率越高代表市场竞争越激烈，但由于当前土拍市场趋于成熟，且受政府定价和调控能力的影响，尤其是部分城市规定超过一定溢价率后竞保障房或公建面积，导致该项指标可能出现部分失真。尽管如此，对于绝大部分城市而言，仍具有较强的参考价值。平均销售利润率是指当前销售价格减去土地外成本和税费之后的利润与当前销售价格的比率，这是一个简单估算的值，主要用于风险防控，当前销售利润率极低的城市要更多关注拿地风险。

## 第三节　评价体系总体框架和权重设计

我们对 5 大模块、11 个一级指标和 40 个二级指标进行了分析归类，将人口、容量、经济、配套、交通、旅游、规划 7 个一级指标纳入城市基本面维度，将房价、地价、潜力和竞争 4 个二级指标纳入市场热度维度进行综合分析。从而构建起二个维度、一级评审指标、二级评价指标三个层次的总体评价体系框架，如图 4－7 所示。

在框架体系的基础上，我们做了完善严谨的权重设计。权重设计是评价指标体系的内容之一，是将所搜集数据进行数学处理的手段。经过对海内外指标统计方法的比较分析，立足城市房地产投资潜力评估指标的具体要求，我们采用层次分析法（简称 AHP 法）。这是经过反复比较和案例推演后，比较适合城市房地产投资潜力研究的一种有效的方法。

AHP 方法属于常用的决策分析方法，一般要建立递阶层次结构，先把城市房地产投资发展潜力评价体系这一复杂的问题分成若干个子问题。然

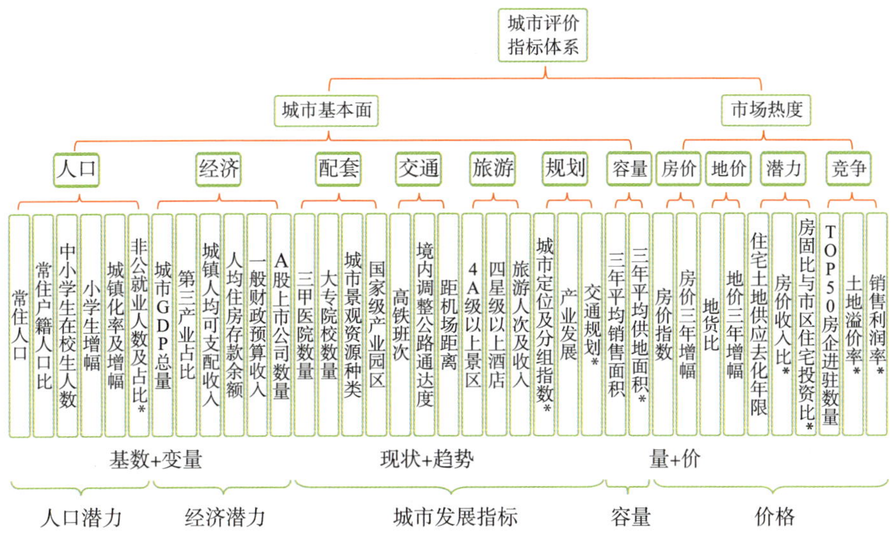


**图 4－7　总体评价体系框架**

后把每一个子问题再按属性分成若干组以形成不同层次，本研究模型整体分成 3 个层次、局部整合为 4 个层次进行综合分析。同一层次的元素作为准则对下一层次的一些元素起支配作用，同时它又受上一层元素的支配。

经过仔细的筛选计算，这种从上而下的支配关系形成了一个递阶层次。比如第一层二维结构模型中元素数值为 1，第二层 3 ~4 个元素数值之和为 1（如 0. 35、0. 25、0. 2、0. 2），而第二层元素数值再支配第三层元素的数值赋予。这样得出的结果，就形成一个权重数据的梯形结构。所有权重的判断数据均来自于专业设计和专家调查。

# 第四节　数据分析与验证

## 数据采集与修订

数据的采集与处理是本研究的基石，我们力求客观合理反映现实情况。本书通过数据采集构建了三类专属数据库，其中城市宏观数据库采集了大约54组数据，房地产专业数据库采集了大约51组数据，专业分析数据库汇总大约33组分析数据。

其中城市宏观数据库的数据主要来源于地方统计公报、城市统计年鉴等，部分数据来源于证监会等政府网站和去哪儿网等商业网站。

数据源确定和数据采集需要注意统计时间与口径的一致性，如湖南省各城市统计公报中大部分没有财政总收入项目，结合对财政总收入和一般预算收入的综合分析，我们最终采用一般预算收入作为采信的数据；大部分城市统计公报中也有各城市星级酒店的统计数据，但统计口径可能不同，南阳市2016年星级酒店数83个，而同年郑州市才38个，明显两市的统计口径存在差异。为了能取得更加真实和贴近现实地统一口径数据，经过反复比对，我们最终选取商业网站去哪儿网所列四星级和五星级酒店数量作为我们的使用数据。

房地产专业数据库的数据主要来源于中指数据库和万得数据库，部分数据来源于专业咨询机构的房地产报告，也包括部分当地专业房地产公司投资拓展人员的专项调查。土地市场数据统计口径基本一致，而房地产销售数据由于统计信息不全，涉及大量数据需要二次修订。同时我们采集的房地产专业数据为市本级数据，而部分城市市本级区域近三年发生了变化，所以需要及时修订，如原四川省资阳市管辖的县级简阳市，2016年划归成都市管辖。为了保证数据的一致性和可比性，我们将简阳市相关数值从成都和资阳相关年份数据中减去，以修正数据，得出更为准确的结论。

## 数据标准化处理

在获得指标数据后，必须对指标进行标准化处理，才能进入下一阶段的科学分析。对指标进行标准化处理总的原则是：目标对照差距比较。因此，我们创新采用10个新一线城市的中位值作为100分标准，对采集数据进行标准化处理和打分，最终结合权重叠加得出某一维度的综合分值。

对于各项指标，其基本计算公式为：

评价分值 = $\sum x_i / x_{med10} \times 100 \times$ 权重

部分适度性指标，其计算公式为：

评价分值 $=100+(x_i-x_{med10})/x_{med10}\times100\times$ 权重

或评价分值 $=100-(x_{med10}-x_i)/x_{med10}\times100\times$ 权重

通过以上严谨分类的标准化处理，以此实现各类统计数据的归一化和可比化，这是实现城市房地产投资发展潜力评价的一个必要条件。

## 数据说明

**数据范围：**本次研究数据涵盖 12 个城市群、189 个地级以上城市，平均每个城市至少包含 138 组数据，总数据量超过 30000 个。

**时间跨度：**包括 2012 至 2017 年的城市基本数据和 2015 至 2018 年 4 月的房地产市场数据。

**数据修订：**鉴于政府调控影响导致部分房地产数据失真，且个别城市数据缺失，我们对数据进行了修补，但仍有可能与实际数据存在差异。

**数据更新：**由于市场瞬息万变，数据的统计与应用，有可能存在时间滞后性。为保证数据的及时性和准确度，我们将定期进行数据更新。城市基本面数据变化相对较小，可 12 个月一更新，房地产市场受政策及不确定因素的影响会迅速变化，需要 3 个月一更新。

重视数据的积累是认知城市发展和房地产变化规律的重要基础支点，我们希望能携手专业的城市房地产研究咨询机构，不断深入挖掘数据背后的价值，建立大数据分析模型，推动整个行业的纵深发展。

第五章

# 统兵——主要城市房地产投资潜力评价排名

有了评价体系这个智谋工具，接下来最重要的是识兵统兵。我们首先要在各个基础维度搞个排名，以建立城市投资潜力的底层逻辑认知。我们分别从城市发展潜力、房地产市场热度和房地产投资安全性三个单一维度给出打分和综合排名。

## 第一节　城市发展潜力评价指标体系与排名

结合城市区域发展的基本逻辑，选定人口、容量、经济、城市发展四个一类指标进行城市发展潜力综合分析，并在一级指标下充分考虑现状基础类指标和变化趋势类指标两个层面选取指标进行分析，以充分客观反映综合排名和对比情况。如表 5－1 所示。

**表 5－1　城市发展潜力综合评价指标体系**

| 一级指标 | 一级指标权重 | 指标维度 | 二级指标 | 二级指标权重 |
|---|---|---|---|---|
| 人口 | 35% | 人口基数 | 常住人口 | 40% |
| | | | 常住户籍人口比 | 15% |
| | | 家庭结构 | 小学生增幅 | 10% |
| | | | 中小学生在校生人数 | 10% |
| | | 变化趋势 | 城镇化率增幅 | 15% |
| | | | 城镇化率 | 10% |

续表

| 一级指标 | 一级指标权重 | 指标维度 | 二级指标 | 二级指标权重 |
|---|---|---|---|---|
| 容量 | 25% | 市场容量基数 | 2015－2017 年城市本级平均商品住宅销售面积 | 100% |
| 经济 | 20% | 总量水平 | GDP | 40% |
| | | | 第三产业占 GDP 比值 | 15% |
| | | 财富水平 | 城镇人均可支配收入 | 12% |
| | | | 人均住户存款余额 | 8% |
| | | 发展活力 | 一般财政预算收入 | 10% |
| | | | 上市公司数量 | 15% |
| 配套资源 | 20% | 医疗 | 三甲医院数量 | 8% |
| | | 教育 | 大专院校数量 | 12% |
| | | 景观 | 城市景观资源 | 8% |
| | | 产业 | 国家级产业园区数量 | 7% |
| 交通 | | 铁路 | 高铁班次 | 16% |
| | | 飞机 | 距机场距离 | 12% |
| | | 公路 | 境内高速通达数量 | 12% |
| 旅游 | | 景区资源 | 4A 级以上景区 | 6% |
| | | 配套 | 星级酒店 | 9% |
| | | 人次 | 旅游人次 | 10% |

此次评分的数据主要是依据各城市 2016 年的统计数据、2015 年至 2017 年的房地产销售数据和 2018 年 4 月的高铁班次、四星级以上酒店数量等商业数据作为评价数据，以 10 个新一线城市基础数据中位值作为 100 分标准，进行数据处理并打分，在进行个别数据修偏后，得到综合排名如表 5－2 至 5－5 所示。

**表 5－2　城市群主要城市发展潜力前 50 名城市**

| 城市 | 得分 | 排名 | 城市 | 得分 | 排名 |
|---|---|---|---|---|---|
| 上海 | 152.3 | 1 | 临沂 | 65.9 | 26 |

续表

| 城市 | 得分 | 排名 | 城市 | 得分 | 排名 |
|---|---|---|---|---|---|
| 北京 | 147.5 | 2 | 烟台 | 61.9 | 27 |
| 成都 | 129.3 | 3 | 昆明 | 61.2 | 28 |
| 深圳 | 120.6 | 4 | 唐山 | 59.9 | 29 |
| 天津 | 120.1 | 5 | 保定 | 59.7 | 30 |
| 武汉 | 116.3 | 6 | 福州 | 59.7 | 31 |
| 重庆 | 113.2 | 7 | 常州 | 59.3 | 32 |
| 广州 | 111.9 | 8 | 贵阳 | 57.5 | 33 |
| 苏州 | 103.1 | 9 | 泉州 | 57.1 | 34 |
| 杭州 | 101.5 | 10 | 温州 | 57.1 | 35 |
| 长沙 | 94.1 | 11 | 南通 | 56.1 | 36 |
| 青岛 | 93.9 | 12 | 济宁 | 56.0 | 37 |
| 南京 | 93.7 | 13 | 南昌 | 55.7 | 38 |
| 郑州 | 92.0 | 14 | 嘉兴 | 55.7 | 39 |
| 西安 | 88.7 | 15 | 大连 | 55.1 | 40 |
| 东莞 | 80.8 | 16 | 邯郸 | 54.9 | 41 |
| 沈阳 | 77.8 | 17 | 菏泽 | 53.4 | 42 |
| 佛山 | 77.6 | 18 | 洛阳 | 53.0 | 43 |
| 济南 | 77.5 | 19 | 厦门 | 52.8 | 44 |
| 合肥 | 75.6 | 20 | 太原 | 52.6 | 45 |
| 宁波 | 70.3 | 21 | 惠州 | 52.4 | 46 |
| 徐州 | 69.7 | 22 | 台州 | 52.1 | 47 |
| 潍坊 | 69.6 | 23 | 中山 | 51.8 | 48 |
| 无锡 | 68.1 | 24 | 盐城 | 50.9 | 49 |
| 石家庄 | 67.0 | 25 | 廊坊 | 50.1 | 50 |

**表5-3　城市群主要城市发展潜力51~100名城市**

| 城市 | 得分 | 排名 | 城市 | 得分 | 排名 |
|---|---|---|---|---|---|
| 南阳 | 50.1 | 51 | 泰安 | 43.2 | 76 |

续表

| 城市 | 得分 | 排名 | 城市 | 得分 | 排名 |
|---|---|---|---|---|---|
| 赣州 | 48.7 | 52 | 德州 | 42.9 | 77 |
| 宿迁 | 48.7 | 53 | 湛江 | 42.7 | 78 |
| 淄博 | 47.8 | 54 | 绵阳 | 42.4 | 79 |
| 枣庄 | 47.4 | 55 | 湖州 | 42.3 | 80 |
| 珠海 | 47.4 | 56 | 沧州 | 42.3 | 81 |
| 金华 | 47.1 | 57 | 清远 | 42.2 | 82 |
| 绍兴 | 47.0 | 58 | 渭南 | 41.8 | 83 |
| 聊城 | 46.9 | 59 | 滨州 | 41.6 | 84 |
| 株洲 | 46.7 | 60 | 安阳 | 41.6 | 85 |
| 邢台 | 46.0 | 61 | 芜湖 | 41.5 | 86 |
| 威海 | 45.9 | 62 | 衡水 | 41.3 | 87 |
| 衡阳 | 45.7 | 63 | 周口 | 41.3 | 88 |
| 镇江 | 45.3 | 64 | 商丘 | 41.1 | 89 |
| 阜阳 | 45.2 | 65 | 常德 | 40.7 | 90 |
| 宜昌 | 45.1 | 66 | 信阳 | 40.6 | 91 |
| 连云港 | 45.0 | 67 | 开封 | 40.4 | 92 |
| 扬州 | 44.8 | 68 | 上饶 | 40.3 | 93 |
| 襄阳 | 44.1 | 69 | 蚌埠 | 39.9 | 94 |
| 泰州 | 44.1 | 70 | 荆州 | 39.8 | 95 |
| 承德 | 43.7 | 71 | 咸阳 | 39.6 | 96 |
| 衢州 | 43.5 | 72 | 宿州 | 39.6 | 97 |
| 漳州 | 43.4 | 73 | 日照 | 39.3 | 98 |
| 秦皇岛 | 43.3 | 74 | 平顶山 | 39.3 | 99 |
| 新乡 | 43.3 | 75 | 莆田 | 38.8 | 100 |

**表5－4　城市群主要城市发展潜力101～150名城市**

| 城市 | 得分 | 排名 | 城市 | 得分 | 排名 |
|---|---|---|---|---|---|
| 吉安 | 38.8 | 101 | 孝感 | 35.3 | 126 |

续表

| 城市 | 得分 | 排名 | 城市 | 得分 | 排名 |
|---|---|---|---|---|---|
| 宝鸡 | 38.8 | 102 | 滁州 | 35.2 | 127 |
| 张家口 | 38.6 | 103 | 乐山 | 34.8 | 128 |
| 岳阳 | 38.6 | 104 | 荆门 | 34.7 | 129 |
| 梅州 | 38.5 | 105 | 长治 | 34.7 | 130 |
| 九江 | 38.4 | 106 | 临汾 | 34.5 | 131 |
| 湘潭 | 38.4 | 107 | 亳州 | 34.5 | 132 |
| 三明 | 38.3 | 108 | 达州 | 34.4 | 133 |
| 汕头 | 38.2 | 109 | 濮阳 | 34.3 | 134 |
| 宜春 | 37.6 | 110 | 东营 | 34.3 | 135 |
| 驻马店 | 37.6 | 111 | 丽水 | 34.3 | 136 |
| 许昌 | 37.5 | 112 | 德阳 | 34.0 | 137 |
| 肇庆 | 37.5 | 113 | 龙岩 | 34.0 | 138 |
| 泸州 | 37.3 | 114 | 梅州 | 33.7 | 139 |
| 江门 | 37.3 | 115 | 焦作 | 33.6 | 140 |
| 茂名 | 37.1 | 116 | 马鞍山 | 33.5 | 141 |
| 咸宁 | 37.1 | 117 | 鞍山 | 33.5 | 142 |
| 南充 | 37.0 | 118 | 天水 | 32.6 | 143 |
| 运城 | 36.8 | 119 | 抚州 | 32.4 | 144 |
| 黄冈 | 36.6 | 120 | 广安 | 32.4 | 145 |
| 晋中 | 36.4 | 121 | 阳江 | 32.3 | 146 |
| 安庆 | 36.3 | 122 | 韶关 | 32.1 | 147 |
| 河源 | 36.0 | 123 | 娄底 | 31.9 | 148 |
| 宜宾 | 35.8 | 124 | 南平 | 31.7 | 149 |
| 资阳 | 35.8 | 125 | 揭阳 | 31.7 | 150 |

**表5-5　城市群主要城市发展潜力151~189名城市**

| 城市 | 得分 | 排名 | 城市 | 得分 | 排名 |
|---|---|---|---|---|---|
| 宣城 | 31.7 | 151 | 云浮 | 28.0 | 171 |

续表

| 城市 | 得分 | 排名 | 城市 | 得分 | 排名 |
|---|---|---|---|---|---|
| 宁德 | 31.6 | 152 | 黄石 | 27.9 | 172 |
| 铜陵 | 31.5 | 153 | 景德镇 | 27.8 | 173 |
| 益阳 | 31.4 | 154 | 潮州 | 27.3 | 174 |
| 自贡 | 31.4 | 155 | 济源 | 26.9 | 175 |
| 漯河 | 31.2 | 156 | 晋城 | 26.6 | 176 |
| 莱芜 | 31.1 | 157 | 鹤壁 | 26.4 | 177 |
| 忻州 | 30.7 | 158 | 雅安 | 26.0 | 178 |
| 眉山 | 30.5 | 159 | 营口 | 25.7 | 179 |
| 内江 | 30.0 | 160 | 阳泉 | 25.4 | 180 |
| 盘锦 | 29.9 | 161 | 新余 | 25.3 | 181 |
| 舟山 | 29.4 | 162 | 汕尾 | 25.3 | 182 |
| 辽阳 | 29.4 | 163 | 丹东 | 24.7 | 183 |
| 吕梁 | 29.4 | 164 | 鄂州 | 23.4 | 184 |
| 三门峡 | 28.8 | 165 | 平凉 | 23.1 | 185 |
| 淮北 | 28.7 | 166 | 铜川 | 22.3 | 186 |
| 萍乡 | 28.5 | 167 | 抚顺 | 22.2 | 187 |
| 遂宁 | 28.4 | 168 | 本溪 | 22.0 | 188 |
| 池州 | 28.2 | 169 | 商洛 | 18.2 | 189 |
| 鹰潭 | 28.0 | 170 | | | |

## 第二节　城市房地产市场热度评价指标体系与排名

结合城市区域发展的基本逻辑，选定房价热度、地价热度、竞争热度三个一类指标进行综合分析，并在一级指标下充分考虑现状基础类指标和变化趋势类指标两个层面选取指标进行分析，以充分客观反映综合排名和对比情况。如表 5－6 所示。

**表 5－6　城市房地产热度综合评价指标体系**

<table>
<tr><th>指标维度</th><th>一级权重</th><th>指标</th><th>计算规则</th><th>权重</th></tr>
<tr><td rowspan="2">房价热度</td><td rowspan="2">40%</td><td>房价指数</td><td>2018 年 4 月房价/1.5 线城市 2018 年 4 月房价均值</td><td>26%</td></tr>
<tr><td>房价增幅</td><td>（2018 年 4 月房价－2015 年平均房价）/2015 年平均房价</td><td>14%</td></tr>
<tr><td rowspan="2">地价热度</td><td rowspan="2">30%</td><td>地货比</td><td>2017 年 10 月至 2018 年 3 月成交平均楼面价/2018 年 4 月房价</td><td>20%</td></tr>
<tr><td>地价增幅</td><td>（2017 年 10 月至 2018 年 3 月成交平均楼面价－2015 年成交平均楼面价）/2015 年成交平均楼面价</td><td>10%</td></tr>
<tr><td rowspan="2">竞争热度</td><td rowspan="2">30%</td><td>住宅土地供应去化年限</td><td>2015－2017 年平均土地供应见面/2015－2017 三年平均销售面积</td><td>18%</td></tr>
<tr><td>TOP50 房企进驻数量</td><td>城市 TOP50 房企进驻数量/1.5 线城市 TOP50 房企进驻数量均值</td><td>12%</td></tr>
</table>

此次评分数据主要是依据各城市 2015 年至 2017 年的土地、商品住宅销售数据和 2018 年 4 月的房价数据等作为评价数据，以 10 个新一线城市基础数据中位值作为 100 分标准，进行数据处理并打分，在进行个别数据修偏后，得到综合排名如表 5－7 至 5－10 所示。

**表 5－7　城市群主要城市房地产市场热度前 50 名城市**

| 城市 | 得分 | 排名 | 城市 | 得分 | 排名 |
|---|---|---|---|---|---|
| 湛江 | 181.7 | 1 | 东莞 | 113.9 | 26 |
| 中山 | 179.9 | 2 | 天津 | 112.7 | 27 |
| 无锡 | 173.8 | 3 | 梅州 | 111.5 | 28 |
| 汕尾 | 166.0 | 4 | 台州 | 111.2 | 29 |
| 厦门 | 159.4 | 5 | 重庆 | 111.1 | 30 |

续表

| 城市 | 得分 | 排名 | 城市 | 得分 | 排名 |
|---|---|---|---|---|---|
| 北京 | 153.6 | 6 | 漳州 | 108.6 | 31 |
| 吉安 | 151.2 | 7 | 长沙 | 108.5 | 32 |
| 揭阳 | 147.2 | 8 | 惠州 | 107.6 | 33 |
| 济南 | 141.3 | 9 | 青岛 | 106.3 | 34 |
| 深圳 | 137.8 | 10 | 遂宁 | 105.9 | 35 |
| 清远 | 137.3 | 11 | 德阳 | 104.3 | 36 |
| 杭州 | 136.7 | 12 | 景德镇 | 104.1 | 37 |
| 广州 | 132.2 | 13 | 安庆 | 102.4 | 38 |
| 珠海 | 129.5 | 14 | 扬州 | 102.0 | 39 |
| 嘉兴 | 128.1 | 15 | 茂名 | 100.9 | 40 |
| 廊坊 | 127.8 | 16 | 黄冈 | 100.7 | 41 |
| 成都 | 127.7 | 17 | 达州 | 99.9 | 42 |
| 乐山 | 122.1 | 18 | 梅州 | 99.7 | 43 |
| 江门 | 122.1 | 19 | 福州 | 99.3 | 44 |
| 沈阳 | 121.0 | 20 | 南平 | 98.9 | 45 |
| 上饶 | 119.6 | 21 | 汕头 | 98.7 | 46 |
| 苏州 | 118.2 | 22 | 安阳 | 98.4 | 47 |
| 镇江 | 117.8 | 23 | 许昌 | 97.1 | 48 |
| 佛山 | 117.3 | 24 | 常州 | 95.8 | 49 |
| 上海 | 115.7 | 25 | 合肥 | 95.2 | 50 |

**表 5-8　城市群主要城市房地产市场热度 51~100 名城市**

| 城市 | 得分 | 排名 | 城市 | 得分 | 排名 |
|---|---|---|---|---|---|
| 济宁 | 94.8 | 51 | 绵阳 | 82.6 | 76 |
| 南京 | 94.1 | 52 | 宁波 | 79.3 | 77 |
| 池州 | 93.0 | 53 | 株洲 | 77.7 | 78 |
| 大连 | 92.8 | 54 | 阳江 | 76.9 | 79 |
| 武汉 | 92.5 | 55 | 滨州 | 76.6 | 80 |

续表

| 城市 | 得分 | 排名 | 城市 | 得分 | 排名 |
|---|---|---|---|---|---|
| 泰州 | 91.8 | 56 | 蚌埠 | 75.8 | 81 |
| 聊城 | 91.0 | 57 | 莆田 | 75.7 | 82 |
| 肇庆 | 90.9 | 58 | 湘潭 | 75.6 | 83 |
| 河源 | 90.2 | 59 | 烟台 | 75.5 | 84 |
| 淄博 | 90.0 | 60 | 沧州 | 74.7 | 85 |
| 石家庄 | 89.7 | 61 | 东营 | 74.0 | 86 |
| 贵阳 | 89.6 | 62 | 忻州 | 73.4 | 87 |
| 宁德 | 89.4 | 63 | 南昌 | 72.7 | 88 |
| 承德 | 88.7 | 64 | 洛阳 | 72.5 | 89 |
| 威海 | 88.4 | 65 | 衡水 | 71.5 | 90 |
| 绍兴 | 87.2 | 66 | 邯郸 | 71.4 | 91 |
| 开封 | 86.8 | 67 | 连云港 | 70.8 | 92 |
| 张家口 | 86.6 | 68 | 金华 | 70.3 | 93 |
| 芜湖 | 86.1 | 69 | 唐山 | 69.4 | 94 |
| 马鞍山 | 86.1 | 70 | 云浮 | 69.3 | 95 |
| 新乡 | 85.7 | 71 | 雅安 | 69.2 | 96 |
| 南通 | 85.0 | 72 | 宣城 | 69.1 | 97 |
| 湖州 | 84.4 | 73 | 眉山 | 68.3 | 98 |
| 舟山 | 83.5 | 74 | 邢台 | 67.8 | 99 |
| 三明 | 83.3 | 75 | 衢州 | 67.7 | 100 |

**表 5-9　城市群主要城市房地产市场热度 101～150 名城市**

| 城市 | 得分 | 排名 | 城市 | 得分 | 排名 |
|---|---|---|---|---|---|
| 德州 | 67.4 | 101 | 晋城 | 57.9 | 126 |
| 宜昌 | 66.9 | 102 | 濮阳 | 57.3 | 127 |
| 鄂州 | 66.8 | 103 | 秦皇岛 | 56.8 | 128 |
| 盐城 | 66.8 | 104 | 运城 | 55.3 | 129 |
| 西安 | 66.7 | 105 | 襄阳 | 55.2 | 130 |

续表

| 城市 | 得分 | 排名 | 城市 | 得分 | 排名 |
|---|---|---|---|---|---|
| 信阳 | 65.9 | 106 | 自贡 | 54.6 | 131 |
| 孝感 | 65.8 | 107 | 阜阳 | 54.5 | 132 |
| 南充 | 65.5 | 108 | 南阳 | 54.3 | 133 |
| 鹰潭 | 65.0 | 109 | 鞍山 | 53.6 | 134 |
| 丽水 | 64.0 | 110 | 本溪 | 52.7 | 135 |
| 郑州 | 63.4 | 111 | 抚州 | 52.4 | 136 |
| 保定 | 63.2 | 112 | 泉州 | 52.2 | 137 |
| 内江 | 63.0 | 113 | 黄石 | 51.7 | 138 |
| 太原 | 62.5 | 114 | 鹤壁 | 51.3 | 139 |
| 潍坊 | 61.2 | 115 | 岳阳 | 51.2 | 140 |
| 龙岩 | 60.9 | 116 | 焦作 | 50.8 | 141 |
| 滁州 | 60.6 | 117 | 丹东 | 49.3 | 142 |
| 泰安 | 59.4 | 118 | 周口 | 48.7 | 143 |
| 平凉 | 59.4 | 119 | 韶关 | 48.0 | 144 |
| 铜陵 | 59.3 | 120 | 九江 | 48.0 | 145 |
| 温州 | 59.2 | 121 | 商洛 | 47.1 | 146 |
| 枣庄 | 59.2 | 122 | 商丘 | 46.7 | 147 |
| 昆明 | 59.0 | 123 | 抚顺 | 46.5 | 148 |
| 赣州 | 58.7 | 124 | 宜春 | 46.3 | 149 |
| 临沂 | 57.9 | 125 | 娄底 | 45.9 | 150 |

**表 5－10　城市群主要城市房地产市场热度 151～189 名城市**

| 城市 | 得分 | 排名 | 城市 | 得分 | 排名 |
|---|---|---|---|---|---|
| 宜宾 | 45.6 | 151 | 漯河 | 39.2 | 171 |
| 常德 | 45.3 | 152 | 济源 | 38.2 | 172 |
| 日照 | 44.4 | 153 | 潮州 | 35.6 | 173 |
| 辽阳 | 44.2 | 154 | 徐州 | 35.3 | 174 |
| 菏泽 | 44.1 | 155 | 荆州 | 34.0 | 175 |

续表

| 城市 | 得分 | 排名 | 城市 | 得分 | 排名 |
|---|---|---|---|---|---|
| 驻马店 | 43.7 | 156 | 亳州 | 33.7 | 176 |
| 临汾 | 43.5 | 157 | 吕梁 | 33.4 | 177 |
| 咸宁 | 43.5 | 158 | 新余 | 31.6 | 178 |
| 长治 | 43.1 | 159 | 平顶山 | 30.8 | 179 |
| 天水 | 42.8 | 160 | 泸州 | 27.5 | 180 |
| 广安 | 42.4 | 161 | 铜川 | 26.6 | 181 |
| 晋中 | 42.3 | 162 | 资阳 | 26.0 | 182 |
| 淮北 | 41.7 | 163 | 咸阳 | 25.4 | 183 |
| 阳泉 | 41.6 | 164 | 荆门 | 22.1 | 184 |
| 宿迁 | 41.6 | 165 | 宝鸡 | 20.8 | 185 |
| 益阳 | 41.3 | 166 | 萍乡 | 20.8 | 186 |
| 渭南 | 41.3 | 167 | 衡阳 | 19.8 | 187 |
| 宿州 | 40.8 | 168 | 盘锦 | 17.9 | 188 |
| 莱芜 | 40.3 | 169 | 三门峡 | 5.7 | 189 |
| 营口 | 39.3 | 170 | | | |

## 第三节　城市房地产投资安全性排名

对于房地产企业而言，进行城市房地产投资的首位要素是考虑投资的安全性、把控好投资风险。如何使城市发展和房地产市场发展适配均衡是投资安全的重要考量指标。通过构建城市发展与房地产市场热度的均衡线，可以看出距离均衡线越近，城市房地产投资越安全；距离均衡线越远，城市房地产投资风险越大。如图 5 – 1 所示。

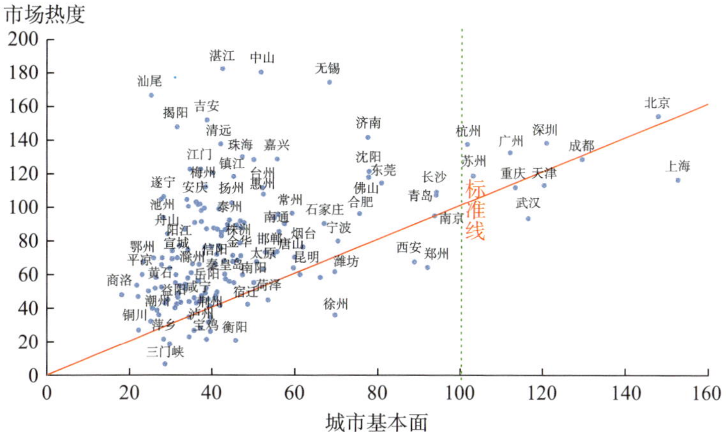


图5-1 城市发展与房地产市场热度的均衡线

通过综合计算，得出偏离度分值，偏离值越低代表城市房地产投资安全性越好，整理出综合排名如表5-11至5-14所示。

表5-11 城市群主要城市房地产投资安全性前50名城市

| 城市 | 偏离度 | 排名 | 城市 | 偏离度 | 排名 |
|---|---|---|---|---|---|
| 南京 | 0.00 | 1 | 长沙 | 0.15 | 26 |
| 成都 | 0.01 | 2 | 唐山 | 0.16 | 27 |
| 渭南 | 0.01 | 3 | 驻马店 | 0.16 | 28 |
| 重庆 | 0.02 | 4 | 晋中 | 0.16 | 29 |
| 亳州 | 0.02 | 5 | 菏泽 | 0.17 | 30 |
| 宿州 | 0.03 | 6 | 咸宁 | 0.17 | 31 |
| 昆明 | 0.04 | 7 | 周口 | 0.18 | 32 |
| 温州 | 0.04 | 8 | 广州 | 0.18 | 33 |
| 北京 | 0.04 | 9 | 太原 | 0.19 | 34 |
| 保定 | 0.06 | 10 | 铜川 | 0.19 | 35 |
| 天津 | 0.06 | 11 | 赣州 | 0.20 | 36 |
| 南阳 | 0.08 | 12 | 阜阳 | 0.21 | 37 |
| 泉州 | 0.09 | 13 | 武汉 | 0.21 | 38 |
| 常德 | 0.11 | 14 | 平顶山 | 0.22 | 39 |

续表

| 城市 | 偏离度 | 排名 | 城市 | 偏离度 | 排名 |
|---|---|---|---|---|---|
| 潍坊 | 0.12 | 15 | 烟台 | 0.22 | 40 |
| 临沂 | 0.12 | 16 | 宜春 | 0.23 | 41 |
| 宁波 | 0.13 | 17 | 上海 | 0.24 | 42 |
| 日照 | 0.13 | 18 | 长治 | 0.24 | 43 |
| 青岛 | 0.13 | 19 | 新余 | 0.25 | 44 |
| 商丘 | 0.14 | 20 | 枣庄 | 0.25 | 45 |
| 吕梁 | 0.14 | 21 | 西安 | 0.25 | 46 |
| 深圳 | 0.14 | 22 | 九江 | 0.25 | 47 |
| 荆州 | 0.15 | 23 | 襄阳 | 0.25 | 48 |
| 苏州 | 0.15 | 24 | 漯河 | 0.26 | 49 |
| 宿迁 | 0.15 | 25 | 合肥 | 0.26 | 50 |

**表 5－12　城市群主要城市房地产投资安全性 51～100 名城市**

| 城市 | 偏离度 | 排名 | 城市 | 偏离度 | 排名 |
|---|---|---|---|---|---|
| 临汾 | 0.26 | 51 | 娄底 | 0.44 | 76 |
| 泸州 | 0.26 | 52 | 淮北 | 0.45 | 77 |
| 宜宾 | 0.27 | 53 | 宝鸡 | 0.46 | 78 |
| 萍乡 | 0.27 | 54 | 邢台 | 0.47 | 79 |
| 资阳 | 0.27 | 55 | 宜昌 | 0.48 | 80 |
| 莱芜 | 0.29 | 56 | 金华 | 0.49 | 81 |
| 邯郸 | 0.30 | 57 | 徐州 | 0.49 | 82 |
| 南昌 | 0.30 | 58 | 韶关 | 0.50 | 83 |
| 潮州 | 0.31 | 59 | 辽阳 | 0.50 | 84 |
| 广安 | 0.31 | 60 | 运城 | 0.50 | 85 |
| 郑州 | 0.31 | 61 | 佛山 | 0.51 | 86 |
| 秦皇岛 | 0.31 | 62 | 焦作 | 0.51 | 87 |
| 盐城 | 0.31 | 63 | 南通 | 0.52 | 88 |
| 天水 | 0.31 | 64 | 营口 | 0.53 | 89 |

续表

| 城市 | 偏离度 | 排名 | 城市 | 偏离度 | 排名 |
|---|---|---|---|---|---|
| 益阳 | 0.31 | 65 | 沈阳 | 0.55 | 90 |
| 岳阳 | 0.33 | 66 | 衢州 | 0.56 | 91 |
| 石家庄 | 0.34 | 67 | 贵阳 | 0.56 | 92 |
| 杭州 | 0.35 | 68 | 衡阳 | 0.57 | 93 |
| 咸阳 | 0.36 | 69 | 德州 | 0.57 | 94 |
| 荆门 | 0.36 | 70 | 连云港 | 0.57 | 95 |
| 洛阳 | 0.37 | 71 | 鞍山 | 0.60 | 96 |
| 泰安 | 0.38 | 72 | 常州 | 0.62 | 97 |
| 盘锦 | 0.40 | 73 | 抚州 | 0.62 | 98 |
| 东莞 | 0.41 | 74 | 信阳 | 0.62 | 99 |
| 济源 | 0.42 | 75 | 阳泉 | 0.64 | 100 |

**表 5－13　城市群主要城市房地产投资安全性 101～150 名城市**

| 城市 | 偏离度 | 排名 | 城市 | 偏离度 | 排名 |
|---|---|---|---|---|---|
| 福州 | 0.66 | 101 | 绵阳 | 0.95 | 126 |
| 株洲 | 0.67 | 102 | 湘潭 | 0.97 | 127 |
| 濮阳 | 0.67 | 103 | 新乡 | 0.98 | 128 |
| 大连 | 0.69 | 104 | 湖州 | 1.00 | 129 |
| 济宁 | 0.69 | 105 | 丹东 | 1.00 | 130 |
| 滁州 | 0.72 | 106 | 承德 | 1.03 | 131 |
| 衡水 | 0.73 | 107 | 惠州 | 1.05 | 132 |
| 自贡 | 0.74 | 108 | 芜湖 | 1.08 | 133 |
| 沧州 | 0.77 | 109 | 泰州 | 1.08 | 134 |
| 南充 | 0.77 | 110 | 抚顺 | 1.10 | 135 |
| 龙岩 | 0.79 | 111 | 内江 | 1.10 | 136 |
| 三门峡 | 0.80 | 112 | 台州 | 1.13 | 137 |
| 济南 | 0.82 | 113 | 开封 | 1.15 | 138 |
| 滨州 | 0.84 | 114 | 东营 | 1.16 | 139 |

续表

| 城市 | 偏离度 | 排名 | 城市 | 偏离度 | 排名 |
|---|---|---|---|---|---|
| 黄石 | 0.86 | 115 | 三明 | 1.17 | 140 |
| 绍兴 | 0.86 | 116 | 宣城 | 1.18 | 141 |
| 丽水 | 0.87 | 117 | 晋城 | 1.18 | 142 |
| 孝感 | 0.87 | 118 | 张家口 | 1.24 | 143 |
| 铜陵 | 0.88 | 119 | 眉山 | 1.24 | 144 |
| 淄博 | 0.88 | 120 | 扬州 | 1.28 | 145 |
| 蚌埠 | 0.90 | 121 | 嘉兴 | 1.30 | 146 |
| 威海 | 0.93 | 122 | 鹰潭 | 1.32 | 147 |
| 聊城 | 0.94 | 123 | 安阳 | 1.36 | 148 |
| 鹤壁 | 0.94 | 124 | 阳江 | 1.38 | 149 |
| 莆田 | 0.95 | 125 | 忻州 | 1.39 | 150 |

**表 5－14　城市群主要城市房地产投资安全性 151～189 名城市**

| 城市 | 偏离度 | 排名 | 城市 | 偏离度 | 排名 |
|---|---|---|---|---|---|
| 本溪 | 1.40 | 151 | 鄂州 | 1.86 | 171 |
| 肇庆 | 1.42 | 152 | 梅州 | 1.89 | 172 |
| 云浮 | 1.47 | 153 | 达州 | 1.90 | 173 |
| 漳州 | 1.50 | 154 | 梅州 | 1.96 | 174 |
| 河源 | 1.51 | 155 | 上饶 | 1.97 | 175 |
| 廊坊 | 1.55 | 156 | 厦门 | 2.02 | 176 |
| 无锡 | 1.55 | 157 | 德阳 | 2.06 | 177 |
| 平凉 | 1.57 | 158 | 南平 | 2.12 | 178 |
| 马鞍山 | 1.57 | 159 | 清远 | 2.25 | 179 |
| 汕头 | 1.58 | 160 | 江门 | 2.27 | 180 |
| 商洛 | 1.59 | 161 | 池州 | 2.30 | 181 |
| 许昌 | 1.59 | 162 | 中山 | 2.47 | 182 |
| 镇江 | 1.60 | 163 | 乐山 | 2.50 | 183 |
| 雅安 | 1.66 | 164 | 遂宁 | 2.73 | 184 |

续表

| 城市 | 偏离度 | 排名 | 城市 | 偏离度 | 排名 |
|---|---|---|---|---|---|
| 茂名 | 1.72 | 165 | 景德镇 | 2.75 | 185 |
| 珠海 | 1.73 | 166 | 吉安 | 2.90 | 186 |
| 黄冈 | 1.75 | 167 | 湛江 | 3.26 | 187 |
| 安庆 | 1.82 | 168 | 揭阳 | 3.64 | 188 |
| 宁德 | 1.83 | 169 | 汕尾 | 5.56 | 189 |
| 舟山 | 1.83 | 170 | | | |

我们对房地产投资安全性前50名城市所属城市群进行了统计分析，长江中游城市群、中原城市群分别占9席，居各城市群之首；山东半岛城市群占7席，长三角城市群占6席，居城市群投资安全第二梯队。如图5-2所示。

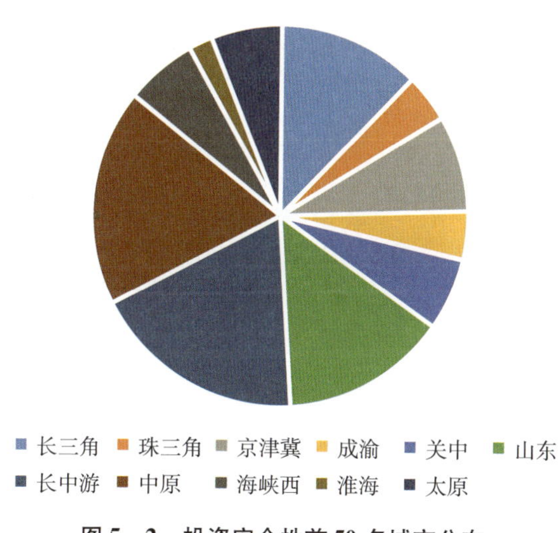


**图5-2　投资安全性前50名城市分布**

第六章

# 阵法——城市房地产投资的二维九宫格模型

"经济战国"时代，城市竞争的阵法多种多样，所以影响城市房地产投资逻辑的因素也是多方面的。借鉴国内外许多学者的观点：城市的综合竞争力 = F（硬要素、软要素）→城市功能体系。其中，硬要素 = 生产要素 + 基础设施 + 区位环境 + 产业基础；软要素 = 文化 + 制度 + 管理 + 开放。城市功能体系 = $\sum x_{ji}$，j 表示具体专业功能，i 表示空间功能的大小。所以 $x_{ji}$竞争力 = F（硬要素、相关软要素）。

结合房地产投资实践，我们确定城市群房地产投资竞争力发展潜力模型如图 6 – 1 所示。

| 城市的房地产投资潜力 | =F（城市硬要素、房地产软要素）→ | 城市房地产功能体系 |
|---|---|---|

**图 6 – 1 城市群房地产投资竞争力发展潜力模型**

城市硬要素 = 人口要素 + 容量要素 + 经济要素 + 城市发展要素（配套资源要素 + 交通要素 + 旅游要素 + 规划引领要素）

房地产软要素 = 房价热度 + 地价热度 + 竞争热度

为了便于理解和实操，我们将城市硬要素简化为城市基本面，将房地产软要素简化为房地产市场热度。在分别的硬要素和软要素内部，其功能体系 = $\sum x_{ji}$，j 表示具体专业模块，i 表示城市具体指标的大小。所以得出：

$x_{ji}$竞争力 = F（城市硬要素、房地产软要素）

这里需要提醒注意的是，城市硬要素与房地产软要素之间并不是简单的叠加关系，而需要一个新的模型来定义和解读。故：

$x_{ji}$竞争力 ≠ $\sum$（城市硬要素、房地产软要素）

而关键模型 F = Fortune

这就是财富模型！

## 第一节　城市房地产投资潜力的二维模型

业界的专家和学者在评价城市发展与房地产市场的关系时，大多采用市场供求理论来构建模型，如丁祖昱将一级指标设定为市场容量、市场供求、购买能力、外部环境四个方面，设定不同权重在一个维度上直接加权得出结论。而本书认为城市发展与房地产市场不是一个维度的指标，需要构建二维模型来进行描述。究其原因，城市发展的规律和变化趋势与房地产市场的规律和变化趋势不能完全吻合，无法在一个维度进行评判和叠加。

从城市基本面来看，其基本逻辑是，产业集聚发展带来人口的集聚，人口集聚的需求导致房地产市场容量需求的增加，房地产市场的发展又影响了人口的集聚与分布，进而影响城市配套资源的集聚和分布，又反过来促进第三产业的发展和城市经济的变化。我们将这个逻辑定义为刚性的城市发展框。如图 6－2 所示。

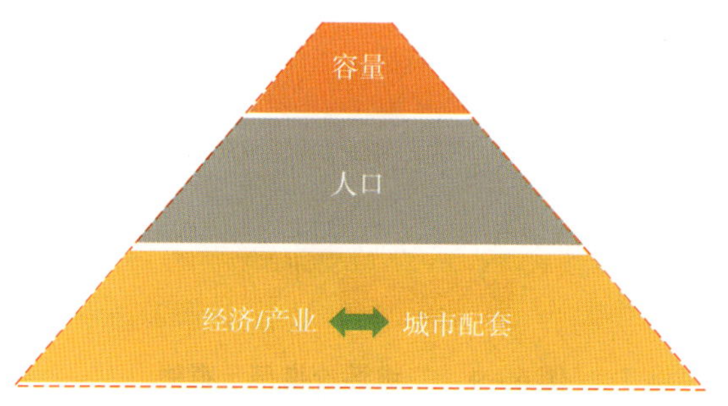


**图 6－2　刚性的城市发展框模型**

从房地产市场热度来看，其基本逻辑是，房价热度、地价热度、竞争热度共同影响着市场热度，且互相影响、互相促进，共同变化、共同成长。我们将这个逻辑定义为柔性的房地产热气球。如图 6－3 所示。

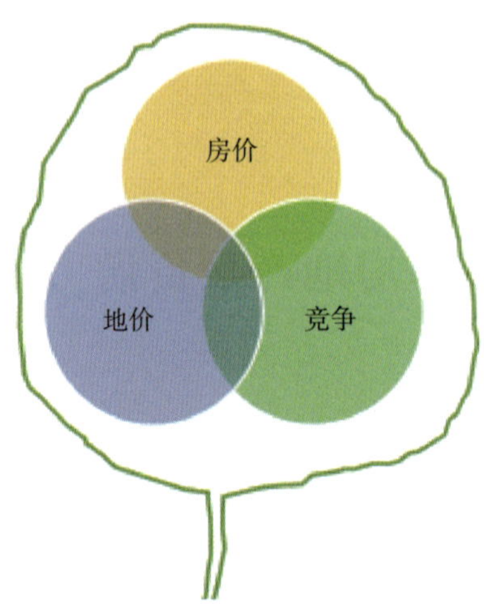


图 6 –3　柔性的房地产市场热度模型

从变化周期看，城市发展的变化相对较小，我们基本上以年为周期进行分析比对，而房地产市场的变化相对较快，有时候一个突发事件或政策的颁布，将直接导致房地产气球爆裂升天或萎缩下沉，我们以一个季度为周期进行分析比对。如果关注的城市数据能够及时搜集，我们建议房地产市场热度周期最好可以一个月一更新。

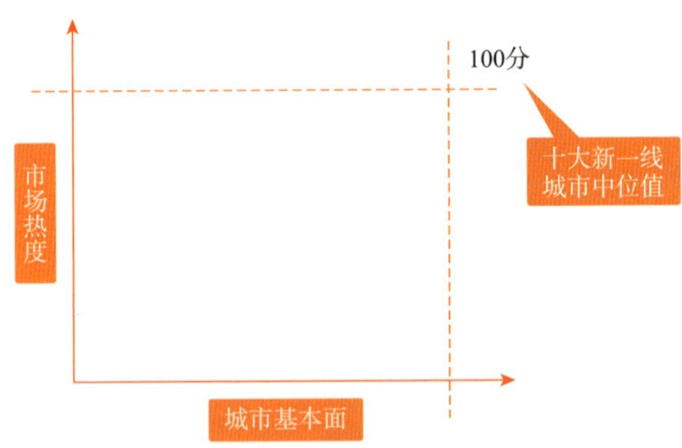


图 6 –4　二维评价模型示意图

如图 6 –4 所示，本书将城市发展与房地产市场的关系定义为二维模型，两个维度分别是城市发展基本面和房地产市场热度，二者之间匹配的难点在于如何对这两个维度进行关联性测评分析。

如果房地产热气球大小适中匹配或适度大于城市发展框，则房地产热气球会带着城市在健康稳健的轨道上前行，房地产投资潜力大且风险可控；如果房地产热度相对城市发展产生泡沫，其热气球就会拉升城市基本面，脱离城市发展基本轨道，产生巨大的泡沫，互相影响变成互相挤压，最终热气球爆裂，城市发展重回谷底，房地产投机属性大且存在极大的爆仓风险；如果房地产热气球相比城市发展框要小很多，说明房地产热度相对城市发展偏冷，这个城市要么投资潜力巨大是个“大红包”，要么投资风险巨大是个不折不扣的“大坑”。

为便于对每一个城市进行比较，本书以十大城市群中的 10 个 2018 年新一线城市（如图 6－5 所示）各项指标绝对数的中位值为 100 分，计算其他城市该项指标的相对得分值，后对指标进行加权，得到该城市在城市基本面和市场热度两个维度的最终得分。

| 2018 年 10 大新一线城市 |
| --- |
| 成都、重庆、杭州、南京、沈阳、苏州、天津、武汉、西安、郑州 |

**图 6－5　2018 年 10 大新一线城市**

通过上述方法，根据各个城市两个维度的得分，得出了 189 个城市在二维模型中的落位。如何对上述城市进行分类分析，是一个极具挑战性的课题。如图 6－6 所示。

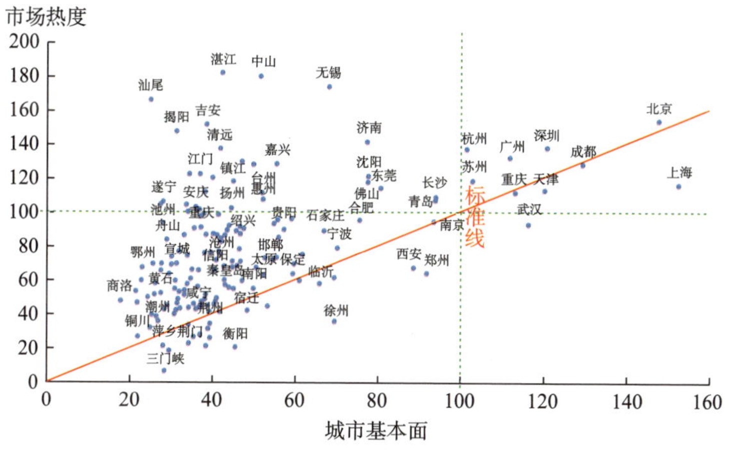


**图 6－6　二维模型中的城市落位**

然而，传统的四象限分析模型太粗，策略相对单一，无法满足各类型房企和不同发展阶段城市投资的匹配性要求，在分析了大量投资案例的基础上，我们创新提出九宫格策略模型。

## 第二节　九宫格策略模型

首先需要确定分类标准，本书以 10 个新一线城市的中位值作为百分线标准。在城市基本面，以城市群中位数 40 作为中位城市线标准；以中位值与 100 分的均值 70 作为“优质”城市线标准。将城市区分为城市发展较弱区、适中区、较好区。在市场热度面，以城市群中城市市场热度中位数 69 作为市场适中线，以中位值与 100 分的均值 85 作为市场预警线。将市场区分为市场偏冷区、适度区、过热区。以此建立九宫格基础框架。如图 6－7 所示。

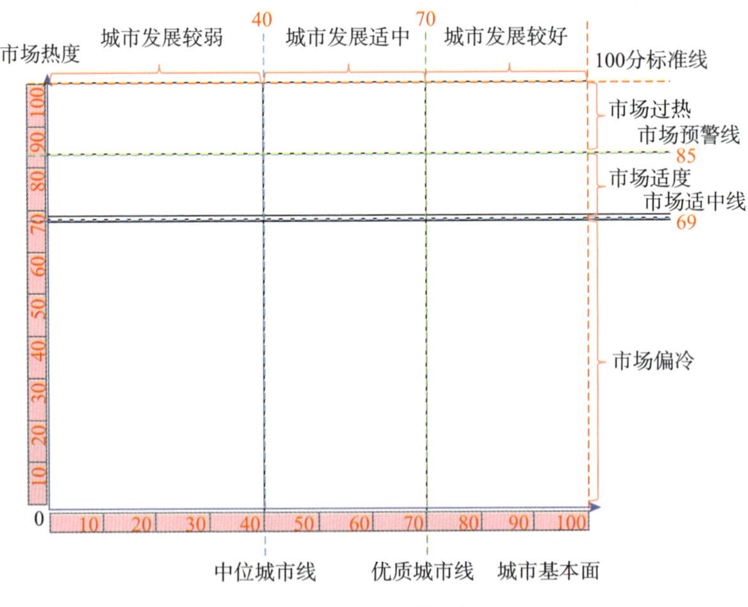


图 6－7　九宫格基础框架

策略制定上，我们依据上述标准制定九宫格模型，根据九个区不同的落点，在城市基本面分区的基础上，结合当地市场热度确定不同的策略。如图 6－8 所示。

- 在**城市发展较弱区**，我们根据市场热度由冷到热，依次定义为**挑货区、慎入区、抛货区**。
- 在**城市发展适中区**，我们根据市场热度由冷到热，依次定义为**进取区、看平区、快销区**。
- 在**城市发展较好区**，我们根据市场热度由冷到热，依次定义为**扫货区、搏杀区、捡漏区**。

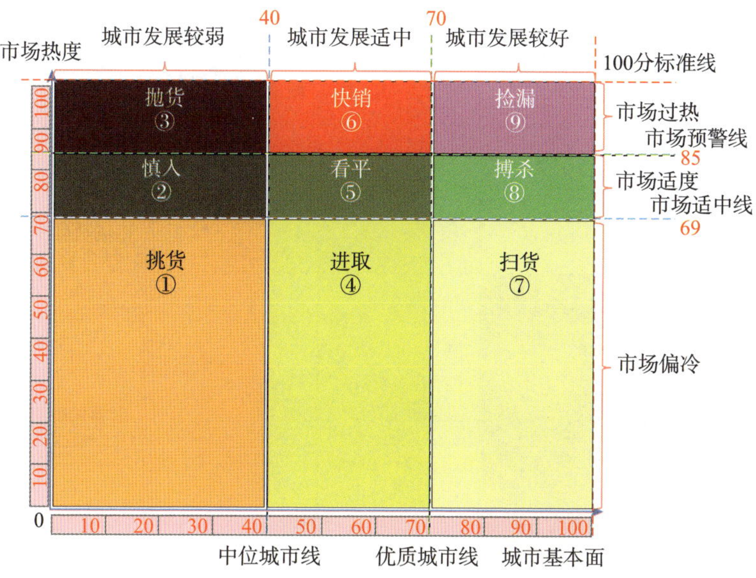


**图 6－8　九宫格策略示意图**

需要说明的是，城市发展的变化较慢，故城市阶段的落位在短期内变化不大，但房地产市场热度有可能会随着政策出台和不确定因素的影响发生急剧变化。

# 第三节　九宫格分区推演

九宫格策略模型是房地产投资模型最重要的分析工具，我们在构建模型后，邀请业内专家进行了逐一的分析评判，且根据某些大型房地产企业投资实践验证，最终给出本书含金量最高的九宫格分区投资策略。

九宫格一至三区均处在城市发展较弱区，根据市场热度从低到高重新定义九宫格一至三区策略。如图 6－9 至 6－11 所示。

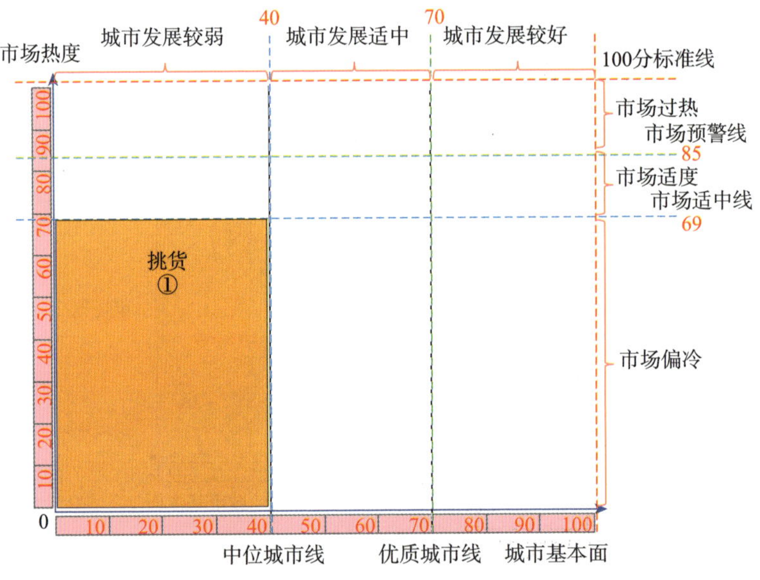


图 6－9　九宫格一区

**挑货区：**

该区域城市基本面较弱，市场热度较低，房地产市场整体处于平淡期，风险偏小，在某些细分市场如高端市场，存在一定市场需求；需要通过审慎挑选高性价比的优质项目实现城市进驻。

**【关键词】**高端市场、高性价比、优质项目

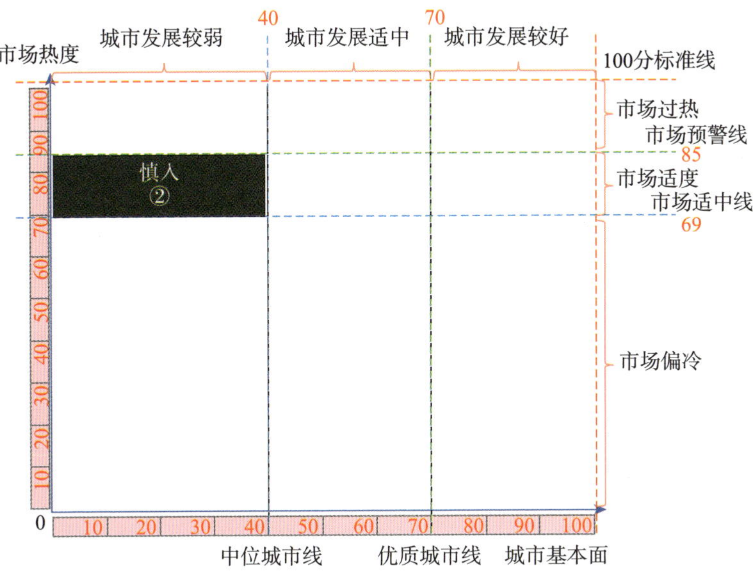


图 6-10　九宫格二区

**慎入区：**

该区域城市基本面较弱，区域的房地产发展水平高于平均水平，未进驻城市不急于进驻，对已进驻城市需要提高投资标准，仔细筛分、审慎挑选投资项目。

**【关键词】** 细致筛分、探明缘由、提高标准、谨慎投资

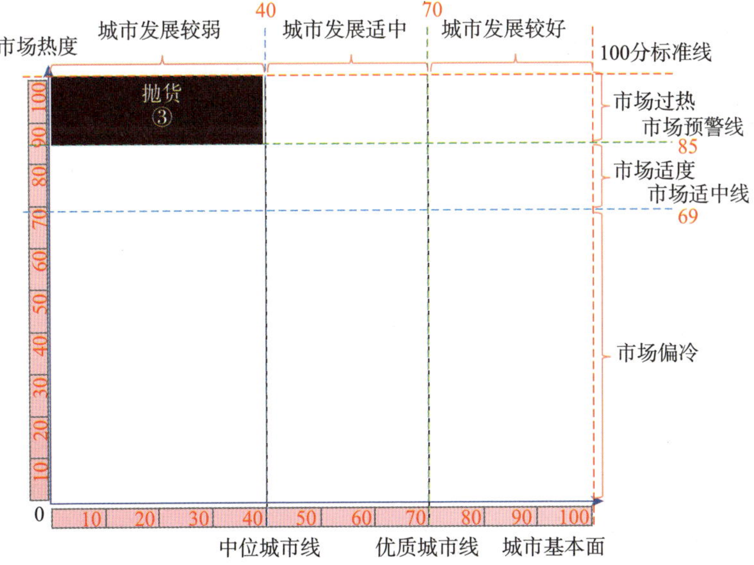


图 6-11　九宫格三区

**抛货区：**

该区域城市基本面较弱，市场过热，短期过度炒作，或许是由于偶然因素导致火爆，中短期城市基本面无法给予稳定支撑。如公司尚未进驻，则近期坚决不进驻；如手上有货，应迅速抛货离场或转让项目。

**【关键词】**过度炒作、无力支撑、抛货离场

九宫格四至六区均处在城市发展适中区，根据市场热度从低到高重新定义九宫格四至六区策略。如图6－12至6－14所示。

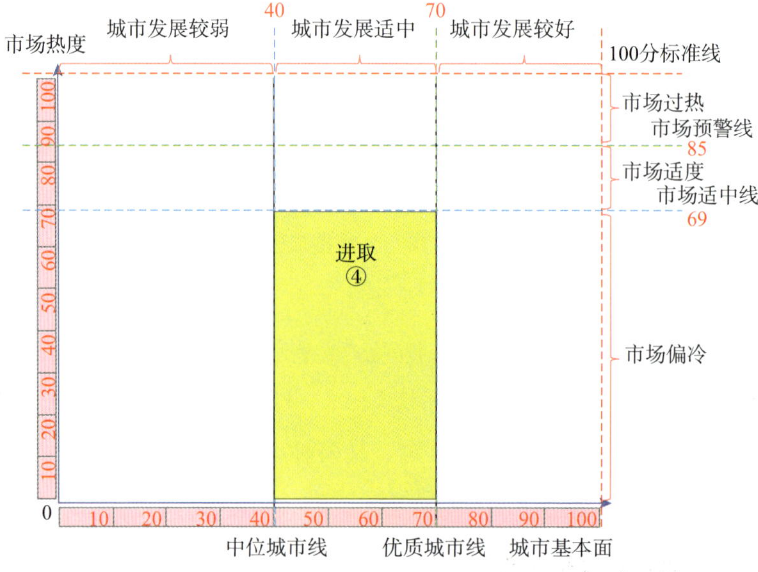


**图6－12　九宫格四区**

**进取区：**

该区域城市基本面适中，市场偏冷，具有较大发展空间，应加大投资力度，积极进取把握投资机会。

**【关键词】**加快布局、积极拓展、加大投资、看好明天

**看平区：**

该区域城市基本面适中，市场热度也适中，整体较均衡健康。目前阶段，由于前期涨幅过大，故对该区域市场应整体看平，对市场价格不宜抱有太大预期。但投资相对安全，优质项目可以降低投资标准，将其作为公司跑量区，但不宜入手较大地块。总体来看，该区域是我公司冲击规模的

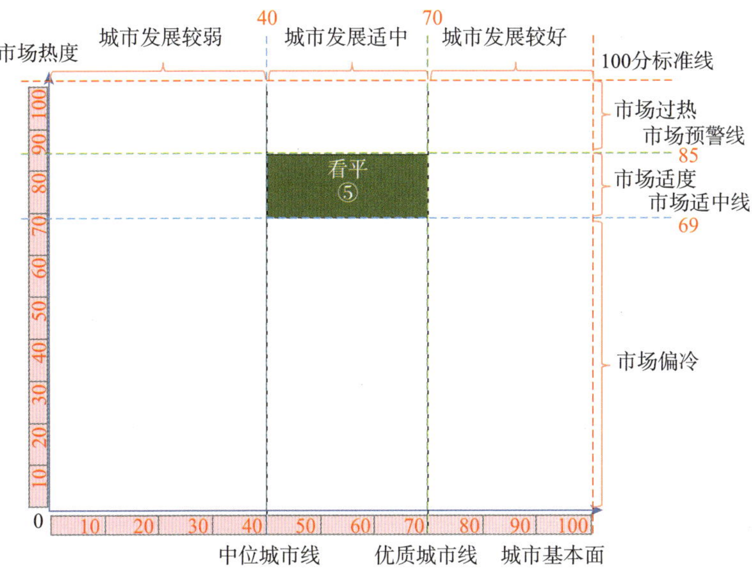


图 6－13　九宫格五区

最主要地区，以高周转为主。

【关键词】不加预期、快速周转、跑量为主

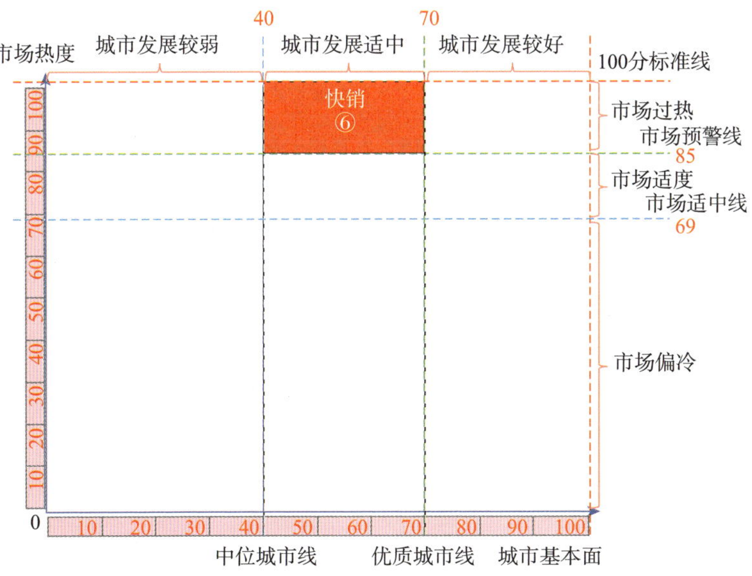


图 6－14　九宫格六区

**快销区：**

该区域城市基本面适中，市场过热，短期存在回调风险。如公司尚未进驻需谨慎进驻；如手上有货应把握市场热度，波峰快销出货。

**【关键词】**波峰出货、谨慎进入

九宫格七至九区均处在城市发展较好区，根据市场热度从低到高重新定义九宫格七至九区策略。如图6－15至6－17所示。

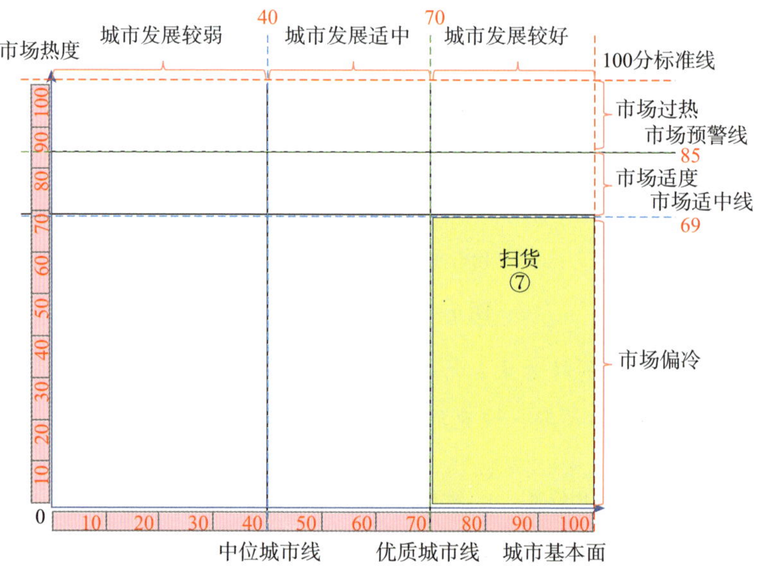


**图6－15　九宫格七区**

**扫货区：**

该区域城市基本面较好，市场偏冷，具有非常强的投资价值，有货就扫，应把握投资机会，快速增加土地储备。这类城市基本上很少。

**【关键词】**潜力巨大、积极扫货

**搏杀区：**

该区域城市基本面较好，市场热度适中，投资安全性非常高。土地市场竞争激烈，利润率不高，但是市场出货量较大，领涨抗跌能力强。在下一轮板块轮动中，存在领先溢价的机会；在土拍市场竞争中，应紧盯对手贴身肉搏。

**【关键词】**竞拍激烈、贴身肉搏、领涨抗跌、冲击规模

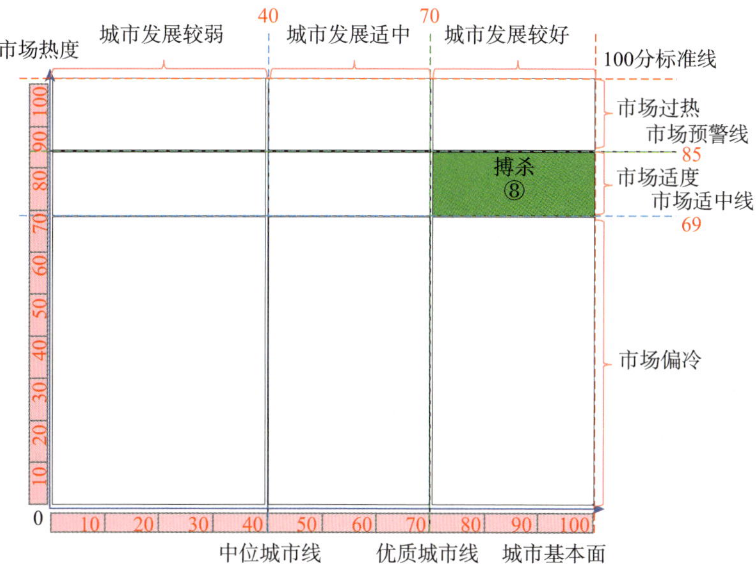


图 6－16　九宫格八区

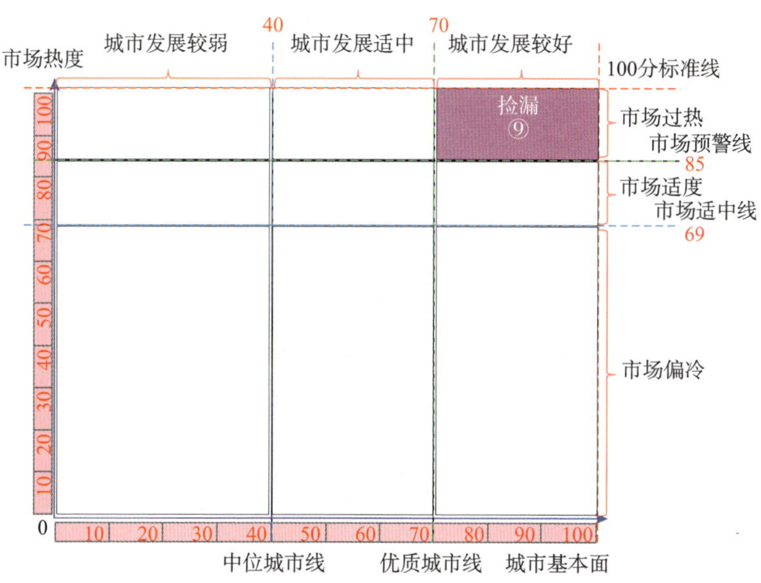


图 6－17　九宫格九区

**捡漏区：**

该区域城市基本面较好，市场火爆，中长期可支撑，但需谨慎关注政府调控强制措施，对该区域建议战略上保持进驻态势，一旦有捡漏机会坚决进驻。

【关键词】密切紧盯、捡漏进驻

## 第四节　九宫格模型应用攻略

九宫格模型是做好城市房地产投资策略的基础工具，但我们要在九宫格模型基础上，更好地指导投资实践，就需要更宽视角的应用攻略。在具体的房地产投资实战中，我们应建立层层递进的分析框架，通过读数据、解逻辑、筛指标，最终达到“紧盯市场、发现机会、避免陷阱”的目标：

- 紧盯市场——读数据——观雷达。
- 发现机会——解逻辑——绘地图。
- 避免陷阱——筛指标——落定位。

以九宫格模型为工具，我们可以实现三个层次的实战应用。如图 6 - 18 所示。

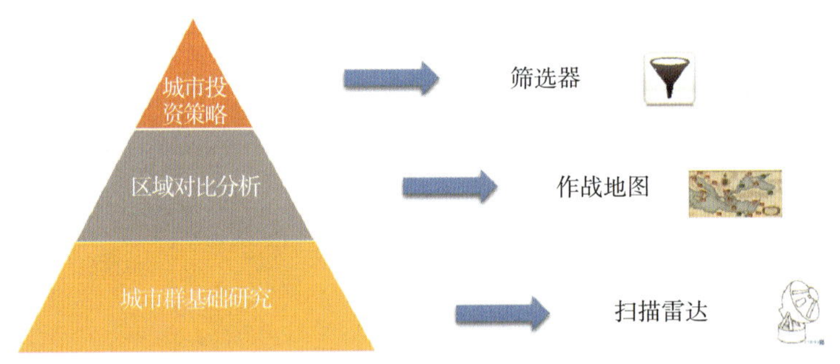


**图 6 - 18　九宫格模型三个层次的应用攻略**

第一个层次，通过城市群基础研究，构建城市群房地产投资的全景影像地图。通过雷达扫描，对分析的城市群所处的区域和具体投资城市有清晰的认知和了解。

第二个层次，通过区域对比分析，构建房地产投资的“作战地图”。通过建立的分析框架，解读城市发展逻辑，展现全国城市群主要地级市的投资机会和市场热度，为区域房地产投资布局提供帮助。

第三个层次，通过具体城市的投资分析策略，构建房地产投资的“筛选器”。通过完善的指标设计，揭示和发现机会，避开陷阱；在资源有限的情况下，优化房地产企业资源配置，力求阶段性投资效益和效率最优化。

第七章

# 策略——“经济战国”时代房地产投资逻辑与全景分析

# 第一节　“经济战国”时代房地产投资的战争逻辑

中国城市群的发展主要经历了城市发展自然集聚和政策引领两个阶段，而中国城市群房地产的发展也同样经历了人口集聚产生需求和政府引导发展两个阶段。

人口的集聚和流动产生住房需求，当前人口流动的原因主要有两个：

一是中国城市化进程加速带来的人口流动。

二是户籍政策放开后人才的自由迁徙流动。

从发达国家的经验及我国人口流动的趋势看，年轻人才流向大城市和城市圈，房地产的发展转向区域性和结构性机会，发展潜力大的区域集中于“十三五”规划的主要拓展和人口流入区域。中国的房地产市场目前尚不符合一个纯粹的供需市场模型，其除了受到人口需求和房企供应外，还更多地受到政府调控的影响。政府利用土地供应、规划指标、限购限售措施、金融政策等多种手段，通过行政手段调控供需关系以影响房地产市场。如图 7 - 1 所示。

我们从房地产的本质属性开挖，根据房地产的属性划分，城市房地产的首要属性是居住属性，其次是投资属性和金融属性，然后在政府“只住不炒”的引领下，最终的落脚点将回归到以居住为目的的社会属性。这里

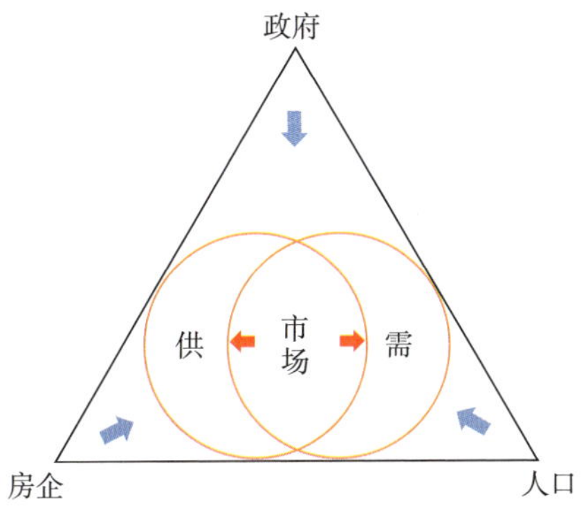


**图 7－1 房地产市场三方作用力示意图**

需要啰唆一句，在我们没有将房产商品化之前，房子在配给制下体现最多的就是其以居住为目的的社会属性，只不过当时和现在对社会阶层属性的评判标准有些差异罢了。如图 7－2 所示。

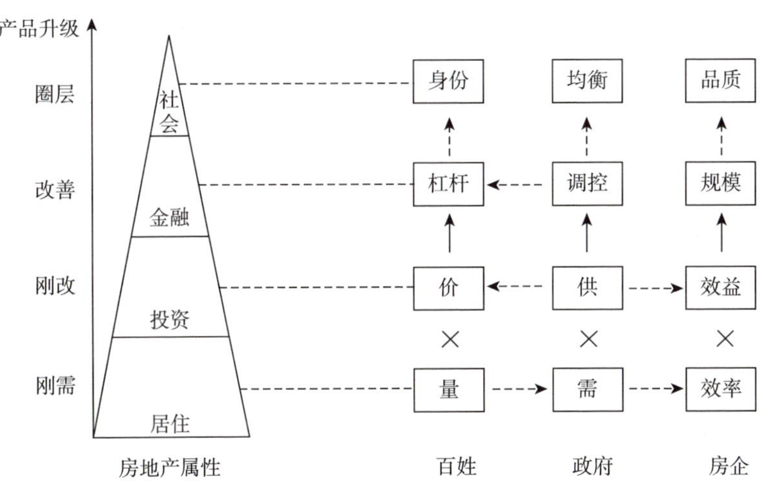


**图 7－2 房地产投资逻辑示意图**

对应消费产品升级的路径，市场上提供的产品则依次是刚需型产品、刚改型产品、改善型产品，之后逐步推出满足社会圈层需求的圈层型产品。需要说明一下的是，圈层型产品不一定就是豪宅，而是更多关注社群属性的产品，如位于秦皇岛昌黎的阿那亚将产品卖给北京的中产小资客群，贴个标签——距离北京最近的海。这是一个位于秦皇岛的独立的北京社区，95% 以上是北京客户，园区内的车都是北京牌照，连社区音乐节摇滚歌手和业主的互动口号都是“100108”之类的北京元素，玩的就是圈层属性。

人口集聚和城市发展带来了百姓的居住需求，城市房地产特征以居住为主。在居住属性维度，百姓关注的是自己有没有房子住，市场上有没有足够数量和面积的产品；政府关注的是百姓的居住需求是否得到满足；房企则更多地关注生产效率，尽快提供足够数量的产品。

在居住需求得到满足后，部分客户开始更多关注投资属性，其城市房地产特征将转化为以投资为主。在投资属性维度，百姓关注的是买房子有没有价差可赚，政府关注的是城市发展带来的土地资源升值，且这一升值能否更好地获得土地财政收益进而继续支持城市发展。房企则关注通过房地产开发如何更好地获得城市发展的红利。

随着百姓投资意识和政府经营城市理念的加强，更多的客户希望通过借助金融工具实现财富增值，城市房地产特征转化为以金融为主。在金融属性维度，百姓关注的是如何花更少的首付利用杠杆购置固定资产；政府关注的是使用何种调控政策抑制金融绑架房地产产品，以驱使房子回归房地产本质属性；房企则更多地关注如何通过金融杠杆做大企业规模，挺过重重考验迎接房地产业的第二个春天。

随着房地产属性逐步回归到社会属性，百姓关注的是房地产带给他的圈层标识和身份象征意义；政府在“只住不炒”的理念下实现房地产市场均衡；而房企则回归到以品质为主要特征的个性化定制时代。

## 第二节　纺锤体城市阵形的战场对决

城市发展进入城市群组团竞争阶段，城市群之间的竞争愈演愈烈。不同的城市等级体系结构，其城市群发展潜力不同。我们对十大典型城市群进行了梳理分析，得出图 7－3 的城市等级体系结构模型。

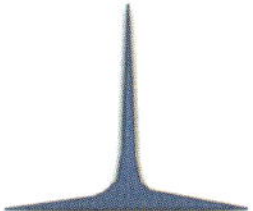

**图 7－3　城市等级体系结构模型**

城市群城市起步发展阶段，城市等级体系呈现杯托型，一般有 1 至 2 个较强的核心城市，城市较多且没有特别突出的区域性城市，核心城市与一般城市两极分化严重，核心城市具有显著的虹吸效应。

十大城市群中，成渝城市群城市发展较好、适中与较差城市比例为 2:1:13、辽中南城市群比例为 1:1:7、关中城市群比例为 1:1:8，均属于典型的杯托型城市等级结构。

这里需要说明的是，从城市等级体系结构分析，太原城市群比例为 0:1:5、海峡西岸城市群比例为 0:8:12。由于其城市群自身缺乏首位核心城市，故从等级体系结构维度来看，这两个城市群还不属于真正意义上的城市群。

城市群城市快速发展阶段，城市等级体系呈现金字塔形结构，一般有 1 至 2 个较强的核心城市，还有较合理的次级中心城市或区域中心城市，底层一般城市也较多，整体呈现较为明显的金字塔式布局，发展适中的城市与一般城市呈现梯队发展模式。十大城市群中长江中游城市群城市发展较好、适中与较差城市比例为 2:7:19、中原城市群比例为 1:14:15，均属于典型的金字塔形城市等级结构。

城市群发展的成熟发展阶段，城市等级体系呈现纺锤体型结构，发展较好的城市适度，中间发展成熟的适中城市最多，底层一般城市较少。十大城市群中长三角城市群城市发展较好、适中与较差城市比例为 6:13:7、珠三角城市群比例为 4:3:2、京津冀城市群比例为 2:11:1、山东半岛城市群比例为 2:12:3、淮海城市群比例为 1:5:2，均属于典型的纺锤体型城市等级结构。

## 第三节 “经济战国”时代房地产征战全景分析

为了更好地展现中国城市群房地产竞争的全景视角，我们利用三种不同的工具模型进行全景呈现。

### “中国主要城市群投资潜力雷达图”

根据本书的城市群综合评价体系，我们选取 14 个维度绘制成“中国 12 个主要城市群投资潜力雷达图”，主要包括：城镇化率、人口规模、经济总量、城市个数、城市等级体系、国土面积、产业发展、财富水平、市场容量、市场热度、经济活力、配套及环境、交通便捷度、旅游服务。如图 7－4 所示。

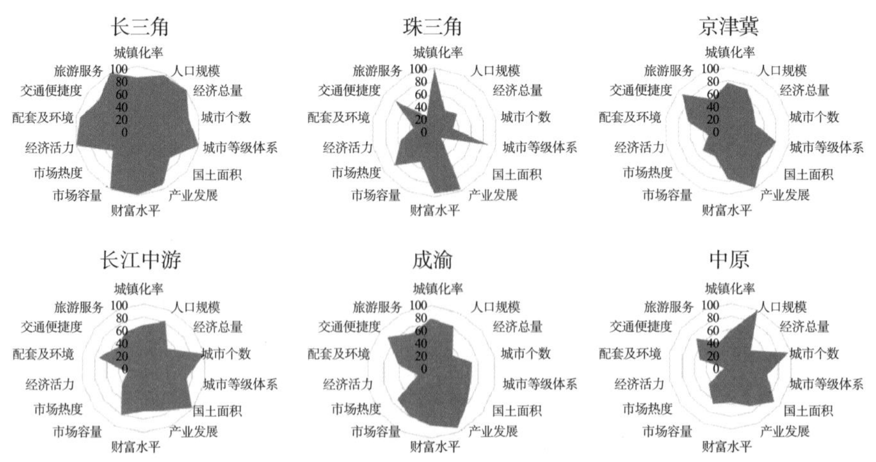

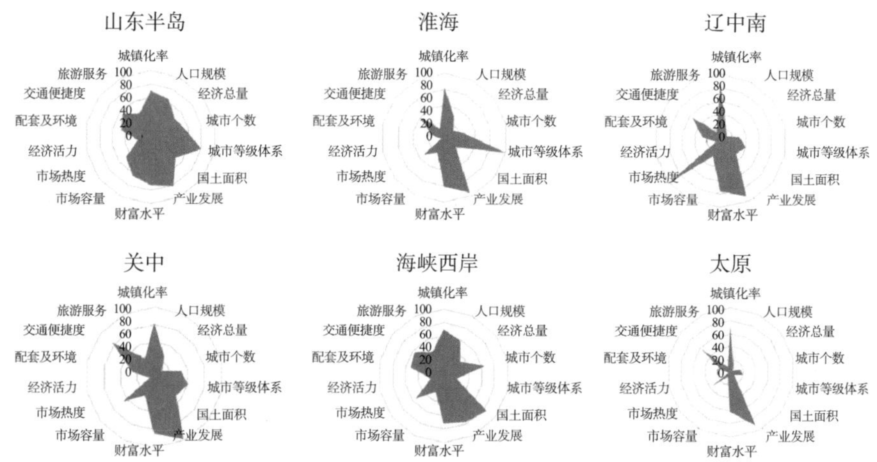


**图 7－4　中国 12 个主要城市群投资潜力雷达图**

从雷达图可以看出，长三角城市群是当之无愧的世界级城市群，除了房地产热度维度控制较好外，整体维度均非常优秀；珠三角相比其他城市群，人口、经济、城市个数等规模较小，但产业发展、财富水平、城镇化率和房地产市场热度比较高。总体来看，除长三角位列第一梯队外，京津冀、长江中游、成渝、中原和山东半岛城市群处在第二梯队。

## 城市群经济联系强度模型

基于空间相互作用理论和距离衰减定律，对区域主体间相互作用采用经济联系强度的方式衡量，公式如下：

$$Y_{ij} = \frac{\sqrt{PiGi} \pm \sqrt{PjGj}}{Eij^2}$$

公式中，$Y_{ij}$为城市群间经济联系强度；$P_i$和 $P_j$分别为 i 和 j 城市群的 GDP；$G_i$和 $G_j$分别为 i 和 j 城市群的总人口；$E_{ij}$为 i 和 j 城市群间的空间距离。

**表 7-1　中国 12 个主要城市群经济联系强度表**

| | 长三角 | 珠三角 | 京津冀 | 长江中游 | 成渝 | 中原 | 山东半岛 | 淮海 | 辽中南 | 关中 | 海峡西岸 | 太原 |
|---|---|---|---|---|---|---|---|---|---|---|---|---|
| 长三角 | | 0.047 | 0.094 | 0.209 | 0.027 | 0.160 | 0.177 | 0.137 | 0.012 | 0.020 | 0.159 | 0.009 |
| 珠三角 | | | 0.013 | 0.063 | 0.018 | 0.029 | 0.016 | 0.008 | 0.002 | 0.006 | 0.055 | 0.004 |
| 京津冀 | | | | 0.068 | 0.019 | 0.191 | 0.457 | 0.059 | 0.046 | 0.020 | 0.018 | 0.039 |
| 长江中游 | | | | | 0.049 | 0.360 | 0.109 | 0.071 | 0.007 | 0.046 | 0.076 | 0.011 |
| 成渝 | | | | | | 0.046 | 0.021 | 0.009 | 0.003 | 0.033 | 0.011 | 0.004 |
| 中原 | | | | | | | 0.391 | 0.219 | 0.013 | 0.110 | 0.034 | 0.049 |
| 山东半岛 | | | | | | | | 0.247 | 0.020 | 0.026 | 0.024 | 0.031 |
| 淮海 | | | | | | | | | 0.005 | 0.011 | 0.014 | 0.005 |
| 辽中南 | | | | | | | | | | 0.002 | 0.003 | 0.002 |
| 关中 | | | | | | | | | | | 0.006 | 0.007 |
| 海峡西岸 | | | | | | | | | | | | 0.019 |
| 太原 | | | | | | | | | | | | |

京津冀和山东半岛城市群经济联系最强，中原和山东半岛、中原和长江中游、长三角和长江中游之间的经济联系处在第二梯队。从城市群整体经济联系密度看，京津冀城市群、山东半岛城市群、中原城市群、长江中游城市群和长三角城市群对周边城市群的辐射影响较强。

## 二维视角的九宫格模型

我们选取十大典型城市群进行分析，我们对十大典型城市群房地产主要相关数据对比如图7－5所示。

综合分析各城市群主要特征，我们描绘出十大典型城市群城市中位值落位图。如图7－6所示。

| 区位 | 一线城市群 | | | 二线城市群 | | | | 三线城市群 | | 四线城市群 |
|---|---|---|---|---|---|---|---|---|---|---|
| 城市群 | 京津冀 | 长三角 | 珠三角 | 山东 | 中原 | 长江中游 | 成渝 | 辽中南 | 淮海 | 关中 |
| 发展阶段 | 阶段二<br>强核外溢 | 阶段三<br>网状辐射 | 阶段三<br>网状辐射 | 阶段一<br>强核吸附 | 阶段一<br>强核吸附 | 阶段一<br>强核吸附 | 阶段一<br>强核吸附 | 阶段一<br>强核吸附 | 阶段一<br>强核吸附 | 阶段一<br>强核吸附 |
| 常住人口（亿人） | 1.1 | 1.5 | 1.1 | 1 | 1.6 | 1.3 | 1 | 0.3 | 0.4 | 0.4 |
| 城镇化率 | 64% | 71% | 88% | 59% | 49% | 57% | 55% | 75% | 53% | 53% |
| GDP（万亿） | 7.7 | 14.7 | 8.7 | 6.7 | 6 | 7.1 | 4.8 | 1.9 | 2.1 | 1.6 |
| 住宅销售面积（万平米） | 5100 | 12000 | 8700 | 7400 | 7700 | 9100 | 6800 | 2800 | 2300 | 2800 |

**图7－5 十大典型城市群主要相关数据对比**

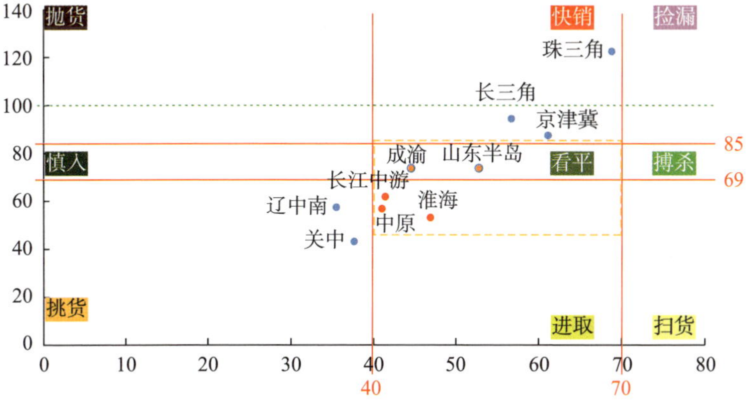


**图7－6 十大典型城市群城市中位值落位图**

辽中南和关中城市群由于城市基本面较弱，整体处在挑货区，应谨慎拓展挑货进驻。

长三角、珠三角、京津冀城市基本面较好，市场较热，处在快销区，应加强风险防控。

应重点关注进取区的长江中游、中原、淮海城市群，和处在看平区的山东半岛、成渝城市群。

同时，综合考虑人口总量、城镇化率和城市等级体系结构的影响，长江中游和中原城市群总人口超过 1.2 亿，城镇化率达到 50% 左右，进入到中期加速阶段；且城市等级体系结构较完善均衡，应作为重点关注的城市群，加大投资力度。

## 第四节　城市房地产投资争夺战

房地产投资征战的大局最终体现在一个个具体的城市投资争夺战役上。我们将 189 个城市的散点图落到九宫格模型中，得到中国主要城市群城市房地产投资策略全景图如图 7－7 所示。

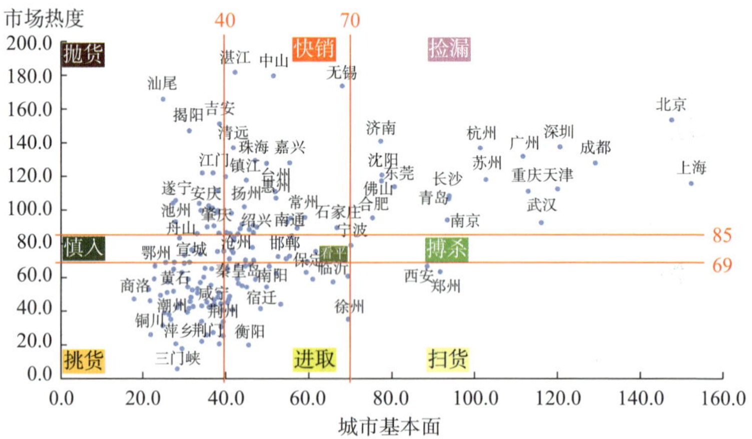


**图 7－7　中国主要城市群城市房地产投资策略全景图**

从整体分布来看，处在城市发展较好区的城市数量、城市发展适中区与城市发展较差区城市数量之比大致符合二八定律。如图 7－8 所示。

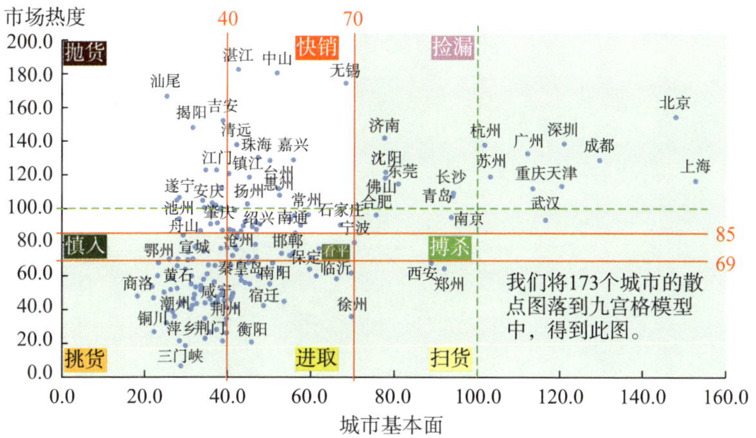


**图 7－8　重点拓展城市分布图**

根据九宫格模型分析，阶梯阴影部分为房地产投资需重点拓展的城市：

**捡漏区：**城市土拍市场竞争激烈，基本面超过 100 分的城市一般为区域强核心城市，具有强大外溢效应，应密切关注周边辐射城市和郊区县市场的捡漏机会；基本面 100 分以内的为区域次级核心城市或较弱城市群的核心城市，应关注城市新区和郊区县市场。济南、沈阳等城市市场热度超过基本面支撑，应防范区域市场风险；武汉、南京、合肥由于政府强调控压制，导致近期房地产市场相对偏冷。一方面，应密切关注政府调控措施；另一方面，应密切关注投资机会。

**扫货区和搏杀区：**城市基本面较好，应为房地产企业积极拓展区域，重点关注郑州、西安、徐州。西安是由于政府强调控房价导致市场热度低，应密切关政府调控政策；郑州、徐州地价涨幅较低，具有潜力，但作为弱区域核心城市，其城市发展可能短周期集中发展某一片区，应防范在徐州贾汪区、郑州空港新区的拿地风险。

**进取区、看平区、挑货区：**城市较多，本书将在具体的城市群章节中予以分析。

**抛货区、快销区、慎入区：**建议房地产企业谨慎拓展，未进驻城市则不进驻，已进驻城市以出货为主。

# 第三部分

## 征战

凡用兵之法：驰车千驷，革车千乘，带甲十万，千里馈粮；则内外之费，宾客之用，胶漆之材，车甲之奉，日费千金，然后十万之师举矣。

——《孙子兵法·作战篇》

第八章

# 东方霸主　雄踞天下

**大上海一向是世界经济潮流的领军者，又是中国经济龙脉的龙头，龙王腾飞，霸主即现。**

**称之东方霸主，不仅仅是其经济发展规模国内无人匹敌，且已跻身世界级城市群之列；更重要的是，长三角是经济自然集聚的霸主，不怒自威。**

**说其雄踞天下，一是因为经济势力范围之广之深远，传统的江浙财富宝地，一半以上的上市公司集聚区，世界的金融和贸易中心；二是周边的带动辐射影响深远，县域经济和城镇发展已经连成一片，区域城市的发展凝聚力和向心力空前高涨；三是以浙商为代表的长三角投资经营的理念在世界各地传播久远，形成新的中国商人典范。**

## 第一节　长三角投资策略综合分析

### 概况及特征

长三角城市群是我国目前最成熟的城市群，城镇分布密度较大，常住人口城镇化率超过 70%，区域一体化进程发展较快。现已逐步形成以上海为首位核心城市，以苏州、南京、杭州为副中心，以宁波、合肥为次级副中心的多中心结构的城市群。长三角城市群西侧紧邻长江中游城市群，北侧紧邻淮海城市群。

长三角城市群共涉及江苏、浙江、安徽三省及上海市，共有26个地级以上城市。如表8－1所示。

**表8－1　长三角城市群构成**

| | 城市名单 |
|---|---|
| 上海市 | 上海 |
| 江苏省（9） | 南京、苏州、无锡、常州、扬州、镇江、泰州、南通、盐城 |
| 浙江省（8） | 杭州、宁波、绍兴、嘉兴、台州、湖州、金华、舟山 |
| 安徽省（8） | 合肥、芜湖、马鞍山、铜陵、安庆、滁州、池州、宣城 |

根据长三角城市规模发展规划，处于发展轴线上且人口在20万以上300万以下，经济基础较好的中小城市是城市群未来的主要扩张和发展方向。如表8－2所示。

**表8－2　长三角城市群各城市规模等级**

<table>
<tr><th colspan="2">规模等级</th><th>划分标准<br>（城区常住人口）</th><th>城市</th></tr>
<tr><td colspan="2">超大城市</td><td>1000万人以上</td><td>上海</td></tr>
<tr><td colspan="2">特大城市</td><td>500万—1000万人</td><td>南京</td></tr>
<tr><td rowspan="2">大城市</td><td>Ⅰ型大城市</td><td>300万—500万人</td><td>杭州、合肥、苏州</td></tr>
<tr><td>Ⅱ型大城市</td><td>100万—300万人</td><td>无锡、宁波、南通、常州、绍兴、芜湖、盐城、扬州、泰州、台州</td></tr>
<tr><td colspan="2">中等城市</td><td>50万—100万人</td><td>镇江、湖州、嘉兴、马鞍山、安庆、金华、舟山、义乌、慈溪</td></tr>
<tr><td rowspan="2">小城市</td><td>Ⅰ型小城市</td><td>20万—50万人</td><td>铜陵、滁州、宣城、池州、宣兴、余姚、常熟、昆山、东阳、张家港、江阴、丹阳、诸暨、奉化、巢湖、如皋、东台、临海、海门、嵊州、温岭、临安、泰兴、兰溪、桐乡、太仓、靖江、永康、高邮、海宁、启东、仪征、兴华、溧阳</td></tr>
<tr><td>Ⅱ型小城市</td><td>20万人以下</td><td>天长、宁国、桐城、平湖、扬中、句容、明光、建德</td></tr>
</table>

长三角 26 个地级以上城市包括 108 个区、40 个县级市和 56 个县。根据中指的分类，26 个地级市共有一二线城市 7 个、三四线城市 19 个。如图 8－1 所示。

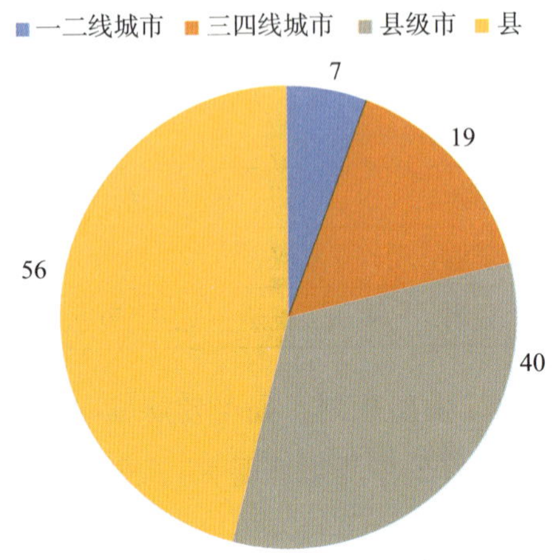


**图 8－1　长三角城市群概况**

长三角城市群区域一体化进程发展较快。现已逐步形成以上海为首位核心城市，以苏州、南京、杭州为副中心，以宁波、合肥为次级副中心的多中心结构的城市群。长三角城市群城市联系较为密切，内部城市发展相对较为均衡，除合肥外，其他城市受上海的辐射影响均较大，城市群发展趋向成熟。

**长三角城市群主要特征：**

**（1）核心城市和中心城市经济规模优势突出**

长三角综合经济实力突出，2017 年上海经济规模突破 3 万亿元，同时苏州、南京、杭州、无锡均加入了万亿俱乐部，全国 14 个经济规模万亿城市，长三角占 5 席。

**（2）城市群空间结构合理，城市等级体系较为完善**

长三角呈现明显的“Z”字形城市布局，其主要核心城市和次中心城市，均集中在沪宁合杭发展带上。同时，完善的等级体系为城市群发展带来强大动能，形成了杭州、南京、苏州、合肥等多级辐射发展圈。同时近年来杭州作为创新创业城市也极大地促进了城市群的发展。

**（3）城市群产业发展均衡合理**

长三角整体三产占比为54%，一二三产占比合理均衡，整体三产占比逐年提高，第二产业内部结构也不断优化，先进制造业比重不断上升。从产业布局看，江苏以工业建筑业和交通运输业为主，安徽以承接能源汽车、服装纺织等消费性产业为主，浙江金融业增加值贡献值较大，上海则优化空间布局，推进国际金融、航运和贸易中心建设，强化现代服务业增强其经济中心的功能。

**（4）长三角县级城市发展及县域经济较为发达**

50万人口以上县级城市达65个，全国十强县市中有7个来自长三角，且很多县级市都有上市公司，经济活跃度很高。

## 专题：长三角县域经济和房地产投资潜力分析

长三角县及县级市共有99个，其中县级市（含三个区）43个，县56个；长三角50万人口以上规模的县级城市共有65个，占比高达66%。如表8－3所示。

**表8－3　长三角各区域县级城市人口分布**

| | 城市数 | N>50万人口城市数 | 20<N≤50万人口城市数 | N<20万人口城市数 | 平均人口（万人） |
|---|---|---|---|---|---|
| 浙江 | 35 | 18 | 16 | 1 | 55 |
| 江苏 | 29 | 28 | 1 | 0 | 93 |
| 安徽 | 35 | 19 | 12 | 4 | 54 |
| 长三角 | 99 | 65 | 29 | 5 | 68 |

长三角县域经济发达，2017年全国百强县中，长三角县级市共有29个入选，且十强中有7个入选。百强中浙江有13个，江苏有15个，安徽1个。如图8－2所示。

长三角县域城镇人均可支配收入为35428元，其中浙江高于长三角平均值24%，江苏高于长三角平均值5%，安徽低于长三角平均值27%。如

| 百强排名 | 城市 | 所属省份 |
|---|---|---|
| 1 | 昆山市 | 江苏 |
| 2 | 江阴市 | 江苏 |
| 3 | 张家港市 | 江苏 |
| 4 | 常熟市 | 江苏 |
| 5 | 慈溪市 | 浙江 |
| 7 | 太仓市 | 江苏 |
| 9 | 宜兴市 | 浙江 |
| 12 | 义乌市 | 浙江 |
| 13 | 诸暨市 | 浙江 |
| 14 | 余姚市 | 浙江 |
| 18 | 丹阳市 | 江苏 |
| 21 | 海门市 | 江苏 |
| 23 | 扬中市 | 江苏 |
| 24 | 海宁市 | 浙江 |
| 26 | 如皋市 | 江苏 |
| 27 | 玉环市 | 浙江 |
| 29 | 海安县 | 江苏 |
| 31 | 启东市 | 江苏 |
| 34 | 温岭市 | 浙江 |
| 45 | 平湖市 | 浙江 |
| 46 | 如东县 | 江苏 |
| 48 | 长兴县 | 浙江 |
| 51 | 嘉善县 | 浙江 |
| 53 | 永康市 | 浙江 |
| 55 | 句容市 | 江苏 |
| 56 | 象山县 | 浙江 |
| 62 | 高邮市 | 江苏 |
| 64 | 仪征市 | 江苏 |
| 67 | 肥西县 | 安徽 |

图 8－2　2017 年全国百强县

表 8－4 所示。

表 8－4　长三角县域城镇人均可支配收入

| 长三角各区域县级城市城镇人均可支配收入对比分析 | | | | | | | |
|---|---|---|---|---|---|---|---|
| | 城市数 | 1 >5 万城市数 | 4 万 <1≤5 万城市数 | 3 万 <1≤4 万城市数 | 1 <3 万城市数 | 城镇人均可支配收入（元） | 均值对比 |
| 浙江 | 35 | 6 | 20 | 13 | 2 | 43783 | 24% |

续表

| | 城市数 | 1＞5万城市数 | 4万＜1≤5万城市数 | 3万＜1≤4万城市数 | 1＜3万城市数 | 城镇人均可支配收入（元） | 均值对比 |
|---|---|---|---|---|---|---|---|
| 江苏 | 29 | 4 | 7 | 16 | 6 | 37203 | 5% |
| 安徽 | 35 | 0 | 0 | 5 | 30 | 25813 | -27% |
| 长三角 | 99 | 10 | 27 | 34 | 38 | 35428 | |

我们分别对浙江、江苏、安徽三个省的县级城市人口和房地产市场情况进行综合分析。

**浙江市场分析：**

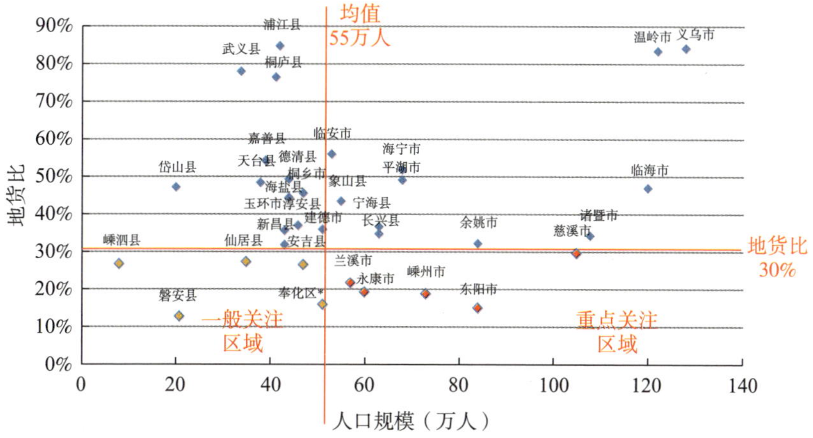


**图8-3　浙江县级城市市场潜力分析**

备注：三门县2017年没有土地出让数据，奉化原为县级市后改为区，玉环县没有溢价率数据。

从市场潜力看，浙江县级城市应重点关注东阳市、嵊州市、永康市、兰溪市、慈溪市；一般关注磐安县、奉化区、安吉县、仙居县、嵊泗县，以上城市均具有较大潜力。

从销售利润率看，超过40%以上的有永康市、东阳市、奉化区、磐安县、兰溪市、仙居县；超过30%以上的有安吉县、慈溪市、嵊州市、淳安县、余姚市、嵊泗县、建德市。销售利润率＝（房价－地价－土地外成本）/房价，土地外成本按3500元估算。

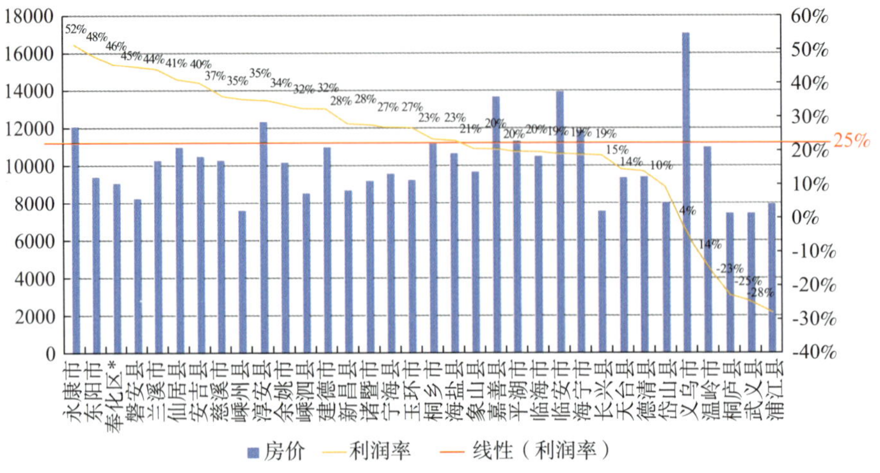

**图8－4　浙江县级城市销售利润分析**

备注：三门县2017年没有土地出让数据，奉化原为县级市后改为区。房价为2017年12月房价，地价为2017年平均楼面地价。

**江苏市场分析：**

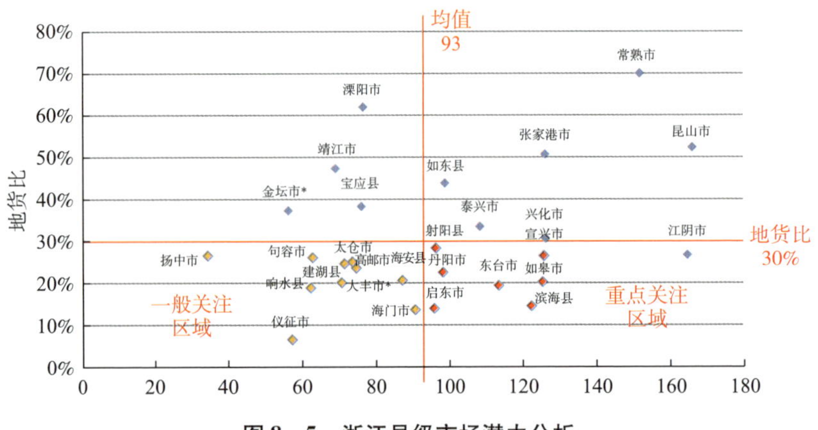

**图8－5　浙江县级市场潜力分析**

备注：阜宁县2017年没有土地出让数据，金坛、大丰原为县级市后改为区。

从市场潜力看，江苏省县级城市应重点关注启东市、滨海县、东台市、丹阳市、如皋市、宜兴市、射阳县；一般关注仪征市、海门市、响水县、大丰市、海安县、高邮市、建湖县、太仓市、句容市、扬中市。

从销售利润率看，40%以上的有启东市、仪征市、太仓市、海门市、句容市、宜兴市；30%以上的有江阴市、丹阳市等地均具有较大潜力。销

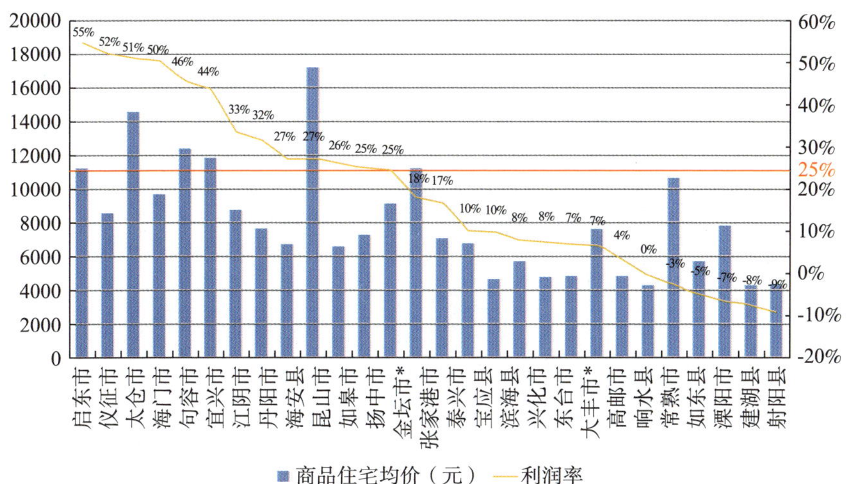


**图 8－6　浙江县级城市销售利润分析**

备注：阜宁县 2017 年没有土地出让数据，金坛、大丰原为县级市后改为区。房价为 2017 年 12 月房价，地价为 2017 年平均楼面地价。

售利润率＝（房价－地价－土地外成本）/房价，土地外成本按 3500 元估算。

**安徽市场分析：**

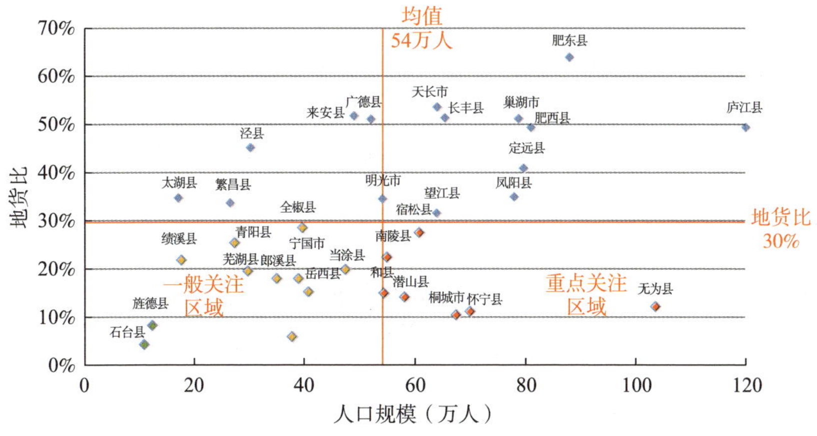


**图 8－7　安徽县级市场潜力分析**

备注：枞阳县、含山县 2017 年没有土地出让数据。

从市场潜力看，安徽省县级城市应重点关注桐城市、怀宁县、无为县、潜山县、和县、南陵县、宿松县；一般关注岳西县、宁国市、郎溪县、芜湖县、当涂县、绩溪县、青阳县、全椒县。

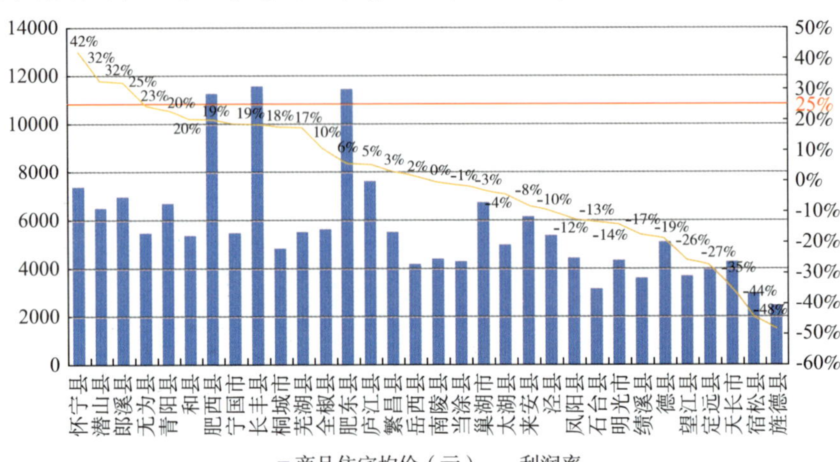


**图 8－8　安徽县级市场销售利润分析**

备注：枞阳县、含山县 2017 年没有土地出让数据。房价为 2017 年 12 月房价，地价为 2017 年平均楼面地价。

从销售利润率看，40% 以上的有怀宁县；30% 以上的有潜山县、郎溪县。销售利润率 =（房价－地价－土地外成本）/房价，土地外成本按 3500 元估算。

**城市群综合分析**

长三角城市群是我国目前最成熟的城市群，城镇分布密度达到每万平方千米 80 多个，是全国平均水平的 4 倍左右。长三角国土面积占全国的 2.2%，地区生产总值占全国的 19%，人口占全国的 11%。如表 8－5、图 8－9 所示。

**表 8－5　长三角城市群地区生产总值**

| | 土地面积（万平方千米） | 地区生产总值（万亿元） | 总人口（亿人） |
|---|---|---|---|
| 全国 | 963.41 | 63.65 | 13.68 |
| 长三角地市 | 21.17 | 12.67 | 1.5 |
| 占比 | 2.20% | 19% | 11% |

目前，长三角城市群常住人口城镇化率为 68%，高于我国常住人口城

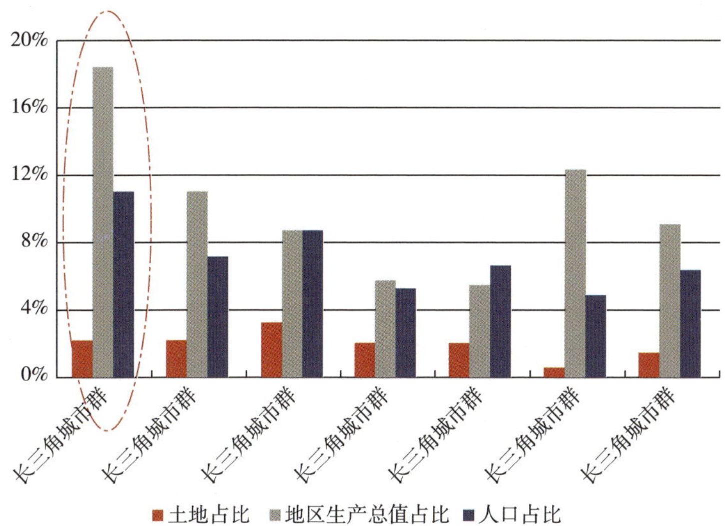


**图 8－9　城市群土地占比、地区生产总值、人口占比**

镇化率 57.4%。长三角城市群 26 个城市中城镇化率高于 60%（高于全国平均水平）的城市有 21 个，城镇化水平相较其他城市群发展较高；长三角城市群商品房销售金额为 2.6 亿元。如图 8－10 所示。

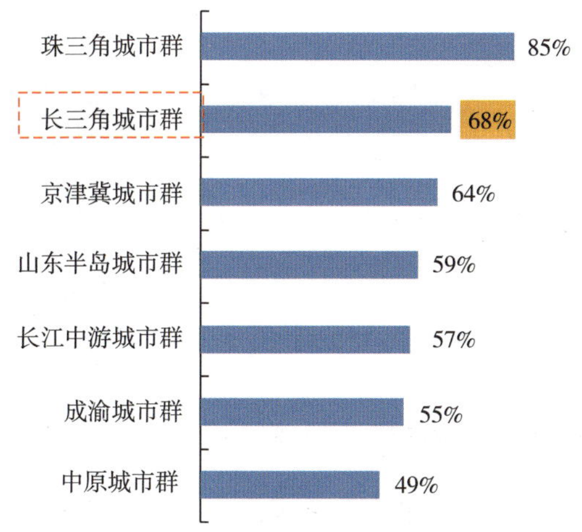


**图 8－10　长三角城市群常住人口城镇化率**

而从商品房销售金额对比来看，长三角城市群商品房销售金额为 2.6 万亿元，居城市群首位，远高于其他几个城市群，房地产市场成熟度高。如图 8－11 所示。

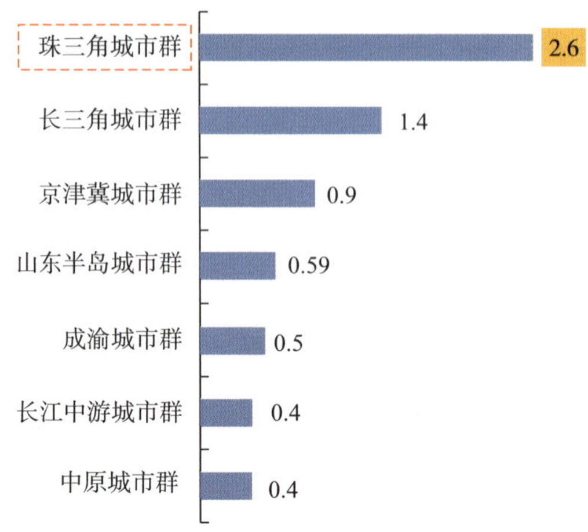


**图 8－11　长三角城市群商品房销售金额对比**

长三角城市群属于城市群发展的第三阶段，以网状辐射为主要特征，首位核心城市上海与区域核心城市苏州、杭州、南京及一般城市互联互通程度较高。如图 8－12 所示。

长三角城市群拥有较为完整和均衡的纺锤体型城市等级体系，处在城市发展较好区、适中区、较弱区城市比例为 6:13:7。如图 8－13 所示。

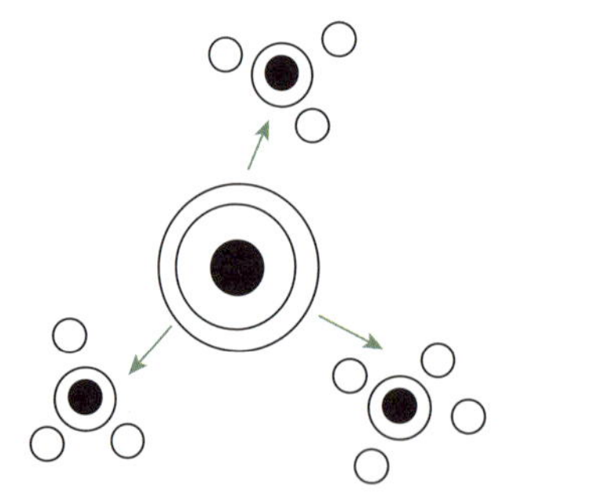

**图 8－12　城市群网状辐射模型**

**图 8－13　纺锤体型城市等级结构体系**

从城市群投资潜力雷达图可以看出，长三角城市群是国内最具发展潜力的城市群，除了房地产热度维度控制较好外，整体 14 个维度均有领先优势。如图 8－14 所示。

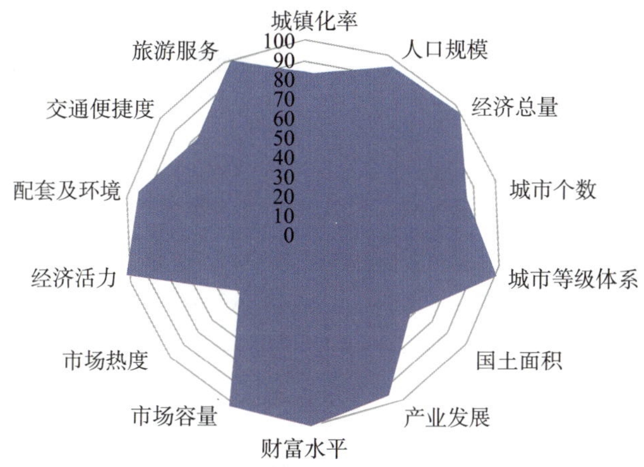


**图 8－14　长三角城市群投资潜力雷达图**

从长三角内部城市经济联系强度表可以看出，苏州和无锡（0.564）上海和苏州（0.331）、扬州和镇江（0.214）联系最为密切，其次杭州与绍兴（0.161）、上海与南通（0.114）、上海与嘉兴（0.112）、无锡与常州（0.112）、上海与无锡（0.111）等城市联系较为密切。如表 8－6 所示。

## 城市房地产投资策略

我们从城市发展潜力、房地产市场热度、投资安全性三个单一维度给出城市群各城市排名情况如图 8－15 所示。

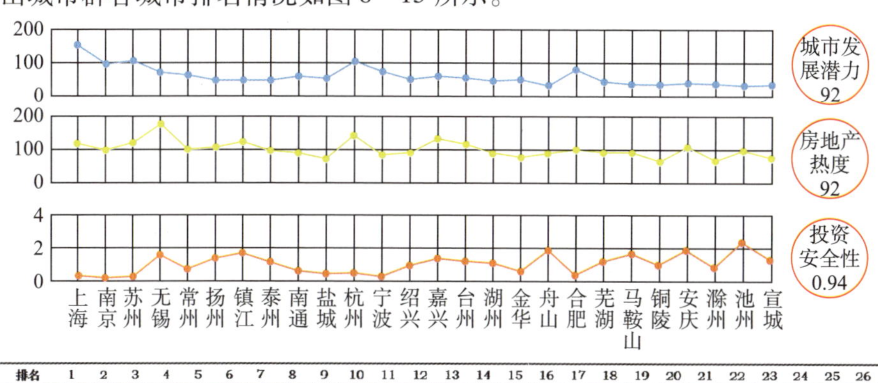


| 排名 | 1 | 2 | 3 | 4 | 5 | 6 | 7 | 8 | 9 | 10 | 11 | 12 | 13 | 14 | 15 | 16 | 17 | 18 | 19 | 20 | 21 | 22 | 23 | 24 | 25 | 26 |
|---|---|---|---|---|---|---|---|---|---|---|---|---|---|---|---|---|---|---|---|---|---|---|---|---|---|---|
| 城市发展潜力 | 上海 | 苏州 | 杭州 | 南京 | 合肥 | 宁波 | 无锡 | 常州 | 南通 | 嘉兴 | 台州 | 盐城 | 金华 | 绍兴 | 镇江 | 扬州 | 泰州 | 湖州 | 芜湖 | 安庆 | 滁州 | 马鞍山 | 宣城 | 铜陵 | 舟山 | 池州 |
| 房地产热度 | 无锡 | 杭州 | 嘉兴 | 苏州 | 镇江 | 上海 | 台州 | 安庆 | 扬州 | 常州 | 合肥 | 南京 | 池州 | 泰州 | 绍兴 | 芜湖 | 马鞍山 | 南通 | 湖州 | 舟山 | 宁波 | 金华 | 宣城 | 盐城 | 滁州 | 铜陵 |
| 投资安全性 | 南京 | 宁波 | 苏州 | 上海 | 合肥 | 盐城 | 杭州 | 金华 | 南通 | 常州 | 滁州 | 绍兴 | 铜陵 | 湖州 | 芜湖 | 泰州 | 台州 | 宣城 | 扬州 | 嘉兴 | 无锡 | 马鞍山 | 镇江 | 安庆 | 舟山 | 池州 |

**图 8－15　长三角各城市排名情况**

表 8－6　长三角内部城市经济联系强度表

| | 上海 | 南京 | 苏州 | 无锡 | 常州 | 扬州 | 镇江 | 泰州 | 南通 | 盐城 | 杭州 | 宁波 | 绍兴 | 嘉兴 | 台州 | 湖州 | 金华 | 舟山 | 合肥 | 芜湖 | 马鞍山 | 铜陵 | 安庆 | 滁州 | 池州 | 宣城 |
|---|---|---|---|---|---|---|---|---|---|---|---|---|---|---|---|---|---|---|---|---|---|---|---|---|---|---|
| 上海 | | 0.026 | 0.331 | 0.111 | 0.041 | 0.015 | 0.014 | 0.021 | 0.114 | 0.016 | 0.085 | 0.041 | 0.033 | 0.112 | 0.009 | 0.030 | 0.010 | 0.004 | 0.008 | 0.007 | 0.004 | 0.002 | 0.003 | 0.005 | 0.001 | 0.005 |
| 南京 | | | 0.026 | 0.021 | 0.029 | 0.042 | 0.058 | 0.018 | 0.011 | 0.008 | 0.012 | 0.004 | 0.004 | 0.005 | 0.002 | 0.006 | 0.002 | 0.000 | 0.021 | 0.029 | 0.045 | 0.003 | 0.003 | 0.044 | 0.002 | 0.006 |
| 苏州 | | | | 0.564 | 0.079 | 0.014 | 0.016 | 0.022 | 0.073 | 0.011 | 0.049 | 0.019 | 0.020 | 0.072 | 0.005 | 0.043 | 0.005 | 0.002 | 0.006 | 0.005 | 0.004 | 0.002 | 0.002 | 0.004 | 0.001 | 0.004 |
| 无锡 | | | | | 0.112 | 0.012 | 0.014 | 0.020 | 0.047 | 0.009 | 0.019 | 0.008 | 0.009 | 0.026 | 0.002 | 0.011 | 0.002 | 0.001 | 0.004 | 0.004 | 0.003 | 0.001 | 0.001 | 0.003 | 0.001 | 0.003. |
| 常州 | | | | | | 0.019 | 0.028 | 0.034 | 0.020 | 0.007 | 0.011 | 0.004 | 0.004 | 0.008 | 0.001 | 0.008 | 0.001 | 0.000 | 0.004 | 0.004 | 0.003 | 0.001 | 0.001 | 0.003 | 0.000 | 0.002 |
| 扬州 | | | | | | | 0.214 | 0.040 | 0.011 | 0.009 | 0.005 | 0.002 | 0.002 | 0.002 | 0.001 | 0.002 | 0.001 | 0.000 | 0.005 | 0.004 | 0.003 | 0.001 | 0.001 | 0.007 | 0.000 | 0.001 |
| 镇江 | | | | | | | | 0.024 | 0.008 | 0.006 | 0.005 | 0.002 | 0.002 | 0.002 | 0.001 | 0.003 | 0.001 | 0.000 | 0.004 | 0.005 | 0.004 | 0.001 | 0.001 | 0.004 | 0.000 | 0.001 |
| 泰州 | | | | | | | | | 0.019 | 0.017 | 0.005 | 0.002 | 0.002 | 0.003 | 0.001 | 0.002 | 0.001 | 0.000 | 0.003 | 0.002 | 0.002 | 0.000 | 0.001 | 0.003 | 0.000 | 0.001 |
| 南通 | | | | | | | | | | 0.012 | 0.012 | 0.006 | 0.005 | 0.010 | 0.002 | 0.005 | 0.002 | 0.001 | 0.003 | 0.002 | 0.001 | 0.001 | 0.001 | 0.002 | 0.000 | 0.001 |
| 盐城 | | | | | | | | | | | 0.004 | 0.003 | 0.002 | 0.002 | 0.001 | 0.001 | 0.001 | 0.000 | 0.002 | 0.001 | 0.001 | 0.000 | 0.001 | 0.002 | 0.000 | 0.001 |
| 杭州 | | | | | | | | | | | | 0.034 | 0.161 | 0.058 | 0.007 | 0.035 | 0.014 | 0.002 | 0.004 | 0.004 | 0.002 | 0.001 | 0.002 | 0.002 | 0.001 | 0.004 |
| 宁波 | | | | | | | | | | | | | 0.028 | 0.013 | 0.013 | 0.004 | 0.006 | 0.016 | 0.002 | 0.001 | 0.001 | 0.000 | 0.001 | 0.001 | 0.000 | 0.001 |
| 绍兴 | | | | | | | | | | | | | | 0.019 | 0.005 | 0.006 | 0.007 | 0.002 | 0.002 | 0.001 | 0.001 | 0.000 | 0.001 | 0.001 | 0.000 | 0.001 |
| 嘉兴 | | | | | | | | | | | | | | | 0.002 | 0.016 | 0.003 | 0.001 | 0.002 | 0.002 | 0.001 | 0.000 | 0.001 | 0.001 | 0.000 | 0.001 |
| 台州 | | | | | | | | | | | | | | | | 0.001 | 0.004 | 0.001 | 0.001 | 0.001 | 0.000 | 0.000 | 0.000 | 0.000 | 0.000 | 0.000 |
| 湖州 | | | | | | | | | | | | | | | | | 0.002 | 0.000 | 0.001 | 0.002 | 0.001 | 0.001 | 0.001 | 0.001 | 0.000 | 0.002 |
| 金华 | | | | | | | | | | | | | | | | | | 0.000 | 0.001 | 0.001 | 0.000 | 0.000 | 0.001 | 0.000 | 0.000 | 0.001 |
| 舟山 | | | | | | | | | | | | | | | | | | | 0.000 | 0.000 | 0.000 | 0.000 | 0.000 | 0.000 | 0.000 | 0.000 |
| 合肥 | | | | | | | | | | | | | | | | | | | | 0.011 | 0.006 | 0.003 | 0.007 | 0.010 | 0.003 | 0.003 |

续表

| | 上海 | 南京 | 苏州 | 无锡 | 常州 | 扬州 | 镇江 | 泰州 | 南通 | 盐城 | 杭州 | 宁波 | 绍兴 | 嘉兴 | 台州 | 湖州 | 金华 | 舟山 | 合肥 | 芜湖 | 马鞍山 | 铜陵 | 安庆 | 滁州 | 池州 | 宣城 |
|---|---|---|---|---|---|---|---|---|---|---|---|---|---|---|---|---|---|---|---|---|---|---|---|---|---|---|
| 芜湖 | | | | | | | | | | | | | | | | | | | | | 0.029 | 0.005 | 0.002 | 0.004 | 0.002 | 0.013 |
| 马鞍山 | | | | | | | | | | | | | | | | | | | | | | 0.001 | 0.001 | 0.005 | 0.001 | 0.003 |
| 铜陵 | | | | | | | | | | | | | | | | | | | | | | | 0.003 | 0.001 | 0.004 | 0.002 |
| 安庆 | | | | | | | | | | | | | | | | | | | | | | | | 0.001 | 0.006 | 0.001 |
| 滁州 | | | | | | | | | | | | | | | | | | | | | | | | | 0.000 | 0.001 |
| 池州 | | | | | | | | | | | | | | | | | | | | | | | | | | 0.001 |
| 宣城 | | | | | | | | | | | | | | | | | | | | | | | | | | |

长三角城市群核心城市及区域重点城市均处于捡漏区，一般城市大多处在看平区、快销区；长三角属于一线城市群，房地产市场相对成熟，TOP50 房企大多重仓进驻；长三角城市群地货比普遍偏高，除非有资金杠杆，否则通过自有资金去扩大规模将受限制。如图 8－16 所示。

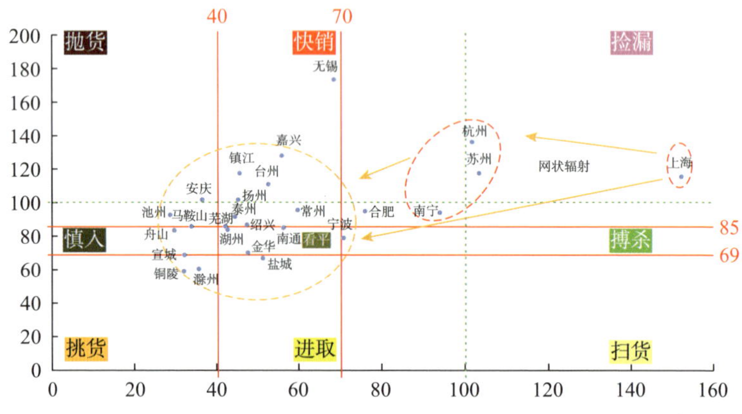


**图 8－16　长三角城市群核心城市及区域重点城市分布**

根据九宫格阶梯筛选法则，处在阶梯阴影区为重点拓展城市。黄线框内的重点拓展城市，主要包括盐城、金华、南通、宁波、湖州、绍兴、芜湖、泰州；挑货区重点拓展城市有铜陵、滁州、宣城；嘉兴、常州处在快销区，应注意防控风险。如图 8－17 所示。

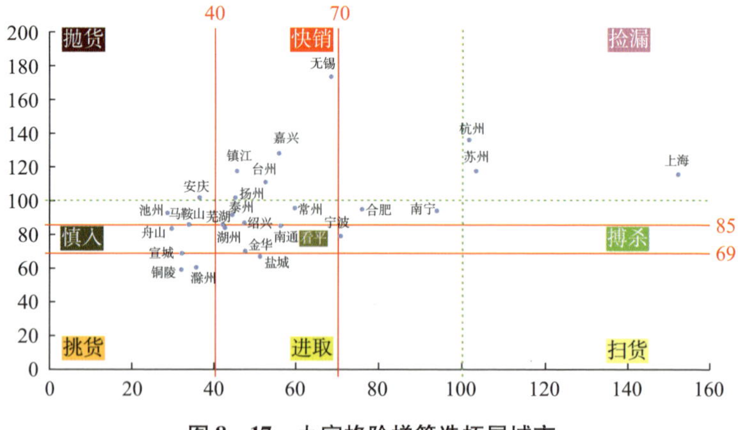


**图 8－17　九宫格阶梯筛选拓展城市**

根据九宫格模型得出长三角城市群作战地图，主攻城市有芜湖、泰州、湖州、绍兴、金华、南通、盐城及宁波等城市。如图 8－18 所示。

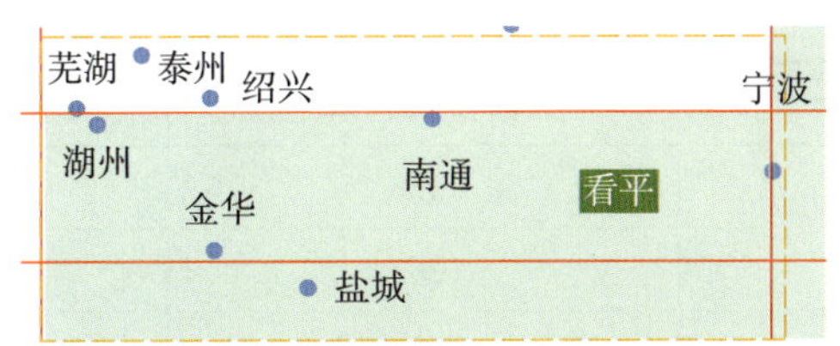


图 8－18　长三角城市群作战地图

以行业领先房企投资评审标准作为筛选器，池州、泰州、宣城、安庆、无锡等城市销售利润率为负。除战略考量外，能不进驻则不进驻；嘉兴、南通、铜陵及苏州城市平均销售利润率低于15%，应关注市场风险，重点把控好获取土地位置及价格。如表 8－7 所示。

表 8－7　长三角城市筛选

| | 销售利润率 | 地货比 |
|---|---|---|
| 上海 | 67% | 14% |
| 宁波 | 41% | 31% |
| 南京 | 39% | 37% |
| 扬州 | 30% | 35% |
| 台州 | 26% | 37% |
| 绍兴 | 24% | 43% |
| 常州 | 24% | 38% |
| 盐城 | 24% | 25% |
| 舟山 | 23% | 41% |
| 合肥 | 23% | 49% |
| 杭州 | 22% | 57% |
| 湖州 | 21% | 37% |
| 马鞍山 | 20% | 37% |
| 滁州 | 20% | 30% |
| 芜湖 | 18% | 40% |
| 金华 | 18% | 40% |
| 镇江 | 16% | 39% |

续表

| | 销售利润率 | 地货比 |
|---|---|---|
| 苏州 | 13% | 62% |
| 铜陵 | 12% | 33% |
| 南通 | 9% | 48% |
| 嘉兴 | 8% | 53% |
| 无锡 | 0% | 68% |
| 安庆 | -3% | 51% |
| 宣城 | -7% | 47% |
| 泰州 | -25% | 69% |
| 池州 | -31% | 70% |

充分考虑TOP50房企之间的竞争平衡，苏州、上海、南京、杭州已进驻TOP50房企超过30个，应重点关注市场竞争带来的非理性拿地风险。如表8-8所示。

**表8-8 长三角竞争平衡**

| 城市 | TOP50房企<br>进驻数量 |
|---|---|
| 苏州 | 39 |
| 上海 | 36 |
| 南京 | 33 |
| 杭州 | 33 |
| 无锡 | 27 |
| 宁波 | 26 |
| 常州 | 20 |
| 南通 | 19 |
| 合肥 | 19 |
| 镇江 | 18 |
| 扬州 | 15 |
| 绍兴 | 13 |

续表

| 城市 | TOP50 房企进驻数量 |
| --- | --- |
| 嘉兴 | 12 |
| 湖州 | 11 |
| 盐城 | 10 |
| 泰州 | 8 |
| 芜湖 | 8 |
| 马鞍山 | 6 |
| 金华 | 5 |
| 安庆 | 5 |
| 滁州 | 4 |
| 台州 | 3 |
| 舟山 | 3 |
| 铜陵 | 1 |
| 池州 | 0 |
| 宣城 | 0 |

# 第二节　城市基本面研判

## 人口发展潜力

人口是城市发展的基础，也是房地产发展的重要支撑。我们从人口发展基数和人口发展结构等层面研判城市人口发展潜力。

长三角城市群人口基数及发展潜力较好，26 个城市人口基数均值为 524 万人。人口指数 TOP3 城市为上海、苏州、合肥。如图 8－19 所示。

从人口总量看，长三角城市群常住户籍比为 1.16，属于人口流入城市

TOP

| | 城市 | 人口指数 | 人口基数 |
|---|---|---|---|
| 1 | 上海 | 122.76 | 2419.70 |
| 2 | 苏州 | 117.61 | 1062.57 |
| 3 | 合肥 | 95.24 | 786.90 |
| 4 | 杭州 | 89.77 | 918.80 |
| 5 | 盐城 | 84.11 | 723.50 |
| 6 | 南京 | 83.49 | 827.00 |
| 7 | 南通 | 80.42 | 730.20 |
| 8 | 嘉兴 | 79.93 | 461.40 |
| 9 | 宁波 | 76.79 | 787.50 |
| 10 | 常州 | 70.73 | 470.80 |
| 11 | 无锡 | 69.15 | 652.90 |
| 12 | 泰州 | 66.96 | 464.58 |
| 13 | 台州 | 66.93 | 608.00 |
| 14 | 金华 | 65.50 | 481.15 |
| 15 | 扬州 | 63.65 | 449.14 |
| 16 | 镇江 | 60.30 | 318.13 |
| 17 | 安庆 | 58.06 | 459.90 |
| 18 | 绍兴 | 57.77 | 498.80 |
| 19 | 芜湖 | 57.77 | 367.00 |
| 20 | 滁州 | 57.26 | 404.40 |
| 21 | 湖州 | 56.41 | 297.50 |
| 22 | 宣城 | 52.97 | 260.10 |
| 23 | 铜陵 | 52.02 | 159.66 |
| 24 | 马鞍山 | 49.29 | 227.60 |
| 25 | 池州 | 42.15 | 144.30 |
| 26 | 舟山 | 40.64 | 115.80 |

备注：人口指数为综合评价指数；
人口基数为2016年常住人口（万人）。

【计算方法】

常住人口 40%
常住户籍人口比 15%
小学生增幅 10%
中小学生在校生人数 10%
城镇化率增幅 15%
城镇化率 10%

人口发展潜力 100分
=城市基本面×35%

#指标评价采用综合打分法进行打分评价。

【参考指标】

非公就业人口及占比

*数据来源为各城市国民经济与社会发展统计公报及中国城市发展年鉴。

图 8－19　长三角城市群人口基数及发展潜力指数

群，2016 年人口流入近 2106 万人。常住户籍人口比≥100% 以上的城市有 15 个；从人口分布看，户籍及常住人口均超过 1000 万人的城市有 1 个，为上海。如图 8－20 所示。

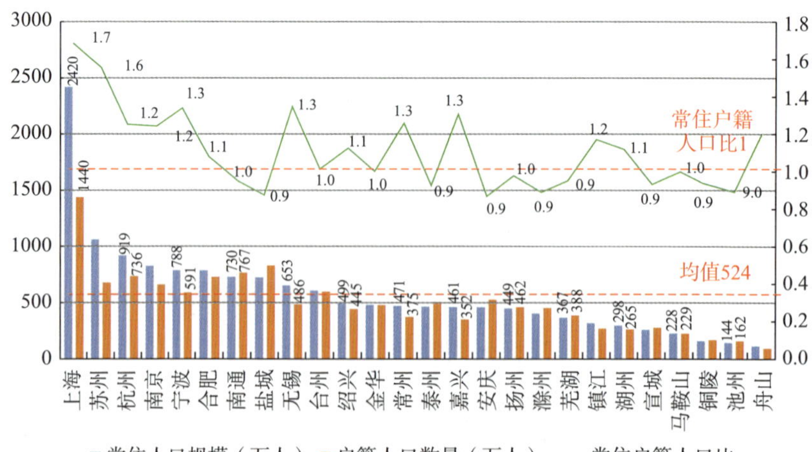


图 8－20　长三角城市群 2016 年人口规模

从小学生2016年在校生人数看，长三角城市群2016年小学生在校人数为805万人，占全国小学生在校人数9913万人的8.12%，略低于城市群占全国总人口比重11%的水平；长三角城市群26个城市小学生在校生人数总涨幅为7.8%；重点关注城市苏州、杭州、合肥、盐城、南京及无锡。如图8－21所示。

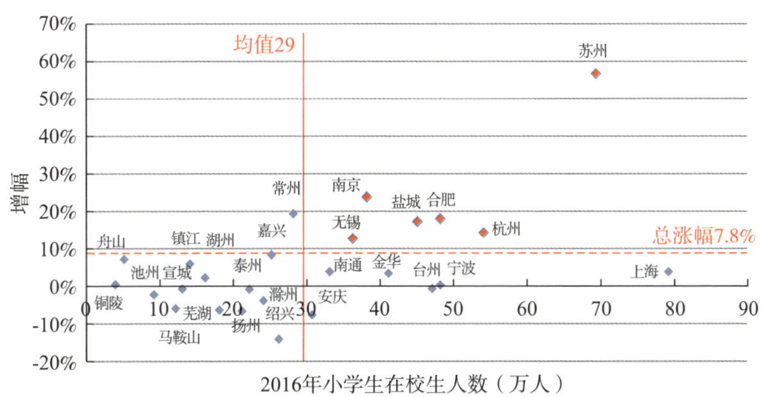


**图8－21　长三角城市小学生在校生人数及增幅**

中小学在校生人数从某个维度上代表这个城市刚需和刚改家庭的规模；长三角城市中小学在校生人数均值49万人，超过100万人的城市有：上海及苏州。这些城市的改善型购房需求较强。如图8－22所示。

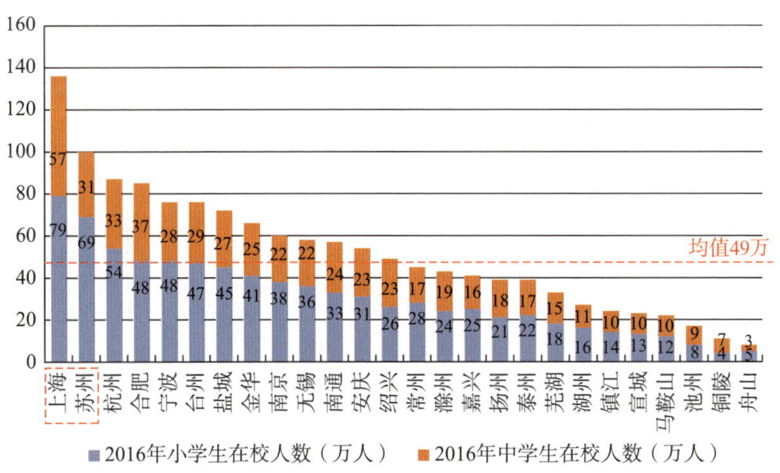


**图8－22　长三角城市中小学在校生人数**

长三角城市群26个城市城镇化率在68%以上的城市共9个，分别为上海、南京、杭州、无锡、苏州、合肥、宁波、常州及镇江；26个城市2016年城镇化率增幅为-1.4%~2%，平均城镇化率增幅为1.1%。上海城镇化率呈现负增幅，无锡增幅仅为0.4%，南京、杭州、苏州、宁波。舟山因原油城镇化率水平较高，增幅缓慢，增幅未达到1%。如图8-23所示。

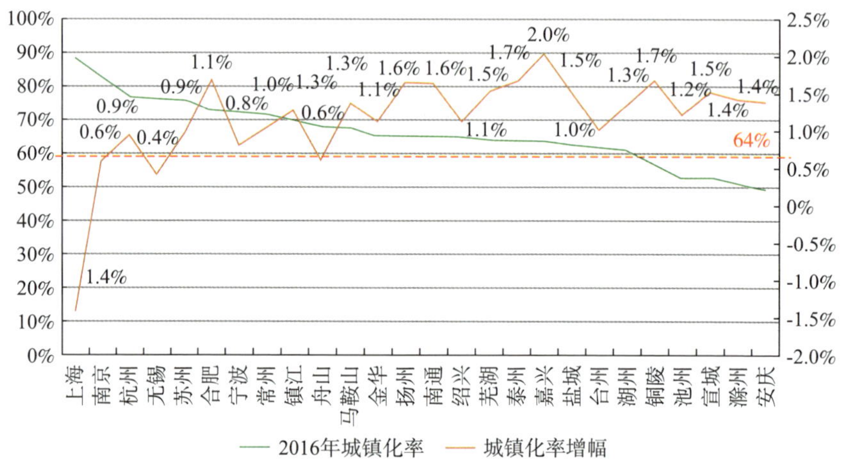


**图8-23　长三角城市群城镇化率及增幅**

非公就业人口占比体现城市经济的活力和可持续性。长三角城市非公就业人口占比中位值为32%，高于20%的城市非公就业人口活力较强，除安庆外，均高于20%。如图8-24所示。

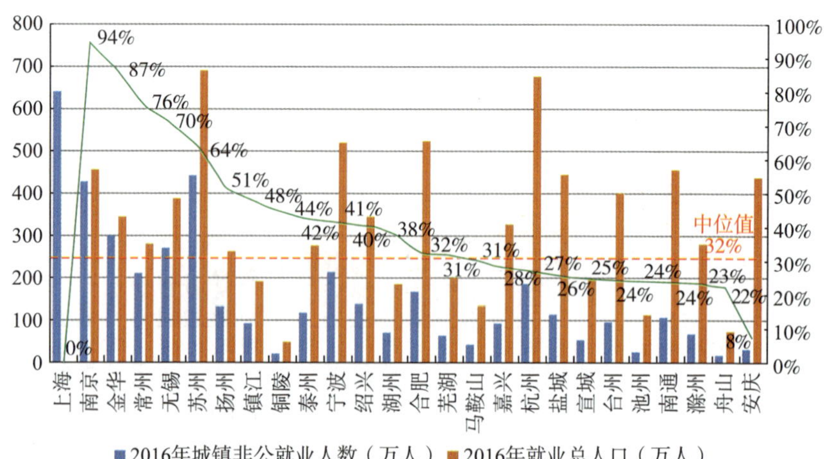


**图8-24　长三角非公就业人口占比**

## 经济发展潜力

经济是城市发展的主要驱动力，也是房地产发展的重要支撑。我们从城市经济总量基数、人均收入基数、经济发展结构与活力、城市财力水平等层面综合研判城市经济发展潜力。

长三角城市群城市经济总量基数均值为4817亿元，人均收入基数均值为42620元。经济指数TOP3的城市为上海、苏州、杭州。如图8－25所示。

TOP

| | 城市 | 经济指数 | 城市经济总量指数 | 人均收入基数 |
|---|---|---|---|---|
| 1 | 上海 | 280.55 | 27466 | 57692 |
| 2 | 苏州 | 137.31 | 15475 | 54400 |
| 3 | 杭州 | 127.02 | 11050 | 52185 |
| 4 | 南京 | 108.61 | 10503 | 49997 |
| 5 | 无锡 | 98.03 | 9210 | 48628 |
| 6 | 宁波 | 97.02 | 8541 | 51560 |
| 7 | 南通 | 73.54 | 6768 | 39247 |
| 8 | 合肥 | 72.90 | 6274 | 34852 |
| 9 | 绍兴 | 72.28 | 4710 | 50305 |
| 10 | 常州 | 72.25 | 5774 | 46058 |
| 11 | 台州 | 68.43 | 3843 | 47162 |
| 12 | 嘉兴 | 62.63 | 3760 | 48926 |
| 13 | 金华 | 61.17 | 3635 | 46554 |
| 14 | 扬州 | 53.14 | 4449 | 35659 |
| 15 | 镇江 | 52.88 | 3834 | 41794 |
| 16 | 湖州 | 50.59 | 2243 | 45794 |
| 17 | 泰州 | 50.57 | 4102 | 36828 |
| 18 | 盐城 | 43.46 | 4576 | 30496 |
| 19 | 芜湖 | 42.93 | 2699 | 32315 |
| 20 | 舟山 | 41.44 | 1229 | 48423 |
| 21 | 马鞍山 | 36.86 | 1494 | 38142 |
| 22 | 宣城 | 31.78 | 1058 | 30877 |
| 23 | 安庆 | 31.77 | 1531 | 26502 |
| 24 | 铜陵 | 30.57 | 957 | 30633 |
| 25 | 滁州 | 29.08 | 1423 | 26286 |
| 26 | 池州 | 27.38 | 589 | 26261 |

【计算方法】

城市GDP 40%
第三产业占GDP比重 15%
城镇人均可支配收入 12%
人均住户存款余额 8%
一般财政预算收入 10%
上市公司数量 15%

经济发展潜力 100分
=城市基本面×20%

#指标评价采用综合打分法进行打分评价。

*数据来源为各城市国民经济与社会发展统计公报、中国城市发展年鉴及各城市证监会网站。

备注：经济指数为综合评价指数；
城市经济总量基数为2016年城市GDP（亿元）；
人均收入基数为2016年城镇居民人均可支配收入（元）。

**图8－25 长三角城市群城市经济指数**

长三角城市群26个城市中GDP超过均值5661亿元的共有9个。其中，超过10000亿元的城市有4个，为上海、苏州、杭州及南京，超过5000亿元的有5个，分别为无锡、宁波、南通、合肥及常州。长三角城市群一般预算收入的均值为770亿元，高于均值的城市共有7个，分别为上海、苏州、杭州、南京、合肥、宁波及无锡。如图8－26所示。

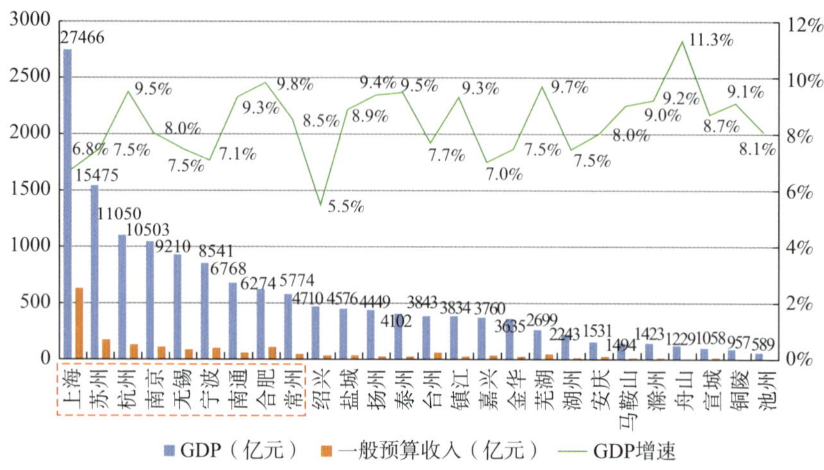


**图 8－26　长三角城市群 GDP、一般预算收入及增幅**

长三角城市群整体第三产业增加值占 GDP 比重为 54%，高于全国 51.6% 的平均水平。从产业发展潜力看，26 个城市中，城市第三产业占 GDP 比重 > 城市群整体占比 54% 的有 3 个，为上海、杭州及南京；城市第三产业占 GDP 比重超过 50% 的有 8 个，为上海、杭州、南京、金华、无锡、苏州、常州及台州。如图 8－27 所示。

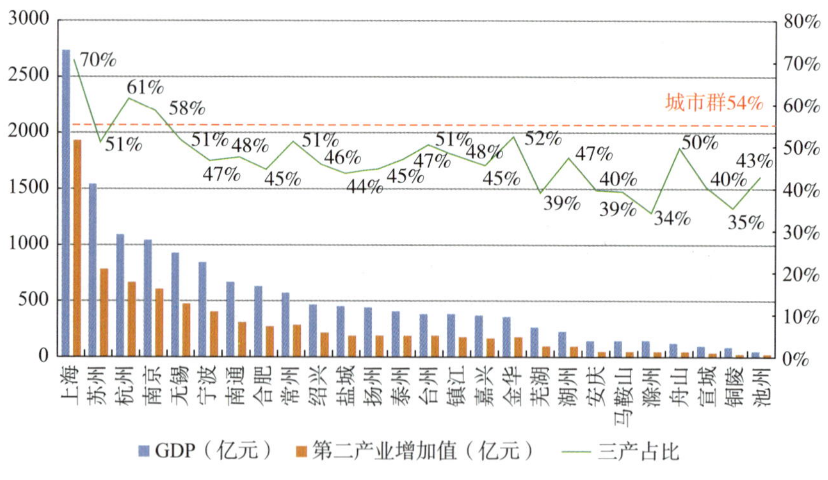


**图 8－27　长三角城市第三产业增加值占比**

长三角城市群人均城镇居民可支配收入均值为 42620 元，高于全国人均城镇居民可支配收入 33616 元；城市群中有 13 个城市高于城市群均值，分别为上海、苏州、杭州、宁波、绍兴、南京、嘉兴、无锡、舟山、台州、金华、常州及湖州。城市群城镇在岗职工平均工资的均值为69993元，超过均值的城市共有12个，分别为上海、南京、杭州、无锡、宁波、常州、舟山、苏州、嘉兴、金华、南通及合肥。如图8－28所示。

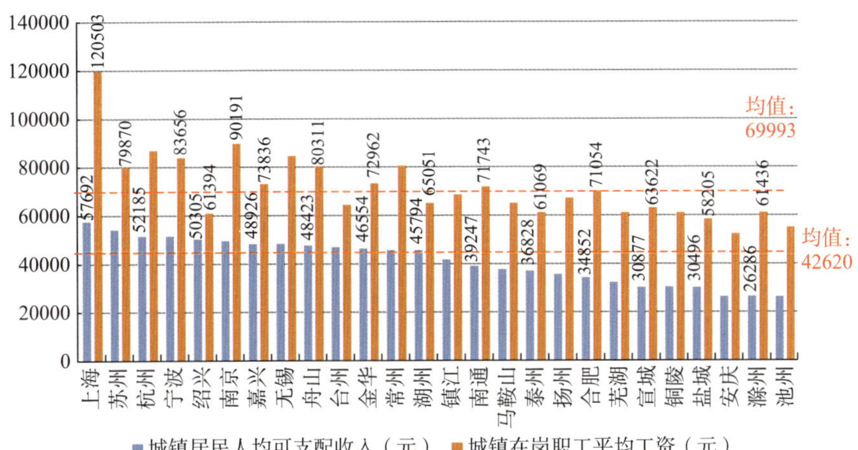


**图8－28 长三角城市群人均城镇居民可支配收入**

长三角城市群整体人均住户存款余额为5.89万元，高于整体水平的城市有14个，分别为上海、杭州、苏州、南京、宁波、南通、无锡、金华、台州、绍兴、常州、嘉兴、镇江及舟山。如图8－29所示。

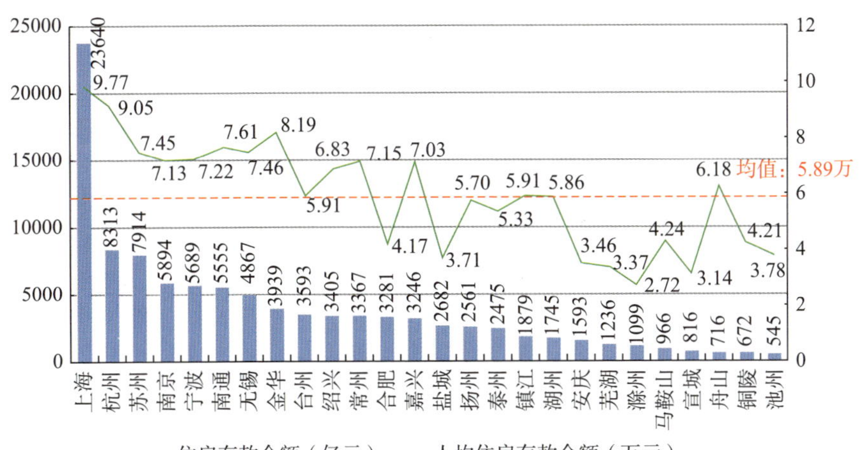


**图8－29 长三角城市群人均住户存款余额**

上市公司数量的多少是反映一个城市经济活力的重要指针。长三角城市群 A 股上市公司数量相对较多，主要集中在核心城市。50 家以上有 6 个城市，上海、杭州、苏州、南京、宁波、无锡等城市经济活力较强。如表 8－9 所示。

**表 8－9　长三角上市公司所在城市**

| | 个数 | 城市 |
|---|---|---|
| N≥200 | 1 | 上海 |
| 50≤N＜100 | 5 | 杭州、苏州、南京、宁波、无锡 |
| 30≤N＜50 | 5 | 绍兴、台州、合肥、常州、嘉兴 |
| 20≤N＜30 | 3 | 南通、湖州、金华 |
| 10≤N＜20 | 3 | 芜湖、扬州、镇江 |
| 5≤N＜10 | 5 | 马鞍山、宣城、铜陵、泰州、盐城 |
| 0≤N＜5 | 4 | 安庆、舟山、池州 |

长三角城市群“双一流”大学共有 35 所，主要分布在上海及南京，代表这两个城市创新活力较强。如表 8－10 所示。

**表 8－10　长三角“双一流”大学所在城市分布**

| | 个数 | 高校 |
|---|---|---|
| 一流大学 | 8 | 复旦大学、同济大学、上海交通大学、华东师范大学、南京大学、东南大学、浙江大学、中国科技技术大学 |
| 一流学科 | 27 | 华东理工大学、东北大学、上海海洋大学、上海中医药大学、上海外国语大学、上海财经大学、上海体育学院、上海音乐学院、上海大学、苏州大学、南京航空航天大学、南京理工大学、中国矿业大学、南京邮电大学、河海大学、江南大学、南京林业大学、南京信息工程大学、南京农业大学、南京中医药大学、中国药科大学、南京师范大学、中国美术学院、安徽大学、中国美术学院、中国科学科技大学、合肥工业大学 |

长三角城市群人口与经济沿均衡线发展，均衡线以下且偏离越大的城

市更应该关注产业发展。其中，盐城、滁州、安庆、铜陵、宣城等城市要重点关注新产业进驻，有可能会带来城市发展的巨变。均衡线以上且偏离越大的城市更应该关注人口政策。其中，苏州、杭州、南京、宁波、无锡等城市要重点关注人口政策变化带来的人口集聚，有可能会带来人口短时膨胀。如图 8－30 所示。

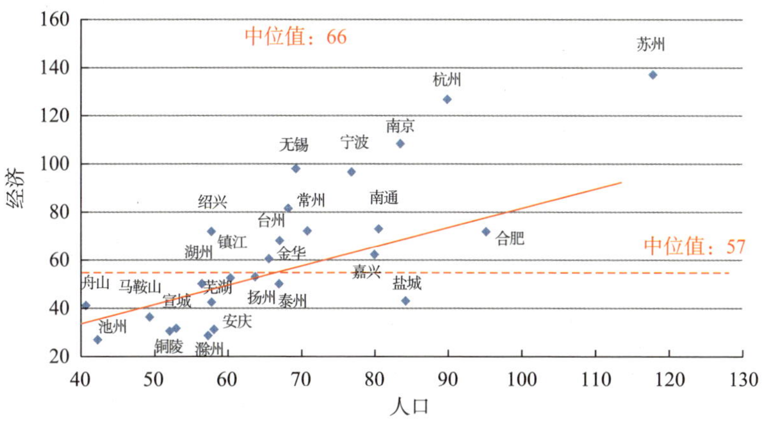


**图 8－30 长三角人口与经济均衡性分析**

## 市场容量

市场容量指数重点考察城市市场销售规模水平、去化周期及房企进驻，是城市房地产发展的安全边界。该指数我们从市场容量、供地面积、购买能力、房企进驻热度等层面综合研判房地产市场安全属性。

长三角城市群城市市场容量基数均值为 370 万平方米。市场容量及安全指数 TOP3 的城市为杭州、南京、上海。如图 8－31 所示。

长三角城市群 26 个城市 2015－2017 年商品住宅市场平均年成交面积为 11779 万平方米；杭州、南京、上海及苏州市住宅成交面积分别为 1307 万平方米、1280 万平方米、1168 万平方米及 1105 万平方米，四个城市的销售面积占整个长三角城市群成交总量的 41.25%；除杭州、南京、上海及苏州外，商品住宅成交面积在 500 万平方米以上的城市有 5 个，分别为合肥、无锡、宁波、常州及台州。如图 8－32 所示。

TOP

| | 城市 | 容量指数 | 市场容量基数 |
|---|---|---|---|
| 1 | 杭州 | 87.13 | 1306.52 |
| 2 | 南京 | 85.33 | 1279.91 |
| 3 | 上海 | 77.87 | 1167.99 |
| 4 | 苏州 | 73.67 | 1105.00 |
| 5 | 合肥 | 49.73 | 746.33 |
| 6 | 无锡 | 44.33 | 665.00 |
| 7 | 宁波 | 42.13 | 631.99 |
| 8 | 常州 | 40.73 | 610.95 |
| 9 | 台州 | 33.47 | 502.05 |
| 10 | 嘉兴 | 25.93 | 389.02 |
| 11 | 盐城 | 25.07 | 376.23 |
| 12 | 芜湖 | 23.93 | 358.88 |
| 13 | 南通 | 20.33 | 305.20 |
| 14 | 镇江 | 18.00 | 270.11 |
| 15 | 滁州 | 16.40 | 245.67 |
| 16 | 湖州 | 16.07 | 240.56 |
| 17 | 泰州 | 15.00 | 224.82 |
| 18 | 扬州 | 13.80 | 206.71 |
| 19 | 安庆 | 12.33 | 184.64 |
| 20 | 金华 | 11.53 | 173.18 |
| 21 | 绍兴 | 11.13 | 166.52 |
| 22 | 马鞍山 | 10.13 | 151.88 |
| 23 | 宣城 | 9.00 | 134.67 |
| 24 | 舟山 | 8.93 | 133.87 |
| 25 | 池州 | 7.53 | 112.80 |
| 26 | 铜陵 | 5.93 | 88.80 |

备注：市场容量为综合评价指数；
城市市场容量基数为2015-2017年城市市本级商品住宅平均销售面积（万㎡）。

【计算方法】

三年平均销售建面 100%

市场容量 100分
=城市基本面×25%

【参考指标】

三年平均供地建面

#所有指标采用综合评分方法进行评价。

*数据来源为中指数据、吉屋网、中国城市发展年鉴。

图 8－31　长三角城市群城市市场容量指数

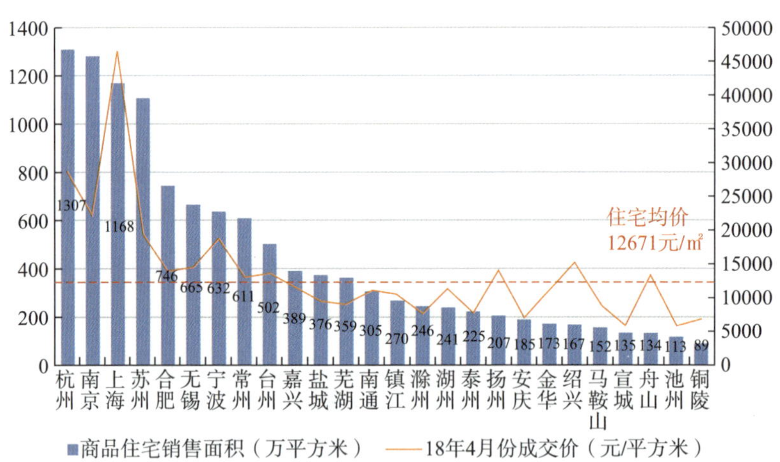


图 8－32　长三角 2015－2017 年商品住宅销售情况

长三角城市群 26 个城市 2015－2017 年三年平均土地出让住宅总建设面积为 10989 万平方米，平均成交楼面均价为 6817 元/平方米。如图 8－33 所示。

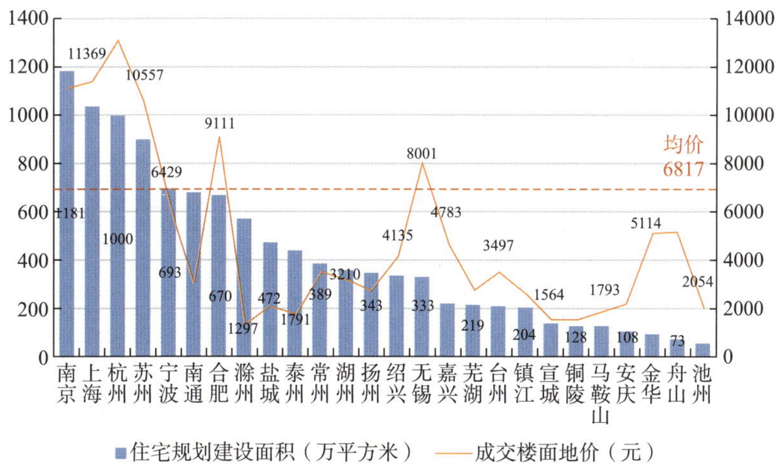

**图 8 -33 长三角城市 2015 -2017 年住宅土地供应情况**

市场容量从商品住宅销售面积和常住人口两个维度考虑。人口规模较大且距离轴线向下偏离越大代表市场潜在容量越大。重点关注城市有南通、绍兴、金华、安庆。如图 8 -34 所示。（上海常住人口为 2420 万人，商品住宅销售面积为 1168 万平方米。）

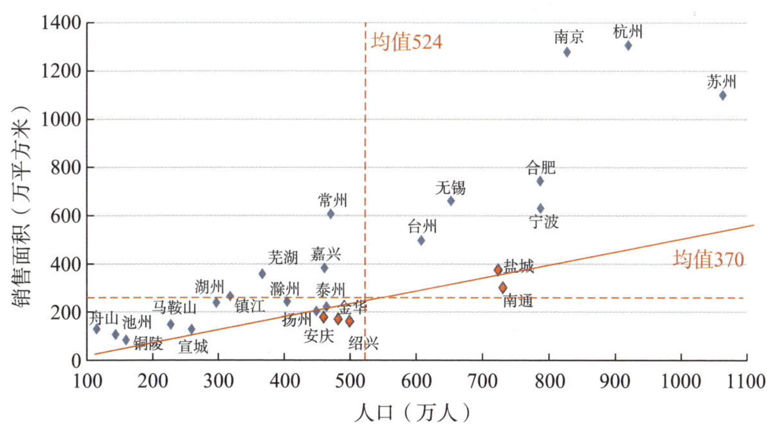

**图 8 -34 长三角城市市场容量**

## 城市发展潜力

城市发展是城市的未来趋势，也是房地产发展迈向美好生活的主要路径。

我们从城市配套、交通、旅游、规划等层面综合研判城市发展潜力。长三角城市群城市发展指数 TOP3 的城市为上海、杭州、南京。如图 8－35 所示。

TOP

| | 城市 | 城市发展指数 |
|---|---|---|
| 1 | 上海 | 169 |
| 2 | 杭州 | 115 |
| 3 | 南京 | 107 |
| 4 | 苏州 | 80 |
| 5 | 合肥 | 76 |
| 6 | 宁波 | 67 |
| 7 | 无锡 | 66 |
| 8 | 常州 | 50 |
| 9 | 绍兴 | 48 |
| 10 | 金华 | 45 |
| 11 | 镇江 | 45 |
| 12 | 嘉兴 | 44 |
| 13 | 扬州 | 42 |
| 14 | 湖州 | 42 |
| 15 | 南通 | 41 |
| 16 | 泰州 | 34 |
| 17 | 芜湖 | 33 |
| 18 | 台州 | 33 |
| 19 | 安庆 | 33 |
| 20 | 盐城 | 33 |
| 21 | 马鞍山 | 32 |
| 22 | 池州 | 31 |
| 23 | 铜陵 | 28 |
| 24 | 滁州 | 26 |
| 25 | 舟山 | 24 |
| 26 | 宣城 | 23 |

备注：城市发展指数为综合评价指数。

【计算方法】

配套 35%：三甲医院数量 8%；大专院校数量 12%；城市景观资源 8%；国家级产业园区数量 7%

交通 40%：高铁班次 16%；距机场距离 12%；境内高速公路通达度 12%

旅游 25%：4A级以上景区 6%；四星级以上酒店 9%；旅游人次 10%

城市发展潜力 100分
=城市基本面×20%

【参考指标】

城市定位及分级指数
产业发展规划
交通规划

#所有指标均采用分层评价。

*数据来源为各城市国民经济与社会发展统计公报、山东半岛城市群发展规划、去哪儿网及各地教育、医疗、旅游等相关机构网站综合得出。

图 8－35　长三角城市群城市发展指数

（1）城市配套与环境

城市配套的好坏直接制约着城市整体房地产发展水平，尤其是重要的医疗、教育等配套资源。第一新财经发布的《中国城市再分级》，把城市从商业资源集聚度、城市枢纽性、城市人活跃度、生活方式多样性、未来可塑性进行了重新评价和定位，具有很好的参考价值。但本书仅从影响房地产市场选择最直接的几个指标进行论证。

从最直接影响房地产的医疗教育配套来看，长三角城市群整体配套相对较好，三甲医院共有 218 所，占全国三甲医院总数 1599 所的 14%；长三角城市群共有大专院校 311 所，占全国大专院校总数 2631 所的 12%。如图 8－36 所示。

（2）城市交通

城市是整个区域交通的枢纽，其交通的便利度和通达性是我们关注的

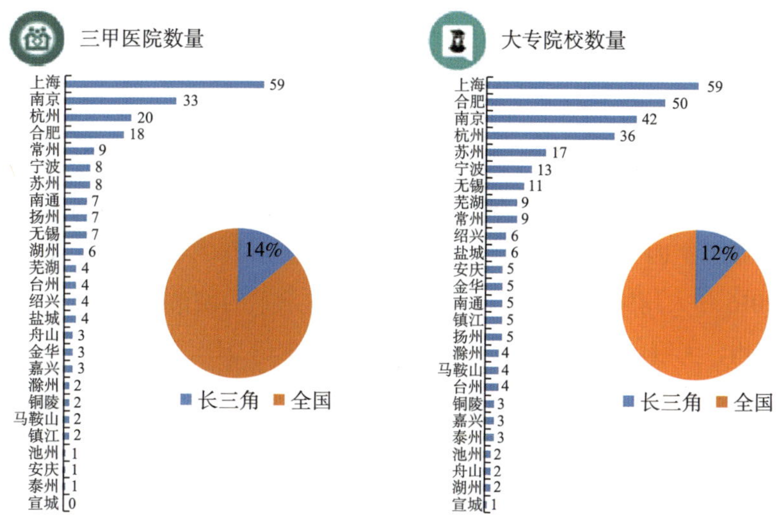


**图 8－36　长三角三甲医院、大专院校数量**

重点。城市轨道交通是大城市房地产市场的重要助推器，影响大城市的板块市场，但本书主要研究城市之间的房地产市场对比，故暂未把城市轨道交通纳入研究范围。

从整体上看，长三角城市群中上海、南京、杭州、合肥的交通便利度明显优于其他城市。如图 8－37 所示。

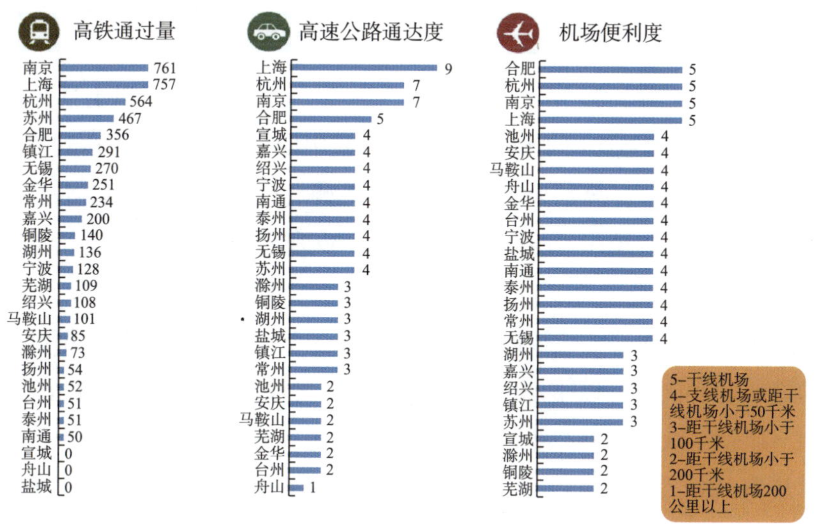


**图 8－37　长三角交通便利度**

（3）旅游商务

旅游反映了城市休闲配套资源情况和因旅游带来的短时流动人口流向。长三角城市群2016年旅游人次达19.09亿人，全国旅游人次45.38亿人，占比42.07%；长三角城市群2016年旅游收入25036亿元，全国旅游收入46590亿元，占比53.74%。其中，上海、杭州、南京及苏州为重要的旅游城市，四个市旅游人次占整个长三角城市群的35.19%；长三角城市群2016年人均旅游消费1329元，超过整体水平的城市有9个，分别为杭州、苏州、无锡、南京、宁波、舟山、南通、常州及镇江。如图8-38所示。

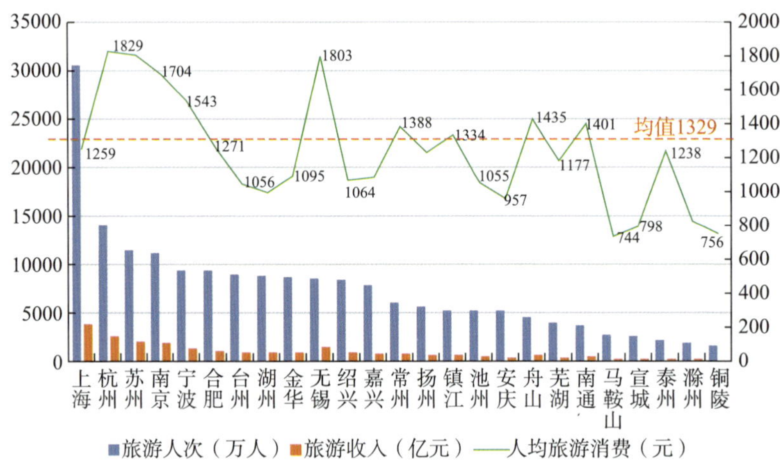


**图8-38　长三角城市2016年旅游情况**

长三角城市群共有4A级以上景区308个，占全国4A级以上景区1335个的23.07%。四星级以上酒店3718个，其中四星级以上酒店达到200家以上的城市有5个，分别为上海、杭州、苏州、南京及宁波，湖州、无锡、常州、合肥及嘉兴均超过100个。如图8-39所示。

（4）产业发展

产业是人口集聚的主要因素，产业反映了城市经济支撑资源情况，产业的规划发展状态可以带动人口的流向。长三角城市群内产业丰富多样，从制造业到互联网新兴产业都有领袖城市。近3年来，长三角城市群二产占比从46.7%下降到43.2%，三产占比从49.6%上升到53.3%。主要是由于建筑业有所放缓，但产业结构实际上是处于升级状态。大量的先进制

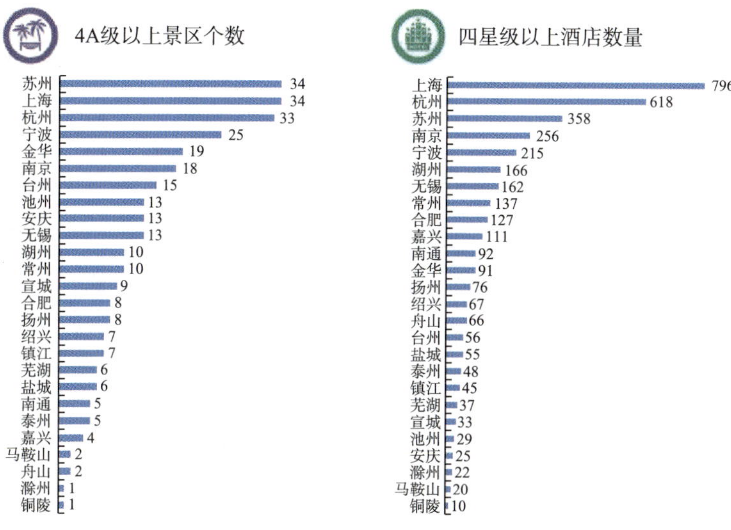


**图 8－39　长三角 4A 级以上景区及酒店数量**

造业兴起，如南京的高端装备制造业、苏州的电子业、合肥的现代显示业。在以制造业产业升级为主导的情况下，长三角相关的金融业和现代服务业也取得了长足的发展，如以杭州阿里巴巴为代表的互联网经济的崛起，上海国际金融中心建设持续推进。如表 8－11 所示。

**表 8－11　长三角基本面评判指标及权重**

| 一级指标 | 一级指标分值 | 指标维度 | 二级指标 | 二级指标权重 |
|---|---|---|---|---|
| 人口 | 35% | 人口基数 | 常住人口<br>常住户籍人口比<br>小学生增幅 | 40%<br>15%<br>10% |
| | | 家庭结构 | 中小学生在校生人数 | 10% |
| | | 变化趋势 | 城镇化率增幅<br>城镇化率 | 15%<br>10% |
| 容量 | 25% | 市场容量基数 | 三年平均销售面积 | 100% |
| 经济 | 20% | 总量水平 | GDP<br>第三产业占 GDP 比值 | 40%<br>15% |
| | | 财富水平 | 城镇均可支配收入 | 12% |
| | | 发展活力 | 一般财政预算收入<br>上市公司数量 | 10%<br>15% |

续表

| 一级指标 | 一级指标分值 | 指标维度 | | 二级指标 | 二级指标权重 |
|---|---|---|---|---|---|
| 城市发展 | 20% | 配套 | 医疗 | 三甲医院数量 | 8% |
| | | | 教育 | 大专院校数量 | 12% |
| | | | 景观 | 城市景观资源 | 8% |
| | | | 产业 | 国家级产业园区数量 | 7% |
| | | 交通 | 铁路 | 高铁班次 | 16% |
| | | | 飞机 | 距机场距离 | 12% |
| | | | 公路 | 境内高速通达数量 | 12% |
| | | 旅游 | 景区资源 | 4A 级以上景区 | 6% |
| | | | 配套 | 星级酒店 | 9% |
| | | | 人次 | 旅游人次 | 10% |

长三角城市群城市基本面综合排名 TOP3 的城市为上海、苏州、杭州。处在城市发展较好区、适中区、较差区的城市个数比为 6:13:7。如表 8 – 12 所示。

**表 8 – 12　长三角城市群城市基本面综合排名**

| | 城市 | 综合得分 |
|---|---|---|
| 1 | 上海 | 152. 30 |
| 2 | 苏州 | 103. 07 |
| 3 | 杭州 | 101. 51 |
| 4 | 南京 | 93. 73 |
| 5 | 合肥 | 75. 59 |
| 6 | 宁波 | 70. 29 |
| 7 | 无锡 | 68. 14 |
| 8 | 常州 | 59. 32 |
| 9 | 南通 | 56. 10 |
| 10 | 嘉兴 | 55. 72 |
| 11 | 台州 | 52. 14 |
| 12 | 盐城 | 50. 90 |
| 13 | 金华 | 47. 12 |

续表

| | 城市 | 综合得分 |
|---|---|---|
| 14 | 绍兴 | 46.98 |
| 15 | 镇江 | 45.26 |
| 16 | 扬州 | 44.81 |
| 17 | 泰州 | 44.09 |
| 18 | 湖州 | 42.28 |
| 19 | 芜湖 | 41.45 |
| 20 | 安庆 | 36.29 |
| 21 | 滁州 | 35.20 |
| 22 | 马鞍山 | 33.49 |
| 23 | 宣城 | 31.71 |
| 24 | 铜陵 | 31.47 |
| 25 | 舟山 | 29.45 |
| 26 | 池州 | 28.23 |

## 第三节　房地产市场热度研判

根据新一线城市研究所最新的城市分类，长三角城市群 26 个城市共有一线及新一线城市 5 个、二线城市 6 个、三线城市 8 个、四线城市 6 个、五线城市 1 个。如表 8－13 所示。

**表 8－13　长三角城市分级**

| 城市分类 | 城市名称 | 城市数量 |
|---|---|---|
| 一线/新一线城市 | 上海、杭州、南京、苏州、宁波、无锡 | 5 |
| 二线城市 | 合肥、常州、金华、嘉兴、南通、扬州 | 6 |
| 三线城市 | 绍兴、泰州、台州、湖州、盐城、淮安、镇江、舟山 | 8 |

续表

| 城市分类 | 城市名称 | 城市数量 |
|---|---|---|
| 四线城市 | 马鞍山、安庆、滁州、宿迁、铜陵、池州 | 6 |
| 五线城市 | 宣城 | 1 |
| | 合计 | 26 |

市场热度指数重点考察市场房价、地价现状及涨幅情况，进驻潜力和市场竞争热度，来分析目前的市场热度长三角城市群地货比指数中位值为40%，整体来看市场机会适中，可适当进入。热度指数TOP3城市为无锡、杭州及嘉兴。如图8－40所示。

TOP

| | 城市 | 热度指数 | 地货比指数 |
|---|---|---|---|
| 1 | 无锡 | 173.85 | 68% |
| 2 | 杭州 | 136.69 | 57% |
| 3 | 嘉兴 | 128.09 | 53% |
| 4 | 苏州 | 118.16 | 62% |
| 5 | 镇江 | 117.83 | 39% |
| 6 | 上海 | 115.66 | 14% |
| 7 | 台州 | 111.15 | 37% |
| 8 | 安庆 | 102.40 | 51% |
| 9 | 扬州 | 102.00 | 35% |
| 10 | 常州 | 95.81 | 38% |
| 11 | 合肥 | 95.19 | 49% |
| 12 | 南京 | 94.10 | 37% |
| 13 | 池州 | 93.03 | 70% |
| 14 | 泰州 | 91.83 | 69% |
| 15 | 绍兴 | 87.20 | 43% |
| 16 | 芜湖 | 86.13 | 40% |
| 17 | 马鞍山 | 86.06 | 37% |
| 18 | 南通 | 85.03 | 48% |
| 19 | 湖州 | 84.38 | 37% |
| 20 | 舟山 | 83.46 | 41% |
| 21 | 宁波 | 79.28 | 31% |
| 22 | 金华 | 70.33 | 40% |
| 23 | 宣城 | 69.08 | 47% |
| 24 | 盐城 | 66.77 | 25% |
| 25 | 滁州 | 60.57 | 30% |
| 26 | 铜陵 | 59.26 | 33% |

【计算方法】

房价40%：房价指数 26%；房价增幅 14%

地价30%：地货比 20%；地价增幅 10%

竞争30%：住宅土地供应去化年限 18%；top50房企进驻数量 12%

市场热度指数 100分
=城市市场面×100%

#测算方法：

（1）房价指数=城市实时房价/1.5线城市实时房价均价；

（2）房价增幅=（实时房价-2015年房价）/2015年房价；

（3）地货比=近半年楼面价/实时房价；

（4）地价增幅=近半年成交楼面价/2015年成交楼面价。

【参考指标】

房价收入比
房地产投资占固定资产投资额比值
市区住宅投资比
土地溢价率
销售利润率

*数据来源为中指数据、吉屋网。

图8－40　市场热度指数

长三角城市群整体房价中位值为11560元/平方米，地价中位值为4983元/平方米；长三角城市群地货比中位值为40%。地货比较高的三个城市为池州、台州、无锡，应及时捕捉市场信息，防控拿地风险；地货比较低的三个城市为上海、盐城、滁州，应作为重点关注城市，寻找机会适时进驻。如图8－41所示。

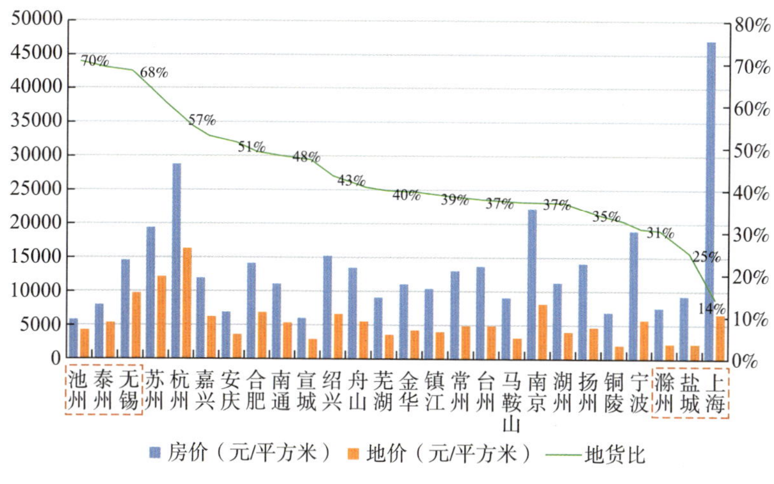


**图 8－41　长三角城市群整体房地价及地货比**

长三角城市群房价平均涨幅为 52%，地价平均涨幅为 160%。房价涨幅高于城市群整体平均增幅的城市共有 13 个，分别为无锡、滁州、台州、常州、杭州、盐城、嘉兴、合肥、扬州、芜湖、镇江、铜陵及绍兴；地价涨幅高于城市群整体平均增幅的城市共有 12 个，分别为无锡、滁州、台州、嘉兴、扬州、镇江、绍兴、安庆、台州、湖州、南通及马鞍山。如图 8－42 所示。

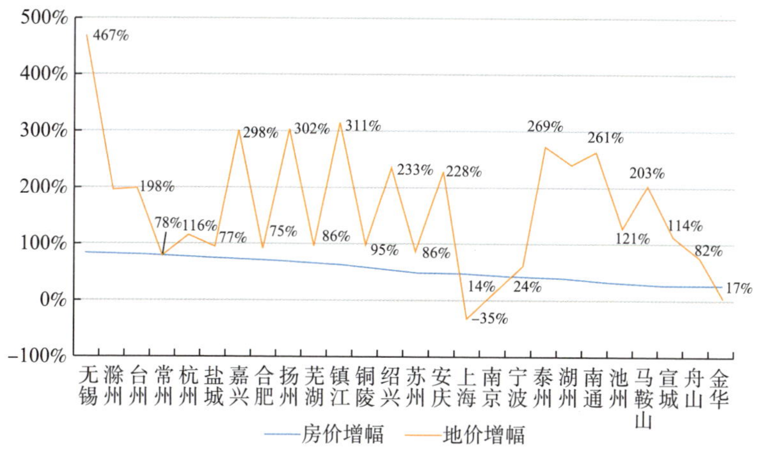


**图 8－42　长三角城市群价格变化幅度**

市场潜力从常住人口和地货比两个维度考虑，地货比较低且人口规模相对较大代表市场潜力较大。战略进驻区域城市共 3 个，分别为南京、宁波、盐城；重点关注区域城市共 1 个，为台州；机会进驻区域城市共 3 个，分别为金华、常州及扬州。如图 8 –43 所示。

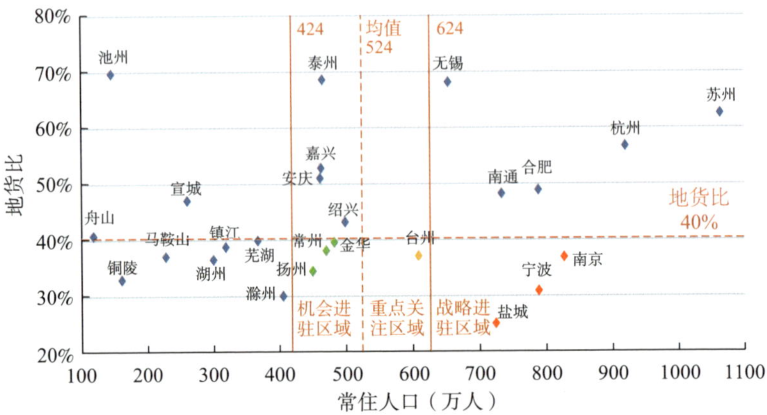


**图 8 –43　长三角人口和地货比**

市场潜力从成交面积和地货比两个维度考虑，地货比较低且成交面积较大代表市场潜力较大。战略进驻区域城市共 3 个，分别为宁波、常州及台州；重点关注区域城市共 1 个，为盐城；机会进驻区域城市共 2 个，分别为芜湖、镇江。如图 8 –44 所示。

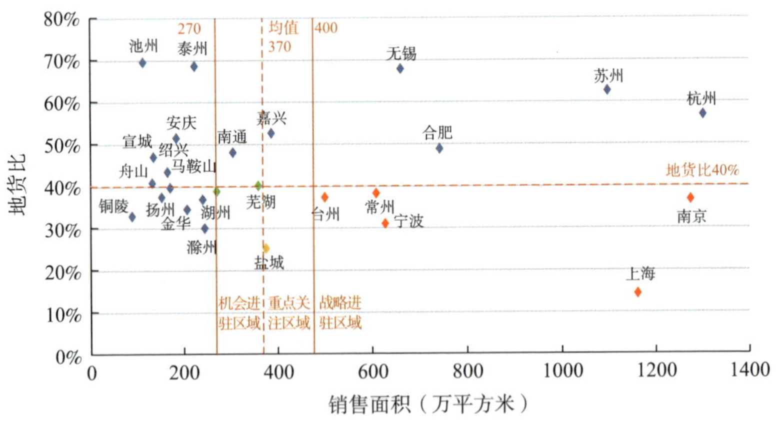


**图 8 –44　长三角成交面积和地货比**

长三角城市群住宅供应去化年限为 2.74 年，去化周期小于 3 年的有 16 个。整体来看，无锡、杭州、台州、常州、芜湖、苏州、上海、南京等城市市场供不应求；南通、滁州、绍兴、泰州、扬州、湖州、宁波等城市市场供过于求。如图 8 – 45 所示。

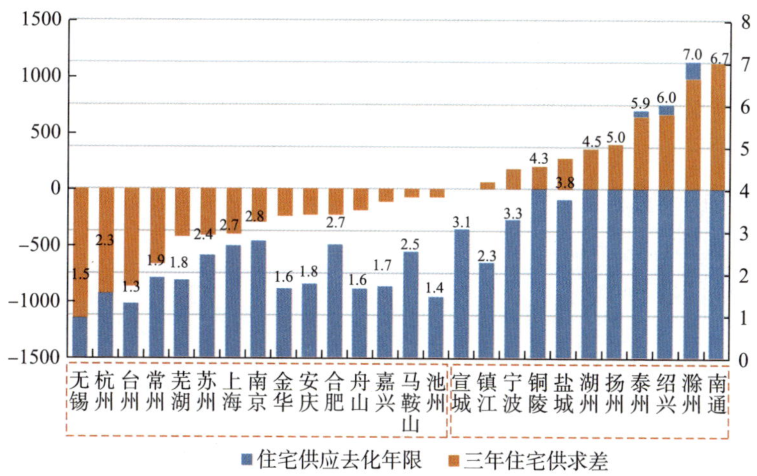


**图 8 – 45　长三角城市群住宅供应去化周期与供求差**

房价收入情况，在均值线下，居民收入较大且距离轴线向下偏离越大代表房价上涨潜力越强。重点关注城市有宣城、泰州；一般关注城市池州、铜陵、马鞍山、镇江、湖州、金华及嘉兴。如图 8 – 46 所示。

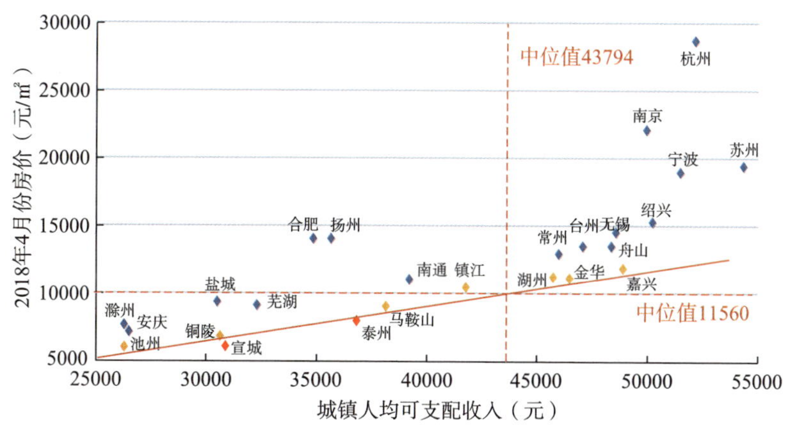


**图 8 – 46　长三角城市群房价收入情况**

2016 年长三角城市群房地产投资额为 20361 亿元，占全国房地产投资额 135284 亿元的 15.05%；房地产投资额在均值 600 亿元以上的城市有 8 个，分别是上海、杭州、苏州、南京、合肥、宁波、无锡及绍兴。房地产投资占固定资产投资比重超过 25% 的有 5 个，分别为上海、杭州、苏州、南京及宁波，此区域房地产投资相对过热，建议谨慎拿地；介于15%～25%的有9个，分别为绍兴、无锡、合肥、滁州、金华、台州、湖州、嘉兴及镇江，此区域为房地产合理投资区，建议重点关注；在15%以下的城市有12个，此区域房地产投资相对较少，存在潜在投资机会。如图8－47所示。

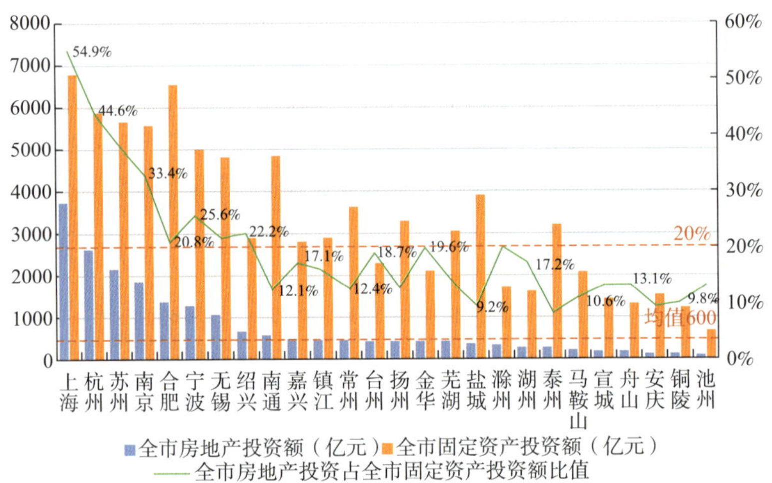


**图8－47　长三角城市房地产投资占固定资产投资比重**

苏州、南京、上海、无锡、杭州、南通等城市TOP50房企进驻较多，市场竞争十分激烈；16个城市已经有10家以上TOP50房企进驻。如图8－48所示。

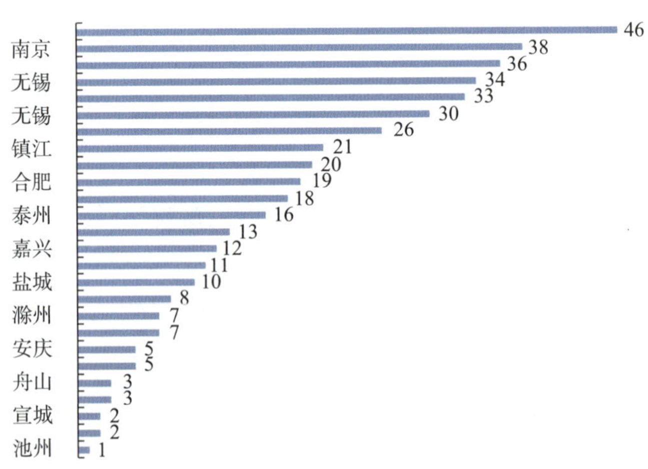


**图8－48　房地产前50强进驻个数**

土地市场热度从成交楼面地价和溢价率两个维度考虑，成交楼面地价和溢价率均较低代表土地市场潜在热度较大。重点关注城市有芜湖、泰州、南通、常州、湖州及宣城。如图 8－49 所示。（溢价率在 5% 以下市场公开程度较低，需谨慎关注。）

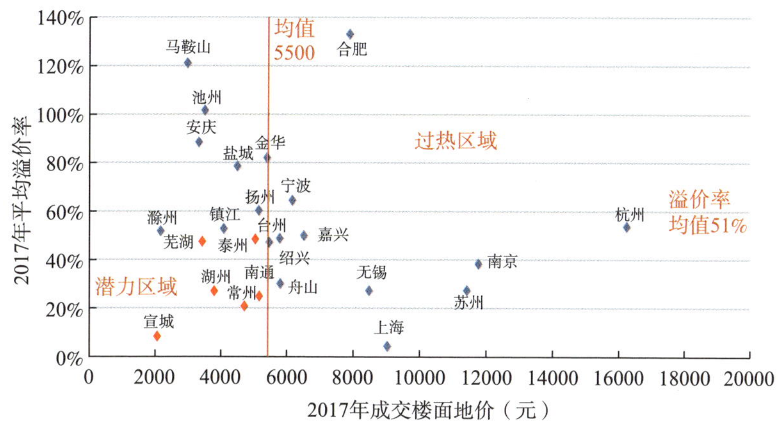


**图 8－49　长三角土地市场热度分析**

从销售利润率看，大于 25% 的城市有 6 个，为上海、宁波、南京、扬州、台州及绍兴；20% ~25% 的城市有 7 个，为常州、盐城、舟山、合肥、杭州、湖州及马鞍山。销售利润率 = （房价 - 地价 - 土地外成本 - 增值税）/房价，土地外成本按 3600 元估算。增值税 = （房价 - 地价）×10%/（1 +10%） -3600 ×8%。

需要注意的是：销售价格为 2018 年 4 月份价格，楼面价为近 6 个月成交楼面价，上海、杭州土地外成本按 5500 元/平方米测算，江苏及浙江其他城市 4500 元/平方米测算，安徽省各市按照 3600 元/平方米测算。如图 8－50 所示。

政府的限购等房地产调控政策在一定程度上也影响了房地产市场热度。如表 8－14 所示。

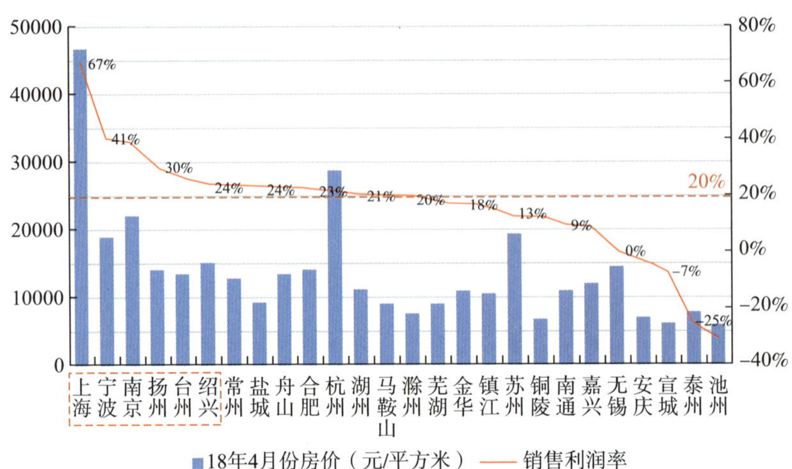


**图 8－50　长三角城市销售利润分析**

**表 8－14　市场热度评判指标及权重**

| 评价维度 | 指标维度 | 一级权重 | 指标 | 权重 |
|---|---|---|---|---|
| 市场热度 | 房价热度 | 40% | 房价指数（实时房价/1.5 线城市实时房价均价） | 26% |
| | | | 房价增幅｛（实时房价－2015 年房价）/2015 年房价｝ | 14% |
| | 地价热度 | 30% | 地货比（近半年楼面价/实时房价） | 20% |
| | | | 地价增幅（最近半年成交楼面价/2015 年成交楼面价） | 10% |
| | 竞争热度 | 30% | 住宅土地供应去化年限 | 18% |
| | | | TOP50 房企进驻数量 | 12% |

长三角城市群城市市场热度综合排名 TOP3 的城市为无锡、杭州及嘉兴。如表 8－15 所示。

**表 8－15　长三角城市群城市市场热度**

| | 城市 | 综合得分 |
|---|---|---|
| 1 | 无锡 | 173.85 |
| 2 | 杭州 | 136.69 |

续表

| | 城市 | 综合得分 |
|---|---|---|
| 3 | 嘉兴 | 128.09 |
| 4 | 苏州 | 118.16 |
| 5 | 镇江 | 117.83 |
| 6 | 上海 | 115.66 |
| 7 | 台州 | 111.15 |
| 8 | 安庆 | 102.40 |
| 9 | 扬州 | 102.00 |
| 10 | 常州 | 95.81 |
| 11 | 合肥 | 95.19 |
| 12 | 南京 | 94.10 |
| 13 | 池州 | 93.03 |
| 14 | 泰州 | 91.83 |
| 15 | 绍兴 | 87.20 |
| 16 | 芜湖 | 86.13 |
| 17 | 马鞍山 | 86.06 |
| 18 | 南通 | 85.03 |
| 19 | 湖州 | 84.38 |
| 20 | 舟山 | 83.46 |
| 21 | 宁波 | 79.28 |
| 22 | 金华 | 70.33 |
| 23 | 宣城 | 69.08 |
| 24 | 盐城 | 66.77 |
| 25 | 滁州 | 60.57 |
| 26 | 铜陵 | 59.26 |

长三角城市群城市房地产投资安全性综合排名TOP3的城市为南京、宁波及苏州。偏离度大于1的城市投资风险较高，应谨慎投资，主要城市有湖州、芜湖、泰州、台州、宣城、扬州、嘉兴、无锡、马鞍山、镇江、

安庆、舟山及池州。如表 8－16 所示。

**表 8－16　长三角城市房地产投资安全性综合排名**

| | 城市 | 综合得分 |
|---|---|---|
| 1 | 南京 | 0. 00 |
| 2 | 宁波 | 0. 13 |
| 3 | 苏州 | 0. 15 |
| 4 | 上海 | 0. 24 |
| 5 | 合肥 | 0. 26 |
| 6 | 盐城 | 0. 31 |
| 7 | 杭州 | 0. 35 |
| 8 | 金华 | 0. 49 |
| 9 | 南通 | 0. 52 |
| 10 | 常州 | 0. 62 |
| 11 | 滁州 | 0. 72 |
| 12 | 绍兴 | 0. 86 |
| 13 | 铜陵 | 0. 88 |
| 14 | 湖州 | 1. 00 |
| 15 | 芜湖 | 1. 08 |
| 16 | 泰州 | 1. 08 |
| 17 | 台州 | 1. 13 |
| 18 | 宣城 | 1. 18 |
| 19 | 扬州 | 1. 28 |
| 20 | 嘉兴 | 1. 30 |
| 21 | 无锡 | 1. 55 |
| 22 | 马鞍山 | 1. 57 |
| 23 | 镇江 | 1. 60 |
| 24 | 安庆 | 1. 82 |
| 25 | 舟山 | 1. 83 |
| 26 | 池州 | 2. 30 |

# 第九章

# 南部枭雄　三家论剑

爱在珠三角，恨亦大湾区，解不开的广东情。

称之南部枭雄，有三层含义：

一是当之无愧的中国南部经济增长极。

二是改革先锋大本营创新活力的先驱。

三是房企规模战群雄逐鹿的圣地。

说是三家论剑，一是广深港三家争夺湾区经济话语权；二是珠三角9市、环珠三角5市及其余7市需要构建区域和谐发展新机制；三是粤系房企竞相亮剑，谁才是真正的房企老大。

# 第一节　珠三角及广东全域投资策略综合分析

## 概况及特征

珠三角城市群是我国南部地区最重要的城市群，没有之一，是我国改革开放以来形成最早的城市群，也是中国城市群中经济最有活力、城市化率最高的地区。

先说说人均GDP，珠三角2016年人均GDP11.43万元，是全国人均

GDP 最高的城市群，这一数据在全国仅略低于天津的 11.51 万元和北京的 11.47 万元，超过上海的 11.36 万元，也超过长三角核心圈 16 市的 11.12 万元。

再说说城镇化率，珠三角城市群常住人口城镇化率为 85%，远高于我国常住人口城镇化率 57.4%，高出长三角城市群 17 个百分点，高出京津冀城市群 21 个百分点。从总体上看，珠三角已经达到美国 81.8% 和加拿大 82% 等发达国家的城市化水平。

最后说说企业活力，珠三角共有国内 A 股上市公司 564 家，仅次于长三角城市群，几乎是京津冀城市群的一倍。同时对于房地产行业而言，全国房企 50 强中有 36% 的房企总部位于珠三角，且这些房企如恒大、碧桂园、万科都曾陆续登上了房企老大的宝座。

为了更加全面地了解珠三角，我们此次研究的珠三角城市群，除了原有的珠三角 9 个城市及环珠三角 5 个城市，还包括广东省其他区域的 7 个城市，共 21 个城市。如表 9 -1 所示。

**表 9 -1　珠三角城市群概况**

| 城市分类 | 城市名称 |
|---|---|
| 珠三角城市（9 个） | 广州、深圳、珠海、佛山、中山、东莞、肇庆、江门、惠州 |
| 环珠三角城市（5 个） | 韶关、汕尾、河源、清远、云浮 |
| 广东其他城市（7 个） | 汕头、湛江、茂名、梅州、阳江、潮州、揭阳 |

珠三角城市群区域一体化进程发展较快。现已逐步形成以广州、深圳为核心城市，以东莞为副中心，以佛山、江门、中山、珠海、惠州、肇庆、清远等为次级副中心的多中心结构的城市群。

**珠三角城市群重要特征：**

**(1) 城市群区域间经济和城市发展水平不均衡**

珠三角和环珠三角及广东其他城市差别较大，珠三角 9 市人均 GDP 是其他区域城市的3倍以上，而珠三角9市城镇化率则高出其他区域35个百分点，差距巨大。如表9-2所示。

**表9-2 珠三角城市分类**

| 城市分类 | 常住人口（万人） | GDP（亿元） | 人均GDP（亿元） | 城镇化率 |
| --- | --- | --- | --- | --- |
| 珠三角城市（9个） | 5998.49 | 67905.33 | 11.32 | 84.88% |
| 环珠三角城市（5个） | 1548.90 | 5486.42 | 3.54 | 49.60% |
| 广东其他城市（7个） | 3477.13 | 13858.95 | 3.99 | 51.66% |

**（2）城市群广、深、港三家论剑，深圳经济总量已超过广州、比肩香港地区，成为粤港澳湾区最具竞争力的领头羊**

深圳2017年GDP总量为2.24万亿元人民币，而2017年香港地区实现地区生产总值为2.66万亿港元，按照2017年人民币兑港币平均汇率1.1552折算，2017年香港地区GDP为23049.14亿元，深港GDP仅差611亿元。

**（3）城市群内部产业链完善，发展潜力持续上升**

城市群依托出色的贸易、航运设施建设和金融业发展，产业格局由出口加工业向具有“轻、智、终端”特色的高科技业逐步转型。

**（4）城市同城化发展趋势明显，新的城市都市圈正在形成**

继广州佛山同城化之后，广州中山也开始同城化发展，而“珠江三角洲地区轨道交通同城化规划”则明确提出“同城化”的交通理念，以此引领珠三角基础设施的一体化，打造“一小时生活圈”。按照大湾区的规划发展节奏，珠三角将最终形成广佛肇、深莞惠、珠中江三个紧密型都市圈。

**（5）制造业优势与创新驱动促进城市群经济高速增长，珠三角9市二三产业占比较高，且以深圳为代表的创新驱动力较强**（如图9-1所示）

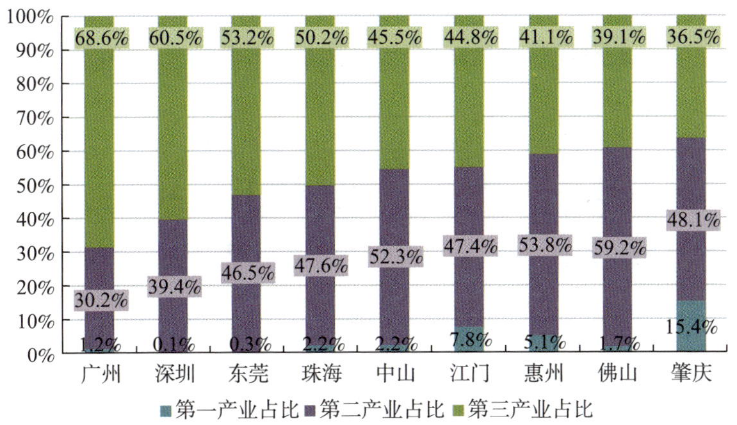


**图 9－1　2016 年珠三角各城市产业结构**

## 专题：世界四大湾区主要情况对比

粤港澳大湾区是指由珠三角城市群 9 市和香港、澳门两个特别行政区组成的城市群。与美国纽约湾区、旧金山湾区和日本东京湾区并肩的世界四大湾区之一，是国家建设世界级城市群和参与全球竞争的重要空间载体。

世界四大湾区均位于太平洋和大西洋沿岸，且均位于北纬 22 度至 40 度之间，地处人类北纬黄金生活圈，自然资源丰富生态环境优越。世界四大湾区城镇和人口集聚程度极高，且沿海岸呈带状分布，湾区内均有领先的世界级城市。

从人口和经济等指标看，粤港澳湾区的占地面积最大、人口最多，经济总量在东京湾区之后，位列第二，但人均 GDP 仅为东京湾区的 1/2、纽约湾区的 1/3、旧金山湾区的 1/6。如图 9－2 所示。

从交通运输和产业发展等指标看，粤港澳湾区的机场和港口吞吐量均位列第一，产业发展突出金融、航运、电子、互联网等产业，但世界 500 强企业总部均少于其他湾区，经济活力有待培育提高。如图 9－3 所示。

| 指标（2015年） | 粤港澳大湾区 | 东京湾区 | 旧金山湾区 | 纽约湾区 |
| --- | --- | --- | --- | --- |
| 占地面积（万平方公里） | 5.6 | 3.68 | 1.79 | 2.15 |
| 人口（万人） | 6671 | 4347 | 715 | 2340 |
| GDP（万亿美元） | 1.36 | 1.8 | 0.8 | 1.4 |
| 人均GDP（万美元/人） | 2.04 | 4.14 | 11.19 | 5.98 |
| 港口集装箱吞吐量（万TEU） | 6520 | 766 | 227 | 465 |

图9－2　世界四大湾区人口和经济等指标

| 指标（2015年） | 粤港澳大湾区 | 东京湾区 | 旧金山湾区 | 纽约湾区 |
| --- | --- | --- | --- | --- |
| 机场旅客吞吐量（亿人次） | 1.75 | 1.12 | 0.71 | 1.3 |
| 第三产业比重（%） | 62.2 | 82.3 | 82.8 | 89.4 |
| 代表产业 | 金融、航运、电子、互联网 | 装备制造、钢铁、化工、物流 | 电子、互联网、生物 | 金融、航运、计算机 |
| 世界100强大学数量 | 4 | 2 | 3 | 2 |
| 世界500强企业总部数量 | 16 | 60 | 28 | 22 |

图9－3　世界四大湾区交通运输和产业发展等指标

## 城市群综合分析

珠三角城市群国土面积4.2万平方千米，占全国的0.44%；地区生产总值9.2万亿元，占全国的10.87%；常住人口0.6万亿人，占全国的4.34%。珠三角城市群与我国其余两个世界级城市群对比，国土、人口及地区生产总值均最低。这种差距不仅体现在经济总量数据上，还有区域间城市发展水平不均衡等问题。如图9－4所示。

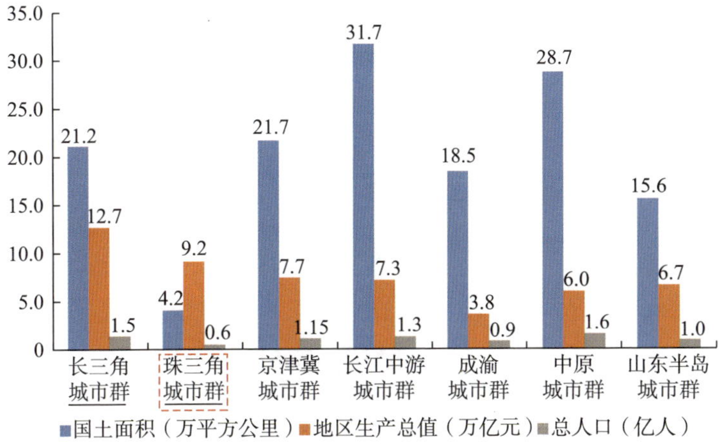


**图 9－4 主要城市群对比**

目前，珠三角城市群常住人口城镇化率为 85%，高于我国常住人口城镇化率 57.4%。珠三角城市群中，深圳、佛山、东莞的城镇化率较高，分别 100%、94.95%、88.8%。如图 9－5 所示。

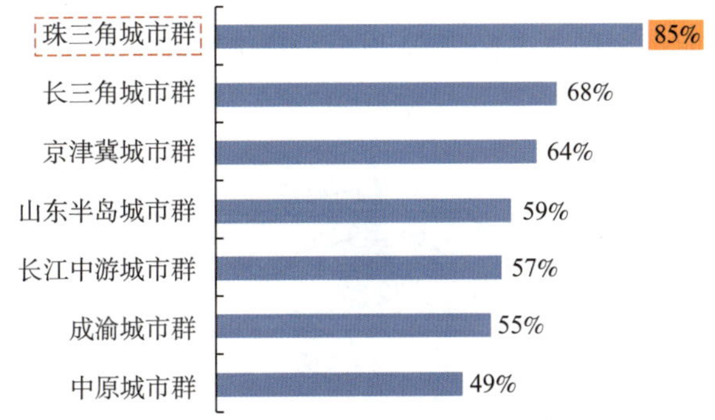


**图 9－5 主要城市群常住人口城镇化率对比**

而从商品房销售金额对比来看，珠三角城市群商品房销售金额仅次于长三角城市群，房地产市场比较成熟。如图 9－6 所示。

珠三角城市群属于城市群发展的第二阶段，以强核外溢为主要特征，核心城市深圳、广州存在外溢，其周边的佛山、东莞、惠州等城市市场较热。如图 9－7 所示。

珠三角城市等级体系较完善，处在城市发展较好区、适中区、较弱区城市比例为 4:3:2。

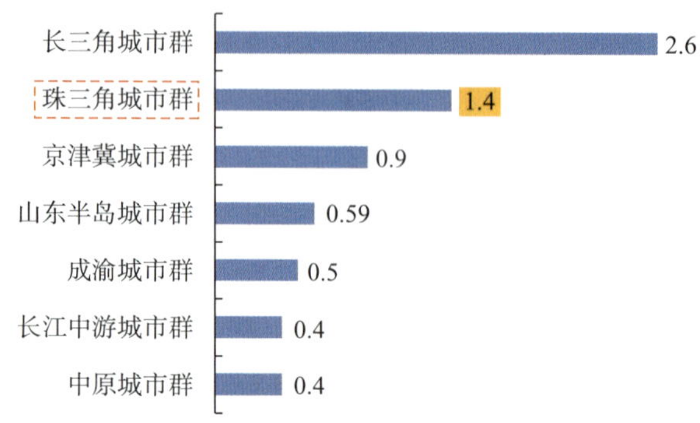


图 9-6　主要城市群商品房销售金额对比

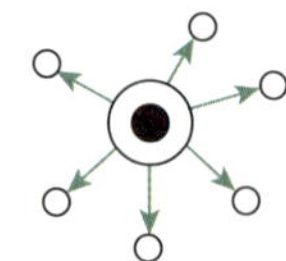

图 9-7　外溢阶段模型

从城市群投资潜力雷达图可以看出，珠三角城市群的人口、经济、城市个数等规模较小，但城市等级体系、产业发展、财富水平、交通便捷度城镇化率和房地产市场热度比较高。如图 9-8 所示。

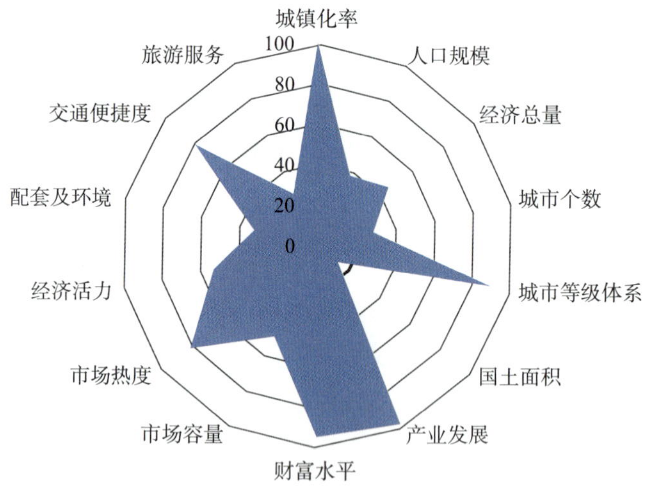


图 9-8　珠三角城市群投资潜力雷达图

珠三角城市群与长江中游城市群和海峡西岸城市群联系最为密切，其次与中原城市群、成渝城市群、山东半岛、京津冀城市群联系较为密切。

如表 9-3 所示，广州和佛山（2.1309）联系最为密切，其次广州和

**表 9－3　珠三角内部城市经济联系强度表**

| | 广州 | 深圳 | 珠海 | 佛山 | 中山 | 东莞 | 肇庆 | 江门 | 惠州 | 留关 | 汕头 | 湛江 | 茂名 | 梅州 | 汕尾 | 河源 | 阳江 | 清远 | 潮州 | 揭阳 | 云浮 |
|---|---|---|---|---|---|---|---|---|---|---|---|---|---|---|---|---|---|---|---|---|---|
| 广州 | | 0. 1429 | 0. 0202 | 2. 1309 | 0. 0756 | 0. 2861 | 0. 0504 | 0. 0679 | 0. 0328 | 0. 0067 | 0. 0034 | 0. 0044 | 0. 0061 | 0. 0025 | 0. 0038 | 0. 0071 | 0. 0064 | 0. 0657 | 0. 0017 | 0. 0042 | 0. 0113 |
| 深圳 | | | 0. 0121 | 0. 0582 | 0. 03350 | 0. 2034 | 0. 0087 | 0. 0237 | 0. 0759 | 0. 0028 | 0. 0050 | 0. 0027 | 0. 0035 | 0. 0026 | 0. 0087 | 0. 0084 | 0. 0031 | 0. 0092 | 0. 0021 | 0. 0054 | 0. 0030 |
| 珠海 | | | | 0. 0095 | 0. 0248 | 0. 0093 | 0. 0017 | 0. 0079 | 0. 0022 | 0. 0003 | 0. 0003 | 0. 0005 | 0. 0008 | 0. 0002 | 0. 0003 | 0. 0004 | 0. 0009 | 0. 0011 | 0. 0002 | 0. 0004 | 0. 0005 |
| 佛山 | | | | | 0. 0393 | 0. 0744 | 0. 0324 | 0. 0791 | 0. 0122 | 0. 0026 | 0. 0014 | 0. 0024 | 0. 0034 | 0. 0011 | 0. 0015 | 0. 0027 | 0. 0039 | 0. 0205 | 0. 0007 | 0. 0018 | 0. 0067 |
| 中山 | | | | | | 0. 0305 | 0. 0045 | 0. 0634 | 0. 0055 | 0. 0007 | 0. 0006 | 0. 0008 | 0. 0013 | 0. 0004 | 0. 0007 | 0. 0010 | 0. 0015 | 0. 0030 | 0. 0003 | 0. 0008 | 0. 0013 |
| 东莞 | | | | | | | 0. 0090 | 0. 0179 | 0. 0358 | 0. 0021 | 0. 0020 | 0. 0016 | 0. 0021 | 0. 0013 | 0. 0028 | 0. 0057 | 0. 0019 | 0. 0107 | 0. 0010 | 0. 0026 | 0. 0026 |
| 肇庆 | | | | | | | | 0. 0088 | 0. 0020 | 0. 0007 | 0. 0004 | 0. 0009 | 0. 0013 | 0. 0003 | 0. 0004 | 0. 0006 | 0. 0012 | 0. 0053 | 0. 0002 | 0. 0005 | 0. 0130 |
| 江门 | | | | | | | | | 0. 0039 | 0. 0007 | 0. 0005 | 0. 0012 | 0. 0018 | 0. 0003 | 0. 0006 | 0. 0007 | 0. 0025 | 0. 0034 | 0. 0003 | 0. 0007 | 0. 0021 |
| 惠州 | | | | | | | | | | 0. 0008 | 0. 0018 | 0. 0007 | 0. 0008 | 0. 0012 | 0. 0039 | 0. 0087 | 0. 0007 | 0. 0029 | 0. 0009 | 0. 0022 | 0. 0007 |
| 韶关 | | | | | | | | | | | 0. 0003 | 0. 0002 | 0. 0003 | 0. 0003 | 0. 0002 | 0. 0005 | 0. 0002 | 0. 0018 | 0. 0002 | 0. 0004 | 0. 0002 |
| 汕头 | | | | | | | | | | | | 0. 0002 | 0. 0003 | 0. 0033 | 0. 0018 | 0. 0007 | 0. 0002 | 0. 0004 | 0. 0364 | 0. 0621 | 0. 0002 |
| 湛江 | | | | | | | | | | | | | 0. 0214 | 0. 0002 | 0. 0002 | 0. 0002 | 0. 0020 | 0. 0005 | 0. 0001 | 0. 0003 | 0. 0006 |
| 茂名 | | | | | | | | | | | | | | 0. 0002 | 0. 0002 | 0. 0003 | 0. 0048 | 0. 0006 | 0. 0001 | 0. 0003 | 0. 0009 |
| 梅州 | | | | | | | | | | | | | | | 0. 0005 | 0. 0010 | 0. 0001 | 0. 0003 | 0. 0021 | 0. 0065 | 0. 0001 |
| 汕尾 | | | | | | | | | | | | | | | | 0. 0006 | 0. 0001 | 0. 0004 | 0. 0007 | 0. 0023 | 0. 0001 |
| 河源 | | | | | | | | | | | | | | | | | 0. 0002 | 0. 0008 | 0. 0004 | 0. 0010 | 0. 0002 |
| 阳江 | | | | | | | | | | | | | | | | | | 0. 0006 | 0. 0001 | 0. 0002 | 0. 0011 |
| 清远 | | | | | | | | | | | | | | | | | | | 0. 0002 | 0. 0005 | 0. 0011 |
| 潮州 | | | | | | | | | | | | | | | | | | | | 0. 0678 | 0. 0001 |

续表

| | 广州 | 深圳 | 珠海 | 佛山 | 中山 | 东莞 | 肇庆 | 江门 | 惠州 | 留关 | 汕头 | 湛江 | 茂名 | 梅州 | 汕尾 | 河源 | 阳江 | 清远 | 潮州 | 揭阳 | 云浮 |
|---|---|---|---|---|---|---|---|---|---|---|---|---|---|---|---|---|---|---|---|---|---|
| 揭阳 | | | | | | | | | | | | | | | | | | | | | 0. 0002 |
| 云浮 | | | | | | | | | | | | | | | | | | | | | |

东莞（0.2861）、深圳和东莞（0.2034），广州和深圳（0.1429）等城市联系较为密切。

## 城市房地产投资策略

我们从城市发展潜力、房地产市场热度、投资安全性三个单一维度给出城市群各城市排名情况如图 9－9 所示。

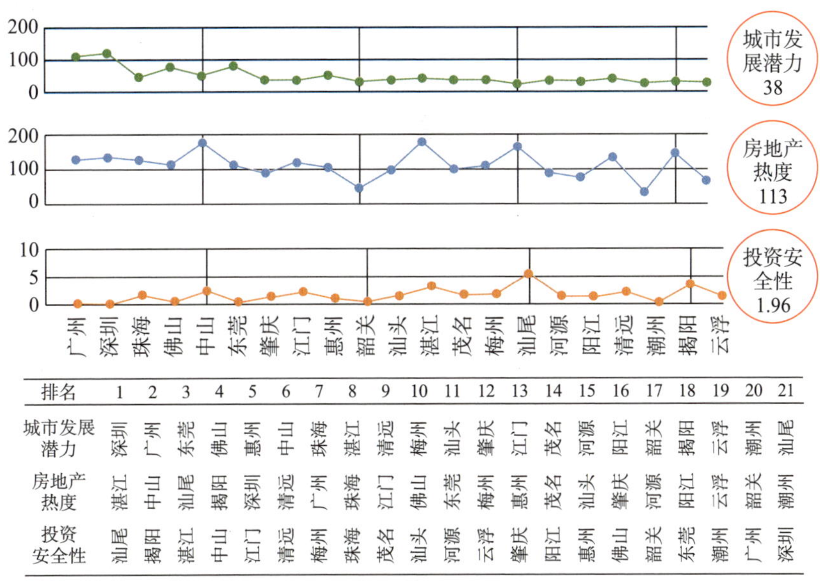


| 排名 | 1 | 2 | 3 | 4 | 5 | 6 | 7 | 8 | 9 | 10 | 11 | 12 | 13 | 14 | 15 | 16 | 17 | 18 | 19 | 20 | 21 |
|---|---|---|---|---|---|---|---|---|---|---|---|---|---|---|---|---|---|---|---|---|---|
| 城市发展潜力 | 深圳 | 广州 | 东莞 | 佛山 | 惠州 | 中山 | 珠海 | 湛江 | 清远 | 梅州 | 汕头 | 肇庆 | 江门 | 茂名 | 河源 | 阳江 | 韶关 | 揭阳 | 云浮 | 潮州 | 汕尾 |
| 房地产热度 | 湛江 | 中山 | 汕尾 | 揭阳 | 深圳 | 清远 | 广州 | 珠海 | 江门 | 佛山 | 东莞 | 梅州 | 惠州 | 茂名 | 汕头 | 肇庆 | 河源 | 阳江 | 云浮 | 韶关 | 潮州 |
| 投资安全性 | 汕尾 | 揭阳 | 湛江 | 中山 | 江门 | 清远 | 梅州 | 珠海 | 茂名 | 汕头 | 河源 | 云浮 | 肇庆 | 阳江 | 惠州 | 佛山 | 韶关 | 东莞 | 潮州 | 广州 | 深圳 |

**图 9－9　珠三角城市群各城市排名情况**

珠三角城市群属于城市群发展的第二阶段，以强核外溢为主要特征，核心城市深圳、广州存在外溢，其周边的佛山、东莞、惠州等城市市场较热；珠三角城市等级体系较完善，处在城市发展较好区、适中区、较弱区城市比例为 4:3:2；核心城市及周边重点外溢城市处于捡漏区；由于大湾区规划，导致房价短期内急速上升，一般城市目前大多处于快销区、抛货区；珠三角属于一线城市群，目前市场相对过热，且该区域为碧桂园、恒大等知名房企的大本营；从目前的市场价格来看，仅河源、阳江、肇庆、潮州、韶关等城市的地货比相对较低。如图 9－10 所示。

根据九宫格阶梯筛选法则，处在阶梯阴影区为重点拓展城市。黄线框内的重点拓展城市，主要包括珠三角的肇庆和广东其他区域的河源；重点关注肇庆，肇庆人口410万，GDP超过2000亿元，整体供需平衡且涨幅不大，紧邻珠三角核心区的规划新区，具有较大发展空间；挑货区重点拓展城市有云浮、潮州、韶关；湛江、惠州处在快销区，应注意防控风险。如图9-11所示。

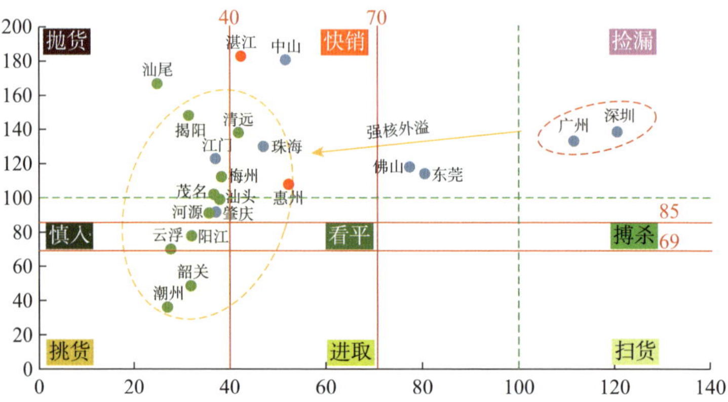


图9-10　珠三角各城市核心城市与一般城市区域分布

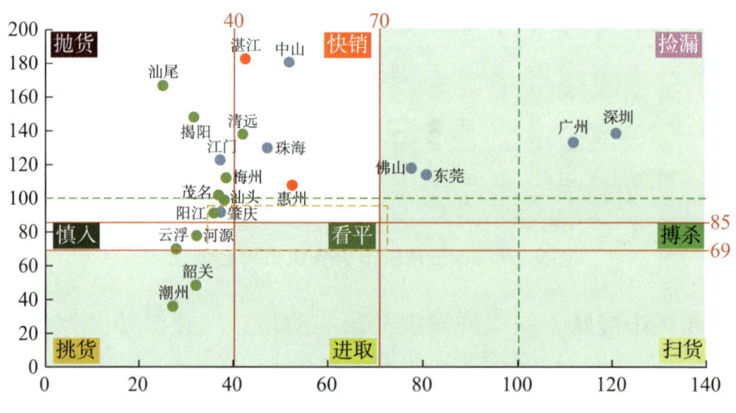


图9-11　珠三角重点拓展城市

根据九宫格模型得出珠三角城市群作战地图，主攻城市有河源与肇庆。如图9-12所示。

图9-12　珠三角城市群作战地图

以市场化公司一般选取的投资评审标准作为筛选器，中山、江门、佛山、汕尾、汕头、揭阳城市销售利润率为负，除战略考量外，能不进驻则不进驻；清远、阳江、梅州、云浮、茂名、广州城市平均销售利润率低于15%，应关注市场风险，重点把控好获取土地位置及价格。如表9-4所示。

**表9-4 珠三角城市筛选**

| 城市 | 销售利润率 | 地货比 |
|---|---|---|
| 深圳 | 68% | 19% |
| 东莞 | 35% | 36% |
| 惠州 | 34% | 20% |
| 韶关 | 30% | 12% |
| 珠海 | 30% | 39% |
| 肇庆 | 30% | 27% |
| 河源 | 16% | 30% |
| 潮州 | 16% | 18% |
| 湛江 | 15% | 37% |
| 清远 | 10% | 37% |
| 阳江 | 7% | 29% |
| 梅州 | 4% | 48% |
| 云浮 | 2% | 34% |
| 茂名 | 2% | 52% |
| 广州 | 1% | 40% |
| 中山 | -5% | 39% |
| 江门 | -5% | 69% |
| 佛山 | -5% | 45% |
| 汕尾 | -7% | 49% |
| 汕头 | -9% | 65% |
| 揭阳 | -19% | 61% |

充分考虑TOP50房企之间的竞争平衡，广州、深圳、珠海、佛山、中山、东莞已进驻TOP50房企均超过30个，应重点关注市场竞争带来的非理性拿地风险。如表9－5所示。

**表9－5　珠三角竞争平衡**

| 城市 | TOP50房企进驻数量 |
|---|---|
| 广州 | 74 |
| 深圳 | 57 |
| 珠海 | 46 |
| 佛山 | 60 |
| 中山 | 34 |
| 东莞 | 31 |
| 肇庆 | 20 |
| 江门 | 29 |
| 惠州 | 37 |
| 韶关 | 17 |
| 汕头 | 20 |
| 湛江 | 23 |
| 茂名 | 6 |
| 梅州 | 17 |
| 汕尾 | 6 |
| 河源 | 9 |
| 阳江 | 14 |
| 清远 | 23 |
| 潮州 | 6 |
| 揭阳 | 9 |
| 云浮 | 9 |

# 第二节　城市基本面研判

## 人口发展潜力

人口是城市发展的基础，也是房地产发展的重要支撑。我们从人口发展基数和人口发展结构等层面研判城市人口发展潜力。珠三角城市群人口基数及发展潜力较好，21 个城市人口基数均值为 481 万人。人口指数 TOP3 城市为深圳、东莞、广州。如图 9－13 所示。

TOP

| | 城市 | 人口指数 | 人口基数 |
|---|---|---|---|
| 1 | 深圳 | 125 | 1191 |
| 2 | 东莞 | 118 | 826 |
| 3 | 广州 | 117 | 1404 |
| 4 | 佛山 | 78 | 746 |
| 5 | 惠州 | 76 | 478 |
| 6 | 湛江 | 66 | 731 |
| 7 | 茂名 | 62 | 620 |
| 8 | 中山 | 61 | 323 |
| 9 | 清远 | 60 | 386 |
| 10 | 珠海 | 58 | 168 |
| 11 | 梅州 | 57 | 437 |
| 12 | 肇庆 | 56 | 408 |
| 13 | 汕头 | 56 | 561 |
| 14 | 阳江 | 54 | 254 |
| 15 | 河源 | 53 | 309 |
| 16 | 江门 | 52 | 454 |
| 17 | 揭阳 | 52 | 609 |
| 18 | 云浮 | 48 | 251 |
| 19 | 韶关 | 45 | 298 |
| 20 | 潮州 | 40 | 265 |
| 21 | 汕尾 | 35 | 305 |

备注：人口指数为综合评价指数；
人口基数为2016年常住人口（万人）。

【计算方法】

常住人口 40%
常住户籍人口比 15%
小学生增幅 10%
中小学生在校生人数 10%
城镇化率增幅 15%
城镇化率 10%

人口发展潜力 100分
=城市基本面×35%

#指标评价采用综合打分法进行打分评价。

【参考指标】

非公就业人口及占比

*数据来源为各城市国民经济与社会发展统计公报及中国城市发展年鉴。

图 9－13　珠三角人口指数

从人口总量看，珠三角城市群常住户籍比为 1.2，属于人口流入城市群，2016 年人口流入近 1859 万人。常住户籍人口比≥100% 以上的城市有 9 个，为广州、深圳、东莞、佛山、汕头、惠州、江门、中山、珠海。如图 9－14 所示。

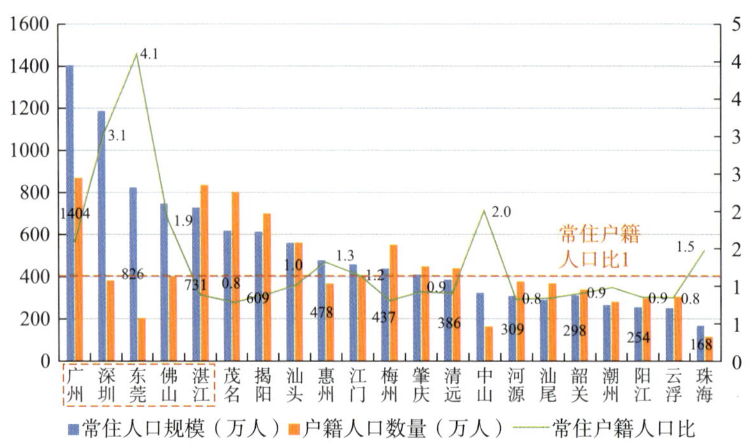


**图 9－14　珠三角城市群 2016 年城市人口规模**

从小学生 2016 年在校生人数看，珠三角城市群 2016 年小学生在校人数为 905 万人，占全国小学生在校人数 9913 万人的 9%。相对于珠三角城市群占全国总人口比重 6.93% 来说较高；珠三角城市群 21 个城市小学生在校生人数总涨幅为 12%；重点关注城市佛山、惠州、东莞、深圳、广州。如图 9－15 所示。

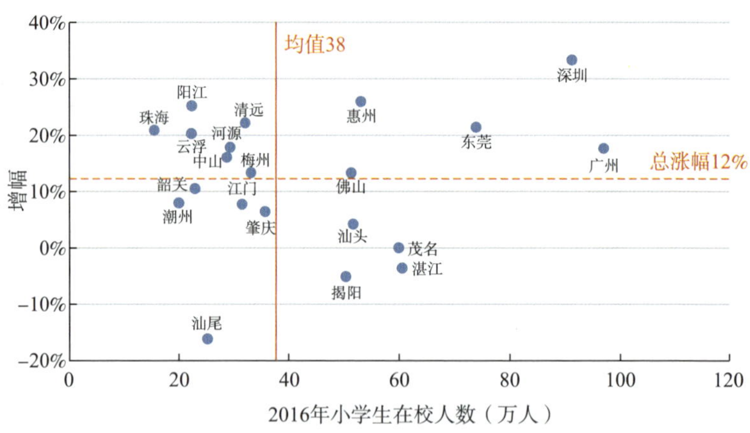


**图 9－15　珠三角城市小学生在校生人数及增幅**

中小学在校生人数从某个维度上代表这个城市刚需和刚改家庭的规模。珠三角城市中小学在校生人数均值 63 万人，超过 100 万人的城市有广州、深圳、茂名、东莞、湛江。这些城市的改善型购房需求较强。如图 9－16 所示。

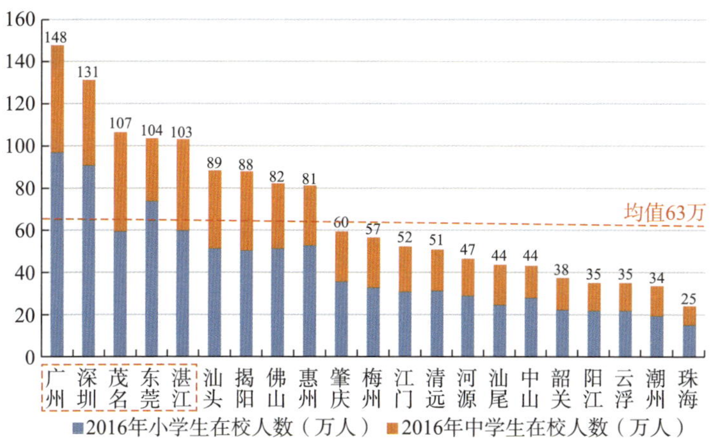


**图 9－16　珠三角中小学在校生人数**

珠三角城市群 21 个城市城镇化率在 59% 以上的城市共 10 个，为广州、深圳、珠海、佛山、中山、东莞、惠州、汕头、江门、潮州；城镇化率低于 50% 的城市共 6 个，分别为梅州、肇庆、河源、湛江、云浮、茂名。城镇化率大于 70%、50% ~70%、50% 以下的城市个数分别为 7:8:6，珠三角城市群各个城市的城市化发展不均衡。21 个城市 2016 年城镇化率增幅为 0 ~0.92%，平均城镇化率增幅为 0.49%。深圳及佛山原有城镇化率水平较高，增幅较低。如图 9－17 所示。

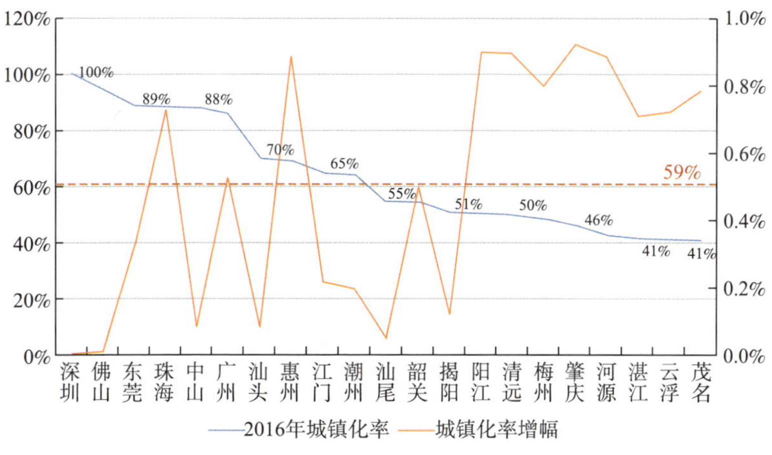


**图 9－17　珠三角城市 2016 年城镇化率及增幅**

非公就业人口占比体现城市经济的活力和可持续性。非公就业人口占比中位值为23%，高于23%的城市非公就业人口活力较强，城市有：深圳、广州、中山、惠州、汕尾、东莞、江门、河源、佛山、阳江。如图9-18所示。

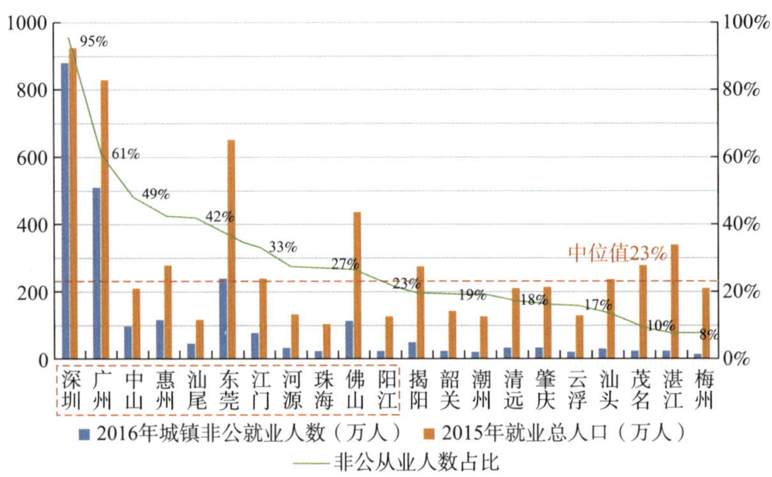


**图9-18　珠三角城镇非公就业人口占比**

## 经济发展潜力

经济是城市发展的主要驱动力，也是房地产发展的重要支撑。我们从城市经济总量基数、人均收入基数、经济发展结构与活力、城市财力水平等层面综合研判城市经济发展潜力。

珠三角城市群城市经济总量基数均值为3191亿元，人均收入基数均值为29631元。经济指数TOP3的城市为深圳、广州、佛山。如图9-19所示。

珠三角城市群21个城市中GDP超过均值4155亿元的共有4个，为广州、深圳、佛山、东莞，其中广州及深圳超过10000亿元。城市群一般预算收入的均值为606亿元，高于均值的城市共有2个，分别为广州、深圳。如图9-20所示。

TOP

| | | 经济指数 | GDP（亿元） | 城镇居民人均可支配收入（元） |
|---|---|---|---|---|
| 1 | 深圳 | 265 | 19493 | 48695 |
| 2 | 广州 | 163 | 19611 | 50941 |
| 3 | 佛山 | 82 | 8630 | 43120 |
| 4 | 东莞 | 73 | 6828 | 43096 |
| 5 | 珠海 | 55 | 2226 | 42537 |
| 6 | 中山 | 54 | 3203 | 41613 |
| 7 | 惠州 | 45 | 3412 | 33213 |
| 8 | 汕头 | 44 | 2351 | 27175 |
| 9 | 江门 | 42 | 2419 | 29557 |
| 10 | 茂名 | 35 | 2924 | 25315 |
| 11 | 湛江 | 35 | 2824 | 27119 |
| 12 | 韶关 | 33 | 1338 | 28306 |
| 13 | 肇庆 | 32 | 2084 | 25907 |
| 14 | 清远 | 32 | 1501 | 27610 |
| 15 | 梅州 | 31 | 1126 | 25695 |
| 16 | 阳江 | 30 | 1409 | 27568 |
| 17 | 揭阳 | 29 | 2151 | 24100 |
| 18 | 潮州 | 29 | 1074 | 22695 |
| 19 | 河源 | 27 | 952 | 23780 |
| 20 | 云浮 | 25 | 840 | 23446 |
| 21 | 汕尾 | 24 | 855 | 24086 |

【计算方法】

城市GDP 40%
第三产业占GDP比重 15%
城镇人均可支配收入 12%
人均住户存款余额 8%
一般财政预算收入 10%
上市公司数量 15%

经济发展潜力 100分
=城市基本面×20%

#指标评价采用综合打分法进行打分评价。

*数据来源为各城市国民经济与社会发展统计公报、中国城市发展年鉴及各城市证监会网站。

备注：经济指数为综合评价指数；
城市经济总量基数为2016年城市GDP（亿元）；
人均收入基数为2016年城镇居民人均可支配收入（元）。

**图9－19　珠三角经济发展潜力指数**

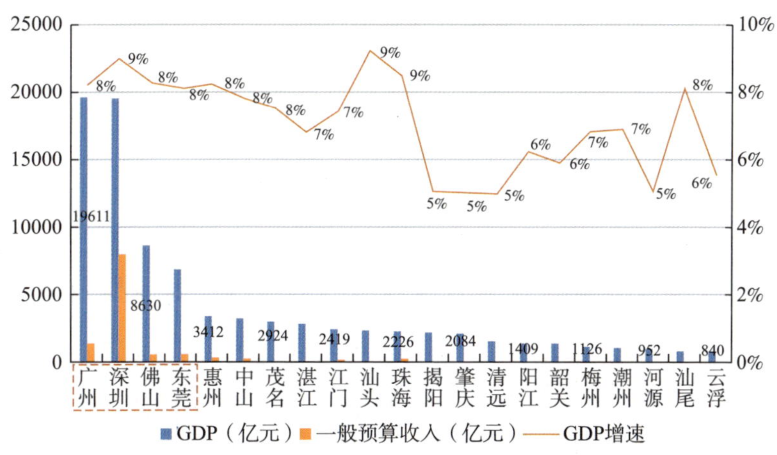


**图9－20　珠三角城市GDP、一般预算收入及增速**

珠三角城市群整体第三产业增加值占GDP比重为53%，高于全国51.6%的平均水平。从产业发展潜力看，珠三角城市群产业发展不均衡，21个城市中，城市第三产业占GDP比重超过50%的只有5个，为广州、深圳、东莞、珠海、韶关。其余16个城市，第三产业占GDP比重低于50%，高达76%。如图9－21所示。

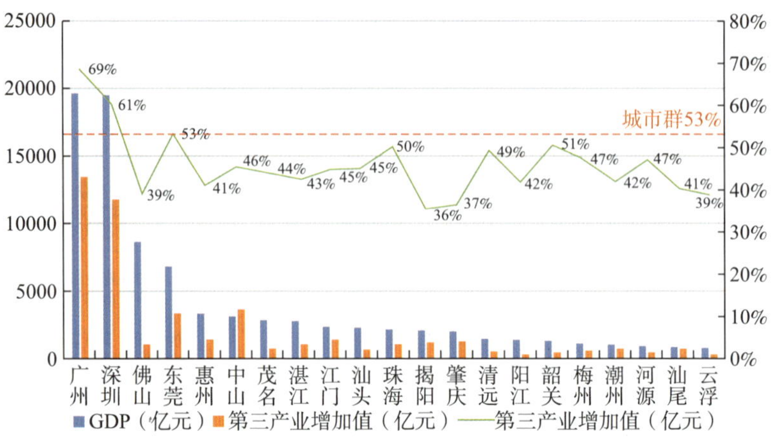


**图 9－21　珠三角城市第三产业增加值占比**

城市群人均城镇居民可支配收入均值为 29631 元，其中 6 个城市高于全国人均城镇居民可支配收入 33616 元，7 个城市高于城市群均值，分别为广州、深圳、佛山、东莞、珠海、中山、惠州。城市群城镇在岗职工平均工资的均值为 60452 元，超过均值的城市共有 9 个，分别为广州、深圳、佛山、珠海、中山、惠州、江门、韶关、清远。如图 9－22 所示。

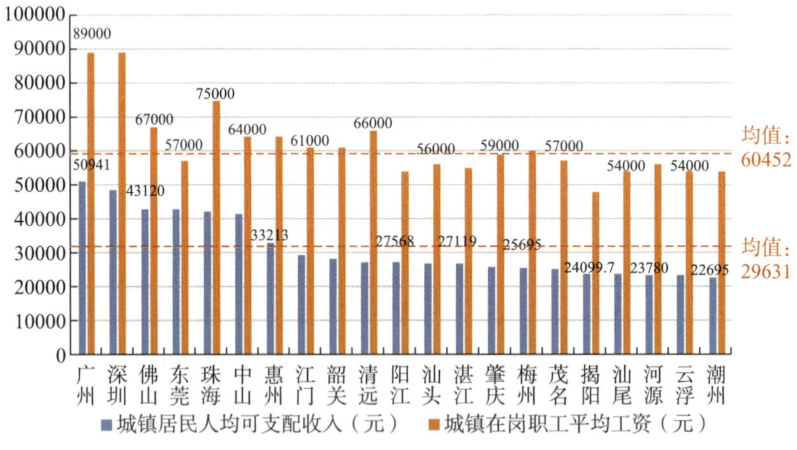


**图 9－22　珠三角人均城镇居民可支配收入及在岗职工平均工资**

珠三角城市群整体人均住户存款余额为 3.76 万元，高于整体水平的城市有 9 个，分别为广州、深圳、珠海、佛山、中山、东莞、江门、惠州、汕头。如图 9－23 所示。

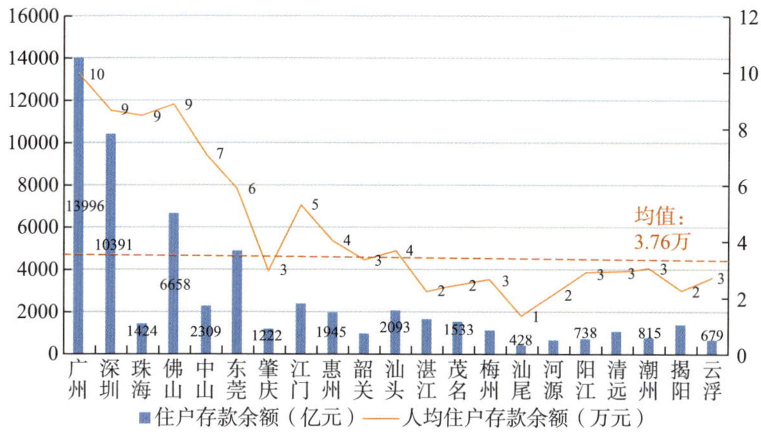


图 9－23 珠三角城市群整体人均住户存款余额

上市公司数量的多少是反映一个城市经济活力的重要指针。珠三角城市群 A 股上市公司数量相对较多，主要集中在核心城市深圳和广州。50 家以上有 5 个城市，分别为深圳、广州、珠海、佛山、汕头，这几个城市的经济活力较强。如图 9－24、表 9－6 所示。

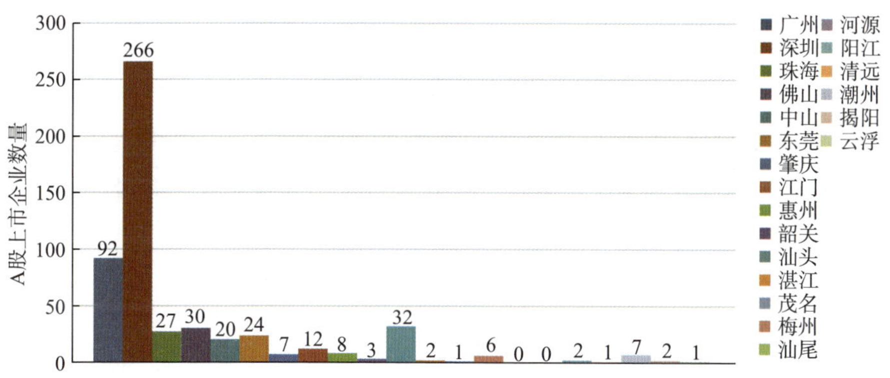


图 9－24 广东各市 A 股上市公司数量分布

表 9－6 A 股上市公司所在城市分布

| | 个数 | 城市 |
|---|---|---|
| N≥200 | 1 | 深圳 |
| 50≤N＜200 | 4 | 广州、珠海、佛山、汕头 |
| 30≤N＜50 | 2 | 中山、东莞 |

续表

| | 个数 | 城市 |
| --- | --- | --- |
| 20≤N<30 | 1 | 江门 |
| 10≤N<20 | 4 | 肇庆、惠州、梅州、潮州 |
| 0≤N<10 | 9 | 韶关湛江、茂名、汕尾、河源、阳江、清远、揭阳、云浮 |

知名大学的创新活力影响和带动城市的创新活力水平。珠三角城市群“双一流”大学共有5所，均分布在广州市，代表这个城市创新活力较强。如表9-7所示。

**表9-7 珠三角城市群“双一流”大学分布**

| | 个数 | 高校 |
| --- | --- | --- |
| 一流大学 | 2 | 中山大学、华南理工大学 |
| 一流学科 | 3 | 暨南大学、广州中医药大学、华南师范大学、 |

珠三角城市群人口与经济沿均衡线发展，均衡线以下且偏离越大的城市更应该关注产业发展。其中，惠州、湛江、茂名、清远、梅州、河源、阳江、揭阳、云浮等城市要重点关注新产业进驻，有可能会带来城市发展的巨变。均衡线以上且偏离越大的城市更应该关注人口政策，其中，广州、深圳、东莞要重点关注人口政策变化带来的人口集聚，有可能会带来人口短时膨胀。如图9-25所示。

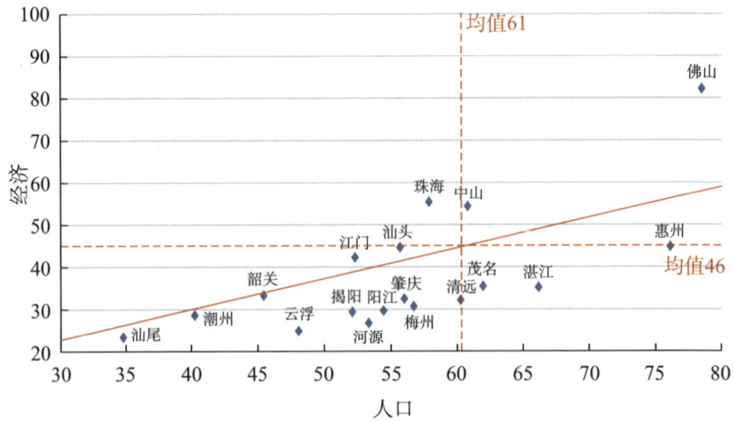


**图9-25 珠三角城市群人口与经济均衡性分析**

## 市场容量

市场容量指数重点考察城市市场销售规模水平、去化周期及房企进驻，是城市房地产发展的安全边界。该指数我们从市场容量、供地面积、购买能力、房企进驻热度等层面综合研判房地产市场安全属性。

珠三角城市群城市市场容量基数均值为 394 万平方米。市场容量及安全指数 TOP3 的城市为佛山、东莞、广州。如图 9 - 26 所示。珠三角城市群 21 个城市 2015 - 2017 年商品住宅市场平均年成交面积为 8700 万平方米；佛山、东莞市住宅成交面积分别为 1513 万平方米及 823 万平方米，分别占整个珠三角城市群成交总量的 16.6% 及 9%；珠三角城市群商品住宅成交面积在 400 万平方米以上的城市有 8 个，分别为佛山、东莞、广州、中山、清远、珠海、深圳、惠州。如图 9 - 27 所示。

珠三角城市群 21 个城市 2015 - 2017 年三年平均土地出让住宅总建设面积为 4653 万平方米，平均成交楼面均价为 4713 元/平方米。如图 9 - 28 所示。

TOP

| | 容量得分 | 市场容量基数 |
|---|---|---|
| 佛山 | 101 | 1513 |
| 东莞 | 55 | 823 |
| 广州 | 54 | 807 |
| 中山 | 52 | 785 |
| 清远 | 32 | 481 |
| 珠海 | 31 | 468 |
| 深圳 | 30 | 448 |
| 惠州 | 27 | 410 |
| 梅州 | 26 | 396 |
| 湛江 | 26 | 390 |
| 河源 | 25 | 374 |
| 汕头 | 19 | 281 |
| 肇庆 | 16 | 246 |
| 江门 | 15 | 220 |
| 茂名 | 14 | 213 |
| 阳江 | 13 | 193 |
| 韶关 | 12 | 176 |
| 汕尾 | 12 | 174 |
| 揭阳 | 8 | 122 |
| 云浮 | 6 | 95 |
| 潮州 | 6 | 86 |

备注：市场容量为综合评价指数；
城市市场容量基数为2015-2017年城市市本级商品住宅平均销售面积（万㎡）。

【计算方法】

三年平均销售建面 100%

市场容量 100分
=城市基本面×25%

【参考指标】

三年平均供地建面

#所有指标采用综合评分方法进行评价。

*数据来源为中指数据、吉屋网、中国城市发展年鉴。

图 9 - 26　珠三角市场容量指数

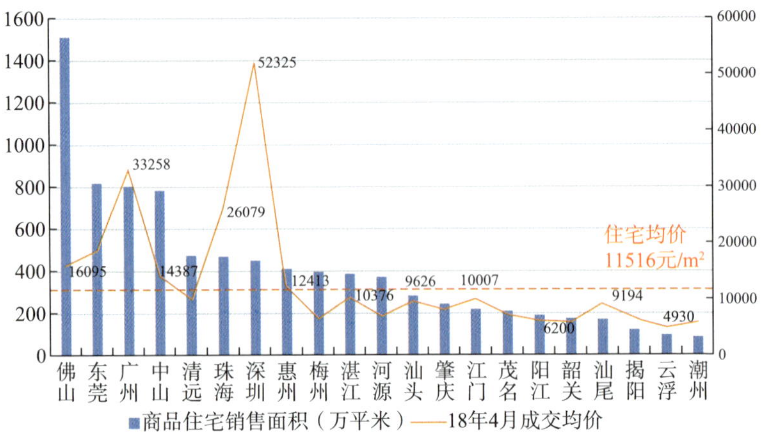


**图9－27　珠三角2015－2017年商品住宅销售情况**

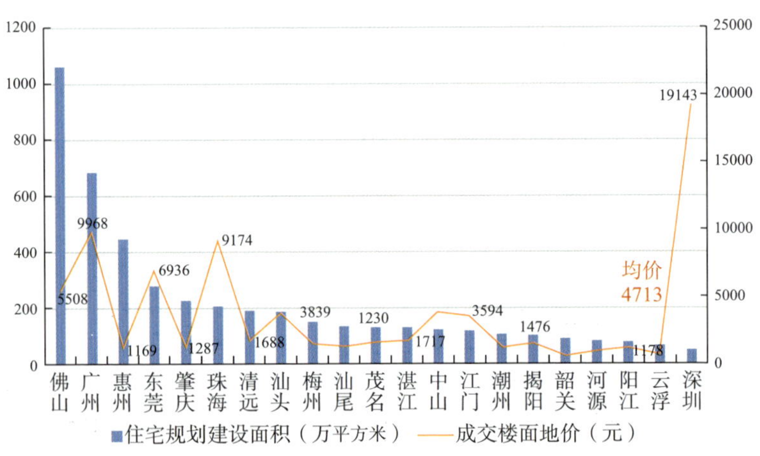


**图9－28　珠三角2015－2017年商品住宅供应情况**

市场容量从商品住宅销售面积和常住人口两个维度考虑。人口规模较大且距离轴线向下偏离越大，代表市场潜在容量越大。重点关注城市有云浮、阳江、潮州、韶关、汕尾、肇庆、江门、汕头、揭阳、茂名、湛江。如图9－29所示。

## 城市发展潜力

城市发展是城市的未来趋势，也是房地产发展迈向美好生活的主要路

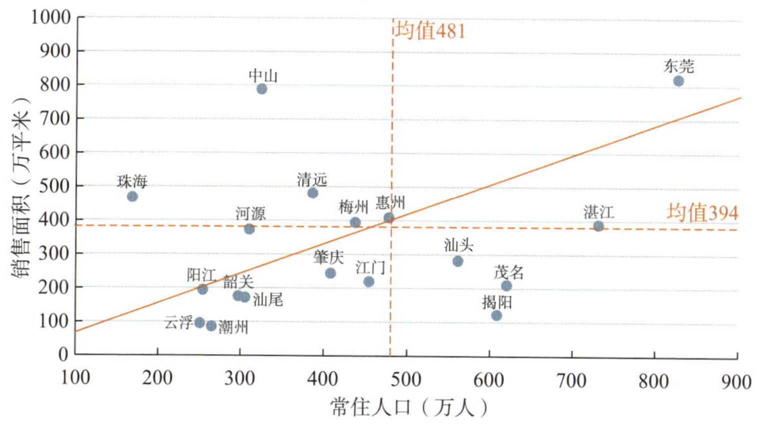


**图 9－29　珠三角市场容量综合分析**

径。我们从城市配套、交通、旅游、规划等层面综合研判城市发展潜力。珠三角城市群城市发展指数 TOP3 的城市为广州、深圳、东莞。如图 9－30 所示。

TOP

| 城市 | 城市发展得分 |
|---|---|
| 广州 | 124.64 |
| 深圳 | 82.98 |
| 东莞 | 55.65 |
| 惠州 | 50.01 |
| 佛山 | 42.34 |
| 珠海 | 41.49 |
| 肇庆 | 36.80 |
| 江门 | 34.54 |
| 清远 | 33.39 |
| 韶关 | 33.01 |
| 中山 | 32.80 |
| 潮州 | 30.13 |
| 湛江 | 29.89 |
| 梅州 | 29.88 |
| 河源 | 28.78 |
| 揭阳 | 28.01 |
| 汕尾 | 27.57 |
| 汕头 | 25.95 |
| 茂名 | 24.06 |
| 云浮 | 23.20 |
| 阳江 | 20.42 |

备注：城市发展指数为综合评价指数。

【计算方法】

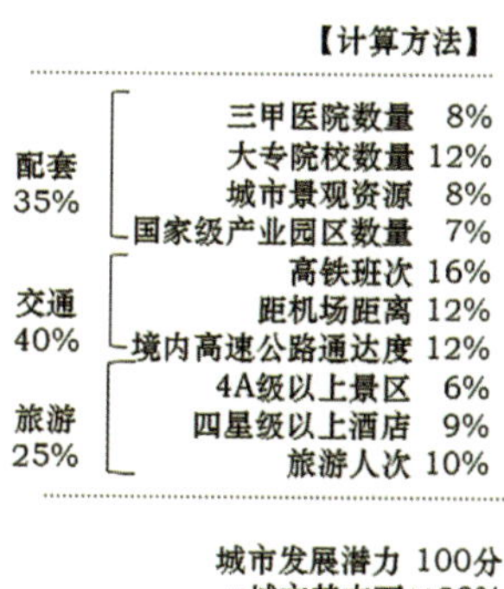


城市发展潜力 100分
=城市基本面×20%

【参考指标】

城市定位及分级指数
产业发展规划
交通规划

#所有指标均采用分层评价。

*数据来源为各城市国民经济与社会发展统计公报、山东半岛城市群发展规划、去哪儿网及各地教育、医疗、旅游等相关机构网站综合得出。

**图 9－30　珠三角城市群城市发展潜力指数**

(1) 城市配套与环境

城市配套的好坏直接制约着城市整体房地产发展水平，尤其是重要的医疗、教育等配套资源，第一新财经发布的《中国城市再分级》，把城市从商业资源集聚度、城市枢纽性、城市人活跃度、生活方式多样性、未来可塑性进行了重新评价和定位，具有很好的参考价值。但本书仅从影响房地产市场选择最直接的几个指标进行论证。

从最直接影响房地产的医疗教育配套来看，珠三角城市群整体配套相对较好，三甲医院共有95所，占全国三甲医院总数1599所的6%；城市群共有大专院校118所，占全国大专院校总数2631所的4.5%；广州、深圳均为珠三角城市群重点城市，但其配套资源相差较大。广州三甲医院共34家，是深圳的4.25倍；广州高校共70家，是深圳的14倍。如图9－31所示。

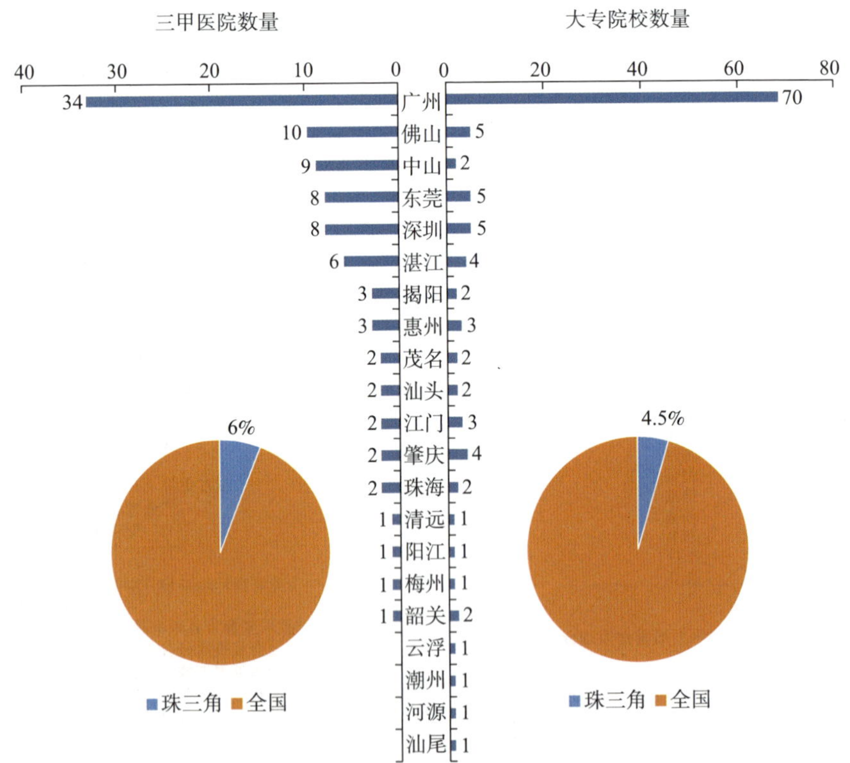


图9－31　珠三角三甲医院、大专院校数量

### (2) 城市交通

城市是整个区域交通的枢纽，其交通的便利度和通达性是我们关注的重点。

**铁路方面：**广东已基本形成了以广州、深圳为中心，连通粤东西北，辐射华东、西南，以及中南的铁路网络格局。到2020年将实现市市通高铁的交通布局，珠三角城市群的交通基础设施总体达到国内领先、世界先进水平，将建成服务全国、连通世界的现代化综合交通运输体系。

**地铁方面：**当前广州、深圳、佛山、东莞四个城市已有地铁运行。2018年，广州、深圳、佛山、惠州、中山等城市明确提出要重点推进城市轨道交通建设，珠三角城市群2018年开工的地铁已有13条。“广/佛”“深/莞”“深/惠”地铁实现无缝连接，珠三角城市群四通八达的“城际地铁网络”即将完成。如表9－8所示。

**表9－8 珠三角城际地铁网络**

| 珠三角城际城际铁路网重大项目 | |
|---|---|
| 城际网 | 项目内容 |
| 广佛环线 | 佛山西站至广州南站、广州南站至白云机场段、佛山西站至广州北站等，建设里程约127千米。 |
| 南北放射线 | 穗莞深、方清、新塘经自云机场至广州北、广佛江珠等，建设里程约382千米。 |
| 南北放射线 | 广化肇、莞惠、佛莞等，建设里程约219千米。 |
| 路网加密线 | 珠海市区至珠海机场<br>肇顺南、中南虎、深惠等，建设进程约226千米。 |

**机场方面：**香港地区、澳门地区、广州、深圳和珠海五大机场的运输规模已经超过纽约、伦敦、东京等世界级机场群，位居全球湾区机场群之首。

港口方面：大湾区共拥有广州、深圳、香港地区、东莞、珠海5个亿吨大港，中山、惠州、佛山等港口吞吐量均突破8000万吨。随着粤港澳大湾区建设的快速推进，广州、深圳、香港地区三个国际枢纽港口继续发挥龙头作用，珠江口东西两岸周边港口齐头并进，未来各港口将通过明确分工，实现竞合，共同打造粤港澳大湾区世界级港口群。

珠三角城市群中广州、深圳的交通便利度明显优于其他城市。如图 9－32 所示。

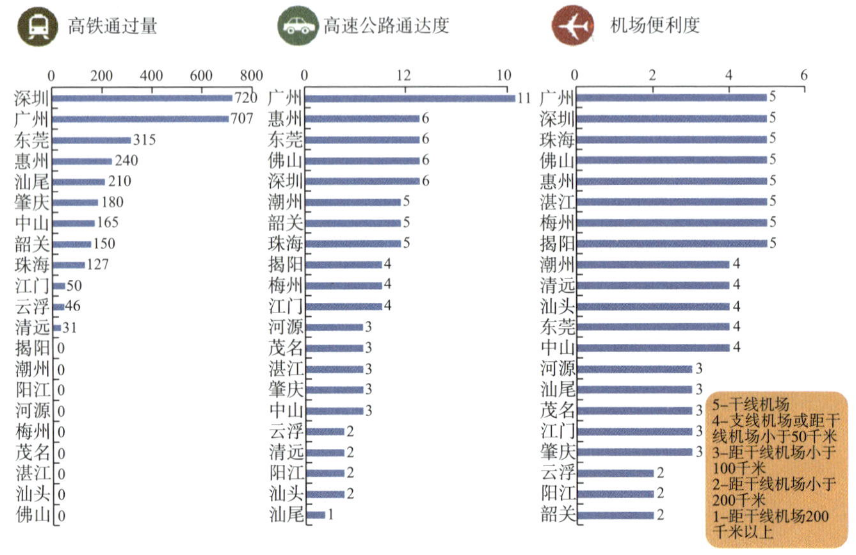


**图 9－32　珠三角各市交通便利度**

### （3）旅游商务

旅游反映了城市休闲配套资源情况和因旅游带来的短时流动人口流向。珠三角城市群 2016 年旅游人次达 6.19 亿人，旅游收入 11056 亿元。其中，广州、深圳为重要的旅游城市，旅游人次分别占整个珠三角城市群的 9.6% 及 9.2%。珠三角城市群 2016 年人均旅游消费 1786 元，超过整体水平的城市有 8 个，分别为广州、深圳、惠州、江门、汕头、肇庆、中山、茂名。如图 9－33 所示。

珠三角依托比较丰富的旅游资源、良好的市场环境、高度发达的经济及特殊的区域优势，旅游业迅速发展。发挥毗邻香港地区、澳门地区的地缘优势，整合区域特色旅游资源，充分利用 144 小时便利签证和 72 小时过境免签等政策，将珠三角建成亚太地区重要的旅游集散枢纽区。

珠三角城市群共有 4A 级以上景区 160 个，占全国 4A 级以上景区 1335 个的 19.5%；四星级以上酒店 1791 个，广州、深圳超过 350 个，惠州、东莞、佛山、珠海、中山、江门、清远均超过 50 个。如图 9－34 所示。

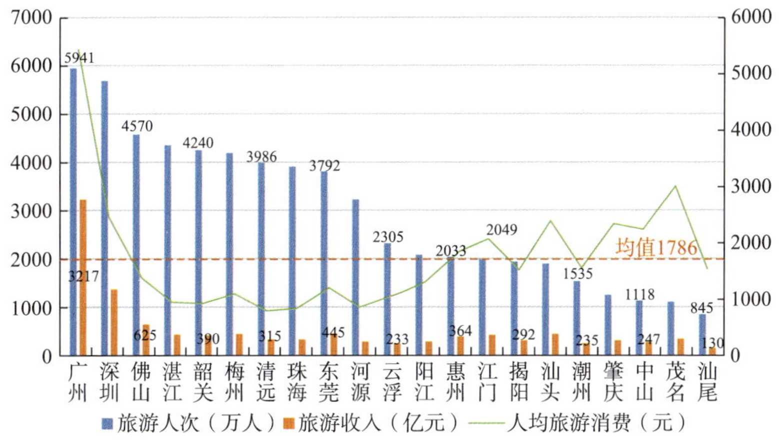


**图 9－33　珠三角各市旅游商务情况**

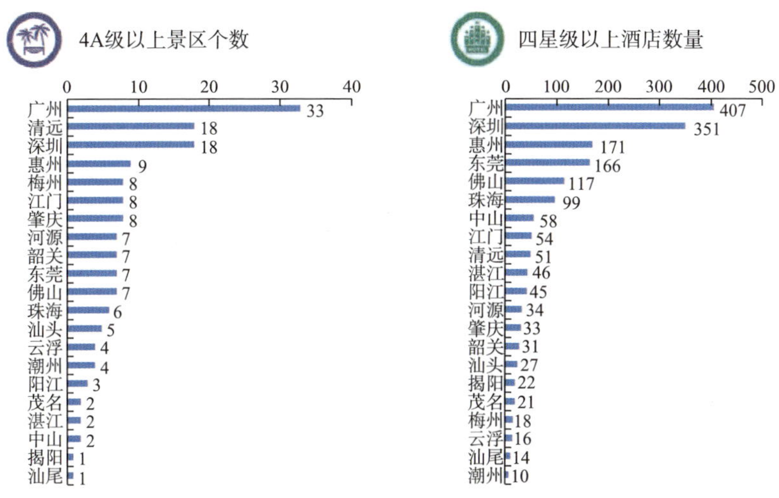


**图 9－34　珠三角 4A 级以上景区及酒店数量**

### （4）产业发展

产业是人口集聚的主要因素，产业反映了城市经济支撑资源情况，产业的规划发展状态可以带动人口的流向。珠三角城市群是我国科技创新高地，将依托广深科技创新走廊打造中国“硅谷”，区域潜力巨大，未来在“粤港澳大湾区”规划的推动下，将形成“9＋2”城市格局，湾区内部也逐渐形成“研发－制造”的产业链闭环，产业发展潜力持续上升。随着珠三角区域交通一体化不断推进，地铁逐步实现跨城连接，同城化进程不断加快，广佛、深莞城市协同效应明显。

粤港澳大湾区建设，能更好地发挥港澳台商投资企业在珠三角的辐射带动作用，加强珠三角地区与粤东西北地区双向交流与合作，促进阳江、云浮、清远、韶关、河源、汕尾等市对接融入珠三角发展，促进粤东西北地区经济协调发展。进一步促进资源依赖型、基本原材料和劳动密集型产业向省内山区和粤东粤西地区转移。如表 9 –9 所示。

**表 9 –9　珠三角城市基面评判指标及权重**

<table>
<tr><th>一级指标</th><th>一级指标分值</th><th colspan="2">指标维度</th><th>二级指标</th><th>二级指标权重</th></tr>
<tr><td rowspan="6">人口</td><td rowspan="6">35%</td><td colspan="2" rowspan="3">人口基数</td><td>常住人口</td><td>40%</td></tr>
<tr><td>常住户籍人口比</td><td>15%</td></tr>
<tr><td>小学生增幅</td><td>10%</td></tr>
<tr><td colspan="2">家庭结构</td><td>中小学生在校生人数</td><td>10%</td></tr>
<tr><td colspan="2" rowspan="2">变化趋势</td><td>城镇化率增幅</td><td>15%</td></tr>
<tr><td>城镇化率</td><td>10%</td></tr>
<tr><td>容量</td><td>25%</td><td colspan="2">市场容量基数</td><td>三年平均销售面积</td><td>100%</td></tr>
<tr><td rowspan="3">经济</td><td rowspan="3">20%</td><td colspan="2" rowspan="2">总量水平</td><td>GDP</td><td>40%</td></tr>
<tr><td>第三产业占 GDP 比值</td><td>15%</td></tr>
<tr><td colspan="2">财富水平</td><td>城镇人均可支配收入</td><td>12%</td></tr>
<tr><td rowspan="3">经济</td><td rowspan="3">20%</td><td colspan="2" rowspan="3">发展活力</td><td>人均住户存款余额</td><td>8%</td></tr>
<tr><td>一般财政预算收入</td><td>10%</td></tr>
<tr><td>上市公司数量</td><td>15%</td></tr>
<tr><td rowspan="10">城市发展</td><td rowspan="10">20%</td><td rowspan="4">配套</td><td>医疗</td><td>三甲医院数量</td><td>8%</td></tr>
<tr><td>教育</td><td>大专院校数量</td><td>12%</td></tr>
<tr><td>景观</td><td>城市景观资源</td><td>8%</td></tr>
<tr><td>产业</td><td>国家级产业园区数量</td><td>7%</td></tr>
<tr><td rowspan="3">交通</td><td>铁路</td><td>高铁班次</td><td>16%</td></tr>
<tr><td>飞机</td><td>距机场距离</td><td>12%</td></tr>
<tr><td>公路</td><td>境内高速通达数量</td><td>12%</td></tr>
<tr><td rowspan="3">旅游</td><td>景区资源</td><td>4A 级以上景区</td><td>6%</td></tr>
<tr><td>配套</td><td>星级酒店</td><td>9%</td></tr>
<tr><td>人次</td><td>旅游人次</td><td>10%</td></tr>
</table>

珠三角城市群城市基本面综合排名 TOP3 的城市为深圳、广州、东莞。处在城市发展较好区、适中区、较差区的城市个数比为 2:7:12。如表 9－10 所示。

**表 9－10　珠三角城市群城市基本面综合排名**

| 序号 | 城市 | 综合排名 |
| --- | --- | --- |
| 1 | 深圳 | 120. 6 |
| 2 | 广州 | 111. 9 |
| 3 | 东莞 | 80. 8 |
| 4 | 佛山 | 77. 6 |
| 5 | 惠州 | 52. 4 |
| 6 | 中山 | 51. 8 |
| 7 | 珠海 | 47. 4 |
| 8 | 湛江 | 42. 7 |
| 9 | 清远 | 42. 2 |
| 10 | 梅州 | 38. 5 |
| 11 | 汕头 | 38. 2 |
| 12 | 肇庆 | 37. 5 |
| 13 | 江门 | 37. 3 |
| 14 | 茂名 | 37. 1 |
| 15 | 河源 | 36. 0 |
| 16 | 阳江 | 32. 3 |
| 17 | 韶关 | 32. 1 |
| 18 | 揭阳 | 31. 7 |
| 19 | 云浮 | 28. 0 |
| 20 | 潮州 | 27. 3 |
| 21 | 汕尾 | 25. 3 |

# 第三节 房地产市场热度研判

根据新一线城市研究所最新的城市分类，珠三角城市群21个城市共有一线及新一线城市2个、二线城市2个、三线城市6个、四线城市5个、五线城市1个、六线城市有5个。如表9－11所示。

表9－11 珠三角城市分级

| 城市分类 | 城市名称 | 城市数量 |
|---|---|---|
| 一线/新一线城市 | 广州、深圳 | 2 |
| 二线城市 | 佛山、东莞、 | 2 |
| 三线城市 | 珠海、中山、江门、惠州、湛江、茂名 | 6 |
| 四线城市 | 肇庆、汕头、阳江、清远、揭阳 | 5 |
| 五线城市 | 韶关 | 1 |
| 六线城市 | 梅州、汕尾、河源、潮州、云浮 | 5 |
|  | 合计 | 21 |

市场热度指数重点考察市场房价、地价现状及涨幅情况、进驻潜力和市场竞争热度，来分析目前的市场热度。珠三角城市群地货比指数中位值为37%，整体来看市场机会较大。热度指数TOP3城市为湛江、中山、汕尾。如图9－35所示。

珠三角城市群整体房价中位值为9626元/平方米，地价中位值为3819元/平方米；珠三角城市群地货比中位值为37%。地货比较高的三个城市为江门、汕头、揭阳，应及时捕捉市场信息，防控拿地风险；地货比较低的三个城市为深圳、韶关、潮州，应作为重点关注城市，寻找会适时进驻。如图9－36所示。

TOP

| 城市 | 热度指数 | 地货比指数 |
|---|---|---|
| 湛江 | 181.0 | 40% |
| 中山 | 179.1 | 19% |
| 汕尾 | 165.4 | 39% |
| 揭阳 | 146.5 | 45% |
| 深圳 | 136.6 | 39% |
| 清远 | 136.6 | 36% |
| 广州 | 130.2 | 27% |
| 珠海 | 128.4 | 69% |
| 江门 | 121.2 | 20% |
| 佛山 | 115.7 | 12% |
| 东莞 | 113.0 | 65% |
| 梅州 | 110.9 | 37% |
| 惠州 | 106.2 | 52% |
| 茂名 | 100.4 | 48% |
| 汕头 | 97.9 | 49% |
| 肇庆 | 90.0 | 30% |
| 河源 | 89.9 | 29% |
| 阳江 | 76.3 | 37% |
| 云浮 | 68.7 | 0% |
| 韶关 | 47.4 | 61% |
| 潮州 | 35.0 | 34% |

备注：热度指数为综合评价指数；
地货比指数为近6个月成交楼面地价/2018年4月成交房价。

销售利润率预估指数为经验数据预估值，
销售利润率=（房价-地价- 土地外成本- 增值税）/房价。

【计算方法】

房价 40%：房价指数 26%；房价增幅 14%
地价 30%：地货比 20%；地价增幅 10%
竞争 30%：住宅土地供应去化年限 18%；top50房企进驻数量 12%

市场热度指数 100分
=城市市场面×100%

#测算方法：
（1）房价指数=城市实时房价/1.5线城市实时房价均价；
（2）房价增幅=（实时房价-2015年房价）/2015年房价；
（3）地货比=近半年楼面价/实时房价；
（4）地价增幅=近半年成交楼面价/2015年成交楼面价。

【参考指标】

房价收入比
房地产投资占固定资产投资额比值
市区住宅投资比
土地溢价率
销售利润率

*数据来源为中指数据、吉屋网。

图 9－35 珠三角市场热度指数

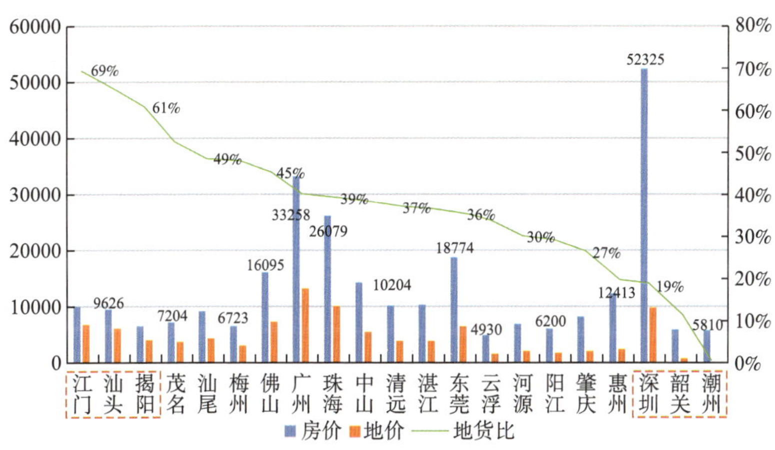


图 9－36 珠三角房地价及地货比

珠三角城市群房价平均涨幅为 65%，地价平均涨幅为 236%；房价涨幅高于城市群整体平均增幅的城市共有 11 个，分别为中山、惠州、广州、汕尾、清远、湛江、东莞、珠海、佛山、肇庆、河源；地价涨幅高于城市群整体平均增幅的城市共有 8 个，分别为中山、惠州、汕尾、清远、湛江、梅州、揭阳、茂名。如图 9－37 所示。

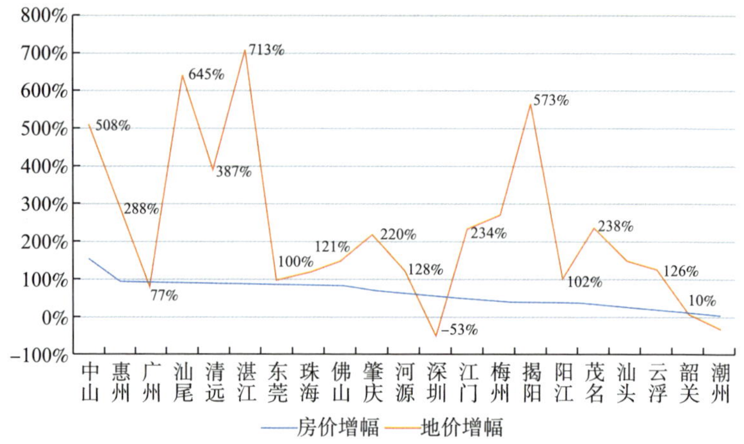


**图 9－37　珠三角房价、地价涨幅**

市场潜力从常住人口和地货比两个维度考虑，地货比较低且人口规模相对较大代表市场潜力较大。战略进驻区域城市共 5 个，分别为广州、深圳、东莞、佛山、湛江；重点关注区域城市共 3 个，分别为汕头、揭阳、茂名；机会进驻区域城市共 9 个，分别为韶关、河源、汕尾、中山、清远、肇庆、梅州、惠州、江门。如图 9－38 所示。

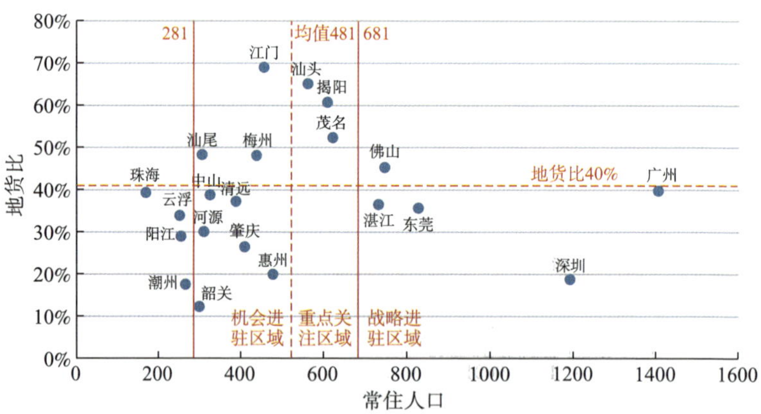


**图 9－38　珠三角常住人口和地货比**

市场潜力从成交面积和地货比两个维度考虑，地货比较低且成交面积较大，代表市场潜力较大。战略进驻区域城市共 4 个，分别为中山、广州、东莞、佛山；重点关注区域城市共 5 个，分别为惠州、深圳、珠海、清远、梅州；机会进驻区域城市共 2 个，分别为河源、湛江。如图 9－39 所示。

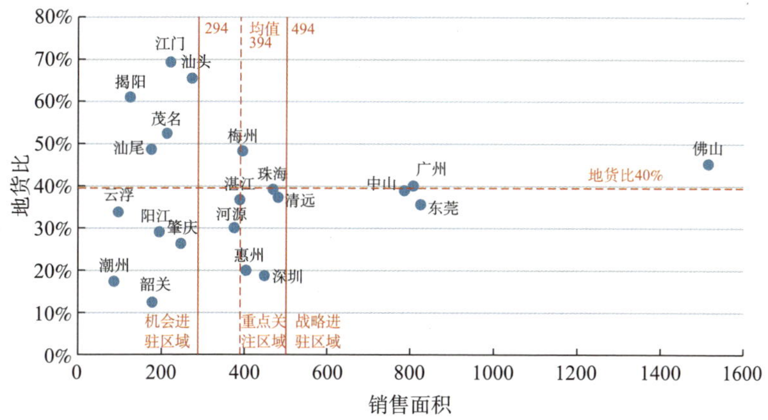


**图 9－39　珠三角成交面积和地货比**

珠三角城市群住宅供应去化年限为 1.59 年，去化周期小于 2 年的有 12 个，分别为深圳、中山、河源、湛江、东莞、梅州、清远、阳江、珠海、韶关、江门、茂名。整体来看，各城市市场均处于供不应求的状态。如图 9－40 所示。

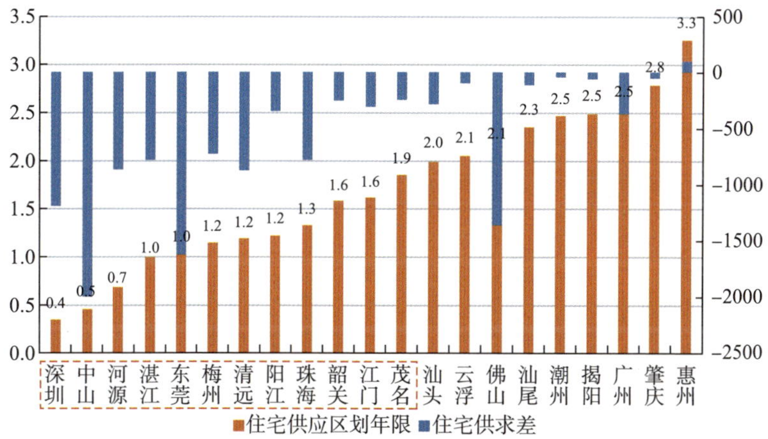


**图 9－40　珠三角去化周期及供求差**

房价收入情况，在均值线下，居民收入较大且距离轴线向下偏离越大，代表房价上涨潜力越强。重点关注城市有阳江、韶关、江门；一般关注城市潮州、云浮、河源、揭阳、梅州、茂名、肇庆。如图 9－41 所示。

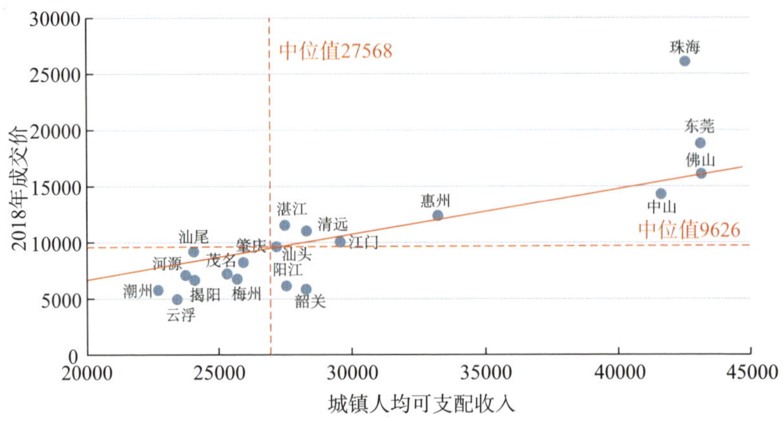


图9－41　珠三角房价收入情况

2016年珠三角城市群房地产投资额为10849亿元，占全国房地产投资额135284亿元的8.02%；房地产投资额在均值396亿元以上的城市有7个，分别是广州、深圳、佛山、惠州、东莞、珠海、中山。房地产投资占固定资产投资比重超过25%的有12个，分别为广州、深圳、佛山、惠州、东莞、珠海、中山、清远、河源、梅州、韶关、阳江，此区域房地产投资相对过热，建议谨慎拿地；介于15%～25%的有3个，分别为汕头、江门、湛江，此区域为房地产合理投资区，建议重点关注；在15%以下的城市有6个，此区域房地产投资相对较少，存在潜在投资机会。如图9－42所示。

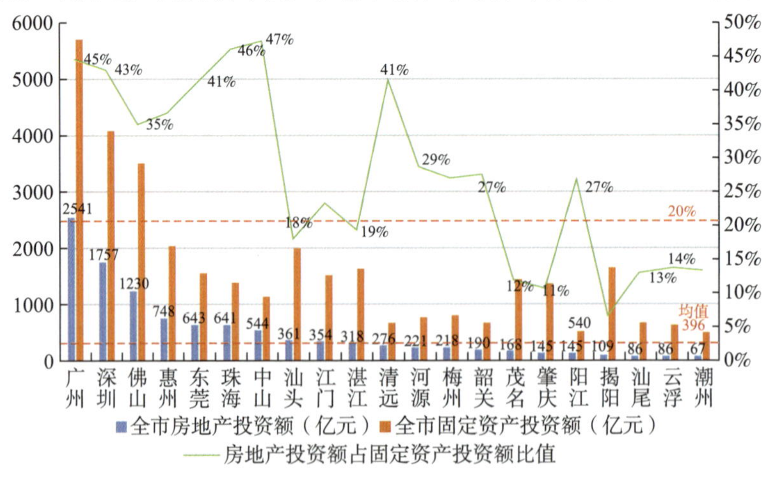


图9－42　珠三角房地产投资占固定资产投资比重

2016 年珠三角城市群住宅投资额为 6981 亿元，住宅投资额在均值 235 亿元以上的城市有 8 个，分别为广州、深圳、佛山、惠州、珠海、东莞、中山、江门。整个城市群住宅投资额占房地产投资额比重为 58%，市区住宅投资占全市住宅投资的 90%。市区住宅投资占比低于 50% 的城市有河源、汕尾，以上城市所辖县级城市房地产投资较为活跃，应重点关注。如图 9－43 所示。

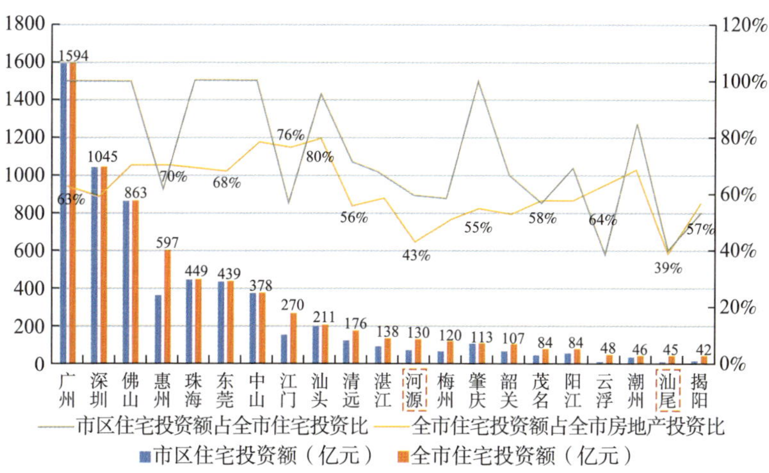


**图 9－43　珠三角城市住宅投资及比重**

广州、佛山、深圳 TOP50 房企进驻较多，市场竞争十分激烈。珠海、惠州、中山、东莞、江门已经有 10 家以上 TOP50 房企进驻；清远、湛江、汕头、肇庆、梅州、韶关、阳江均有 5 家以上 TOP50 房企进驻。如图 9－44 所示。

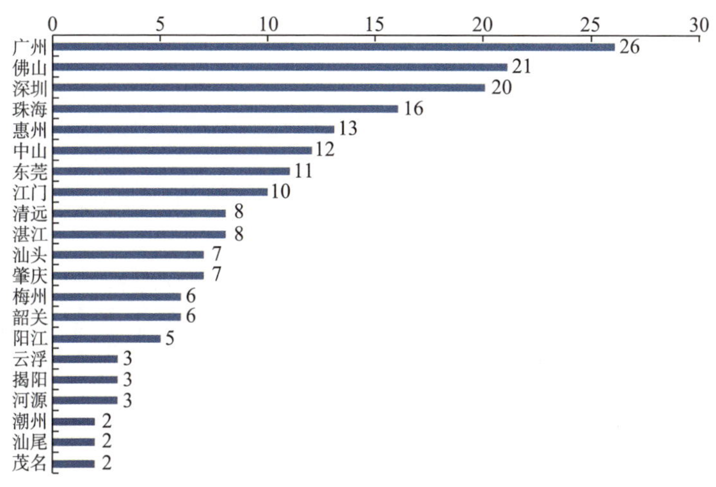


**图 9－44　珠三角 TOP50 房企进驻个数**

土地市场热度从成交楼面地价和溢价率两个维度考虑，成交楼面地价和溢价率均较低，代表土地市场潜在热度较大。重点关注城市有潮州、云浮、韶关、河源、茂名、肇庆。如图 9－45 所示。（溢价率在 5% 以下市场公开程度较低，需谨慎关注。）

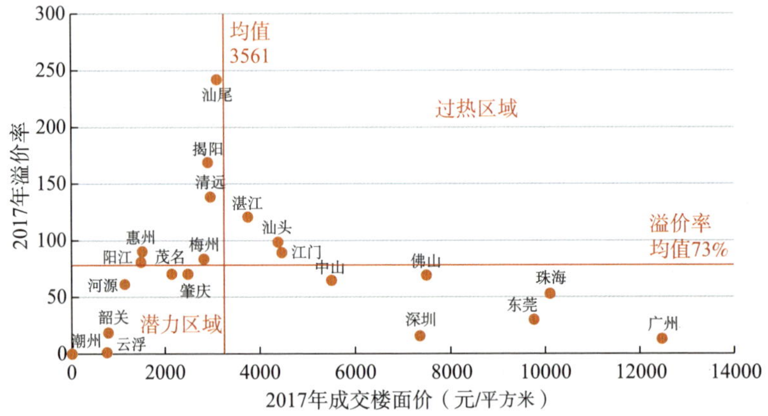


**图 9－45　珠三角土地市场热度分析**

从销售利润率看，大于 25% 的城市有 7 个，为深圳、东莞、惠州、潮州、韶关、珠海、肇庆；销售利润率 =（房价 - 地价 - 土地外成本 - 增值税）/房价，土地外成本按 3600 元估算。增值税 =（房价 - 地价）×10%/（1 + 10%）-3600×8%。需要注意的是：销售价格为 2018 年 4 月份价格，楼面价为近 6 个月成交楼面价，土地外成本按 3600 元/平方米测算。如图 9－46 所示。

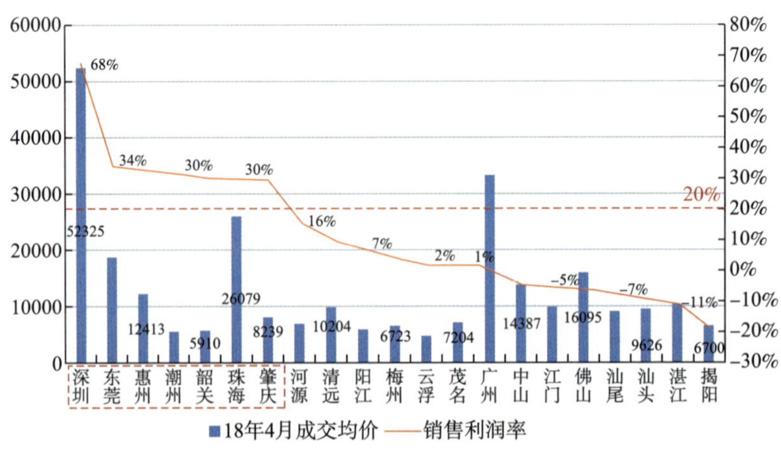


**图 9－46　珠三角城市销售利润分析**

珠三角城市群城市市场热度综合排名TOP3的城市为深圳、广州、东莞。如表9－12、9－13所示。

**表9－12 珠三角市场热度评判指标及权重**

<table>
<tr><th>评价维度</th><th>指标维度</th><th>一级权重</th><th>指标</th><th>权重</th></tr>
<tr><td rowspan="6">市场热度</td><td rowspan="2">房价热度</td><td rowspan="2">40%</td><td>房价指数（实时房价/1.5线城市实时房价均价）</td><td>26%</td></tr>
<tr><td>房价增幅｛（实时房价－2015年房价）/2015年房价｝</td><td>14%</td></tr>
<tr><td rowspan="2">地价热度</td><td rowspan="2">30%</td><td>地货比（近半年楼面价/实时房价）</td><td>20%</td></tr>
<tr><td>地价增幅（最近半年成交楼面价/2015年成交楼面价）</td><td>10%</td></tr>
<tr><td rowspan="2">竞争热度</td><td rowspan="2">30%</td><td>住宅土地供应去化年限</td><td>18%</td></tr>
<tr><td>TOP50房企进驻数量</td><td>12%</td></tr>
</table>

**表9－13 珠三角市场热度综合排名**

| 序号 | 城市 | 综合排名 |
|---|---|---|
| 1 | 深圳 | 120.6 |
| 2 | 广州 | 111.9 |
| 3 | 东莞 | 80.8 |
| 4 | 佛山 | 77.6 |
| 5 | 惠州 | 52.4 |
| 6 | 中山 | 51.8 |
| 7 | 珠海 | 47.4 |
| 8 | 湛江 | 42.7 |
| 9 | 清远 | 42.2 |
| 10 | 梅州 | 38.5 |
| 11 | 汕头 | 38.2 |
| 12 | 肇庆 | 37.5 |
| 13 | 江门 | 37.3 |

续表

| 序号 | 城市 | 综合排名 |
| --- | --- | --- |
| 14 | 茂名 | 37.1 |
| 15 | 河源 | 36.0 |
| 16 | 阳江 | 32.3 |
| 17 | 韶关 | 32.1 |
| 18 | 揭阳 | 31.7 |
| 19 | 云浮 | 28.0 |
| 20 | 潮州 | 27.3 |
| 21 | 汕尾 | 25.3 |

珠三角城市群城市房地产投资安全性综合排名TOP3的城市为深圳、广州、潮州。除深圳、广州、潮州、东莞、韶关、佛山之外的城市偏离度均大于1，投资风险较高，应谨慎投资。如表9-14所示。

**表9-14　珠三角城市房地产投资安全性综合排名**

| 城市 | 偏离度 |
| --- | --- |
| 深圳 | 0.13 |
| 广州 | 0.16 |
| 潮州 | 0.28 |
| 东莞 | 0.40 |
| 韶关 | 0.48 |
| 佛山 | 0.49 |
| 惠州 | 1.03 |
| 阳江 | 1.37 |
| 肇庆 | 1.40 |
| 云浮 | 1.45 |
| 河源 | 1.50 |
| 汕头 | 1.56 |
| 茂名 | 1.71 |

续表

| 城市 | 偏离度 |
| --- | --- |
| 珠海 | 1.71 |
| 梅州 | 1.88 |
| 清远 | 2.24 |
| 江门 | 2.25 |
| 中山 | 2.46 |
| 湛江 | 3.24 |
| 揭阳 | 3.62 |
| 汕尾 | 5.54 |

第十章

# 北方皇族　挥斥方遒

皇族历来是人们关注的焦点，举手投足间透着中国梦的发展智慧，低头享历史，抬头看未来。

说京津冀是皇族，一是因为历史悠久，有强大的文化传承；二是北京既是城市群的首位核心城市，也是全国的政治文化中心。

挥斥方遒是皇族的标准动作，政策方向和制度优势最先在这里开拔，而投资的风口与消费的趋势也最早在这里形成。

## 第一节 京津冀投资策略综合分析

### 概况及特征

京津冀城市群历史悠久，底蕴深厚。战国时期为燕赵之地，还包括中山、魏、齐等国。其中，邯郸为赵国都城，是当时的四大一线城市，其城市发展的历史已经至少超过 3000 年。燕国都城为蓟，为现在的易县。古中山国为现在的石家庄、定县一带。

京津冀城市群是我国北方地区重要的城市群，东侧邻辽中南城市群，南临山东半岛城市群，西侧衔接太原及呼包鄂城市群。城市群以北京为核心，包括北京、天津两大直辖市，河北省的 11 个地级市，以及河南省安阳市等共 14 个城市。京津冀城市群是我国三个世界级城市群之一，是我国经济最具活力、开放程度最高、创新能力最强、吸纳人口最多的区域之一。如图10－1所示。

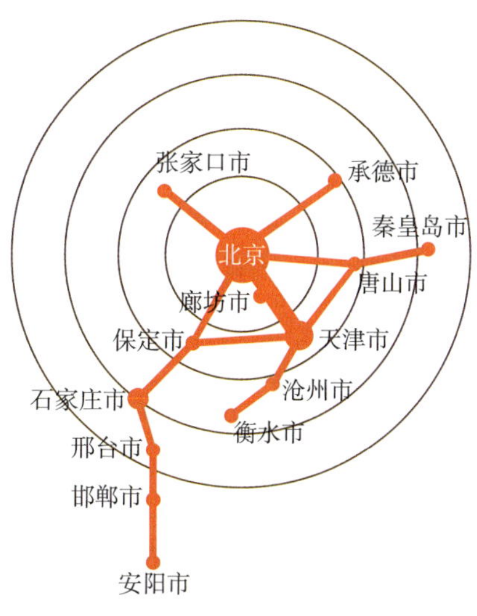


**图10－1 京津冀城市群**

国家近年来非常重视京津冀城市群建设发展。2014年3月，中共中央国务院在《国家新型城镇化规划（2014－2020年》中，三次提到京津冀城市群，并将其与珠江三角洲、长江三角洲城市群并列，视为“国民经济重要的增长极”，并提出其“要以建设世界级城市群为目标”。2015年4月30日，中共中央政治局会议，审议通过《京津冀协同发展规划纲要》，京津冀城市群协同发展迎来实质发展期。2016年安阳市纳入《“十三五”时期京津冀国民经济和社会发展规划》，正式加入京津冀城市群大家庭。2018年4月，中共中央国务院批复《河北雄安新区规划纲要》，雄安新区成为京津冀城市群高质量跨越式发展的新引擎。如表10－1所示。

综合京津冀城市群相关规划描述，京津冀城市群目前正在构建“一核双城、两翼、三轴、四区、多节点”的城市空间格局。其中，北京、天津、保定、石家庄、邯郸、唐山为中部核心功能区。如表10－2所示。

表 10－1　京津冀城市群规划

| 年份 | 部门 | 印发文件 | 内容 |
|---|---|---|---|
| 2014 年 3 月 | 中共中央国务院 | 《国家新型城镇化规划（2014－2020 年）》 | 3 次提到京津冀城市群，并将其与珠江三角洲、长江三角洲城市群并列，视为“国民经济重要的增长极”，并提出其“要以建设世界级城市群为目标” |
| 2015 年 4 月 | 中共中央政治局会议 | 《京津冀协同发展规划纲要》 | 推动京津冀协同发展是一个重大国家战略，核心是有序疏解北京非首都功能，要在京津冀交通一体化、生态环境保护、产业升级转移等重点领域率先取得突破 |
| 2016 年 2 月 | 国家发改委 | 《“十三五”时期京津冀国民经济和社会发展规划》 | 对“十三五”期间京津冀地区的发展从九个方面提出了任务，即：打造国际一流航空枢纽，构建世界级现代港口群，加快建设环首都公园，打赢河北脱贫攻坚战，建立健全区域安全联防联控体系，全面提高首都服务国际交往的软硬件水平，加强与长江经济带的联动，建立统一规范的市场体系，探索建立行政管理协同机制、生态环保联运机制、产业和科技创新协同机制等 |
| 2017 年 3 月 | 河北省住房和城市建设厂 | 河北省城镇体系规划（2016－2030 年） | 将河北省城镇化发展纳入京津冀协同发展国家重大战略总体格局中，按照“核心引领，多点支撑、轴带拓展，区域协同”的空间发展策略，构筑“两冀、四区、五带、多点”城镇空间新格局 |

续表

| 年份 | 部门 | 印发文件 | 内容 |
| --- | --- | --- | --- |
| 2017 年 4 月 | 中共中央国务院 | 设立国家级新区 | 雄安新区定位二类大城市，设立雄安新区是继深圳经济特区和上海浦东新区之后又一具有全国意义的新区，是千年大计、国家大事。对于集中疏解北京非首都功能，探索人口经济密集地区优化开发新模式，调整优化京津冀城市布局和空间结构，培育创新驱动发展新引擎，具有重大现实意义和深远历史意义 |
| 2017 年 9 月 | 中共中央国务院 | 《北京城市总体规划（2016－2035 年）》 | 发挥北京的辐射带动作用，打造以首都为核心的世界级城市群 |
| 2018 年 4 月 | 中共中央国务院 | 《河北雄安新区规划纲要》批复 | 坚持世界眼光、国际标准、中国特色、高点定位，紧紧围绕打造北京非首都功能疏散集中承载地，创造“雄安质量”、成为新时代推动高质量发展的全国样板，培育现代化经济体系新引擎，建设高水平社会主义现代化城市，借鉴国际成功经验，汇聚全球顶尖人才，集思广益、深入论证，编制雄安新区规划 |

表10－2　京津冀城市群城市空间格局

| 城市等级 | 城市名称 | 数量 |
|---|---|---|
| 核心城市 | 北京、天津 | 2 |
| 区域中心城市 | 邯郸、石家庄、保定、唐山 | 4 |
| 节点城市 | 邢台、衡水、沧州、廊坊、秦皇岛、张家口、承德、安阳 | 8 |

京津冀城市群是以北京、天津两大城市为核心的城市群，但次级城市发展不足。面临着发展不平衡、不充分的问题：京津两级过于“肥胖”，而周边中小城市过于“瘦弱”，区域发展差距悬殊。

**京津冀城市群主要特征：**

**（1）政策加持利好，规划交通一体化快速推进**

国家各类政策最先在京津冀落地生根，京津冀区域一体化和雄安新区建设已上升为国家战略。从交通发展来看，京津冀区域的基础设施投入力度最大，高铁高速建设、首都二新机场，以及城市轨道交通项目上马最快、投资最大；从人口增量来看，京津冀城市群2010年至2015年五年常住人口增加近700万，增长率达到6.7%，人口凝聚力居全国之首；从土地利用率来看，京津冀近年来水平也是最高的，当然，这和城镇化周期及国家政策密不可分，国家的政策利好使得京津冀短期内快速发展。

**（2）京津经济规模领先，但天津增速显著放缓**

北京和天津率先进入万亿俱乐部，保持着经济规模优势。北京受益于国企改革和产业转型的红利，以及独角兽企业带来的科技创新原动力，引领经济发展增幅保持高增长态势，2016年和2017年GDP增速均保持在6.7%左右；但天津受结构调整影响，经济增速出现明显下滑，GDP增速由2016年的9.1%降至2017年的3.6%，经济放缓，压力巨大。

**（3）三产占比全国居首，产业和城市协调发展机制初步形成**

京津冀城市群第三产业占比为57.1%，高于长三角和珠三角城市群，产业发展后劲十足。同时在中央的引导下，京津冀城市群的产业和城市发展新的定位与机制已经形成："北京四中心、天津一基地三区、河北一基地三区"。而在京津冀一体化的大背景下，河北首先主动承接北京非首都功能外溢。如图 10－2 所示。

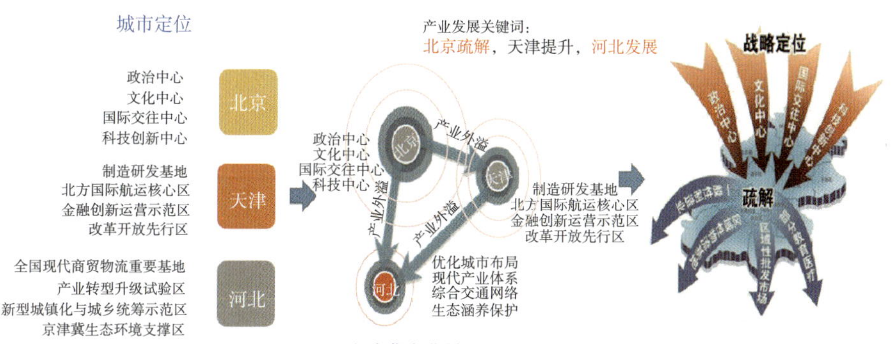


**图 10－2　京津冀城市群产业和城市协调发展机制**

**（4）雄安新区新增长极，改革创新引领区域发展**

雄安新区是继深圳经济特区和上海浦东新区之后又一具有全国意义的新区，是京津冀城市群发展的重要助推器。《雄安新区规划纲要》指出雄安新区的设立将补齐区域发展短板，提升区域经济社会发展质量和水平，有利于形成新的区域增长极；建设高水平社会主义现代化城市，有利于调整优化京津冀城市布局和空间结构，加快构建京津冀世界级城市群；而创造"雄安质量"，有利于推动雄安新区实现更高水平、更有效率、更加公平、更可持续发展，打造贯彻落实新发展理念的创新发展示范区，成为新时代高质量发展的全国样板。

## 专题：史上最严房地产调控政策之"天龙八限"

房地产调控的目的不仅是为了保持房地产市场的健康可持续发展，更重要的是为了保持经济的可持续发展。房地产带来的红利最终会在政府、企业和百姓三方分配，企业和百姓需要遵循政府制定的市场游戏规则。而由于调控的主体是地方政府，所以各地调控政策种类繁多，但史上最严的顶级房地产调控政策几乎就是当代传世武功的"天龙八限"：限购、限贷、限价、限售、限企、限商、限离、限龄。

深谙“天龙八限”精髓的典型地方政府有2个：一个是以北京为代表强势挤压存量调控为主的一线城市；另一个是以长沙为代表提前干预增量预防为主的二线城市。表10－3是各城市群典型城市的房地产调控政策汇总。

**表10－3　各城市群典型城市的房地产调控政策汇总**

| 城市群 | 典型城市 | 楼市调控政策 | 其他代表城市 |
| --- | --- | --- | --- |
| 珠三角 | 深圳八限 | 限购：5年社保限购一套 | 珠海四限（限购、限贷、限售），佛山四限（限购、限价、限签、限贷），中山三限（限购、限价、限贷），东莞四限（限购、限贷、限价、限售），肇庆四限（限购、限售、限贷、限商），江门三限（限购、限贷、限价）等 |
| | | 限贷：无房无贷30%，有房有贷50% | |
| | | 限价：施行限价 | |
| | | 限企：企业禁止购房！ | |
| | | 限商：商务公寓只租不售！ | |
| | | 限售1：个人及法人新购商务公寓产证不满5年禁售 | |
| | | 限售2：居民家庭购买商品房产证不满3年禁售 | |
| | | 限离婚：离婚2年内买房贷款，首付70%！ | |
| | 广州六限 | 限购：5年社保或税单限购一套 | |
| | | 限贷：无房无贷30%，有房有贷40%－70% | |
| | | 限售：产证不满2年限售（2017年3月17日后） | |
| | | 限价：施行限价 | |
| | | 限离婚：离异1年内购房，五成首付 | |
| | | 限商住：商住公寓不能卖给个人 | |
| 长江中游 | 长沙八限 | 限购：2年社保或税单限购一套 | 武汉（限购、限价、限贷、限售）、南昌（限购、限价、限售、限签） |
| | | 限贷：首房首付30%，有房有贷35%－40% | |
| | | 限售：产证不满三年限售 | |
| | | 限价：施行限价 | |
| | | 限离婚：离婚2年内，购房政策按离婚前执行 | |

续表

| 城市群 | 典型城市 | 楼市调控政策 | 其他代表城市 |
| --- | --- | --- | --- |
| 长江中游 | 长沙八限 | 限新落户：本科学历或社保满 1 年可购买 | 武汉（限购、限价、限贷、限售）、南昌（限购、限价、限售、限签） |
| | | 限公司：公司不可买 | |
| | | 限未成年：未成年不可购房 | |
| 京津冀 | 北京七限 | 限购：5 年社保或税单限购一套 | 天津（限购、限价、限贷、限售），石家庄（限购、限价、限贷、限售） |
| | | 限贷：首房首付 35%，有房有贷 80%（普宅 60%） | |
| | | 限售：无 | |
| | | 限价：施行限价 | |
| | | 限公司：3 年限售 | |
| | | 限商住：5 年社保或税单，禁止贷款 | |
| | | 限离婚：离婚 1 年内购房，按二套，执行首付 60% –80% | |
| 长三角 | 上海五限 | 限购：5 年社保 | 杭州（限购、限贷、限售、限价、限商）、苏州（限购、限贷、限售、限价、限商）、南京（限购、限贷、限价、限售、限赠）等 |
| | | 限贷：首房首付 35%，有房有贷 50% | |
| | | 限价：备案价参照本区域同质楼盘实际成交价格、委托房地产估价机构评估格方式定价，商品住宅和底下车库采取“一价清”制度，销售价格均不得高于备案价 | |
| | | 限售 | |
| | | 限商：办公、商业属性土地不得再建类住宅产品，散卖商铺写字楼被禁止，只能论层出售 | |
| 成渝 | 成都六限 | 限购：2 年社保或税单限购一套（限购区域） | 重庆（限外、限贷、限价、限售） |
| | | 限贷：无房无贷 30%，有房有贷 40% –70% | |
| | | 限售：产证不满 3 年限售 | |
| | | 限价：施行限价 | |
| | | 限离婚：离婚未满三年不列入刚需优先摇号 | |
| | | 限新落户：限购区缴满 1 年社保 | |

续表

| 城市群 | 典型城市 | 楼市调控政策 | 其他代表城市 |
| --- | --- | --- | --- |
| 关中 | 西安六限 | 限购：限购区 2 年社保或税单限购一套 | |
| | | 限贷：无房无贷 40%，有房有贷 50% | |
| | | 限售：限购区产证不满 2 年限售（2017 年 8 月后） | |
| | | 限价：施行限价 | |
| | | 限公司：企事业单位不得买房 | |
| | | 限未成年：未成年不可购房 | |
| 中原 | 郑州六限 | 限购：本科学历/2 年社保或税单限购一套 | |
| | | 限贷：首房首付 25%，有房有贷 30% | |
| | | 限售：产证不满 3 年限售（全域） | |
| | | 限价：施行限价 | |
| | | 限公司：注册时间大于 3 年 | |
| | | 限未成年：未成年不可购房 | |
| 山东半岛 | 济南 | 限购：本地两套，外地一套并提供 3 年内连续 2 年社保或个税，毕业生有用人单位合同且缴纳半年社保 | |
| | | 限贷：本地二套首付 60%，外地首套首付 60% | |
| | | 限价：设定居住用地出让较高限价 | |
| | | 限售：限购区取得不动产证 2 年后上市交易 | |
| 山东半岛 | 青岛 | 限购：连续 1 年个税或社保 | |
| | | 限贷：首套首付 30%，二套 40%，三套不可以贷款 | |
| | | 限售：取得不动产证 2 年后上市交易 | |
| | | 限价：不得提高装修价格变相抬高房价，不得强制捆绑车位或储藏室等住宅附属设施，变相抬高房价 | |
| 辽中南 | 沈阳 | 限购：本地两套及以上，外地一套（2 年内在本市连续缴纳 6 个月及以上个人所得税或社会保险证明） | |

续表

| 城市群 | 典型城市 | 楼市调控政策 | 其他代表城市 |
| --- | --- | --- | --- |
| 辽中南 | 沈阳 | 限售：一套不限。两套及以上商品房网签满5年，二手房不动产证满2年 | |
| | | 限价：6个月内不得调整申报价格，备案价格不得超过申报价格且下浮不得超过5% | |
| | | 限贷：公积金二套商品首付40%，二套二手首付50% | |
| 海南 | 海南岛海口(二线)六限 | 限购：5年社保或税单限购一套 | |
| | | 限贷：商贷首付不低于70% | |
| | | 限售：产品不满5年限售 | |
| | | 限价：6个月内不得调高备案价 | |
| | | 限新落户：落户后交满2年社保或税单限购一套 | |
| | | 限商住：商住房等同住宅，纳入限购范围 | |
| | 海南岛三亚/琼海(三四线)六限 | 限购：5年社保或税单限购一套 | |
| | | 限贷：商贷首付不低于70% | |
| | | 限售：产证不满5年限售 | |
| | | 限价：6个月内不得调高备案价 | |
| | | 限新落户：落户后交满2年社保或税单限购一套 | |
| | | 限商住：商住房等同住宅，纳入限购范围 | |

在“天龙八限”中，限购和限售是使用范围最广、最有效的调控手段。政府的限购等房地产调控政策也在一定程度上影响了房地产市场热度。从城市群的角度看，根据目前的限购限贷等政策，京津冀城市群尤其是环京区域较为严格，可能造成房地产价格增幅和土地溢价指标反映市场不够充分。如表10－4所示。

**表 10－4　限购限贷调控**

| 城市 | 限购 | | 限贷 | |
| --- | --- | --- | --- | --- |
| | 本市 | 非本市 | 首套房 | 二套房 |
| 热门一线城市 | | | | |
| 北京 | 单身一套，家庭 2 套 | 限购 1 套（社保或个税满 5 年） | 普遍住房首付 35%，非普通住房 40% | 二套普通住房 60%；非普通住房 80%；离婚一年内贷款一律算二套 |
| 北京 | 在建在售商办项目不得卖给个人：已销售商办类项目再次上市并出售给个人的，个人应符合名下在京无房和商办类房产记录，并连续五年缴纳社保或纳税。企业购买的商品住房需 3 年以上才能交易，中介严禁 1 年买卖同一套房 | | | |
| 环京 & 环雄安城市 | | | | |
| 廊坊市 | 限购 2 套 | 限购 1 套（指定区域提供 3 年社保个税） | 本地 30%，非本地 50% | 首付 50%（商贷），首付 60%（公积金），暂停发放第 3 套贷款 |
| 廊坊市 | 限购区域：主城区（含广阳区、安次区、廊坊开发区）、三河市、大广自治区、香河县、固定县和永清县、霸州市和文安县 | | | |
| 沧州市 | 限购 2 套 | 限购 1 套 | 非本地 50%，本地 30% | 商贷：无贷已结清 40%，未结清 50%，公积金 60% |
| 秦皇岛 | 限购 2 套 | 限购 1 套（连续缴纳 1 年以上社保或个税） | 首付 30% | 商贷：无贷已结清 40%，未结清 50%，公积金 60%，3 套停贷 |

续表

| 城市 | 限购 | | 限贷 | |
|---|---|---|---|---|
| | 本市 | 非本市 | 首套房 | 二套房 |
| 环京 & 环雄安城市 | | | | |
| 唐山 | 限购 2 套（指定区域） | 限购 1 套（指定区域缴纳 1 年以上社保或个税） | 首付 30% | 商贷：40%，公积金 60%，3 套停贷 |
| | 在路南区、路北区、高新技术产业开发区范围内限购 1 套住房 | | | |
| 承德 | 限购 2 套 | 限购 1 套（缴纳 1 年以上社保或个税） | 商贷本市 30%，非本市 50% | 商贷：无贷已结清 40%，未结清 50%，公积金 60%，3 套停贷 |
| | 外地户籍新购商品住房须取得不动产证满 2 年后方可转让 | | | |
| 张家口市区 | 限购 2 套 | 限购 1 套 | 商贷本市 30%，非本市 40%，公积金 30% | 商贷：无贷已结清 40%，未结清 50%，公积金 60% |
| | 新购商品住房须取得不动产证满 3 年后方可转让 | | | |
| 天津 | 单身 1 套，家庭 2 套（滨海新区除外） | 限购 1 套（3 年内连续缴纳 2 年以上社保或个税，补缴不能超过 3 个月） | 商贷本市 30%，非本市 40%，公积金 30% | 首付 60% |
| 石家庄 | 市区限购 1 套 | 限购 1 套（社保或个税满 1 年） | 0.3 | 商贷：无贷已结清 40%，未结清 50%，公积金 60% |
| | 部分商品住房需持证满 10 年 | | | |

续表

| 城市 | 限购 | | 限贷 | |
| --- | --- | --- | --- | --- |
| | 本市 | 非本市 | 首套房 | 二套房 |
| 环京 & 环雄安城市 | | | | |
| 保定（莲池、竞秀、高新） | 限购 2 套 | 限购 1 套（缴纳 3 年社保或个税） | 商贷：本市无房无贷 30%，有贷款记录 50%；非本市无房无贷 40%，有贷款记录 60%；公积金无房无贷 30%，无房有贷 60% | 认房认贷，停贷第三套。首付 50%（商贷），首付 60%（公积金） |
| | 商品住房产权满 2 年可转让，要求某竞拍地块买房人拿本后 10 年内不能买卖 | | | |
| 保定（满城） | 限购 2 套 | 限购 1 套（缴纳 1 年社保或个税） | 本区商贷 50%；公积金 50%；非本区无房无贷 40%，无房有贷 60% | 公积金 60% |

## 城市群综合分析

京津冀城市群国土面积 21.72 万平方千米，占全国的 2.25%；地区生产总值 7.7 万亿元，占全国的 10.35%；常住人口 1.15 万亿，占全国的 8.31%。京津冀城市群与我国其余两个世界级城市群对比，土地面积位居首位，人口适中，但地区生产总值最低。这种差距不仅体现在经济总量数据上，还有区域间城市发展水平不均衡等问题。如图 10－3 所示。

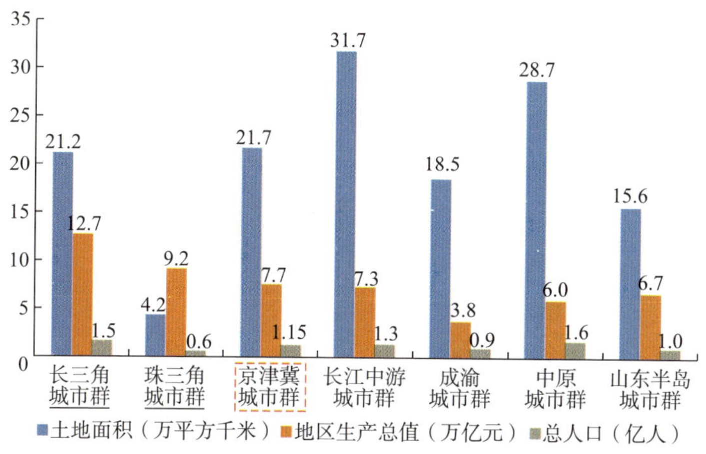


**图 10－3　主要城市群对比**

目前，京津冀城市群常住人口城镇化率为 64%，高于我国常住人口城镇化率 57.4%。京津冀三地，北京、天津的城镇化率较高，分别为 87% 及 83%，但是河北省城市密度不高，城镇化水平比较低。河北省 2016 年常住人口城镇化率为 53.32%，低于全国平均水平 4 个百分点。因此，提升河北省的城镇化水平，是建设京津冀世界级城市群的一个重要任务。2020 年河北省城镇化率达到 2016 年全国水平 57.4%，预计有 300 万人实现城镇化。如果能达到长三角城市群 68% 的水平，预计至少将有 1000 万人实现城镇化。如图 10－4 所示。

而从商品房销售金额对比来看，京津冀城市群与长三角、珠三角两个城市群相比差距非常大，仅占长三角的1/3，房地产市场成熟度较低。如图10－5所示。

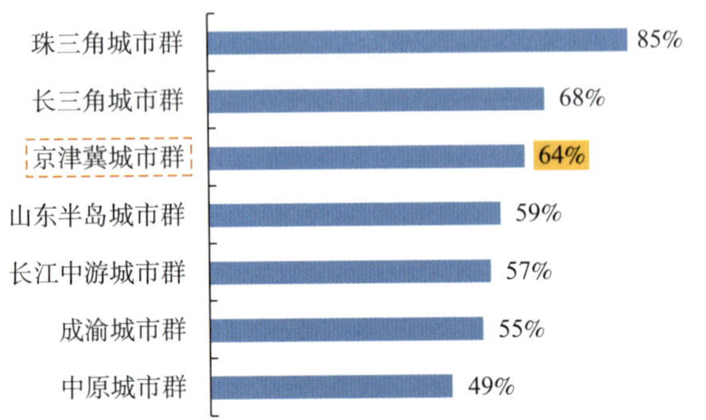


**图10－4　主要城市群常住人口城镇化率对比**

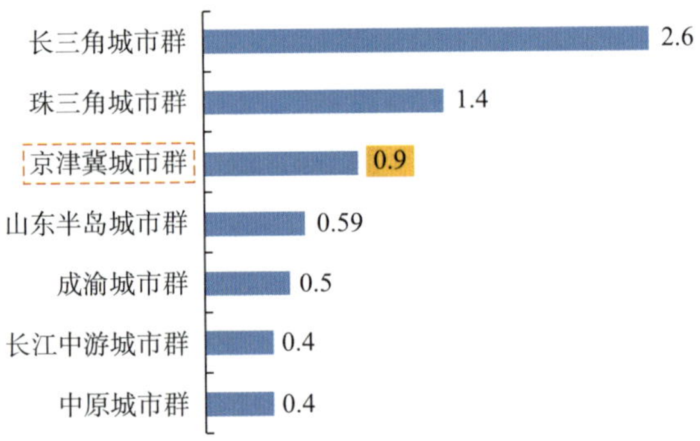


**图10－5　主要城市群商品房销售金额对比**

京津冀城市群属于城市群发展的第二阶段，以强核外溢为主要特征，核心城市北京外溢辐射较强。但在北京、天津、廊坊等局部区域由于城市密度较大，局部体现出片状发展的第三阶段特征。如图10－6、10－7所示。

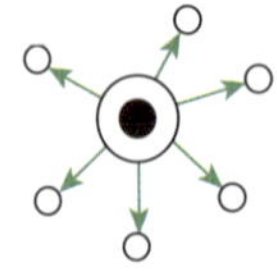

**图10－6　外溢阶段模型**

**图10－7　纺锤体型城市等级结构**

京津冀城市等级体系较完善，处在城市发展较好区、适中区、较弱区城市比例为2:11:1。

从城市群投资潜力雷达图可以看出，京津冀城市群是国内最具有发展潜力的城市群之一，整体14个维度发展相对均衡。如图10－8所示。

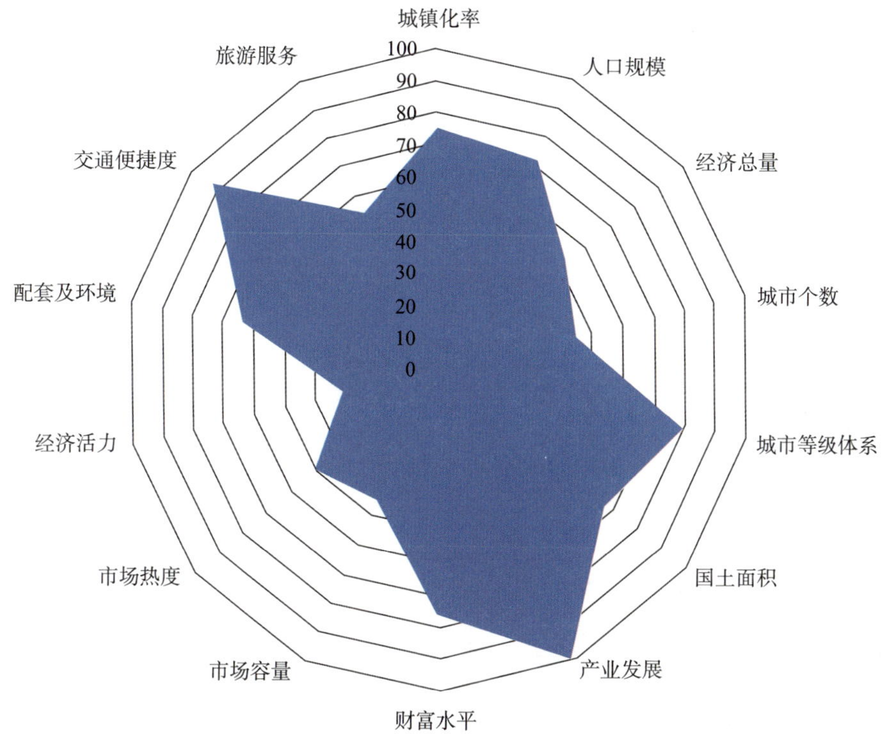


**图10－8　京津冀城市群投资潜力雷达图**

从城市群经济联系强度图可以看出，京津冀城市群和山东半岛城市群联系最为密切，其次与中原城市群联系较为密切。

从京津冀内部城市经济联系强度表可以看出，北京和廊坊（0.262）北京与天津（0.207）联系最为密切。如表10－5所示。

**表 10－5　京津冀内部城市经济联系强度表**

| | 北京 | 天津 | 保定 | 唐山 | 石家庄 | 廊坊 | 秦皇岛 | 张家口 | 承德 | 沧州 | 衡水 | 邢台 | 邯郸 | 安阳 |
|---|---|---|---|---|---|---|---|---|---|---|---|---|---|---|
| 北京 | | 0. 207 | 0. 054 | 0. 052 | 0. 019 | 0. 262 | 0. 006 | 0. 017 | 0. 010 | 0. 031 | 0. 008 | 0. 005 | 0. 007 | 0. 002 |
| 天津 | | | 0. 029 | 0. 069 | 0. 012 | 0. 062 | 0. 005 | 0. 004 | 0. 004 | 0. 066 | 0. 006 | 0. 004 | 0. 005 | 0. 002 |
| 保定 | | | | 0. 005 | 0. 024 | 0. 009 | 0. 001 | 0. 002 | 0. 001 | 0. 013 | 0. 006 | 0. 003 | 0. 004 | 0. 001 |
| 唐山 | | | | | 0. 003 | 0. 009 | 0. 007 | 0. 001 | 0. 004 | 0. 007 | 0. 001 | 0. 001 | 0. 001 | 0. 000 |
| 石家庄 | | | | | | 0. 003 | 0. 000 | 0. 001 | 0. 001 | 0. 008 | 0. 013 | 0. 020 | 0. 016 | 0. 004 |
| 廊坊 | | | | | | | 0. 001 | 0. 002 | 0. 001 | 0. 006 | 0. 001 | 0. 001 | 0. 001 | 0. 000 |
| 秦皇岛 | | | | | | | | 0. 000 | 0. 001 | 0. 001 | 0. 000 | 0. 000 | 0. 000 | 0. 000 |
| 张家口 | | | | | | | | | 0. 000 | 0. 001 | 0. 000 | 0. 000 | 0. 000 | 0. 000 |
| 承德 | | | | | | | | | | 0. 001 | 0. 000 | 0. 000 | 0. 000 | 0. 000 |
| 沧州 | | | | | | | | | | | 0. 007 | 0. 002 | 0. 002 | 0. 001 |
| 衡水 | | | | | | | | | | | | 0. 004 | 0. 003 | 0. 001 |
| 邢台 | | | | | | | | | | | | | 0. 070 | 0. 007 |
| 邯郸 | | | | | | | | | | | | | | 0. 032 |
| 安阳 | | | | | | | | | | | | | | |

邢台、邯郸和安阳3个城市同时纳入京津冀城市群与中原城市群势力范围，将3个城市分别与2个城市群的经济联系强度进行对比分析，邢台更倾向于融入京津冀城市群，邯郸和安阳则更倾向于融入中原城市群。如表10－6、图10－9所示。

**表10－6 邢台、邯郸、安阳的经济联系强度对比**

| 城市群 | 邢台 | 邯郸 | 安阳 |
| --- | --- | --- | --- |
| 京津冀 | 0.005 | 0.007 | 0.002 |
| 中原 | 0.004 | 0.008 | 0.007 |

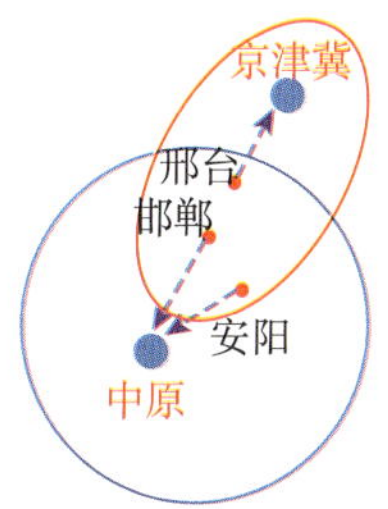


**图10－9 边缘城市的城市群选择**

## 城市房地产投资策略

我们从城市发展潜力、房地产市场热度、投资安全性三个单一维度给出城市群各城市排名情况。如图10－10所示。

京津冀城市群属于城市群发展的第二阶段，以强核外溢为主要特征，核心城市北京外溢辐射较强；京津冀城市等级体系较完善，处在城市发展较好区、适中区、较弱区城市比例为2∶11∶1；核心城市北京、天津处于捡漏区，一般城市大多处在看平区、快销区、进取区；由于2016－2017京津冀地区价格涨幅较大，进入2018后各种调控政策相对较严，“限地价、竞自持”和补证项目拉低了平均地货比。但整体来说，京津冀地区还有较大的上涨潜力和较好的利润空间。如图10－11所示。

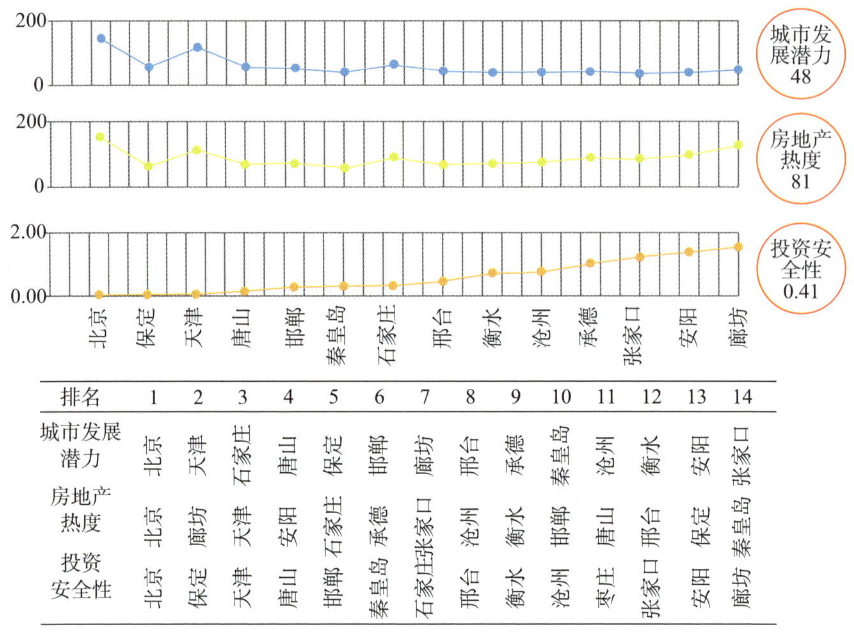


| 排名 | 1 | 2 | 3 | 4 | 5 | 6 | 7 | 8 | 9 | 10 | 11 | 12 | 13 | 14 |
|---|---|---|---|---|---|---|---|---|---|---|---|---|---|---|
| 城市发展潜力 | 北京 | 天津 | 石家庄 | 唐山 | 保定 | 邯郸 | 廊坊 | 邢台 | 承德 | 秦皇岛 | 沧州 | 衡水 | 安阳 | 张家口 |
| 房地产热度 | 北京 | 廊坊 | 天津 | 安阳 | 石家庄 | 承德 | 张家口 | 沧州 | 衡水 | 邯郸 | 唐山 | 邢台 | 保定 | 秦皇岛 |
| 投资安全性 | 北京 | 保定 | 天津 | 唐山 | 邯郸 | 秦皇岛 | 石家庄 | 邢台 | 衡水 | 沧州 | 枣庄 | 张家口 | 安阳 | 廊坊 |

**图 10－10　京津冀城市群各城市排名情况**

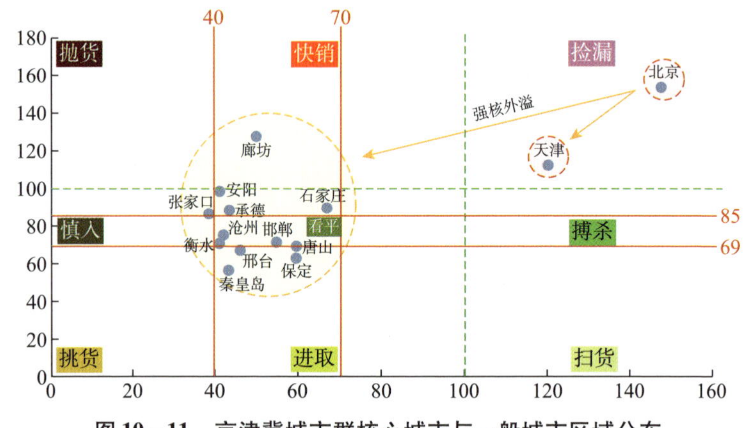


**图 10－11　京津冀城市群核心城市与一般城市区域分布**

根据九宫格阶梯筛选法则，处在阶梯阴影区为重点拓展城市。黄线框内的重点投资城市，主要包括秦皇岛、保定、邢台、唐山、邯郸、衡水、沧州、承德、石家庄；石家庄、保定如剔除补证项目影响，其市场热度会更高，城市拓展应以逢低纳货为主要策略；邢台、衡水两个城市，虽落位到进取区，但近一年来的房价涨幅较大，未来的上涨潜力受限，积极进取的同时，要对项目进行仔细甄别，防范风险；廊坊处在快销区，应注意防控风险。如图 10－12 所示。

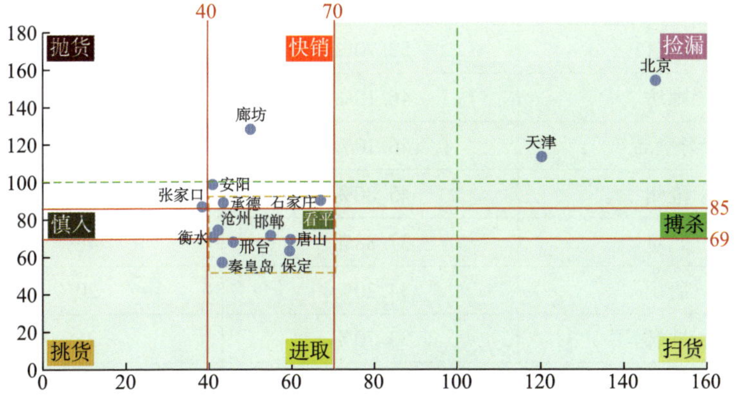


**图 10－12　京津冀城市群九宫格阶梯筛选**

根据九宫格模型得出京津冀城市群作战地图，主攻城市有承德、张家口、沧州、邯郸、唐山、天津、石家庄、保定、邢台、秦皇岛、衡水等城市。如图 10－13 所示。

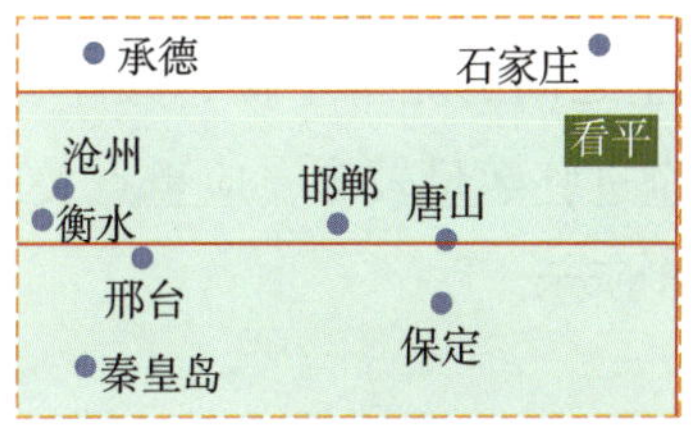


**图 10－13　京津冀城市群作战地图**

以市场化公司一般选取的投资评审标准作为筛选器，安阳城市平均销售利润率低于 15%，应关注市场风险，重点把控好获取土地位置及价格。如表 10－7 所示。

**表 10－7　京津冀城市筛选**

| 城市 | 销售利润率 | 地货比 |
|---|---|---|
| 石家庄 | 56.00% | 19% |
| 保定 | 54.20% | 14% |

续表

| 城市 | 销售利润率 | 地货比 |
| --- | --- | --- |
| 张家口 | 52.70% | 14% |
| 廊坊 | 46.10% | 29% |
| 秦皇岛 | 46.10% | 10% |
| 沧州 | 45.80% | 18% |
| 北京 | 37.88% | 48% |
| 唐山 | 34.20% | 20% |
| 邯郸 | 33.70% | 21% |
| 承德 | 33.30% | 26% |
| 衡水 | 32.20% | 17% |
| 天津 | 28.50% | 44% |
| 邢台 | 24.70% | 28% |
| 安阳 | -11.40% | 42% |

充分考虑TOP50房企之间的竞争平衡，天津、北京、石家庄、廊坊、张家口、保定等城市房企进驻数量较多，应重点关注市场竞争带来的非理性拿地风险。如表10-8所示。

**表10-8 京津冀竞争平衡**

| 城市 | TOP50房企进驻数量 | 典型房企 |
| --- | --- | --- |
| 天津 | 39 | 融创区域总部 |
| 北京 | 34 | 融创、华夏、泰禾、首创等总部 |
| 石家庄 | 25 | 碧桂园、万科、恒大等 |
| 廊坊 | 16 | 荣盛全国总部 |
| 张家口 | 13 | 碧桂园、万科、恒大、金科、蓝光、远洋等 |
| 保定 | 12 | 碧桂园、恒大、融创等 |
| 邯郸 | 10 | 碧桂园、恒大、保利、富力、阳光城、中南等 |
| 唐山 | 10 | 碧桂园、万科、恒大、中南、富力等 |
| 邢台 | 9 | 碧桂园、恒大、保利等 |

续表

| 城市 | TOP50 房企进驻数量 | 典型房企 |
|---|---|---|
| 秦皇岛 | 9 | 碧桂园、万科、恒大等 |
| 承德 | 5 | 碧桂园、融创、绿地、华夏、秦禾 |
| 沧州 | 5 | 碧桂园、恒大、保利、阳光城、荣盛 |
| 衡水 | 5 | 碧桂园、恒大、保利、绿城、金地 |
| 安阳 | 3 | 碧桂园、恒大、铁建 |

# 第二节　城市基本面研判

## 人口发展潜力

人口是城市发展的基础，也是房地产发展的重要支撑。我们从人口发展基数和人口发展结构等层面研判城市人口发展潜力。

京津冀城市群人口基数及发展潜力较好，14 个城市人口基数均值为 781 万人。人口指数 TOP3 城市为北京、天津、保定。如图 10－14 所示。

TOP

| | 城市 | 人口指数 | 人口基数 |
|---|---|---|---|
| 1 | 北京 | 138.84 | 2172.90 |
| 2 | 天津 | 113.98 | 1562.12 |
| 3 | 保定 | 111.21 | 1042.50 |
| 4 | 邯郸 | 105.34 | 949.28 |
| 5 | 石家庄 | 95.38 | 1078.46 |
| 6 | 唐山 | 93.72 | 784.40 |
| 7 | 邢台 | 90.21 | 731.99 |
| 8 | 承德 | 86.39 | 353.20 |
| 9 | 廊坊 | 84.20 | 461.50 |
| 10 | 衡水 | 80.15 | 445.31 |
| 11 | 沧州 | 74.94 | 750.55 |
| 12 | 张家口 | 73.10 | 442.51 |
| 13 | 秦皇岛 | 71.19 | 309.46 |
| 14 | 安阳 | 70.02 | 403.90 |

备注：人口指数为综合评价指数；
人口基数为2016年常住人口（万人）。

【计算方法】

常住人口 40%
常住户籍人口比 15%
小学生增幅 10%
中小学生在校生人数 10%
城镇化率增幅 15%
城镇化率 10%

人口发展潜力 100分
=城市基本面×35%

#指标评价采用综合打分法进行打分评价。

【参考指标】

非公就业人口及占比

*数据来源为各城市国民经济与社会发展统计公报及中国城市发展年鉴。

图 10－14　京津冀城市群人口发展潜力指数

从人口总量看，户籍及常住人口均超过1000万人的城市有4个，分别为北京、天津、石家庄、保定；超过800万人的城市有1个，为邯郸；超过500万人的城市有3个，为唐山、邢台和沧州。

京津冀城市群常住户籍比为1.11，属于人口流入城市群，2016年人口流入近1120万人。常住户籍人口比≥100%以上的城市有6个，为北京、天津、石家庄、保定、唐山、秦皇岛。如图10－15所示。

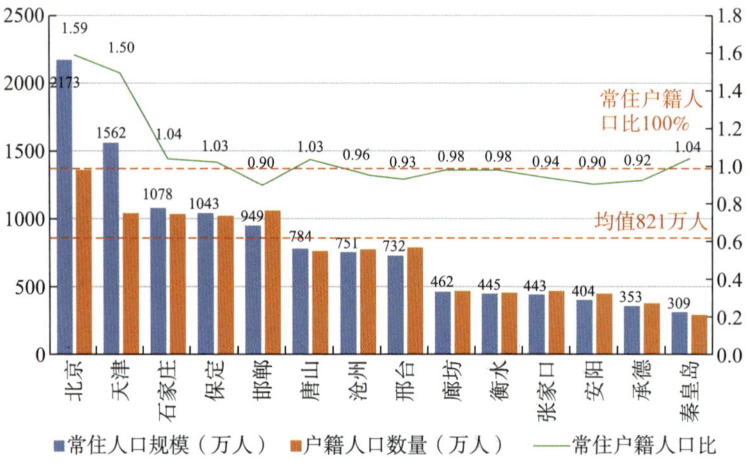


**图10－15　京津冀城市群人口规模**

从小学生2016年在校生人数看，京津冀城市群2016年小学生在校人数为823万人，占全国小学生在校人数9913万人的8.3%。与京津冀城市群占全国总人口比重8.3%持平，人口结构相对合理；京津冀城市群14个城市小学生在校生人数总涨幅为7.8%；重点关注城市天津、石家庄、北京及沧州。如图10－16所示。

中小学在校生人数从某个维度上代表这个城市刚需和刚改家庭的规模。京津冀城市中小学在校生人数均值95万人，超过100万人的城市有邯郸、保定、北京、石家庄、天津、沧州、邢台。这些城市的改善型购房需求较强。如图10－17所示。

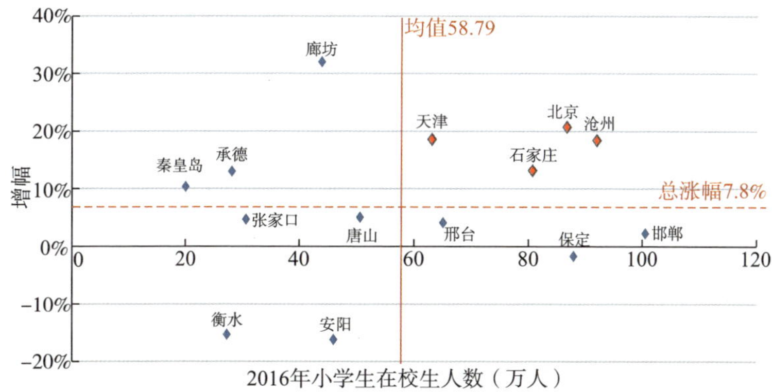


图 10－16 京津冀城市群小学生 2016 年在校生人数及增幅

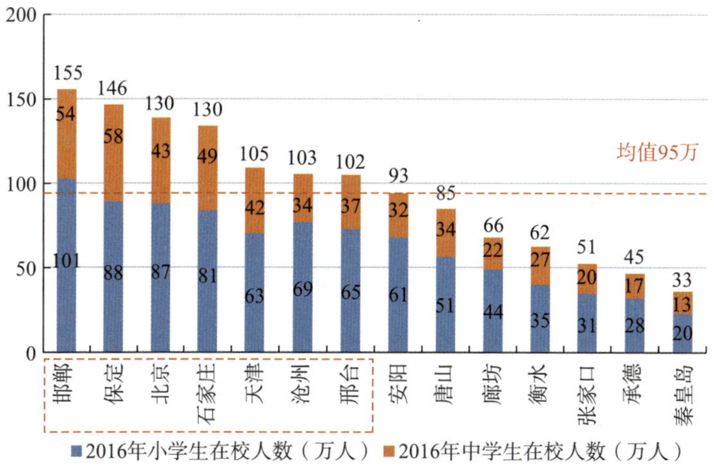


图 10－17 京津冀城市群 2016 年中小学在校生人数

京津冀城市群 14 个城市城镇化率在 64% 以上的城市共 2 个，为北京和天津；14 个城市 2016 年城镇化率增幅在 0. 002% ~3%，平均城镇化率增幅为 1. 65%。北京及天津原有城镇化率水平较高，增幅较低；河北省 2020 年城镇化率目标达到 60%，2016 年河北省城镇化率为 53. 32%，增幅为 1. 99%。按照此增幅测算，河北省 2020 年城镇化率预计为 57. 69%，无法实现 2020 年城镇化率目标。但雄安新区作为国家级战略，将形成新的人口及经济发展集聚核。如图 10－18 所示。

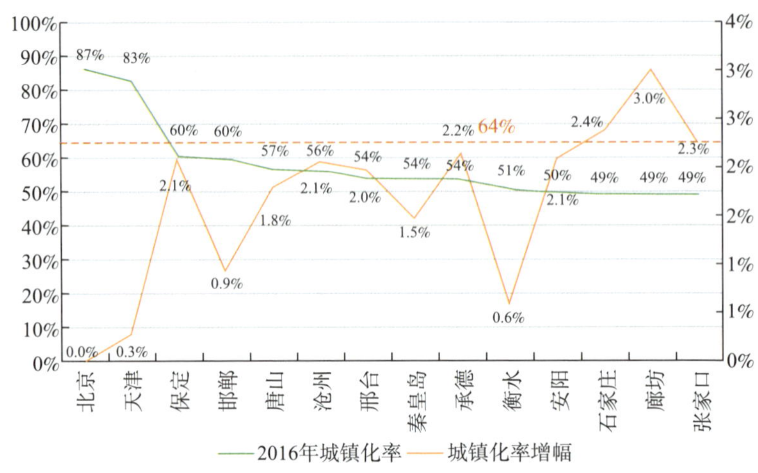


**图 10－18　京津冀城市群 2016 年城镇化率及增幅**

非公就业人口占比体现城市经济的活力和可持续性。非公就业人口占比中位值为 12%，高于 20% 的城市非公就业人口活力较强的城市有北京、天津、邯郸。如图 10－19 所示。

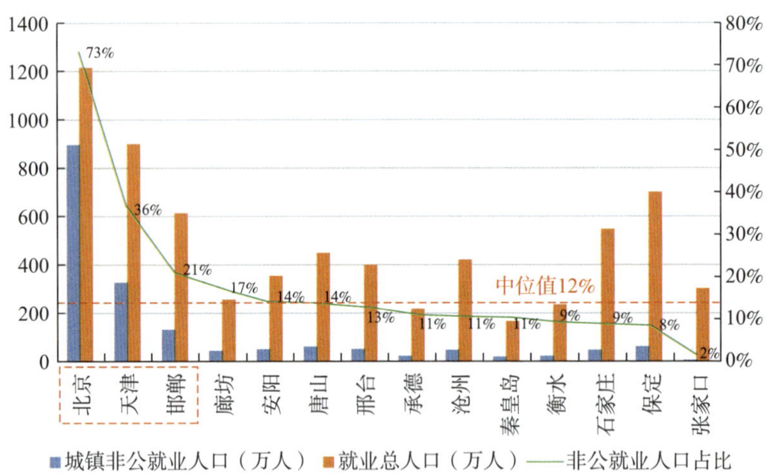


**图 10－19　京津冀非公就业人口占比**

## 经济发展潜力

经济是城市发展的主要驱动力，也是房地产发展的重要支撑。我们从城市经济总量基数、人均收入基数、经济发展结构与活力、城市财力水平等层面综合研判城市经济发展潜力。

京津冀城市群城市经济总量基数均值为4206亿元，人均收入基数均值为29498元。经济指数TOP3的城市为北京、天津、唐山。如图10－20所示。

| TOP | 城市 | 经济指数 | 城市经济总量基数 | 人均收入基数 |
| --- | --- | --- | --- | --- |
| 1 | 北京 | 253.66 | 24899 | 57275 |
| 2 | 天津 | 138.46 | 17885 | 34074 |
| 3 | 唐山 | 57.46 | 6306 | 33725 |
| 4 | 石家庄 | 57.43 | 5858 | 30459 |
| 5 | 廊坊 | 45.58 | 2706 | 34633 |
| 6 | 沧州 | 41.65 | 3533 | 28605 |
| 7 | 保定 | 39.49 | 3110 | 25680 |
| 8 | 邯郸 | 38.35 | 3337 | 26603 |
| 9 | 秦皇岛 | 36.35 | 1340 | 30348 |
| 10 | 安阳 | 33.33 | 1806 | 28210 |
| 11 | 张家口 | 32.01 | 1461 | 26069 |
| 12 | 邢台 | 31.16 | 1955 | 23913 |
| 13 | 衡水 | 29.76 | 1413 | 23787 |
| 14 | 承德 | 29.43 | 1433 | 24856 |

备注：经济指数为综合评价指数；
城市经济总量基数为2016年城市GDP（亿元）；
人均收入基数为2016年城镇居民人均可支配收入（元）。

【计算方法】

城市GDP 40%
第三产业占GDP比重 15%
城镇人均可支配收入 12%
人均住户存款余额 8%
一般财政预算收入 10%
上市公司数量 15%

经济发展潜力 100分
=城市基本面×20%

#指标评价采用综合打分法进行打分评价。

*数据来源为各城市国民经济与社会发展统计公报、中国城市发展年鉴及各城市证监会网站。

**图10－20　京津冀经济发展潜力指数**

城市群14个城市中GDP超过均值5503亿元的共有4个。其中，超过10000亿元的城市有2个，为北京及天津；超过5000亿元的2个，分别为唐山及石家庄。城市群一般预算收入的均值为729亿元，高于均值的城市共有2个，分别为北京及天津。如图10－21所示。

京津冀城市群整体第三产业增加值占GDP比重为57%，高于全国51.6%的平均水平。从产业发展潜力看，14个城市中，城市第三产业占GDP比重＞城市群整体占比57%的只有1个，为北京；城市第三产业占GDP比重超过50%的只有2个，为北京和天津。如图10－22所示。

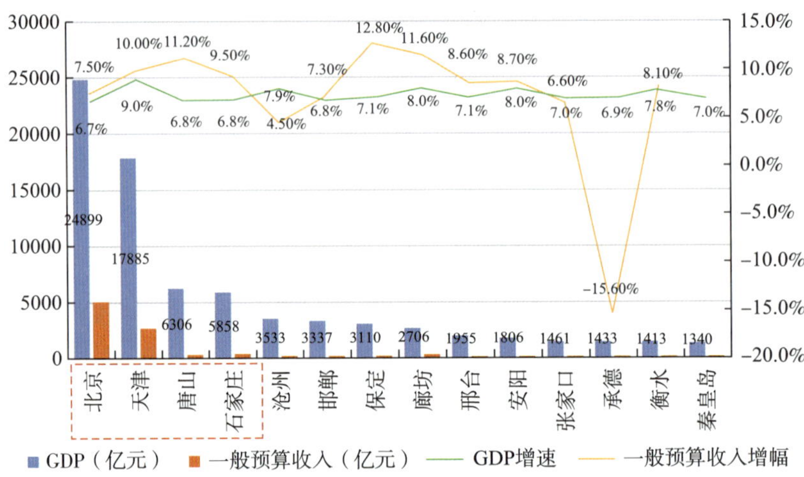


**图 10-21　京津冀 GDP、一般预算收入及增幅**

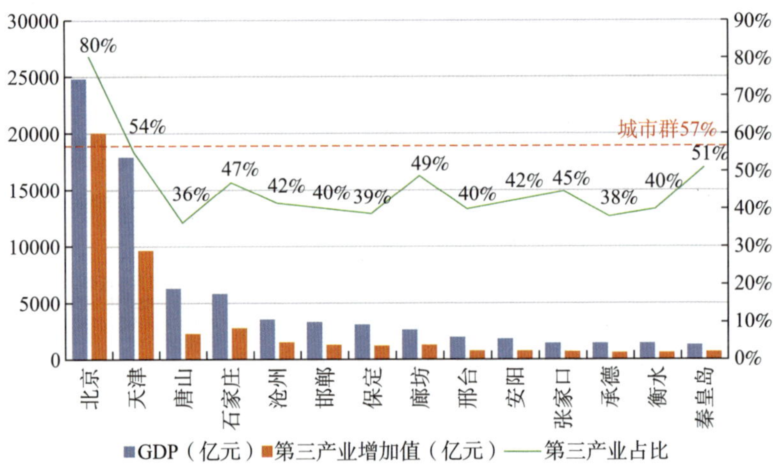


**图 10-22　京津冀第三产业增加值占比**

城市群人均城镇居民可支配收入均值为 29489 元，其中 4 个城市高于全国人均城镇居民可支配收入 33616 元，6 个城市高于城市群均值，分别为北京、廊坊、天津、唐山、石家庄、秦皇岛。城市群城镇在岗职工平均工资的均值为 59609 元，超过均值的城市共有 6 个，分别为北京、天津、廊坊、秦皇岛、石家庄及唐山。如图 10-23 所示。

人均存款余额反映当地居民的财富水平，京津冀城市群整体人均住户存款余额为 6.21 万元，高于整体水平的城市有 2 个，分别为北京及唐山。

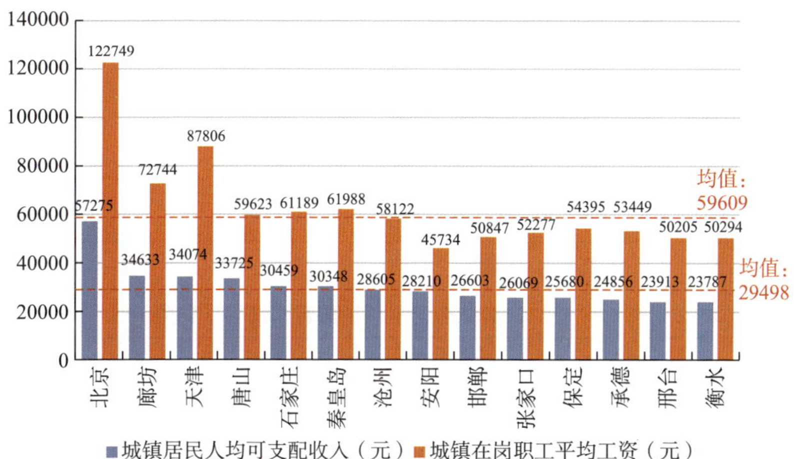


**图 10－23　京津冀人均城镇居民可支配收入及在岗职工平均工资**

如图 10－24 所示。

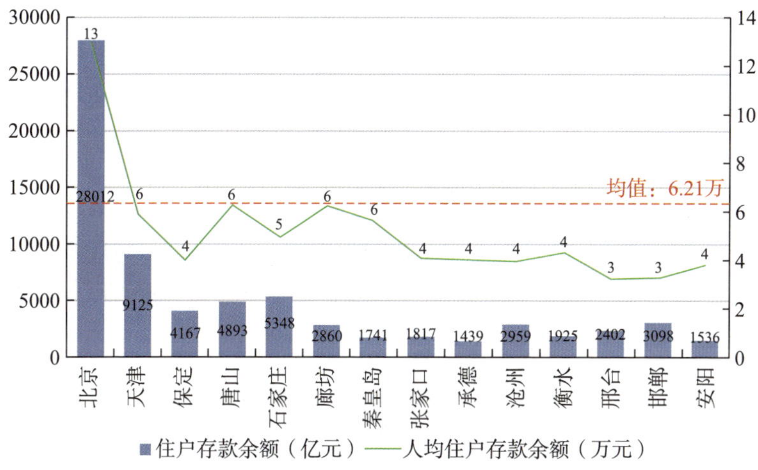


**图 10－24　京津冀人均住户存款余额**

上市公司数量的多少是反映一个城市经济活力的重要指针。京津冀城市群 A 股上市公司数量相对较多，主要集中在核心城市。10 家以上的仅有 3 个城市，北京、天津、石家庄等城市经济活力较强。如表 10－9 所示。

 **表 10－9 京津冀 A 股上市公司所在城市分布**

| | 个数 | 城市 |
|---|---|---|
| N≥20 | 2 | 北京、天津 |
| 10≤N＜20 | 1 | 石家庄 |
| 5≤N＜10 | 2 | 保定、唐山 |
| 3≤N＜5 | 2 | 廊坊、沧州 |
| 1≤N＜3 | 7 | 秦皇岛、承德、邢台、邯郸、安阳、张家口、衡水 |

知名大学的创新活力影响和带动城市的创新活力水平。京津冀城市群“双一流”大学共有 36 所，主要分布在北京和天津，代表这两个城市创新活力较强。如表 10－10 所示。

**表 10－10 京津冀“双一流”大学所在城市分布**

| | 个数 | 高校 |
|---|---|---|
| 一流大学 | 10 | 北京大学、中国人民大学、清华大学、北京航空航天大学、北京理工大学、中国农业大学、北京师范大学、中央民族大学、南开大学、天津大学 |
| 一流学科 | 26 | 北京交通大学、北京工业大学、北京科技大学、北京化工大学、北京邮电大学、北京林业大学、北京协和医学院、北京中医药大学、首都师范大学、北京外国语大学、中国传媒大学、中央财经大学、对外经济贸易大学、外交学院、中国人民公安大学、北京体育大学、中央音乐学院、中国音乐学院、中央美术学院、中央戏剧学院、中国政法大学、天津工业大学、天津医科大学、天津中医药大学、华北电力大学、河北工业大学 |

## 人口与经济的均衡

我们对京津冀各个城市的人口与经济进行了均衡分析。京津冀城市群人口与经济沿均衡线发展，均衡线以下且偏离越大的城市更应该关注产业发展，其中保定、邯郸、邢台、承德、衡水等城市要重点关注新产业进驻，有可能会带来城市发展的巨变；均衡线以上且偏离越大的城市更应该关注人口政策，其中北京、天津要重点关注人口政策变化带来的人口集聚，有可能会带来人口短时膨胀。如图 10－25 所示。

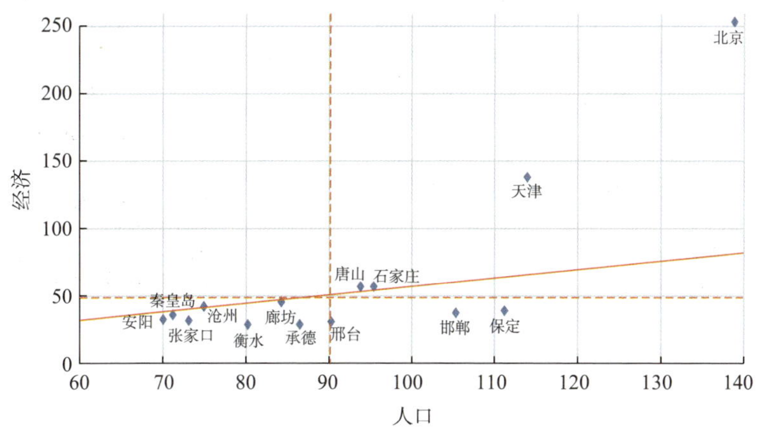


**图 10－25　京津冀人口与经济均衡性分析**

## 市场容量

市场容量指数重点考察城市市场销售规模水平、去化周期及房企进驻，是城市房地产发展的安全边界。该指数我们从市场容量、供地面积、购买能力、房企进驻热度等层面综合研判房地产市场安全属性。

京津冀城市群城市市场容量基数均值为 302 万平方米。市场容量及安全指数 TOP3 的城市为天津、北京、石家庄。如图 10－26 所示。

京津冀城市群 14 个城市 2015－2017 年商品住宅市场平均年成交面积为 5151 万平方米；天津、北京市住宅成交面积分别为 1582 及 740 万平方米，分别占整个京津冀城市群成交总量的 30.71% 及 14.36%；除天津及北京外，商品住宅成交面积在 200 万平方米以上的城市有 8 个，分别为石家庄、唐山、廊坊、保定、衡水、邯郸、安阳及秦皇岛。如图 10－27 所示。

TOP

| | 城市 | 容量指数 | 市场容量基数 |
|---|---|---|---|
| 1 | 天津 | 105.47 | 1582.20 |
| 2 | 北京 | 49.33 | 739.57 |
| 3 | 石家庄 | 29.07 | 435.60 |
| 4 | 唐山 | 25.80 | 387.00 |
| 5 | 廊坊 | 23.73 | 355.55 |
| 6 | 保定 | 18.87 | 282.59 |
| 7 | 衡水 | 15.73 | 236.19 |
| 8 | 邯郸 | 15.60 | 234.00 |
| 9 | 安阳 | 15.40 | 230.69 |
| 10 | 秦皇岛 | 13.67 | 204.70 |
| 11 | 邢台 | 12.40 | 185.70 |
| 12 | 沧州 | 11.93 | 178.89 |
| 13 | 张家口 | 3.40 | 50.98 |
| 14 | 承德 | 3.20 | 47.60 |

备注：市场容量为综合评价指数；
城市市场容量基数为2015-2017年城市市本级商品住宅平均销售面积（万平方米）。

【计算方法】

三年平均销售建面 100%

市场容量 100分
=城市基本面×25%

【参考指标】

三年平均供地建面

#所有指标采用综合评分方法进行评价。

*数据来源为中指数据、吉屋网、中国城市发展年鉴。

图 10－26　京津冀市场容量指数

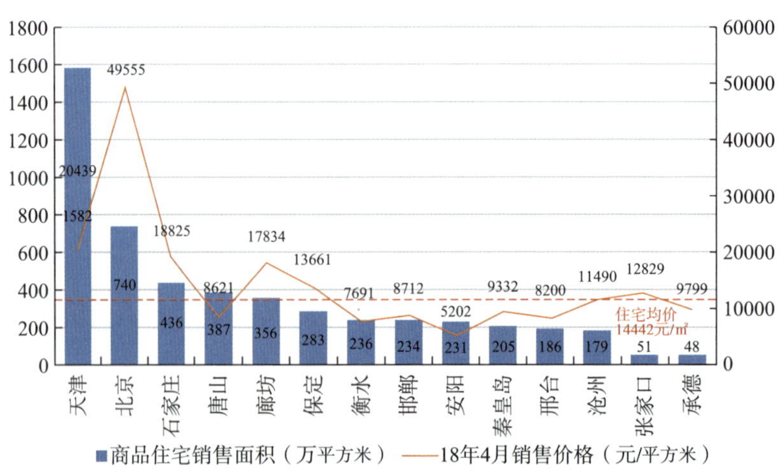


图 10－27　京津冀 2015－2017 年商品住宅销售情况

京津冀城市群 14 个城市 2015－2017 年三年平均土地出让住宅总建设面积为 4705 万平方米，平均成交楼面均价为 6348 元/平方米。如图 10－28 所示。

市场容量从商品住宅销售面积和常住人口两个维度考虑。人口规模较大且距离轴线向下偏离越大代表市场潜在容量越大。重点关注城市有承德、张家口、邢台、沧州、邯郸、保定。如图 10－29 所示。

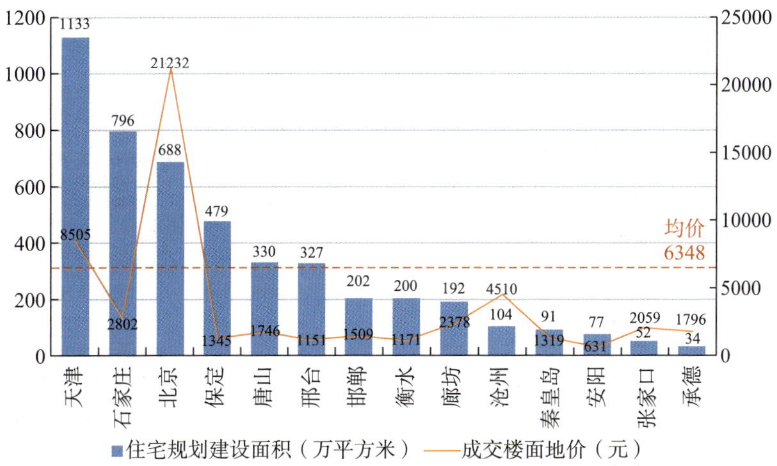


**图 10－28　京津冀 2015－2017 年商品住宅土地供应情况**

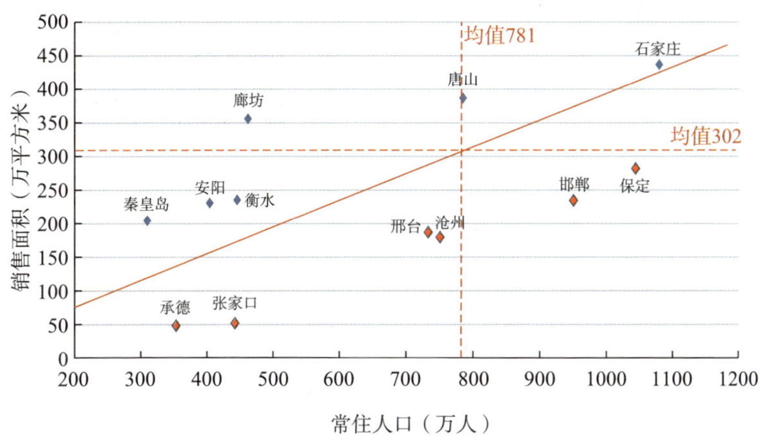


**图 10－29　京津冀市场容量分析**

## 城市发展潜力

城市发展是城市的未来趋势，也是房地产发展迈向美好生活的主要路径。我们从城市配套、交通、旅游、规划等层面综合研判城市发展潜力。京津冀城市群城市发展指数 TOP3 的城市为北京、天津、石家庄。如图 10－30 所示。

TOP

| | 城市 | 城市发展指数 |
|---|---|---|
| 1 | 北京 | 179.19 |
| 2 | 天津 | 131.00 |
| 3 | 石家庄 | 74.37 |
| 4 | 唐山 | 45.55 |
| 5 | 保定 | 40.86 |
| 6 | 秦皇岛 | 38.43 |
| 7 | 承德 | 34.03 |
| 8 | 邯郸 | 32.46 |
| 9 | 安阳 | 30.59 |
| 10 | 张家口 | 28.92 |
| 11 | 廊坊 | 28.02 |
| 12 | 邢台 | 25.68 |
| 13 | 沧州 | 23.59 |
| 14 | 衡水 | 16.94 |

备注：城市发展指数为综合评价指数。

【计算方法】

| | | |
|---|---|---|
| 配套 35% | 三甲医院数量 | 8% |
| | 大专院校数量 | 12% |
| | 城市景观资源 | 8% |
| | 国家级产业园区数量 | 7% |
| 交通 40% | 高铁班次 | 16% |
| | 距机场距离 | 12% |
| | 境内高速公路通达度 | 12% |
| 旅游 25% | 4A级以上景区 | 6% |
| | 四星级以上酒店 | 9% |
| | 旅游人次 | 10% |

城市发展潜力 100分
=城市基本面×20%

【参考指标】

城市定位及分级指数
产业发展规划
交通规划

#所有指标均采用分层评价。

*数据来源为各城市国民经济与社会发展统计公报、山东半岛城市群发展规划、去哪儿网及各地教育、医疗、旅游等相关机构网站综合得出。

图 10－30 京津冀城市发展指数

（1）城市配套与环境

城市配套的好坏直接制约着城市整体房地产发展水平，尤其是医疗、教育等配套资源。第一新财经发布的《中国城市再分级》，把城市从商业资源集聚度、城市枢纽性、城市人活跃度、生活方式多样性、未来可塑性进行了重新评价和定位，具有很好的参考价值。但本书仅从影响房地产市场选择最直接的几个指标进行论证。

从最直接影响房地产的医疗教育配套来看，京津冀城市群城市整体配套相对较好，三甲医院共有 208 所，占全国三甲医院总数 1599 所的 13%。其中，北京、天津、石家庄三个城市就拥有 156 所，集聚了整个城市群 75% 的优质医疗资源。整个城市群共有大专院校 220 所，占全国大专院校总数 2631 所的 8.4%。北京、天津、石家庄三个城市就拥有 166 所，集聚了整个城市群 75% 的优质高等教育资源。如图 10－31 所示。

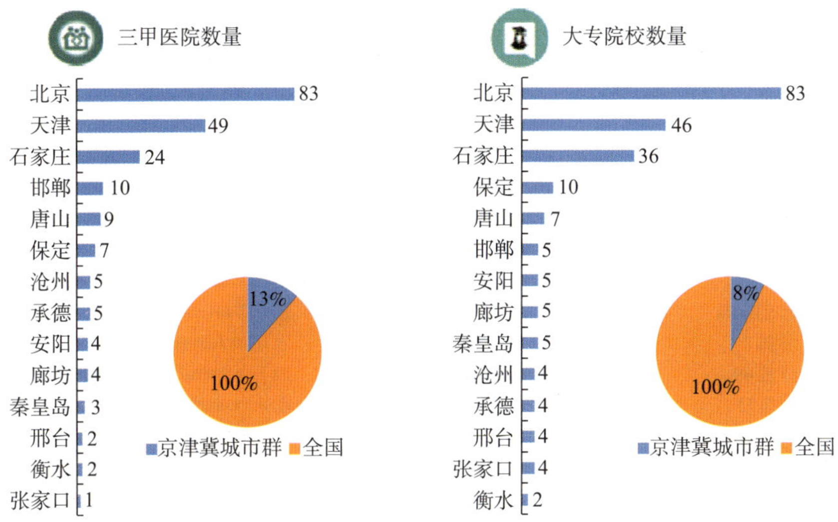


**图 10－31　京津冀三甲医院及大专院校数量**

**（2）城市交通**

城市是整个区域交通的枢纽，其交通的便利度和通达性是我们关注的重点。城市轨道交通是大城市房地产市场的重要助推器，影响大城市的板块市场，但本书主要研究城市之间的房地产市场对比，故暂未把城市轨道交通纳入研究范围。

整体来看，国家把交通一体化作为京津冀城市群发展的先行领域，交通一体化是京津冀协同发展的重点突破口。

机场方面：形成了北京首都机场、天津滨海机场、石家庄机场为主的航空网络体系，北京二机场已经启动建设，将形成航空交通新引擎。

港口方面：天津港、秦皇岛港、唐山港、黄骅港四大港口迎来发展良机；铁路及公路：将发展成六纵、六横、双圈的综合交通通道布局。

京津冀城市群中北京、天津、石家庄的交通便利度明显优于其他城市。如图 10－32 所示。

**（3）旅游商务**

旅游反映了城市休闲配套资源情况和因旅游带来的短时流动人口流向。京津冀城市群 2016 年旅游人次达 9.81 亿人，大约占全国旅游人次的 10%；京津冀城市群 2016 年旅游收入 13124 亿元，全国旅游收入 39390 亿

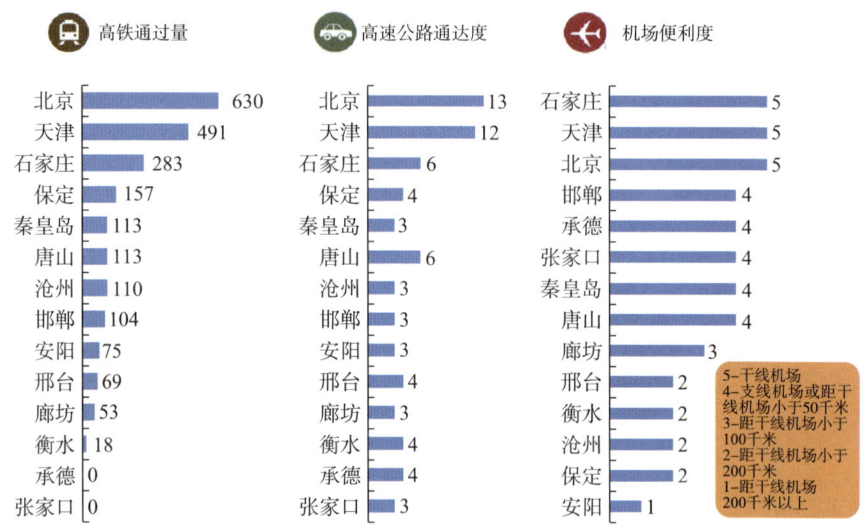


**图 10－32　京津冀交通便利度**

元，占比33.32%。其中，北京、天津为重要的旅游城市，旅游人次分别占整个京津冀城市群的28.97%及19.47%。如图10－33所示。

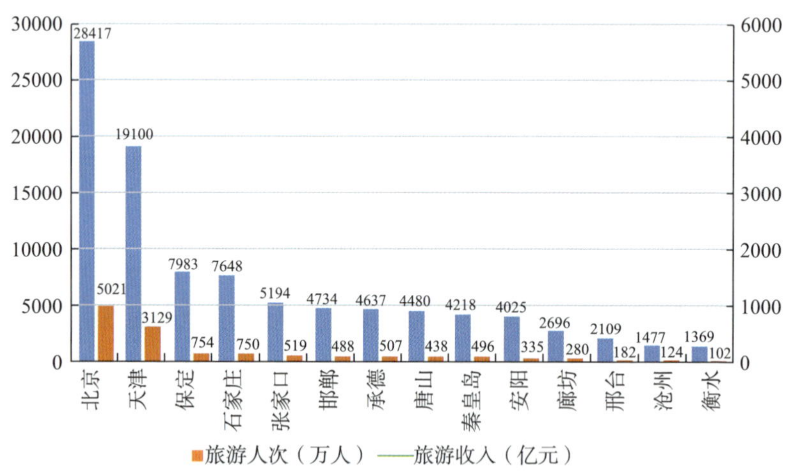


**图 10－33　京津冀 2016 年旅游情况**

京津冀旅游资源丰富，拥有国家级资源多处，自然风光秀丽，文物古迹众多。形成了以秦皇岛北戴河、天津滨海旅游区为主要景点的海滨文化游；以故宫、颐和园、承德避暑山庄为主要景点的历史文化游；以西柏坡、周邓纪念馆、狼牙山等为主要景点的红色旅游等。

京津冀城市群共有4A级以上景区267个，占全国4A级以上景区1335个的20%。四星级以上酒店1321个，北京、天津超过150个，承德、秦皇岛、石家庄均超过50个。如图10－34所示。

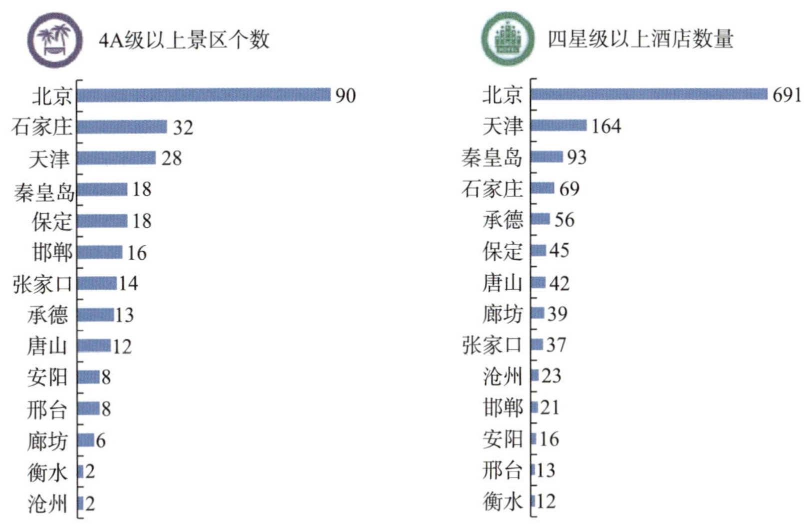


**图10－34 京津冀4A级以上景区及酒店数量**

**（4）产业发展**

产业是人口集聚的主要因素，产业反映了城市经济支撑资源情况，产业的规划发展状态可以带动人口的流向。2017年12月，京津冀三地共同研究制定了《关于加强京津冀产业转移承接重点平台建设的意见》，初步明确了“2＋4＋46”个产业平台，包括北京城市副中心和河北雄安新区两个集中承载地，曹妃甸协同发展示范区、北京新机场临空经济区、天津滨海新区、张承（张家口、承德）生态功能区四大战略合作功能区及46个专业化、特色化承接平台。

京津冀城市群城市基本面综合排名TOP3的城市为北京、天津、石家庄。处在城市发展较好区、适中区、较差区的城市个数比为2:11:1。如表10－11、10－12所示。

**表10－11　京津冀城市基本面评判指标及权重**

<table>
<tr><th>一级指标</th><th>一级指标分值</th><th colspan="2">指标维度</th><th>二级指标</th><th>二级指标权重</th></tr>
<tr><td rowspan="3">人口</td><td rowspan="3">35%</td><td colspan="2">人口基数</td><td>常住人口<br>常住户籍人口比<br>小学生增幅</td><td>40%<br>15%<br>10%</td></tr>
<tr><td colspan="2">家庭结构</td><td>中小学生在校生人数</td><td>10%</td></tr>
<tr><td colspan="2">变化趋势</td><td>城镇化率增幅<br>城镇化率</td><td>15%<br>10%</td></tr>
<tr><td>容量</td><td>25%</td><td colspan="2">市场容量基数</td><td>三年平均销售面积</td><td>100%</td></tr>
<tr><td rowspan="3">经济</td><td rowspan="3">20%</td><td colspan="2">总量水平</td><td>GDP<br>第三产业占GDP比值</td><td>40%<br>15%</td></tr>
<tr><td colspan="2">财富水平</td><td>城镇人均可支配收入</td><td>12%</td></tr>
<tr><td colspan="2">发展活力</td><td>人均住户存款余额<br>一般财政预算收入<br>上市公司数量</td><td>8%<br>10%<br>15%</td></tr>
<tr><td rowspan="3">城市发展</td><td rowspan="3">20%</td><td>配套</td><td>医疗<br>教育<br>景观<br>产业</td><td>三甲医院数量<br>大专院校数量<br>城市景观资源<br>国家级产业园区数量</td><td>8%<br>12%<br>8%<br>7%</td></tr>
<tr><td>交通</td><td>铁路<br>飞机<br>公路</td><td>高铁班次<br>距机场距离<br>境内高速通达数量</td><td>16%<br>12%<br>12%</td></tr>
<tr><td>旅游</td><td>景区资源<br>配套<br>人次</td><td>4A级以上景区<br>星级酒店<br>旅游人次</td><td>6%<br>9%<br>10%</td></tr>
</table>

**表10－12　京津冀城市基本面综合排名**

| 序号 | 城市 | 综合排名 |
|---|---|---|
| 1 | 北京 | 147.50 |
| 2 | 天津 | 120.15 |
| 3 | 石家庄 | 67.01 |
| 4 | 唐山 | 59.85 |
| 5 | 保定 | 59.71 |
| 6 | 邯郸 | 54.93 |

续表

| 序号 | 城市 | 综合排名 |
| --- | --- | --- |
| 7 | 廊坊 | 50. 12 |
| 8 | 邢台 | 46. 04 |
| 9 | 承德 | 43. 73 |
| 10 | 秦皇岛 | 43. 29 |
| 11 | 沧州 | 42. 26 |
| 12 | 衡水 | 41. 33 |
| 13 | 安阳 | 41. 16 |
| 14 | 张家口 | 38. 62 |

## 第三节　房地产市场热度研判

根据新一线城市研究所最新的城市分类，京津冀城市群14个城市共有新一线城市2个、三线城市8个、四线城市3个。如表10－13所示。

表10－13　京津冀城市分级

| 城市分类 | 城市名称 | 城市数量 |
| --- | --- | --- |
| 一线/新一线城市 | 北京、天津 | 2 |
| 二线城市 | 石家庄 | 1 |
| 三线城市 | 保定、邯郸、廊坊、秦皇岛、唐山、邢台、张家口、安阳 | 8 |
| 四线城市 | 沧州、承德、衡水 | 3 |
|  | 合计 | 14 |

市场热度指数重点考察市场房价、地价现状及涨幅情况，进驻潜力和市场竞争热度，来分析目前的市场热度。京津冀城市群地货比指数中位值为21%，整体来看市场机会较大。市场热度指数TOP3城市为北京、廊坊、天津。如图10－35所示。

TOP

| | 城市 | 热度指数 | 地货比指数 |
|---|---|---|---|
| 1 | 北京 | 153.56 | 48% |
| 2 | 廊坊 | 127.80 | 29% |
| 3 | 天津 | 112.71 | 44% |
| 4 | 安阳 | 98.32 | 42% |
| 5 | 石家庄 | 89.73 | 19% |
| 6 | 承德 | 88.68 | 26% |
| 7 | 张家口 | 86.57 | 14% |
| 8 | 沧州 | 74.73 | 18% |
| 9 | 衡水 | 71.51 | 17% |
| 10 | 邯郸 | 71.41 | 21% |
| 11 | 唐山 | 69.42 | 20% |
| 12 | 邢台 | 67.80 | 28% |
| 13 | 保定 | 63.22 | 14% |
| 14 | 秦皇岛 | 56.76 | 10% |

备注：热度指数为综合评价指数；
地货比指数为近6个月成交楼面地价/2018年4月成交房价。

销售利润率预估指数为经验数据预估值，
销售利润率=（房价-地价- 土地外成本- 增值税）/房价。

【计算方法】

房价 40%：房价指数 26%；房价增幅 14%
地价 30%：地货比 20%；地价增幅 10%
竞争 30%：住宅土地供应去化年限 18%；top50房企进驻数量 12%

市场热度指数 100分
=城市市场面×100%

#测算方法:
（1）房价指数=城市实时房价/1.5线城市实时房价均价;
（2）房价增幅=（实时房价-2015年房价）/2015年房价;
（3）地货比=近半年楼面价/实时房价;
（4）地价增幅=近半年成交楼面价/2015年成交楼面价。

【参考指标】

房价收入比
房地产投资占固定资产投资额比值
市区住宅投资比
土地溢价率
销售利润率

*数据来源为中指数据、吉屋网。

图 10－35　京津冀市场热度指数

京津冀城市群整体房价中位值为 10645 元/平方米，地价中位值为 2126 元/平方米；京津冀城市群地货比中位值为 21%。地货比较高的三个城市为北京、天津、安阳，应及时捕捉市场信息，防控拿地风险；地货比较低的三个城市为保定、张家口、秦皇岛，应作为重点关注城市，寻找机会适时进驻。如图 10－36 所示。

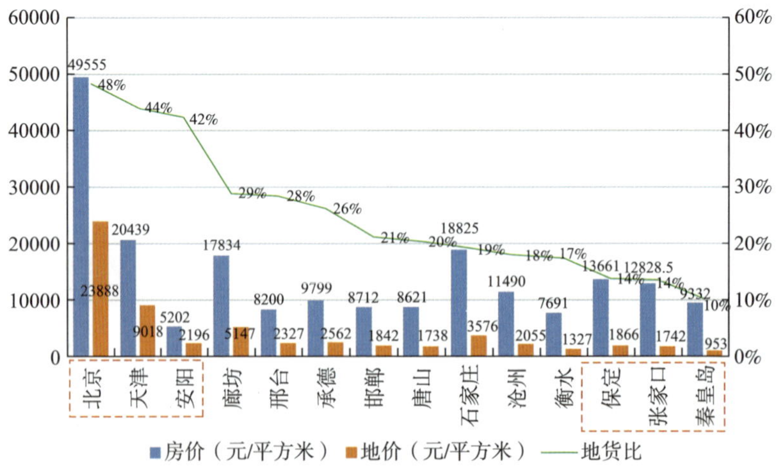


图 10－36　京津冀房地价及地货比

京津冀城市群房价平均涨幅为88%，地价平均涨幅为94%。房价涨幅高于城市群整体平均增幅的城市共有5个，分别为张家口、石家庄、廊坊、保定、沧州；地价涨幅高于城市群整体平均增幅的城市共有6个，分别为廊坊、安阳、承德、邢台、唐山、衡水。如图10－37所示。

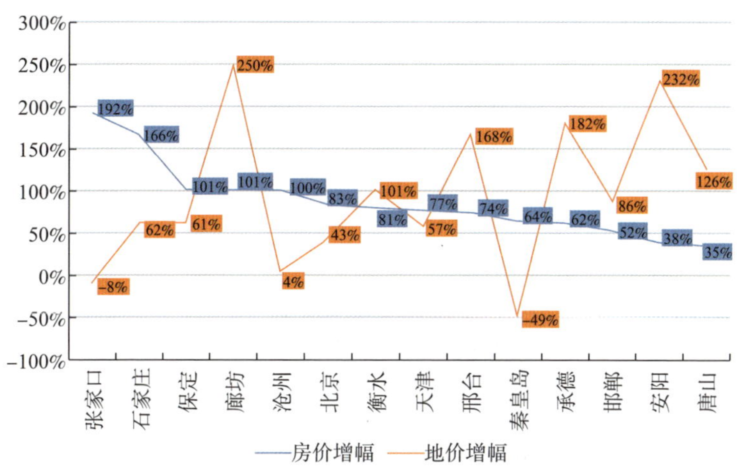


**图10－37 京津冀房价及地价增幅**

市场潜力从常住人口和地货比两个维度考虑，地货比较低且人口规模相对较大，代表市场潜力较大。战略进驻区域城市共4个，分别为北京、天津、石家庄、保定；重点关注区域城市共2个，分别为唐山、邯郸；机会进驻区域城市共2个，分别为邢台、沧州。如图10－38所示。

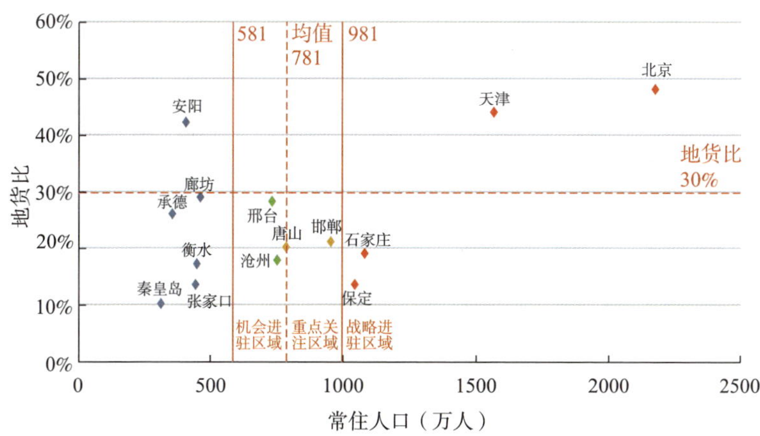


**图10－38 京津冀常住人口和地货比**

市场潜力从成交面积和地货比两个维度考虑，地货比较低且成交面积较大，代表市场潜力较大。战略进驻区域城市共3个，分别为天津、北京、石家庄；重点关注区域城市共2个，分别为唐山、廊坊；机会进驻区域城市共4个，分别为邯郸、衡水、秦皇岛、保定。如图10－39所示。

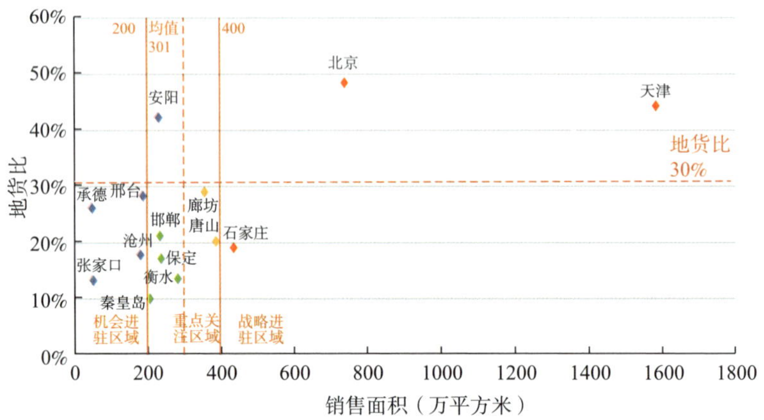


**图10－39　京津冀成交面积和地货比**

京津冀城市群住宅供应去化年限为2.74年，去化周期小于3年的有10个。整体来看，天津、廊坊、安阳、秦皇岛、沧州、唐山、北京、衡水、邯郸、承德等城市市场供不应求；邢台、保定、石家庄等城市市场供过于求。如图10－40所示。

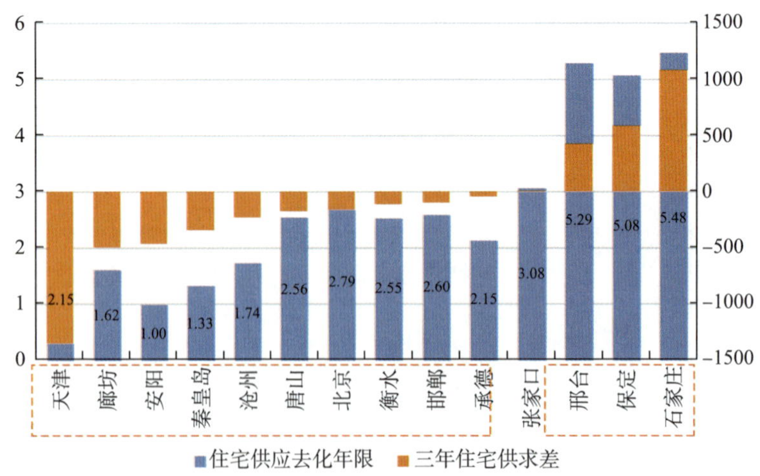


**图10－40　京津冀去化周期及供应差**

房价收入情况，在均值线下，居民收入较大且距离轴线向下偏离越大，代表房价上涨潜力越强。重点关注城市有安阳、唐山、秦皇岛；一般关注城市衡水、邢台、邯郸。如图 10－41 所示。

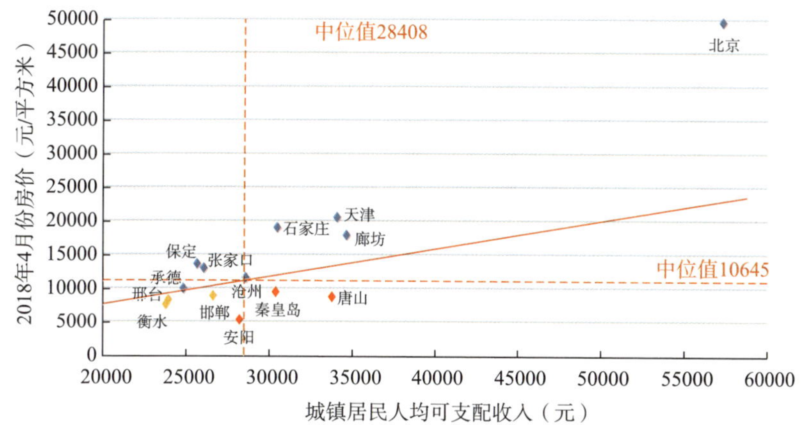


**图 10－41　京津冀房价收入情况**

2016 年京津冀城市群房地产投资额为 11189 亿元，占全国房地产投资额 135284 亿元的 8.27%；房地产投资额在均值 799 亿元以上的城市有 3 个，分别是北京、天津及石家庄。房地产投资占固定资产投资比重超过 25% 的有 3 个，分别为北京、廊坊及秦皇岛。此区域房地产投资相对过热，建议谨慎拿地；介于 15% ~25% 的有 5 个，分别为天津、石家庄、保定、张家口及衡水，此区域为房地产合理投资区，建议重点关注；在 15% 以下的城市有 6 个，此区域房地产投资相对较少，存在潜在投资机会。如图 10－42 所示。

2016 年京津冀城市群住宅投资额为 7230 亿元，住宅投资额在均值 387 亿元以上的城市有 5 个，分别为北京、天津、石家庄、保定、廊坊。整个城市群住宅投资额占房地产投资额比重为 65%，市区住宅投资占全市住宅投资的 80%。市区住宅投资占比低于 50% 的城市有廊坊、保定、承德，以上城市所辖县级城市房地产投资较为活跃，应重点关注。如图 10－43 所示。

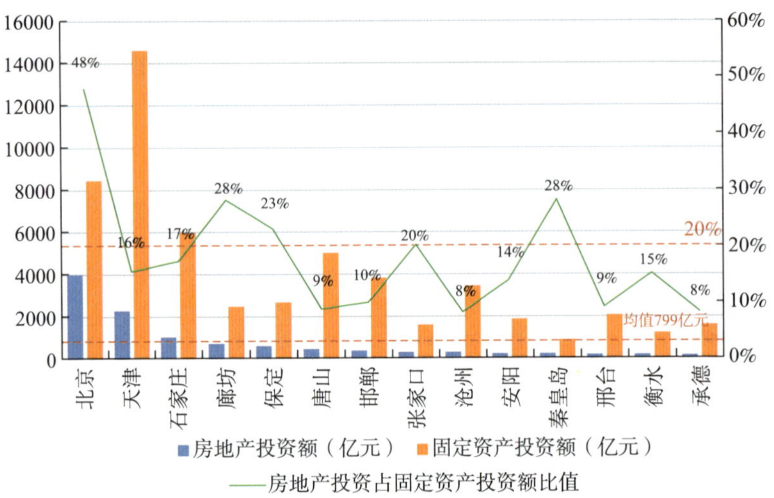


图 10－42　京津冀 2016 年房地产投资占固定资产投资比重

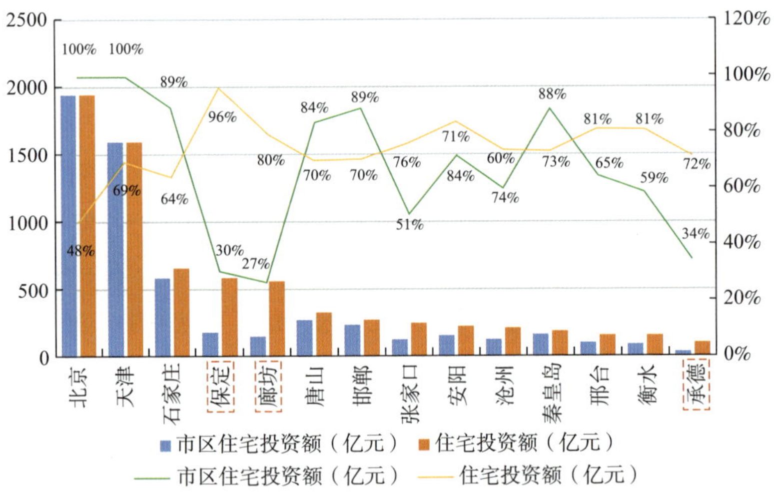


图 10－43　京津冀 2016 年住宅投资及比重

天津、北京 TOP50 房企进驻较多，市场竞争十分激烈；石家庄、廊坊、张家口、保定、邯郸、唐山已经有 10 家以上 TOP50 房企进驻；邢台、秦皇岛、衡水、沧州、承德均有 5 家以上 TOP50 房企进驻。如图 10－44、10－45 所示。

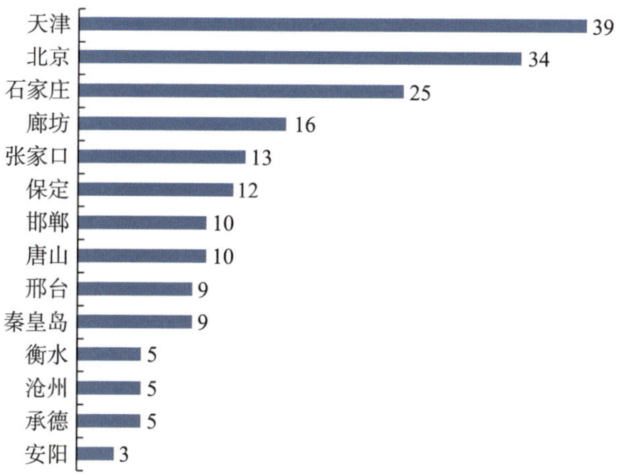


**图 10－44　京津冀 TOP50 房企进驻数量**

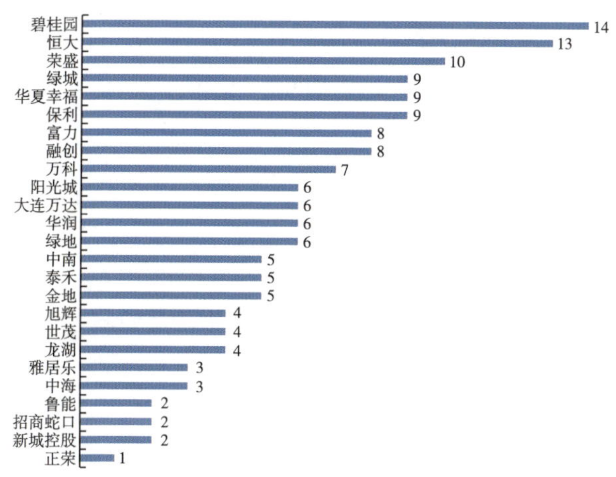


**图 10－45　京津冀 TOP25 房企进驻城市数量**

土地市场热度从成交楼面地价和溢价率两个维度考虑，成交楼面地价和溢价率均较低代表土地市场潜在热度较大。重点关注城市有廊坊、唐山、承德、邢台、安阳、石家庄。如图 10－46 所示。（溢价率在 5% 以下市场公开程度较低，需谨慎关注。）

从销售利润率看，大于 25% 的城市有 12 个，为石家庄、保定、张家口、秦皇岛、廊坊、沧州、北京、唐山、邯郸、承德、衡水、天津；20%～25% 的城市有 1 个，为邢台。销售利润率＝（房价－地价－土地外成本－增值税）/房价，土地外成本按 3600 元估算。增值税＝（房价－地价）×

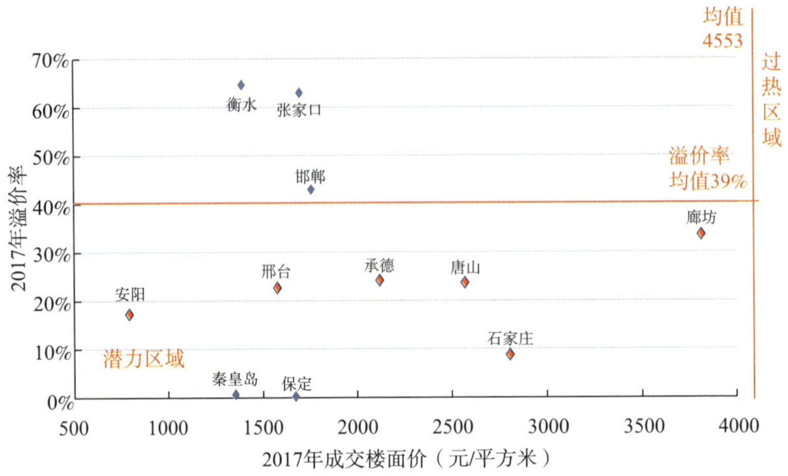


图 10－46 京津冀土地市场热度分析

10%/（1＋10%）－3600×8%。需要注意的是：销售价格为 2018 年 4 月份价格，楼面价为近 6 个月成交楼面价，北京、天津土地外成本按 5500 元/平方米测算。如图 10－47 所示。

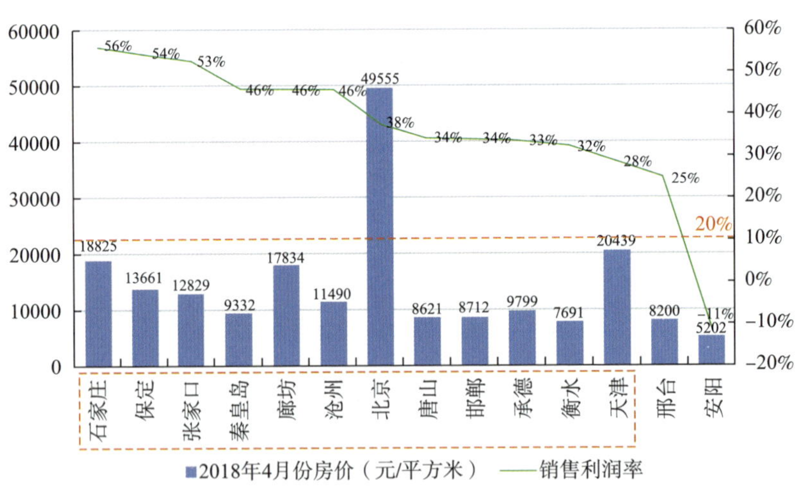


图 10－47 京津冀销售利润分析

京津冀城市群城市市场热度综合排名 TOP3 的城市为北京、廊坊、天津。如表 10－14、10－15 所示。

**表 10－14　京津冀市场热度评判指标及权重**

<table>
<tr><th>评价维度</th><th>指标维度</th><th>一级权重</th><th>指标</th><th>权重</th></tr>
<tr><td rowspan="6">市场热度</td><td rowspan="2">房价热度</td><td rowspan="2">40%</td><td>房价指数（实时房价/1.5 线城市实时房价均价）</td><td>26%</td></tr>
<tr><td>房价增幅（实时房价—2015 年房价）/2015 年房价）</td><td>14%</td></tr>
<tr><td rowspan="2">地价热度</td><td rowspan="2">30%</td><td>地货比（近半年楼面价/实时房价）</td><td>20%</td></tr>
<tr><td>地价增幅（最近半年成交楼面价/2015 年成交楼面价）</td><td>10%</td></tr>
<tr><td rowspan="2">竞争热度</td><td rowspan="2">30%</td><td>住宅土地供应去化年限</td><td>18%</td></tr>
<tr><td>TOP50 房企进驻数量</td><td>12%</td></tr>
</table>

**表 10－15　京津冀市场热度综合排名**

| 序号 | 城市 | 综合排名 |
| --- | --- | --- |
| 1 | 北京 | 153.56 |
| 2 | 廊坊 | 127.80 |
| 3 | 天津 | 112.71 |
| 4 | 安阳 | 98.32 |
| 5 | 石家庄 | 89.73 |
| 6 | 承德 | 88.68 |
| 7 | 张家口 | 86.57 |
| 8 | 沧州 | 74.73 |
| 9 | 衡水 | 71.51 |
| 10 | 邯郸 | 71.41 |
| 11 | 唐山 | 69.42 |
| 12 | 邢台 | 67.80 |
| 13 | 保定 | 63.22 |
| 14 | 秦皇岛 | 56.76 |

京津冀城市群城市房地产投资安全性综合排名 TOP3 的城市为北京、保定、天津。偏离度大于 1 的城市投资风险较高，应谨慎投资，主要城市

有廊坊、安阳、张家口及承德。如表 10 - 16 所示。

**表 10 - 16　京津冀房地产投资安全性综合排名**

| 排名 | 城市 | 偏离度 |
| --- | --- | --- |
| 1 | 北京 | 0. 04 |
| 2 | 保定 | 0. 06 |
| 3 | 天津 | 0. 06 |
| 4 | 唐山 | 0. 16 |
| 5 | 邯郸 | 0. 30 |
| 6 | 秦皇岛 | 0. 31 |
| 7 | 石家庄 | 0. 34 |
| 8 | 邢台 | 0. 47 |
| 9 | 衡水 | 0. 73 |
| 10 | 沧州 | 0. 77 |
| 11 | 承德 | 1. 03 |
| 12 | 张家口 | 1. 24 |
| 13 | 安阳 | 1. 39 |
| 14 | 廊坊 | 1. 55 |

# 第十一章

# 中楚霸王　强势崛起

从楚穆王、楚庄王到楚霸王，楚国名王多；从逐鹿中原、晋楚争霸到霸王别姬，楚国战事多。霸王之业需要天时地利人和，而霸王之气则是骨子里与生俱来的。

称之中楚霸王，一则是这里是楚国故地，春秋战国时期，楚国疆域最大，且历代有名王；而楚国出名士且好战的传统依然保留至今，称霸是其强大的基因动能，无法撼动；二则中部崛起是国家重大战略，长中游是中部地区最具发展潜力的区域，中部承接东部发展动能，强势崛起是国家区域战略的重大转型，中部崛起是愿望更是鞭策前行的动力。

## 第一节　长江中游投资策略综合分析

### 概况及特征

长江中游城市群为楚国故地，历史上两湖盆地是我国人口、经济的主要集聚区。城市群以武汉城市圈、环长株潭城市群、环鄱阳湖城市群等中部经济发展地区，以浙赣线、长江中游交通走廊为主轴，依托沿江、沪昆和京广、京九、二广等重点轴线，打造国家规划重点地区和全国区域发展新的增长极。

在长江中游城市群中，三个大城市武汉、长沙和南昌，呈“品”字形分布，分别为三省的省会和中心城市，是三个都市圈的“首位城市”和

“核心力量”（是为“三核”）；并以三核为心形成武汉都市圈、长沙都市圈、南昌都市圈共三大都市圈（是为“三圈”）。

## 对接“一带一路”，打造内陆铆接点

长江中游城市群依托汉新欧铁路形成向西北对接“丝绸之路经济带”的经济扇面，依托长江航运和京广、福银通道形成向东南对接“海上丝绸之路”的经济扇面，共同打造联系“一带一路”和“长江经济带”的内陆衔接铆点。

三个都市圈分工协作，各有侧重。武汉城市圈向西北对接“丝绸之路经济带”，向东对接“海上丝绸之路”；环长株潭城市群通过岳阳向东、衡阳向南分别对接“一路”；环鄱阳湖城市圈通过九江向东、抚州向东南分别对接“一路”。

## 联动上下游，打造东中西互动合作协调发展带

长江中游城市群是连接东部长三角城市群和西部成渝城市群、黔中城市群、滇中城市群的重要纽带。依托沪汉蓉、沪昆两条交通廊道，统筹沿线城镇和产业发展，打造沿沪汉蓉、沪昆城镇综合发展带，联动长江上下游。如图 11 -1 所示。

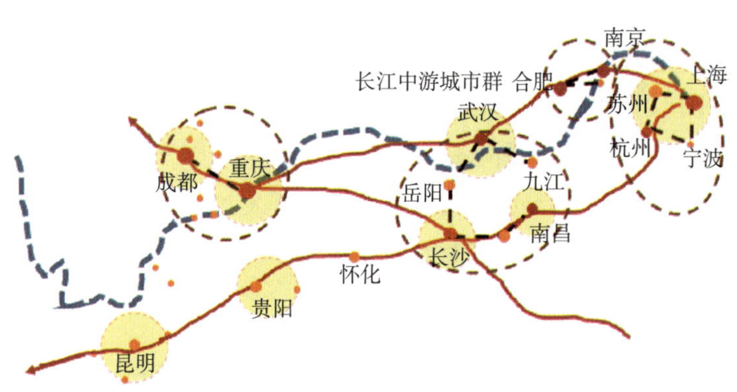


**图 11 -1　长江中游城市群与长三角及长江上游城市群关系图**

长江中游城市群目前处于快速发展阶段，以武汉、长沙为双核心，次级城市发育不足，人口、经济集聚能力不强。三个都市圈分别隶属于不同省份，各自独立发展，基础设施互联互通程度不高，城市群发展尚未达成整体协调统一。

**长江中游城市群主要特征：**

**（1）历史文化底蕴深厚，科教资源丰富**

长江中游战国时期的楚文化区，汇集了武汉、长沙、南昌、岳阳、九江、景德镇、安庆、鹰潭、池州等一批国家级历史文化名城；城市群科教和智力资源密集，城市群共有高等院校243所，仅次于长三角城市群，是中原城市群的2倍，仅武汉一地每年的大学毕业生就达到30万。

**（2）经济发展潜力巨大，综合实力有待提高**

城市群总体GDP7.2万亿，占全国的9.7%。其中，三产占比41.6%，低于全国平均水平。区域内常住人口城镇化率达到55%左右，但户籍人口城镇化率仅为32%，城乡统筹发展的任务艰巨。

**（3）产业协调机制正在形成，能源和装备制造业较强**

长江中游城市群将联手打造优势产业集群，将引导武汉、长沙等地开展汽车产业合作与企业重组，打造全国重要的汽车产业基地；以大型钢铁骨干企业为龙头，兼并、重组一批中小钢铁企业，组建若干特大型钢铁联合企业集团，打造中部钢铁产业集群；以武汉、长沙等为重点，共同打造具有世界影响的装备制造产业基地。

**（4）武汉、长沙、南昌等都市圈在竞争中融合发展尚需新的契机和更高层面的协调机制**

由于长江中游城市群是由武汉都市圈、环长株潭城市群和环鄱阳湖城市群组合而来，虽然从国家层面已经确认武汉是国家中心城市，但城市群整体发展向心力尚未形成，局部产业和经济发展竞争大于合作，需要更高层面的协调机制或需要更长时间的经济融合。

## 专题：人口新政的虹吸效应

人才是城市群重要的发展资源，是经济增长的源泉，人力资本轮动新时代的开始，为抢人提供了客观的物质基础。“新一线”和一线城市，以及部分二线城市因人口需求新认识产生的压力，是城市抢人的主观因素。同时国家对房地产市场监管政策趋严，对地方政府融资和经济发展构成了新的压力，而通过吸引人才，引导更多的人口落户起到了部分解决政府所面临难题的作用。

2018 年以来，城市群各主要城市纷纷出台人口新政，拿出撒手锏，吸引高端人才落户。如表 11 –1 所示。

虽然都有人才政策，但各城市出台后的效果却各不相同。以京津冀城市群为例，2018 年 5 月 16 日，天津发布“海河英才”行动计划，进一步放宽人才落户条件，不用缴纳社保、不用居住证，本科生只要不超过 40 周岁、硕士研究生不超过 45 周岁，就可以直接在天津落户，博士研究生落户则不受年龄限制。

据天津人社局公布的消息，自“海河英才”行动计划发布以来，不到 24 小时之内，已经有 30 万人办理落户申请，2 个月内已经有超过 6 万人办理落户。但几乎是同样的时间，2018 年 5 月，石家庄发布了《关于实施现代产业人才集聚工程的若干措施》。大专及以上毕业生落户手续当日办结，符合条件本科生在市域内购买首套自用商品住房的，不受住房限购政策限制，给予 5 万元的一次性购房补贴。但政策有了、诚意满满，但效果却一般。

同样的政策效果大不相同，究其原因，一方面，城市资源禀赋不同，天津的直辖市和北方经济中心地位、产业基础好带来的就业机会多、教育医疗资源丰富、空间交通便利、距离北京较近都是重要的影响因素；另一方面，要想有流入，就要有级差。一是所属城市与吸引辐射地区的吸引力级差；二是当地的经济承载力和人口相比有较大空间，要确保人口增加后，人口与经济依然能均衡发展，这样人才才能真正落下来，城市才能获得新的发展动能。

再看看武汉和长沙的人才新政中的购房政策对比，不得不说，两座城市间火药味十分浓厚。在无房上的界定，武汉相对严格，要求 3 年无房产交易记录；长沙则较为宽松，1 年内无记录即可。在房源范围与选房优先顺序方面，长沙也是十分给力，所有“限地价竞房价”项目，建筑面积 144 平方米及以下的房源，均必须先满足刚需；而武汉限定新建项目备案价格 1. 8 万元/平方米以下，建筑面积 120 平方米以下，随机选取不少于

表 11－1 城市群各主要城市出台人口新政

| 主要城市群 | 主要城市 | 可落户人才类型 | 重点支持政策 | | 引才杀手锏 |
|---|---|---|---|---|---|
| | | | 住房 | 创业 | |
| 长三角 | 上海 | 特定领域高峰人才 | 购房、租房补贴、人才公寓 | 科技成果净收入 70% 或以上奖励个人和团队 | 高峰人才及家庭、核心团队成员及家属可落户 |
| | 南京 | 本科及以上和技术技能人才 | 本硕博享受 600～1000 元/人/月，36 个月以内补贴 | 不少于 50 万元初创扶持，3 年内免收租金或给予补贴 | 报销来南京面试费用，放宽人才落户的条件，简化手续 |
| | 杭州 | 硕士以上应届 | 租货补贴 1500 元/月，硕博落户补贴 2～3 万 | 重要贡献人员和团队的成果转化收益比例不低于 70% | 顶尖人才来杭州创业资助最高可达 1 亿元 |
| 珠三角 | 深圳 | 积分入户无学历要求 | 本科/研究生/博士领取 1.5～3 万元/人一次性补贴 | 对于认定的创新人才，给予 160～300 万元奖励补贴 | 在市级引才补贴基础上。人才优惠加码，如高端人才提供 3 年免租住房等 |
| | 广州 | 本科及以上应届生及毕业两年内 | 本科/研究生/博士落户可领取 2～6 万元不等的补贴 | 双创领军团队享受人才经费、项目资助、房租补助、贷款贴息等工作支持 | 鼓励海外人才来广州创业，提供高端培训机会 |
| 京津冀 | 北京 | 特定领域高层次人才 | 公租房、共有产权房 | 创新团队和人才最高 500 万元一次性奖励 | 直接引进，5 个工作日办理完，家属可随调随迁 |

续表

| 主要城市群 | 主要城市 | 可落户人才类型 | 重点支持政策 | | 引才杀手锏 |
|---|---|---|---|---|---|
| | | | 住房 | 创业 | |
| 京津冀 | 天津 | 学历型人才、资格型人才、技能型人才、符合政策规定的急需型人才和创业型人才 | 本硕博将连续3年享受1.2～3.6万元/年/人的租房和生活补贴 | 成果所得收益，按60%至95%的比例划归参与研发的科技人员（包括担任行政领导职务的科技人员）及其团队所有 | 享受限价房和经济适用房等优惠政策 |
| 长江中游 | 武汉 | 本科（40周岁以下），硕博无限制 | 本科1万元/年持续两年；博士3.6万元/年持续3年 | 大学生创业企业3年内社保费税费全额资助 | 出台大学生毕业生最低年薪指导标准；大学生购房、租房打八折；大学生毕业生凭毕业证零门槛落户 |
| | 长沙 | 本科及以上 | 本硕博2年内补贴0.6～1.5万元/年不等 | 高校生初企业享受3000～20000元一次性补贴和600～800元/月租金补贴 | 享受特定服务的人才绿卡持有者，其直系亲属可申领人才绿卡副卡，享受一系列服务 |
| | 南昌 | 中专以上学历零门落户 | 中专/本科/硕士/博士享受500～1500元/月/人的生活补贴 | 给予1万元的创业补助，给与3年社保补贴 | 创业担保贷款最高可申请80万 |

续表

| 主要城市群 | 主要城市 | 可落户人才类型 | 重点支持政策 | | 引才杀手锏 |
|---|---|---|---|---|---|
| | | | 住房 | 创业 | |
| 成渝 | 成都 | 本科及以上，符合条件的技能人才 | 专业及高技能人才，3 年内补贴最高 300 元/月 | 毕业 5 年内创业的大学生，给与最高 50 万元、最长 3 年贷款期限和全额贴息支持 | 大学生凭毕业证即可落户、可按低市价购买入住满年的人才公寓 |
| | 重庆 | 大专及以上 | 大专、本科、硕士、博士享受 5 年 300 ~ 900 元/月的生活补贴 | 每年优选一批优质初创企业，给予适当补助，设立就业引导基金，为创业者提供股权投资、融资相担保等服务 | 引进的专家、学者、留学回国人员以及在我市就业的专科或初级专业技术职称以上人员 |
| 中原 | 郑州 | 专科及以上、职业（技工）院校毕业生 | 技师、本硕博可享受 500 ~ 1500 元/月/人的生活补贴 | 创业贷款贴息 | 仅凭毕业证即可申请办理落户手续，本硕博给与 2 ~ 10 万元购房补贴 |
| 山东半岛 | 济南 | 本科及以上、大专、中专 | 租房补贴 1000 ~ 1500 元，顶尖人才 300 ~ 500 万元生活补贴，最高 1 亿元 | 担保贷款、创业补贴等 | 对成功引进 A、B、C、D 类人才的，分别一次性给予 60 万元、30 万元、20 万元、10 万元奖励 |
| | 青岛 | 中级工职业资格、专科、本科及以上、顶尖人才 | 博士连续三年发放安家补贴 1.5 万元/年/人 | 初次创业一次性给予 1.2 万元创业补贴；对规模企业给予一定的奖励等 | 50 周岁以下博士生、硕士生、45 周岁以下全日制本科学历或学士学位人员，“先落户再就业” |

续表

| 主要城市群 | 主要城市 | 可落户人才类型 | 重点支持政策 | | 引才杀手锏 |
|---|---|---|---|---|---|
| | | | 住房 | 创业 | |
| 淮海 | 徐州 | 本科及以上、国内领军顶尖人才 | 首次在徐参加社会保险并正常缴费6个月以上的，可申请租房补贴和生活补贴 | 投资失败，给予风险补偿 | |
| 辽中南 | 沈阳 | 大专35周岁，本科45周岁、研究生55周岁 | 技师、本硕博可享受0.6~1.5万元不等的生活补贴 | 税收减免、创业补贴、税费补贴、无息分期创业贷款等 | 申请时毕业年限、首次购房时间均不超过五年的享受购房津贴，博士毕业生6万元、硕士毕业生3万元、本科毕业生1万元 |
| | 大连 | 专科距退休15年，本科及以上距退休10年 | 本硕博分别给予3.24~7.5万元住房补贴 | 来连建创业支撑平台最高可获600万元补贴 | 与用人单位签订5年以上合同，可申购限价商品房 |
| 关中 | 西安 | 普通高校、中职校和留学人员 | 大学生享受1~2年廉租房全标准的过渡期 | 创新和紧缺型人才提供一次性2~5万元资金资助 | 大学生仅凭学生证和身份证即可在线落户，办理人无需跑腿 |
| 海峡西岸 | 福州 | 本科及以上 | 本硕给予1.5~3万元/年；博士给与30万奖励 | 最高享受180万元共有产权住房产权份额或4000元/月的住房补贴 | 可申请社会租赁住房，租金标准按市场平均租金的60%~70% |

续表

| 主要城市群 | 主要城市 | 可落户人才类型 | 重点支持政策 | | 引才杀手锏 |
|---|---|---|---|---|---|
| | | | 住房 | 创业 | |
| 海峡西岸 | 厦门 | 本科及以上、具有中级职称的人才 | 租房补贴 3000～5000 元/月，购房补贴 35～100 万 | 10 项财税补贴 | 可申请购买经济适应房 |
| 太原 | 太原 | 大中专（40 岁及以下）、本科（45 岁及以下）、硕博士、留学归国人员、专业技术人才、技能人才 | 本硕博享受 5 年 1500～5000 元/月/人的生活补助，以及本硕 2 年 1000～1200 元/月/人的租房补助； | 一次性给与 2～20 万元科研项目经费 | 本硕博分别给予 5～20 万购房补贴 |

40%比例房源提供给刚需优先选房。如表11－2所示。

表11－2 武汉和长沙的人才新政中的购房政策对比

| 内容/城市 | 武汉 | 长沙 |
| --- | --- | --- |
| 发布时间 | 3月15日（2月3日试点） | 3月27日 |
| 家庭的界定 | 夫妻及未成年子女，成年未婚或离婚的个人，以及离婚个人 | 夫妻及未成年子女，成年未婚的个人，以及新政后离婚满1年的个人 |
| 无房的界定 | 无房且最近3年内无交易记录 | 1. 无房且最近12个月无交易记录；2. 有房但已签订征收协议未满1年 |
| 房源范围 | 预售均价＜1.8万的项目里，面积＜120平方米房源的40% | 限价地项目所有房源，以及普通商品房144平方米（含）以下房源 |
| 摇号选房方式 | 随机摇出40%刚需房源—刚需摇号，按顺序选房 | 摇号或选房顺序：刚需—普通 |
| 资格审查 | 1. 开发商登记及提交申请—市房产信息中心查询；2. 虚假登记，1年内不再受理 | 开发商登市房屋交易中心及信息中心备案 |

在各地近两年花样百出的人才政策方面，相对武汉大学生“8折购房”、西安“大学生携学生证入户”的政策，长沙的人才新政在宣传传播和轰动性上也是不及的。但近两年的常住人口增量数据说明，长沙则是远远超过中部包括武汉在内的其他城市，成为连续两年中西部增长最快的城市，也是全国最大的黑马。

2016年长沙市户籍人口迁入15.52万人，其中近60%是由于购房和经商。除了人口新政外，长沙房地产性价比高，既宜居，又是房地产投资的洼地。近年长沙的房价均价水平一直是中部省会最低，但人均GDP、城乡人均可支配收入均居中部省会城市首位，长沙是收入和房价性价比较高的城市。

## 城市群综合分析

长江中游城市群土地面积31.7万平方千米，占全国的3%；地区生产总值7.3万亿元，占全国的9.75%；总人口1.3亿，占全国的9.3%。

长江中游城市群土地面积居城市群之首；经济总量位于长三角、珠三角、京津冀之后，居第四位；人口总数位于中原城市群、长三角城市群之后，居第三位。如图 11－2 所示。

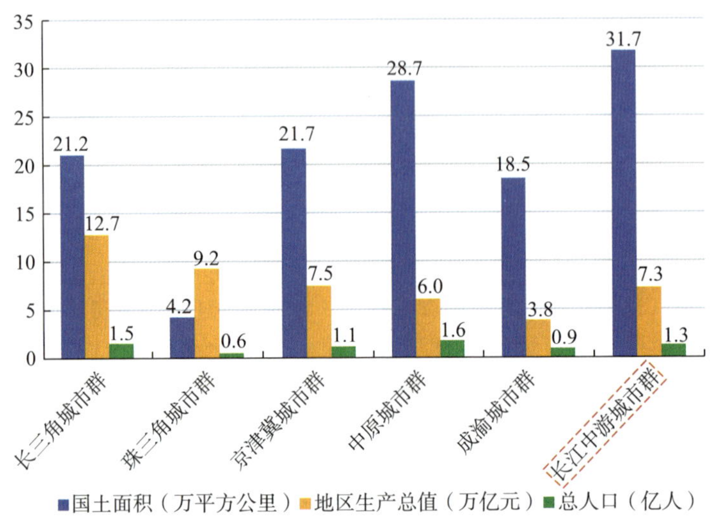


**图 11－2　城市群对比**

目前，长江中游城市群常住人口城镇化率为 57%，与我国常住人口城镇化率基本持平。武汉、长沙、南昌三地城镇化率均高于 70%，分别为 80%、76% 及 72%。长江中游城市群到 2020 年城镇化率将达到 60%，预计有 330 万人实现城镇化。如能达到长三角城市群 68% 城镇化率水平，预计有 1360 万人实现城镇化。如图 11－3 所示。

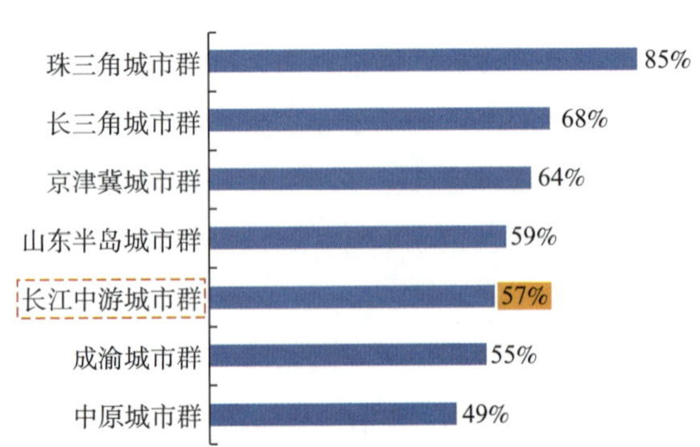


**图 11－3　常住人口城镇化率对比**

而从商品房销售金额对比来看，长江中游城市群与其他城市群相比差距非常大，仅占长三角的1/6，房地产市场成熟度较低。如图11－4所示。

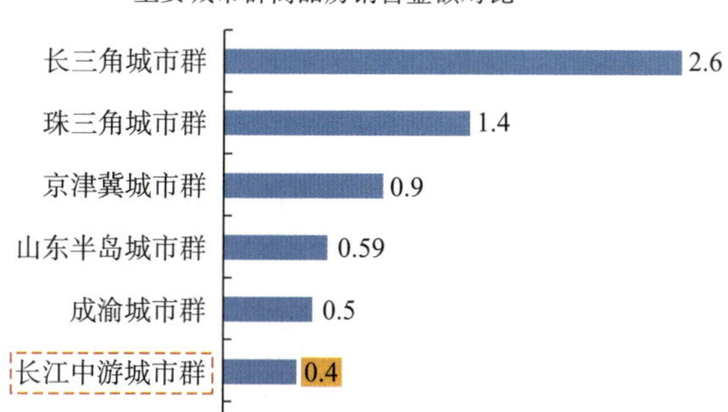


**图11－4 主要城市群商品房销售金额对比**

长江中游城市群属于城市群发展的第一阶段，以强核吸附为主要特征，核心城市武汉、长沙吸附力较强。如图11－5、11－6所示。

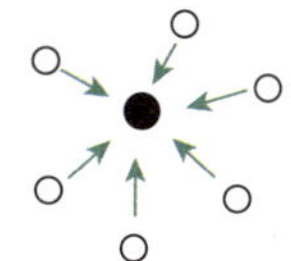

**图11－5 强核阶段模型**

**图11－6 金字塔形**

长江中游城市等级体系较匹配，处在城市发展较好区、适中区、较弱区城市比例为2:7:19。

从城市群投资潜力雷达图可以看出，长江中游城市群是国内较具有发展潜力的城市群，除经济总量、经济活力情况外，其他12个维度发展较均衡。如图11－7所示。

从长江中游城市群经济联系强度图可以看出，鄂州和黄冈（0.156）、湘潭及株洲（0.108）联系密切。如表11－3所示。

武汉、长沙及南昌对省内原城市群经济强度影响辐射力较强，武汉对湖南及江西的城市影响辐射力虽不及长沙和南昌，但仍有一定的影响辐射作用；长沙及南昌对省外的辐射影响力几乎可以忽略不计。

表 11－3　长江中游内部城市经济联系强度图

| | 北京 | 黄石 | 鄂州 | 黄冈 | 孝感 | 咸宁 | 仙桃 | 潜江 | 天门 | 襄阳 | 宜昌 | 荆州 | 荆门 | 长沙 | 株州 | 湘潭 | 岳阳 | 益阳 | 常德 | 衡阳 | 娄底 | 南昌 | 九江 | 景德镇 | 鹰潭 | 新余 | 宜春 | 萍乡 | 上饶 | 抚州 | 吉安 |
|---|---|---|---|---|---|---|---|---|---|---|---|---|---|---|---|---|---|---|---|---|---|---|---|---|---|---|---|---|---|---|---|
| 武汉 | | 0.021 | 0.018 | 0.067 | 0.079 | 0.022 | 0.009 | 0.004 | 0.004 | 0.005 | 0.004 | 0.007 | 0.004 | 0.008 | 0.002 | 0.002 | 0.009 | 0.002 | 0.003 | 0.002 | 0.001 | 0.004 | 0.006 | 0.001 | 0.000 | 0.001 | 0.002 | 0.001 | 0.001 | 0.001 | 0.001 |
| 黄石 | | | 0.015 | 0.029 | 0.002 | 0.003 | 0.000 | 0.000 | 0.000 | 0.001 | 0.000 | 0.001 | 0.000 | 0.001 | 0.000 | 0.000 | 0.001 | 0.000 | 0.000 | 0.000 | 0.000 | 0.001 | 0.001 | 0.000 | 0.000 | 0.000 | 0.000 | 0.000 | 0.000 | 0.000 | 0.000 |
| 鄂州 | | | | 0.156 | 0.001 | 0.001 | 0.000 | 0.000 | 0.000 | 0.000 | 0.000 | 0.000 | 0.000 | 0.001 | 0.000 | 0.000 | 0.001 | 0.000 | 0.000 | 0.000 | 0.000 | 0.001 | 0.001 | 0.000 | 0.000 | 0.000 | 0.000 | 0.000 | 0.000 | 0.000 | 0.000 |
| 黄冈 | | | | | 0.005 | 0.003 | 0.001 | 0.000 | 0.001 | 0.001 | 0.001 | 0.001 | 0.001 | 0.002 | 0.001 | 0.000 | 0.002 | 0.000 | 0.001 | 0.000 | 0.000 | 0.002 | 0.003 | 0.000 | 0.000 | 0.000 | 0.001 | 0.000 | 0.000 | 0.000 | 0.000 |
| 孝感 | | | | | | 0.002 | 0.002 | 0.001 | 0.002 | 0.002 | 0.001 | 0.002 | 0.001 | 0.002 | 0.000 | 0.000 | 0.002 | 0.000 | 0.001 | 0.000 | 0.000 | 0.001 | 0.001 | 0.000 | 0.000 | 0.000 | 0.000 | 0.000 | 0.000 | 0.000 | 0.000 |
| 咸宁 | | | | | | | 0.001 | 0.000 | 0.000 | 0.000 | 0.000 | 0.001 | 0.000 | 0.002 | 0.001 | 0.000 | 0.003 | 0.000 | 0.001 | 0.000 | 0.000 | 0.001 | 0.001 | 0.000 | 0.000 | 0.000 | 0.000 | 0.000 | 0.000 | 0.000 | 0.000 |
| 仙桃 | | | | | | | | 0.002 | 0.002 | 0.000 | 0.001 | 0.002 | 0.001 | 0.001 | 0.000 | 0.000 | 0.002 | 0.000 | 0.000 | 0.000 | 0.000 | 0.000 | 0.000 | 0.000 | 0.000 | 0.000 | 0.000 | 0.000 | 0.000 | 0.000 | 0.000 |
| 潜江 | | | | | | | | | 0.002 | 0.000 | 0.001 | 0.005 | 0.001 | 0.001 | 0.000 | 0.000 | 0.001 | 0.000 | 0.001 | 0.000 | 0.000 | 0.000 | 0.000 | 0.000 | 0.000 | 0.000 | 0.000 | 0.000 | 0.000 | 0.000 | 0.000 |
| 天门 | | | | | | | | | | 0.001 | 0.001 | 0.002 | 0.001 | 0.001 | 0.000 | 0.000 | 0.001 | 0.000 | 0.000 | 0.000 | 0.000 | 0.000 | 0.000 | 0.000 | 0.000 | 0.000 | 0.000 | 0.000 | 0.000 | 0.000 | 0.000 |
| 襄阳 | | | | | | | | | | | 0.003 | 0.003 | 0.006 | 0.000 | 0.000 | 0.001 | 0.001 | 0.001 | 0.000 | 0.000 | 0.000 | 0.000 | 0.000 | 0.000 | 0.000 | 0.000 | 0.000 | 0.000 | 0.000 | 0.000 | |
| 宜昌 | | | | | | | | | | | | 0.009 | 0.005 | 0.002 | 0.001 | 0.000 | 0.002 | 0.001 | 0.003 | 0.001 | 0.001 | 0.000 | 0.000 | 0.000 | 0.000 | 0.000 | 0.000 | 0.000 | 0.000 | 0.000 | 0.000 |
| 荆州 | | | | | | | | | | | | | 0.009 | 0.003 | 0.001 | 0.001 | 0.004 | 0.001 | 0.005 | 0.001 | 0.001 | 0.000 | 0.001 | 0.000 | 0.000 | 0.000 | 0.000 | 0.000 | 0.000 | 0.000 | 0.000 |
| 荆门 | | | | | | | | | | | | | | 0.002 | 0.001 | 0.000 | 0.003 | 0.001 | 0.003 | 0.000 | 0.000 | 0.000 | 0.000 | 0.000 | 0.000 | 0.000 | 0.000 | 0.000 | 0.000 | 0.000 | 0.000 |
| 长沙 | | | | | | | | | | | | | | | 0.060 | 0.069 | 0.015 | 0.037 | 0.012 | 0.011 | 0.011 | 0.003 | 0.001 | 0.000 | 0.000 | 0.001 | 0.007 | 0.006 | 0.001 | 0.001 | 0.002 |
| 株州 | | | | | | | | | | | | | | | | 0.108 | 0.003 | 0.004 | 0.002 | 0.007 | 0.004 | 0.001 | 0.000 | 0.000 | 0.000 | 0.001 | 0.004 | 0.005 | 0.000 | 0.001 | 0.001 |
| 湘潭 | | | | | | | | | | | | | | | | | 0.003 | 0.004 | 0.002 | 0.005 | 0.004 | 0.001 | 0.000 | 0.000 | 0.000 | 0.000 | 0.002 | 0.002 | 0.000 | 0.000 | 0.001 |
| 岳阳 | | | | | | | | | | | | | | | | | | 0.004 | 0.005 | 0.002 | 0.001 | 0.001 | 0.001 | 0.000 | 0.000 | 0.000 | 0.001 | 0.001 | 0.000 | 0.000 | 0.001 |
| 益阳 | | | | | | | | | | | | | | | | | | | 0.011 | 0.002 | 0.004 | 0.001 | 0.000 | 0.000 | 0.000 | 0.000 | 0.001 | 0.001 | 0.000 | 0.000 | 0.000 |
| 常德 | | | | | | | | | | | | | | | | | | | | 0.002 | 0.003 | 0.001 | 0.001 | 0.000 | 0.000 | 0.000 | 0.001 | 0.001 | 0.000 | 0.000 | 0.000 |

续表

| | 北京 | 黄石 | 鄂州 | 黄冈 | 孝感 | 咸宁 | 仙桃 | 潜江 | 天门 | 襄阳 | 宜昌 | 荆州 | 荆门 | 长沙 | 株洲 | 湘潭 | 岳阳 | 益阳 | 常德 | 衡阳 | 娄底 | 南昌 | 九江 | 景德镇 | 鹰潭 | 新余 | 宜春 | 萍乡 | 上饶 | 抚州 | 吉安 |
|---|---|---|---|---|---|---|---|---|---|---|---|---|---|---|---|---|---|---|---|---|---|---|---|---|---|---|---|---|---|---|---|
| 衡阳 | | | | | | | | | | | | | | | | | | | | | 0.006 | 0.001 | 0.000 | 0.000 | 0.000 | 0.000 | 0.002 | 0.001 | 0.000 | 0.000 | 0.001 |
| 娄底 | | | | | | | | | | | | | | | | | | | | | | 0.001 | 0.000 | 0.000 | 0.000 | 0.000 | 0.001 | 0.001 | 0.000 | 0.000 | 0.000 |
| 南昌 | | | | | | | | | | | | | | | | | | | | | | | 0.010 | 0.001 | 0.002 | 0.002 | 0.004 | 0.001 | 0.003 | 0.009 | 0.003 |
| 九江 | | | | | | | | | | | | | | | | | | | | | | | | 0.002 | 0.000 | 0.000 | 0.001 | 0.000 | 0.001 | 0.001 | 0.001 |
| 景德镇 | | | | | | | | | | | | | | | | | | | | | | | | | 0.000 | 0.000 | 0.000 | 0.000 | 0.001 | 0.000 | 0.000 |
| 鹰潭 | | | | | | | | | | | | | | | | | | | | | | | | | | 0.000 | 0.000 | 0.000 | 0.003 | 0.002 | 0.000 |
| 新余 | | | | | | | | | | | | | | | | | | | | | | | | | | | 0.010 | 0.001 | 0.000 | 0.001 | 0.003 |
| 宜春 | | | | | | | | | | | | | | | | | | | | | | | | | | | | 0.011 | 0.001 | 0.001 | 0.006 |
| 萍乡 | | | | | | | | | | | | | | | | | | | | | | | | | | | | | 0.000 | 0.000 | 0.001 |
| 上饶 | | | | | | | | | | | | | | | | | | | | | | | | | | | | | | 0.002 | 0.001 |
| 抚州 | | | | | | | | | | | | | | | | | | | | | | | | | | | | | | | 0.002 |
| 吉安 | | | | | | | | | | | | | | | | | | | | | | | | | | | | | | | |

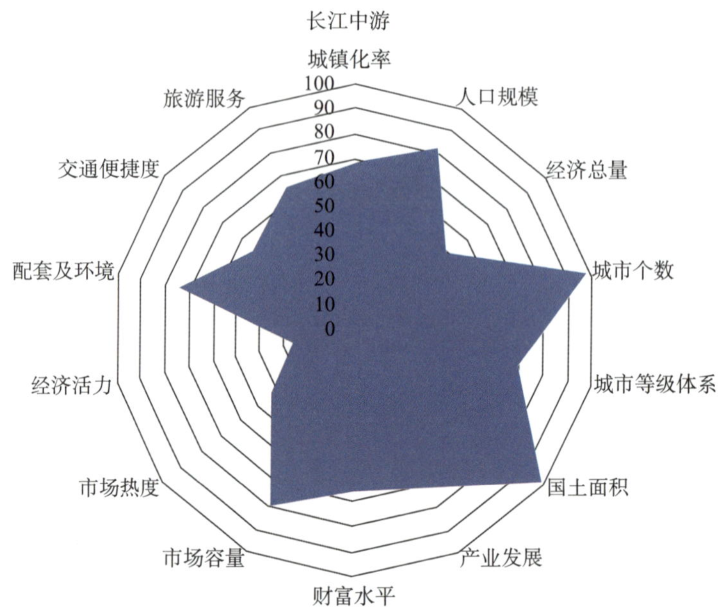


**图 11－7　长江中游城市群投资潜力雷达图**

上饶和抚州 2 个城市同时纳入长江中游城市群与海峡西岸城市群势力范围，将 2 个城市分别与 2 个城市群的经济联系强度进行对比分析，上饶更倾向于融入海峡西岸城市群，抚州受 2 个城市群影响均较弱。如表 11－4、图 11－8 所示。

**表 11－4　上饶、抚州经济联系强度对比**

| 城市群 | 上饶 | 抚州 |
| --- | --- | --- |
| 长江中游 | 0.001 | 0.001 |
| 海峡西岸 | 0.002 | 0.001 |

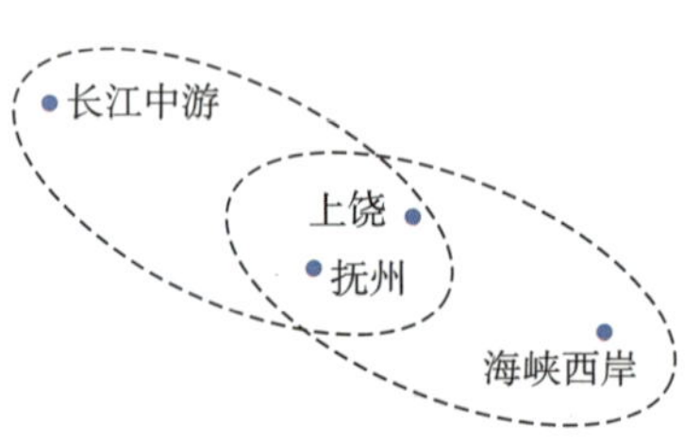


**图 11－8　边缘城市的城市群选择**

## 城市房地产投资策略

我们从城市发展潜力、房地产市场热度、投资安全性三个单一维度给出城市群各城市排名情况如图 11－9 所示。

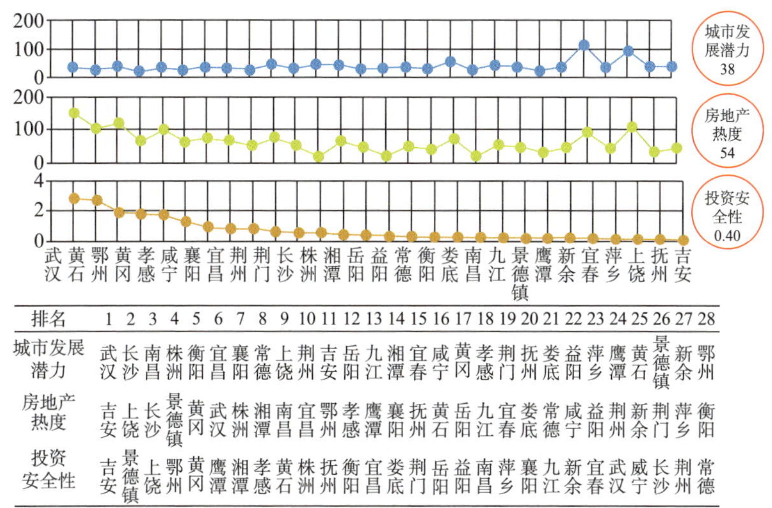


| 排名 | 1 | 2 | 3 | 4 | 5 | 6 | 7 | 8 | 9 | 10 | 11 | 12 | 13 | 14 | 15 | 16 | 17 | 18 | 19 | 20 | 21 | 22 | 23 | 24 | 25 | 26 | 27 | 28 |
|---|---|---|---|---|---|---|---|---|---|---|---|---|---|---|---|---|---|---|---|---|---|---|---|---|---|---|---|---|
| 城市发展潜力 | 武汉 | 长沙 | 南昌 | 株洲 | 衡阳 | 宜昌 | 襄阳 | 常德 | 上饶 | 荆州 | 吉安 | 岳阳 | 九江 | 湘潭 | 宜春 | 咸宁 | 黄冈 | 孝感 | 荆门 | 抚州 | 娄底 | 益阳 | 萍乡 | 鹰潭 | 黄石 | 景德镇 | 新余 | 鄂州 |
| 房地产热度 | 吉安 | 上饶 | 长沙 | 景德镇 | 黄冈 | 武汉 | 株洲 | 湘潭 | 南昌 | 宜昌 | 鄂州 | 孝感 | 鹰潭 | 襄阳 | 抚州 | 黄石 | 岳阳 | 九江 | 宜春 | 娄底 | 常德 | 咸宁 | 益阳 | 荆州 | 新余 | 荆门 | 萍乡 | 衡阳 |
| 投资安全性 | 吉安 | 景德镇 | 上饶 | 鄂州 | 黄冈 | 鹰潭 | 湘潭 | 孝感 | 黄石 | 株洲 | 抚州 | 衡阳 | 宜昌 | 娄底 | 荆门 | 岳阳 | 益阳 | 南昌 | 萍乡 | 襄阳 | 九江 | 新余 | 宜春 | 武汉 | 威宁 | 长沙 | 荆州 | 常德 |

**图 11－9　长江中游城市群各城市排名情况**

核心城市武汉、长沙处于捡漏区，武汉的城市基本面强，发展潜力较大，最近几年供销平衡，应拓宽拓展方式和地点，从外围市场获取优质的大型地块；长沙市场略显过热，近期土拍市场采用摇号，宜集中精力，围剿 2～3 块。

南昌虽目前城市发展一般，但作为省会中心城市，未来应有更快的发展速度和较好的发展前景，应加快在核心区的拓展。

其他大部分城市处于挑货区、进取区，平均地货比还相对较低，是进入的较好时机。

长江中游城市群处于长江流域经济带的中心区域，将来具有很好的发展前景，目前地货比相对较低，公司应加大力度，成为京津冀之后的另一支撑。如图 11－10 所示。

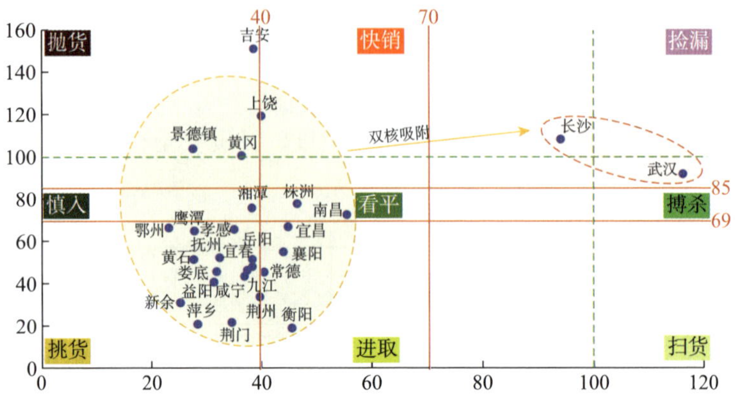


**图 11－10　长江中游城市群核心城市与一般城市区域分布**

根据九宫格阶梯筛选法则，处在阶梯阴影区为重点拓展城市。黄线框内的重点拓展城市，主要包括常德、襄阳、宜昌，南昌、株洲、衡阳（衡阳如剔除城投自挂自摘影响，其市场热度会有较大幅度提升，但整体仍属于重点拓展城市）；挑货区重点拓展城市有 15 个，除我司已进驻的岳阳、宜春、娄底、益阳外，还应关注九江、咸宁、荆州、鄂州、鹰潭、孝感、黄石、抚州、荆门、萍乡、新余等 15 个城市；上饶处在快销区，应注意风险防控。如图 11－11 所示。

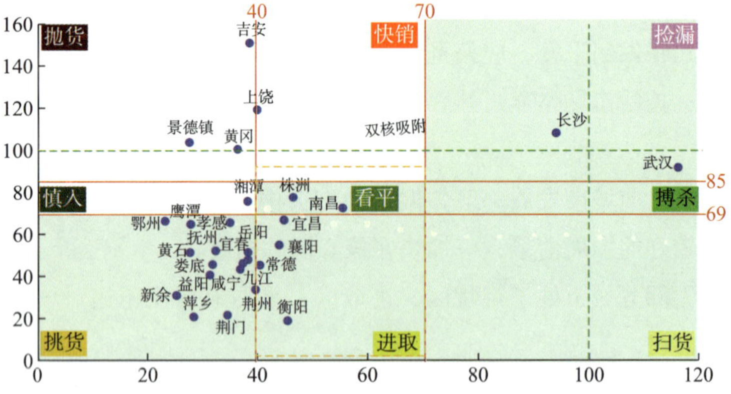


**图 11－11　长江中游城市群九宫格阶梯筛选**

# 第二节　城市基本面研判

## 人口发展潜力

人口是城市发展的基础，也是房地产发展的重要支撑。我们从人口发展基数和人口发展结构等层面研判城市人口发展潜力。

长江中游城市群人口基数及发展潜力较好，31 个城市人口基数均值为 414 万人。人口指数 TOP3 城市为武汉、长沙、株洲。如图 11－12 所示。

TOP

| | 城市 | 人口指数 | 人口基数 |
|---|---|---|---|
| 1 | 武汉 | 92.07 | 1076.62 |
| 2 | 长沙 | 88.65 | 764.52 |
| 3 | 株洲 | 72.60 | 401.63 |
| 4 | 襄阳 | 71.41 | 563.90 |
| 5 | 荆州 | 70.99 | 569.79 |
| 6 | 衡阳 | 68.30 | 728.00 |
| 7 | 常德 | 68.25 | 584.40 |
| 8 | 咸宁 | 68.14 | 252.60 |
| 9 | 黄冈 | 67.85 | 632.10 |
| 10 | 宜昌 | 65.46 | 413.00 |
| 11 | 吉安 | 65.41 | 491.79 |
| 12 | 孝感 | 64.23 | 490.43 |
| 13 | 岳阳 | 61.78 | 568.11 |
| 14 | 宜春 | 61.75 | 553.25 |
| 15 | 上饶 | 61.15 | 675.20 |
| 16 | 荆门 | 60.01 | 290.13 |
| 17 | 湘潭 | 58.28 | 283.80 |
| 18 | 抚州 | 57.11 | 400.18 |
| 19 | 娄底 | 55.36 | 389.00 |
| 20 | 南昌 | 55.05 | 537.14 |
| 21 | 九江 | 54.99 | 484.76 |
| 22 | 仙桃 | 52.89 | 115.50 |
| 23 | 益阳 | 52.54 | 443.25 |
| 24 | 鹰潭 | 48.22 | 115.93 |
| 25 | 萍乡 | 45.29 | 191.42 |
| 26 | 天门 | 44.56 | 128.66 |
| 27 | 景德镇 | 44.23 | 165.49 |
| 28 | 黄石 | 40.13 | 246.55 |
| 29 | 鄂州 | 34.47 | 106.85 |
| 30 | 新余 | 33.43 | 117.37 |
| 31 | 潜江 | 32.57 | 96.20 |

备注：人口指数为综合评价指数；
　　　人口基数为2016年常住人口（万人）。

【计算方法】

| | |
|---|---|
| 常住人口 | 40% |
| 常住户籍人口比 | 15% |
| 小学生增幅 | 10% |
| 中小学生在校生人数 | 10% |
| 城镇化率增幅 | 15% |
| 城镇化率 | 10% |

人口发展潜力 100分
=城市基本面×35%

#指标评价采用综合打分法进行打分评价。

【参考指标】

非公就业人口及占比

*数据来源为各城市国民经济与社会发展统计公报及中国城市发展年鉴。

图 11－12　长江中游城市群人口发展潜力指数

从人口总量看，长江中游城市群常住户籍人口比为 0.96，属于人口外流城市群。常住户籍人口比≥100% 以上的城市有 5 个，分别为武汉、长沙、宜昌、南昌、岳阳。

从人口分布看，常住人口超过600万人的城市有5个，分别为武汉、长沙、衡阳、上饶、黄冈；常住人口500万至600万的城市有6个，分别为常德、荆州、岳阳、襄阳、宜春、南昌。如图11－13所示。

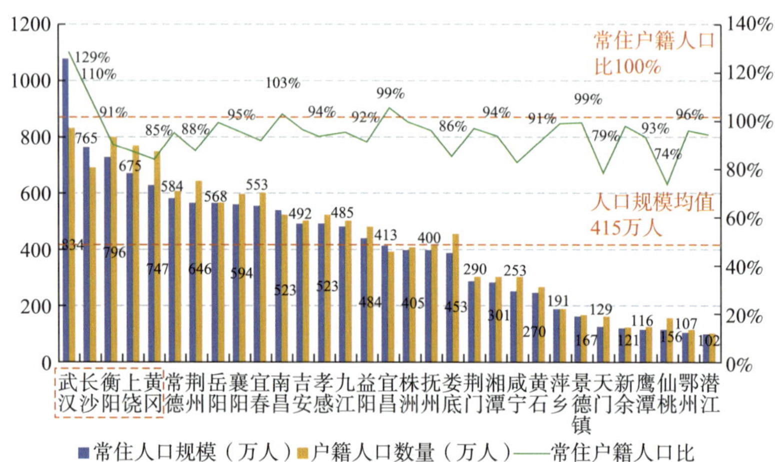


图11－13 长江中游城市群人口规模

从小学生2016年在校生人数看，长江中游城市群2016年小学生在校人数为898.2万人，占全国小学生在校人数9913万人的9.06%。长江中游城市群占全国总人口比重9.3%，人口结构相对合理；长江中游城市群31个城市小学生在校生人数总涨幅为2.79%；重点关注城市有5个，分别是长沙、武汉、吉安、襄阳、娄底。如图11－14所示。

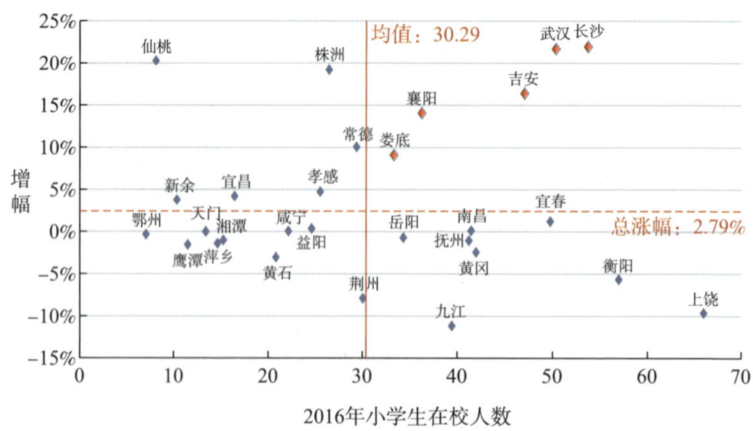


图11－14 长江中游城市群小学生2016年在校生人数及增幅

中小学在校生人数从某个维度上代表这个城市刚需和刚改家庭的规模。

长江中游城市中小学在校生人数均值 52 万人，超过 100 万人的城市有 1 个，为上饶，该城市的改善型购房需求较强。如图 11－15 所示。

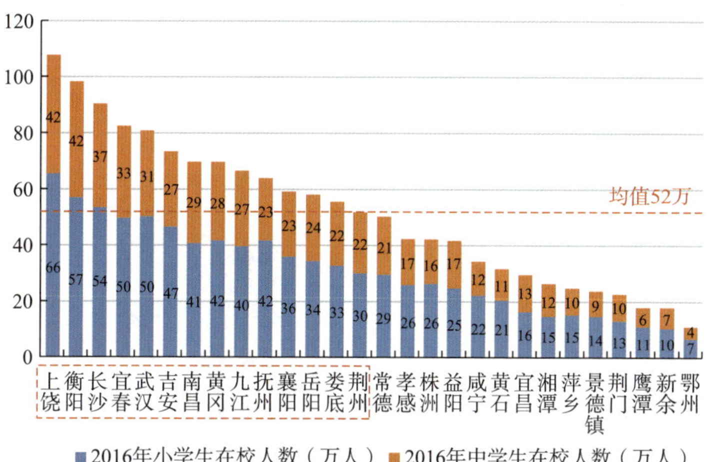


**图 11－15　长江中游城市群 2016 年中小学在校生人数**

长江中游城市群 31 个城市城镇化率在 57% 以上的城市共 13 个，已经达到 2020 年目标城镇化率 60% 以上的城市共 10 个，分别为武汉、长沙、南昌、新余、萍乡、鄂州、景德镇、株洲、黄石、湘潭。31 个城市 2016 年城镇化率增幅为 0.4% ～2.5%，增幅均值为 1.6%，按照现有增幅均值情况估算，2020 年城镇化率可达到 64%。如图 11－16 所示。

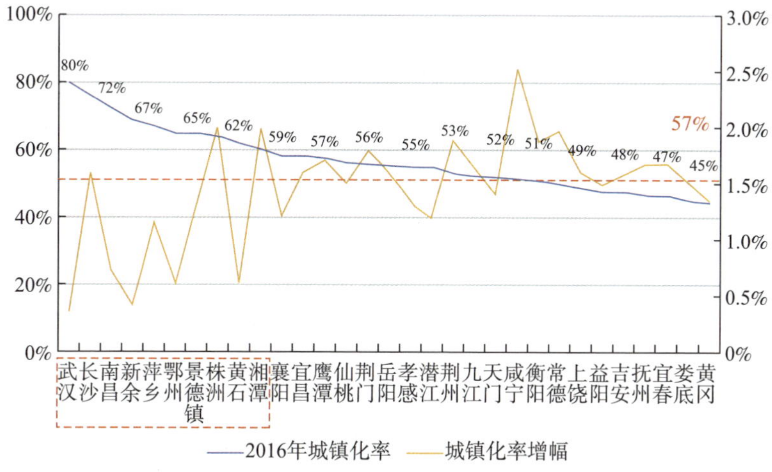


**图 11－16　长江中游城市群 2016 年城镇化率及增幅**

非公就业人口占比体现城市经济的活力和可持续性。非公就业人口占比中位值为25%，高于25%的城市非公就业人口活力较强，城市有武汉、宜昌、萍乡、常德、新余、荆州、抚州、株洲、长沙等。如图11－17所示。

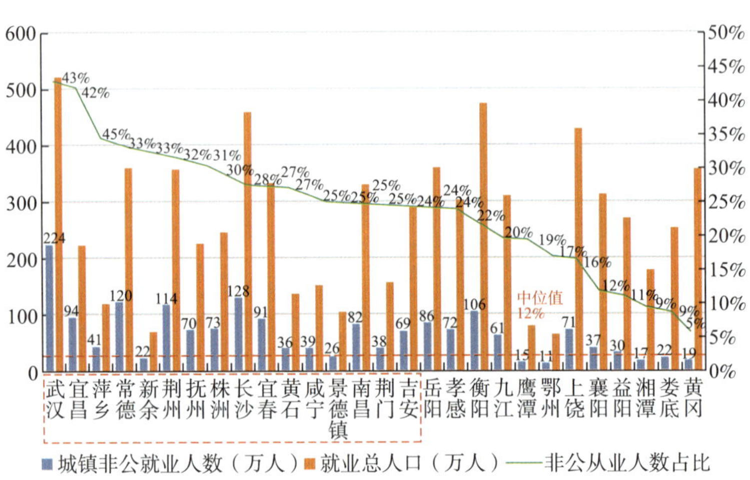


**图11－17　长江中游城市群非公就业人口占比**

## 经济发展潜力

经济是城市发展的主要驱动力，也是房地产发展的重要支撑。我们从城市经济总量基数、人均收入基数、经济发展结构与活力、城市财力水平等层面综合研判城市经济发展潜力。

长江中游城市群城市经济总量基数均值为1958亿元，人均收入基数均值为29146元。经济指数TOP3的城市为武汉、长沙、南昌。如图11－18所示。

31个城市中GDP超过城市群均值1958亿元的共有10个。其中，武汉、长沙、南昌GDP总额占长江中游城市群GDP总额72542亿元的35.3%。

城市群一般预算收入的均值为175亿元，高于均值的城市共有13个，分别为武汉、长沙、南昌、宜昌、襄阳、岳阳等城市。如图11－19所示。

TOP

| | 城市 | 经济指数 | 城市经济总量基数 | 人均收入基数 |
|---|---|---|---|---|
| 1 | 武汉 | 110.50 | 11913 | 39737 |
| 2 | 长沙 | 94.25 | 9324 | 43294 |
| 3 | 南昌 | 55.28 | 4355 | 34619 |
| 4 | 宜昌 | 42.34 | 3709 | 29735 |
| 5 | 襄阳 | 41.77 | 3695 | 28794 |
| 6 | 株洲 | 40.18 | 2513 | 36828 |
| 7 | 岳阳 | 40.10 | 3101 | 27546 |
| 8 | 衡阳 | 38.14 | 2853 | 28848 |
| 9 | 常德 | 38.06 | 2956 | 26532 |
| 10 | 湘潭 | 35.01 | 1846 | 31607 |
| 11 | 九江 | 33.86 | 2096 | 30011 |
| 12 | 荆州 | 31.65 | 1727 | 27666 |
| 13 | 上饶 | 31.63 | 1811 | 29153 |
| 14 | 黄石 | 31.05 | 1306 | 29906 |
| 15 | 新余 | 30.15 | 1028 | 32163 |
| 16 | 宜春 | 30.14 | 1770 | 27452 |
| 17 | 荆门 | 30.02 | 1521 | 28920 |
| 18 | 黄冈 | 29.60 | 1726 | 24796 |
| 19 | 孝感 | 29.17 | 1577 | 27939 |
| 20 | 益阳 | 29.15 | 1484 | 24745 |
| 21 | 吉安 | 29.13 | 1461 | 29307 |
| 22 | 景德镇 | 28.77 | 840 | 31418 |
| 23 | 萍乡 | 27.49 | 998 | 30630 |
| 24 | 抚州 | 26.90 | 1211 | 27195 |
| 25 | 娄底 | 26.71 | 1400 | 23669 |
| 26 | 咸宁 | 26.09 | 1108 | 25839 |
| 27 | 鹰潭 | 25.34 | 695 | 29116 |
| 28 | 鄂州 | 25.23 | 798 | 26986 |
| 29 | 潜江 | 21.12 | 602 | 26985 |
| 30 | 仙桃 | 20.19 | 648 | 26845 |
| 31 | 天门 | 18.39 | 471 | 24475 |

【计算方法】

城市GDP 40%
第三产业占GDP比重 15%
城镇人均可支配收入 12%
人均住户存款余额 8%
一般财政预算收入 10%
上市公司数量 15%

经济发展潜力 100分
=城市基本面×20%

#指标评价采用综合打分法进行打分评价。

*数据来源为各城市国民经济与社会发展统计公报、中国城市发展年鉴及各城市证监会网站。

备注：经济指数为综合评价指数；
城市经济总量基数为2016年城市GDP（亿元）；
人均收入基数为2016年城镇居民人均可支配收入（元）。

图 11－18　长江中游城市群经济发展潜力指数

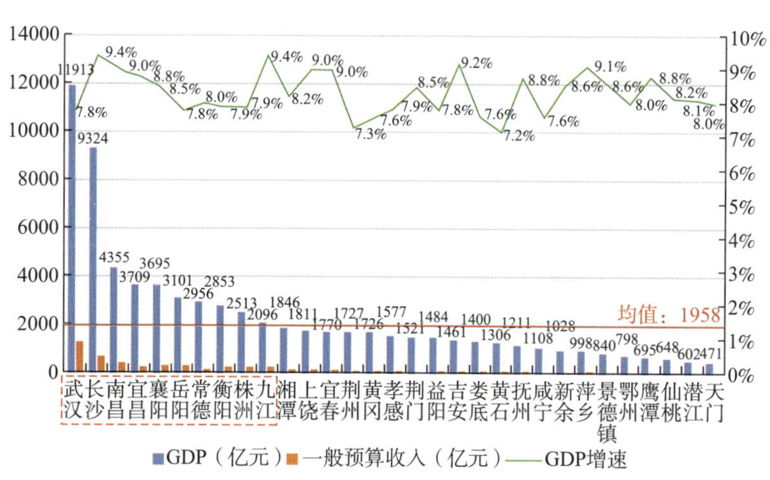


图 11－19　长江中游 GDP、一般预算收入及增幅

长江中游城市群整体第三产业增加值占 GDP 比重为 41.6%，低于全国 51.6% 的平均水平；从产业发展潜力看，31 个城市中，城市第三产业占

GDP 比重 > 城市群整体占比 41.6% 的有 5 个，分别为武汉、长沙、南昌、常德、衡阳。如图 11－20 所示。

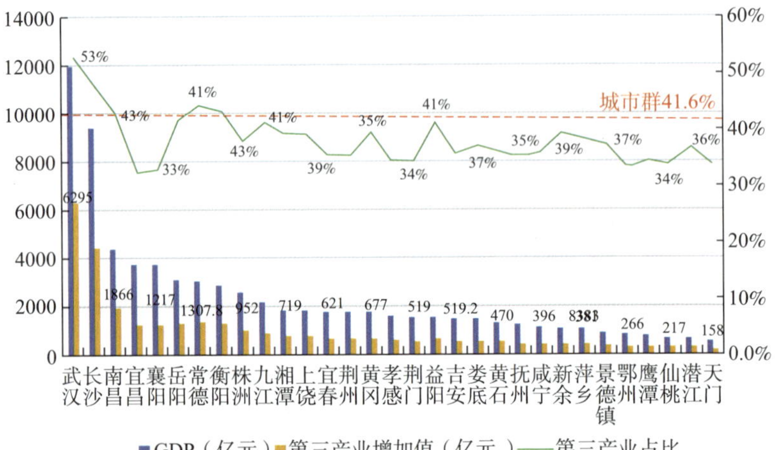


**图 11－20　长江中游第三产业增加值占比**

城市群人均城镇居民可支配收入均值为 29410 元，低于全国人均城镇居民可支配收入 33616 元；城市群中有 11 个城市高于城市群均值，分别为长沙、武汉、株洲、南昌、新余、湘潭、景德镇、萍乡、九江、黄石及宜昌。城市群城镇在岗职工平均工资的均值为 52040 元，超过均值的城市共有 14 个。如图 11－21 所示。

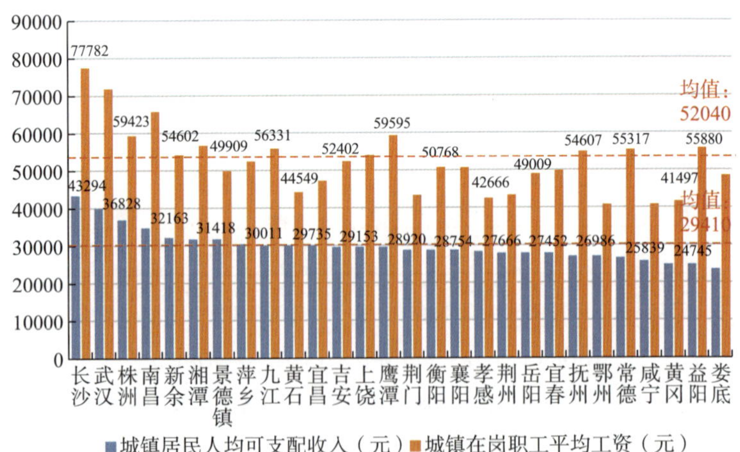


**图 11－21　长江中游人均城镇居民可支配收入及在岗职工平均工资**

长江中游城市群整体人均住户存款余额为3.52万元，高于整体水平的城市有6个，分别为武汉、长沙、南昌、宜昌、湘潭及新余。如图11－22所示。

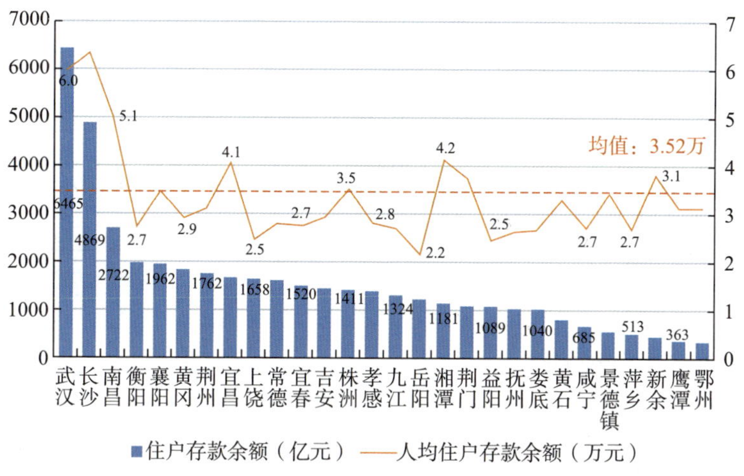


**图11－22　长江中游人均住户存款余额**

长江中游城市群A股上市公司数量相对较少，10家以上的仅有4个城市，武汉、长沙经济带动能力强，南昌、岳阳等城市经济活力较强。如表11－5所示。

**表11－5　长江中游A股上市公司所在城市分布**

| | 个数 | 城市 |
|---|---|---|
| N≥50 | 2 | 武汉、长沙 |
| 10≤N＜22 | 2 | 南昌、岳阳 |
| 5≤N＜10 | 5 | 襄阳、宜昌、黄石、荆州、株州 |
| 3≤N＜5 | 8 | 湘潭、常德、景德镇、鄂州、孝感、荆门、衡阳、益阳 |
| 1≤N＜3 | 9 | 潜江、新余、黄冈、咸宁、仙桃、鹰潭、宜春、上饶、抚州 |
| N＝0 | 5 | 天门、娄底、九江、萍乡、吉安 |

知名大学的创新活力影响和带动城市的创新活力水平。长江中游城市

群“双一流”大学共有10所，但均集中在中心城市武汉和长沙，代表这些城市创新活力较强。如表11－6所示。

**表11－6　长江中游“双一流”大学所在城市分布**

| | 个数 | 高校 |
|---|---|---|
| 一流大学 | 3 | 武汉大学、华中科技大学、中南大学 |
| 一流学科 | 7 | 中国地质大学（武汉）、武汉理工大学、华中农业大学、华中师范大学、中南财经政法大学、湖南大学、湖南师范大学 |

## 人口与经济的均衡

长江中游城市群人口与经济沿均衡线发展，均衡线以下且偏离越大的城市更应该关注产业发展，其中黄冈、上饶、抚州、鹰潭、萍乡、景德镇等城市要重点关注新产业进驻，有可能会带来城市发展的巨变；均衡线以上且偏离越大的城市更应该关注人口政策，其中武汉、长沙、南昌等城市要重点关注人口政策变化带来的人口集聚，有可能会带来人口短时膨胀。如图11－23所示。

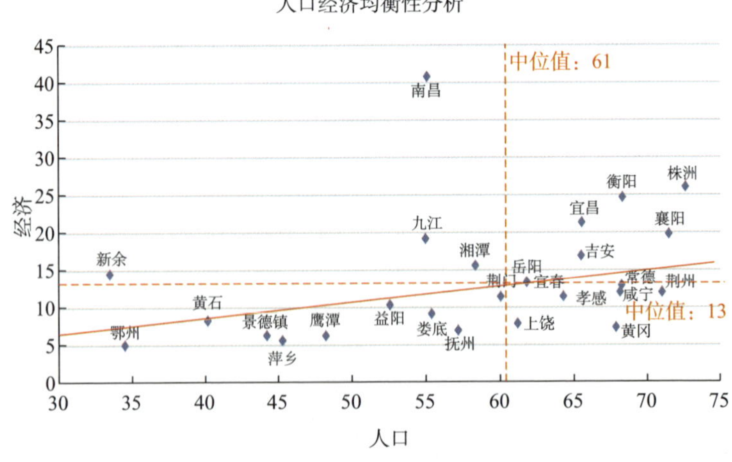


**图11－23　长江中游人口与经济均衡性分析**

## 市场容量

市场容量指数重点考察城市市场销售规模水平、去化周期及房企进驻，是城市房地产发展的安全边界。该指数我们从市场容量、供地面积、购买能力、房企进驻热度等层面综合研判房地产市场的安全属性。

长江中游城市群城市市场容量基数均值为 257 万平方米。市场容量及安全指数 TOP3 的城市为吉安、上饶、长沙。如图 11 – 24 所示。

TOP

| | 城市 | 容量指数 | 容量基数 |
|---|---|---|---|
| 1 | 吉安 | 151.23 | 253.13 |
| 2 | 上饶 | 119.65 | 117.24 |
| 3 | 长沙 | 108.46 | 1476.68 |
| 4 | 景德镇 | 104.12 | 94.46 |
| 5 | 黄冈 | 100.71 | 113.24 |
| 6 | 武汉 | 92.47 | 2269.30 |
| 7 | 株洲 | 77.70 | 389.49 |
| 8 | 湘潭 | 75.55 | 234.94 |
| 9 | 南昌 | 72.71 | 614.27 |
| 10 | 宜昌 | 66.94 | 321.70 |
| 11 | 鄂州 | 66.84 | 77.21 |
| 12 | 孝感 | 65.79 | 169.91 |
| 13 | 鹰潭 | 65.04 | 93.68 |
| 14 | 襄阳 | 55.21 | 297.33 |
| 15 | 抚州 | 52.41 | 105.56 |
| 16 | 黄石 | 51.74 | 124.38 |
| 17 | 岳阳 | 51.19 | 203.12 |
| 18 | 九江 | 48.00 | 288.06 |
| 19 | 宜春 | 46.33 | 197.04 |
| 20 | 娄底 | 45.91 | 136.63 |
| 21 | 常德 | 45.29 | 195.80 |
| 22 | 咸宁 | 43.51 | 180.04 |
| 23 | 益阳 | 41.31 | 154.33 |
| 24 | 荆州 | 33.97 | 179.93 |
| 25 | 新余 | 31.61 | 217.64 |
| 26 | 荆门 | 22.07 | 172.08 |
| 27 | 萍乡 | 20.75 | 85.72 |
| 28 | 衡阳 | 19.75 | 370.03 |

备注：市场容量为综合评价指数；
城市市场容量基数为2015-2017年城市市本级商品住宅平均销售面积（万平方米）

【计算方法】

三年平均销售建面 100%

市场容量 100分
=城市基本面×25%

【参考指标】

三年平均供地建面

#所有指标采用综合评分方法进行评价。

*数据来源为中指数据、吉屋网、中国城市发展年鉴。

**图 11 – 24 长江中游市场容量指数**

长江中游城市群 2015 – 2017 年商品住宅市场平均年成交面积为 9234 万平方米；武汉、长沙、南昌住宅成交面积分别为 2269、1477、614 万平方米，占整个长江中游城市群成交总量的 24.6%、16%、6.6%。除武汉、长沙、南昌外，商品住宅成交面积在 300 万平方米以上的城市有 3 个，分别为株洲、衡阳、宜昌。如图 11 – 25 所示。

长江中游城市群 2015 – 2017 年土地市场年平均住宅供地规划建设面积为 9986 万平方米，与销售面积基本持平。住宅土地供应规划建设面积在

300 万平方米以上的城市有 12 个，分别为武汉、衡阳、南昌、宜昌、九江、长沙、鄂州、襄阳、株洲、荆州、常德、荆门。如图 11－26 所示。

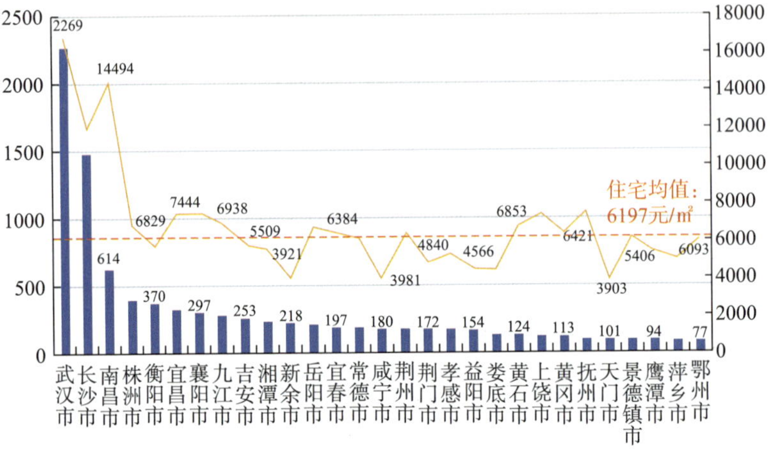


图 11－25 长江中游 2015－2017 年商品住宅销售情况

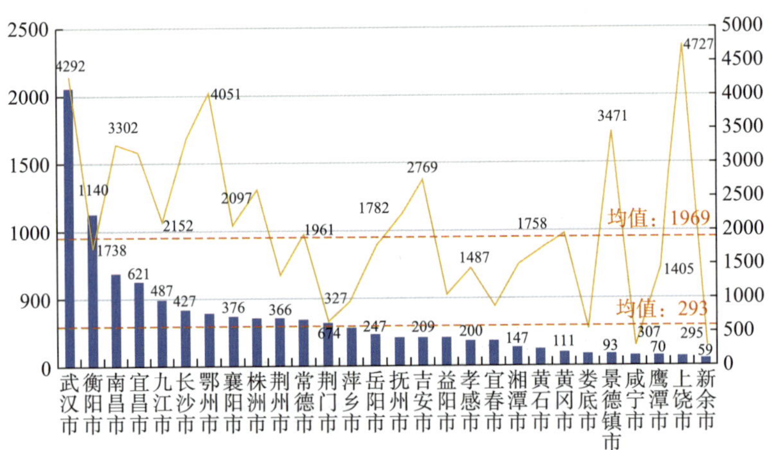


图 11－26 长江中游 2015－2017 年土地成交情况

市场容量从商品住宅销售面积和常住人口两个维度考虑。人口规模较大且距离轴线向下偏离越大，代表市场潜在容量越大。重点关注城市有上饶、黄冈、常德、荆州、岳阳、宜春；一般关注城市有衡阳、襄阳、吉安、孝感、益阳、娄底、抚州。如图 11－27 所示。

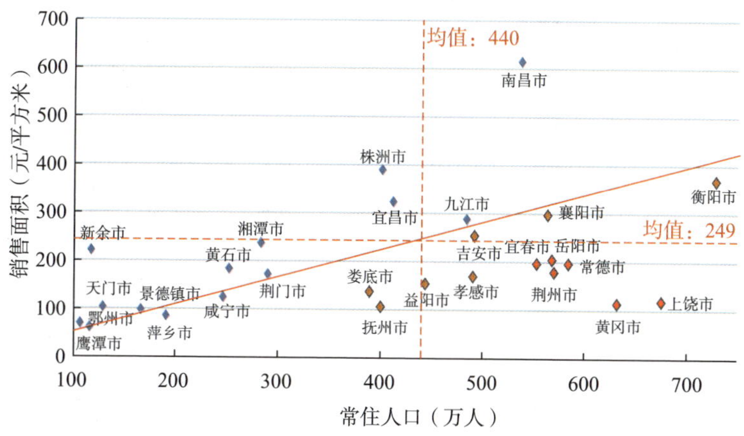


**图 11－27　长江中游市场容量分析**

## 城市发展潜力

城市发展是城市的未来趋势，也是房地产发展迈向美好生活的主要路径。我们从城市配套、交通、旅游、规划等层面综合研判城市发展潜力。长江中游城市群城市发展指数 TOP3 的城市为武汉、长沙、南昌。如图 11－28 所示。

**（1）城市配套与环境**

城市配套的好坏直接制约着城市整体房地产发展水平，尤其是重要的医疗、教育等配套资源。第一新财经发布的《中国城市再分级》，把城市从商业资源集聚度、城市枢纽性、城市人活跃度、生活方式多样性、未来可塑性进行了重新评价和定位，具有很好的参考价值。但本书仅从影响房地产市场选择最直接的几个指标进行论证。

从最直接影响房地产的医疗教育配套来看，长江中游城市群整体配套相对较好，三甲医院共有 134 所，占全国三甲医院总数 1599 所的 8%；长江中游城市群共有大专院校 243 所，占全国大专院校总数 2631 所的 9%。如图 11－29 所示。

TOP

| | 城市 | 城市发展指数 |
|---|---|---|
| 1 | 武汉 | 121.03 |
| 2 | 长沙 | 98.21 |
| 3 | 南昌 | 75.90 |
| 4 | 上饶 | 53.00 |
| 5 | 宜昌 | 41.80 |
| 6 | 衡阳 | 40.16 |
| 7 | 九江 | 38.10 |
| 8 | 湘潭 | 35.50 |
| 9 | 株洲 | 33.65 |
| 10 | 宜春 | 33.32 |
| 11 | 常德 | 29.59 |
| 12 | 吉安 | 29.41 |
| 13 | 襄阳 | 29.01 |
| 14 | 萍乡 | 28.64 |
| 15 | 荆州 | 27.92 |
| 16 | 岳阳 | 27.92 |
| 17 | 黄石 | 27.76 |
| 18 | 抚州 | 26.52 |
| 19 | 黄冈 | 25.06 |
| 20 | 咸宁 | 24.92 |
| 21 | 景德镇 | 24.91 |
| 22 | 鄂州 | 24.90 |
| 23 | 娄底 | 24.58 |
| 24 | 荆门 | 24.27 |
| 25 | 益阳 | 23.24 |
| 26 | 鹰潭 | 22.67 |
| 27 | 孝感 | 20.51 |
| 28 | 新余 | 19.93 |

备注：城市发展指数为综合评价指数。

【计算方法】

| | 指标 | 权重 |
|---|---|---|
| 配套 35% | 三甲医院数量 | 8% |
| | 大专院校数量 | 12% |
| | 城市景观资源 | 8% |
| | 国家级产业园区数量 | 7% |
| 交通 40% | 高铁班次 | 16% |
| | 距机场距离 | 12% |
| | 境内高速公路通达度 | 12% |
| 旅游 25% | 4A级以上景区 | 6% |
| | 四星级以上酒店 | 9% |
| | 旅游人次 | 10% |

城市发展潜力 100分
=城市基本面×20%

【参考指标】

城市定位及分级指数
产业发展规划
交通规划

#所有指标均采用分层评价。

*数据来源为各城市国民经济与社会发展统计公报、山东半岛城市群发展规划、去哪儿网及各地教育、医疗、旅游等相关机构网站综合得出。

**图 11－28　长江中游城市发展指数**

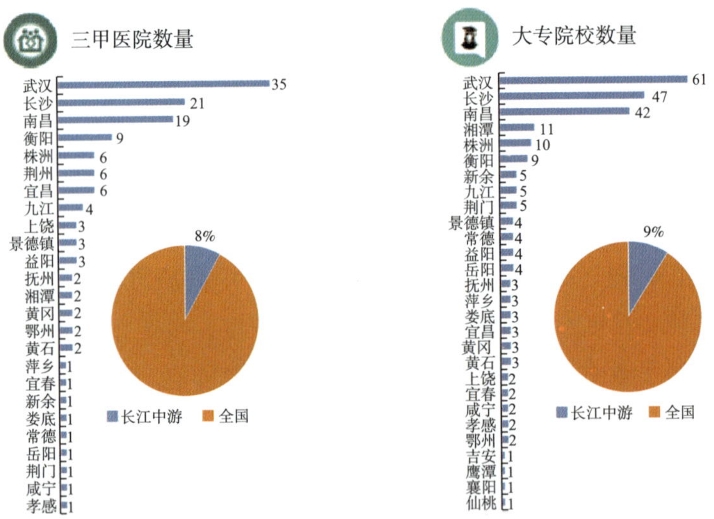


**图 11－29　长江中游三甲医院及大专院校数量**

### (2) 城市交通

城市是整个区域交通的枢纽，其交通的便利度和通达性是我们关注的重点。城市轨道交通是大城市房地产市场的重要助推器，影响大城市的板

块市场，但本书主要研究城市之间的房地产市场对比，故暂未把城市轨道交通纳入研究范围。

整体来看，长江中游城市群是建设以武汉、长沙、南昌为中心的“三角形、放射状”城际交通网络，实现省会城市之间2小时通达，省会城市与周边城市之间1～2小时通达。其中，形成了四纵两横的铁路网络，四纵为：京广高铁、京九铁路、京福客专、北煤南运大通道，两横为：沪昆客专和沪汉蓉快速客运通道。形成了四纵五横的高速公路网络，四纵为：二广高速、大广高速、京港澳高速、济广高速，五横为：沪蓉高速、沪渝高速、杭瑞高速、沪昆高速、福银高速。

长江中游城市群形成了以武汉长江航运中心为核心，宜昌、荆州、黄石、长沙、岳阳、南昌、九江等为主要港口的港口集群。形成了以武汉天河国际机场、长沙黄花国际机场为区域枢纽机场，以南昌昌北机场、宜昌三峡机场为干线机场，以荆州机场、娄底机场、抚州机场、黄冈机场为支线机场的机场群。

长江中游城市群中武汉、长沙及南昌的交通便利度明显优于其他城市。如图11－30所示。

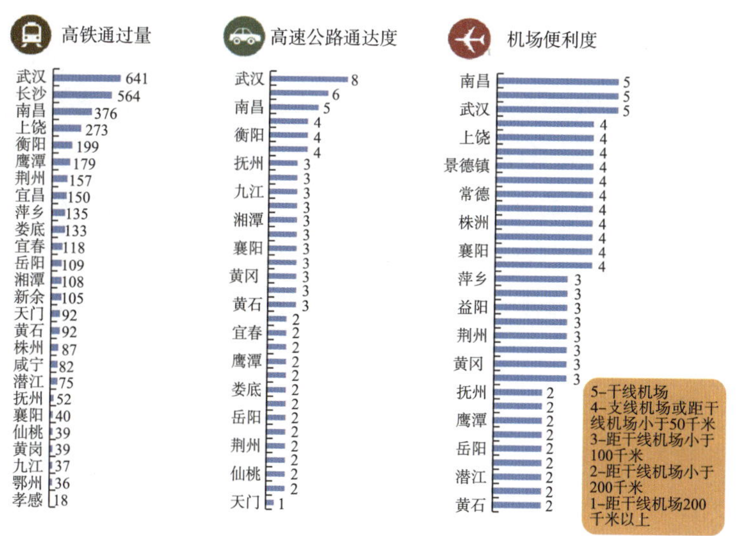


**图11－30　长江中游交通便利度**

**（3）旅游商务**

旅游反映了城市休闲配套资源情况和因旅游带来的短时流动人口流

向。长江中游城市群 2016 年旅游人次达 15.14 亿人，约占全国旅游人次的 15%；长江中游城市群 2016 年旅游收入 13614 亿元。其中，武汉、长沙、上饶、九江、南昌等城市旅游人次均超过 8000 万，为重要的旅游城市。如图 11－31 所示。

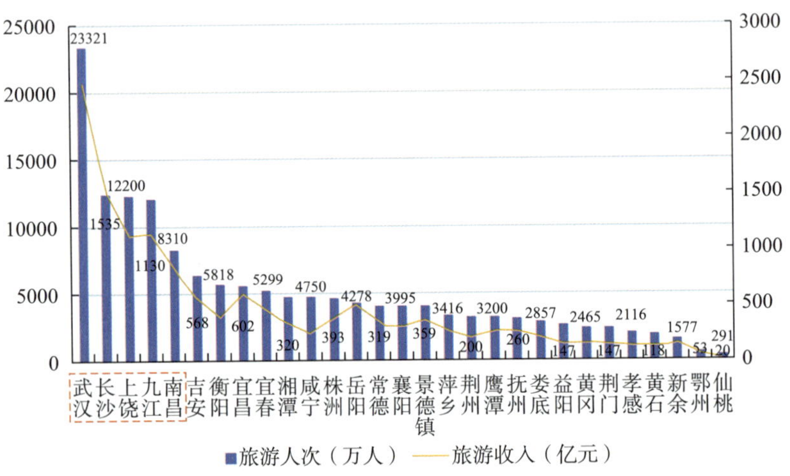


**图 11－31　长江中游 2016 年旅游情况**

长江中游城市群旅游资源丰富，形成了三条旅游核心线路。以长江三峡、洞庭湖、鄱阳湖、神农架、张家界为核心景区的长江山水游；以武当山、黄鹤楼、岳阳楼为核心景区的历史文化游；以大别山、湘潭韶山旅游区、南昌起义纪念馆为核心景区的红色文化旅游线路。

长江中游城市群共有 4A 级以上景区 252 个，占全国 4A 级以上景区 1335 个的 18.88%。四星级以上酒店 1289 个，其中四星级以上酒店达到 200 家以上的城市有 2 个，分别为武汉及长沙，上饶及南昌均超过 80 个。如图 11－32 所示。

**（4）产业发展**

产业是人口集聚的主要因素，产业反映了城市经济支撑资源情况，产业的规划发展状态可以带动人口的流向。长江中游城市群形成了五大产业发展轴，主要包括：沿江发展轴、沪昆发展轴、京九发展轴、二广发展轴、京广发展轴。将重点培育运输装备集群、电子信息集群、综合物流集群等三大产业集群和食品、化工、烟草、重型机械、电气设备制造五小产

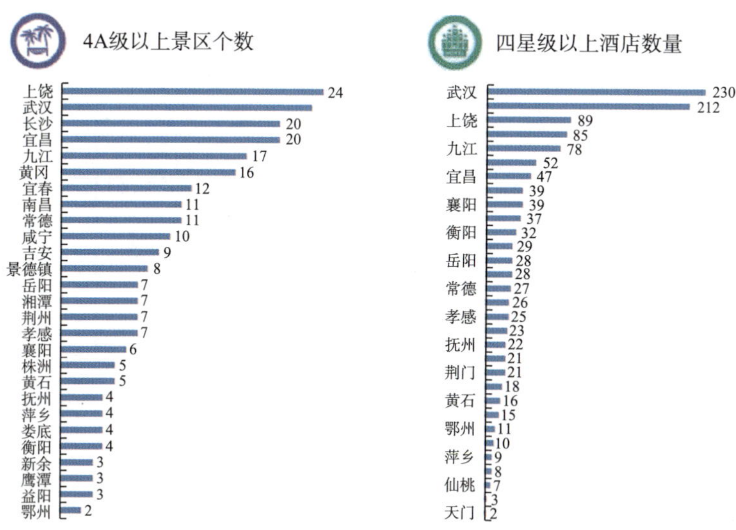


**图 11 -32 长江中游 4A 级以上景区及酒店数量**

业集群，建成世界级智能制造中心。如表 11 -7 所示。

长江中游城市群城市基本面综合排名 TOP3 的城市为武汉、长沙、南昌。处在城市发展较好区、适中区、较弱区城市比例为 2:7:19。如表 11 -8、11 -9 所示。

**表 11 -7 长江中游产业规划与园区分布**

| 发展轴 | 城市 | 产业 |
| --- | --- | --- |
| 沿海发展轴 | 武汉、宜昌、荆州、岳阳、鄂州、黄冈、咸宁、黄石、九江 | 轨道交通装备、工程机械制造、电子信息、生物医药、商贸物流、纺织服装、汽车、食品、休闲旅游 |
| 沪昆发展轴 | 长沙、南昌、上饶、株洲、鹰潭、景德镇、新余、宜春、萍乡、湘潭、娄底 | 轨道交通、工程机械、航空制造、光伏光电、有色金属、生物医药、精细化工、粉末冶金、钢铁、食品 |
| 京广发展轴 | 武汉、长沙、孝感、咸宁、岳阳、株洲、衡阳 | 原材料、装备制造、高技术产业 |
| 京九发展轴 | 南昌、九江、黄石、宜春 | 资源型产品生产及加工基地 |
| 二广发展轴 | 襄阳、荆门、宜昌、荆州、常德、益阳、娄底 | 特色产业和劳动密集型产业 |

**表 11－8　长江中游城市基本面评判指标及权重**

<table>
<tr><th>一级指标</th><th>一级指标分值</th><th colspan="2">指标维度</th><th>二级指标</th><th>二级指标权重</th></tr>
<tr><td rowspan="3">人口</td><td rowspan="3">35%</td><td colspan="2">人口基数</td><td>常住人口<br>常住户籍人口比<br>小学生增幅</td><td>40%<br>15%<br>10%</td></tr>
<tr><td colspan="2">家庭结构</td><td>中小学生在校生人数</td><td>10%</td></tr>
<tr><td colspan="2">变化趋势</td><td>城镇化率增幅<br>城镇化率</td><td>15%<br>10%</td></tr>
<tr><td>容量</td><td>25%</td><td colspan="2">市场容量基数</td><td>三年平均销售面积</td><td>100%</td></tr>
<tr><td rowspan="3">经济</td><td rowspan="3">20%</td><td colspan="2">总量水平</td><td>GDP<br>第三产业占 GDP 比值</td><td>40%<br>15%</td></tr>
<tr><td colspan="2">财富水平</td><td>城镇人均可支配收入</td><td>12%</td></tr>
<tr><td colspan="2">发展活力</td><td>人均住户存款余额<br>一般财政预算收入<br>上市公司数量</td><td>8%<br>10%<br>15%</td></tr>
<tr><td rowspan="3">城市发展</td><td rowspan="3">20%</td><td>配套</td><td>医疗<br>教育<br>景观<br>产业</td><td>三甲医院数量<br>大专院校数量<br>城市景观资源<br>国家级产业园区数量</td><td>8%<br>12%<br>8%<br>7%</td></tr>
<tr><td>交通</td><td>铁路<br>飞机<br>公路</td><td>高铁班次<br>距机场距离<br>境内高速通达数量</td><td>16%<br>12%<br>12%</td></tr>
<tr><td>旅游</td><td>景区资源<br>配套<br>人次</td><td>4A 级以上景区<br>星级酒店<br>旅游人次</td><td>6%<br>9%<br>10%</td></tr>
</table>

**表 11－9　长江中游城市基本面综合排名**

| 序号 | 城市 | 综合排名 |
|---|---|---|
| 1 | 武汉 | 116. 3 |
| 2 | 长沙 | 94. 1 |
| 3 | 南昌 | 55. 7 |
| 4 | 株州 | 46. 7 |
| 5 | 衡阳 | 45. 7 |
| 6 | 宜昌 | 45. 1 |

续表

| 序号 | 城市 | 综合排名 |
|---|---|---|
| 7 | 襄阳 | 44.1 |
| 8 | 常德 | 40.7 |
| 9 | 上饶 | 40.3 |
| 10 | 荆州 | 39.8 |
| 11 | 吉安 | 38.8 |
| 12 | 岳阳 | 38.6 |
| 13 | 九江 | 38.4 |
| 14 | 湘潭 | 38.4 |
| 15 | 宜春 | 37.6 |
| 16 | 咸宁 | 37.1 |
| 17 | 黄冈 | 36.6 |
| 18 | 孝感 | 35.3 |
| 19 | 荆门 | 34.7 |
| 20 | 抚州 | 32.4 |
| 21 | 娄底 | 31.9 |
| 22 | 益阳 | 31.4 |
| 23 | 萍乡 | 28.5 |
| 24 | 鹰潭 | 28.0 |
| 25 | 黄石 | 27.9 |
| 26 | 景德镇 | 27.8 |
| 27 | 新余 | 25.3 |
| 28 | 鄂州 | 23.4 |

## 第三节 房地产市场热度研判

根据最新的城市分类，长江中游城市群 31 个城市共有新一线城市 2 个、二线城市 1 个、三线城市 9 个、四线城市 10 个、五线城市 6 个。如表 11 - 10 所示。

表 11－10　长江中游城市分类

| 城市分类 | 城市名称 | 城市数量 |
| --- | --- | --- |
| 新一线城市 | 武汉、长沙 | 2 |
| 二线城市 | 南昌 | 1 |
| 三线城市 | 孝感、襄阳、宜昌、荆州、株洲、岳阳、衡阳、九江、上饶 | 9 |
| 四线城市 | 黄石、黄冈、咸宁、湘潭、常德、娄底、景德镇、宜春、抚州、吉安 | 10 |
| 五线城市 | 鄂州、荆门、益阳、鹰潭、新余、萍乡 | 6 |
| 其他城市 | 仙桃、潜江、天门 | 3 |
|  | 合计 | 31 |

市场热度指数重点考察市场房价、地价现状及涨幅情况、进驻潜力和市场竞争热度，来分析目前的市场热度。长江中游城市群地货比指数中位值为28%，整体来看市场机会适中，可适当进入。热度指数TOP3城市为吉安、上饶、长沙。如图11－33所示。

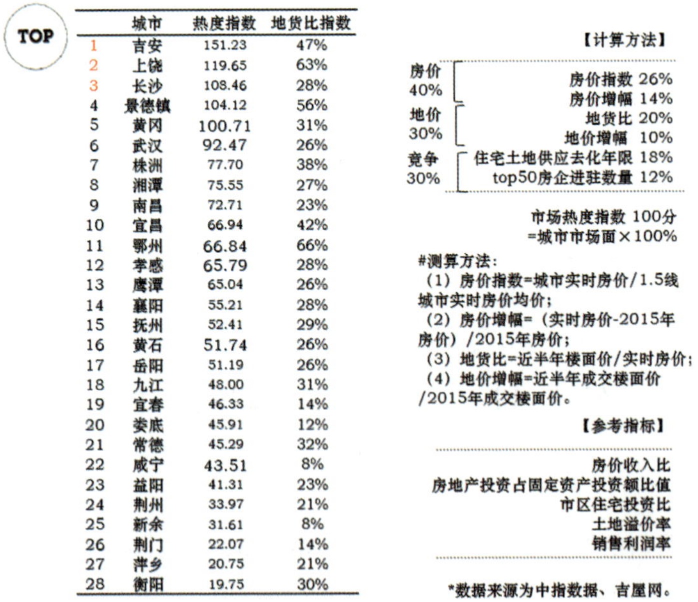
TOP
城市 热度指数 地货比指数
1 吉安 151.23 47%
2 上饶 119.65 63%
3 长沙 108.46 28%
4 景德镇 104.12 56%
5 黄冈 100.71 31%
6 武汉 92.47 26%
7 株洲 77.70 38%
8 湘潭 75.55 27%
9 南昌 72.71 23%
10 宜昌 66.94 42%
11 鄂州 66.84 66%
12 孝感 65.79 28%
13 鹰潭 65.04 26%
14 襄阳 55.21 28%
15 抚州 52.41 29%
16 黄石 51.74 26%
17 岳阳 51.19 26%
18 九江 48.00 31%
19 宜春 46.33 14%
20 娄底 45.91 12%
21 常德 45.29 32%
22 咸宁 43.51 8%
23 益阳 41.31 23%
24 荆州 33.97 21%
25 新余 31.61 8%
26 荆门 22.07 14%
27 萍乡 20.75 21%
28 衡阳 19.75 30%
【计算方法】
房价 40%
房价指数 26%
房价增幅 14%
地价 30%
地货比 20%
地价增幅 10%
竞争 30%
住宅土地供应去化年限 18%
top50房企进驻数量 12%
市场热度指数 100分
=城市市场面×100%
#测算方法：
（1）房价指数=城市实时房价/1.5线城市实时房价均价；
（2）房价增幅=（实时房价-2015年房价）/2015年房价；
（3）地货比=近半年楼面价/实时房价；
（4）地价增幅=近半年成交楼面价/2015年成交楼面价。
【参考指标】
房价收入比
房地产投资占固定资产投资额比值
市区住宅投资比
土地溢价率
销售利润率
*数据来源为中指数据、吉屋网。

图 11－33　长江中游市场热度指数

长江中游城市群整体房价中位值为 6291 元/平方米，地价中位值为 1871 元/平方米；长江中游城市群地货比中位值为 28%。地货比较高的三个城市为鄂州、上饶、景德镇，应及时捕捉市场信息，防控拿地风险；地货比较低的三个城市为新余、咸宁、娄底，应作为重点关注城市，寻找机会适时进驻。如图 11－34 所示。

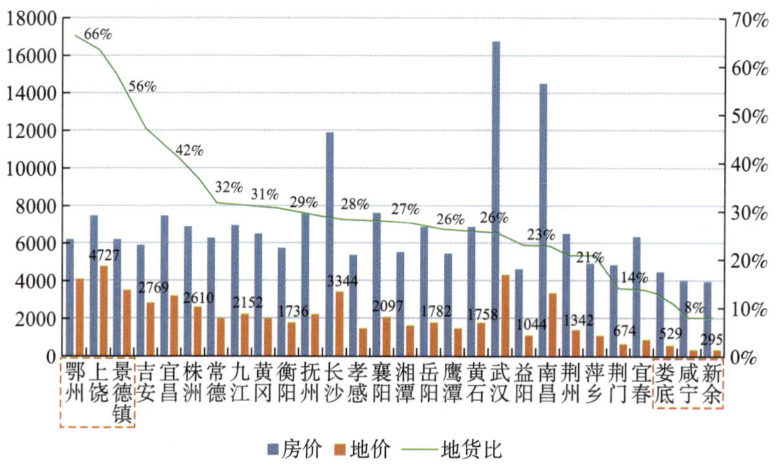


**图 11－34　长江中游房地价及地货比**

长江中游城市群房价平均涨幅为 40%，地价平均涨幅为 141%。房价涨幅高于城市群整体平均增幅的城市共有 14 个，分别为长沙、武汉、南昌、景德镇、宜春、衡阳、襄阳、抚州、鄂州、娄底、黄冈、九江、荆门及株洲；地价涨幅高于城市群整体平均增幅的城市共有 11 个，分别为吉安、鄂州、黄冈、上饶、景德镇、宜昌、孝感、抚州、湘潭、株洲及鹰潭。如图 11－35 所示。

市场潜力从常住人口和地货比两个维度考虑，地货比较低且人口规模相对较大，代表市场潜力较大。战略进驻区域城市共 10 个，分别为武汉、长沙、衡阳、黄冈、常德、襄阳、岳阳、南昌、荆州及宜春；重点关注区域城市共 3 个，分别为九江、孝感及益阳；机会进驻区域城市共 3 个，分别为株洲、抚州及娄底。如图 11－36 所示。

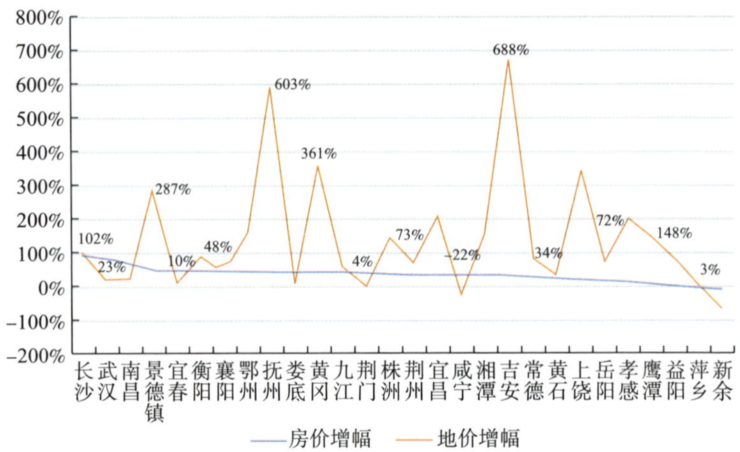


图 11－35　长江中游房价及地价增幅

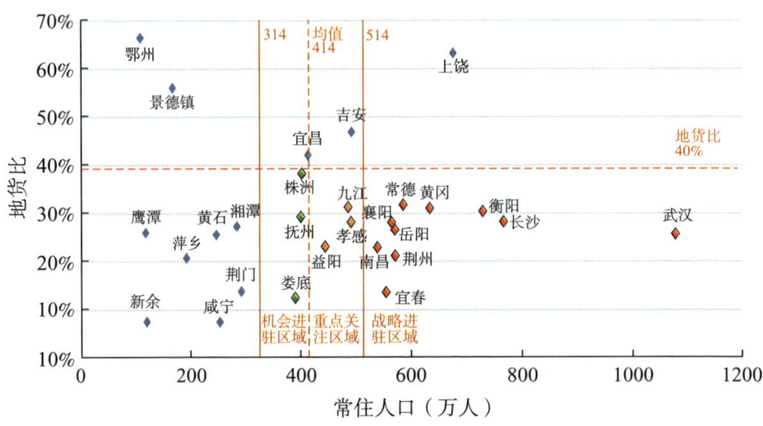


图 11－36　长江中游常住人口和地货比

市场潜力从成交面积和地货比两个维度考虑，地货比较低且成交面积较大代表市场潜力较大。战略进驻区域城市共 5 个，分别为武汉、长沙、南昌、株洲及衡阳；重点关注区域城市共 2 个，分别为九江、襄阳；机会进驻区域城市共 9 个，分别为湘潭、岳阳、常德、孝感、荆州、荆门、咸宁、宜春及新余。如图 11－37 所示。

长江中游城市群住宅供应去化年限为 3.23 年，去化周期小于 3 年的有 14 个。整体来看，长沙、武汉、新余、咸宁、湘潭、上饶、吉安、娄底等城市市场供不应求；衡阳、鄂州、宜昌、九江、荆州、南昌等城市市场供过于求。如图 11－38 所示。

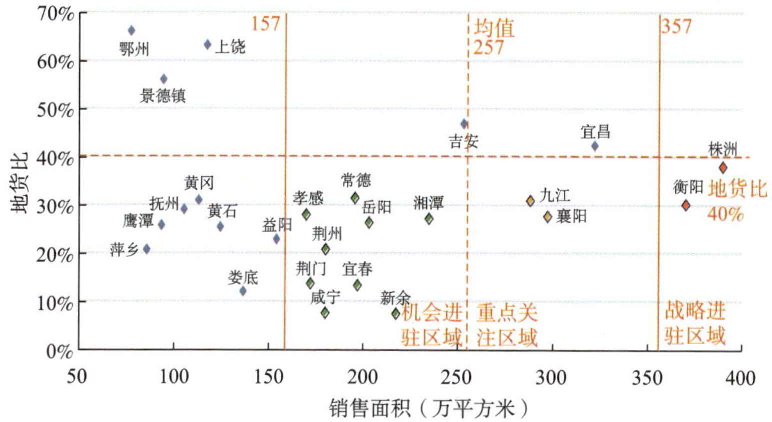


**图 11－37　长江中游成交面积和地货比**

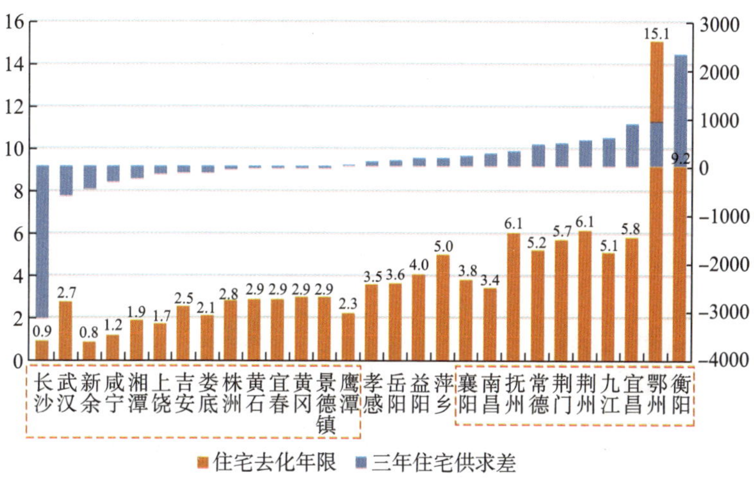


**图 11－38　长江中游去化周期及供应差**

房价收入情况，在均值线下，居民收入较大且距离轴线向下偏离越大，代表房价上涨潜力越强。重点关注城市有株洲、新余、湘潭、萍乡、荆门；一般关注城市景德镇、吉安、鹰潭、衡阳。如图 11－39 所示。

2016 年长江中游城市群房地产投资额为 7837 亿元，占全国房地产投资额 135284 亿元的 5.79%；房地产投资额在均值 188 亿元以上的城市有 7 个，分别为武汉、长沙、南昌、襄阳、株洲、黄冈、宜昌。房地产投资占固定资产投资比重超过 25% 的有 1 个，即武汉，此区域房地产投资相对过热，建议谨慎拿地；介于 15%～25% 的有 2 个，分别为长沙、南昌，此区域为房地产合理投资区，建议重点关注。在 15% 以下的城市有 28 个，此

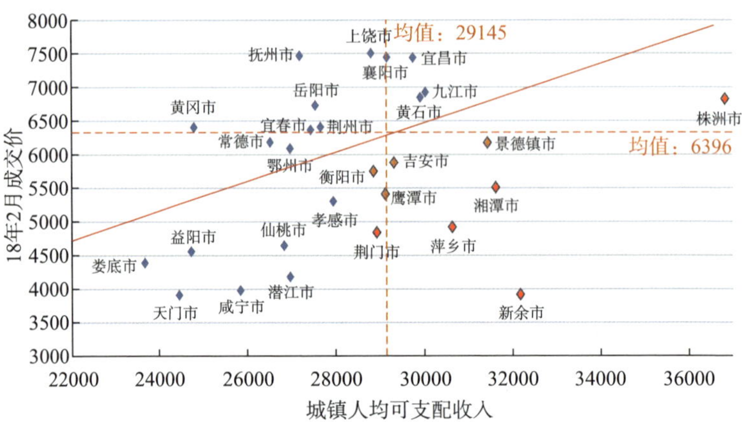


**图 11－39　长江中游房价收入情况**

区域房地产投资相对较少，存在潜在投资机会。如图 11－40 所示。

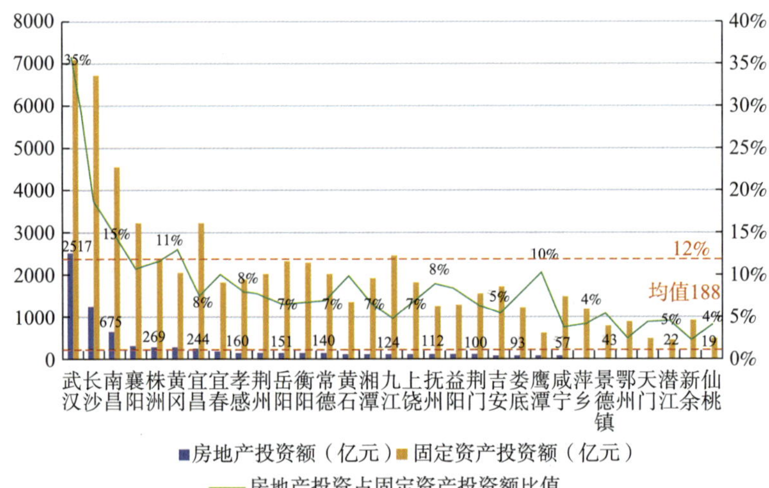


**图 11－40　长江中游 2016 年房地产投资占固定资产投资比重**

2016 年长江中游城市群住宅投资额为 5250 亿元，住宅投资额在均值 137 亿元以上的城市有 8 个，分别为武汉、长沙、南昌、宜昌、襄阳、株洲、宜春及黄冈。整个城市群住宅投资额占房地产投资额比重为 68%，市区住宅投资占全市住宅投资的 71%。市区住宅投资占比低于 50% 的城市有 20 个：武汉、长沙、南昌、宜昌、襄阳、株洲、孝感、荆州、岳阳、常德、湘潭、黄石、荆门、益阳、娄底、鹰潭、景德镇、萍乡、鄂州及新余，以上城市所辖县级城市房地产投资较为活跃，应重点关注。如图 11－41 所示。

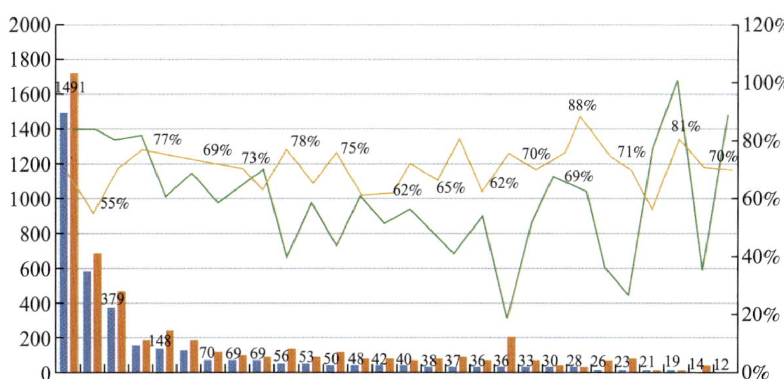


**图 11－41 长江中游 2016 年住宅投资及比重**

长沙、武汉、南昌等城市 TOP50 房企进驻较多，市场竞争十分激烈。如图 11－42 所示。

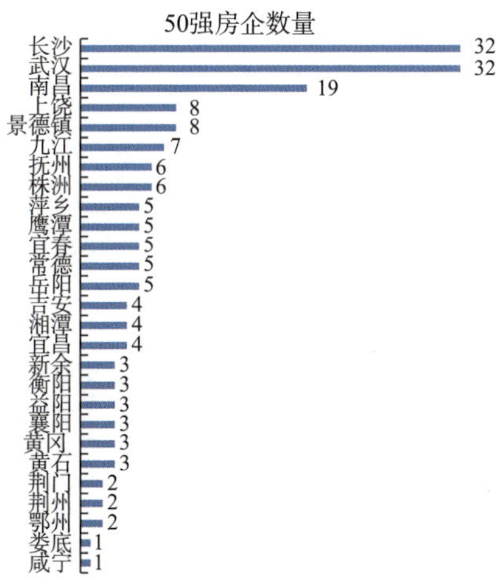


**图 11－42 长江中游 TOP50 房企进驻数量**

土地市场热度从成交楼面地价和溢价率两个维度考虑，成交楼面地价和溢价率均较低，代表土地市场潜在热度较大。重点关注城市有新余、荆门、娄底、宜春、萍乡等城市。如图 11－43 所示。（溢价率在 5% 以下市场公开程度较低，需谨慎关注。）

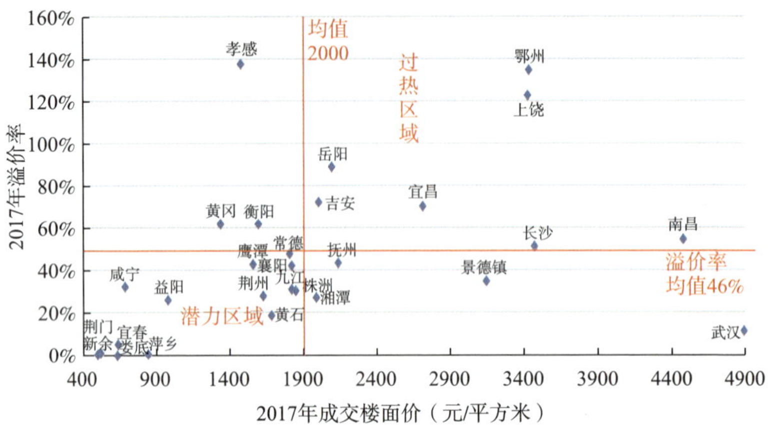


**图 11－43　长江中游土地市场热度分析**

从销售利润率看，大于25%的城市有4个，为南昌、武汉、长沙及宜春；20%～25%的城市有3个，为襄阳、荆州、抚州。销售利润率＝（房价－地价－土地外成本－增值税）/房价，土地外成本按3600元估算。增值税＝（房价－地价）×10%/（1＋10%）－3600×8%。如图11－44所示。

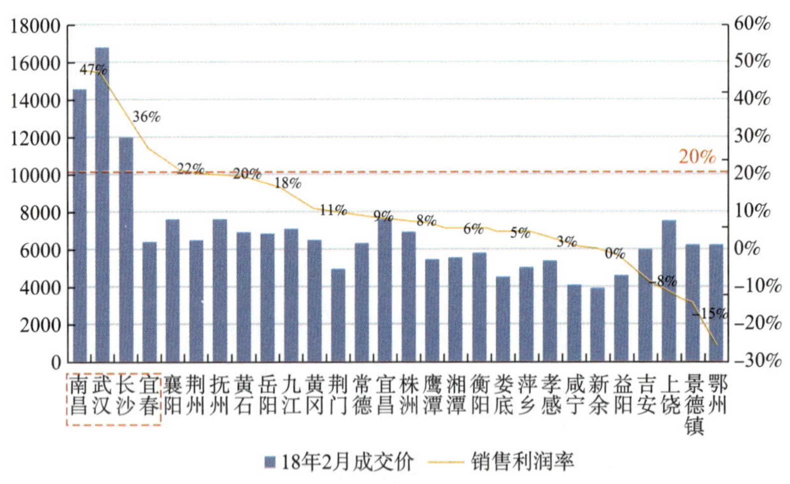


**图 11－44　长江中游销售利润分析**

长江中游城市群城市市场热度综合排名TOP3的城市为吉安、上饶、长沙。如表11－11、11－12所示。

**表 11－11　长江中游市场热度评判指标及权重**

<table>
<tr><th>评价维度</th><th>指标维度</th><th>一级权重</th><th>指标</th><th>权重</th></tr>
<tr><td rowspan="6">市场热度</td><td rowspan="2">房价热度</td><td rowspan="2">40%</td><td>房价指数（实时房价/1.5 线城市实时房价均价）</td><td>26%</td></tr>
<tr><td>房价增幅｛（实时房价－2015 年房价）/2015 年房价｝</td><td>14%</td></tr>
<tr><td rowspan="2">地价热度</td><td rowspan="2">30%</td><td>地货比（近半年楼面价/实时房价）</td><td>20%</td></tr>
<tr><td>地价增幅（最近半年成交楼面价/2015 年成交楼面价）</td><td>10%</td></tr>
<tr><td rowspan="2">竞争热度</td><td rowspan="2">30%</td><td>住宅土地供应去化年限</td><td>18%</td></tr>
<tr><td>TOP50 房企进驻数量</td><td>12%</td></tr>
</table>

**表 11－12　长江中游市场热度综合排名**

| | 城市 | 综合得分 |
|---|---|---|
| 1 | 吉安 | 151.2 |
| 2 | 上饶 | 119.6 |
| 3 | 长沙 | 108.5 |
| 4 | 景德镇 | 104.1 |
| 5 | 黄冈 | 100.7 |
| 6 | 武汉 | 92.5 |
| 7 | 株州 | 77.7 |
| 8 | 湘潭 | 75.6 |
| 9 | 南昌 | 72.7 |
| 10 | 宜昌 | 66.9 |
| 11 | 鄂州 | 66.8 |
| 12 | 孝感 | 65.8 |
| 13 | 鹰潭 | 65.0 |
| 14 | 襄阳 | 55.2 |
| 15 | 抚州 | 52.4 |
| 16 | 黄石 | 51.7 |

续表

| | 城市 | 综合得分 |
|---|---|---|
| 17 | 岳阳 | 51.2 |
| 18 | 九江 | 48.0 |
| 19 | 宜春 | 46.3 |
| 20 | 娄底 | 45.9 |
| 21 | 常德 | 45.3 |
| 22 | 咸宁 | 43.5 |
| 23 | 益阳 | 41.3 |
| 24 | 荆州 | 34.0 |
| 25 | 新余 | 31.6 |
| 26 | 荆门 | 22.1 |
| 27 | 萍乡 | 20.8 |
| 28 | 衡阳 | 19.8 |

长江中游城市群城市房地产投资安全性综合排名 TOP3 的城市为常德、荆州及长沙。偏离度大于 1 的城市投资风险较高，应谨慎投资，主要城市有吉安、景德镇、上饶、鄂州、黄冈及鹰潭。如表 11－13 所示。

**表 11－13　长江中游房地产投资安全性综合排名**

| | 城市 | 偏离度 |
|---|---|---|
| 1 | 常德 | 0.11 |
| 2 | 荆州 | 0.15 |
| 3 | 长沙 | 0.15 |
| 4 | 咸宁 | 0.17 |
| 5 | 武汉 | 0.21 |
| 6 | 宜春 | 0.23 |
| 7 | 新余 | 0.25 |
| 8 | 九江 | 0.25 |
| 9 | 襄阳 | 0.25 |

续表

| | 城市 | 偏离度 |
|---|---|---|
| 10 | 萍乡 | 0. 27 |
| 11 | 南昌 | 0. 30 |
| 12 | 益阳 | 0. 31 |
| 13 | 岳阳 | 0. 33 |
| 14 | 荆门 | 0. 36 |
| 15 | 娄底 | 0. 44 |
| 16 | 宜昌 | 0. 48 |
| 17 | 衡阳 | 0. 57 |
| 18 | 抚州 | 0. 62 |
| 19 | 株州 | 0. 67 |
| 20 | 黄石 | 0. 86 |
| 21 | 孝感 | 0. 87 |
| 22 | 湘潭 | 0. 97 |
| 23 | 鹰潭 | 1. 32 |
| 24 | 黄冈 | 1. 75 |
| 25 | 鄂州 | 1. 86 |
| 26 | 上饶 | 1. 97 |
| 27 | 景德镇 | 2. 75 |
| 28 | 吉安 | 2. 90 |

第十二章

# 西部王侯　双城闪耀

巴蜀地、川渝情，不要巴适，要雄起！

西南称王，除了成都与重庆，绝对没有第三个候选。如果你非要在成都与重庆之间 PK 出结果，太难了，就好比让你选北大和清华谁是第一，成都火锅和重庆火锅究竟哪个更好吃。所谓西部王侯，非成渝莫属，双城都是中国经济的闪耀新星，究竟谁能笑到最后，还要看历史文化底蕴和经济发展的大智慧了。

## 第一节　成渝投资策略综合分析

### 概况及特征

成渝所处空间区域自古为四川盆地，成都为平原坐落在西，重庆多山坐落在东，相距不过 300 千米，气候和人文环境却大不相同。

成渝城市群是国务院批复的第四个城市群，由重庆市的渝中区、江北区等 27 个区（县）及四川省的成都、自贡等 15 个市组成。如表 12 - 1 所示。

**表 12－1 成渝城市群构成**

| 成渝城市群构成 | |
|---|---|
| 重庆市 | 渝中区、江北区、沙坪坝区、九龙坡区、南岸区、巴南区、大渡口区、北碚区、万州区、黔江区、涪陵区、綦江区、大足区、长寿区、江津区、合川区、永川区、南川区、潼南区、铜梁区、荣昌区、璧山区、梁平区、丰都县、垫江县、忠县等27个区（县）以及开州区、云阳县的部分地区 |
| 四川省 | 成都、自贡、泸州、德阳、绵阳（除北川县、平武县）、遂宁、内江、乐山、南充、眉山、宜宾、广安、达州（除万源市）、雅安（除天全县、宝兴县）、资阳等15个市 |

成渝城市群构建“一轴两带、双核三区”的空间格局。重点建设成渝发展主轴、沿长江和成德绵乐城市带，促进川南、南遂广、达万城镇密集区加快发展。如表12－2所示。

**表 12－2 成渝城市群城市等级**

| 城市等级 | 城市名称 | 数量 |
|---|---|---|
| 核心城市 | 成都、重庆 | 2 |
| 区域中心城市 | 绵阳、南充、乐山、泸州、宜宾 | 5 |
| 重要节点城市 | 自贡、德阳、遂宁、内江、眉山、广安、达州、雅安、资阳 | 9 |

成渝城市群处在“一带一路”和长江经济带“Y”字形大通道的连接点上，是丝绸之路经济带的重要战略支点、21世纪海上丝绸之路的产业腹地、长江经济带的西部中心枢纽。

成都和重庆是“一带一路”中欧班列的重要起点。其中，截至2017年年底，成都国际班列累计开行超1700列，开行班列数全国第一，近5年开行班列年平均涨幅超过424%，已成为首个实现每日开行、辐射“一带一路”沿线国家最广、开行线路最多、频率最稳定、产业带动效应最明显的中欧班列。

成渝城市群是长江经济带的重要组成部分，也是西部大开发的增长极和引擎。成渝城市群将作为重要的战略支撑引领长江经济带“三大两小”

经济群联动开发。(“三大两小”城市群包括三大跨区域城市群：成渝城市群、长江中游城市群、长三角城市群；两个区域性城市群：滇中、黔中城市群。)

为了更好地研究成渝城市群和长江上游经济带，本书将昆明和贵阳一并纳入研究范围。如图 12－1 所示。

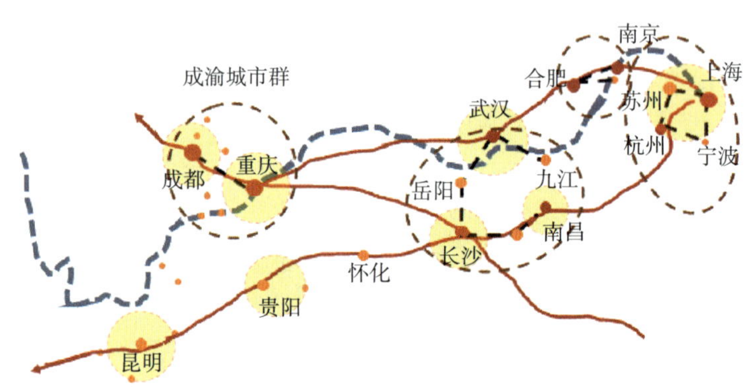


**图 12－1　成渝城市群带动长江经济带发展**

成渝城市群是以成都、重庆两大城市为核心的城市群，但次级城市发展不足。县城（区）和建制镇分布密集，每万平方千米拥有城镇 113 个，远高于西部的 12 个/万平方千米和全国的 23 个/万平方千米，各级各类城镇间联系日益密切。

**成渝城市群主要特征：**

**(1) 成都重庆为双核心，核心城市经济集聚程度较高，次级城市发育不足**

成渝城市群仅成都和重庆经济规模超过万亿，其余大部分城市 GDP 集中在 1000 亿元至 1500 亿元；第三产业占比成都和重庆大约在 50% 左右，而其余城市大部分集中在 25% ~35%；从 A 股上市公司数量分布来看，成都和重庆集中了城市群总体 68% 的上市公司，其他城市上市公司基本上都是个位数。无论从哪个角度看，城市群核心城市与一般城市经济发展差距巨大。

**（2）交通发展引领城市群发展路径**

目前基础设施互联互通程度不高，重庆、成都与其他城市间的快速轨道仍在建设中，城际高速网络尚未形成，沿江港口建设缺乏统筹。但未来成渝城市群将构建长江上游航运中心和重庆、成都两大交通枢纽，成渝与中东部地区的联系将极大增强，成渝内部核心城市与周边城市将形成 1 小时交通圈。而成都新机场于 2020 年建成，成都成为全国第三个拥有双机场的城市，交通辐射能力进一步增强。

**（3）成都和重庆的竞争与合作的共存关系仍将长期持续**

成都重庆地缘相近、风俗相同，历史上均属于巴蜀之地，又曾同属四川管辖，产业发展沿成渝主轴和沿江经济带布局。但同为国家支持的西部国家中心城市，又同时享有国家支持的自贸区政策，其竞争与合作的关系将长期存在。需要更高层面的协调机制或创新发展找到更好的合作智慧，以共同促进西南区域的崛起。

**（4）新经济发展助力成都快速转型，经济增速有望领先发展**

2017 年 11 月成都新经济发展大会召开，描绘出新经济的蓝图：重点发展数字经济、智能经济、绿色经济、创意经济、流量经济、共享经济“六大新经济形态”，构建“七大应用场景”，力争到 2022 年基本形成具有全球竞争力和区域带动力的新经济产业体系，成为新经济的话语引领者、场景培育地、要素集聚地和生态创新区，培育独角兽企业 7 家以上、潜在独角兽企业 60 家以上。这些新经济的政策将有力推进成都的快速发展。

## 专题：成都腾飞的新经济战车

从全球来看，新经济是世界各国竞相发展的热点，美国、德国、以色列、新加坡、中国等已然成为新经济的策源地。从国内看，新经济发展迅猛，被称为“新四大发明”的高铁、支付宝、共享单车和网购正引领全球科技变革，除了“北上深杭”等领军城市外，成都自然不愿落后，全力布局新经济发展格局。

成都是新一轮新经济快速腾飞的领军者，正在全力推进新经济建设步伐，提出要发挥四大发展优势，发展数字经济、智能经济、绿色经济、创意经济、流量经济、共享经济六大经济形态，展望2022年，成都将基本形成具有全球竞争力和区域带动力的新经济产业体系，建成最适宜新经济发育成长的新型城市。同时，新经济产值达5000亿元以上，新经济总量指数排名进入全国第一方阵。如图12－2所示。

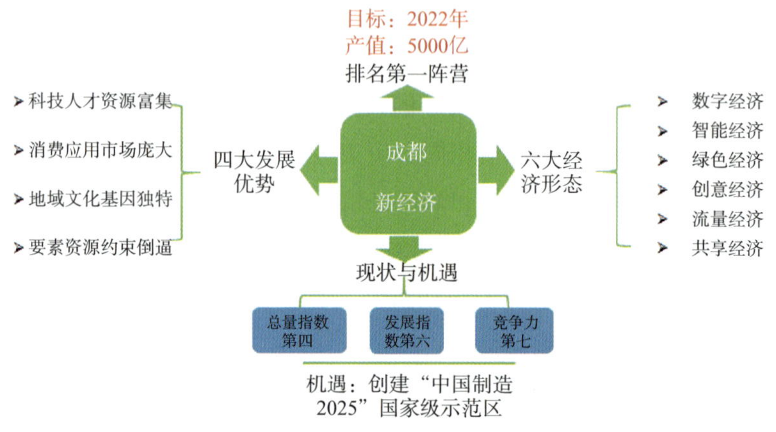


**图12－2　成都新经济**

新一轮科技革命和产业变革正以不可逆转、不可抗拒的力量推动着人类社会加速向前。四川省委常委、成都市委书记范锐平提出：“我们必须树立全球视野，观照世界新经济发展理论与实践，准确把握成都新经济发展的比较优势，尊重规律、研判趋势、抢抓机遇，努力走出一条具有成都特色的新经济发展之路。”如图12－3所示。

通过近些年不断的发展创新，成都已跃居最具潜力的新一线城市。近日，第一财经新一线城市研究所公布的《2018中国城市商业魅力排行榜》中，15个“新一线”城市排名也正式公布，成都再次位居“新一线”城市榜首，这也是成都第三年蝉联“新一线”城市榜首。

## 城市群综合分析

成渝城市群土地面积18.5万平方千米，占全国的1.92%；地区生产总值3.76万亿元，占全国的5.05%；常住人口9094万人，占全国

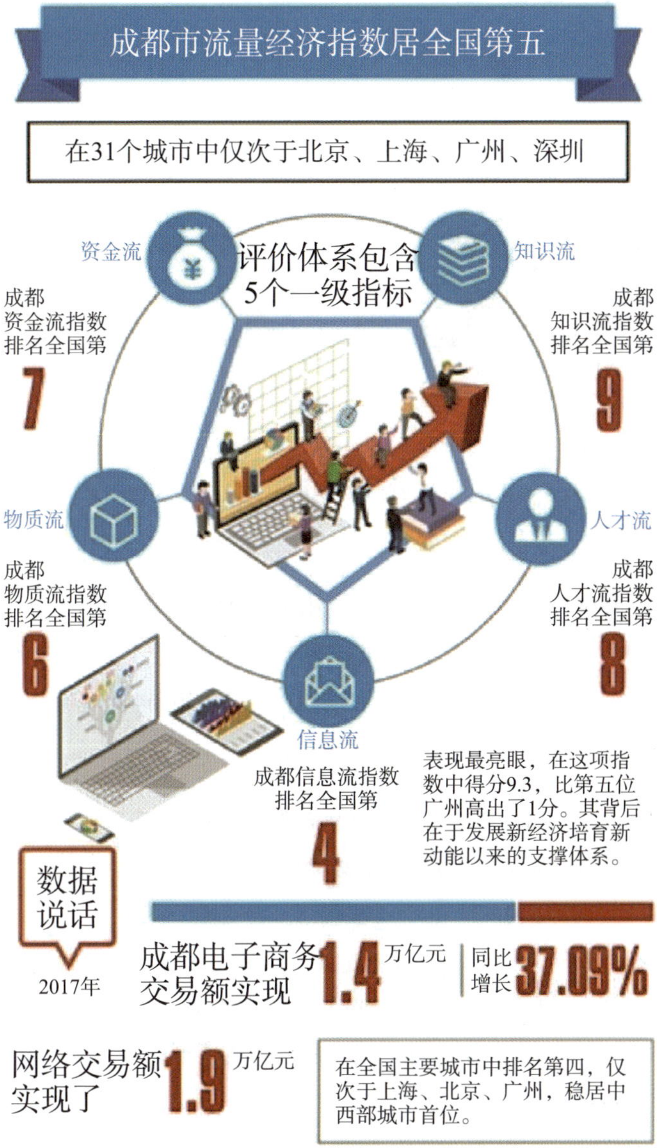

成都市流量经济指数居全国第五

在31个城市中仅次于北京、上海、广州、深圳

评价体系包含5个一级指标

资金流
成都资金流指数排名全国第7

知识流
成都知识流指数排名全国第9

物质流
成都物质流指数排名全国第6

人才流
成都人才流指数排名全国第8

信息流
成都信息流指数排名全国第4

表现最亮眼，在这项指数中得分9.3，比第五位广州高出了1分。其背后在于发展新经济培育新动能以来的支撑体系。

数据说话

2017年

成都电子商务交易额实现1.4万亿元　同比增长37.09%

网络交易额实现了1.9万亿元

在全国主要城市中排名第四，仅次于上海、北京、广州，稳居中西部城市首位。

**图 12－3　成都特色的新经济发展之路**

的6.57%。

成渝城市群无论是土地面积、生产总值还是人口总量，较其余三大城市群都有一定差距。这种差距不仅体现在经济总量数据上，还存在产业布局缺乏差异性、次级城市发展不足等问题。如图 12－4 所示。

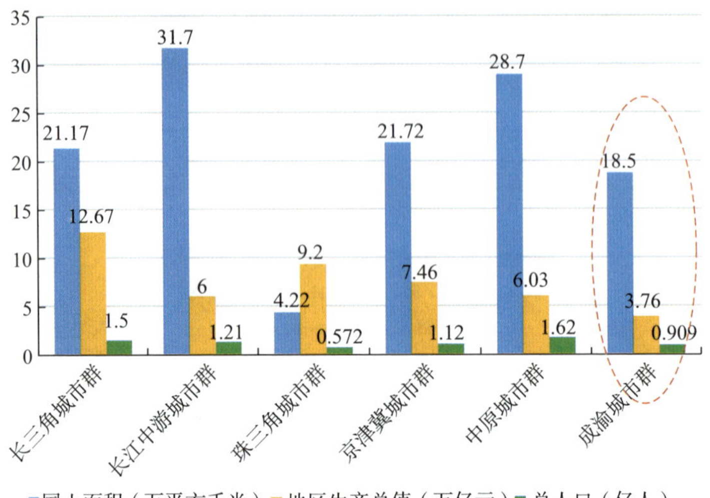


**图 12－4　主要城市群对比**

目前，成渝城市群常住人口城镇化率为55%，低于我国常住人口城镇化率57.4%。根据规划，成渝城市群到2020年城镇化率将达到60%，预计有480万人实现城镇化。如能达到京津冀城市群64%城镇化率水平，预计有870万人实现城镇化。如图12－5所示。

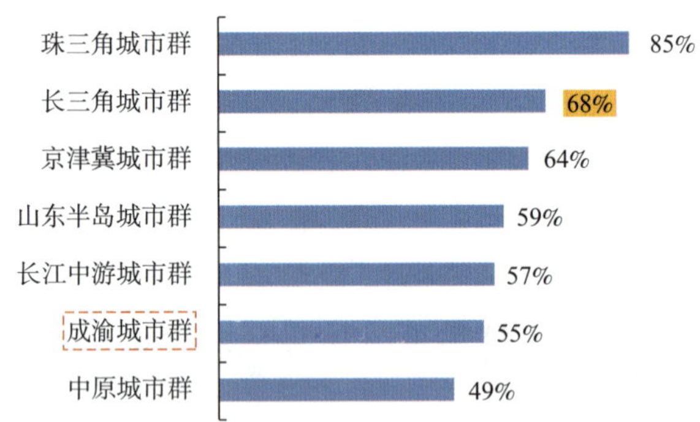


**图 12－5　主要城市群常住人口城镇化率对比**

而从商品房销售金额对比来看，成渝城市群与长三角、珠三角两个城市群相比差距非常大，仅占长三角的1/5，房地产市场成熟度较低。如图12－6所示。

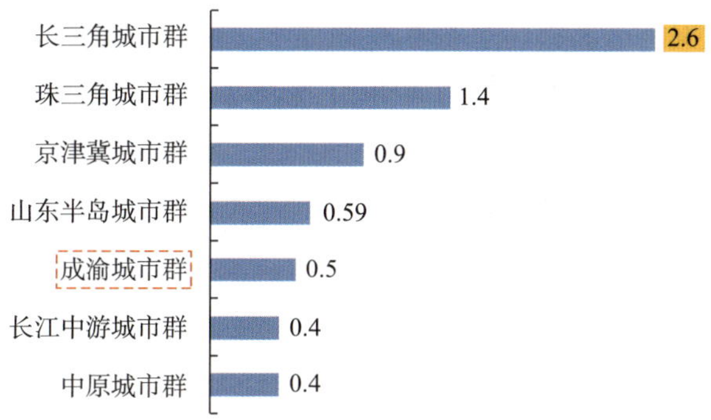


**图 12－6　主要城市群商品房销售金额对比**

成渝城市群地缘相近、人文相通，同时又是中央和地方共同积极推进的重大战略决策。如图 12－7 所示。

|  |  |
| --- | --- |
| 2003 | ·中国科学院地理科学与资源研究所的报告《中国西部大开发重点区域规则研究》提出："在未来5至10年内，要积极构建以成渝两大都市为中心，各级中心城市相互联系和合作的中国西部最大有双核城市群，形成西部大开发战略支撑点，西部地区人口、产业、信息、科技和文仑等集聚中心，长江上游经济的核心。"这是在国家层面的报告中，第一次出现渝经济区的概念。 |
| 2004.02.03 | ·四川省在在成都签署《关于加强川渝经济社会领域社会领域合作共谋长江上游经济区发展的框架协议》和交通、旅游、农业、公安、文化、广播电视6个方面的具休协议。 |
| 2006 | ·国家西部大开发"十一五"规划出台，明确提出建设成渝经济区。 |
| 2007.04 | ·四川省政策签署《关于推进川渝合作共建后川渝经济区的协议》，提出打造中国经济增长"第四级"的目标。 |
| 2008 | ·国家发改委牵头成立《规划》编制协调指导小组和夫划编制工作组，会同国务院有关部门的四川省及有关研究单位共同完成。《规划》编制协调指导小组和工作组成立后，工作刚刚启动，汶川地震发生，规划编暂停，直到2009年7月才启动。 |
| 2008 | ·成渝两地政府工作报告，都将建设成渝经济区列为今后五年重点推进的工作之一。同年，在国务院西部办颁发的《西部大开发"十一五"规划》中，提出重点建设成渝、关中一天水、北部湾等重点经济区，把其建设成为带动和支撑西部大开发的战略高地 |
| 2008.10 | ·川渝两省市签署《关于深化川渝经济合作框架协议》，标志着川渝合作共建经济区进一步深化。 |
| 2010.07 | ·国家发改委编制完成《成渝经济区域规划》（征求意见稿）。同年12月，《成渝经济区区域规划》经国家发改委主任办公室审议通过，上报国务院审批，3个月后，规划获得国务院常务会议讨论并原则通过。 |
| 2011.03.01 | ·《成渝经济区区域规划》经国务院常务会议讨论并原则通过。 |
| 2011.05.05 | ·国务院常务会议正式同意批复《成渝经济区区域规划》。 |
| 2016.04.12 | ·国务院印发《关于成渝城市群发展规划的批复》（国函数（2016），批复同意《成渝城市群发展规划》。 |

**图 12－7　成渝城市群重大战略决策**

根据各城市群发展现状及未来规划对比，成渝城市群定位为引导西部开发开放的国家级城市群，规划2020年基本建成。如表12－3所示。

成渝城市群属于城市群发展的第一阶段，以强核吸附为主要特征，核心城市成都、重庆吸附力超强。如图12－8、12－9所示。

**图12－8　强核阶段模型**　　　　**图12－9　杯托型模型**

成渝城市等级体系分化严重，处在城市发展较好区、适中区、较弱区城市比例为2∶1∶13。

从城市群投资潜力雷达图可以看出，成渝城市群是国内较具有发展潜力的城市群，除了经济维度控制较好外，其余12个维度发展较为均衡。如图12－10所示。

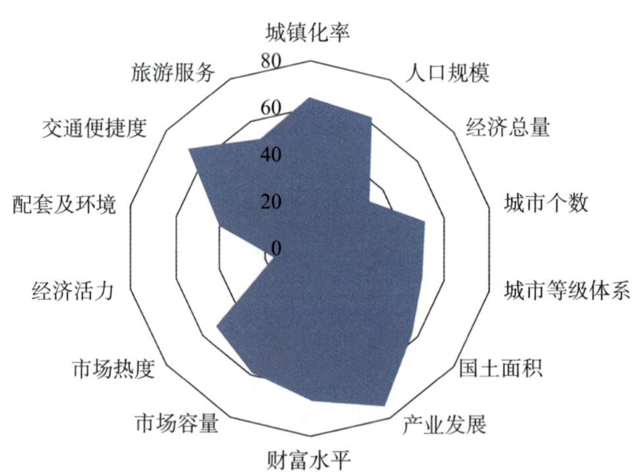


**图12－10　成渝城市群投资潜力雷达图**

成渝内部城市经济联系强度表可以看出，成都和重庆联系相对密切，成都和四川其他地市联系也相对密切。但总体来看，由于其他地市的经济和人口与成渝相差较大，故经济联系强度相对其他城市群均较弱。如表12－4所示。

表 12－3　各城市群发展现状及未来规划对比

| | 指标 | 京津冀 | 珠三角 | 长三角 | 中原城市群 | 长江中游城市群（中三角） | 成渝城市群 |
|---|---|---|---|---|---|---|---|
| 发展现状 | 国土面积（万平方千米） | 21.72 | 4.22 | 21.17 | 28.70 | 31.70 | 18.50 |
| | 地区生产总值（万亿元） | 7.46 | 9.20 | 12.67 | 6.03 | 7.25 | 3.76 |
| | 总人口（亿人） | 1.12 | 0.57 | 1.50 | 1.62 | 1.29 | 0.91 |
| 未来规划 | 发展定位 | 以首都为核心的世界级城市群 | 世界级城市群 | 中国经济新增长级 | 国家级城市群，带动中部地区崛起的经济发展新增长极 | 具有全球影响力的世界级城市群 | 引导西部开发开放的国家级城市群 |
| | 定位重点 | 区域整体协同发展改革引领区、全国创新驱动经济增长新引擎、生态修复环境改善示范区 | 科技发展模式试验区，改革先行区，扩大开放的重要国际门户，世界先进制造业和现代服务业基地，全国重要的经济中心 | 打造改革新高地 | 先进制造业和现代服务业基地，中西部地区创新创业先行区，内陆地区双向开放新高地，绿色生态发展示范区 | 中西部新型城镇化优先行区，内陆开放合作示范区，“两型”社会建设引领区 | 全国重要的现代产业基地，西部创新驱动先导区，内陆开放型经济战略高地，统筹城乡发展示范区，魅力中国的先行区 |

续表

| | 指标 | 京津冀 | 珠三角 | 长三角 | 中原城市群 | 长江中游城市群（中三角） | 成渝城市群 |
|---|---|---|---|---|---|---|---|
| 未来规划 | 发展目标 | 2020 年常住人口控制在 2300 万人以内；2030 年成为具有较强国际竞争力和影响力的重要区域 | 2020 年率先基本实现现代化，形成具有世界先进水平的科技创新能力，全球最具核心竞争力的大都市圈之一 | 2030 年，全面建成具有全球影响力的世界级城市群 | 2020 年现代化城镇化体系基本形成，2025 年城市群一体化发展全面实现 | 2020 年，整体经济实力明显增强，转变经济发展方式取得实质性进展 | 2020 年基本建成经济充满活力的国家级城市群；2030 年向世界级城市群跨越 |
| | 发展战略 | 有序疏解北京非首都功能，重点关注交通、生态环保、产业升级转移三方面 | 现代产业体系、自主创新，基础设施现代化、统筹城乡发展、区域协调发展、资源节约与环境保护六个方面 | 制度创新、科技进步、产业升级、城乡统筹全方们开放、绿色发展六方面 | 核心带动、轴带导向、生态宜居、创新驱动、共建共享五个方面 | 城乡统筹发展、基础设施互联互通、产业协同发展、生态文明共建、公共服务共享、神话开放合作六方面 | 产业分工与协作，基础设施互联互通，生态共建环境共治，对内对外开放合作，城市群机制协同发展五方面 |

**表 12－4　成渝内部城市经济联系强度表**

| | 重庆 | 成都 | 自贡 | 泸州 | 德阳 | 绵阳 | 遂宁 | 内江 | 乐山 | 南充 | 眉山 | 宜宾 | 广安 | 达州 | 雅安 | 资阳 | 昆明 | 贵阳 |
|---|---|---|---|---|---|---|---|---|---|---|---|---|---|---|---|---|---|---|
| 重庆 | | 0.03279 | 0.010004 | 0.019084 | 0.00509 | 0.005573 | 0.015498 | 0.015745 | 0.005226 | 0.023478 | 0.003843 | 0.00949 | 0.028237 | 0.012779 | 0.00121916 | 0.005218 | 0.001776 | 0.006302 |
| 成都 | | | 0.006758 | 0.005024 | 0.04622 | 0.023249 | 0.008484 | 0.008662 | 0.015578 | 0.008053 | 0.054842 | 0.005558 | 0.002919 | 0.002201 | 0.007403406 | 0.021675 | 0.001006 | 0.001292 |
| 自贡 | | | | 0.005186 | 0.000665 | 0.000572 | 0.001055 | 0.019308 | 0.002541 | 0.000972 | 0.001309 | 0.008994 | 0.000488 | 0.000285 | 0.000312735 | 0.001779 | 0.000224 | 0.000329 |
| 泸州 | | | | | 0.000601 | 0.000548 | 0.0008 | 0.00546 | 0.001353 | 0.00086 | 0.000845 | 0.004945 | 0.000548 | 0.000458 | 0.000244014 | 0.001107 | 0.000294 | 0.000674 |
| 德阳 | | | | | | 0.026238 | 0.00143 | 0.001044 | 0.00109 | 0.00161 | 0.001776 | 0.000615 | 0.000532 | 0.000416 | 0.000516071 | 0.001881 | 0.000156 | 0.000189 |
| 绵阳 | | | | | | | 0.002168 | 0.000853 | 0.000879 | 0.002319 | 0.001268 | 0.000561 | 0.000753 | 0.00055 | 0.000442113 | 0.001273 | 0.000169 | 0.000247 |
| 遂宁 | | | | | | | | 0.002052 | 0.000602 | 0.010001 | 0.000703 | 0.00081 | 0.0025 | 0.000762 | 0.000193333 | 0.001504 | 0.000139 | 0.000239 |
| 内江 | | | | | | | | | 0.002217 | 0.00158 | 0.001448 | 0.004552 | 0.000796 | 0.000413 | 0.000318161 | 0.004033 | 0.000237 | 0.00038 |
| 乐山 | | | | | | | | | | 0.000625 | 0.007363 | 0.001847 | 0.0003 | 0.000219 | 0.001683542 | 0.001693 | 0.000196 | 0.000252 |
| 南充 | | | | | | | | | | | 0.00068 | 0.000883 | 0.008648 | 0.002314 | 0.00023118 | 0.001089 | 0.000211 | 0.000414 |
| 眉山 | | | | | | | | | | | | 0.000826 | 0.000321 | 0.000228 | 0.001677818 | 0.00226 | 0.00014 | 0.000182 |
| 宜宾 | | | | | | | | | | | | | 0.000545 | 0.000333 | 0.000393983 | 0.0011 | 0.000401 | 0.000556 |
| 广安 | | | | | | | | | | | | | | 0.001785 | 0.000104836 | 0.000517 | 0.000117 | 0.000299 |
| 达州 | | | | | | | | | | | | | | | 8.84503E-05 | 0.000293 | 0.000134 | 0.000313 |
| 雅安 | | | | | | | | | | | | | | | | 0.00041 | 7.82E-05 | 7.65E-05 |
| 资阳 | | | | | | | | | | | | | | | | | 0.000134 | 0.000191 |
| 昆明 | | | | | | | | | | | | | | | | | | 0.000778 |
| 贵阳 | | | | | | | | | | | | | | | | | | |

## 城市房地产投资策略

我们从城市发展潜力、房地产市场热度、投资安全性三个单一维度给出城市群各城市排名情况，如图 12 – 11 所示。

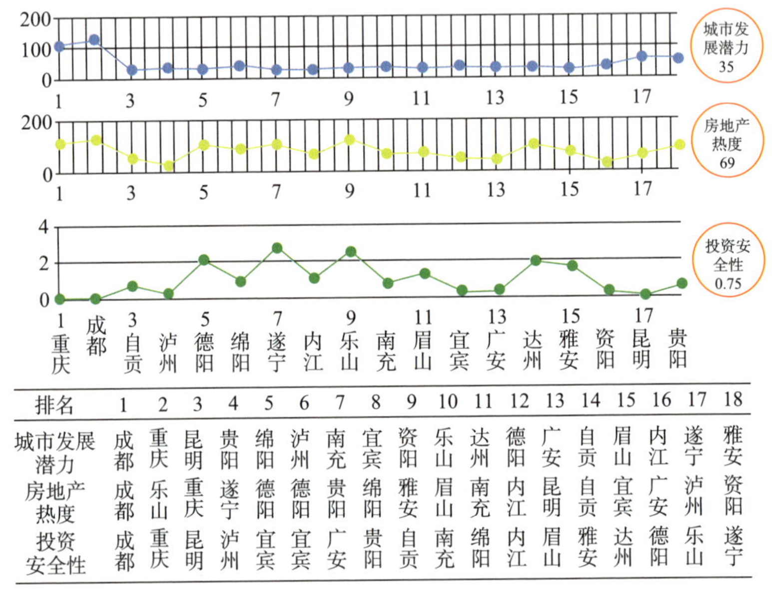


| 排名 | 1 | 2 | 3 | 4 | 5 | 6 | 7 | 8 | 9 | 10 | 11 | 12 | 13 | 14 | 15 | 16 | 17 | 18 |
|---|---|---|---|---|---|---|---|---|---|---|---|---|---|---|---|---|---|---|
| 城市发展潜力 | 成都 | 重庆 | 昆明 | 贵阳 | 绵阳 | 泸州 | 南充 | 宜宾 | 资阳 | 乐山 | 达州 | 德阳 | 广安 | 自贡 | 眉山 | 内江 | 遂宁 | 雅安 |
| 房地产热度 | 成都 | 乐山 | 重庆 | 遂宁 | 德阳 | 德阳 | 贵阳 | 绵阳 | 雅安 | 眉山 | 南充 | 内江 | 昆明 | 自贡 | 宜宾 | 广安 | 泸州 | 资阳 |
| 投资安全性 | 成都 | 重庆 | 昆明 | 泸州 | 宜宾 | 宜宾 | 广安 | 贵阳 | 自贡 | 南充 | 绵阳 | 内江 | 眉山 | 雅安 | 达州 | 德阳 | 乐山 | 遂宁 |

**图 12 – 11　成渝城市群各城市排名情况**

核心城市成都、重庆（主城九区）处于捡漏区：成都热度远远高于重庆（主城九区），且城市基本面也好很多，对此两城市的发展策略应有所不同，成都应以其外溢区域为主，重庆应坚守主城区；一般城市大多处在挑货区和抛货区，短期内的发展速度和潜力不大。如图 12 – 12 所示。

根据九宫格阶梯筛选法则，处在阶梯阴影区为重点拓展城市。黄线框内的重点拓展城市，主要包括昆明、绵阳、贵阳。贵阳属于黔中城市群的核心城市，昆明属于滇中城市群的核心城市，明显可以看出贵阳偏热，昆明偏冷，目前应是进驻昆明的最佳时机。绵阳市场较为封闭，成都对其的吸附力不太高，可择优质地块进入；挑货区的重点拓展城市，主要有资阳、广安、宜宾、泸州、自贡、内江、眉山、雅安 8 个城市。如不属于成都、重庆的外溢区域，或气候互补区域，除非优质项目，暂不宜进入。如

图 12－13 所示。

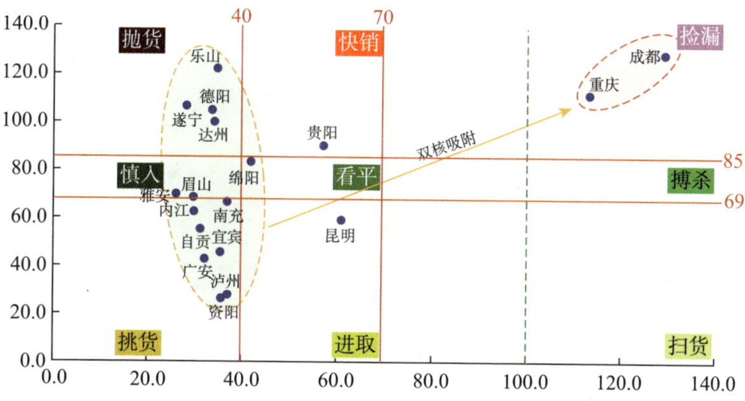


图 12－12　成渝城市群核心城市与一般城市区域分布

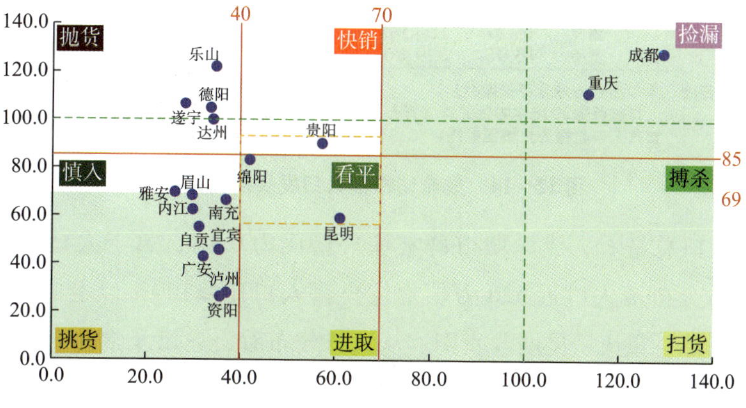


图 12－13　成渝城市群九宫格阶梯筛选

# 第二节　城市基本面研判

## 人口发展潜力

人口是城市发展的基础，也是房地产发展的重要支撑。我们从人口发展基数和人口发展结构等层面研判城市人口发展潜力。

成渝城市群人口基数及发展潜力较好，18 个城市人口基数均值为 409 万人。人口指数 TOP3 城市为成都、重庆及昆明。如图 12－14 所示。

TOP

| | 城市 | 人口指数 | 人口基数 |
|---|---|---|---|
| 1 | 成都 | 123.74 | 1485.35 |
| 2 | 重庆 | 102.35 | 851.80 |
| 3 | 昆明 | 72.99 | 672.80 |
| 4 | 资阳 | 71.58 | 254.10 |
| 5 | 绵阳 | 68.80 | 481.09 |
| 6 | 贵阳 | 65.49 | 469.68 |
| 7 | 宜宾 | 64.88 | 451.00 |
| 8 | 泸州 | 62.57 | 430.64 |
| 9 | 达州 | 61.98 | 559.77 |
| 10 | 广安 | 57.92 | 326.50 |
| 11 | 乐山 | 57.17 | 326.50 |
| 12 | 南充 | 56.91 | 640.22 |
| 13 | 德阳 | 54.04 | 352.00 |
| 14 | 眉山 | 53.40 | 300.09 |
| 15 | 内江 | 52.59 | 374.66 |
| 16 | 自贡 | 51.86 | 278.08 |
| 17 | 雅安 | 46.27 | 153.97 |
| 18 | 遂宁 | 45.98 | 329.80 |

备注：人口指数为综合评价指数；
人口基数为2016年常住人口（万人）；
重庆人口数据为主城区数据。

【计算方法】

常住人口 40%
常住户籍人口比 15%
小学生增幅 10%
中小学生在校生人数 10%
城镇化率增幅 15%
城镇化率 10%

人口发展潜力 100分
=城市基本面×35%

#指标评价采用综合打分法进行打分评价。

【参考指标】

非公就业人口及占比

*数据来源为各城市国民经济与社会发展统计公报及中国城市发展年鉴。

图 12－14　成渝城市群人口发展潜力指数

从人口总量看，成渝城市群常住户籍比为 0.94，属于人口外流城市群，2016 年外流人口近 526 万。常住户籍人口比≥100% 以上的城市有 4 个，为成都、重庆、昆明及贵阳。从人口分布看，户籍及常住人口均超过 1000 万的城市有 1 个，为成都。如图 12－15 所示。

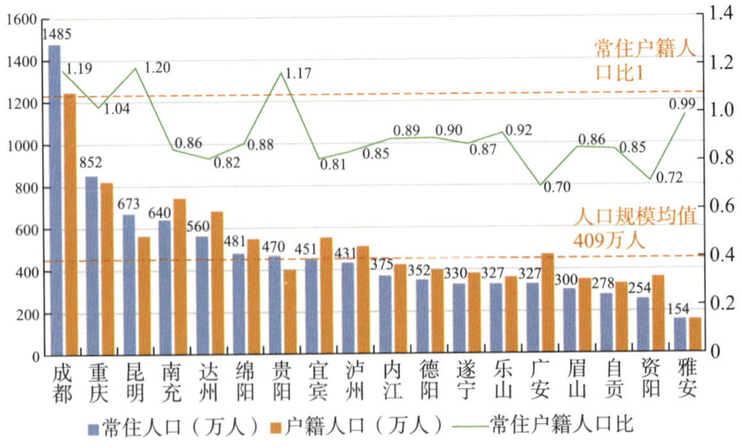


图 12－15　成渝城市群人口规模

从小学生2016年在校生人数看，成渝城市群2016年小学生在校人数为558万人，占全国小学生在校人数9913万人的5.63%。略低于成渝城市群占全国总人口比重6.57%，人口结构相对合理；成渝城市群18个城市小学生在校生人数总涨幅为2.5%；重点关注城市成都、重庆、贵阳、宜宾。如图12-16所示。

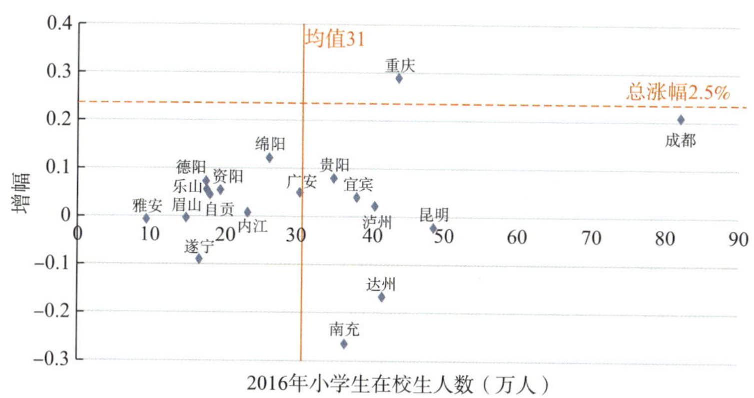


图12-16　成渝城市群小学生2016年在校生人数及增幅

中小学在校生人数从某个维度上代表这个城市刚需和刚改家庭的规模。成渝城市中小学在校生人数均值60万人，超过100万人的城市有重庆及成都。这些城市的改善型购房需求较强。如图12-17所示。

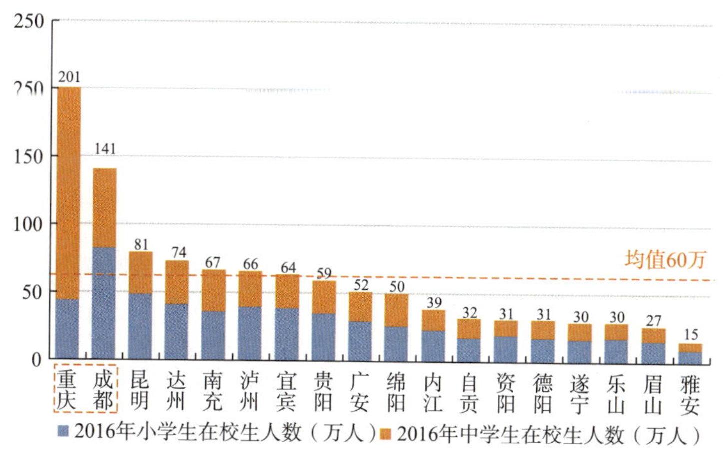


图12-17　成渝城市群2016年中小学在校生人数

成渝城市群18个城市城镇化率在55%以上的城市共4个，分别为贵阳、成都、昆明及重庆；18 个城市 2016 年城镇化率增幅在 0.9% ~2.8%，平均城镇化率增幅为 1.4%。按照现有增幅计算，可实现 2020 年 60% 的城镇化率目标。如图 12 - 18 所示。

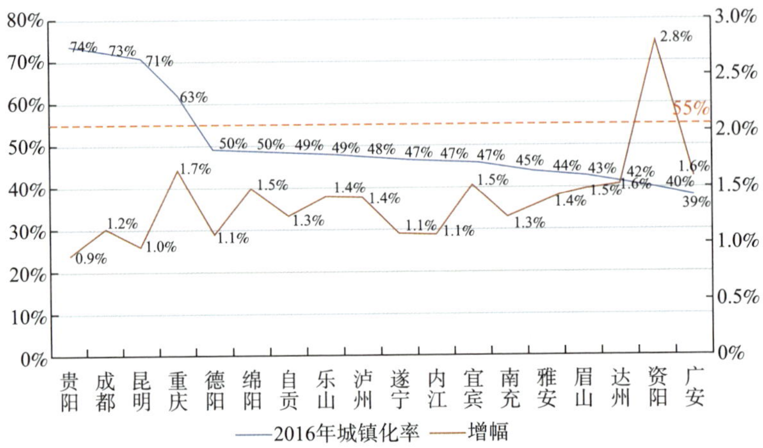


**图 12 - 18 成渝城市群 2016 年城镇化率及增幅**

非公就业人口占比体现城市经济的活力和可持续性。成渝城市非公就业人口占比中位值为 17.2%，高于 20% 的城市非公就业人口活力较强，高于 20% 的城市有重庆、成都、昆明、眉山、南充及内江。如图 12 - 19 所示。

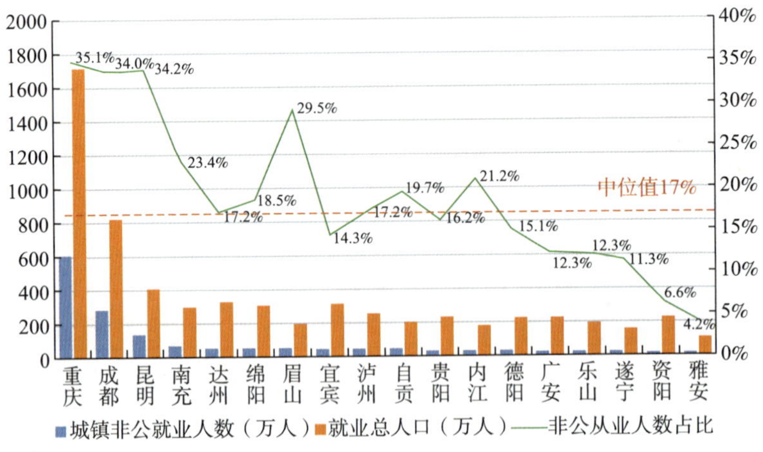


**图 12 - 19 成渝城市群非公就业人口占比**

## 经济发展潜力

经济是城市发展的主要驱动力，也是房地产发展的重要支撑。我们从城市经济总量基数、人均收入基数、经济发展结构与活力、城市财力水平等层面综合研判城市经济发展潜力。

成渝城市群城市经济总量基数均值为 2003 亿元，人均收入基数均值为 28838 元。经济指数 TOP3 的城市为成都、重庆及昆明。如图 12－20 所示。

TOP

| | 城市 | 经济指数 | 城市经济总量指数 | 人均收入基数 |
|---|---|---|---|---|
| 1 | 成都 | 111.22 | 12170 | 35902 |
| 2 | 重庆 | 77.02 | 7647 | 29610 |
| 3 | 昆明 | 60.50 | 4300 | 36739 |
| 4 | 贵阳 | 49.42 | 3158 | 29502 |
| 5 | 绵阳 | 33.63 | 1830 | 29407 |
| 6 | 德阳 | 30.24 | 1753 | 29159 |
| 7 | 乐山 | 29.06 | 1407 | 28583 |
| 8 | 达州 | 28.26 | 1447 | 26016 |
| 9 | 泸州 | 28.06 | 1482 | 28959 |
| 10 | 宜宾 | 27.92 | 1653 | 28390 |
| 11 | 南充 | 27.56 | 1651 | 25993 |
| 12 | 眉山 | 27.35 | 1117 | 28691 |
| 13 | 自贡 | 27.01 | 1235 | 28455 |
| 14 | 广安 | 26.81 | 1079 | 28218 |
| 15 | 遂宁 | 25.41 | 1008 | 26962 |
| 16 | 内江 | 24.35 | 1298 | 27986 |
| 17 | 资阳 | 24.25 | 943 | 28501 |
| 18 | 雅安 | 24.01 | 545 | 27352 |

备注：经济指数为综合评价指数；
城市经济总量基数为2016年城市GDP（亿元）；
人均收入基数为2016年城镇居民人均可支配收入（元）；
重庆GDP数据为主城区数据.

【计算方法】

城市GDP 40%
第三产业占GDP比重 15%
城镇人均可支配收入 12%
人均住户存款余额 8%
一般财政预算收入 10%
上市公司数量 15%

经济发展潜力 100分
=城市基本面×20%

#指标评价采用综合打分法进行打分评价.

*数据来源为各城市国民经济与社会发展统计公报、中国城市发展年鉴及各城市证监会网站.

**图 12－20　成渝城市群经济发展潜力指数**

18 个城市中 GDP 超过均值 2002 亿元的共有 9 个。其中，超过 10000 亿的城市有 1 个，为成都；超过 5000 亿的 1 个，为重庆。城市群一般预算收入的均值为 153 亿元，高于均值的城市共有 4 个，分别为成都、重庆、昆明及贵阳。如图 12－21 所示。

成渝城市群整体第三产业增加值占 GDP 比重为 44%，低于全国 51.6% 的平均水平；从产业发展潜力看，18 个城市中，城市第三产业占 GDP 比重 > 城市群整体占比 44% 的有 4 个，为成都、重庆、昆明及贵阳。如图 12－22 所示。

城市群人均城镇居民可支配收入均值为 28838 元，低于全国人均城镇居民可支配收入 33616 元；城市群中有 7 个城市高于城市群均值，分别为

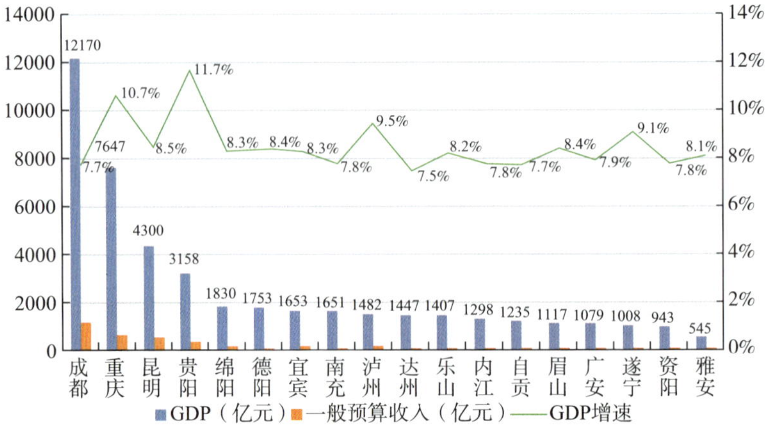


**图 12－21　成渝城市群 GDP、一般预算收入及增幅**

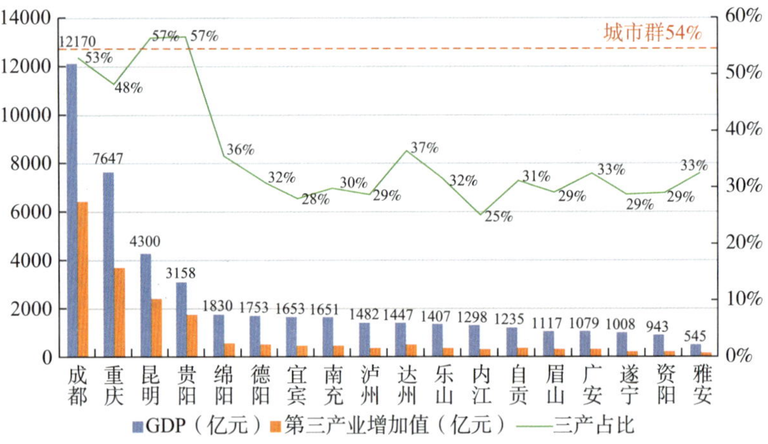


**图 12－22　成渝城市群第三产业增加值占比**

昆明、成都、重庆、贵阳、绵阳、德阳及泸州。城市群城镇在岗职工平均工资的均值为 59325 元，超过均值的城市共有 9 个，分别为成都、贵阳、昆明、重庆、德阳、广安、绵阳、自贡及宜宾。如图 12－23 所示。

成渝城市群整体人均住户存款余额为 3.8 万元，高于整体水平的城市有 8 个，分别为重庆、成都、昆明、贵阳、绵阳、德阳、乐山及眉山。如图 12－24 所示。

成渝城市群 A 股上市公司数量相对较少，5 家以上的仅有 4 个城市，A 股上市公司主要集中在成都及重庆，占整个城市群的 75%。上市公司所在城市经济活力较强。如表 12－5 所示。

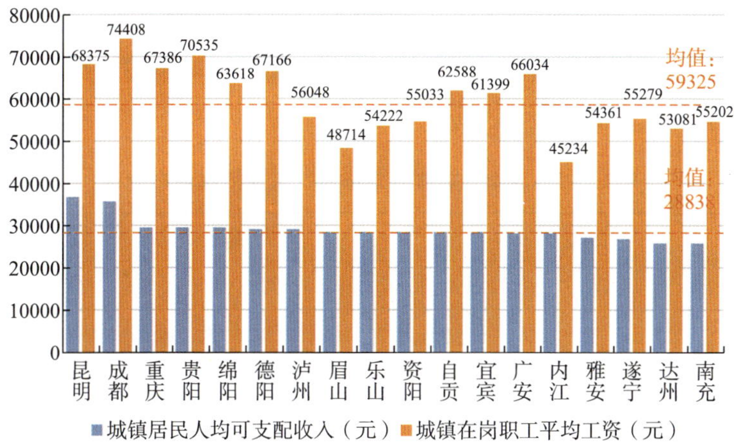


**图 12－23　成渝城市群人均城镇居民可支配收入及在岗职工平均工资**

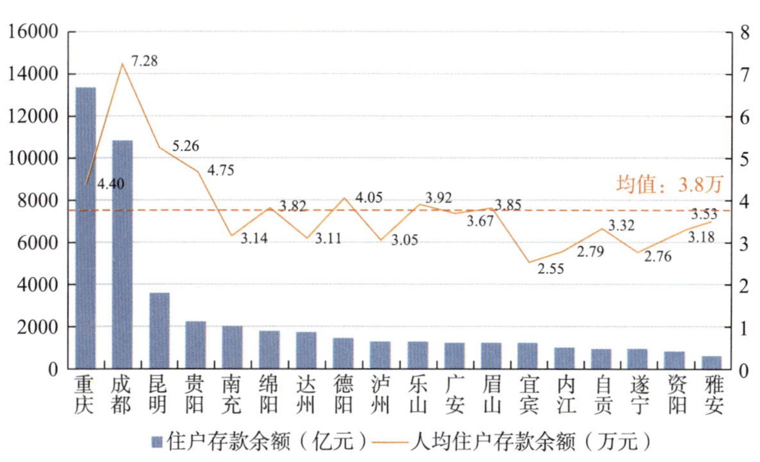


**图 12－24　成渝城市群人均住户存款余额**

 **表 12－5　成渝城市群 A 股上市公司所在城市分布**

| | 个数 | 城市 |
|---|---|---|
| N≥40 | 2 | 成都、重庆 |
| 50≤N＜10 | 2 | 绵阳、遂宁 |
| 3≤N＜5 | 5 | 眉山、宜宾、自贡、泸州、乐山 |
| 1≤N＜3 | 6 | 南充、德阳、内江、广安、达州、雅安 |
| N＝0 | 1 | 资阳 |

知名大学的创新活力影响和带动城市的创新活力水平。成渝城市群“双一流”大学共有30所，均集中在中心城市成都及重庆，代表这些城市创新活力较强。如表12－6所示。

表12－6　成渝城市群“双一流”大学所在城市分布

| | 个数 | 高校 |
|---|---|---|
| 一流大学 | 3 | 四川大学、电子科技大学、重庆大学 |
| 一流学科 | 7 | 西南交通大学、西南石油大学、成都理工大学、四川农业大学、成都中医大学、西南大学、西南财经大学 |

## 人口与经济的均衡

成渝城市群人口与经济沿均衡线发展，均衡线以下且偏离越大的城市更应该关注产业发展，其中资阳、宜宾等城市要重点关注新产业进驻，有可能会带来城市发展的巨变；均衡线以上且偏离越大的城市更应该关注人口政策，其中成都、重庆、昆明、贵阳等城市要重点关注人口政策变化带来的人口集聚，有可能会带来人口短时膨胀。如图12－25所示。

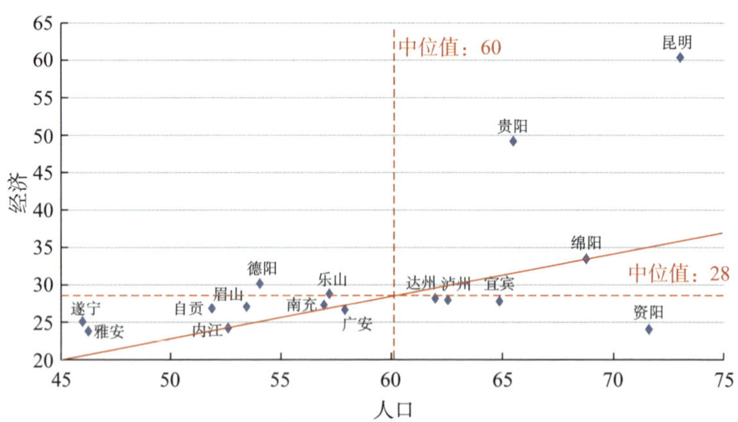


图12－25　成渝城市群人口与经济均衡性分析

## 市场容量

市场容量指数重点考察城市市场销售规模水平、去化周期及房企进驻，是城市房地产发展的安全边界。该指数我们从市场容量、供地面积、购买能力、房企进驻热度等层面综合研判房地产市场安全属性。

成渝城市群城市市场容量基数均值为 327 万平方米。市场容量及安全指数 TOP3 的城市为成都、重庆及贵阳。如图 12－26 所示。

TOP

| | 城市 | 容量指数 | 市场容量基数 |
|---|---|---|---|
| 1 | 成都 | 158.53 | 2378.17 |
| 2 | 重庆 | 139.53 | 2093.12 |
| 3 | 贵阳 | 52.26 | 783.92 |
| 4 | 昆明 | 41.82 | 627.30 |
| 5 | 南充 | 21.07 | 315.89 |
| 6 | 绵阳 | 17.93 | 269.02 |
| 7 | 泸州 | 15.87 | 238.04 |
| 8 | 德阳 | 14.40 | 216.25 |
| 9 | 自贡 | 14.27 | 214.41 |
| 10 | 乐山 | 11.67 | 174.77 |
| 11 | 广安 | 11.67 | 175.36 |
| 12 | 遂宁 | 9.60 | 143.78 |
| 13 | 内江 | 9.07 | 136.44 |
| 14 | 眉山 | 8.60 | 128.57 |
| 15 | 达州 | 8.60 | 128.59 |
| 16 | 资阳 | 7.13 | 106.94 |
| 17 | 宜宾 | 6.20 | 93.03 |
| 18 | 雅安 | 3.07 | 45.89 |

备注：市场容量为综合评价指数；
城市市场容量基数为2015-2017年城市市本级商品住宅平均销售面积（万平方米），

【计算方法】

三年平均销售建面 100%

市场容量 100分
=城市基本面×25%

【参考指标】

三年平均供地建面

#所有指标采用综合评分方法进行评价.

*数据来源为中指数据、吉屋网、中国城市发展年鉴.

图 12－26　成渝城市群市场容量指数

成渝城市群 18 个城市 2015－2017 年商品住宅市场平均年成交面积为 8269 万平方米；成都及重庆住宅成交面积分别为 2378 万平方米及 2098 万平方米，两个城市的销售面积占整个长三角城市群成交总量的 54%。

除成都及重庆外，商品住宅成交面积在 500 万平方米以上的城市有 2 个，分别为贵阳及昆明。如图 12－27 所示。

成渝城市群 18 个城市 2015－2017 年三年平均土地出让住宅总建设面积为 5682 万平方米，平均成交楼面均价为 2942 元/平方米。如图 12－28 所示。

市场容量从商品住宅销售面积和常住人口两个维度考虑。人口规模较大且距离轴线向下偏离越大，代表市场潜在容量越大。重点关注城市有南充、达州、宜宾。如图 12－29 所示。

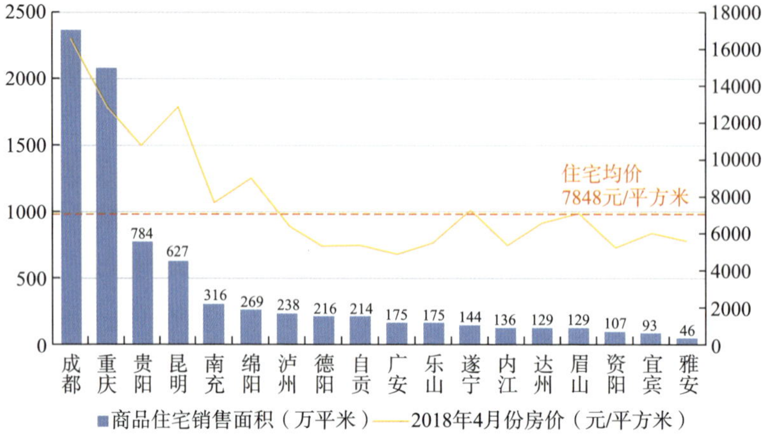


图 12－27　成渝城市群 2015－2017 年商品住宅销售情况

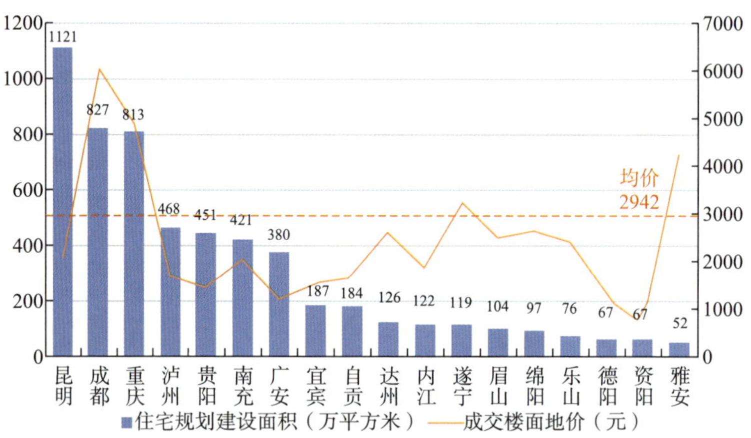


图 12－28　成渝城市群 2015－2017 年商品住宅土地供应情况

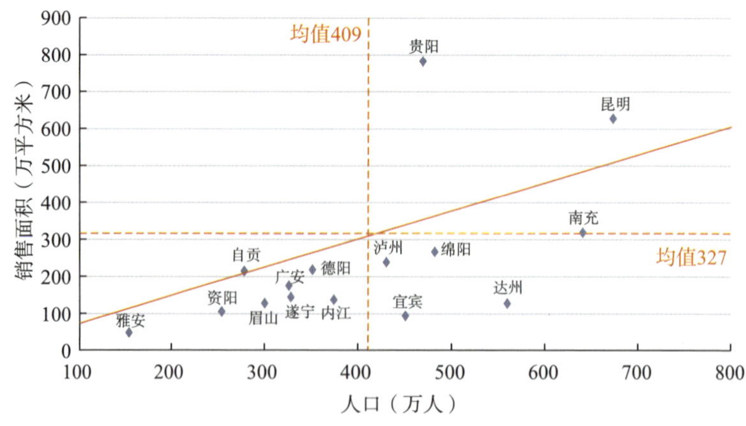


图 12－29　成渝城市群市场容量分析

## 城市发展潜力

城市发展是城市的未来趋势，也是房地产发展迈向美好生活的主要路径。我们从城市配套、交通、旅游、规划等层面综合研判城市发展潜力。成渝城市群城市发展指数 TOP3 的城市为重庆、成都及昆明。如图 12－30 所示。

| | 城市 | 城市发展指数 |
|---|---|---|
| 1 | 重庆 | 135.40 |
| 2 | 成都 | 120.59 |
| 3 | 昆明 | 65.50 |
| 4 | 贵阳 | 57.89 |
| 5 | 绵阳 | 35.45 |
| 6 | 南充 | 31.65 |
| 7 | 乐山 | 30.49 |
| 8 | 宜宾 | 30.02 |
| 9 | 泸州 | 29.23 |
| 10 | 德阳 | 27.38 |
| 11 | 达州 | 24.55 |
| 12 | 遂宁 | 23.93 |
| 13 | 内江 | 22.22 |
| 14 | 自贡 | 21.42 |
| 15 | 雅安 | 21.38 |
| 16 | 眉山 | 20.82 |
| 17 | 资阳 | 20.74 |
| 18 | 广安 | 19.15 |

TOP

备注：城市发展指数为综合评价指数。

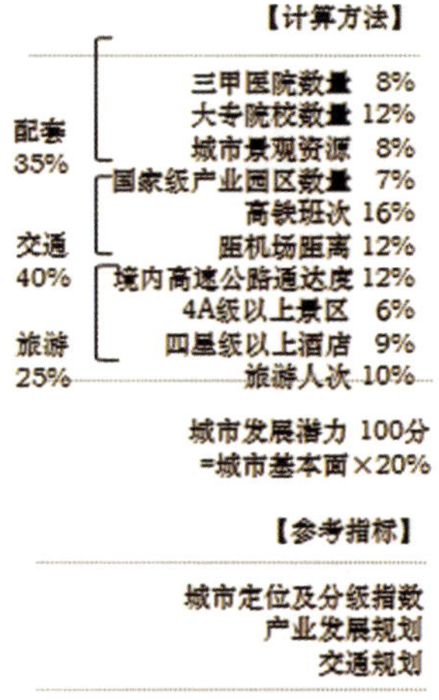


**图 12－30　成渝城市群城市发展指数**

### （1）城市配套与环境

城市配套的好坏直接制约着城市整体房地产发展水平，尤其是重要的医疗、教育等配套资源。第一新财经发布的《中国城市再分级》，把城市从商业资源集聚度、城市枢纽性、城市人活跃度、生活方式多样性、未来可塑性进行了重新评价和定位，具有很好的参考价值。但本书仅从影响房地产市场选择最直接的几个指标进行论证。

从最直接影响房地产的医疗教育配套来看，成渝城市群整体配套相对较好，三甲医院共有 218 所，占全国三甲医院总数 1599 所的 7.3%；成渝城市群共有大专院校 174 所，占全国大专院校总数 2631 所的 6.6%。如图

12－31 所示。

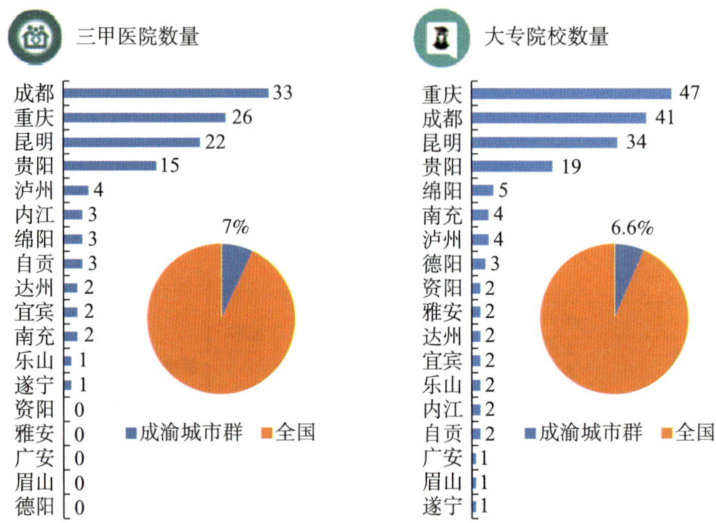


**图 12－31　成渝城市群三甲医院及大专院校数量**

**（2）城市交通**

城市是整个区域交通的枢纽，其交通的便利度和通达性是我们关注的重点。城市轨道交通是大城市房地产市场的重要助推器，影响大城市的板块市场，但本书重点研究城市之间的房地产市场对比，故暂未把城市轨道交通纳入研究范围。

整体来看，以长江中游航运中心和重庆、成都两大综合交通枢纽建设为核心，以高速铁路、城际铁路和高速公路为骨干，构建安全、便捷、高效、绿色、经济的综合交通运输网络，支撑“一轴两带双核三圈”城市群空间格局的形成。

铁路打造核心城市间、核心城市与周边城市间、相邻城市间力争 1 小时通达的交通网，加速建设兰渝铁路、成渝高速铁路。加快成安渝高速、重庆至广安至巴中高速公路建设，实施国省干线公路升级改造，联合打通“断头路”“瓶颈路”。新建成都新机场和乐山机场，扩建重庆江北国际机场和万州机场，迁建泸州、宜宾、达州机场，建设一批通用航空机场。

成渝城市群中成都、重庆的交通便利度明显优于其他城市。如图 12－32 所示。

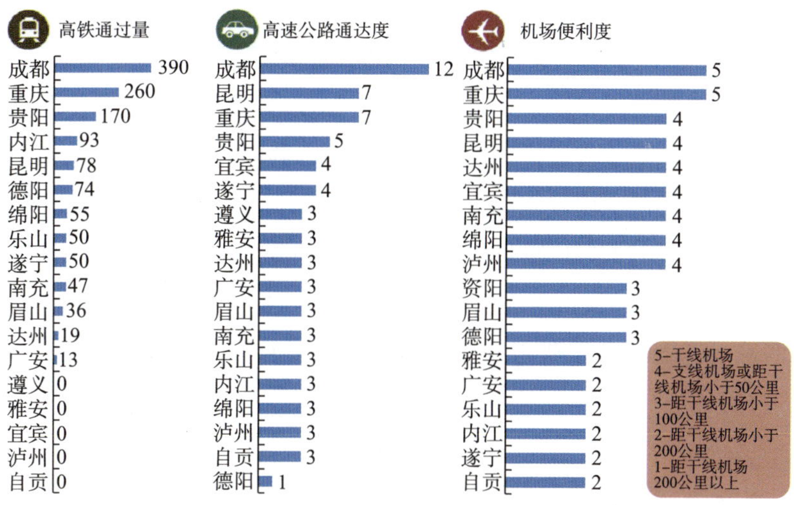


**图 12-32　成渝城市群交通便利度**

### （3）旅游商务

旅游反映了城市休闲配套资源情况和因旅游带来的短时流动人口流向。成渝城市群 2016 年旅游人次达 13.24 亿人，大约占全国旅游人次的 13%；成渝城市群 2016 年旅游收入 1.18 亿元。其中，重庆、成都为重要的旅游城市，旅游人次分别占整个成渝城市群的 34% 及 15%。如图 12-33 所示。

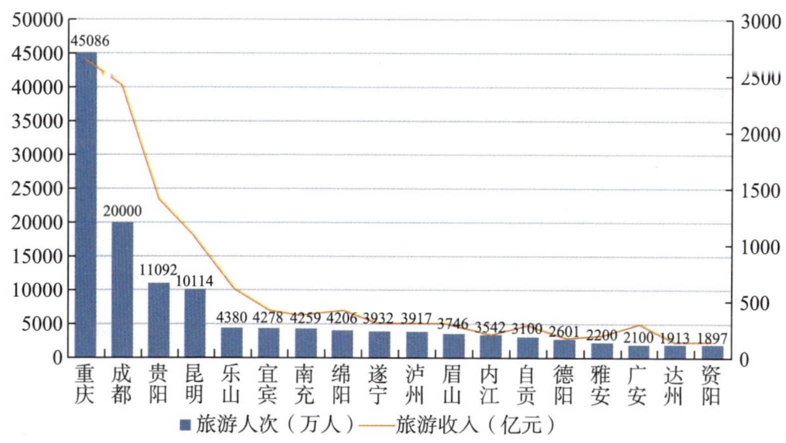


**图 12-33　成渝城市群 2016 年旅游情况**

成渝城市群旅游资源丰富，共有4A级以上景区215个，占全国4A级以上景区1335个的16.1%。以成都、重庆国际旅游都市为引领，彰显巴蜀文化特色，整合大足石刻、长江三峡、都江堰—青城山、乐山大佛—峨眉山、大熊猫栖息地等自然与文化遗产资源，共同打造精品旅游线路，构建国际精品旅游区，建设充满文化魅力的国际休闲消费中心。

成渝城市群共有4A级以上景区230个，占全国4A级以上景区1335个的17.23%。四星级以上酒店1437个，其中四星级以上酒店达到200家以上的城市有2个，分别为成都及重庆，昆明及贵阳均超过80个。如图12－34所示。

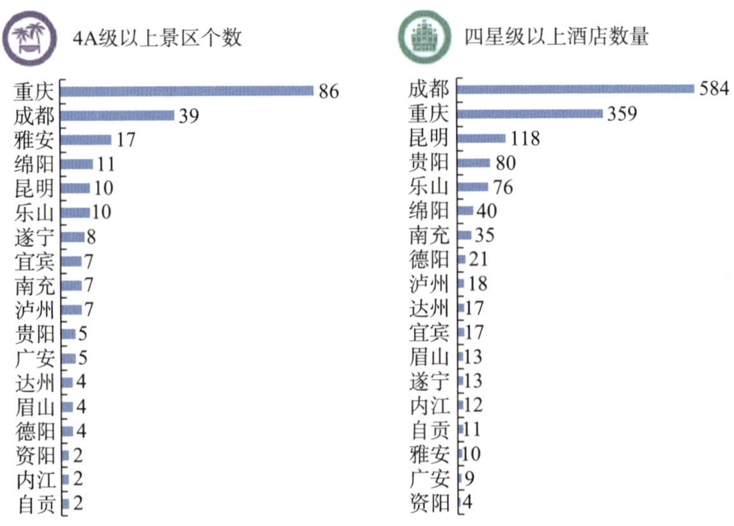


**图12－34　成渝城市群4A级以上景区及酒店数量**

**（4）产业发展**

产业是人口集聚的主要因素，产业反映了城市经济支撑资源情况，产业的规划发展状态可以带动人口的流向。成渝城市群按照集群化、链条化、循环化的模式，依托现有特色优势产业，引进协作配套产业，打造新的产业集群，建立产业转移跨区域合作机制，鼓励以连锁经营、委托管理、投资合作等多种形式与东部沿海地区合作共建产业园区，实现优势互补、互利共赢。

成渝拟打造三大产业走廊：依托渝遂、渝合高速公路和兰渝、渝怀铁路及嘉陵江、长江等构建石油天然气化工走廊；依托成渝高速公路（含复线）和成渝高铁，构建汽车、IT零部件配套企业和都市消费品走廊；依托长江和成渝、渝黔、渝沪高速及成渝、渝昆、渝黔铁路，构建特色资源加工走廊，共同争取纳入成渝城市群规划。如图12－35所示。

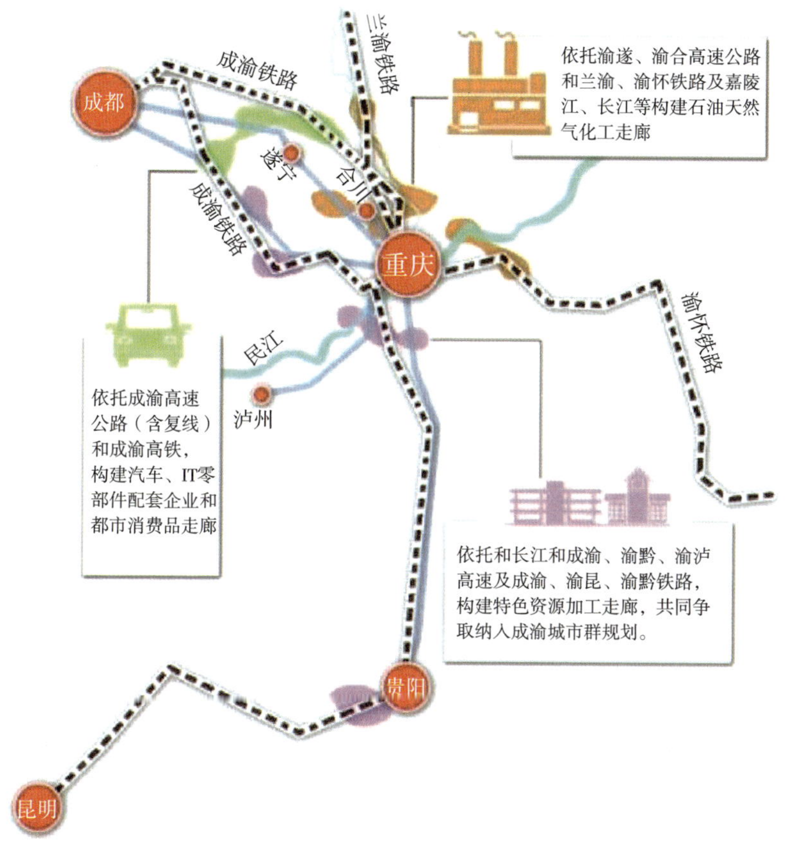


**图12－35 成渝城市群产业规划**

成渝城市群城市基本面综合排名TOP3的城市为成都、重庆、昆明。处在城市发展较好区、适中区、较弱区城市比例为2∶1∶13。如表12－7、12－8所示。

**表 12－7　成渝城市群城市基本面评判指标及权重**

<table>
<tr><th>一级指标</th><th>一级指标分值</th><th colspan="2">指标维度</th><th>二级指标</th><th>二级指标权重</th></tr>
<tr><td rowspan="6">人口</td><td rowspan="6">35%</td><td colspan="2" rowspan="3">人口基数</td><td>常住人口</td><td>40%</td></tr>
<tr><td>常住户籍人口比</td><td>15%</td></tr>
<tr><td>小学生增幅</td><td>10%</td></tr>
<tr><td colspan="2">家庭结构</td><td>中小学生在校生人数</td><td>10%</td></tr>
<tr><td colspan="2" rowspan="2">变化趋势</td><td>城镇化率增幅</td><td>15%</td></tr>
<tr><td>城镇化率</td><td>10%</td></tr>
<tr><td>容量</td><td>25%</td><td colspan="2">市场容量基数</td><td>三年平均销售面积</td><td>100%</td></tr>
<tr><td rowspan="6">经济</td><td rowspan="6">20%</td><td colspan="2" rowspan="2">总量水平</td><td>GDP</td><td>40%</td></tr>
<tr><td>第三产业占 GDP 比值</td><td>15%</td></tr>
<tr><td colspan="2">财富水平</td><td>城镇人均可支配收入</td><td>12%</td></tr>
<tr><td colspan="2" rowspan="3">发展活力</td><td>人均住户存款余额</td><td>8%</td></tr>
<tr><td>一般财政预算收入</td><td>10%</td></tr>
<tr><td>上市公司数量</td><td>15%</td></tr>
<tr><td rowspan="10">城市发展</td><td rowspan="10">20%</td><td rowspan="4">配套</td><td>医疗</td><td>三甲医院数量</td><td>8%</td></tr>
<tr><td>教育</td><td>大专院校数量</td><td>12%</td></tr>
<tr><td>景观</td><td>城市景观资源</td><td>8%</td></tr>
<tr><td>产业</td><td>国家级产业园区数量</td><td>7%</td></tr>
<tr><td rowspan="3">交通</td><td>铁路</td><td>高铁班次</td><td>16%</td></tr>
<tr><td>飞机</td><td>距机场距离</td><td>12%</td></tr>
<tr><td>公路</td><td>境内高速通达数量</td><td>12%</td></tr>
<tr><td rowspan="3">旅游</td><td>景区资源</td><td>4A 级以上景区</td><td>6%</td></tr>
<tr><td>配套</td><td>星级酒店</td><td>9%</td></tr>
<tr><td>人次</td><td>旅游人次</td><td>10%</td></tr>
</table>

**表 12－8　成渝城市群城市基本面综合排名**

| | 城市 | 综合得分 |
|---|---|---|
| 1 | 成都 | 129. 3 |
| 2 | 重庆 | 113. 2 |
| 3 | 昆明 | 61. 2 |
| 4 | 贵阳 | 57. 5 |
| 5 | 绵阳 | 42. 4 |

续表

| | 城市 | 综合得分 |
|---|---|---|
| 6 | 泸州 | 37.3 |
| 7 | 南充 | 37.0 |
| 8 | 宜宾 | 35.8 |
| 9 | 资阳 | 35.8 |
| 10 | 乐山 | 34.8 |
| 11 | 达州 | 34.4 |
| 12 | 德阳 | 34.0 |
| 13 | 广安 | 32.4 |
| 14 | 自贡 | 31.4 |
| 15 | 眉山 | 30.5 |
| 16 | 内江 | 30.0 |
| 17 | 遂宁 | 28.4 |
| 18 | 雅安 | 26.0 |

## 第三节　房地产市场热度研判

根据新一线城市研究所最新的城市分类，成渝城市群 16 个城市共有新一线城市 2 个、三线城市 2 个、四线城市 8 个、五线城市 4 个。如表 12－9 所示。

**表 12－9　成渝城市群城市分级**

| 城市分类 | 城市名称 | 城市数量 |
|---|---|---|
| 新一线城市 | 成都、重庆 | 2 |
| 三线城市 | 绵阳、南充 | 2 |
| 四线城市 | 乐山、德阳、宜宾、泸州、眉山、内江、遂宁、雅安 | 8 |
| 五线城市 | 资阳、达州、广安、自贡 | 4 |
| | 合计 | 16 |

市场热度指数重点考察市场房价、地价现状及涨幅情况，进驻潜力和市场竞争热度，来分析目前的市场热度。成渝城市群地货比指数中位值为30.95%，整体来看市场机会适中，可适当进入。热度指数TOP3城市为成都、乐山及重庆。如图12－36所示。

TOP

| | 城市 | 热度指数 | 地货比指数 |
|---|---|---|---|
| 1 | 成都 | 127.74 | 36.68% |
| 2 | 乐山 | 122.08 | 43.20% |
| 3 | 重庆 | 111.11 | 37.30% |
| 4 | 遂宁 | 105.90 | 44.02% |
| 5 | 德阳 | 104.28 | 24.02% |
| 6 | 达州 | 99.88 | 39.90% |
| 7 | 贵阳 | 89.57 | 13.60% |
| 8 | 绵阳 | 82.55 | 29.74% |
| 9 | 雅安 | 69.15 | 75.95% |
| 10 | 眉山 | 68.32 | 35.56% |
| 11 | 南充 | 65.54 | 26.69% |
| 12 | 内江 | 63.01 | 34.42% |
| 13 | 昆明 | 58.99 | 16.05% |
| 14 | 自贡 | 54.60 | 32.16% |
| 15 | 宜宾 | 45.58 | 25.36% |
| 16 | 广安 | 42.38 | 25.04% |
| 17 | 泸州 | 27.51 | 26.14% |
| 18 | 资阳 | 26.04 | 12.64% |

【计算方法】

房价 40%：房价指数 26%；房价增幅 14%

地价 30%：地货比 20%；地价增幅 10%

竞争 30%：住宅土地供应去化年限 18%；top50房企进驻数量 12%

市场热度指数 100分
=城市市场面×100%

#测算方法：
(1) 房价指数=城市实时房价/1.5线城市实时房价均价；
(2) 房价增幅=（实时房价-2015年房价）/2015年房价；
(3) 地货比=近半年楼面价/实时房价；
(4) 地价增幅=近半年成交楼面价/2015年成交楼面价.

【参考指标】

房价收入比
房地产投资占固定资产投资额比值
市区住宅投资比
土地溢价率
销售利润率

*数据来源为中指数据、吉屋网.

图12－36　成渝城市群市场热度指数

成渝城市群整体房价中位值为6562元/平方米，地价中位值为2069元/平方米；成渝城市群地货比中位值为31%。地货比较高的三个城市为雅安、遂宁及乐山，应及时捕捉市场信息，防控拿地风险；地货比较低的三个城市为资阳、贵阳及昆明，应作为重点关注城市，寻找机会适时进驻。如图12－37所示。

成渝城市群房价平均涨幅为53%，地价平均涨幅为133%。房价涨幅高于城市群整体平均增幅的城市共有7个，分别为重庆、成都、贵阳、绵阳、眉山、昆明及宜宾；地价涨幅高于城市群整体平均增幅的城市共有8个，分别为乐山、遂宁、达州、德阳、雅安、成都、贵阳及重庆。

市场潜力从常住人口和地货比两个维度考虑，地货比较低且人口规模相对较大，代表市场潜力较大。战略进驻区域城市共4个，分别为成都、

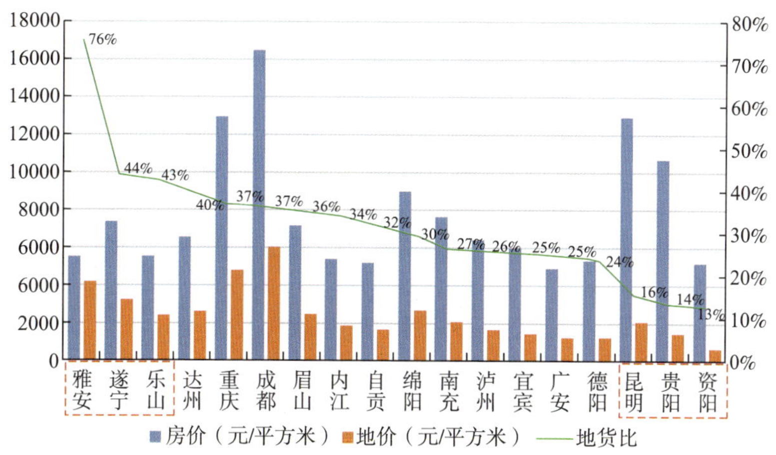


图 12－37　成渝城市群房地价及地货比

重庆、昆明及南充；重点关注区域城市共5个，分别为达州、绵阳、宜宾、泸州及贵阳；机会进驻区域城市共6个，分别为内江、德阳、广安、眉山、自贡及资阳。如图 12－38 所示。

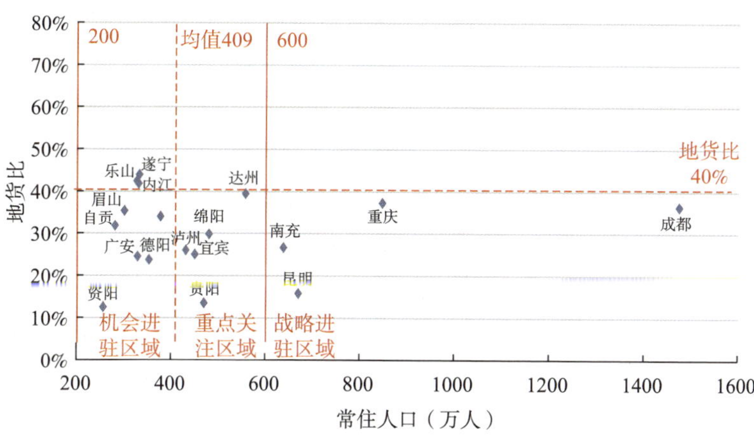


图 12－38　成渝城市群常住人口和地货比

市场潜力从成交面积和地货比两个维度考虑，地货比较低且成交面积较大，代表市场潜力较大。战略进驻区域城市共4个，分别为成都、重庆、贵阳及昆明；重点关注区域城市共0个；机会进驻区域城市共3个，分别为南充、绵阳及泸州。如图 12－39 所示。

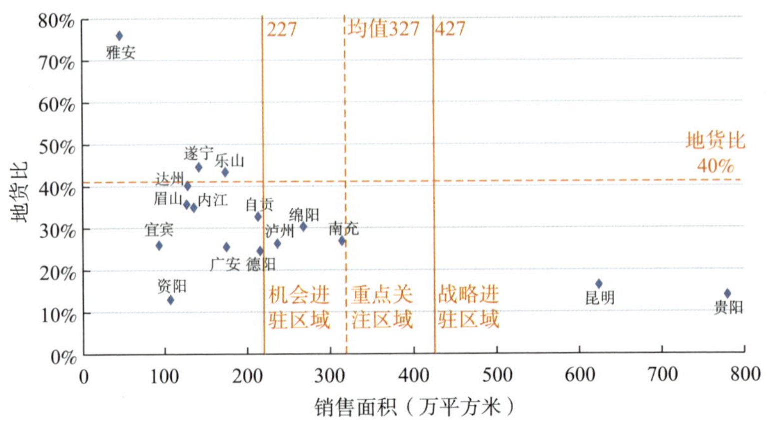


图 12－39　成渝城市群成交面积和地货比

成渝城市群住宅供应去化年限为 3.05 年，去化周期小于 3 年的有 10 个。整体来看，成都、绵阳、德阳、贵阳、南充等城市市场供不应求；昆明、泸州、重庆、遂宁、雅安等城市市场供过于求。如图 12－40 所示。

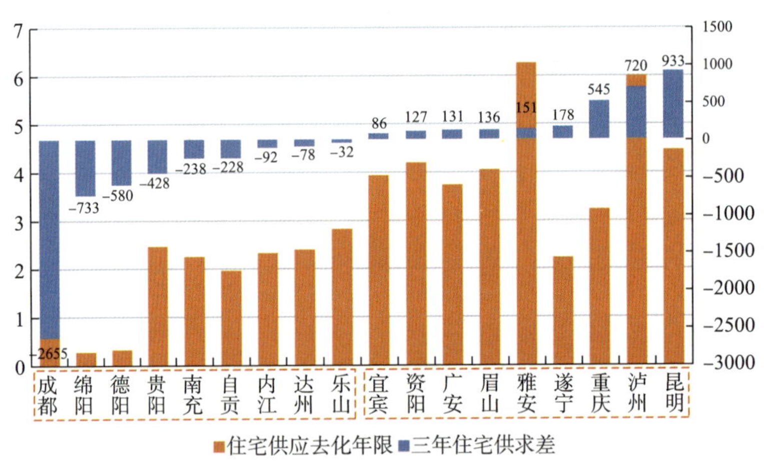


图 12－40　成渝城市群去化周期及供应差

房价收入情况，在均值线下，居民收入较大且距离轴线向下偏离越大，代表房价上涨潜力越强。重点关注城市有德阳、乐山、资阳、广安等；一般关注城市宜宾、内江、雅安等。如图 12－41 所示。

2016 年成渝城市群房地产投资额为 11087 亿元（含贵阳及昆明），占全国房地产投资额 135284 亿元的 8.2%；房地产投资额在均值 404 亿元以

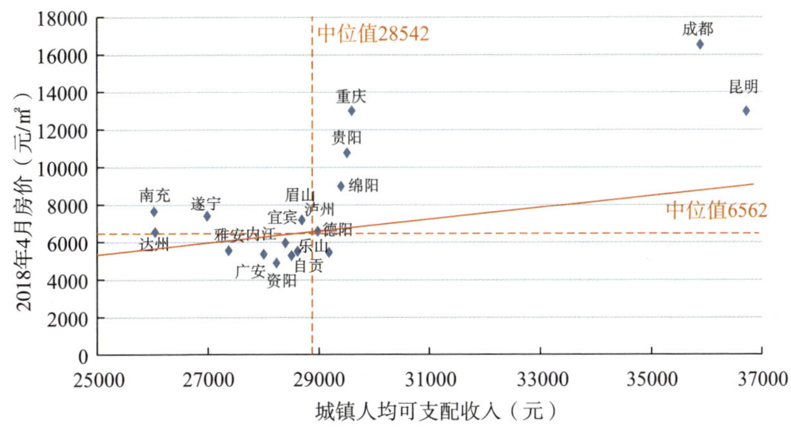


图 12－41 成渝城市群房价收入情况

上的城市有 4 个，分别是重庆、成都、昆明及贵阳。房地产投资占固定资产投资比重超过 25% 的有 3 个，分别为昆明、成都、贵阳，此区域房地产投资相对过热，建议谨慎拿地；介于 15% ~25% 的有 6 个，分别为重庆、资阳、乐山、眉山、自贡及绵阳，此区域为房地产合理投资区，建议重点关注；在 15% 以下的城市有 9 个，此区域房地产投资相对较少，存在潜在投资机会。如图 12－42 所示。

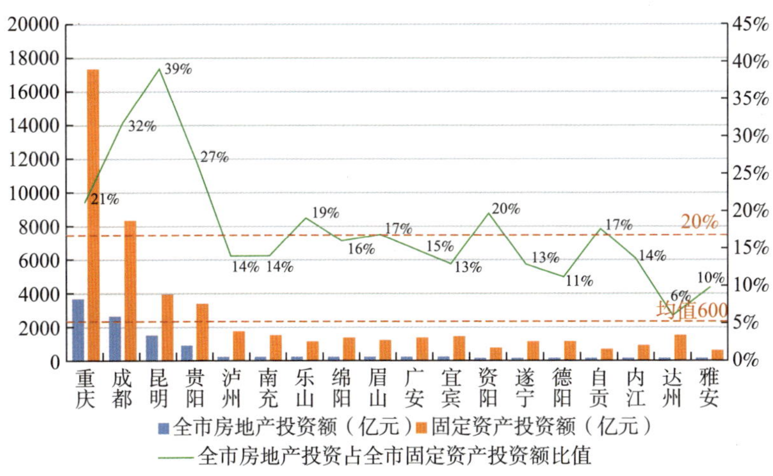


图 12－42 成渝城市群 2016 年房地产投资占固定资产投资比重

2016 年成渝城市群住宅投资额为 6740 亿元，住宅投资额在均值 251 亿元以上的城市有 4 个，分别为重庆、成都、昆明及贵阳。整个城市群住宅投资额占房地产投资额比重为62%，市区住宅投资占全市住宅投资的79%。市区住宅投资占全市住宅投资低于50%的城市有广安、南充、宜宾、眉山、内江及达州，以上城市所辖县级城市房地产投资较为活跃，应重点关注。如图12－43所示。

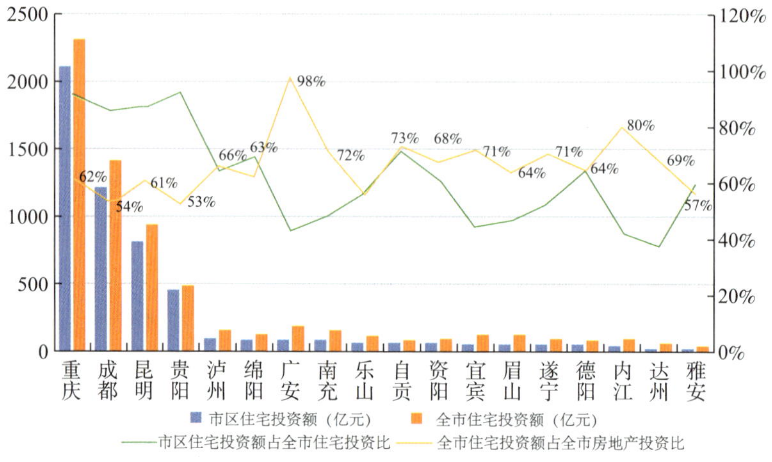


**图12－43　成渝城市群2016年住宅投资及比重**

成都及重庆等城市TOP50房企进驻较多，市场竞争十分激烈；4个城市已经有10家以上TOP50房企进驻。如图12－44所示。

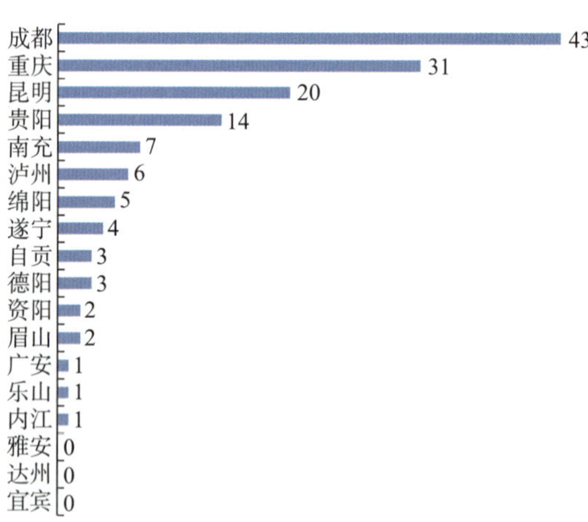


**图12－44　成渝城市群TOP50房企进驻数量**

土地市场热度从成交楼面地价和溢价率两个维度考虑，成交楼面地价和溢价率均较低，代表土地市场潜在热度较大。重点关注城市有泸州、遂宁、贵阳、自贡、广安及资阳。如图 12－45 所示。（溢价率在 5% 以下市场公开程度较低，需谨慎关注。）

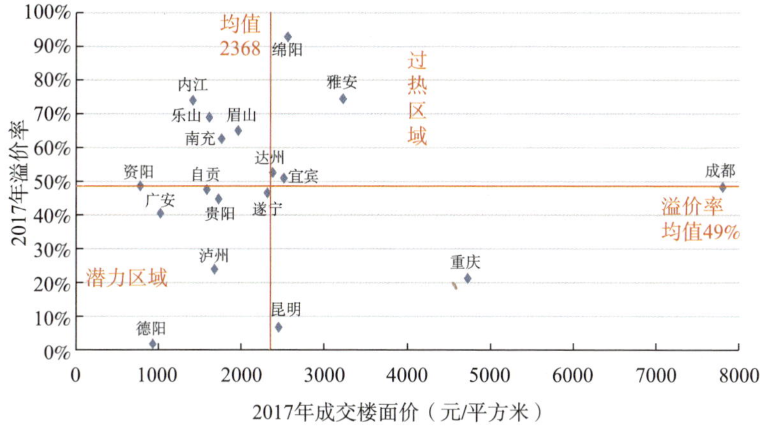


**图 12－45　成渝城市群土地市场热度分析**

从销售利润率看，大于 25% 的城市有 6 个，为贵阳、昆明、成都、绵阳、重庆及南充，其余城市销售利润率均小于 20%。如图 12－46 所示。

销售利润率 =（房价 － 地价 － 土地外成本 － 增值税）/房价，土地外成本按 3400 元估算（重庆土地外成本按 4000 元/平方米测算，其余城市照 3400 元/平方米测算）。

增值税 =（房价 － 地价）×10%/（1 +10%）－3400 ×8%

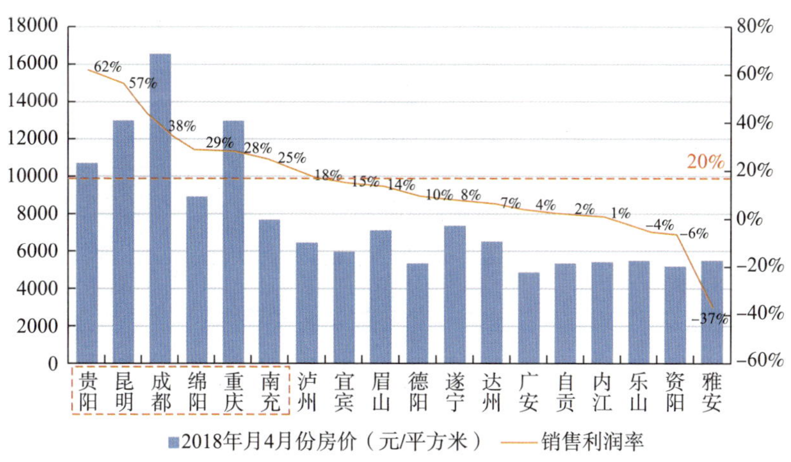


**图 12－46　成渝城市群销售利润分析**

成渝城市群城市市场热度综合排名 TOP3 的城市为：成都、乐山及重庆。如表 12－10、12－11 所示。

**表 12－10　成渝城市群市场热度评判指标及权重**

<table>
<tr><th>评价维度</th><th>指标维度</th><th>一级权重</th><th>指标</th><th>权重</th></tr>
<tr><td rowspan="6">市场热度</td><td rowspan="2">房价热度</td><td rowspan="2">40%</td><td>房价指数（实时房价/1.5 线城市实时房价均价）</td><td>26%</td></tr>
<tr><td>房价增幅｛（实时房价－2015 年房价）/2015 年房价｝</td><td>14%</td></tr>
<tr><td rowspan="2">地价热度</td><td rowspan="2">30%</td><td>地货比（近半年楼面价/实时房价）</td><td>20%</td></tr>
<tr><td>地价增幅（最近半年成交楼面价/2015 年成交楼面价）</td><td>10%</td></tr>
<tr><td rowspan="2">竞争热度</td><td rowspan="2">30%</td><td>住宅土地供应去化年限</td><td>18%</td></tr>
<tr><td>TOP50 房企进驻数量</td><td>12%</td></tr>
</table>

**表 12－11　成渝城市群市场热度综合排名**

| | 城市 | 综合得分 |
|---|---|---|
| 1 | 成都 | 127.74 |
| 2 | 乐山 | 122.08 |
| 3 | 重庆 | 111.11 |
| 4 | 遂宁 | 105.90 |
| 5 | 德阳 | 104.28 |
| 6 | 达州 | 99.88 |
| 7 | 贵阳 | 89.57 |
| 8 | 绵阳 | 82.55 |
| 9 | 雅安 | 69.15 |
| 10 | 眉山 | 68.32 |
| 11 | 南充 | 65.54 |
| 12 | 内江 | 63.01 |
| 13 | 昆明 | 58.99 |
| 14 | 自贡 | 54.60 |

续表

| | 城市 | 综合得分 |
|---|---|---|
| 15 | 宜宾 | 45.58 |
| 16 | 广安 | 42.38 |
| 17 | 泸州 | 27.51 |
| 18 | 资阳 | 26.04 |

成渝城市群城市房地产投资安全性综合排名 TOP3 的城市为成都、重庆及昆明。偏离度大于1的城市投资风险较高，应谨慎投资，主要城市有遂宁、乐山、德阳、达州、雅安、眉山及内江。如表12－12所示。

**表12－12 成渝城市群房地产投资安全性综合排名**

| | 城市 | 偏离度 |
|---|---|---|
| 1 | 成都 | 0.01 |
| 2 | 重庆 | 0.02 |
| 3 | 昆明 | 0.04 |
| 4 | 泸州 | 0.26 |
| 5 | 宜宾 | 0.27 |
| 6 | 资阳 | 0.27 |
| 7 | 广安 | 0.31 |
| 8 | 贵阳 | 0.56 |
| 9 | 自贡 | 0.74 |
| 10 | 南充 | 0.77 |
| 11 | 绵阳 | 0.95 |
| 12 | 内江 | 1.10 |
| 13 | 眉山 | 1.24 |
| 14 | 雅安 | 1.66 |
| 15 | 达州 | 1.90 |
| 16 | 德阳 | 2.06 |
| 17 | 乐山 | 2.50 |
| 18 | 遂宁 | 2.73 |

# 第十三章

# 中原公爵　通达八方

**中原大地，天下中心，中原本意为“天下至中的原野”，是华夏文明和中华文明的发祥地，是华夏民族的摇篮。**

**称之中原公爵，从历史看，豫州位居天下九州之中，故称中州，为“中原”缘起，逐鹿中原，建朝定都，都是这片热土。从空间看，地处黄河中游，中原城市群受到来自各方城市群的压力传导，其经济社会发展受到多方制约；从现状看，人口大省劳务输出遍布全国各城市群，米字高铁构建网络通达八方，既是机遇，又是挑战。**

# 第一节　中原投资策略综合分析

## 概况及特征

中原城市群的提出，是与河南省的自然地理情况和久远的历史文化内涵密不可分的。从自然地理上看，中原城市群位处中国中部，地理位置优越，古时即为驿道、漕运必经之地，商贾云集之所。从文化背景看，河南省是中华文明和中华民族的重要发祥地之一，曾有 20 多个朝代在这里建都。

新时代，中原城市群是我国中部地区、处于交通枢纽的北方重要城市群，是我国经济的第四增长极。中原城市群东邻山东半岛城市群、淮海城市群，南接长江中游城市群，西邻关中城市群，北邻京津冀城市群。

中原城市群是以郑州为核心的城市群，由河南、安徽、山西等5省30市组成，包含三个圈层。第一圈层为郑州大都市区，以特大城市郑州为核心，包含5个城市；第二圈层为核心发展区，包含9个城市；第三圈层为联动辐射区，包含16个城市。如图13－1所示。

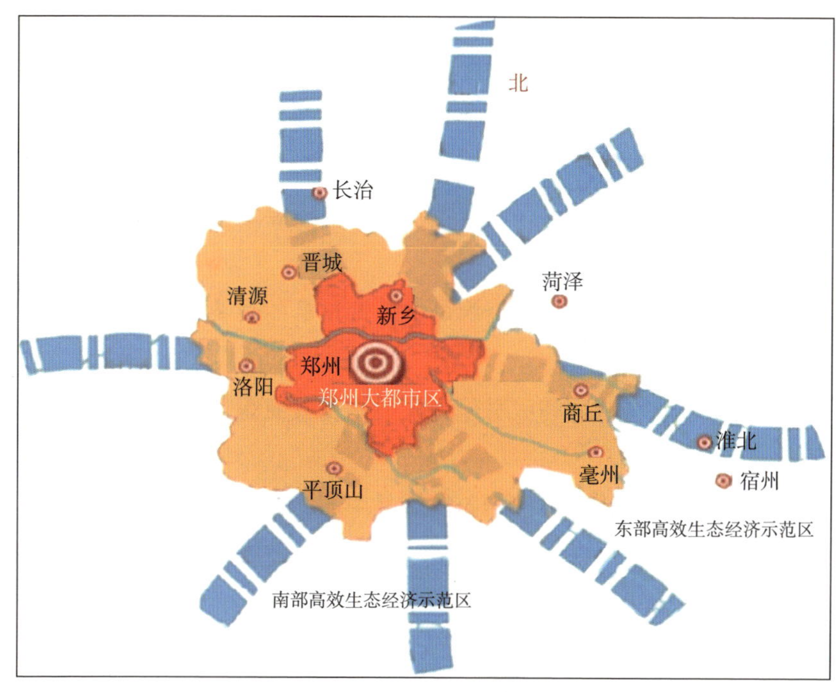


**图13－1　中原城市群城市层次**

**表13－1　中原城市群圈层**

| | 城市名单 | 城市数量 |
|---|---|---|
| 郑州大都市区 | 河南省郑州市、开封市、新乡市、焦作市、许昌市 | 5 |
| 核心发展区 | 河南省洛阳市、平顶山市、漯河市、济源市、鹤壁市、商丘市、周口市；山西省晋城市；安徽省亳州市 | 9 |
| 联动辐射区 | 河南省安阳市、濮阳市、三门峡市、南阳市、信阳市、驻马店市；河北省邯郸市、邢台市；山西省长治市、运城市；安徽省宿州市、阜阳市 、淮北市、蚌埠市；山东省聊城市、菏泽市 | 16 |

注：5省30市包括河南省18个市，安徽5个市，山西3个市，山东及河北各2个市。

中原城市群是以郑州为核心的城市群。目前已初步形成了北至新乡、焦作，东至开封，西至洛阳，南至许昌的大都市圈。

郑州辐射带动中原城市群的重要纽带是高铁，位于京广和徐兰高铁沿线的城市是重要的节点城市。

**中原城市群主要特征：**

**(1) 城市群发展处于初级阶段，仅形成了郑州核心都市圈。**

**(2) 中原城市群受到周边城市群的挤压，部分外围城市与其他城市群交叉重合，面临新的选择。**

**(3) 高铁等交通的发展是城市群发展的最主要路径，但产业和人口聚集缺乏内生动力。**

**(4) 农业旅游和历史文化资源是中原城市群的重要标签，挖掘资源可形成新的经济增长极。**

**(5) 加快推进城镇化和吸引外流人员返乡置业是下一波经济发展的主要红利。**

**(6) 加速和关中城市群的相向发展是中原城市群的主要发展策略，同时要加快和京津冀城市群、山东半岛城市群、淮海城市群、长江中游城市群的错位协调发展。**

## 专题：大 TOD 模式与城市群发展互动机制

TOD（Transit Oriented Development）模式，是一种公交导向的“紧凑开发”模式，是基于土地收益反哺的交通战略开发模式。进入 21 世纪，在以传统公共交通（主要是公交汽电车站、地铁站、轻轨站等）为导向的 TOD 模式基础上，开始出现以高铁站、高速公路互通、机场、港口、码头为重要节点，以高密度混合多元开发为显著特征的新型 TOD 模式，一般称之为“大 TOD 模式”。

大 TOD 模式与城市群发展之间存在着双向互动作用。互动机制如图 13 - 2 所示。

中原城市群是基于大 TOD 模式发展起来的最佳城市群实践结果。主要体现在以下四个方面：

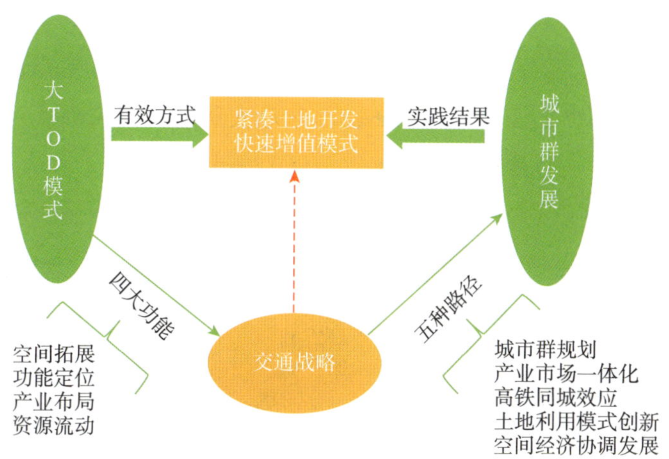


**图 13－2　中原城市群大 TOD 模式与城市群发展的互动机制**

第一，高铁及其他大 TOD 模式增大了高铁枢纽及沿线城市对人流、物流的拉动作用。2014－2017 年，郑州客运周转量从 2014 年的 274.9 亿人千米上升到 2017 年的 329.3 亿人千米，总涨幅达 19.79%，平均增长率为 4.22%；货运周转量从 2014 年的 537 亿吨千米增长到 2017 年的 779 亿吨千米，总涨幅达 45.10%，平均增长率为 5.72%。四年间，郑州的人流、物流均保持较高速增长。如图 13－3 所示。

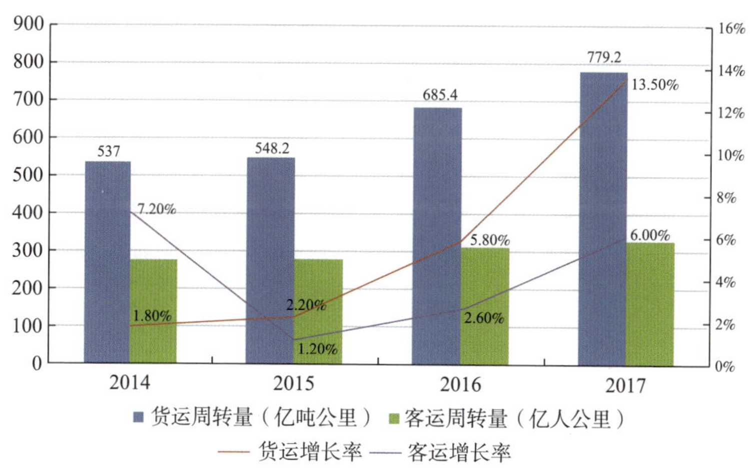


**图 13－3　郑州市 2014－2017 年交通运输变化**

第二，TOD 模式对中原城市群产业功能规划及产业集聚的影响。

伴随着以高铁为骨架的交通网络的不断完善，根据《中原城市群发展规划》，依托“米”字形交通网络结构，打造特色鲜明、布局合理的现代产业发展带。其中，沿京广发展主轴及陇海发展主轴已经形成，其余两个发展带将随着高铁的建成逐步形成。如图 13－4、表 13－2 所示。

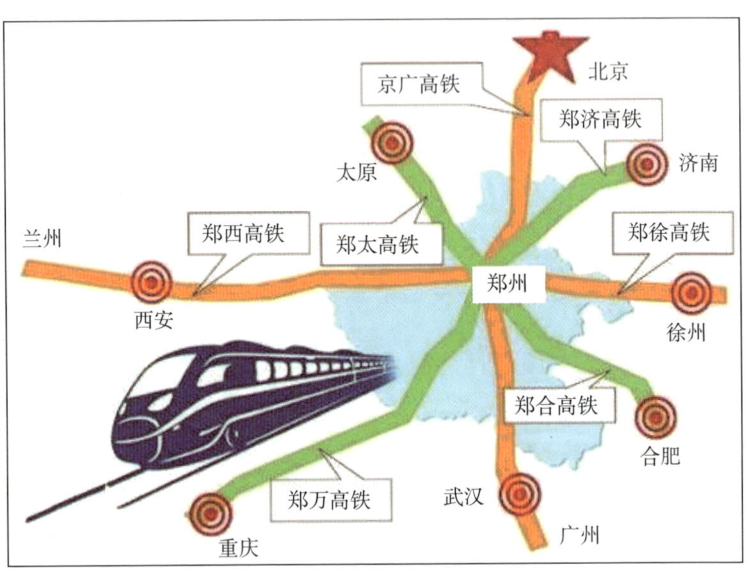


**图 13－4　“米”字形交通网络结构**

**表 13－2　中原城市群发展轴**

| 发展轴 | 主要城市 | 产业规划 |
| --- | --- | --- |
| 京广发展主轴 | 邢台、邯郸、安阳、鹤壁、新乡、郑州、许昌、漯河、驻马店、信阳 | 食品加工、高端装备制造、生物医药、精品钢铁、电子信息、节能环保、现代家居等产业集群 |
| 陇海发展主轴 | 郑州、洛阳、三门峡<br>郑州、开封、商丘、宿州 | 电子信息、汽车及零部件、装备制造、有色金属、生物医药、能源化工等产业集群 |
| 济南—郑州—重庆发展轴 | 郑州、平顶山、南阳<br>郑州、新乡、濮阳、聊城 | 培育发展装备制造、能源化工、特色轻工等产业集群 |
| 太原—郑州—合肥发展轴 | 郑州、许昌、周口、阜阳<br>郑州、焦作、晋城、长治 | 装备制造、纺织服装、食品加工、生物制药、汽车及零部件等产业集群 |

第三，“米”字形高铁架构加强了中原城市群与其他城市群的经济联系强度。从高铁规划图和经济强度联系图对比分析可以看出，当前郑州已经开通京广、郑西和郑徐高铁，相对应地，中原城市群与京津冀、长江中游、淮海城市群的经济联系强度也更紧密。未来，郑万、郑合、郑太和郑济4条高铁线路也将陆续建设开通，“米”字形高铁网络的建成将使郑州到合肥、济南、太原、徐州等城市的时间缩短至2小时以内。我们将会看到中原城市群与成渝、关中、山东半岛城市群的联系也将日益紧密起来。

第四，大TOD模式对核心城市及高铁沿线城市的土地、房地产价格有极大的拉升作用。以郑州为例，伴随着高铁的建设和运营，郑州商品住宅平均楼面地价从2015年的1830元上升到2018年上半年的2728元，涨幅高达49%；商品住宅平均价格从2015年的8857元快速攀升到2018年上半年的14000元，涨幅高达58%。

## 城市群综合分析

中原城市群是长三角、珠三角、京津冀之间，规模最大的城市群。是中部地区承接发达国家及我国东部地区产业转移、西部地区资源输出的枢纽和核心区域，是促进中部崛起、辐射带动中西部地区发展的核心增长极。截至2016年年底，生产总值占全国9.48%，仅次于长三角、珠三角、京津冀，位居全国第四位，为中国经济第四增长极。如图13－5所示。

目前，中原城市群常住人口城镇化率为49%，不仅远低于我国常住人口城镇化率57.4%，也处于我国主要城市群常住人口城镇化水平的末位，仅河南省农村人口就近5000万。因此，提升中原城市群城镇化水平，是建设中原城市群的一个重要任务。根据规划，中原城市群到2020年城镇化率将达到56%，预计有1000万人实现城镇化。如能达到京津冀城市群64%的城镇化率水平，预计有2400万人实现城镇化。如图13－6所示。

而从商品房销售金额对比来看，中原城市群与长三角、珠三角、京津冀三个城市群相比差距非常大，仅占长三角的1/6不到，与山东半岛、成渝城市群也有较大差距，房地产市场成熟度低。如图13－7所示。

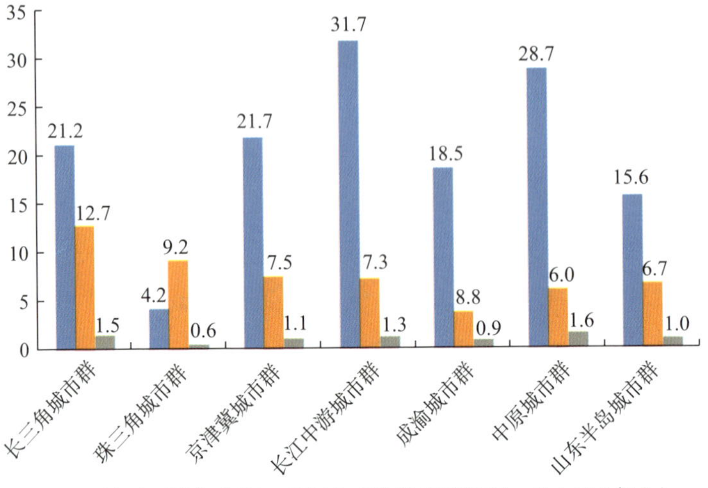


**图 13－5　主要城市群对比**

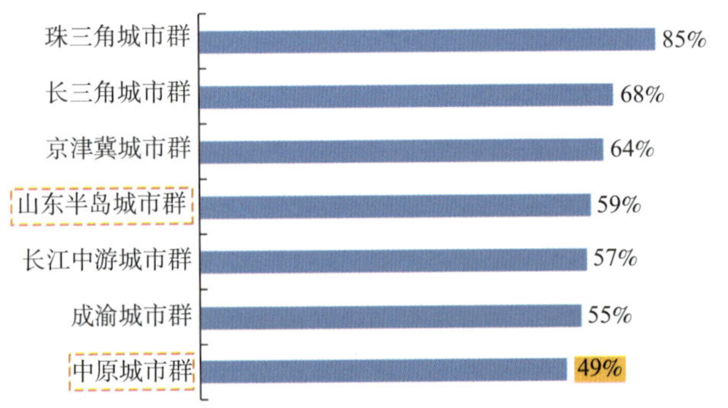


**图 13－6　主要城市群常住人口城镇化率对比**

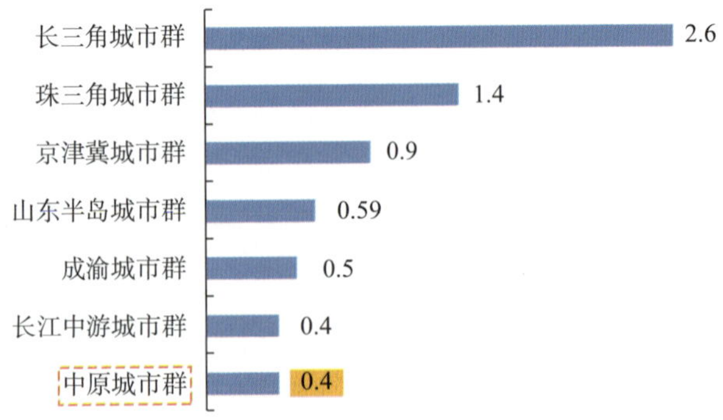


**图 13－7　主要城市群商品房销售金额对比**

中原城市群属于城市群发展的第一阶段，以强核吸附为主要特征，核心城市是经济、交通与信息聚集地。此阶段虹吸效应大于溢出效应，区域内大量资源进入核心城市——郑州。如图 13－8 所示。

中原城市群呈现明显的金字塔式布局。城市发展较好区、适中区的城市与一般城市呈现梯队式发展，比例为 1:14:15。如图 13－9 所示。

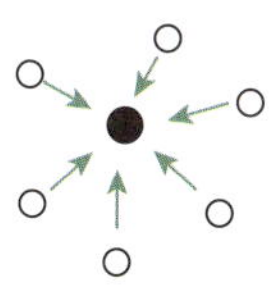

图 13－8　强核吸附模型

图 13－9　金字塔形模型

从城市群投资潜力雷达图可以看出，中原城市群是国内较具发展潜力的城市群，人口规模、产业发展、交通便捷度均得分较高。经济总量、经济活力、旅游服务、城镇化率均得分较低。如图 13－10 所示。

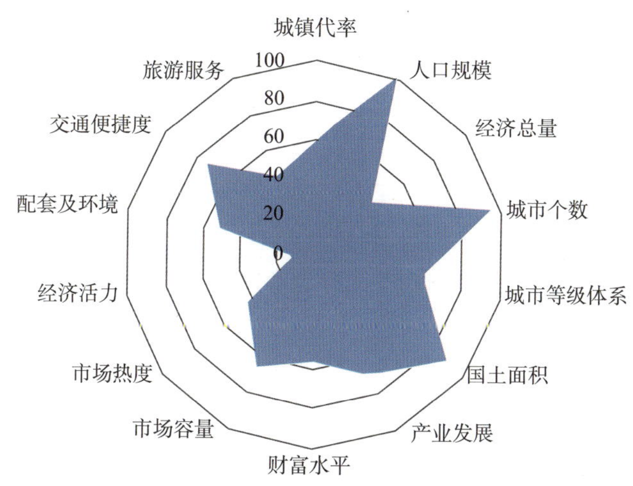


图 13－10　中原城市群投资潜力雷达图

中原城市群和长江中游及山东半岛城市群联系最为密切，其次与淮海、京津冀、长三角及关中城市群联系较为密切。

从中原内部城市经济联系强度表可以看出，郑州和开封（0.059）、郑州和新乡（0.051）、郑州和洛阳（0.034）联系相对密切。如表 13－3 所示。

表 13－3　中原内部城市经济联系强度表

| | 郑州 | 开封 | 洛阳 | 南阳 | 安阳 | 商丘 | 新乡 | 平顶山 | 许昌 | 焦作 | 周口 | 信阳 | 驻马店 | 鹤壁 | 濮阳 | 漯河 | 三门峡 | 济源 | 长治 | 晋城 | 运城 | 聊城 | 菏泽 | 宿州 | 淮北 | 亳州 | 阜阳 | 蚌埠 | 邢台 | 邯郸 |
|---|---|---|---|---|---|---|---|---|---|---|---|---|---|---|---|---|---|---|---|---|---|---|---|---|---|---|---|---|---|---|
| 郑州 | | 0.059 | 0.034 | 0.006 | 0.007 | 0.007 | 0.051 | 0.011 | 0.037 | 0.034 | 0.010 | 0.003 | 0.006 | 0.006 | 0.004 | 0.007 | 0.003 | 0.003 | 0.004 | 0.007 | 0.002 | 0.003 | 0.010 | 0.002 | 0.001 | 0.003 | 0.003 | 0.001 | 0.004 | 0.008 |
| 开封 | | | 0.004 | 0.001 | 0.002 | 0.005 | 0.0014 | 0.001 | 0.006 | 0.004 | 0.006 | 0.001 | 0.001 | 0.001 | 0.003 | 0.002 | 0.001 | 0.001 | 0.001 | 0.001 | 0.001 | 0.001 | 0.008 | 0.001 | 0.000 | 0.001 | 0.001 | 0.000 | 0.001 | 0.002 |
| 洛阳 | | | | 0.005 | 0.002 | 0.002 | 0.005 | 0.006 | 0.006 | 0.009 | 0.003 | 0.001 | 0.002 | 0.001 | 0.001 | 0.002 | 0.005 | 0.008 | 0.002 | 0.006 | 0.003 | 0.001 | 0.002 | 0.001 | 0.000 | 0.001 | 0.001 | 0.000 | 0.001 | 0.002 |
| 南阳 | | | | | 0.001 | 0.001 | 0.001 | 0.007 | 0.004 | 0.001 | 0.004 | 0.004 | 0.004 | 0.000 | 0.001 | 0.003 | 0.001 | 0.000 | 0.001 | 0.001 | 0.001 | 0.001 | 0.001 | 0.001 | 0.000 | 0.001 | 0.001 | 0.000 | 0.001 | 0.001 |
| 安阳 | | | | | | 0.001 | 0.008 | 0.001 | 0.001 | 0.002 | 0.001 | 0.000 | 0.001 | 0.008 | 0.007 | 0.000 | 0.000 | 0.000 | 0.003 | 0.001 | 0.000 | 0.003 | 0.003 | 0.000 | 0.000 | 0.000 | 0.000 | 0.000 | 0.007 | 0.032 |
| 商丘 | | | | | | | 0.002 | 0.001 | 0.003 | 0.001 | 0.009 | 0.001 | 0.002 | 0.001 | 0.002 | 0.002 | 0.000 | 0.000 | 0.000 | 0.001 | 0.000 | 0.002 | 0.017 | 0.004 | 0.003 | 0.019 | 0.004 | 0.001 | 0.001 | 0.002 |
| 新乡 | | | | | | | | 0.002 | 0.005 | 0.021 | 0.002 | 0.001 | 0.001 | 0.008 | 0.004 | 0.001 | 0.001 | 0.001 | 0.002 | 0.003 | 0.001 | 0.002 | 0.005 | 0.001 | 0.000 | 0.001 | 0.001 | 0.000 | 0.003 | 0.007 |
| 平顶山 | | | | | | | | | 0.012 | 0.002 | 0.004 | 0.002 | 0.004 | 0.000 | 0.000 | 0.005 | 0.001 | 0.000 | 0.000 | 0.001 | 0.001 | 0.000 | 0.001 | 0.000 | 0.000 | 0.001 | 0.001 | 0.000 | 0.000 | 0.001 |
| 许昌 | | | | | | | | | | 0.003 | 0.010 | 0.002 | 0.007 | 0.001 | 0.001 | 0.017 | 0.001 | 0.000 | 0.001 | 0.001 | 0.001 | 0.001 | 0.003 | 0.001 | 0.000 | 0.002 | 0.001 | 0.000 | 0.001 | 0.002 |
| 焦作 | | | | | | | | | | | 0.002 | 0.001 | 0.001 | 0.002 | 0.001 | 0.001 | 0.001 | 0.004 | 0.003 | 0.012 | 0.001 | 0.001 | 0.002 | 0.000 | 0.000 | 0.001 | 0.000 | 0.000 | 0.001 | 0.002 |
| 周口 | | | | | | | | | | | | 0.003 | 0.012 | 0.001 | 0.001 | 0.018 | 0.000 | 0.000 | 0.001 | 0.001 | 0.001 | 0.001 | 0.004 | 0.002 | 0.001 | 0.006 | 0.005 | 0.001 | 0.001 | 0.002 |
| 信阳 | | | | | | | | | | | | | 0.011 | 0.000 | 0.000 | 0.002 | 0.000 | 0.000 | 0.000 | 0.000 | 0.000 | 0.000 | 0.001 | 0.000 | 0.000 | 0.001 | 0.002 | 0.000 | 0.000 | 0.001 |
| 驻马店 | | | | | | | | | | | | | | 0.000 | 0.001 | 0.012 | 0.000 | 0.000 | 0.000 | 0.000 | 0.000 | 0.001 | 0.001 | 0.001 | 0.000 | 0.001 | 0.003 | 0.001 | 0.001 | 0.001 |
| 鹤壁 | | | | | | | | | | | | | | | 0.005 | 0.000 | 0.000 | 0.000 | 0.001 | 0.000 | 0.000 | 0.001 | 0.002 | 0.000 | 0.000 | 0.000 | 0.000 | 0.000 | 0.002 | 0.005 |
| 濮阳 | | | | | | | | | | | | | | | | 0.000 | 0.000 | 0.000 | 0.001 | 0.001 | 0.000 | 0.005 | 0.012 | 0.000 | 0.000 | 0.001 | 0.000 | 0.000 | 0.002 | 0.006 |
| 漯河 | | | | | | | | | | | | | | | | | 0.000 | 0.000 | 0.000 | 0.000 | 0.000 | 0.000 | 0.001 | 0.000 | 0.000 | 0.001 | 0.001 | 0.000 | 0.000 | 0.001 |
| 三门峡 | | | | | | | | | | | | | | | | | | 0.000 | 0.000 | 0.001 | 0.015 | 0.000 | 0.000 | 0.000 | 0.000 | 0.000 | 0.000 | 0.000 | 0.000 | 0.000 |
| 济源 | | | | | | | | | | | | | | | | | | | 0.001 | 0.002 | 0.000 | 0.000 | 0.000 | 0.000 | 0.000 | 0.000 | 0.000 | 0.000 | 0.000 | 0.000 |
| 长治 | | | | | | | | | | | | | | | | | | | | 0.004 | 0.001 | 0.001 | 0.001 | 0.000 | 0.000 | 0.000 | 0.000 | 0.000 | 0.002 | 0.004 |

续表

| | 郑州 | 开封 | 洛阳 | 南阳 | 安阳 | 商丘 | 新乡 | 平顶山 | 许昌 | 焦作 | 周口 | 信阳 | 驻马店 | 鹤壁 | 濮阳 | 漯河 | 三门峡 | 济源 | 长治 | 晋城 | 运城 | 聊城 | 菏泽 | 宿州 | 淮北 | 亳州 | 阜阳 | 蚌埠 | 邢台 | 邯郸 |
|---|---|---|---|---|---|---|---|---|---|---|---|---|---|---|---|---|---|---|---|---|---|---|---|---|---|---|---|---|---|---|
| 晋城 | | | | | | | | | | | | | | | | | | | | | 0.001 | 0.000 | 0.001 | 0.000 | 0.000 | 0.000 | 0.000 | 0.000 | 0.001 | 0.001 |
| 运城 | | | | | | | | | | | | | | | | | | | | | | 0.000 | 0.001 | 0.000 | 0.000 | 0.000 | 0.000 | 0.000 | 0.000 | 0.001 |
| 聊城 | | | | | | | | | | | | | | | | | | | | | | | 0.007 | 0.001 | 0.000 | 0.001 | 0.001 | 0.000 | 0.004 | 0.012 |
| 菏泽 | | | | | | | | | | | | | | | | | | | | | | | | 0.002 | 0.001 | 0.003 | 0.002 | 0.001 | 0.002 | 0.004 |
| 宿州 | | | | | | | | | | | | | | | | | | | | | | | | | 0.018 | 0.004 | 0.004 | 0.005 | 0.000 | 0.001 |
| 淮北 | | | | | | | | | | | | | | | | | | | | | | | | | | 0.002 | 0.002 | 0.001 | 0.000 | 0.000 |
| 亳州 | | | | | | | | | | | | | | | | | | | | | | | | | | | 0.005 | 0.001 | 0.000 | 0.001 |
| 阜阳 | | | | | | | | | | | | | | | | | | | | | | | | | | | | 0.002 | 0.000 | 0.001 |
| 蚌埠 | | | | | | | | | | | | | | | | | | | | | | | | | | | | | 0.000 | 0.000 |
| 邢台 | | | | | | | | | | | | | | | | | | | | | | | | | | | | | | 0.070 |
| 邯郸 | | | | | | | | | | | | | | | | | | | | | | | | | | | | | | |

中原城市群与4个城市群有势力范围的交叉重合。邢台、邯郸和安阳3个城市同时纳入中原城市群与京津冀城市群势力范围，将3个城市分别与2个城市群的经济联系强度进行对比分析，邯郸和安阳则更倾向于融入中原城市群，邢台更倾向于融入京津冀城市群。如表13－4所示。

**表13－4　边缘城市经济联系强度对比**

| 城市群 | 邢台 | 邯郸 | 安阳 | 城市群 | 聊城 | 菏泽 |
|---|---|---|---|---|---|---|
| 中原 | 0.004 | 0.008 | 0.007 | 中原 | 0.003 | 0.01 |
| 京津冀 | 0.005 | 0.007 | 0.002 | 山东 | 0.019 | 0.005 |
| **城市群** | **宿州** | **淮北** | **商丘** | **城市群** | **运城** | |
| 中原 | 0.002 | 0.001 | 0.007 | 中原 | 0.002 | |
| 淮海 | 0.027 | 0.021 | 0.009 | 关中 | 0.003 | |

聊城和菏泽2个城市同时纳入中原城市群与山东半岛城市群势力范围，将2个城市分别与2个城市群的经济联系强度进行对比分析，菏泽更倾向于融入中原城市群，聊城则更倾向于融入山东半岛城市群。

宿州、淮北和商丘3个城市同时纳入中原城市群与淮海城市群势力范围，将3个城市分别与2个城市群的经济联系强度进行对比分析，3个城市均更倾向于融入淮海城市群。

运城同时纳入中原城市群与关中城市群势力范围，将该城市分别与2个城市群的经济联系强度进行对比分析，运城更倾向于融入关中城市群。如图13－11所示。

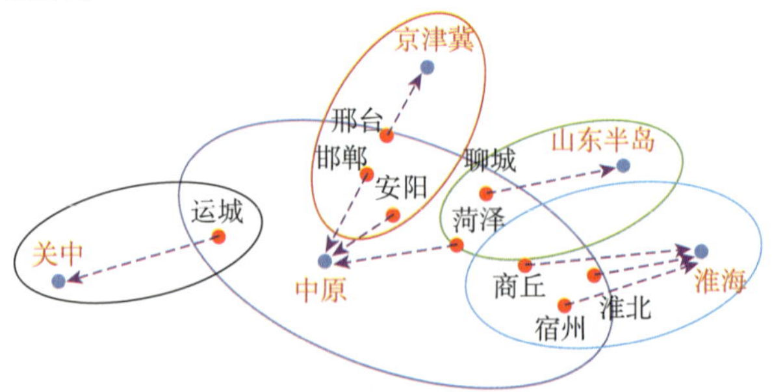


**图13－11　边缘城市的城市群选择**

## 城市房地产投资策略

我们从城市发展潜力、房地产市场热度、投资安全性三个单一维度给出城市群各城市排名情况如图 13 - 12 所示。

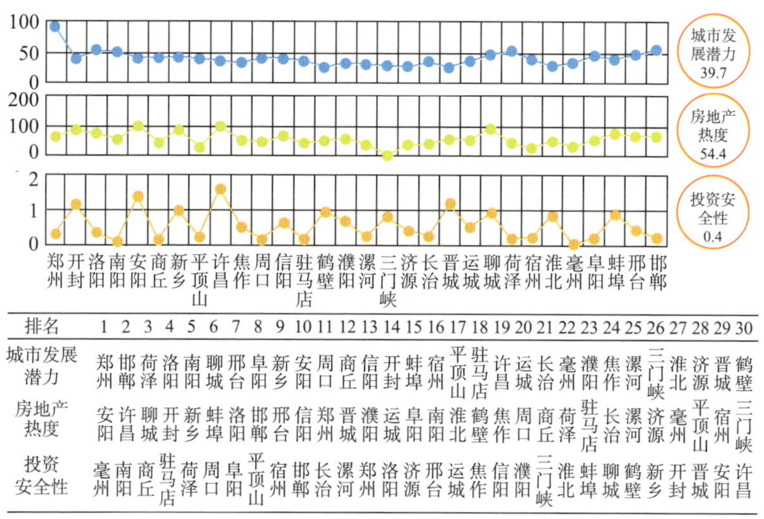


| 排名 | 1 | 2 | 3 | 4 | 5 | 6 | 7 | 8 | 9 | 10 | 11 | 12 | 13 | 14 | 15 | 16 | 17 | 18 | 19 | 20 | 21 | 22 | 23 | 24 | 25 | 26 | 27 | 28 | 29 | 30 |
|---|---|---|---|---|---|---|---|---|---|---|---|---|---|---|---|---|---|---|---|---|---|---|---|---|---|---|---|---|---|---|
| 城市发展潜力 | 郑州 | 邯郸 | 菏泽 | 洛阳 | 南阳 | 聊城 | 邢台 | 阜阳 | 新乡 | 安阳 | 周口 | 商丘 | 信阳 | 开封 | 蚌埠 | 宿州 | 平顶山 | 驻马店 | 许昌 | 运城 | 长治 | 亳州 | 濮阳 | 焦作 | 漯河 | 三门峡 | 淮北 | 济源 | 晋城 | 鹤壁 |
| 房地产热度 | 安阳 | 许昌 | 聊城 | 开封 | 新乡 | 蚌埠 | 洛阳 | 邯郸 | 邢台 | 信阳 | 郑州 | 晋城 | 濮阳 | 运城 | 阜阳 | 南阳 | 淮北 | 鹤壁 | 焦作 | 周口 | 商丘 | 菏泽 | 驻马店 | 长治 | 漯河 | 济源 | 亳州 | 平顶山 | 宿州 | 三门峡 |
| 投资安全性 | 亳州 | 南阳 | 商丘 | 驻马店 | 菏泽 | 周口 | 阜阳 | 平顶山 | 宿州 | 邯郸 | 长治 | 漯河 | 郑州 | 洛阳 | 济源 | 邢台 | 运城 | 焦作 | 信阳 | 濮阳 | 三门峡 | 淮北 | 蚌埠 | 聊城 | 鹤壁 | 新乡 | 开封 | 晋城 | 安阳 | 许昌 |

**图 13 - 12　中原城市群各城市排名情况**

中原城市群属于城市群发展的第一阶段，以强核吸附为主要特征，核心城市郑州吸附能力强。中原城市群城市等级呈现明显的金字塔形，处在城市发展较好区、适中区、较弱区城市比例为 1:14:15。核心城市郑州受空港新区土地供应和城改项目的影响，房价和低价的平均涨幅均小于其他新一线城市，处于扫货区，但完全市场化的土地竞买和商品房价涨幅巨大，城市两极分化现象严重。

一般城市大多处在挑货区、进取区、看平区。处于进取区的城市有 8 个，居十大城市群之首。中原城市群城镇化率低，人口基数大，将具有较好的发展前景，目前地货比整体相对较低，应作为公司近期战术级投资的重点，加大投资力度。如图 13 - 13 所示。

根据九宫格阶梯筛选法则，处在阶梯阴影区位重点拓展城市：处在扫货区内的重点拓展城市为郑州；黄线框内的重点投资城市，主要包括开

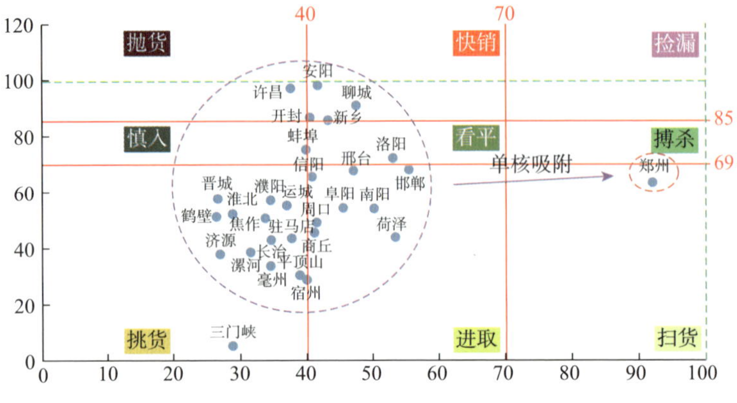


图 13－13　中原城市群核心城市与一般城市区域分布

封、新乡、聊城、蚌埠、邢台、洛阳、邯郸、信阳、阜阳、南阳、周口、商丘、菏泽；处在挑货区的重点拓展城市，主要有濮阳、焦作、漯河、运城、长治、鹤壁、三门峡；聊城处在快销区、应注意控制风险，快销为主。如图 13－14 所示。

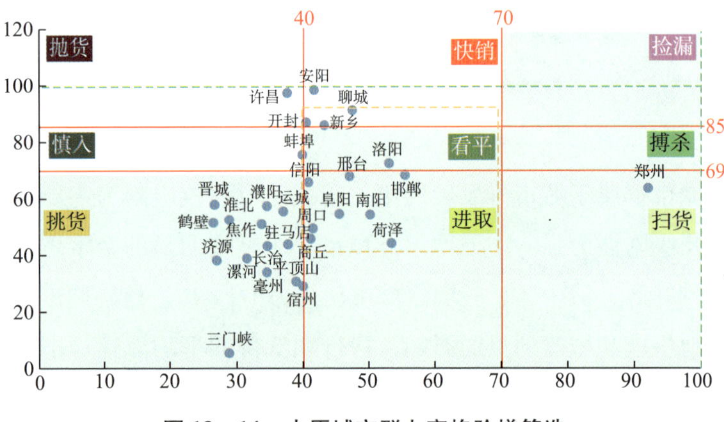


图 13－14　中原城市群九宫格阶梯筛选

根据九宫格模型得出中原城市群作战地图，主攻城市有周口、商丘、信阳、阜阳、南阳、菏泽、邢台、洛阳、邯郸等城市。如图 13－15 所示。

以行业领先房企投资评审标准作为筛选器，安阳销售利润率为负，除战略考量外，能不进驻则不进驻；焦作、亳州、宿州、许昌、运城、漯河、菏泽、商丘城市平均销售利润率低于 15%，应关注市场风险，重点把控好获取土地位置及价格。如表 13－5 所示。

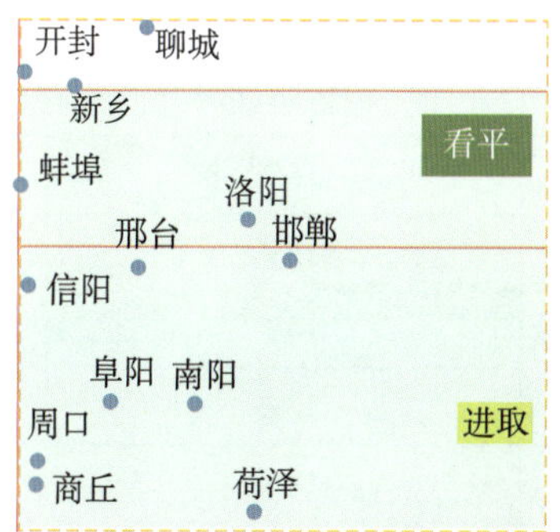


图 13－15　中原城市群作战地图

表 13－5　中原城市群城市筛选

| | 销售利润率 | 地货比 |
|---|---|---|
| 郑州 | 50% | 19% |
| 南阳 | 39% | 14% |
| 邯郸 | 34% | 21% |
| 开封 | 30% | 25% |
| 长治 | 27% | 7% |
| 聊城 | 27% | 28% |
| 邢台 | 25% | 28% |
| 洛阳 | 25% | 23% |
| 鹤壁 | 24% | 11% |
| 淮北 | 23% | 16% |
| 濮阳 | 22% | 15% |
| 晋城 | 21% | 20% |
| 蚌埠 | 21% | 27% |
| 平顶山 | 20% | 16% |
| 信阳 | 20% | 17% |
| 济源 | 19% | 13% |
| 驻马店 | 18% | 16% |
| 新乡 | 17% | 25% |
| 周口 | 17% | 9% |

续表

| | 销售利润率 | 地货比 |
|---|---|---|
| 阜阳 | 16% | 35% |
| 三门峡 | 15% | 11% |
| 焦作 | 14% | 21% |
| 亳州 | 13% | 22% |
| 宿州 | 13% | 22% |
| 许昌 | 11% | 33% |
| 运城 | 10% | 12% |
| 漯河 | 7% | 19% |
| 菏泽 | 6% | 24% |
| 商丘 | 1% | 27% |
| 安阳 | -11% | 42% |

充分考虑TOP50房企之间的竞争平衡，郑州已进驻TOP50房企超过30个，应重点关注市场竞争带来的非理性拿地风险。除50强房企外，还要关注河南建业、康桥及正商等本土强势房企的竞争。如表13-6所示。

**表13-6 中原城市群竞争平衡**

| 城市 | 房地产前50强进驻个数 |
|---|---|
| 郑州 | 35 |
| 许昌 | 13 |
| 蚌埠 | 10 |
| 邯郸 | 10 |
| 邢台 | 9 |
| 开封 | 8 |
| 菏泽 | 8 |
| 宿州 | 7 |
| 淮北 | 7 |
| 阜阳 | 7 |

续表

| 城市 | 房地产前 50 强进驻个数 |
| --- | --- |
| 商丘 | 6 |
| 信阳 | 5 |
| 聊城 | 5 |
| 亳州 | 5 |
| 洛阳 | 4 |
| 新乡 | 4 |
| 焦作 | 4 |
| 濮阳 | 4 |
| 南阳 | 3 |
| 安阳 | 3 |
| 漯河 | 3 |
| 平顶山 | 2 |
| 周口 | 2 |
| 驻马店 | 2 |
| 三门峡 | 2 |
| 长治 | 2 |
| 晋城 | 2 |
| 运城 | 2 |
| 鹤壁 | 1 |
| 济源 | 0 |

## 第二节　城市基本面研判

### 人口发展潜力

人口是城市发展的基础，也是房地产发展的重要支撑。我们从人口发

展基数和人口发展结构等层面研判城市人口发展潜力。

中原城市群人口基数及发展潜力较好，30 个城市人口基数均值为 523.09 万人。人口指数 TOP3 城市为郑州、邯郸、菏泽。如图 13 - 16 所示。

TOP

|  | 城市 | 人口指数 | 人口基数 |
|---|---|---|---|
| 1 | 郑州 | 105.05 | 972.40 |
| 2 | 邯郸 | 104.52 | 949.28 |
| 3 | 菏泽 | 104.45 | 862.26 |
| 4 | 南阳 | 94.59 | 863.40 |
| 5 | 邢台 | 90.42 | 731.99 |
| 6 | 聊城 | 89.43 | 597.06 |
| 7 | 阜阳 | 83.04 | 799.10 |
| 8 | 洛阳 | 79.79 | 680.10 |
| 9 | 周口 | 78.25 | 882.07 |
| 10 | 宿州 | 74.65 | 559.93 |
| 11 | 商丘 | 74.26 | 728.17 |
| 12 | 安阳 | 70.03 | 403.90 |
| 13 | 驻马店 | 69.75 | 614.45 |
| 14 | 新乡 | 69.55 | 574.30 |
| 15 | 平顶山 | 69.49 | 404.80 |
| 16 | 信阳 | 68.47 | 644.36 |
| 17 | 许昌 | 66.84 | 438.05 |
| 18 | 亳州 | 66.29 | 510.40 |
| 19 | 蚌埠 | 65.50 | 333.10 |
| 20 | 开封 | 61.83 | 454.67 |
| 21 | 运城 | 60.05 | 530.52 |
| 22 | 焦作 | 56.49 | 354.60 |
| 23 | 濮阳 | 54.67 | 362.71 |
| 24 | 长治 | 53.84 | 343.54 |
| 25 | 漯河 | 53.27 | 263.50 |
| 26 | 淮北 | 51.50 | 220.80 |
| 27 | 济源 | 48.81 | 73.30 |
| 28 | 三门峡 | 48.60 | 225.61 |
| 29 | 鹤壁 | 43.76 | 161.38 |
| 30 | 晋城 | 35.41 | 232.09 |

备注：人口指数为综合评价指数；
人口基数为2016年常住人口（万人）。

【计算方法】

常住人口 40%
常住户籍人口比 15%
小学生增幅 10%
中小学生在校生人数 10%
城镇化率增幅 15%
城镇化率 10%

人口发展潜力 100分
=城市基本面×35%

#指标评价采用综合打分法进行打分评价。

【参考指标】

非公就业人口及占比

*数据来源为各城市国民经济与社会发展统计公报及中国城市发展年鉴。

图 13 - 16　中原城市群人口发展潜力指数

从人口总量看，中原城市群常住户籍比为 0.91，属于人口流出城市群，2016 年人口流出近 1601 万人。常住户籍人口比≥100% 以上的城市有 6 个，分别是郑州、济源、长治、晋城、运城、淮北。如图 13 - 17 所示。

从小学生 2016 年在校生人数看，中原城市群 2016 年小学生在校人数为 1555 万人，占全国小学生在校人数 9913 万人的 15.7%，高于城市群占全国总人口比重 11.84% 的水平；中原城市群 30 个城市小学生在校生人数总涨幅为 - 5%；重点关注城市郑州、菏泽、邢台、阜阳。如图 13 - 18 所示。

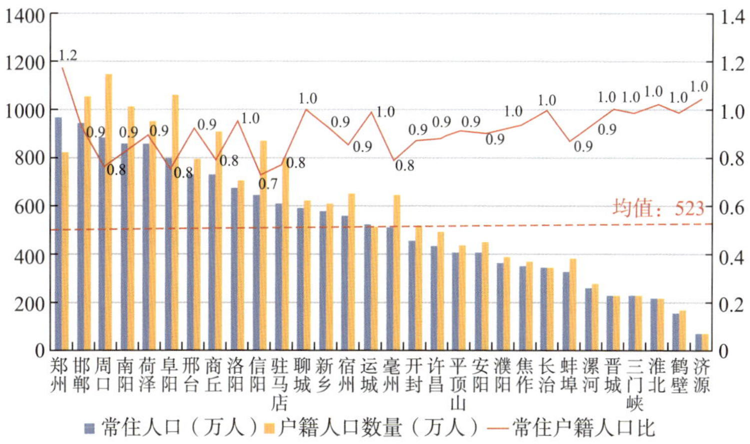


**图 13－17 中原城市群人口规模**

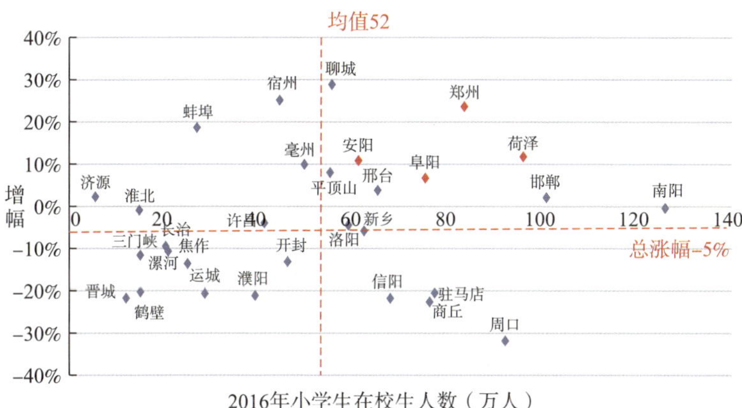


**图 13－18 中原城市群小学生 2016 年在校生人数及增幅**

中小学在校生人数从某个维度上代表这个城市刚需和刚改家庭的规模。中原城市中小学在校生人数均值 82 万人，超过 100 万人的城市有郑州、南阳、商丘、周口、驻马店、菏泽、阜阳、邢台、邯郸。这些城市的改善型购房需求较强。如图 13－19 所示。

中原城市群 30 个城市城镇化率在城市群城镇率均值 49% 以上的城市共 17 个，分别是郑州、洛阳、安阳、新乡、平顶山、许昌、焦作、鹤壁、漯河、三门峡、济源、长治、晋城、淮北、蚌埠、邢台、邯郸。30 个城市 2016 年城镇化率增幅在 0.9% ~2.2%，平均城镇化率增幅为 1.6%。晋城

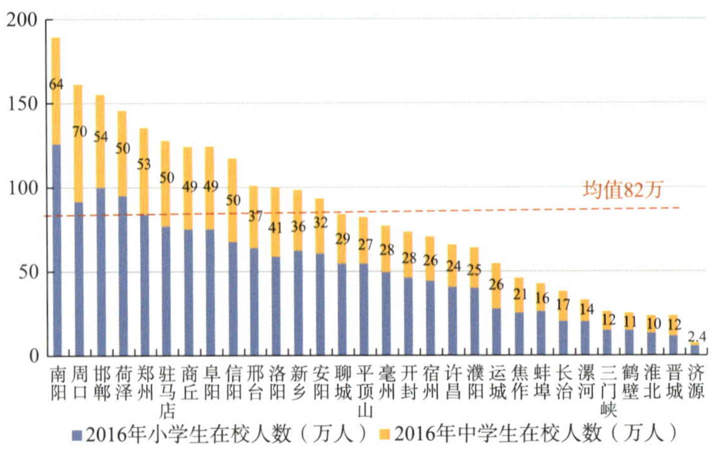


图 13－19　中原城市群 2016 年中小学在校生人数

城镇化率增幅仅为 0.9%，郑州因城镇化率水平较高，增幅缓慢，增幅为 1.3%。如图 13－20 所示。

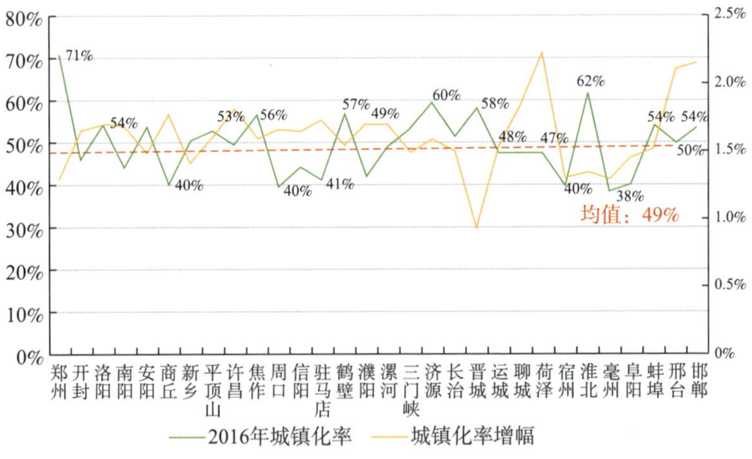


图 13－20　中原城市群 2016 年城镇化率及增幅

非公就业人口占比体现城市经济的活力和可持续性。中原城市群非公就业人口占比中位值为 13.9%，郑州、新乡、长治、淮北均高于 20%，活力较强。如图 13－21 所示。

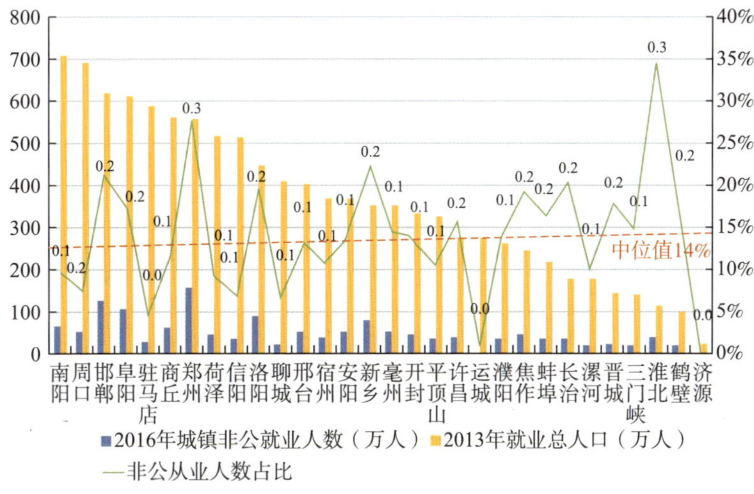


图 13－21　中原城市群非公就业人口占比

## 经济发展潜力

经济是城市发展的主要驱动力，也是房地产发展的重要支撑。我们从城市经济总量基数、人均收入基数、经济发展结构与活力、城市财力水平等层面综合研判城市经济发展潜力。

经济是城市发展的主要驱动力，也是房地产发展的重要支撑。我们从城市经济总量基数、人均收入基数、经济发展结构与活力、城市财力水平等层面综合研判城市经济发展潜力。如图 13－22 所示。

30 个城市中 GDP 超过均值 1878 亿元的共有 13 个，其中超过 3000 亿的城市有 3 个，为郑州、邯郸、鹤壁。城市群一般预算收入的均值为 132 亿元，高于均值的城市共有 11 个，分别为郑州、邯郸、鹤壁、宿州、南阳、阜阳、许昌、淮北、济源、三门峡、运城。如图 13－23 所示。

中原城市群整体第三产业增加值占 GDP 比重为 39%，低于全国 51.6% 的平均水平。从产业发展潜力看，30 个城市中，只有郑州第三产业增加值超过 50%，其余城市均低于 50%。城市第三产业占 GDP 比重 > 城市群整体占比 39% 的有 17 个，为郑州、洛阳、邯郸、南阳、聊城、安阳、许昌、新乡、晋城、驻马店、运城、周口、三门峡、亳州、济源、漯河、鹤壁。如图 13－24 所示。

TOP

| | 城市 | 经济指数 | 城市经济总量指数 | 人均收入基数 |
|---|---|---|---|---|
| 1 | 郑州 | 79.71 | 7994 | 33214 |
| 2 | 洛阳 | 46.43 | 3783 | 30752 |
| 3 | 邯郸 | 38.35 | 3337 | 26603 |
| 4 | 南阳 | 35.95 | 2738 | 26898 |
| 5 | 聊城 | 35.74 | 2859 | 23277 |
| 6 | 安阳 | 33.33 | 1806 | 28210 |
| 7 | 许昌 | 32.88 | 2353 | 27016 |
| 8 | 新乡 | 32.70 | 2141 | 26893 |
| 9 | 焦作 | 32.29 | 2083 | 26876 |
| 10 | 菏泽 | 32.26 | 2560 | 22122 |
| 11 | 长治 | 31.73 | 1269 | 28094 |
| 12 | 邢台 | 31.16 | 1955 | 23913 |
| 13 | 晋城 | 31.13 | 1049 | 28223 |
| 14 | 商丘 | 30.67 | 1974 | 25217 |
| 15 | 平顶 | 30.60 | 1426 | 27716 |
| 16 | 信阳 | 30.60 | 2034 | 23959 |
| 17 | 蚌埠 | 30.47 | 1386 | 28653 |
| 18 | 开封 | 30.31 | 1748 | 24596 |
| 19 | 驻马 | 29.59 | 1794 | 24158 |
| 20 | 运城 | 29.49 | 1222 | 25636 |
| 21 | 周口 | 28.99 | 2260 | 22471 |
| 22 | 宿州 | 28.54 | 1352 | 25533 |
| 23 | 阜阳 | 27.91 | 1402 | 25483 |
| 24 | 三门 | 26.98 | 1349 | 25254 |
| 25 | 濮阳 | 26.92 | 1444 | 26482 |
| 26 | 亳州 | 26.62 | 1046 | 25053 |
| 27 | 淮北 | 26.28 | 799 | 27248 |
| 28 | 济源 | 23.94 | 533 | 28231 |
| 29 | 漯河 | 23.87 | 1078 | 26617.5 |
| 30 | 鹤壁 | 21.38 | 769 | 26184 |

【计算方法】

城市GDP 40%
第三产业占GDP比重 15%
城镇人均可支配收入 12%
人均住户存款余额 8%
一般财政预算收入 10%
上市公司数量 15%

经济发展潜力 100分
=城市基本面×20%

#指标评价采用综合打分法进行打分评价。

*数据来源为各城市国民经济与社会发展统计公报、中国城市发展年鉴及各城市证监会网站。

备注：经济指数为综合评价指数；
城市经济总量基数为2016年城市GDP（亿元）；
人均收入基数为2016年城镇居民人均可支配收入（元）。

**图 13－22 中原城市群经济发展潜力指数**

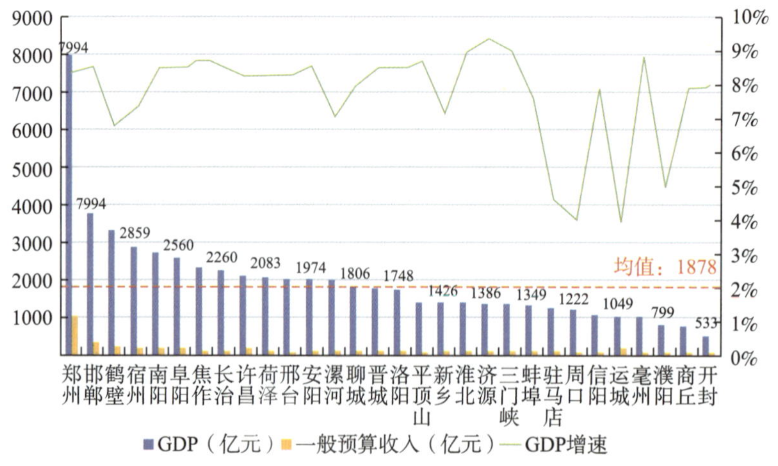


**图 13－23 中原城市群 GDP、一般预算收入及增幅**

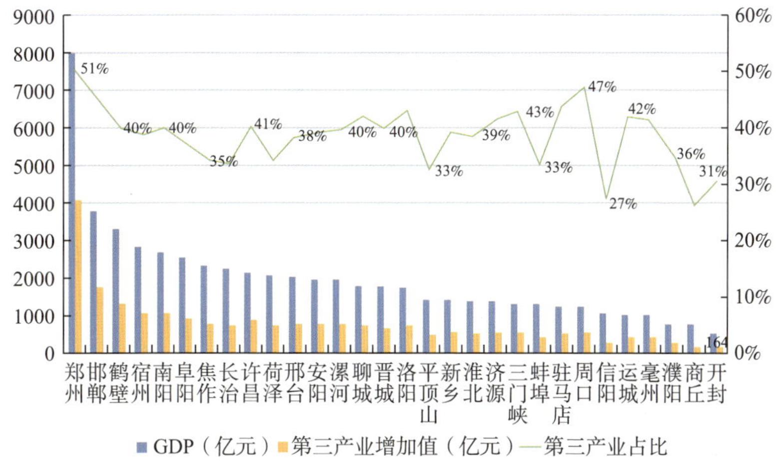


**图 13－24　中原城市群第三产业增加值占比**

城市群人均城镇居民可支配收入均值为 26448 元，低于全国人均城镇居民可支配收入 33616 元；城市群中有 16 个城市高于城市群均值，分别为郑州、邯郸、南阳、聊城、许昌、新乡、焦作、菏泽、平顶山、信阳、开封、驻马店、运城、濮阳、济源、鹤壁。城市群城镇在岗职工平均工资的均值为 48612 元，超过均值的城市共有 13 个，分别为郑州、邯郸、驻马店、运城、周口、宿州、阜阳、三门峡、亳州、淮北、济源、漯河、鹤壁。如图 13－25 所示。

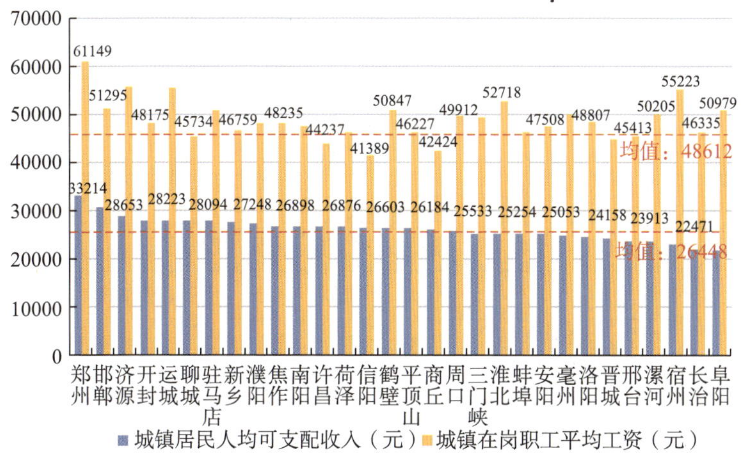


**图 13－25　中原城市群人均城镇居民可支配收入及在岗职工平均工资**

人均存款余额反映当地居民的财富水平，中原城市群整体人均住户存款余额为2.98万元，高于整体水平的城市有12个，分别为郑州、邯郸、聊城、新乡、蚌埠、开封、驻马店、运城、宿州、漯河、鹤壁、晋城。如图13－26所示。

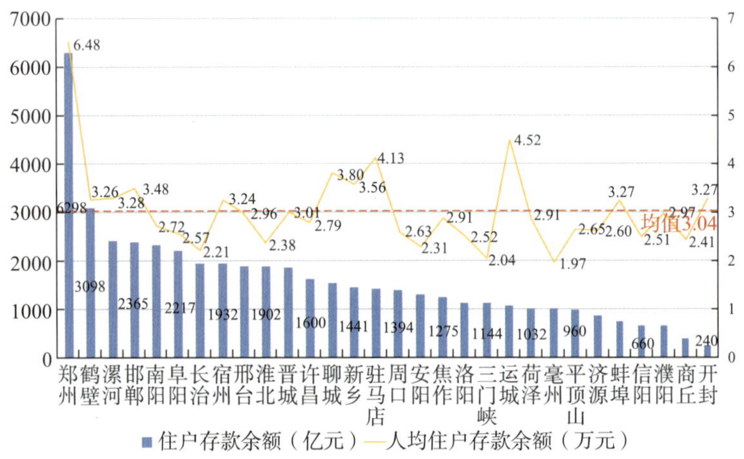


图13－26 中原城市群人均住户存款余额

上市公司数量的多少是反映一个城市经济活力的重要指针。中原城市群A股上市公司数量相对较少，10家以上的仅有郑州和洛阳。如表13－7所示。

 表13－7 中原城市群A股上市公司所在城市分布

| | 个数 | 城市 |
|---|---|---|
| N≥20 | 1 | 郑州 |
| 10≤N<20 | 1 | 洛阳 |
| 5≤N<10 | 4 | 焦作、南阳、许昌、聊城、 |
| 3≤N<5 | 7 | 运城、淮北、安阳、商丘、平顶山、济源、蚌埠 |
| 1≤N<3 | 15 | 开封、新乡、周口、信阳、濮阳、漯河、三门峡、长治、晋城、菏泽、宿州、亳州、阜阳、邢台、邯郸 |
| N=0 | 2 | 驻马店、鹤壁 |

知名大学的创新活力影响和带动城市的创新活力水平。中原城市群“双一流”大学共有 2 所，主要分布在郑州、开封。如表 13 – 8 所示。

**表 13 – 8　中原城市群“双一流”大学所在城市分布**

| | 个数 | 高校 |
|---|---|---|
| 一流大学 | 1 | 郑州大学 |
| 一流学科 | 1 | 河南大学 |

我们对中原城市群各个城市的人口与经济进行了均衡分析。中原城市群人口与经济沿均衡线发展，均衡线以下且偏离越大的城市更应该关注产业发展，其中阜阳、漯河、淮北等城市要重点关注新产业进驻，有可能会带来城市发展的巨变；均衡线以上且偏离越大的城市更应该关注人口政策，其中郑州、邯郸、运城等城市要重点关注人口政策变化带来的人口集聚，有可能会带来人口短时膨胀。如图 13 – 27 所示。

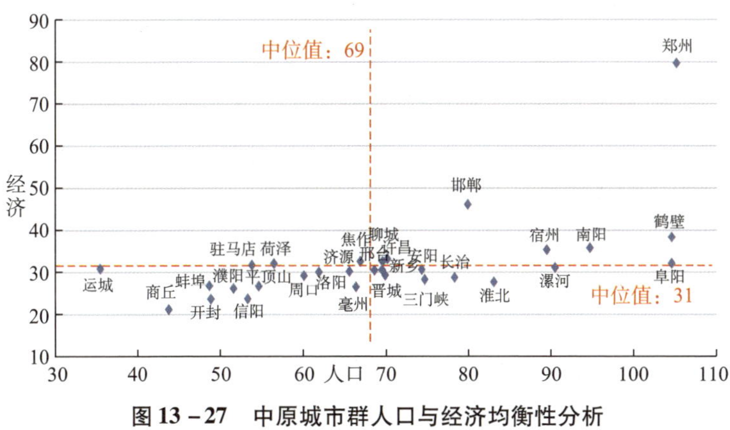


**图 13 – 27　中原城市群人口与经济均衡性分析**

## 市场容量

市场容量指数重点考察城市市场销售规模水平、去化周期及房企进驻，是城市房地产发展的安全边界。该指数我们从市场容量、供地面积、购买能力、房企进驻热度等层面综合研判房地产市场安全属性。

中原城市群城市市场容量基数均值为 240 万平方米。市场容量及安全指数 TOP3 的城市为郑州、阜阳、邢台。如图 13－28 所示。

| TOP | 城市 | 容量指数 | 市场容量基数 |
|---|---|---|---|
| 1 | 郑州 | 81.17 | 1217.55 |
| 2 | 阜阳 | 27.00 | 405.02 |
| 3 | 邢台 | 24.90 | 373.50 |
| 4 | 许昌 | 23.99 | 359.79 |
| 5 | 洛阳 | 23.38 | 350.65 |
| 6 | 淮北 | 22.71 | 340.62 |
| 7 | 平顶 | 21.73 | 325.99 |
| 8 | 邯郸 | 20.44 | 306.61 |
| 9 | 安阳 | 18.10 | 235.82 |
| 10 | 济源 | 17.96 | 269.42 |
| 11 | 聊城 | 17.33 | 230.69 |
| 12 | 宿州 | 16.27 | 244.16 |
| 13 | 晋城 | 16.16 | 242.41 |
| 14 | 新乡 | 15.72 | 177.50 |
| 15 | 鹤壁 | 15.60 | 234.00 |
| 16 | 长治 | 15.29 | 229.44 |
| 17 | 周口 | 14.33 | 215.15 |
| 18 | 南阳 | 14.15 | 212.23 |
| 19 | 三门 | 13.50 | 108.12 |
| 20 | 驻马 | 12.54 | 188.09 |
| 21 | 漯河 | 12.40 | 185.70 |
| 22 | 信阳 | 12.24 | 183.59 |
| 23 | 亳州 | 12.12 | 181.80 |
| 24 | 商丘 | 12.08 | 181.18 |
| 25 | 焦作 | 11.52 | 172.77 |
| 26 | 运城 | 9.18 | 137.73 |
| 27 | 濮阳 | 7.21 | 202.85 |
| 28 | 菏泽 | 5.71 | 85.67 |
| 29 | 蚌埠 | 4.60 | 69.05 |
| 30 | 开封 | 3.40 | 51.03 |

【计算方法】

三年平均销售建面 100%

市场容量 100分
=城市基本面×25%

【参考指标】

三年平均供地建面

#所有指标采用综合评分方法进行评价。

*数据来源为中指数据、吉屋网、中国城市发展年鉴。

备注：市场容量为综合评价指数；
城市市场容量基数为2015-2017年城市市本级商品住宅平均销售面积（万平方米），

**图 13－28　中原城市群市场容量指数**

中原城市群 30 个城市 2015－2017 年商品住宅市场平均年成交面积为 240 万平方米；郑州、开封、新乡、信阳、菏泽住宅成交面积分别为 1218 万平方米、351 万平方米、360 万平方米、504 万平方米及 405 万平方米，五个城市的销售面积占整个中原城市群成交总量的 35.07%。如图 13－29 所示。

中原城市群 26 个城市 2015－2017 年三年平均土地出让住宅总建设面积为 5996 万平方米，平均成交楼面均价为 789 元/平方米。如图 13－30 所示。

市场容量从商品住宅销售面积和常住人口两个维度考虑。人口规模较大且距离轴线向下偏离越大，代表市场潜在容量越大。重点关注城市有宿州、邢台、南阳、邯郸。如图 13－31 所示。

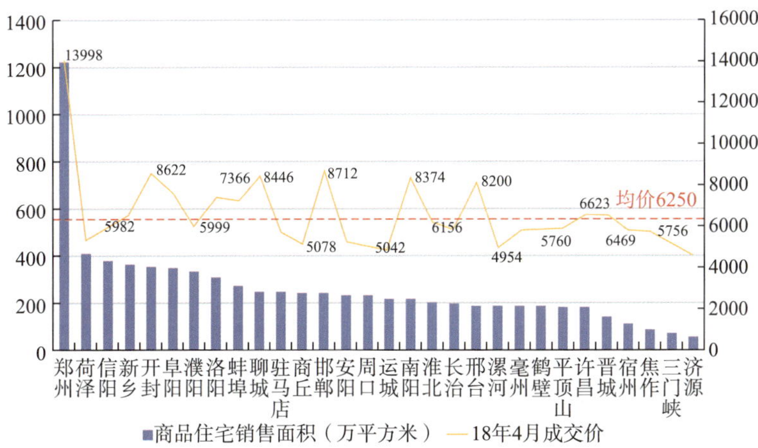


图 13－29 中原城市群 2015－2017 年商品住宅销售情况

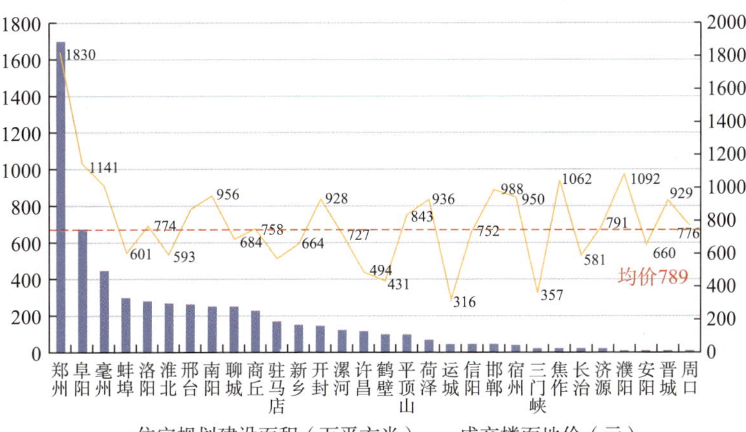


图 13－30 中原城市群 2015－2017 年商品住宅土地供应情况

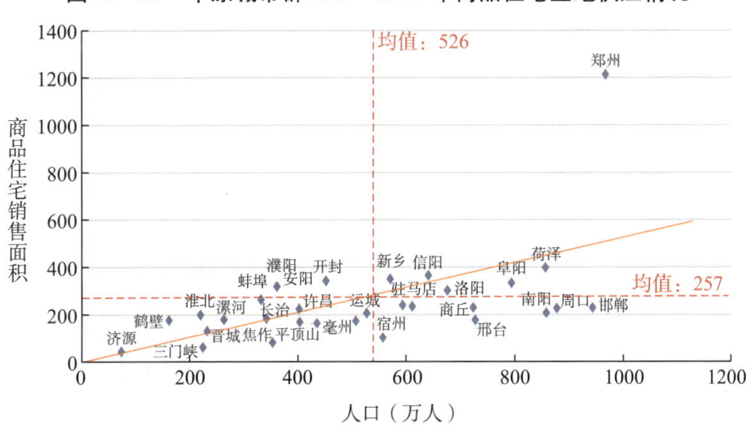


图 13－31 中原城市群市场容量分析

## 城市发展潜力

城市发展是城市的未来趋势，也是房地产发展迈向美好生活的主要路径。我们从城市配套、交通、旅游、规划等层面综合研判城市发展潜力。中原城市群城市发展指数 TOP3 的城市为郑州、洛阳、邯郸。如图 13 - 32 所示。

| TOP | 城市 | 城市发展指数 |
|---|---|---|
| 1 | 郑州 | 95 |
| 2 | 洛阳 | 53 |
| 3 | 邯郸 | 36 |
| 4 | 开封 | 34 |
| 5 | 新乡 | 32 |
| 6 | 蚌埠 | 32 |
| 7 | 长治 | 32 |
| 8 | 运城 | 32 |
| 9 | 南阳 | 31 |
| 10 | 安阳 | 31 |
| 11 | 焦作 | 30 |
| 12 | 邢台 | 30 |
| 13 | 晋城 | 28 |
| 14 | 三门峡 | 26 |
| 15 | 平顶山 | 25 |
| 16 | 阜阳 | 25 |
| 17 | 聊城 | 24 |
| 18 | 漯河 | 23 |
| 19 | 许昌 | 23 |
| 20 | 商丘 | 22 |
| 21 | 宿州 | 22 |
| 22 | 濮阳 | 22 |
| 23 | 信阳 | 22 |
| 24 | 周口 | 21 |
| 25 | 济源 | 21 |
| 26 | 鹤壁 | 19 |
| 27 | 淮北 | 18 |
| 28 | 菏泽 | 18 |
| 29 | 驻马店 | 16 |
| 30 | 亳州 | 15 |

注：城市发展指数为综合评价指数.

【计算方法】

配套 35%
- 三甲医院数量 8%
- 大专院校数量 12%
- 城市景观资源 8%
- 国家级产业园区数量 7%

交通 40%
- 高铁班次 16%
- 距机场距离 12%
- 境内高速公路通达度 12%

旅游 25%
- 4A级以上景区 6%
- 四星级以上酒店 9%
- 旅游人次 10%

城市发展潜力 100分
=城市基本面×20%

【参考指标】

城市定位及分级指数
产业发展规划
交通规划

#所有指标均采用分层评价.

*数据来源为各城市国民经济与社会发展统计公报、山东半岛城市群发展规划、去哪儿网及各地教育、医疗、旅游等相关机构网站综合得出.

图 13 - 32　中原城市群城市发展指数

### (1)城市配套与环境

城市配套的好坏直接制约着城市整体房地产发展水平，尤其是重要的医疗、教育等配套资源。第一新财经发布的《中国城市再分级》，把城市从商业资源集聚度、城市枢纽性、城市人活跃度、生活方式多样性、未来可塑性进行了重新评价和定位，具有很好的参考价值。但本书仅从影响房地产市场选择最直接的几个指标进行论证。

从最直接影响房地产的医疗教育配套来看，中原城市群整体配套相对较好，三甲医院共有 103 所，占全国三甲医院总数 1599 所的 6.4%；中原城市群共有大专院校 151 所，占全国大专院校总数 2631 所的 5.7%。如图 13－33 所示。

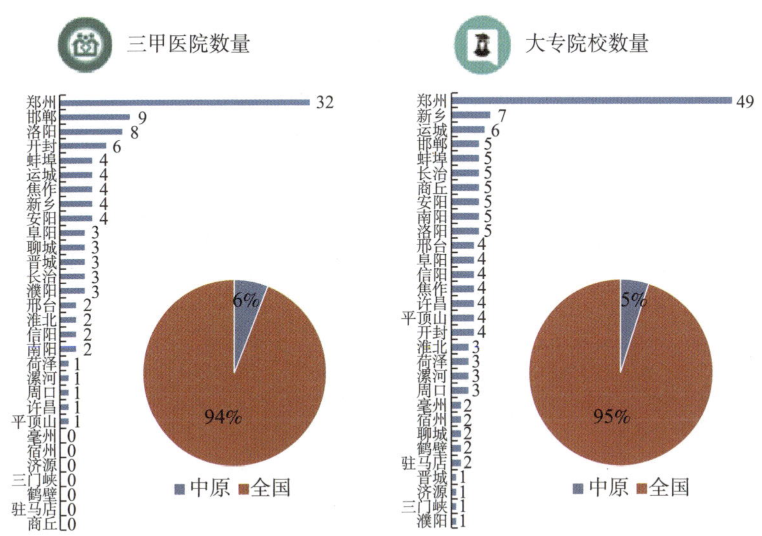


**图 13－33 中原城市群三甲医院及大专院校数量**

### (2)城市交通

城市是整个区域交通的枢纽，其交通的便利度和通达性是我们关注的重点。城市轨道交通是大城市房地产市场的重要助推器，影响大城市的板块市场，但本书重要研究城市之间的房地产市场对比，故暂未把城市轨道交通纳入研究范围。

中原城市群是典型的高铁城市群，其周边辐射城市沿高铁线分布。按照国家高铁规划，郑州将建成全国的“高铁心脏”，架构“米”字形高铁格局。

当前郑州已经开通京广、郑西和郑徐高铁，经过郑州的高铁车次 533 趟，通过高铁能通达的城市数超过 120 个。未来，郑万、郑合、郑太和郑济 4 条高铁线路也将陆续建设开通，“米”字形高铁网络的建成将使郑州到合肥、济南、太原、徐州等城市的时间缩短至 2 小时以内。同时郑州航空港区是集航空、高铁、城际铁路、地铁、高速公路于一体的综合枢纽。如表 13 –9 所示。

**表 13 –9　中原城市群交通通道布局**

| 高铁线路 | 开通时间 | 途径主要城市 |
| --- | --- | --- |
| 京广高铁 | 2012 年 12 月 26 日 | 石家庄、郑州、武汉、长沙 |
| 郑西高铁 | 2010 年 2 月 6 日 | 郑州、洛阳、西安 |
| 郑徐高铁 | 2016 年 9 月 10 日 | 北京、郑州、开封、商丘、徐州、广州 |
| 郑万高铁 | 2019 年 | 郑州、平顶山、南阳、襄阳、重庆万州 |
| 郑合高铁 | 2021 年 | 郑州、许昌、周口、阜阳、淮南、合肥 |
| 郑济高铁 | 规划中 | 郑州、新乡、濮阳、聊城、济南 |
| 郑太高铁 | 规划中 | 郑州、焦作、太原 |

中原城市群中郑州、蚌埠、邯郸、阜阳、长治的交通便利度明显优于其他城市。如图 13 –34 所示。

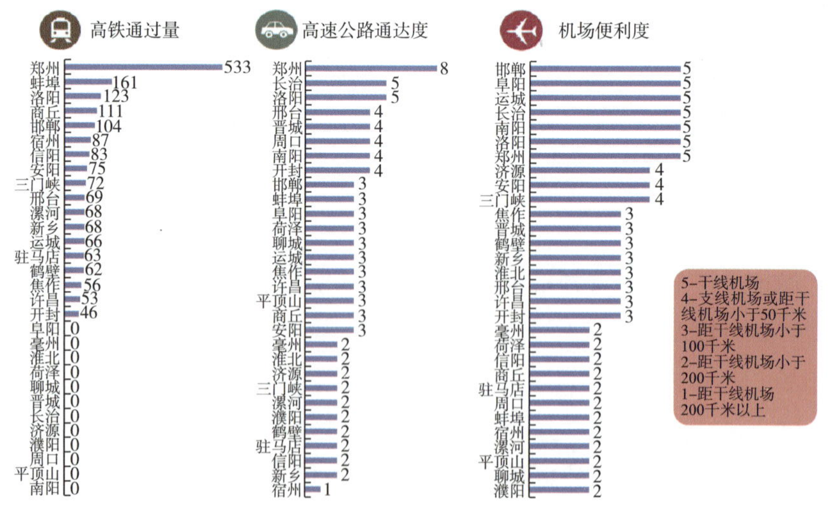


**图 13 –34　中原城市群交通便利度**

（3）旅游商务

旅游反映了城市休闲配套资源情况和因旅游带来的短时流动人口流向。中原城市群2016年旅游人次达9.4711亿人，旅游收入7344亿元。其中，洛阳、郑州、运城及邯郸为重要的旅游城市，四个市旅游人次占整个中原城市群的32.12%；中原城市群2016年人均旅游消费697元，超过整体水平的城市有14个，分别为郑州、开封、洛阳、安阳、焦作、三门峡、长治、晋城、运城、聊城、菏泽、亳州、邢台、邯郸。如图13－35所示。

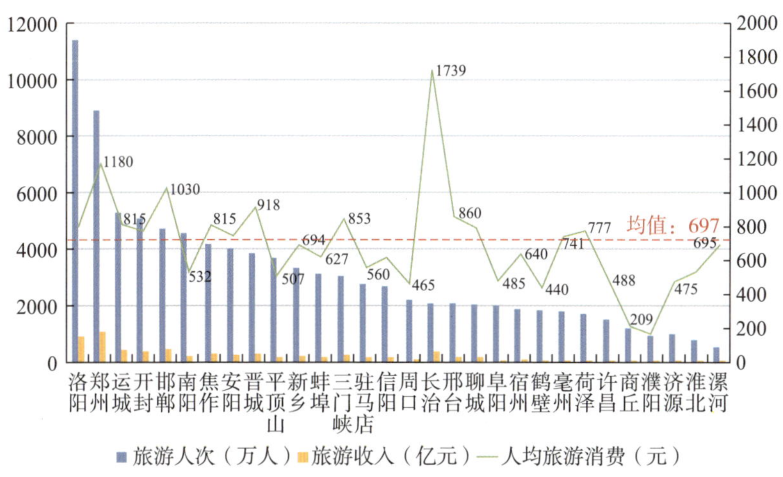


**图13－35　中原城市群2016年旅游情况**

中原城市群旅游资源丰富，共有4A级以上景区216个，占全国4A级以上景区1335个的16.18%。目前中原城市群形成了以太行山山水生态精品旅游区、沿黄河三点一线精品旅游线、嵩山文化旅游区、伏牛山山水休闲度假旅游区及豫东平原文化旅游区五大旅游发展线路。

中原城市群共有4A级以上景区215个，占全国4A级以上景区1335个的16.1%。四星级以上酒店693个，其中，四星级以上酒店达到100家以上的城市为郑州，洛阳四星级及以上酒店数量超过50家。如图13－36所示。

（4）产业发展

产业是人口集聚的主要因素，产业反映了城市经济支撑资源情况，产

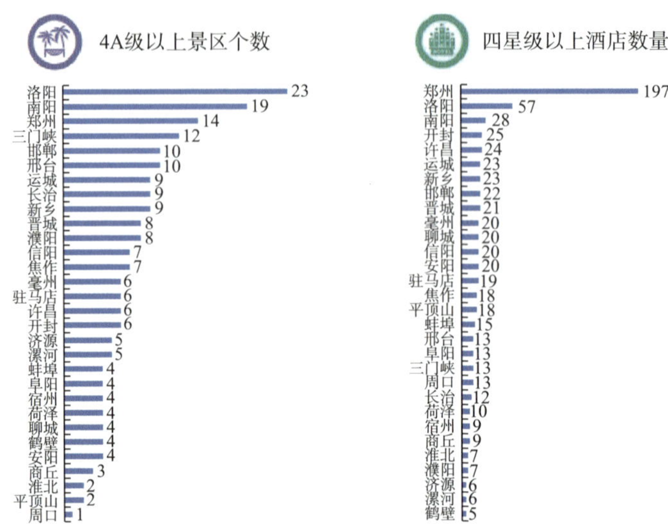


**图 13－36　中原城市群 4A 级以上景区及酒店数量**

业的规划发展状态可以带动人口的流向。根据中原城市群发展规划，依托“米”字形交通网络结构，打造特色鲜明、布局合理的现代产业发展带。其中，沿京广发展主轴及陇海发展主轴已经形成，其余两个发展带将随着高铁的建成逐步形成。

中原城市群城市基本面综合排名 TOP3 的城市为郑州、邯郸、菏泽。处在城市发展较好区、适中区、较差区的城市个数比为 1:14:15。如表 13－10、13－11 所示。

**表 13－10　中原城市群城市基本面评判指标及权重**

| 一级指标 | 一级指标分值 | 指标维度 | 二级指标 | 二级指标权重 |
|---|---|---|---|---|
| 人口 | 35% | 人口基数 | 常住人口 | 40% |
| | | | 常住户籍人口比 | 15% |
| | | | 小学生增幅 | 10% |
| | | 家庭结构 | 中小学生在校生人数 | 10% |
| | | 变化趋势 | 城镇化率增幅 | 15% |
| | | | 城镇化率 | 10% |
| 容量 | 25% | 市场容量基数 | 三年平均销售面积 | 100% |

续表

<table>
<tr><th>一级指标</th><th>一级指标分值</th><th colspan="2">指标维度</th><th>二级指标</th><th>二级指标权重</th></tr>
<tr><td rowspan="6">经济</td><td rowspan="6">20%</td><td colspan="2" rowspan="2">总量水平</td><td>GDP</td><td>40%</td></tr>
<tr><td>第三产业占 GDP 比值</td><td>15%</td></tr>
<tr><td colspan="2">财富水平</td><td>城镇人均可支配收入</td><td>12%</td></tr>
<tr><td colspan="2" rowspan="3">发展活力</td><td>人均住户存款余额</td><td>8%</td></tr>
<tr><td>一般财政预算收入</td><td>10%</td></tr>
<tr><td>上市公司数量</td><td>15%</td></tr>
<tr><td rowspan="10">城市发展</td><td rowspan="10">20%</td><td rowspan="4">配套</td><td>医疗</td><td>三甲医院数量</td><td>8%</td></tr>
<tr><td>教育</td><td>大专院校数量</td><td>12%</td></tr>
<tr><td>景观</td><td>城市景观资源</td><td>8%</td></tr>
<tr><td>产业</td><td>国家级产业园区数量</td><td>7%</td></tr>
<tr><td rowspan="3">交通</td><td>铁路</td><td>高铁班次</td><td>16%</td></tr>
<tr><td>飞机</td><td>距机场距离</td><td>12%</td></tr>
<tr><td>公路</td><td>境内高速通达数量</td><td>12%</td></tr>
<tr><td rowspan="3">旅游</td><td>景区资源</td><td>4A 级以上景区</td><td>6%</td></tr>
<tr><td>配套</td><td>星级酒店</td><td>9%</td></tr>
<tr><td>人次</td><td>旅游人次</td><td>10%</td></tr>
</table>

**表 13－11 中原城市群城市基本面综合排名**

| | 城市 | 城市综合得分 |
|---|---|---|
| 1 | 郑州 | 91. 99 |
| 2 | 邯郸 | 55. 41 |
| 3 | 菏泽 | 53. 36 |
| 4 | 洛阳 | 52. 99 |
| 5 | 南阳 | 50. 07 |
| 6 | 聊城 | 47. 32 |
| 7 | 邢台 | 46. 89 |
| 8 | 阜阳 | 45. 24 |
| 9 | 新乡 | 43. 26 |
| 10 | 安阳 | 41. 63 |
| 11 | 周口 | 41. 28 |

续表

| | 城市 | 城市综合得分 |
|---|---|---|
| 12 | 商丘 | 41.08 |
| 13 | 信阳 | 40.64 |
| 14 | 开封 | 40.37 |
| 15 | 蚌埠 | 39.88 |
| 16 | 宿州 | 39.60 |
| 17 | 平顶山 | 39.31 |
| 18 | 驻马店 | 37.57 |
| 19 | 许昌 | 37.52 |
| 20 | 运城 | 36.82 |
| 21 | 长治 | 34.67 |
| 22 | 亳州 | 34.49 |
| 23 | 濮阳 | 34.33 |
| 24 | 焦作 | 33.58 |
| 25 | 漯河 | 31.17 |
| 26 | 三门峡 | 28.83 |
| 27 | 淮北 | 28.73 |
| 28 | 济源 | 26.92 |
| 29 | 晋城 | 26.58 |
| 30 | 鹤壁 | 26.39 |

## 第三节 房地产市场热度研判

根据新一线城市研究所最新的城市分类，中原城市群30个城市共有二线城市1个、三线城市16个、四线城市10个、五线城市3个。如表13-12所示。

表 13－12　中原城市群城市分级

| 城市分类 | 城市名称 | 数量 |
|---|---|---|
| 二线城市 | 郑州 | 1 |
| 三线城市 | 开封、洛阳、南阳、安阳、商丘、新乡、信阳、驻马店、济源、菏泽、淮北、亳州、阜阳、蚌埠、邢台、邯郸 | 16 |
| 四线城市 | 平顶山、周口、漯河、三门峡、长治、晋城、运城、聊城、宿州、 | 10 |
| 五线城市 | 焦作、鹤壁、濮阳 | 3 |

市场热度指数重点考察市场房价、地价现状及涨幅情况，进驻潜力和市场竞争热度，来分析目前的市场热度。中原城市群地货比指数中位值为 20%，整体来看市场机会适中，可适当进入。热度指数 TOP3 城市为新乡、邢台、菏泽。如图 13－37 所示。

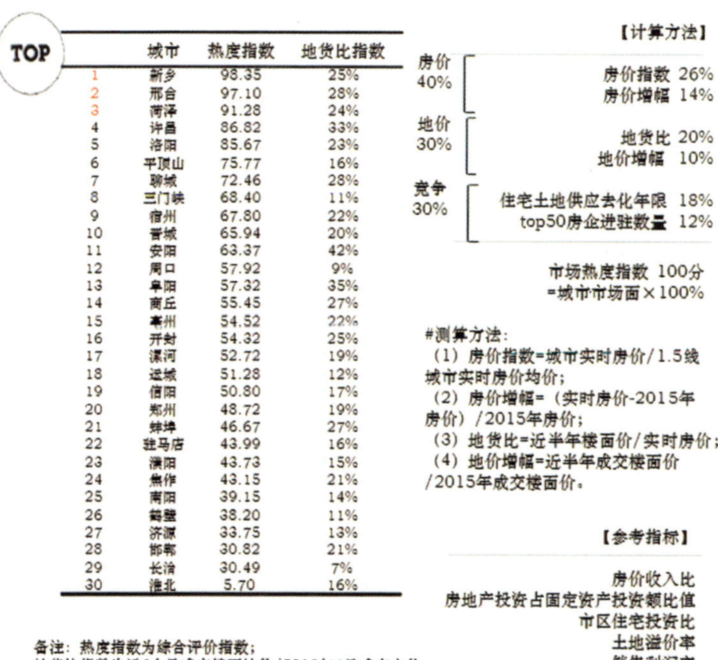

| TOP | 城市 | 热度指数 | 地货比指数 |
|---|---|---|---|
| 1 | 新乡 | 98.35 | 25% |
| 2 | 邢台 | 97.10 | 28% |
| 3 | 菏泽 | 91.28 | 24% |
| 4 | 许昌 | 86.82 | 33% |
| 5 | 洛阳 | 85.67 | 23% |
| 6 | 平顶山 | 75.77 | 16% |
| 7 | 聊城 | 72.46 | 28% |
| 8 | 三门峡 | 68.40 | 11% |
| 9 | 宿州 | 67.80 | 22% |
| 10 | 晋城 | 65.94 | 20% |
| 11 | 安阳 | 63.37 | 42% |
| 12 | 周口 | 57.92 | 9% |
| 13 | 阜阳 | 57.32 | 35% |
| 14 | 商丘 | 55.45 | 27% |
| 15 | 亳州 | 54.52 | 22% |
| 16 | 开封 | 54.32 | 25% |
| 17 | 漯河 | 52.72 | 19% |
| 18 | 运城 | 51.28 | 12% |
| 19 | 信阳 | 50.80 | 17% |
| 20 | 郑州 | 48.72 | 19% |
| 21 | 蚌埠 | 46.67 | 27% |
| 22 | 驻马店 | 43.99 | 16% |
| 23 | 濮阳 | 43.73 | 15% |
| 24 | 焦作 | 43.15 | 21% |
| 25 | 南阳 | 39.15 | 14% |
| 26 | 鹤壁 | 38.20 | 11% |
| 27 | 济源 | 33.75 | 13% |
| 28 | 邯郸 | 30.82 | 21% |
| 29 | 长治 | 30.49 | 7% |
| 30 | 淮北 | 5.70 | 16% |



图 13－37　中原城市群市场热度指数

中原城市群整体房价中位值为 5947 元/平方米，地价中位值为 1289 元/平方米；中原城市群地货比中位值为 20%。地货比较高的三个城市为安阳、阜阳、许昌，应及时捕捉市场信息，防控拿地风险；地货比较低的三个城市为长治、南阳、周口，应作为重点关注城市，寻找机会适时进驻。如图 13－38 所示。

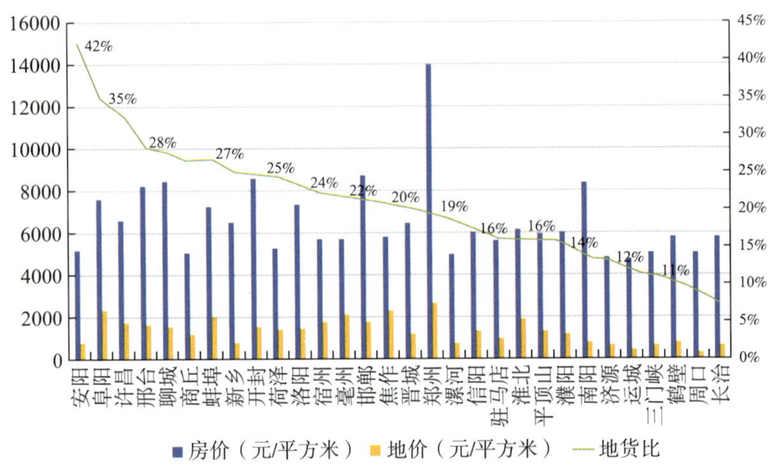


**图 13－38　中原城市群房地价及地货比**

中原城市群房价平均涨幅为 42%，地价平均涨幅为 79%。房价涨幅高于城市群整体平均增幅的城市共有 14 个，分别为郑州、开封、洛阳、南阳、新乡、周口、信阳、濮阳、三门峡、聊城、菏泽、淮北、邢台、邯郸；地价涨幅高于城市群整体平均增幅的城市共有 10 个，分别为开封、洛阳、安阳、新乡、许昌、聊城、阜阳、蚌埠、邢台、邯郸。如图 13－39 所示。

市场潜力从常住人口和地货比两个维度考虑，地货比较低且人口规模相对较大，代表市场潜力较大。战略进驻区域城市共 3 个，分别为长治、濮阳、平顶山；重点关注区域城市共 3 个，分别为运城、驻马店、信阳；机会进驻区域城市共 3 个，分别为南阳、周口。如图 13－40 所示。

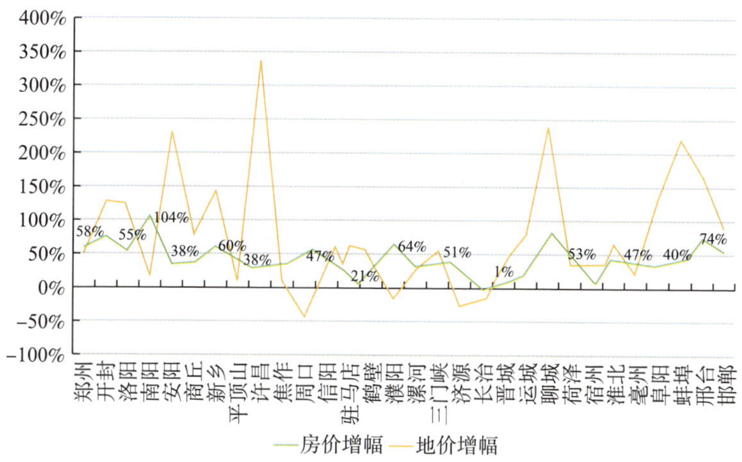


图 13－39　中原城市群房价及地价增幅

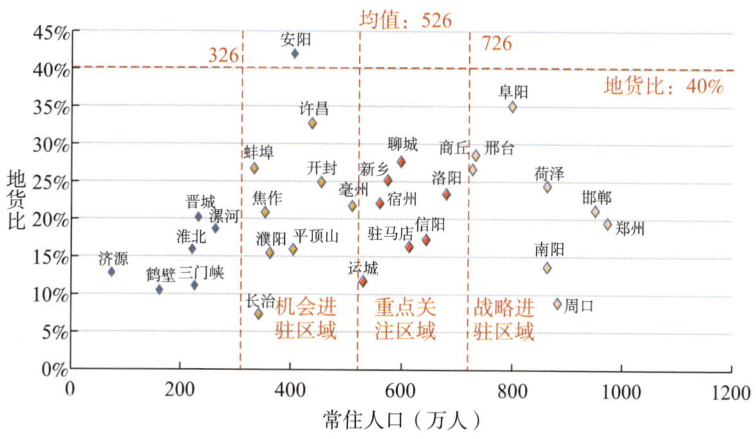


图 13－40　中原城市群常住人口和地货比

市场潜力从成交面积和地货比两个维度考虑，地货比较低且成交面积较大，代表市场潜力较大。战略进驻区域城市共 5 个，分别为亳州、商丘、聊城、周口、鹤壁；重点关注区域城市共 7 个，分别为安阳、运城、阜阳、开封、信阳、焦作、邢台；机会进驻区域城市共 9 个，分别为济源、驻马店、新乡、长治、宿州、淮北、平顶山、濮阳、蚌埠。如图 13－41 所示。

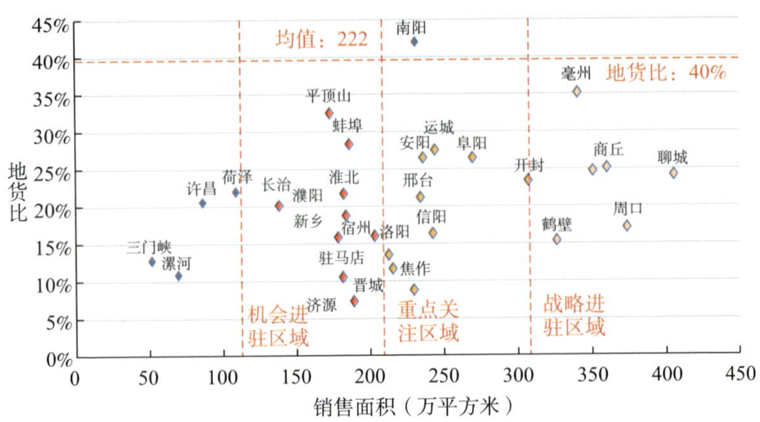


图 13－41　中原城市群成交面积和地货比

中原城市群住宅供应去化年限为 2.98 年，去化周期小于 3 年的有 15 个。整体来看，开封、洛阳、南阳、安阳、新乡、平顶山、焦作、周口、信阳、鹤壁、濮阳、济源、长治、晋城、运城、邯郸等城市市场供不应求；郑州、许昌、菏泽等城市市场供过于求。如图 13－42 所示。

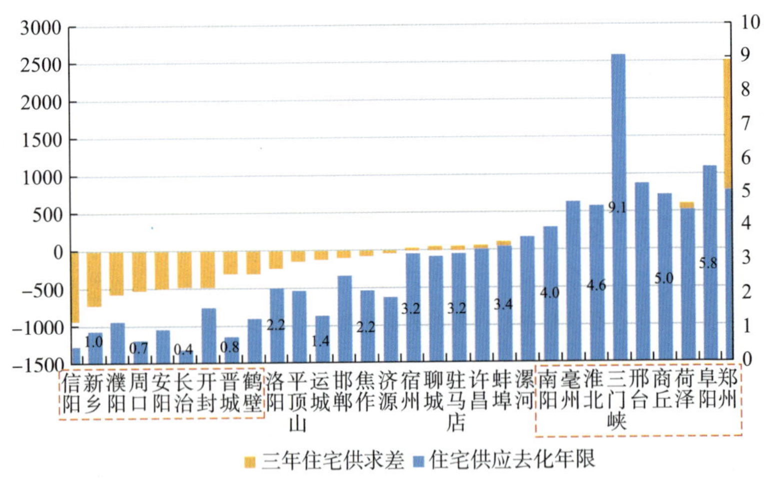


图 13－42　中原城市群去化周期及供应差

房价收入情况，在均值线下，居民收入较大且距离轴线向下偏离越大，代表房价上涨潜力越强。重点关注城市有济源、安阳；一般关注城市运城、漯河、平顶山。如图 13－43 所示。

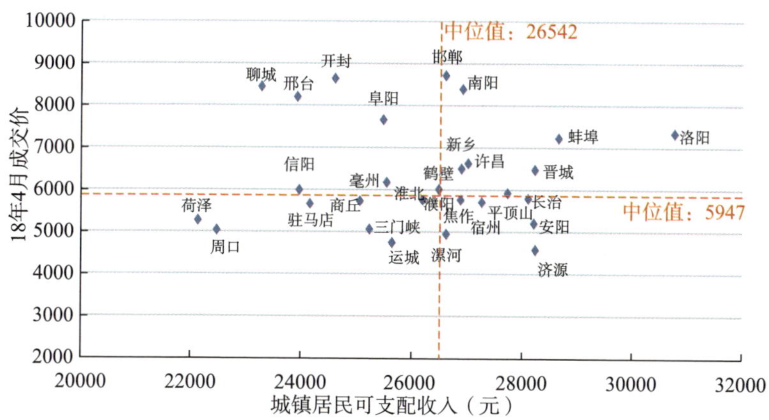


图 13－43 中原城市群房价收入情况

2016 年中原城市群房地产投资额为 8707.31 亿元，占全国房地产投资额 135284 亿元的 6.43%；房地产投资额在均值 253 亿元以上的城市有 10 个，分别是郑州、洛阳、新乡、信阳、阜阳、蚌埠、邯郸、菏泽、安阳、驻马店。房地产投资占固定资产投资比重超过 25% 的有 3 个，分别为郑州、亳州、阜阳，此区域房地产投资相对过热，建议谨慎拿地；介于 15% ~25% 的有 7 个，分别为商丘、新乡、信阳、驻马店、菏泽、宿州、蚌埠，此区域为房地产合理投资区，建议重点关注；在 15% 以下的城市有 16 个，此区域房地产投资相对较少，存在潜在投资机会。如图 13－44 所示。

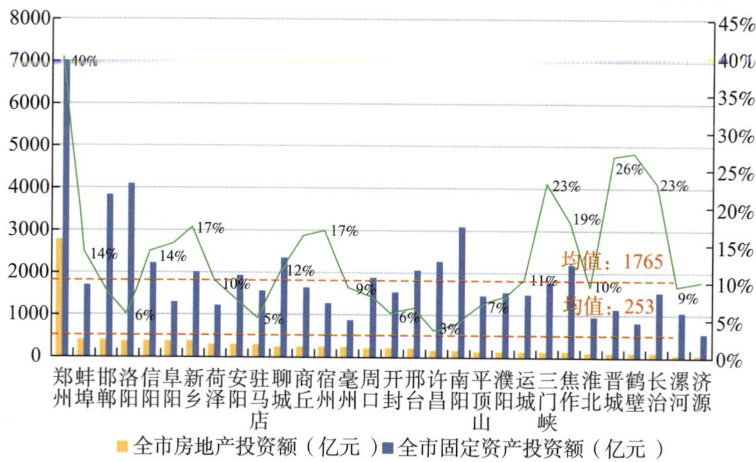


图 13－44 中原城市群 2016 年房地产投资占固定资产投资比重

2016 年中原城市群住宅投资额为 6512.5 亿元，住宅投资额在均值 253 亿元以上的城市有 7 个，分别是郑州、洛阳、新乡、信阳、阜阳、蚌埠、邯郸。整个城市群住宅投资额占房地产投资额比重为 74.79%，市区住宅投资占全市住宅投资的 64.50%。市区住宅投资占比低于 50% 的城市有安阳、商丘、周口、信阳、驻马店、菏泽、亳州，以上城市所辖县级城市房地产投资较为活跃，应重点关注。如图 13－45 所示。

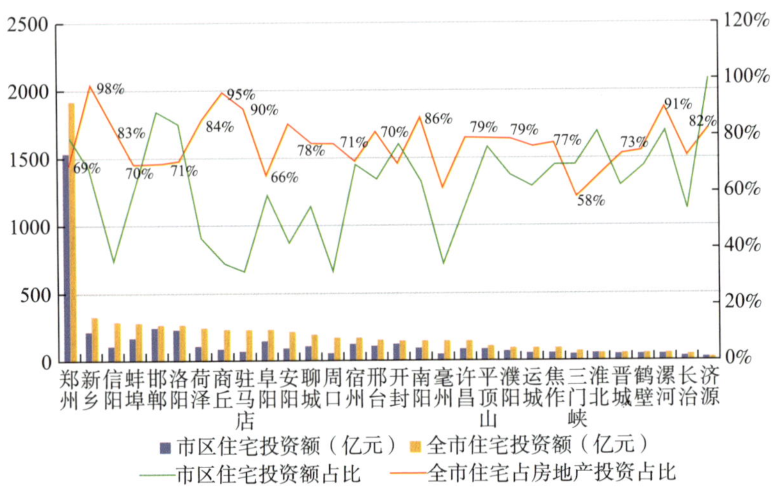


**图 13－45　中原城市群 2016 年住宅投资及比重**

郑州、许昌等城市 TOP50 房企进驻较多，市场竞争十分激烈；3 个城市已经有 10 家以上 TOP50 房企进驻。如图 13－46 所示。

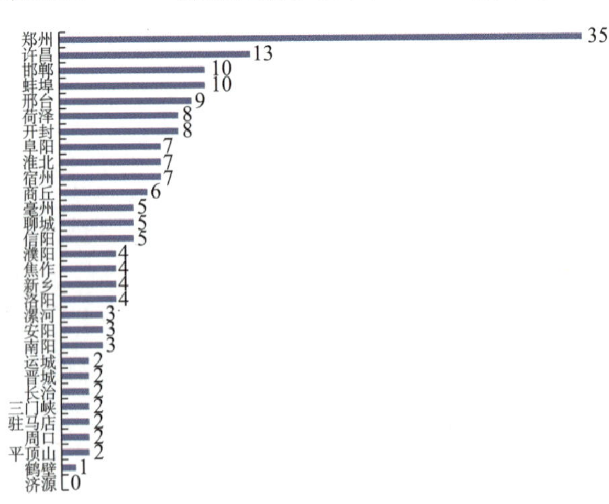


**图 13－46　中原城市群 TOP50 房企进驻数量**

土地市场热度从成交楼面地价和溢价率两个维度考虑，成交楼面地价和溢价率均较低代表土地市场潜在热度较大。重点关注城市有鹤壁、安阳、南阳、商丘、新乡等。如图 13－47 所示。（溢价率在 5% 以下市场公开程度较低，需谨慎关注。）

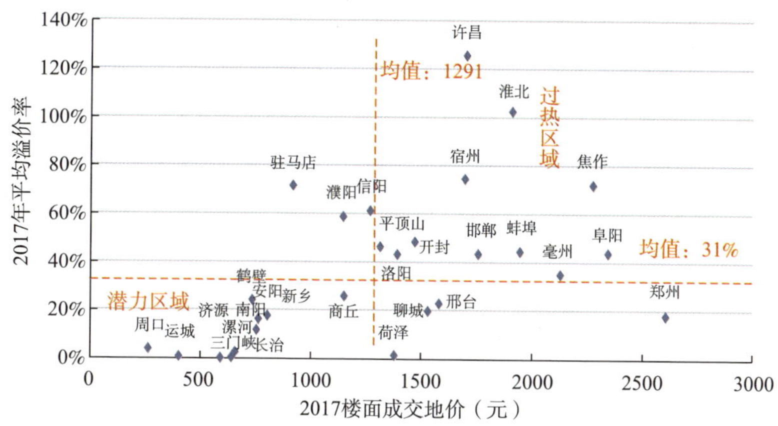


图 13－47　中原城市群各城市 2017 年平均溢价率

从销售利润率看，大于 25% 的城市有 6 个，为郑州、开封、南阳、长治、聊城、邯郸；20% ~25% 的城市有 6 个，为平顶山、鹤壁、濮阳、晋城、淮北、蚌埠。

销售利润率 =（房价 − 地价 − 土地外成本 − 增值税）/房价，土地外成本按 3600 元估算。增值税 =（房价 − 地价）×10%/（1 + 10%）− 3600 ×8%。需要注意的是：销售价格为 2018 年 4 月份价格，楼面价为近 6 个月成交楼面价，上海、杭州土地外成本按 5500 元/平方米测算，江苏及浙江其他城市 4500 元/平方米测算，安徽省各市按照 3600 元/平方米测算。如图 13－48 所示。

中原城市群城市市场热度综合排名 TOP3 的城市为安阳、许昌、聊城。如表 13－13、13－14 所示。

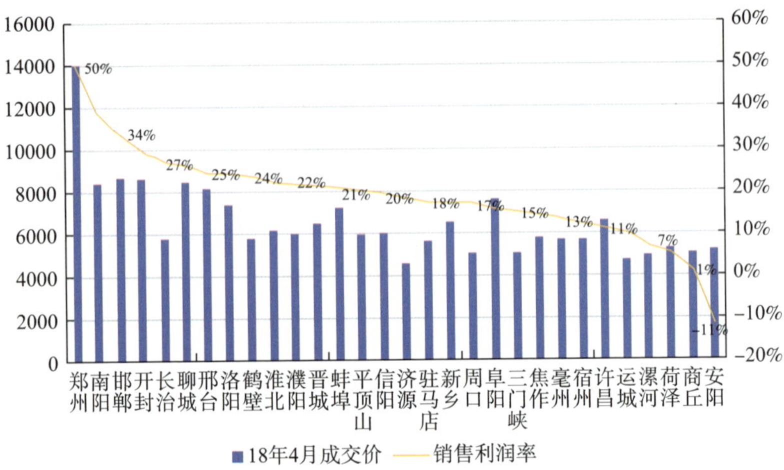


**图 13－48　中原城市群销售利润分析**

**表 13－13　中原城市群市场热度评判指标及权重**

| 评价维度 | 指标维度 | 一级权重 | 指标 | 权重 |
|---|---|---|---|---|
| 市场热度 | 房价热度 | 40% | 房价指数（实时房价/1.5 线城市实时房价均价） | 26% |
| | | | 房价增幅｛（实时房价－2015 年房价）/2015 年房价｝ | 14% |
| | 地价热度 | 30% | 地货比（近半年楼面价/实时房价） | 20% |
| | | | 地价增幅（最近半年成交楼面价/2015 年成交楼面价） | 10% |
| | 竞争热度 | 30% | 住宅土地供应去化年限 | 18% |
| | | | TOP50 房企进驻数量 | 12% |

**表 13－14　中原城市群市场热度综合排名**

| | 城市 | 综合得分 |
|---|---|---|
| 1 | 安阳 | 98.35 |
| 2 | 许昌 | 97.10 |
| 3 | 聊城 | 91.28 |
| 4 | 开封 | 86.82 |
| 5 | 新乡 | 85.67 |

续表

| | 城市 | 综合得分 |
|---|---|---|
| 6 | 蚌埠 | 75.77 |
| 7 | 洛阳 | 72.46 |
| 8 | 邯郸 | 68.40 |
| 9 | 邢台 | 67.80 |
| 10 | 信阳 | 65.94 |
| 11 | 郑州 | 63.37 |
| 12 | 晋城 | 57.92 |
| 13 | 濮阳 | 57.32 |
| 14 | 运城 | 55.45 |
| 15 | 阜阳 | 54.52 |
| 16 | 南阳 | 54.32 |
| 17 | 淮北 | 52.72 |
| 18 | 鹤壁 | 51.28 |
| 19 | 焦作 | 50.80 |
| 20 | 周口 | 48.72 |
| 21 | 商丘 | 46.67 |
| 22 | 菏泽 | 43.99 |
| 23 | 驻马店 | 43.73 |
| 24 | 长治 | 43.15 |
| 25 | 漯河 | 39.15 |
| 26 | 济源 | 38.20 |
| 27 | 亳州 | 33.75 |
| 28 | 平顶山 | 30.82 |
| 29 | 宿州 | 30.49 |
| 30 | 三门峡 | 5.70 |

中原城市群城市房地产投资安全性综合排名TOP3的城市为新乡、平顶山、亳州。偏离度大于1的城市投资风险较高，应谨慎投资，主要城市有郑州、信阳、菏泽、驻马店。如表13-15所示。

表 13－15 中原城市群房地产投资安全性综合排名

| | 城市 | 偏离度 |
|---|---|---|
| 1 | 新乡 | 0. 02 |
| 2 | 平顶山 | 0. 08 |
| 3 | 亳州 | 0. 14 |
| 5 | 长治 | 0. 16 |
| 6 | 蚌埠 | 0. 18 |
| 7 | 开封 | 0. 21 |
| 8 | 商丘 | 0. 22 |
| 9 | 聊城 | 0. 23 |
| 10 | 许昌 | 0. 23 |
| 11 | 焦作 | 0. 24 |
| 12 | 济源 | 0. 26 |
| 13 | 三门峡 | 0. 31 |
| 14 | 宿州 | 0. 37 |
| 15 | 运城 | 0. 42 |
| 16 | 安阳 | 0. 45 |
| 17 | 濮阳 | 0. 51 |
| 18 | 周口 | 0. 51 |
| 19 | 邯郸 | 0. 62 |
| 20 | 洛阳 | 0. 67 |
| 21 | 邢台 | 0. 80 |
| 22 | 鹤壁 | 0. 84 |
| 23 | 晋城 | 0. 90 |
| 24 | 淮北 | 0. 93 |
| 25 | 漯河 | 0. 94 |
| 26 | 南阳 | 0. 98 |
| 27 | 郑州 | 1. 15 |
| 28 | 信阳 | 1. 18 |
| 29 | 菏泽 | 1. 36 |
| 30 | 驻马店 | 1. 59 |

第十四章

# 齐鲁侯爵　文脉连横

齐鲁尚礼义，自带儒雅贵族之气。

称之齐鲁侯爵，从历史传承看，齐国与鲁国，分久必合，文脉传承，虽历史上齐桓公乃春秋五霸之首，但并未称王，保持儒雅之风；同时重用管仲名臣，大力推行改革，之后又通过连横策略东征西战，奠定霸主地位。从当下城市群看，地处几个强邻之间，交通互联产业互通，海洋经济广袤腹地将成就其天时地利；而齐鲁大地厚重的文化历史积淀，将引领其人和的独特优势绽放新的华彩乐章。

## 第一节　山东半岛投资策略综合分析

### 概况及特征

山东古为齐鲁大地，由齐国和鲁国组成，其文化传承齐国的姜太公为代表的道家思想学说和鲁国的以孔子为代表的儒家思想学说。齐鲁是中国区域范围名称，该名始于先秦齐、鲁两国，到战国末年，随着民族融合和人文同化的基本完成，齐、鲁两国文化也逐渐融合为一体。

山东半岛城市群是黄河中下游广大腹地的出海口，同时又是我国距离韩国、朝鲜、日本地理位置最近的省份，地处我国环渤海区域，位于我国参与东北亚区域合作的前沿阵地。

山东半岛城市群是我国北方地区和华东地区重要的强区域级城市群，北侧紧邻京津冀城市群，南临淮海城市群，西侧为中原城市群。2017 年 2 月 14 日，山东省政府印发了《关于山东半岛城市群发展规划（2016－2030 年）的批复》。山东半岛城市群覆盖全省 17 个设区市，其中包括两个副省级中心城市济南和青岛。

在山东半岛城市群中，济南和青岛为中心城市，形成了济南、青岛都市圈，淄博、潍坊等城市沿济青高铁分布。

**山东半岛城市群主要特征：**

**（1）双轮驱动性城市群，济南和青岛共同带动城市群发展**

济南、青岛两市 GDP 均超过万亿，第三产业占比在 55% 以上；两市 A 股上市公司共有 52 家，占整个城市群的 32%；两市大专院校共有 53 所，占整个城市群的 44%，对整个城市群的经济带动与产业辐射力较强。

**（2）山东半岛地理位置独特，与日、韩等东亚发达国家相距最近，是日、韩的传统投资区，可依托山东沿海优势全面参与国际竞争**

**（3）山东传统文化影响深远，城市群人口发展潜力巨大**

山东是儒家文化的发源地，文化旅游资源丰富，传统生育观念较重；山东新生人口占全国的 10%，新增二孩人口占全国的 30%～35%，未来山东将有超级人口优势。

**（4）城市群产业和交通发展沿“T”形架构分布**

**（5）城市群内部济南都市圈与青岛都市圈在竞争中构建和谐发展新格局**

## 专题：棚改货币化安置的市场逻辑

棚户区改造，是过去三年支撑房地产行业发展，尤其是三四线城市房地产市场繁荣的重大政策变量。不仅深刻地改善了民生、城市面貌，也创造出惊人的住房需求、拉动着投资、改变着行业格局，对推动部分城市群三四线城市的房价地价产生较大影响。

棚户区改造是一项兼具改善居住环境，完善基础设施配套和公共服务设施配套，作为城市更新的重要组成部分的重要民生工程，同时也是三四线城市房地产去库存的重要因素。棚改区范围主要包括城市棚户区、国有工矿、国有林区和国有垦区，但大部分地区也都将城中村改造、旧城改造、危房改造等纳入城市棚户区改造范围。棚改安置的方式有实物安置和货币安置两种。

如表 14－1 所示，为推进棚改工程的顺利实施，中央政府层面的主要政策支持包括：

- 建立快速行政审批通道。
- 确保建设用地供应。
- 加大对棚户区改造的补助力度，建立健全地方政府债券制度。
- 加大资金投入，落实好税费减免政策。

**表 14－1　棚户区改造相关政策文件**

| 政策文件或典型事件 | 年份 | 主要内容 |
| --- | --- | --- |
| 以辽宁为试点启动棚户区改造 | 2005 | 早期安置以实物安置为主，实物安置又分为原地安置和异地安置 |
| 中央启动保障性安居工程 | 2008 | 将国有林区（场）棚户区（危旧房）、国有垦区危房、中央下放地方煤矿棚户区改造作为重要内容，加快了改造步伐 |
| 中国住房城乡建设部等七部门近日联合发出通知，要求加快推进棚户区（危旧房）改造 | 2012 | 针对各类棚户区改造，七部门给出了完成期限。其中，已纳入中央下放地方煤矿棚户区改造范围的煤矿棚户区，2013 年年底前要基本建成；国有林区棚户区和国有林场危旧房改造中任务较少的省（区、市）要争取在 2013 年年底前完成改造，其他省（区、市）要力争在 2015 年年底前基本完成；还未完成的国有垦区危房改造，力争在 2015 年年底前全面完成，有条件的地区要争取在 2014 年年底基本完成。 |
| 国务院办公厅印发《关于进一步加强棚户区改造工作的通知》 | 2014 | 部署有效解决棚户区改造中的困难和问题，推进改造约 1 亿人居住的城镇棚户区和城中村。2014 年（计划）改造棚户区 470 万户以上。 |
| 2015 年 6 月国务院出台《关于进一步做好城镇棚户区和城乡危房改造及配套基础设施建设有关工作意见》 | 2015 | 制定 2015－2017 年实现棚户区改造 1800 万套的三年计划，棚改规模开始放量。此外，为响应全国房地产去库存政策，棚改安置由早期的实物安置为主改变为如今的以货币安置为主、实物安置为辅。 |

续表

| 政策文件或典型事件 | 年份 | 主要内容 |
| --- | --- | --- |
| 2017 年 5 月 24 日国务院常务会议 | 2017 | 实施 2018 年到 2020 年 3 年棚改攻坚计划，再改造各类棚户区 1500 万套，加大中央财政补助和金融、用地等支持，以改革创新的举措、坚持不懈的韧劲啃下“硬骨头”，兑现改造约 1 亿人居住的城镇棚户区和城中村的承诺。 |

近几年，棚改货币化安置得到了大力推广，占比从 2014 年的 9% 一跃升至 2016 年的 48.5%，2017 年这一比例高达 60% 以上。由于成本因素，一二线城市货币化安置比例较低，而三四线城市这一比例高达 80%，更有城市如安徽芜湖在 2015 年实现全部货币补贴。2016 – 2017 年，高体量的棚改的工作为此前库存高的济宁、威海、绍兴、盐城、赣州等三四线城市带来大规模置业需求，这些城市 2017 年新建商品住宅销售套数均超过 8 万套。因此，高规模的棚改叠加高比例的货币化安置为房地产注入大量中期需求。如图 14 – 1 所示。

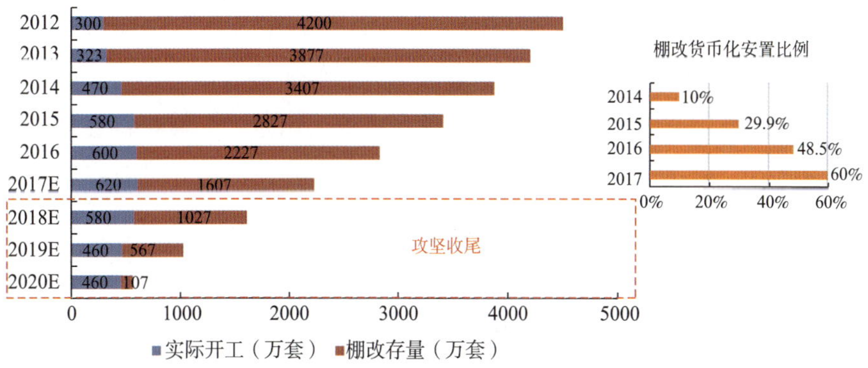


**图 14 – 1　棚改任务完成情况及三年计划**

棚改任务各城市群分布并不均衡，山东半岛城市群是棚改体量最大的地区，全省今年计划改造 84.3 万套，其中菏泽新开工 12.7 万套，位居全省第一。日照、潍坊、德州、泰安、济宁、潍坊等城市的改造数量也在 5 万套以上，其他城市如聊城、滨州、烟台、淄博、威海、临沂等也维持了较高水平，六城平均计划新开工数量为 3.5 万套。其次是中原城市群，平顶山、驻马店的棚改数量均超过10万套，安阳、濮阳、商丘及环郑州周围的许昌、新乡也都在6万套以上。

而这两个城市群总体改造体量规模巨大，且力度还将逐年加大。山东半岛的聊城、滨州、泰安、烟台、日照、德州等城市的增长规模最明显，纳入棚改计划的中原城市群的平顶山、驻马店、安阳、濮阳、许昌、新乡等地改造规模逐年扩大，尤其是平顶山、驻马店，今年计划棚改数量较2017年增加7万套以上。

棚改货币化虽不能直接推动房地产建设规模，但大量货币化安置带来的刚需购房群体是拉动房地产销售、减少库存的有力支撑，为部分城市群的房地产发展带来重大机遇。然而，也应该认识到，高规模的进行棚改并不具备长期可持续性，未来三年全国改造1500万套的既定目标是固定的，其对房地产市场的驱动力也将会逐渐减弱。

## 城市群综合分析

山东半岛城市群土地面积15.6万平方千米，占全国的1.6%；地区生产总值6.7万亿元，占全国的9.0%；总人口0.99亿人，占全国的7.2%；山东半岛城市群无论是土地面积、地区生产总值还是人口，都处于城市群中游水平。相比于相邻的国家级京津冀城市群，山东半岛城市群经济及人口总量略低。相比于同级别的中原城市群，山东半岛城市群经济总量略高。如图14－2所示。

目前，山东半岛城市群常住人口城镇化率为59%，超过我国常住人口城镇化率57.4%。根据规划，山东半岛城市群到2020年城镇化率将达到65%，预计有597万人实现城镇化。如图14－3所示。

山东半岛城市群商品房销售金额约为0.59万亿元，商品房销售面积8218万平方米。如图14－4所示。

山东半岛城市群属于城市群发展的第一阶段，以强核吸附为主要特征，核心城市济南、青岛吸附力较强，城市群城镇分布比较密集，在中心城市和区域重点城市存在拓展机会。如图14－5、14－6所示。

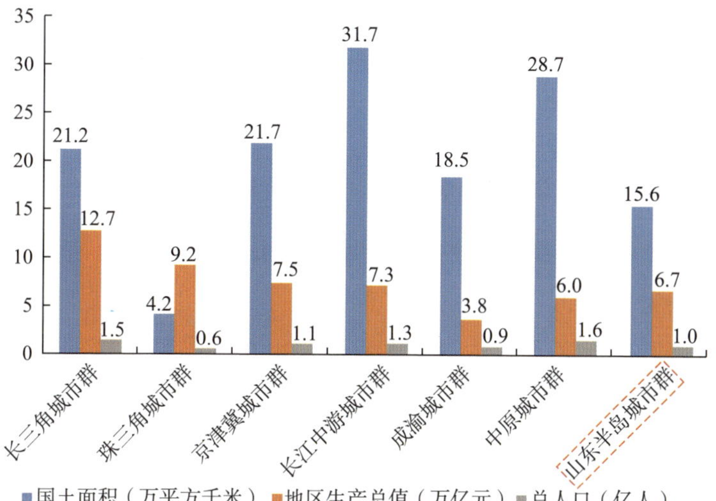


**图 14－2　主要城市群对比**

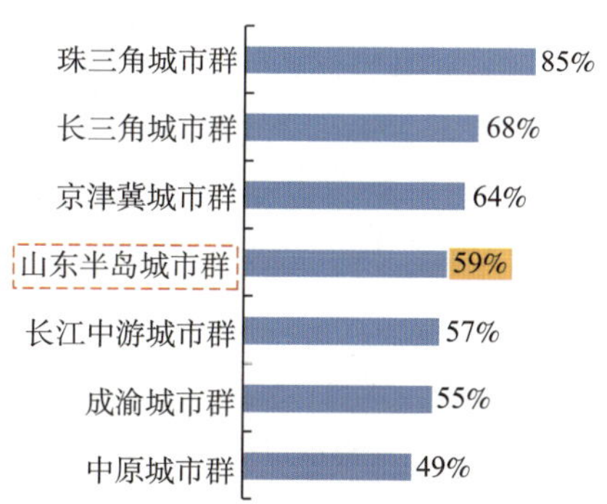


**图 14－3　主要城市群常住人口城镇化率对比**

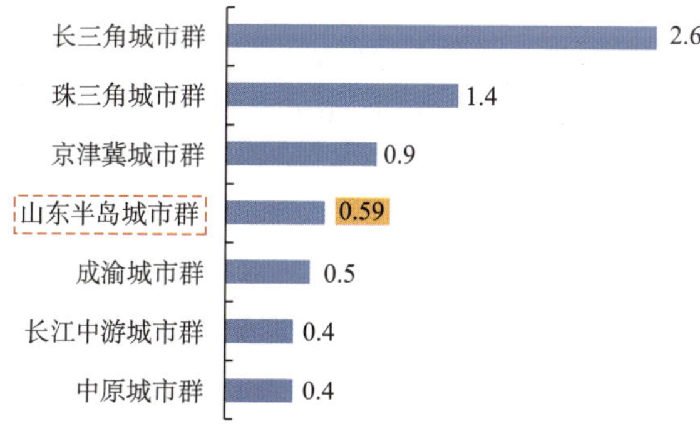


**图 14－4　主要城市群商品房销售金额对比**

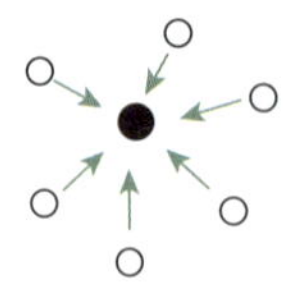

图 14－5　强核阶段模型

图 14－6　纺锤体型

山东半岛城市等级体系较完善，处在城市发展较好区、适中区、较弱区城市比例为 2:12:3。

从城市群投资潜力雷达图可以看出，山东半岛城市群的城市等级体系、产业发展水平、财富水平较高，但经济总量、城市面积、经济活力等较低。如图 14－7 所示。

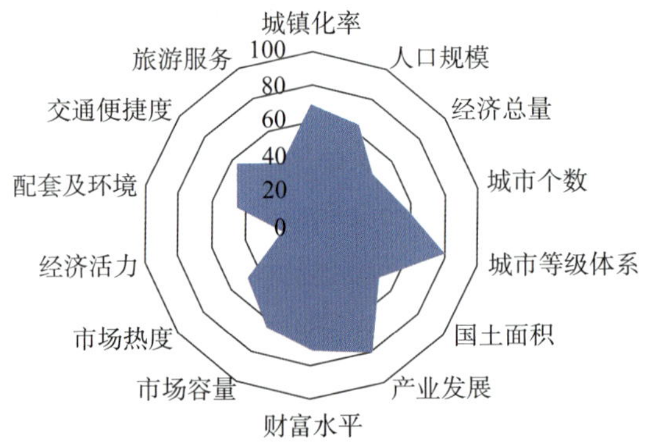


图 14－7　山东半岛城市群投资潜力雷达图

山东半岛城市群和京津冀城市群联系最为密切，其次与中原、淮海、长江中游城市群联系较为密切。

从山东半岛内部城市经济联系强度表可以看出，济南和泰安（0.05）、烟台和威海（0.0498）、济南和淄博（0.0326）等城市联系较为密切。从整体来看，济南与周边城市的联系相对较青岛和周边城市的联系更紧密些。如表 14－2 所示。

山东半岛城市群与两个城市群有势力范围的交叉重合。聊城和菏泽两个城市同时纳入山东半岛城市群中原与城市群势力范围，将两个城市分别与两个城市群的经济联系强度进行对比分析，聊城更倾向于融入山东半岛城市群，菏泽更倾向于融入中原城市群。如表 14－3 所示。

表 14－2　山东半岛内部城市经济联系强度表

| | 济南 | 青岛 | 烟台 | 威海 | 日照 | 东营 | 潍坊 | 淄博 | 临沂 | 济宁 | 泰安 | 滨州 | 德州 | 聊城 | 莱芜 | 菏泽 | 枣庄 |
|---|---|---|---|---|---|---|---|---|---|---|---|---|---|---|---|---|---|
| 济南 | | 0. 005327 | 0. 006623 | 0. 000759 | 0. 001426 | 0. 004014 | 0. 011315 | 0. 32556 | 0. 007308 | 0. 010952 | 0. 050146 | 0. 011193 | 0. 017851 | 0. 019087 | 0. 009141 | 0. 005128 | 0. 003318 |
| 青岛 | | | 0. 014128 | 0. 004241 | 0. 014276 | 0. 003457 | 0. 025346 | 0. 006216 | 0. 00794 | 0. 003262 | 0. 003677 | 0. 003077 | 0. 00171 | 0. 00175 | 0. 001221 | 0. 001606 | 0. 001622 |
| 烟台 | | | | 0. 04982 | 0. 001434 | 0. 001582 | 0. 007554 | 0. 002496 | 0. 002089 | 0. 001142 | 0. 001163 | 0. 001455 | 0. 000916 | 0. 000902 | 0. 000319 | 0. 000643 | 0. 000563 |
| 威海 | | | | | 0. 000464 | 0. 00049 | 0. 002113 | 0. 000779 | 0. 00073 | 0. 000404 | 0. 000399 | 0. 000467 | 0. 00032 | 0. 000315 | 0. 000112 | 0. 000234 | 0. 000199 |
| 日照 | | | | | | 0. 000697 | 0. 006038 | 0. 001336 | 0. 007566 | 0. 001676 | 0. 001298 | 0. 000684 | 0. 000494 | 0. 000492 | 0. 000369 | 0. 000689 | 0. 000845 |
| 东营 | | | | | | | 0. 014551 | 0. 009531 | 0. 002057 | 0. 001 | 0. 001344 | 0. 01542 | 0. 001811 | 0. 00112 | 0. 000607 | 0. 000567 | 0. 000423 |
| 潍坊 | | | | | | | | 0. 028026 | 0. 00823 | 0. 002848 | 0. 005352 | 0. 008927 | 0. 003044 | 0. 002901 | 0. 002111 | 0. 00161 | 0. 001335 |
| 淄博 | | | | | | | | | 0. 00512 | 0. 003631 | 0. 008857 | 0. 022028 | 0. 004417 | 0. 004103 | 0. 00552 | 0. 001649 | 0. 001311 |
| 临沂 | | | | | | | | | | 0. 009719 | 0. 007528 | 0. 002249 | 0. 002157 | 0. 00288 | 0. 002491 | 0. 00317 | 0. 013044 |
| 济宁 | | | | | | | | | | | 0. 017135 | 0. 001686 | 0. 003315 | 0. 009438 | 0. 001819 | 0. 021298 | 0. 012685 |
| 泰安 | | | | | | | | | | | | 0. 003099 | 0. 006627 | 0. 012407 | 0. 013087 | 0. 003908 | 0. 004385 |
| 滨州 | | | | | | | | | | | | | 0. 003858 | 0. 002205 | 0. 001269 | 0. 000915 | 0. 000635 |
| 德州 | | | | | | | | | | | | | | 0. 010234 | 0. 000877 | 0. 002109 | 0. 001137 |
| 聊城 | | | | | | | | | | | | | | | 0. 00124 | 0. 006717 | 0. 001463 |
| 莱芜 | | | | | | | | | | | | | | | | 0. 000615 | 0. 000563 |
| 菏泽 | | | | | | | | | | | | | | | | | 0. 002231 |
| 枣庄 | | | | | | | | | | | | | | | | | |

表 14－3　边缘城市经济联系强度对比

| 城市群 | 济宁 | 枣庄 | 城市群 | 聊城 | 菏泽 |
|---|---|---|---|---|---|
| 山东半岛 | 0.109 | 0.003 | 山东半岛 | 0.019 | 0.005 |
| 淮海 | 0.012 | 0.034 | 中原 | 0.003 | 0.01 |

枣庄和济宁两个城市同时纳入山东半岛城市群与淮海城市群势力范围。将两个城市分别与两个城市群的经济联系强度进行对比分析，济宁更倾向于融入山东半岛城市群，枣庄更倾向于融入淮海城市群。如图 14－8 所示。

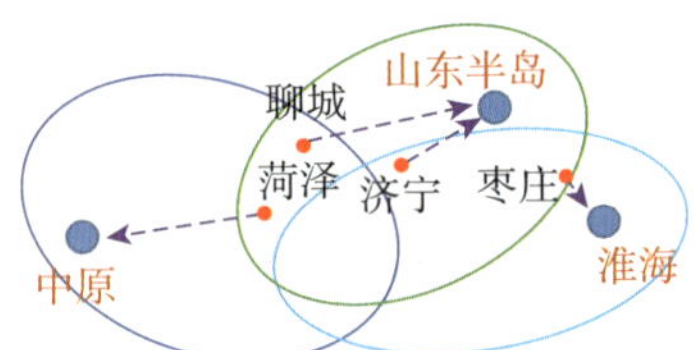


图 14－8　边缘城市的城市群选择

## 城市房地产投资策略

我们从城市发展潜力、房地产市场热度、投资安全性三个单一维度给出城市群各城市排名情况如图 14－9 所示。

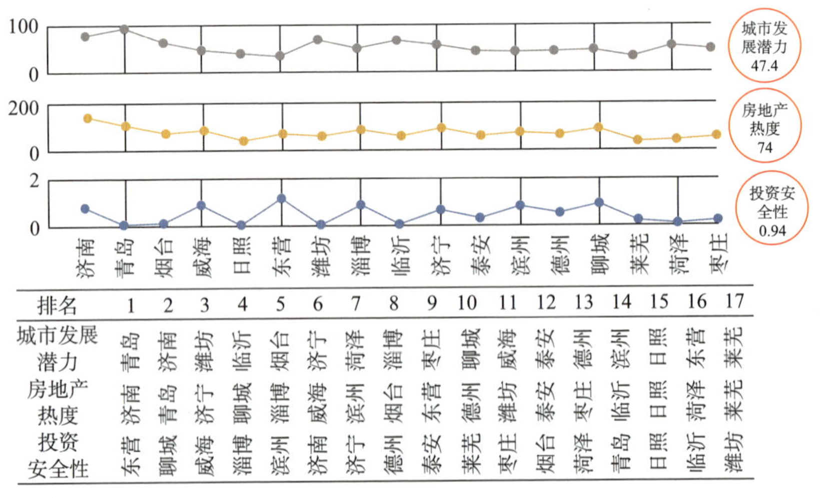


图 14－9　山东半岛城市群各城市排名情况

山东半岛核心城市济南、青岛处于捡漏区，济南市场过热，不宜在中心城区拓展，应关注其外围市场；一般城市大多处在进取区、快销区。进取城市有6个，位列十大城市群第二位；山东半岛城市群地处京沪沿线中心区域，人口基数大，将来具有很好的发展前景，目前地货比整体都相对较低，公司应作为战术级投资的重点，加大投资力度。如图14－10所示。

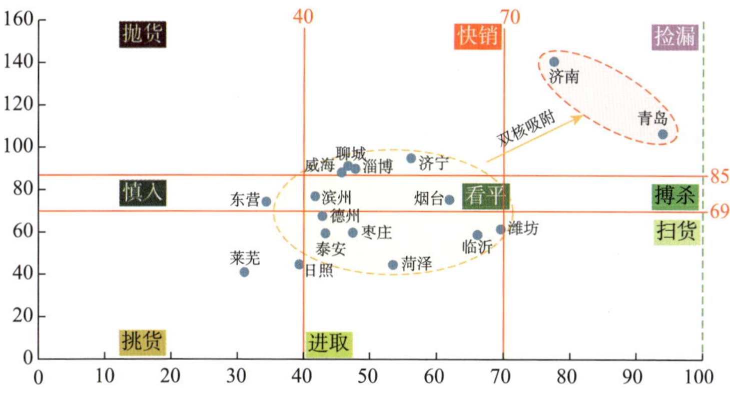


**图14－10　山东半岛城市群核心城市与一般城市区域分布**

根据九宫格阶梯筛选法则，处在阶梯阴影区为重点拓展城市。黄线框内的重点投资城市，主要包括菏泽、临沂、潍坊、枣庄、泰安、德州，滨州、烟台，济宁、聊城、淄博、威海；潍坊和临沂人口超过千万，城镇化率低，房价涨幅不大，地货比较低，具有较大潜力；挑货区的重点拓展城市有莱芜、日照。如图14－11所示。

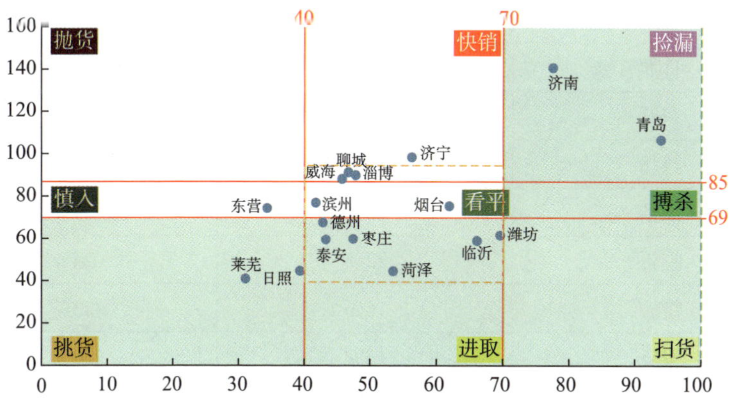


**图14－11　山东半岛城市群九宫格阶梯筛选**

根据九宫格模型得出山东半岛城市群作战地图，主攻城市有滨州、烟台、德州、泰安、枣庄、菏泽、临沂、潍坊、威海、淄博、聊城等城市。如图14－12所示。

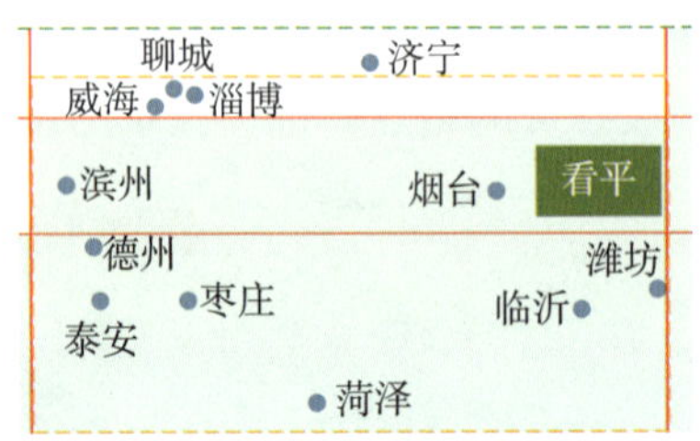


图14－12　山东半岛城市群作战地图

以行业领先房企投资评审标准作为筛选器，菏泽和枣庄销售利润率为负，除战略考量外，能不进驻则不进驻；泰安、滨州、德州、聊城、莱芜平均销售利润率低于15%，应关注市场风险，重点把控好获取土地位置及价格。如表14－4所示。

表14－4　山东半岛城市群城市筛选

| | 销售利润率 | 地货比 |
|---|---|---|
| 济南 | 59% | 18% |
| 青岛 | 40% | 17% |
| 烟台 | 34% | 27% |
| 威海 | 33% | 15% |
| 日照 | 26% | 28% |
| 东营 | 26% | 26% |
| 潍坊 | 24% | 22% |
| 淄博 | 23% | 51% |
| 临沂 | 22% | 24% |
| 济宁 | 16% | 23% |
| 泰安 | 13% | 26% |
| 滨州 | 6% | 24% |

续表

| | 销售利润率 | 地货比 |
|---|---|---|
| 德州 | 6% | 45% |
| 聊城 | 2% | 36% |
| 莱芜 | 0% | 32% |
| 菏泽 | -2% | 31% |
| 枣庄 | -17% | 59% |

充分考虑TOP50房企之间的竞争平衡，济南、青岛已进驻TOP50房企超过30个，应重点关注市场竞争带来的非理性拿地风险。如表14-5所示。

**表14-5　山东半岛城市群竞争平衡**

| | 房地产前50强进驻个数 |
|---|---|
| 青岛 | 32 |
| 济南 | 30 |
| 烟台 | 21 |
| 潍坊 | 11 |
| 淄博 | 10 |
| 临沂 | 9 |
| 泰安 | 9 |
| 德州 | 8 |
| 菏泽 | 8 |
| 东营 | 7 |
| 威海 | 6 |
| 日照 | 6 |
| 聊城 | 5 |
| 济宁 | 3 |
| 滨州 | 3 |

续表

| | 房地产前 50 强进驻个数 |
|---|---|
| 莱芜 | 3 |
| 枣庄 | 1 |

# 第二节　城市基本面研判

## 人口发展潜力

人口是城市发展的基础，也是房地产发展的重要支撑。我们从人口发展基数和人口发展结构等层面研判城市人口发展潜力。

山东半岛城市群人口基数及发展潜力较好，17 个城市人口基数均值为 582 万。人口指数 TOP3 城市为临沂、潍坊、济宁。如图 14 – 13 所示。

TOP

| | 城市 | 人口指数 | 人口基数 |
|---|---|---|---|
| 1 | 临沂 | 117 | 1044 |
| 2 | 潍坊 | 106 | 936 |
| 3 | 济宁 | 106 | 835 |
| 4 | 菏泽 | 104 | 862 |
| 5 | 青岛 | 98 | 920 |
| 6 | 聊城 | 89 | 597 |
| 7 | 济南 | 86 | 723 |
| 8 | 烟台 | 83 | 706 |
| 9 | 枣庄 | 82 | 392 |
| 10 | 德州 | 77 | 579 |
| 11 | 滨州 | 72 | 389 |
| 12 | 淄博 | 71 | 469 |
| 13 | 泰安 | 69 | 564 |
| 14 | 威海 | 69 | 282 |
| 15 | 日照 | 66 | 290 |
| 16 | 莱芜 | 57 | 138 |
| 17 | 东营 | 49 | 213 |

【计算方法】

常住人口 15%
常住户籍人口比 4%
小学生增幅 8%
城镇化率增幅 7%
城镇化率 3%
非公就业人口活力指数 3%

人口发展潜力 40%

#常住人口评价采用内插法，其他人口发展结构指标采用分层评价。

*数据来源为各城市国民经济与社会发展统计公报及中国城市发展年鉴。

备注：人口指数为综合评价相对指数，最大值为40；
人口基数为2016年常住人口（万人）。

图 14 – 13　山东半岛城市群人口发展潜力指数

从人口总量看，山东半岛城市群常住户籍人口比为1.02，人口流动相对稳定。常住户籍人口比≥1.02的城市有8个，分别为青岛、济南、东营、威海、淄博、烟台、莱芜、潍坊。从人口分布看，常住人口超过800万人的城市有5个，分别为临沂、潍坊、青岛、菏泽、济宁；常住人口500万至800万的城市有5个，分别为济南、烟台、聊城、德州、泰安。山东人口生育意愿较强烈，2016年山东出生率17.89‰，高于全国出生率12.95‰；人口自然增长率10.84‰，高于全国自然增长率5.86‰。如图14－14所示。

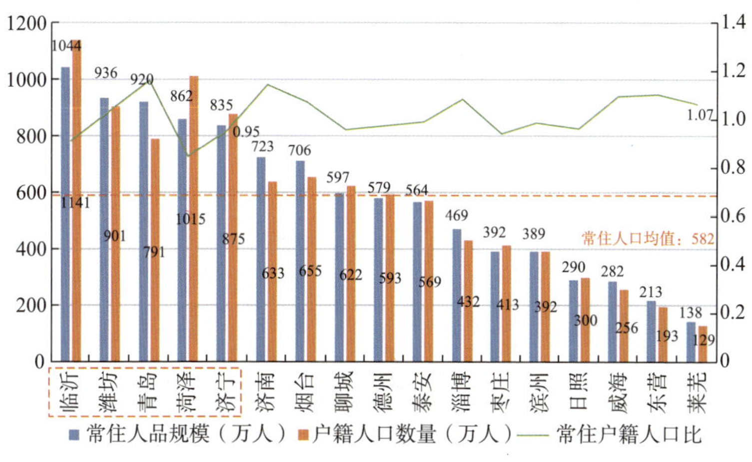


**图14－14　山东半岛城市群人口规模**

从小学生2016年在校生人数看，山东半岛城市群2016年小学生在校人数为691万人，占全国小学生在校人数9913万人的6.97%。相对山东半岛城市群占全国总人口比重7.2%，人口结构相对合理；山东半岛城市群17个城市小学生在校生人数五年总涨幅为7%；小学生人数较多且增幅较高的城市有7个，分别是临沂、菏泽、济宁、聊城、青岛、潍坊、济南。如图14－15所示。

中小学在校生人数从某个维度上代表这个城市刚需和刚改家庭的规模。山东半岛城市中小学在校生人数均值69万人，超过100万人的城市有临沂、菏泽、济宁、潍坊，这些城市的改善型购房需求较强。如图14－16所示。

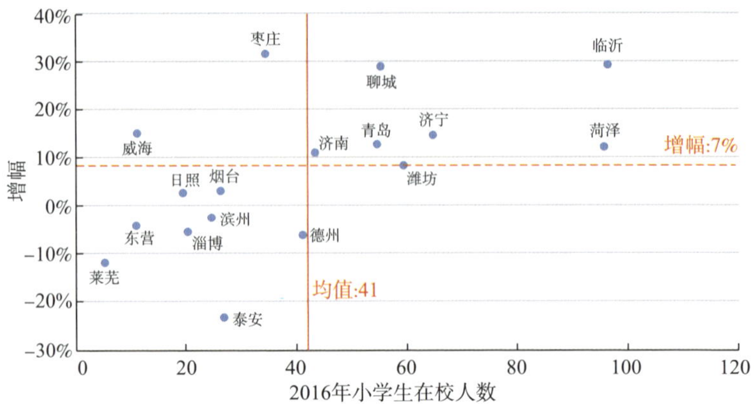


图 14－15　山东半岛城市群小学生 2016 年在校生人数及增幅

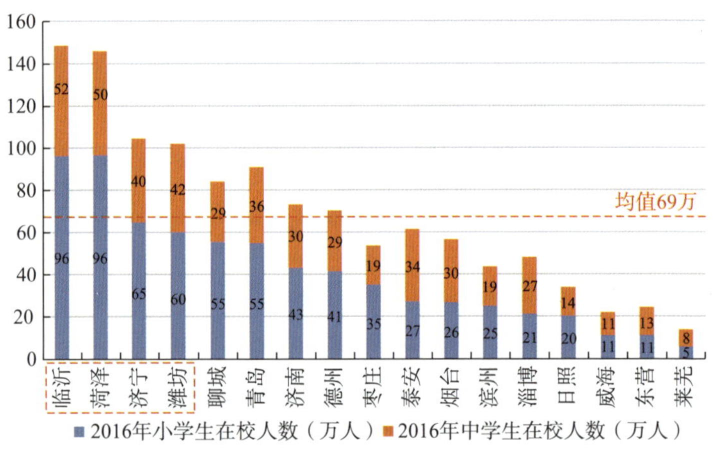


图 14－16　山东半岛城市群 2016 年中小学在校生人数

山东半岛城市群 17 个城市城镇化率在均值 60% 以上的城市共 7 个，超过全国平均水平 57.4% 的城市共 9 个，已经达到 2020 年目标城镇化率 65% 以上的城市共 5 个，分别为青岛、济南、淄博、东营、威海。17 个城市 2016 年城镇化率增幅在 1.15% ~2.50%，增幅均值为 1.95%。按照现有增幅均值情况估算，2020 年城镇化率可达到 63.9%。如图 14－17 所示。

非公就业人口占比体现城市经济的活力和可持续性。山东半岛城市群城市非公就业人口占比中位值为 14%，高于 20% 的城市有潍坊、青岛、济南、烟台、泰安，这些城市非公就业人口活力较强。如图 14－18 所示。

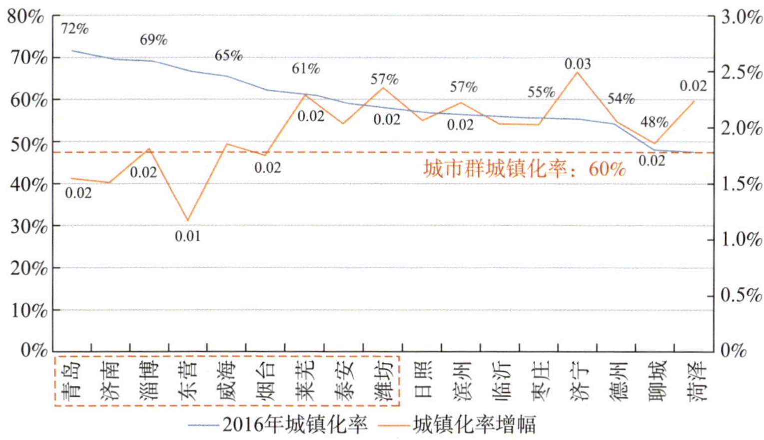


**图 14－17　山东半岛城市群 2016 年城镇化率及增幅**

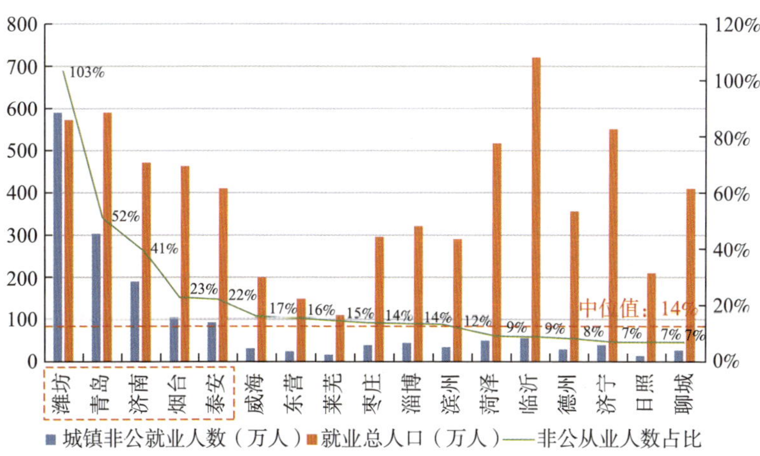


**图 14－18　山东半岛城市群非公就业人口占比**

## 经济发展潜力

经济是城市发展的主要驱动力，也是房地产发展的重要支撑。我们从城市经济总量基数、人均收入基数、经济发展结构与活力、城市财力水平等层面综合研判城市经济发展潜力。

山东半岛城市群城市经济总量基数均值为 3635 亿元，人均收入基数均值为 31744 元。经济指数 TOP3 的城市为青岛、济南、烟台。如图 14－19 所示。

TOP

| 排名 | 城市 | 经济指数 | 城市经济总量指数 | 人均收入基数 |
|---|---|---|---|---|
| 1 | 青岛 | 92 | 10011 | 43598 |
| 2 | 济南 | 74 | 6536 | 43052 |
| 3 | 烟台 | 70 | 6926 | 38744 |
| 4 | 潍坊 | 58 | 5523 | 33609 |
| 5 | 淄博 | 56 | 4412 | 36436 |
| 6 | 威海 | 49 | 3212 | 39363 |
| 7 | 济宁 | 47 | 4302 | 29987 |
| 8 | 东营 | 46 | 3480 | 41580 |
| 9 | 临沂 | 45 | 4027 | 30859 |
| 10 | 泰安 | 42 | 3317 | 30299 |
| 11 | 滨州 | 39 | 2470 | 30583 |
| 12 | 德州 | 37 | 2933 | 22760 |
| 13 | 聊城 | 34 | 2859 | 23277 |
| 14 | 日照 | 34 | 1802 | 28340 |
| 15 | 枣庄 | 33 | 2143 | 27708 |
| 16 | 菏泽 | 32 | 2560 | 22122 |
| 17 | 莱芜 | 29 | 703 | 32364 |

备注：经济指数为综合评价相对指数，最大值为40；
城市经济总量基数为2016年城市GDP（亿元）；
人均收入基数为2016年城镇居民人均可支配收入（元）。

【计算方法】

城市GDP 15%
第三产业占GDP比重 5%
城镇人均可支配收入 8%
城镇在岗职工平均工资 2%
一般财政预算收入 5%
上市公司数量 5%

经济发展潜力 40%

#城市GDP、城镇人均可支配收入、一般财政预算收入采用内插法，其他指标采用分层评价。

*数据来源为各城市国民经济与社会发展统计公报、中国城市发展年鉴及各城市证监会网站。

**图 14－19　山东半岛城市群经济发展潜力指数**

山东半岛城市群 17 个城市中 GDP 超过均值 3635 亿元的共有 7 个，超过 4000 亿元的有 7 个，分别为青岛、烟台、济南、潍坊、淄博、济宁、临沂。其中，烟台、济宁、潍坊超过 5000 亿元，青岛超过 10000 亿元。山东半岛城市群一般预算收入的均值为 278 亿元，高于均值的城市共有 7 个，分别为青岛、烟台、济南、潍坊、淄博、济宁、临沂。如图 14－20 所示。

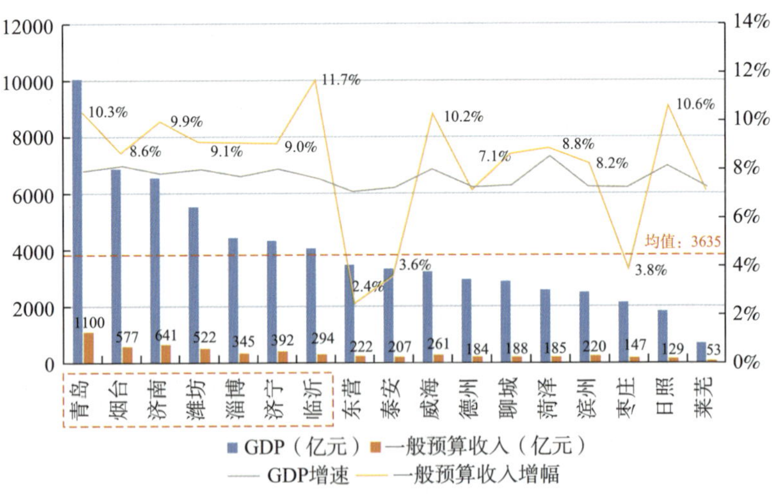


**图 14－20　山东半岛城市群 GDP、一般预算收入及增幅**

山东半岛城市群整体第三产业增加值占 GDP 比重为 46.4%，低于全国 51.6% 的平均水平。从产业发展潜力看，17 个城市中，城市第三产业占 GDP 比重 > 城市群整体占比 46.4% 的有 5 个，分别为济南、青岛、临沂、威海、泰安。其中，济南和青岛超过 50%。如图 14－21 所示。

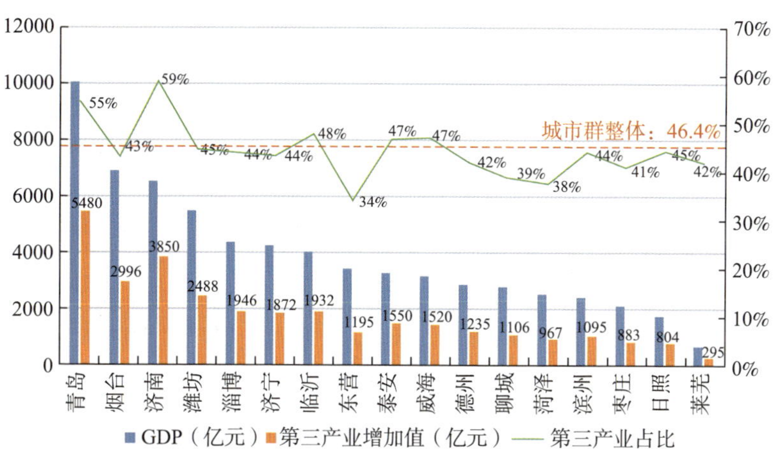


**图 14－21　山东半岛城市群第三产业增加值占比**

城市群人均城镇居民可支配收入为 31743 元，其中 6 个城市高于全国人均城镇居民可支配收入 33616 元，8 个城市高于城市群均值 31743 元，分别为青岛、济南、东营、威海、烟台、淄博、潍坊、莱芜。城市群城镇在岗职工平均工资的均值为 59699 元，超过均值的城市共有 7 个，分别为青岛、济南、东营、烟台、淄博、潍坊、临沂。如图 14－22 所示。

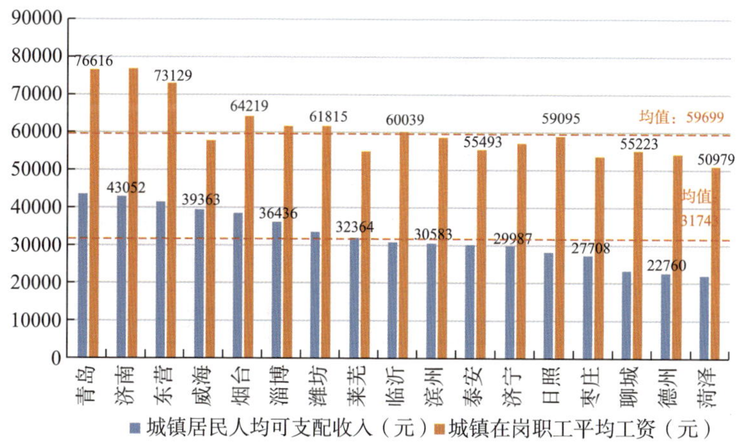


**图 14－22　山东半岛城市群人均城镇居民可支配收入及在岗职工平均工资**

山东半岛城市群整体人均住户存款余额为 4 万元，高于整体水平的城市有 7 个，分别为青岛、济南、潍坊、烟台、淄博、威海、东营。如图 14－23 所示。

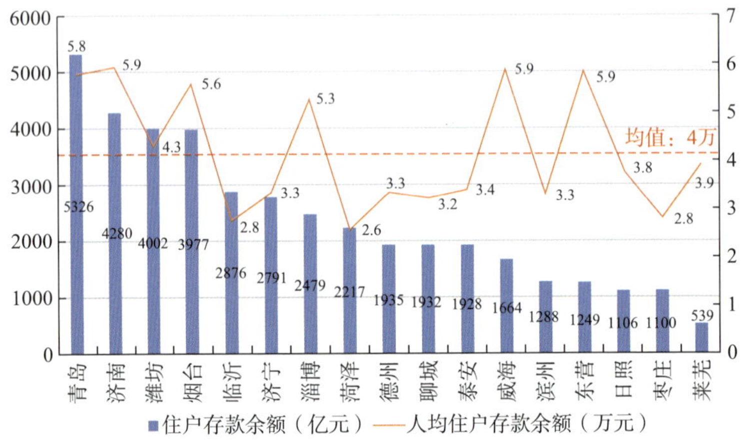


**图 14－23　山东半岛城市群人均住户存款余额**

上市公司数量的多少是反映一个城市经济活力的重要指针。山东半岛城市群 A 股上市公司数量相对较少，10 家以上的仅有 5 个城市，青岛、烟台、济南、淄博、潍坊等城市经济活力较强。表 14－6、图 14－24 所示。

**表 14－6　山东半岛城市群 A 股上市公司所在城市分布**

| | 个数 | 城市 |
|---|---|---|
| N≥20 | 4 | 青岛、烟台、济南、淄博 |
| 10≤N＜20 | 1 | 潍坊 |
| 5≤N＜10 | 5 | 威海、滨州、德州、东营、济宁 |
| 3≤N＜5 | 3 | 聊城、临沂、泰安 |
| 1≤N＜3 | 4 | 菏泽、日照、莱芜、枣庄 |

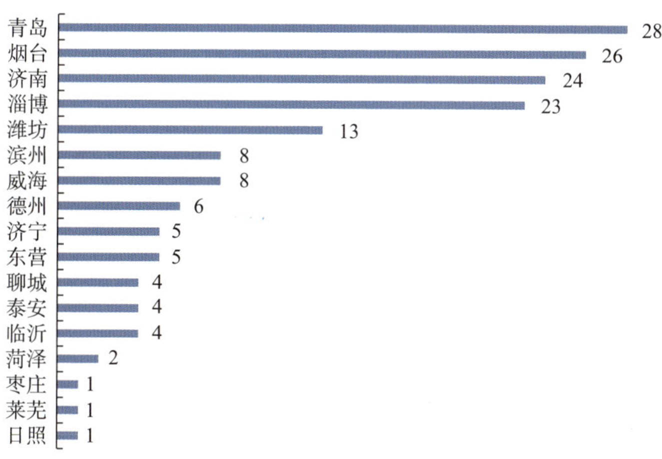


**图 14－24　山东半岛城市群国内 A 股上市公司数量**

知名大学的创新活力影响和带动城市的创新活力水平。山东半岛城市群“双一流”大学共有 2 所，分布在济南和青岛，代表这两个城市创新活力较强。如表 14－7 所示。

**表 14－7　山东半岛城市群“双一流”大学所在城市分布**

| | 个数 | 高校 |
|---|---|---|
| 一流大学 | 2 | 山东大学、中国海洋大学 |
| 一流学科 | 3 | 山东大学、中国海洋大学、中国石油大学 |
| 985 高校 | 2 | 山东大学、中国海洋大学 |
| 211 高校 | 3 | 山东大学、中国海洋大学、中国石油大学 |

山东半岛城市群人口与经济沿均衡线发展，均衡线以下且偏离越大的城市更应该关注产业发展，其中菏泽、临沂、聊城、枣庄、济宁等城市要重点关注新产业进驻，有可能会带来城市发展的巨变；均衡线以上且偏离越大的城市更应该关注人口政策，其中青岛、济南、烟台、东营、淄博等城市要重点关注人口政策变化带来的人口集聚，有可能会带来人口短时膨胀。如图 14－25 所示。

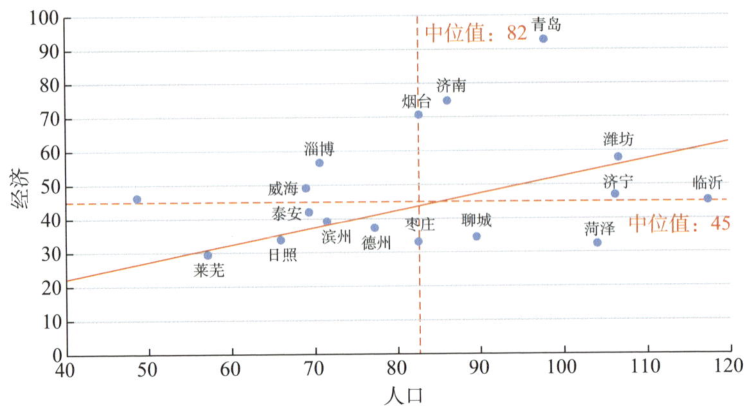


图 14－25　山东半岛城市群人口与经济均衡性分析

## 市场容量

市场容量指数重点考察城市市场销售规模水平、去化周期及房企进驻，是城市房地产发展的安全边界。我们从市场容量、供地面积、购买能力、房企进驻热度等层面综合研判房地产市场安全属性。

山东半岛城市群城市市场容量基数均值为 353 万平方米。市场容量及安全指数 TOP3 的城市为青岛、济南、潍坊。如图 14－26 所示。

TOP

| | 城市 | 容量指数 | 市场容量基数 |
|---|---|---|---|
| 1 | 青岛 | 108 | 1617 |
| 2 | 济南 | 72 | 1079 |
| 3 | 潍坊 | 47 | 701 |
| 4 | 烟台 | 39 | 586 |
| 5 | 临沂 | 37 | 550 |
| 6 | 菏泽 | 27 | 405 |
| 7 | 枣庄 | 26 | 389 |
| 8 | 淄博 | 22 | 333 |
| 9 | 威海 | 18 | 272 |
| 10 | 聊城 | 16 | 244 |
| 11 | 济宁 | 15 | 220 |
| 12 | 日照 | 14 | 204 |
| 13 | 东营 | 14 | 204 |
| 14 | 滨州 | 13 | 199 |
| 15 | 泰安 | 13 | 188 |
| 16 | 德州 | 8 | 125 |
| 17 | 莱芜 | 5 | 75 |

备注：市场容量为综合评价指数；
城市市场容量基数为2015-2017年城市市本级商品住宅平均销售面积（万平方米），

【计算方法】

三年平均销售建面 100%

市场容量 100分
=城市基本面×25%

【参考指标】

三年平均供地建面

#所有指标采用综合评分方法进行评价。

*数据来源为中指数据、吉屋网、中国城市发展年鉴。

图 14－26　山东半岛城市群市场容量指数

山东半岛城市群17个城市2015－2017年商品住宅市场平均年成交面积为7390万平方米；青岛、济南商品住宅成交面积分别为1617万平方米、1079万平方米，占整个山东半岛城市群成交总量的21.9%、14.6%。商品住宅成交面积在400万平方米以上的城市有6个，分别为青岛、济南、潍坊、烟台、临沂、菏泽。如图14－27所示。

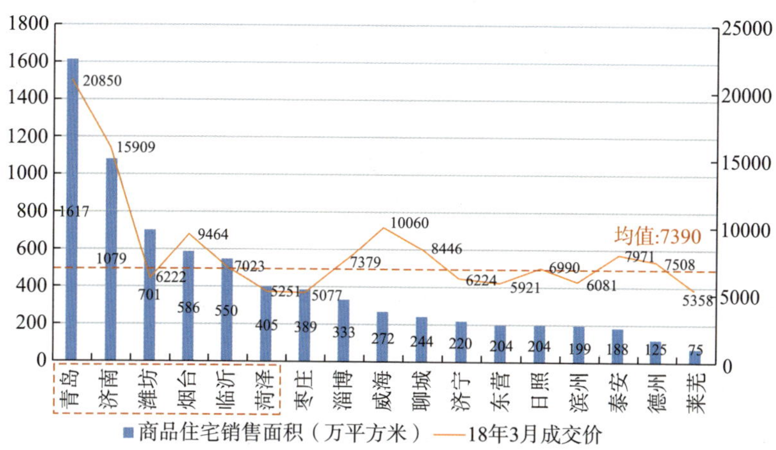


图14－27 山东半岛城市群2015－2017年商品住宅销售情况

山东半岛城市群2015－2017年土地市场年平均住宅供地规划建设面积为7053万平方米，与销售面积基本持平；住宅土地供应规划建设面积在300万平方米以上的城市有6个，分别为潍坊、济南、青岛、菏泽、临沂、枣庄。如图14－28所示。

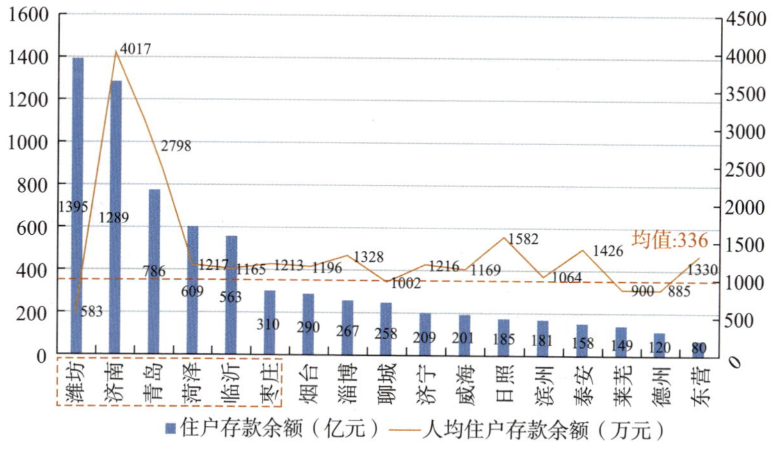


图14－28 山东半岛城市群2015－2017年土地成交情况

市场容量从商品住宅销售面积和常住人口两个维度考虑。人口规模较大且距离轴线向下偏离越大，代表市场潜在容量越大。重点关注城市有济宁、德州、泰安、聊城、莱芜；一般关注城市菏泽、临沂。如图 14－29 所示。

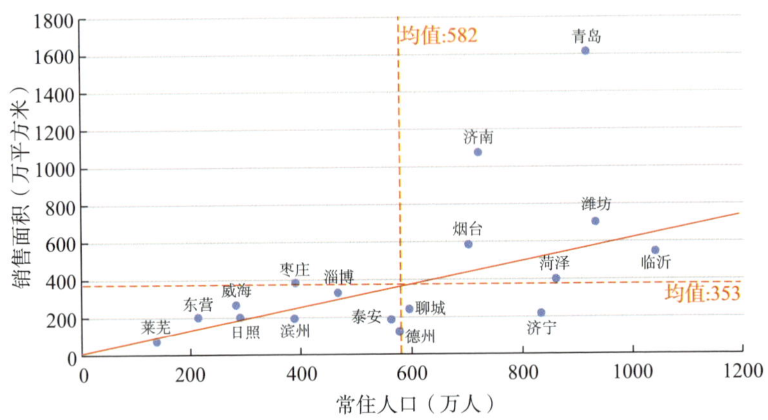


**图 14－29　山东半岛城市群市场容量分析**

## 城市发展潜力

城市发展是城市的未来趋势，也是房地产发展迈向美好生活的主要路径。我们从城市配套、交通、旅游、规划等层面综合研判城市发展潜力。山东半岛城市群城市发展指数 TOP3 的城市为济南、青岛、烟台。如图 14－30 所示。

**（1）城市配套与环境**

城市配套的好坏直接制约着城市整体房地产发展水平，尤其是重要的医疗、教育等配套资源。第一新财经发布的《中国城市再分级》，把城市从商业资源集聚度、城市枢纽性、城市人活跃度、生活方式多样性、未来可塑性进行了重新评价和定位，具有很好的参考价值。但本书仅从影响房地产市场选择最直接的几个指标进行论证。

从最直接影响房地产的医疗教育配套来看，山东半岛城市群共有三甲医院 91 所，占全国三甲医院总数 1599 所的 5.69%；共有大专院校 121 所，占全国大专院校总数 2631 所的 4.6%；相较于山东半岛城市群人口总数占

TOP

| | 城市 | 城市发展得分 |
|---|---|---|
| 1 | 济南 | 73 |
| 2 | 青岛 | 72 |
| 3 | 烟台 | 46 |
| 4 | 潍坊 | 46 |
| 5 | 威海 | 37 |
| 6 | 泰安 | 37 |
| 7 | 临沂 | 34 |
| 8 | 德州 | 32 |
| 9 | 淄博 | 31 |
| 10 | 日照 | 31 |
| 11 | 济宁 | 30 |
| 12 | 枣庄 | 28 |
| 13 | 滨州 | 27 |
| 14 | 东营 | 23 |
| 15 | 聊城 | 23 |
| 16 | 莱芜 | 20 |
| 17 | 菏泽 | 19 |

备注：城市发展指数为综合评价指数。

**【计算方法】**

配套 35%
- 三甲医院数量 8%
- 大专院校数量 12%
- 城市景观资源 8%
- 国家级产业园区数量 7%

交通 40%
- 高铁班次 16%
- 距机场距离 12%
- 境内高速公路通达度 12%

旅游 25%
- 4A级以上景区 6%
- 四星级以上酒店 9%
- 旅游人次 10%

城市发展潜力 100分
=城市基本面×20%

**【参考指标】**

城市定位及分级指数
产业发展规划
交通规划

#所有指标均采用分层评价。

*数据来源为各城市国民经济与社会发展统计公报、山东半岛城市群发展规划、去哪儿网及各地教育、医疗、旅游等相关机构网站综合得出。

图 14－30　山东半岛城市群城市发展指数

全国的7.2%，整体配套一般；但济南、青岛、潍坊三个城市配套较好。如图14－31所示。

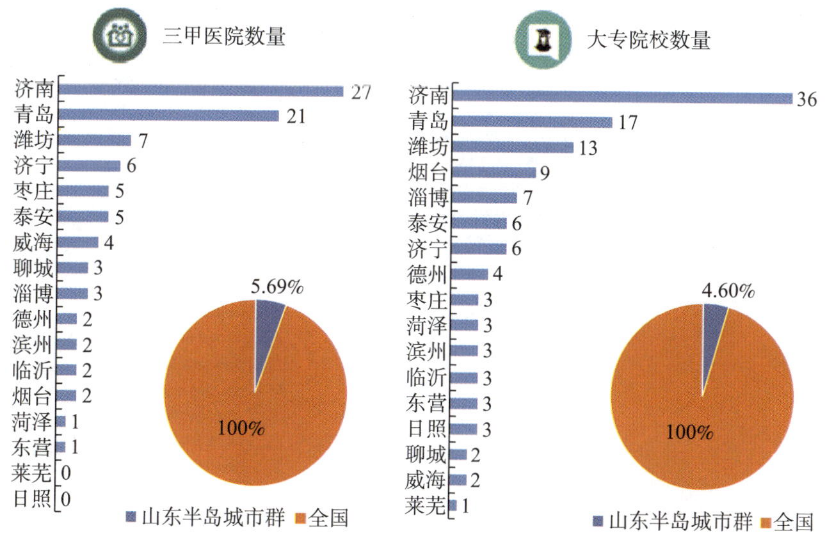


图 14－31　山东半岛城市群三甲医院及大专院校数量

（2）城市交通

城市是整个区域交通的枢纽，其交通的便利度和通达性是我们关注的重点。城市轨道交通是大城市房地产市场的重要助推器，影响大城市的板块市场，但本书主要研究城市之间的房地产市场对比，故暂未把城市轨道交通纳入研究范围。

山东半岛城市群积极打造3小时都市圈，加强与京津冀、长三角及东北地区、中西部地区快速高效互联互通，形成了四纵三横的交通网络。其中，四纵为京沪通道、滨临通道、东部沿海通道、京九通道；三横为济青通道、德龙烟威通道、荷兖日通道。

机场建设方面，山东半岛城市群增强青岛机场、济南机场的辐射带动作用，加快济南、青岛国际航空枢纽和国际航运中心建设，发挥烟台机场、东营机场的区位优势，加强与日韩航空的联系。

港口建设方面，合理配置沿海港口资源，形成以青岛港为龙头、烟台、日照港为两翼，威海、潍坊、东营、滨州港为重要组成，布局合理、功能完备、分工明确的现代化港口群。

山东半岛城市群中济南、青岛的交通便利度明显优于其他城市。如图14－32所示。

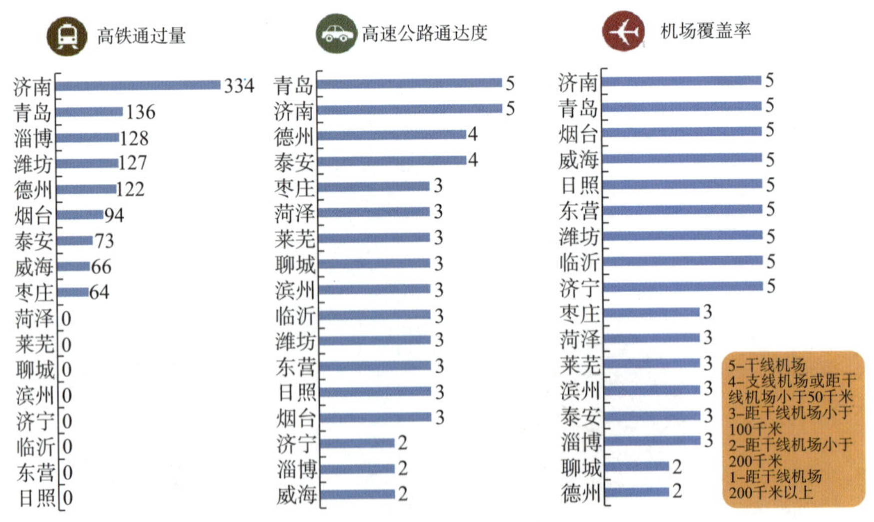


**图14－32　山东半岛城市群交通便利度**

(3) 旅游商务

旅游反映了城市休闲配套资源情况和因旅游带来的短时流动人口流向。山东半岛城市群2016年旅游人次达7.14亿人，旅游收入8010亿元。其中，青岛、济南、烟台、泰安、临沂、济宁、潍坊等城市旅游人次均超过6000万，为重要的旅游城市。如图14-33所示。

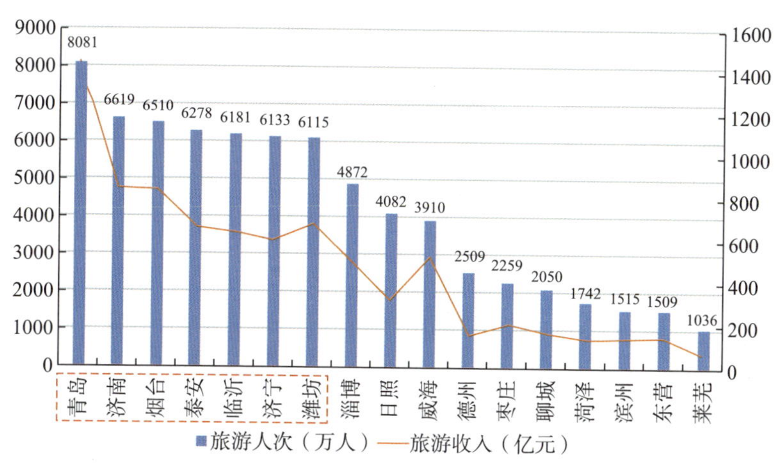


图14-33　山东半岛城市群2016年旅游情况

山东旅游资源丰富，拥有国家级资源446处，自然风光秀丽，文物古迹众多，形成了以青岛崂山风景名胜区、胶东半岛海滨风景名胜区为主要景点的海滨文化旅游线路；以泰山、曲阜三孔为主要景点的历史文化游；以泉城济南、国际啤酒城青岛、国际葡萄酒城烟台、人间仙境蓬莱为主要景点的特色城市游。

山东半岛城市群共有4A级以上景区216个，占全国4A级以上景区1335个的16.2%，其中，临沂、青岛、潍坊、烟台均超过20个。四星级以上酒店792个，青岛、烟台、济南超过100个，威海、潍坊、临沂、泰安、济宁均超过30个。如图14-34所示。

(4) 产业发展

产业是人口集聚的主要因素，产业反映了城市经济支撑资源情况，产业的规划发展状态可以带动人口的流向。山东半岛城市群围绕胶济铁路沿线和沿海产业带沿线，形成"T"形发展架构。形成了济南、青岛、烟

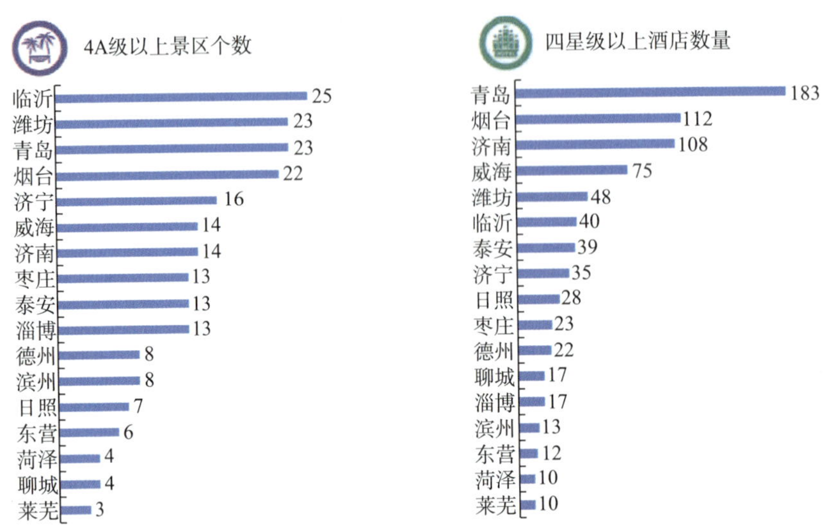


**图 14－34　山东半岛城市群 4A 级以上景区及酒店数量**

台—威海“三核先导”和六大产业集聚区：即东营—淄博的石化和医药产业带、济南的电子信息产业带、青岛—日照的家电制造产业带、烟台—威海的汽车制造产业带、潍坊—即墨的纺织服装产业带、日照—青岛—威海—烟台的海洋产业带。如表 14－8 所示。

**表 14－8　山东半岛城市群产业规划**

| | 城市 | 个数 |
|---|---|---|
| N≥3 | 青岛、烟台、威海 | 3 |
| N＝2 | 日照、潍坊、临沂、滨州、德州、聊城 | 6 |
| N＝1 | 济南、东营、淄博、济宁、泰安、莱芜、枣庄 | 7 |
| N＝0 | 菏泽 | 1 |

山东半岛城市群城市基本面综合排名 TOP3 的城市为济南、青岛、烟台。处在城市发展较好区、适中区、较差区的城市个数比为 3:11:3。如表 14－9、14－10 所示。

**表 14－9　山东半岛城市群城市基本面评判指标及权重**

| 一级指标 | 一级指标分值 | 指标维度 | 二级指标 | 二级指标权重 |
| --- | --- | --- | --- | --- |
| 人口 | 35% | 人口基数 | 常住人口 | 40% |
| | | | 常住户籍人口比 | 15% |
| | | | 小学生增幅 | 10% |
| | | 家庭结构 | 中小学生在校生人数 | 10% |
| | | 变化趋势 | 城镇化率增幅 | 15% |
| | | | 城镇化率 | 10% |
| 容量 | 25% | 市场容量基数 | 三年平均销售面积 | 100% |
| 经济 | 20% | 总量水平 | GDP | 40% |
| | | | 第三产业占 GDP 比值 | 15% |
| | | 财富水平 | 城镇人均可支配收入 | 12% |
| | | 发展活力 | 人均住户存款余额 | 8% |
| | | | 一般财政预算收入 | 10% |
| | | | 上市公司数量 | 15% |
| 城市发展 | 20% | 配套 医疗 | 三甲医院数量 | 8% |
| | | 配套 教育 | 大专院校数量 | 12% |
| | | 配套 景观 | 城市景观资源 | 8% |
| | | 配套 产业 | 国家级产业园区数量 | 7% |
| | | 交通 铁路 | 高铁班次 | 16% |
| | | 交通 飞机 | 距机场距离 | 12% |
| | | 交通 公路 | 境内高速通达数量 | 12% |
| | | 旅游 景区资源 | 4A 级以上景区 | 6% |
| | | 旅游 配套 | 星级酒店 | 9% |
| | | 旅游 人次 | 旅游人次 | 10% |

**表 14－10　山东半岛城市群城市基本面综合排名**

| | 城市 | 综合得分 |
| --- | --- | --- |
| 1 | 青岛 | 94 |
| 2 | 济南 | 78 |
| 3 | 潍坊 | 70 |
| 4 | 临沂 | 66 |
| 5 | 烟台 | 62 |

续表

| | 城市 | 综合得分 |
|---|---|---|
| 6 | 济宁 | 56 |
| 7 | 菏泽 | 53 |
| 8 | 淄博 | 48 |
| 9 | 枣庄 | 47 |
| 10 | 聊城 | 47 |
| 11 | 威海 | 46 |
| 12 | 泰安 | 43 |
| 13 | 德州 | 43 |
| 14 | 滨州 | 42 |
| 15 | 日照 | 39 |
| 16 | 东营 | 34 |
| 17 | 莱芜 | 31 |

# 第三节　房地产市场热度研判

根据最新的城市分类，山东半岛城市群 17 个城市共有新一线城市 1 个、二线城市 2 个、三线城市 7 个、四线城市 6 个、五线城市 1 个。如表 14－11 所示。

**表 14－11　山东半岛城市群城市分级**

| 城市分类 | 城市名称 | 城市数量 | 房价区间 |
|---|---|---|---|
| 新一线城市 | 青岛 | 1 | 20850 |
| 二线城市 | 济南、烟台 | 2 | 9464－15909 |
| 三线城市 | 威海、东营、潍坊、淄博、临沂、济宁、泰安 | 7 | 5921－10060 |
| 四线城市 | 日照、滨州、德州、聊城、菏泽、枣庄 | 6 | 5077－8446 |

续表

| 城市分类 | 城市名称 | 城市数量 | 房价区间 |
|---|---|---|---|
| 五线城市 | 莱芜 | 1 | 5358 |
| | 合计 | 17 | |

市场热度指数重点考察市场房价、地价现状及涨幅情况，进驻潜力和市场竞争热度，来分析目前的市场热度。山东半岛城市群地货比指数中位值为40%，整体来看市场机会适中，可适当进入。热度指数TOP3城市为济南、青岛、济宁。如图14－35所示。

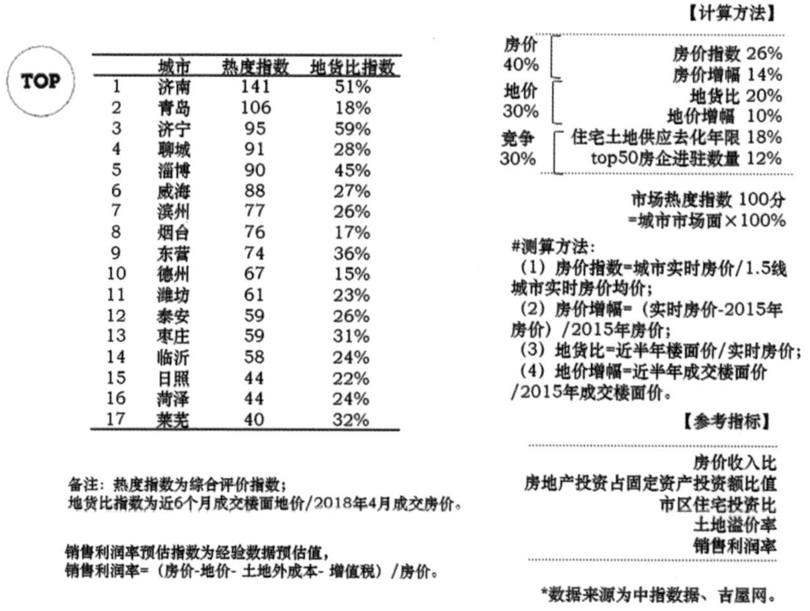

TOP

| | 城市 | 热度指数 | 地货比指数 |
|---|---|---|---|
| 1 | 济南 | 141 | 51% |
| 2 | 青岛 | 106 | 18% |
| 3 | 济宁 | 95 | 59% |
| 4 | 聊城 | 91 | 28% |
| 5 | 淄博 | 90 | 45% |
| 6 | 威海 | 88 | 27% |
| 7 | 滨州 | 77 | 26% |
| 8 | 烟台 | 76 | 17% |
| 9 | 东营 | 74 | 36% |
| 10 | 德州 | 67 | 15% |
| 11 | 潍坊 | 61 | 23% |
| 12 | 泰安 | 59 | 26% |
| 13 | 枣庄 | 59 | 31% |
| 14 | 临沂 | 58 | 24% |
| 15 | 日照 | 44 | 22% |
| 16 | 菏泽 | 44 | 24% |
| 17 | 莱芜 | 40 | 32% |

备注：热度指数为综合评价指数；
地货比指数为近6个月成交楼面地价/2018年4月成交房价。

销售利润率预估指数为经验数据预估值，
销售利润率=（房价-地价- 土地外成本- 增值税）/房价。

【计算方法】

房价 40%：房价指数 26%；房价增幅 14%

地价 30%：地货比 20%；地价增幅 10%

竞争 30%：住宅土地供应去化年限 18%；top50房企进驻数量 12%

市场热度指数 100分
=城市市场面×100%

#测算方法：
（1）房价指数=城市实时房价/1.5线城市实时房价均价；
（2）房价增幅=（实时房价-2015年房价）/2015年房价；
（3）地货比=近半年楼面价/实时房价；
（4）地价增幅=近半年成交楼面价/2015年成交楼面价。

【参考指标】

房价收入比
房地产投资占固定资产投资额比值
市区住宅投资比
土地溢价率
销售利润率

*数据来源为中指数据、吉屋网。

图14－35　山东半岛城市群市场热度指数

山东半岛城市群整体房价中位值为7023元/平方米，地价中位值为1213元/平方米；山东半岛城市群地货比中位值为40%。地货比较高的三个城市为济宁、济南、淄博，应及时捕捉市场信息，防控拿地风险；地货比较低的三个城市为青岛、烟台、德州，应作为重点关注城市，寻找机会适时进驻。如图14－36所示。

山东半岛城市群房价平均涨幅为48%，地价平均涨幅为134%。房价涨幅高于城市群整体平均增幅的城市共有7个，分别为青岛、济南、滨州、德州、聊城、菏泽、威海；地价涨幅高于城市群整体平均增幅的城市共有7个，分别为济南、聊城、威海、潍坊、淄博、济宁、莱芜。如图14－37所示。

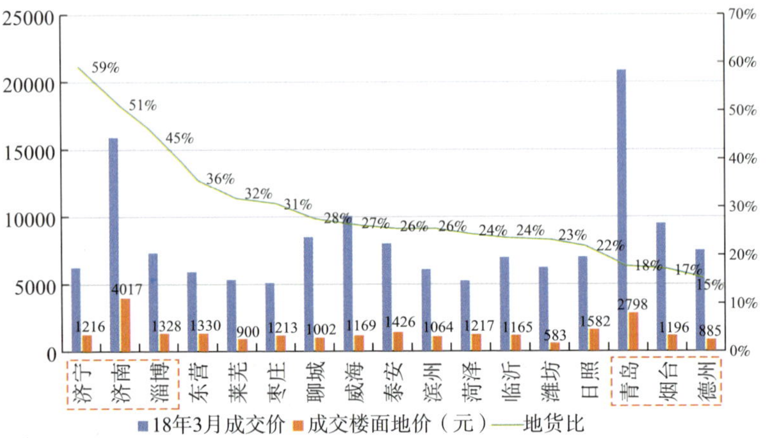


图14－36　山东半岛城市群房地价及地货比

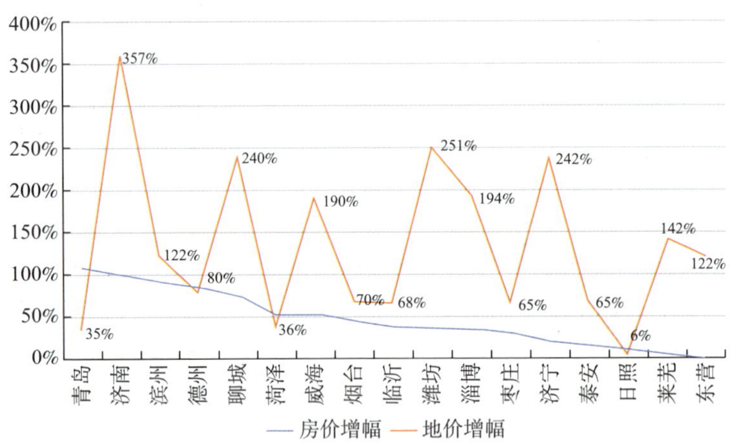


图14－37　山东半岛城市群房价及地价增幅

市场潜力从常住人口和地货比两个维度考虑，地货比较低且人口规模相对较大，代表市场潜力较大。战略进驻区域城市共5个，分别为临沂、潍坊、青岛、菏泽、烟台；重点关注区域城市共1个，为聊城；机会进驻区域城市共2个，分别为泰安、德州。如图14－38所示。

市场潜力从成交面积和地货比两个维度考虑，地货比较低且成交面积

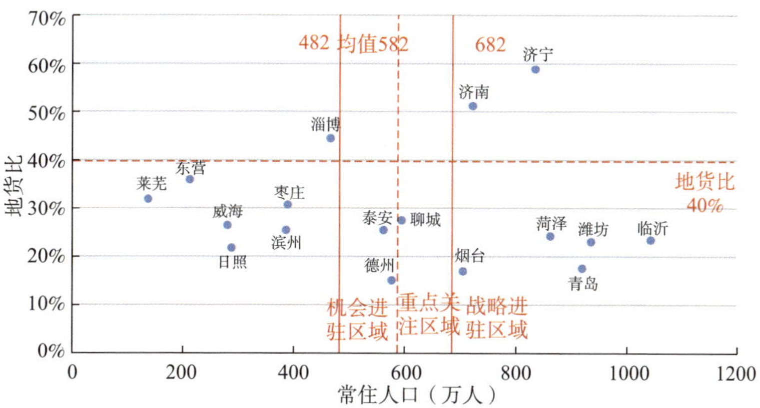


**图 14－38　山东半岛城市群常住人口和地货比**

较大，代表市场潜力较大。战略进驻区域城市共4个，分别为青岛、潍坊、烟台、临沂；重点关注区域城市共2个，分别为枣庄、菏泽；机会进驻区域城市共1个，为威海。如图14－39所示。

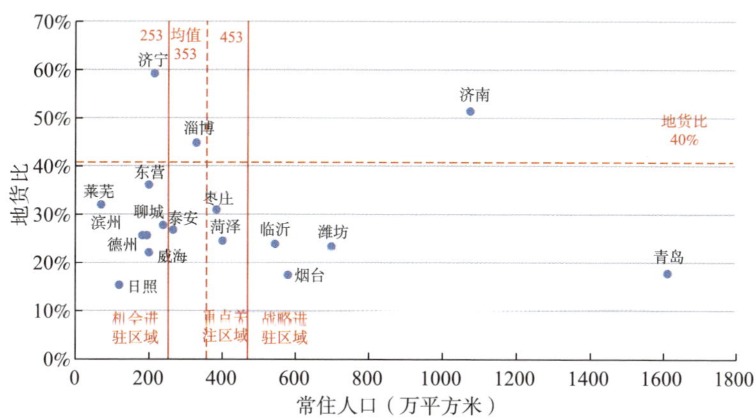


**图 14－39　山东半岛城市群成交面积和地货比**

山东半岛城市群住宅供应去化年限为2.86年，去化周期小于3年的有11个。整体来看，青岛、烟台、东营、枣庄、威海等城市市场供不应求；潍坊、济南、菏泽、莱芜、滨州等城市市场供过于求。如图14－40所示。

房价收入情况，在均值线下，居民收入较大且距离轴线向下偏离越大，代表房价上涨潜力越强。重点关注城市东营；一般关注城市枣庄、济宁、滨州、莱芜、潍坊、淄博。如图14－41所示。

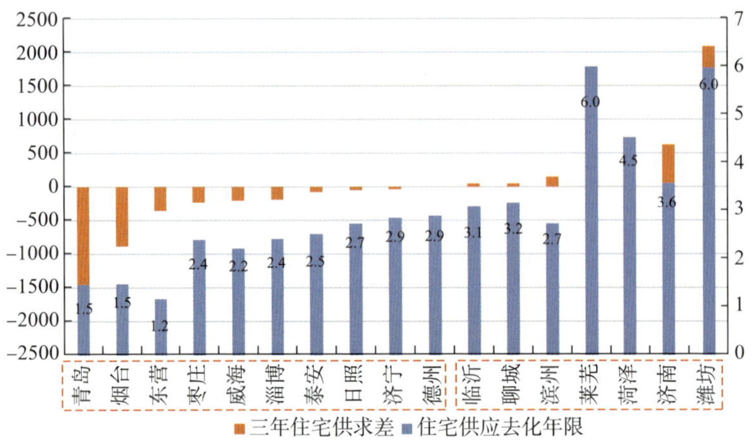


图 14－40　山东半岛城市群去化周期及供应差

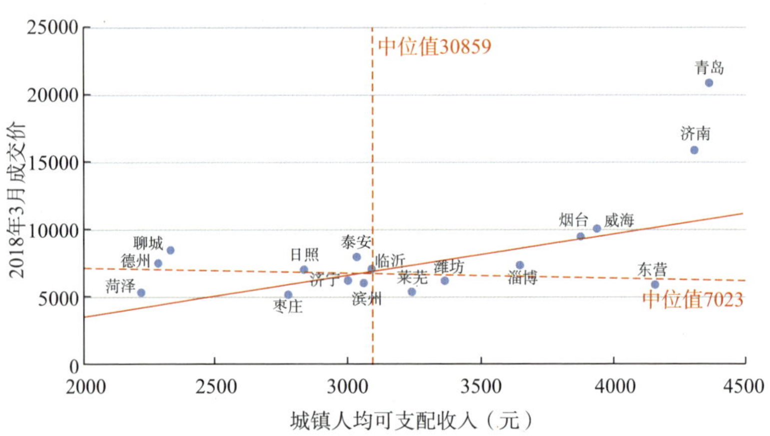


图 14－41　山东半岛城市群房价收入情况

2016 年山东半岛城市群房地产投资额为 6323 亿元，占全国房地产投资额 135284 亿元的 4.67%；房地产投资额在均值 297 亿元以上的城市有 6 个，分别为青岛、济南、烟台、潍坊、临沂、济宁。房地产投资占固定资产投资比重超过 25% 的有 1 个，即济南，此区域房地产投资相对过热，建议谨慎拿地；介于 15% ~25% 的有 2 个，分别为菏泽、青岛，此区域为房地产合理投资区，建议重点关注；在 15% 以下的城市有 14 个，此区域房地产投资相对较少，存在潜在投资机会。如图 14－42 所示。

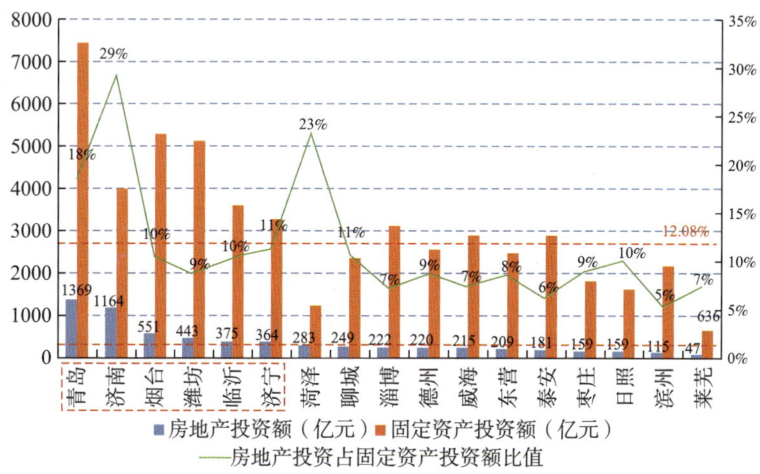


**图 14－42　山东半岛城市群 2016 年房地产投资占固定资产投资比重**

2016 年山东半岛城市群住宅投资额为 4566 亿元，住宅投资额在均值 220 亿元以上的城市有 6 个，分别为济南、青岛、烟台、潍坊、临沂、菏泽。整个城市群住宅投资额占房地产投资额比重为 72%，市区住宅投资占全市住宅投资的 72%。市区住宅投资占比低于 50% 的城市有潍坊、济宁、滨州、德州、菏泽，以上城市所辖县级城市房地产投资较为活跃，应重点关注。如图 14－43 所示。

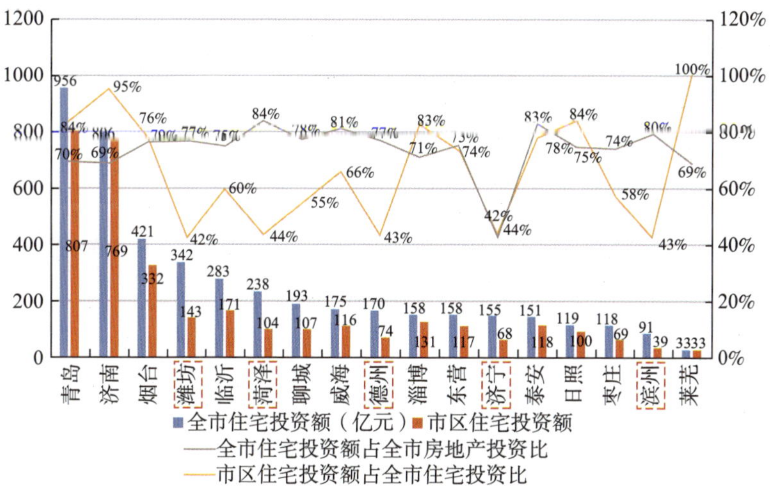


**图 14－43　山东半岛城市群 2016 年住宅投资及比重**

山东半岛城市群人均住户存款余额均值为 39982 元，高于均值水平的城市有7个，分别为济南、威海、东营、青岛、烟台、淄博、潍坊。如图14-44所示。

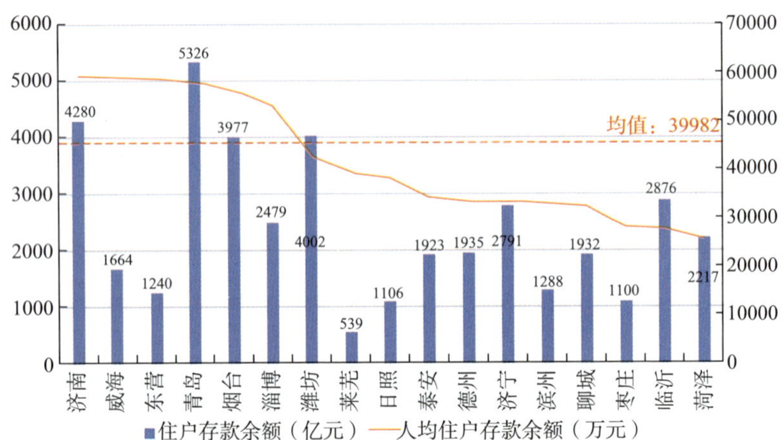


**图14-44　山东半岛城市群人均住户存款余额均值**

青岛、济南、烟台城市TOP50房企进驻超过20家，市场竞争十分激烈。如图14-45所示。

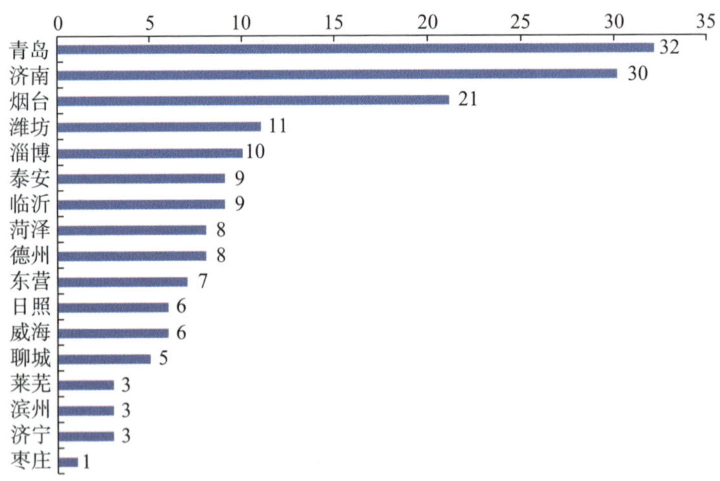


**图14-45　山东半岛城市群TOP50房企进驻数量**

土地市场热度从成交楼面地价和溢价率两个维度考虑，成交楼面地价和溢价率均较低代表土地市场潜在热度较大。重点关注城市有淄博、聊城、烟台、枣庄、菏泽、莱芜、威海。如图14-46所示。（溢价率在5%以下市场公开程度较低，需谨慎关注。）

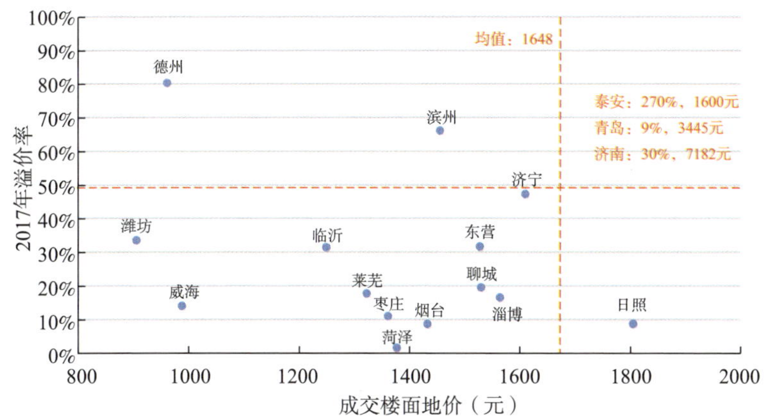


**图 14－46　山东半岛城市群土地市场热度分析**

从销售利润率看，25%以上的城市有6个，分别是青岛、烟台、威海、德州、聊城、泰安；20%～25%的城市有3个，分别是日照、济南、临沂。销售利润率＝（房价－地价－土地外成本－增值税）/房价，土地外成本按3600元估算。增值税＝（房价－地价）×10%/（1＋10%）－3600×8%。需要注意的是：销售价格为2018年3月份价格，楼面价为近6个月成交楼面价。如图14－47所示。

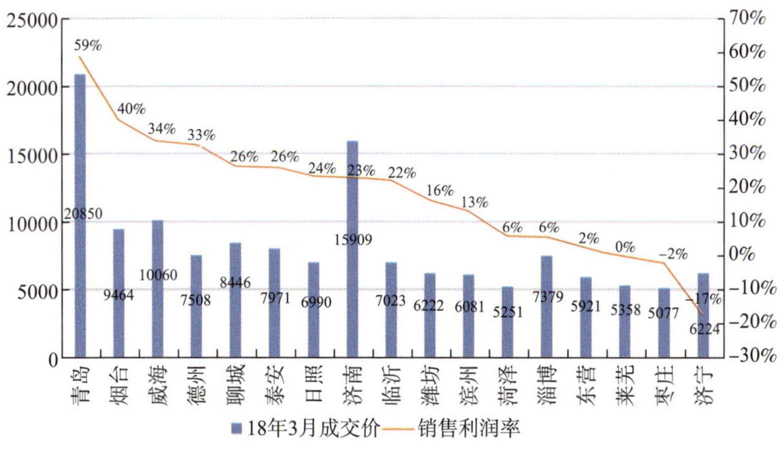


**图 14－47　山东半岛城市群销售利润分析**

山东半岛城市群城市市场热度综合排名TOP3的城市为济南、青岛、济宁。如表14－12、14－13所示。

表 14－12　山东半岛城市群市场热度评判指标及权重

| 评价维度 | 指标维度 | 一级权重 | 指标 | 权重 |
|---|---|---|---|---|
| 市场热度 | 房价热度 | 40% | 房价指数（实时房价/1.5 线城市实时房价均价） | 26% |
| | | | 房价增幅｛（实时房价－2015 年房价）/2015 年房价｝ | 14% |
| | 地价热度 | 30% | 地货比（近半年楼面价/实时房价） | 20% |
| | | | 地价增幅（最近半年成交楼面价/2015 年成交楼面价） | 10% |
| | 竞争热度 | 30% | 住宅土地供应去化年限 | 18% |
| | | | TOP50 房企进驻数量 | 12% |

表 14－13　山东半岛城市群市场热度综合排名

| | 城市 | 市场面得分 |
|---|---|---|
| 1 | 济南 | 141.3 |
| 2 | 青岛 | 106.3 |
| 3 | 济宁 | 94.8 |
| 4 | 聊城 | 91.0 |
| 5 | 淄博 | 90.0 |
| 6 | 威海 | 88.4 |
| 7 | 滨州 | 76.6 |
| 8 | 烟台 | 75.5 |
| 9 | 东营 | 74.0 |
| 10 | 德州 | 67.4 |
| 11 | 潍坊 | 61.2 |
| 12 | 泰安 | 59.4 |
| 13 | 枣庄 | 59.2 |
| 14 | 临沂 | 57.9 |
| 15 | 日照 | 44.4 |
| 16 | 菏泽 | 44.1 |
| 17 | 莱芜 | 40.3 |

山东半岛城市群城市房地产投资安全性综合排名 TOP3 的城市为潍坊、临沂、日照。东营的偏离度大于 1 的城市投资风险较高，应谨慎投资。如表 14 – 14 所示。

**表 14 – 14　山东半岛城市群房地产投资安全性综合排名**

| | 城市 | 偏离度 |
|---|---|---|
| 1 | 潍坊 | 0. 12 |
| 2 | 临沂 | 0. 12 |
| 3 | 日照 | 0. 13 |
| 4 | 青岛 | 0. 13 |
| 5 | 菏泽 | 0. 17 |
| 6 | 烟台 | 0. 22 |
| 7 | 枣庄 | 0. 25 |
| 8 | 莱芜 | 0. 29 |
| 9 | 泰安 | 0. 38 |
| 10 | 德州 | 0. 57 |
| 11 | 济宁 | 0. 69 |
| 12 | 济南 | 0. 82 |
| 13 | 滨州 | 0. 84 |
| 14 | 淄博 | 0. 88 |
| 15 | 威海 | 0. 93 |
| 16 | 聊城 | 0. 94 |
| 17 | 东营 | 1. 16 |

# 第十五章

# 台海伯爵　融合北上

**台海自古与中原交通不便，因台湾海峡战略地位高且邻海经济发达而规划设立，经济联系上与长三角更紧密，融合北上是城市群的不二选择。**

# 第一节　海峡西岸投资策略综合分析

## 概况及特征

海峡西岸城市群是以福州、泉州、厦门、温州、汕头5大中心城市为核心，包含福建省的福州、厦门、泉州、莆田、漳州、三明、南平、宁德、龙岩，浙江省的温州、丽水、衢州，江西省的上饶、鹰潭、抚州、赣州，广东省的汕头、潮州、揭阳、梅州共计20个地级市所组成的国家级城市群。2009年12月，建设部（现已更名为住房和城乡建设部）正式批复《海峡西岸城市群协调发展规划》。这是继京津冀城市群之后，国家批复的又一区域城市群协调发展规划。如表15－1所示。

**表15－1　海峡西岸城市群构成**

| | 城市名单 |
|---|---|
| 福建省（9） | 福州、厦门、泉州、莆田、漳州、三明、南平、宁德、龙岩 |
| 浙江省（3） | 温州、丽水、衢州 |

续表

| | 城市名单 |
|---|---|
| 江西省（4） | 上饶、鹰潭、抚州、赣州 |
| 广东省（4） | 汕头、潮州、揭阳、梅州 |

海峡西岸城市群已逐步形成以福州、泉州、厦门为主要沿海分布的多中心结构的城市群。

**海峡西岸城市群重要特征：**

**（1）海峡西岸城市群地理位置特殊，是促进海峡两岸经济的重要载体，具有国家战略意义**

**（2）厦门及福州是该城市群的双核带动城市，泉州、莆田等城市的经济实力也较强，形成以厦门、蒲州为中心，以沿海城市带为脊梁，闽江口、厦门湾、泉州湾三大城镇密集区为支撑的一带三区结构**

**（3）从空间发展阶段看，城市群分为东南地区（厦门、泉州、漳州）、东北地区（福州、莆田、宁德）、西部地区（南平、三明、龙岩）三个发展特征迥异的经济地域板块，其经济发展水平和各类资源均具有需实现分工合作，协调发展**

**（4）城市群产业基础较好，形成以沿海产业集聚带和福州、厦门为中心的环湾经济走廊为核心的一带双区产业布局**

**（5）从城市群发展策略看，海峡西岸城市群不是传统的城市群空间集聚区域，其经济联系会逐步融入长三角和珠三角城市群**

## 城市群综合分析

海峡西岸城市群是我国刚刚兴起的城市群，国土面积占全国的2.8%，地区生产总值占全国的7.6%，人口占全国的6.58%。如图15－1所示。

目前，海峡西岸城市群常住人口城镇化率为59%，高于我国常住人口城镇化率57.4%。海峡西岸城市群20个城市中城镇化率高于60%的城市有6个，城镇化水平仅次于京津冀城市群。如图15－2所示。

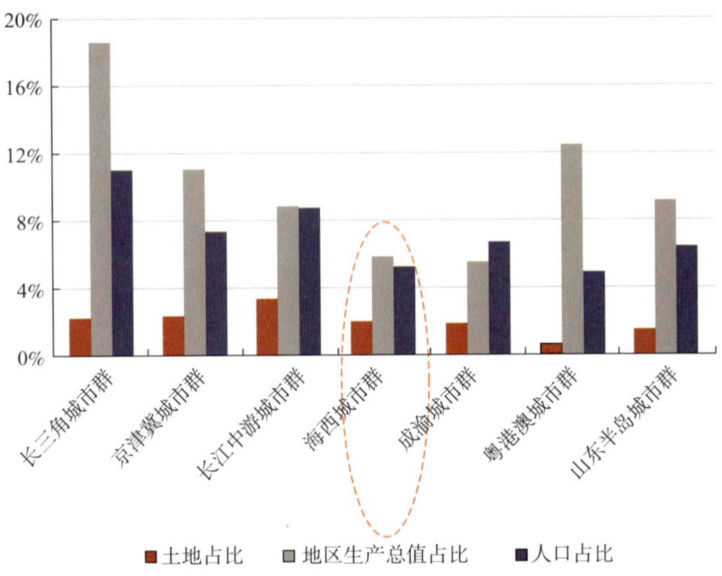


图 15－1　7 大城市群人口、经济、土地全国占比

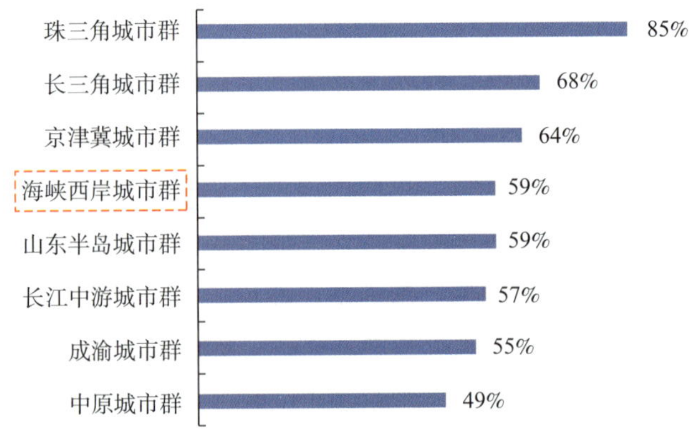


图 15－2　主要城市群常住人口城镇化率对比

而从商品房销售金额对比来看，海峡西岸城市群与不仅与长三角、珠三角、京津冀城市群差距较大，仅占长三角 12%，且与山东半岛、成渝城有一定差距。如图 15－3 所示。

海峡西岸城市群属于城市群发展的第一阶段，以强核吸附为主要特征，核心城市福州、厦门吸附力较强。如图 15－4、15－5 所示。

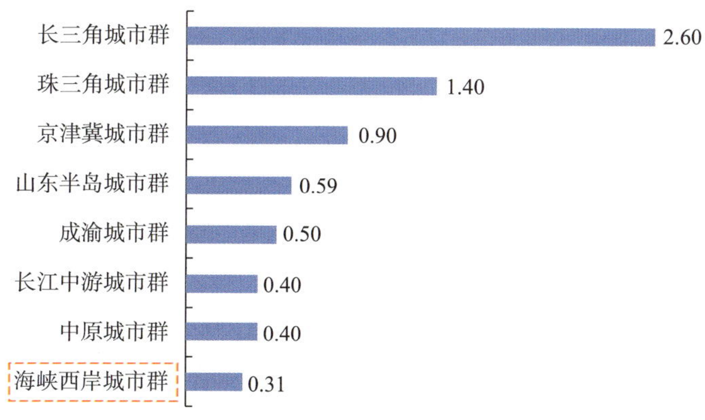


**图 15 –3　主要城市群商品房销售金额对比**

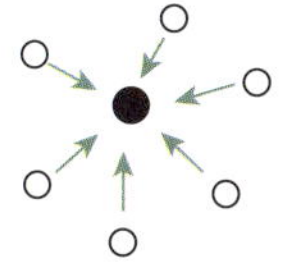

**图 15 –4　强核阶段模型**

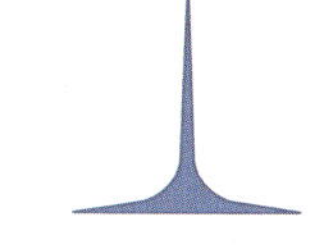

**图 15 –5　杯托型模型**

海峡西岸城市群等级体系较完善，海峡西岸城市群处在城市发展较好区、适中区、较弱区城市比例为0:8:12。

从城市群投资潜力雷达图可以看出，海峡西岸城市群国土面积、产业发展水平及财富水平较高。由于城市群无首位核心城市，城市等级体系结构较差，经济总量和经济活力较其他城市群还存在较大差距。如图 15 –6 所示。

海峡西岸城市群和长三角城市群联系最为密切，其次珠三角及长江中游城市群联系较为密切。

从海峡西岸城市群经济联系强度表可以看出，潮州和揭阳（0.068）、汕头和揭阳（0.062）、厦门和漳州（0.051）、厦门和泉州（0.036）、泉州和莆田（0.023）城市联系较为密切。如表 15 –2 所示。

海峡西岸城市群与 2 个城市群的势力范围存在交叉重合。上饶和抚州 2 个城市同时纳入海峡西岸城市群与长江中游城市群势力范围，将 2 个城市分别与 2 个城市群的经济联系强度进行对比分析，上饶更倾向于融入海峡西岸城市群，抚州受 2 个城市群影响均较弱。如表 15 –3 所示。

**表 15－2　海峡西岸内部城市经济联系强度图**

| | 福州 | 厦门 | 泉州 | 莆田 | 漳州 | 三明 | 南平 | 宁德 | 龙岩 | 温州 | 丽水 | 衢州 | 上饶 | 鹰潭 | 抚州 | 赣州 | 汕头 | 潮州 | 揭阳 | 梅州 |
|---|---|---|---|---|---|---|---|---|---|---|---|---|---|---|---|---|---|---|---|---|
| 福州 | | 0. 004 | 0. 016 | 0. 013 | 0. 003 | 0. 003 | 0. 005 | 0. 016 | 0. 001 | 0. 005 | 0. 001 | 0. 001 | 0. 002 | 0. 000 | 0. 001 | 0. 001 | 0. 001 | 0. 001 | 0. 001 | 0. 001 |
| 厦门 | | | 0. 036 | 0. 003 | 0. 051 | 0. 001 | 0. 001 | 0. 001 | 0. 004 | 0. 001 | 0. 000 | 0. 000 | 0. 000 | 0. 000 | 0. 000 | 0. 001 | 0. 002 | 0. 001 | 0. 002 | 0. 001 |
| 泉州 | | | | 0. 023 | 0. 019 | 0. 002 | 0. 002 | 0. 002 | 0. 003 | 0. 002 | 0. 000 | 0. 000 | 0. 001 | 0. 000 | 0. 001 | 0. 001 | 0. 003 | 0. 001 | 0. 002 | 0. 001 |
| 莆田 | | | | | 0. 002 | 0. 001 | 0. 001 | 0. 001 | 0. 001 | 0. 001 | 0. 000 | 0. 000 | 0. 000 | 0. 000 | 0. 000 | 0. 000 | 0. 000 | 0. 000 | 0. 000 | 0. 000 |
| 漳州 | | | | | | 0. 001 | 0. 001 | 0. 001 | 0. 008 | 0. 001 | 0. 000 | 0. 000 | 0. 000 | 0. 000 | 0. 000 | 0. 001 | 0. 003 | 0. 002 | 0. 003 | 0. 002 |
| 三明 | | | | | | | 0. 006 | 0. 000 | 0. 001 | 0. 001 | 0. 000 | 0. 000 | 0. 001 | 0. 000 | 0. 001 | 0. 001 | 0. 000 | 0. 000 | 0. 000 | 0. 000 |
| 南平 | | | | | | | | 0. 001 | 0. 001 | 0. 001 | 0. 000 | 0. 000 | 0. 001 | 0. 000 | 0. 000 | 0. 000 | 0. 000 | 0. 000 | 0. 000 | 0. 000 |
| 宁德 | | | | | | | | | 0. 000 | 0. 003 | 0. 000 | 0. 000 | 0. 000 | 0. 000 | 0. 000 | 0. 000 | 0. 000 | 0. 000 | 0. 000 | 0. 000 |
| 龙岩 | | | | | | | | | | 0. 000 | 0. 003 | 0. 000 | 0. 000 | 0. 000 | 0. 000 | 0. 001 | 0. 001 | 0. 001 | 0. 001 | 0. 002 |
| 温州 | | | | | | | | | | | 0. 007 | 0. 001 | 0. 001 | 0. 000 | 0. 000 | 0. 000 | 0. 000 | 0. 000 | 0. 000 | 0. 000 |
| 丽水 | | | | | | | | | | | | 0. 001 | 0. 001 | 0. 000 | 0. 000 | 0. 000 | 0. 000 | 0. 000 | 0. 000 | 0. 000 |
| 衢州 | | | | | | | | | | | | | 0. 004 | 0. 000 | 0. 000 | 0. 000 | 0. 000 | 0. 000 | 0. 000 | 0. 000 |
| 上饶 | | | | | | | | | | | | | | 0. 003 | 0. 002 | 0. 001 | 0. 000 | 0. 000 | 0. 000 | 0. 000 |
| 鹰潭 | | | | | | | | | | | | | | | 0. 002 | 0. 000 | 0. 000 | 0. 000 | 0. 000 | 0. 000 |
| 抚州 | | | | | | | | | | | | | | | | 0. 001 | 0. 000 | 0. 000 | 0. 000 | 0. 000 |
| 赣州 | | | | | | | | | | | | | | | | | 0. 001 | 0. 000 | 0. 001 | 0. 001 |
| 汕头 | | | | | | | | | | | | | | | | | | 0. 036 | 0. 062 | 0. 003 |

续表

| | 福州 | 厦门 | 泉州 | 莆田 | 漳州 | 三明 | 南平 | 宁德 | 龙岩 | 温州 | 丽水 | 衢州 | 上饶 | 鹰潭 | 抚州 | 赣州 | 汕头 | 潮州 | 揭阳 | 梅州 |
|---|---|---|---|---|---|---|---|---|---|---|---|---|---|---|---|---|---|---|---|---|
| 潮州 | | | | | | | | | | | | | | | | | | | 0.068 | 0.002 |
| 揭阳 | | | | | | | | | | | | | | | | | | | | 0.007 |
| 梅州 | | | | | | | | | | | | | | | | | | | | |

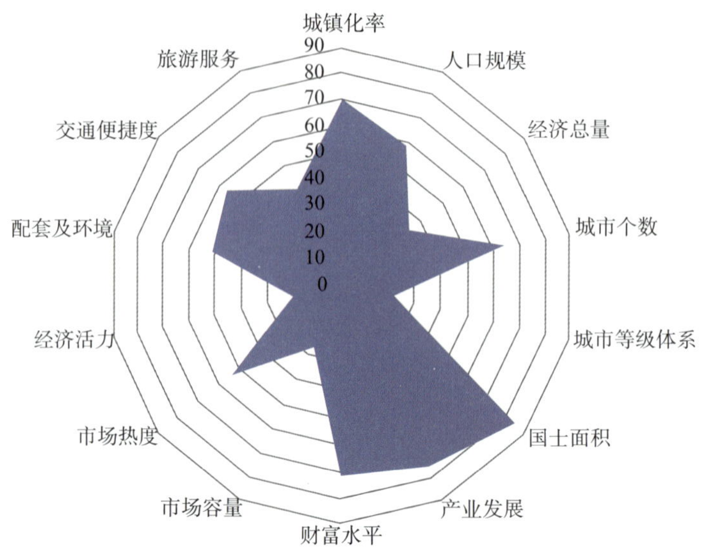


**图 15－6　海峡西岸城市群投资潜力雷达图**

**表 15－3　边缘城市经济联系强度图**

| 城市群 | 汕头 | 揭阳 | 城市群 | 上饶 | 抚州 |
|---|---|---|---|---|---|
| 海峡西岸 | 0.001 | 0.001 | 海峡西岸 | 0.002 | 0.001 |
| 珠三角 | 0.003 | 0.004 | 长江中游 | 0.001 | 0.001 |

揭阳和汕头2个城市同时纳入海峡西岸城市群与珠三角城市群势力范围，将2个城市分别与2个城市群的经济联系强度进行对比分析，揭阳和汕头更倾向于融入珠三角城市群。如图15－7所示。

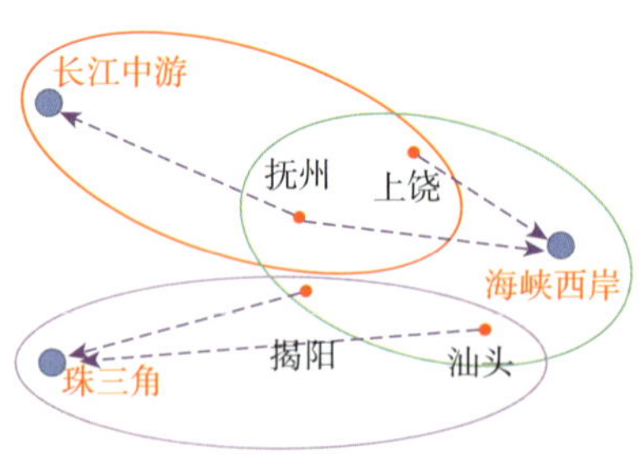


**图 15－7　边缘城市的城市群选择**

## 城市房地产投资策略

我们从城市发展潜力、房地产市场热度、投资安全性三个单一维度给出城市群各城市排名情况如图 15－8 所示。

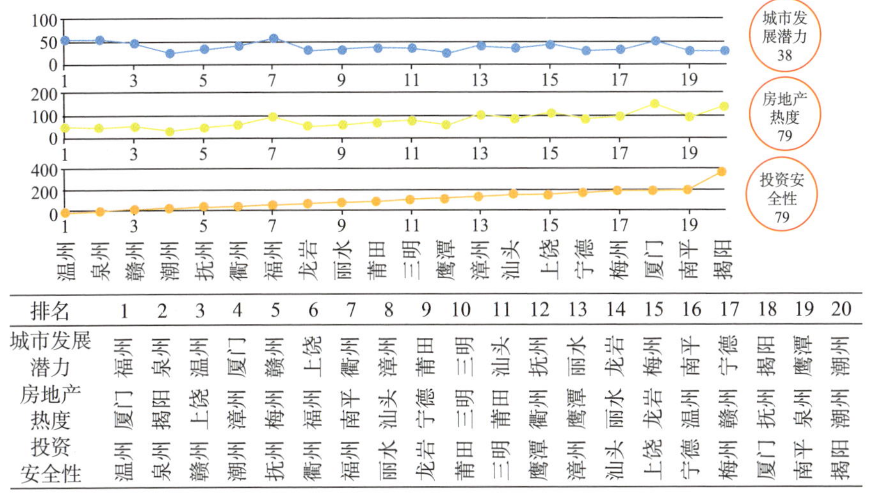


| 排名 | 1 | 2 | 3 | 4 | 5 | 6 | 7 | 8 | 9 | 10 | 11 | 12 | 13 | 14 | 15 | 16 | 17 | 18 | 19 | 20 |
|---|---|---|---|---|---|---|---|---|---|---|---|---|---|---|---|---|---|---|---|---|
| 城市发展潜力 | 福州 | 泉州 | 温州 | 厦门 | 赣州 | 上饶 | 衢州 | 漳州 | 莆田 | 三明 | 汕头 | 抚州 | 丽水 | 龙岩 | 梅州 | 南平 | 宁德 | 揭阳 | 鹰潭 | 潮州 |
| 房地产热度 | 厦门 | 揭阳 | 上饶 | 漳州 | 梅州 | 福州 | 南平 | 汕头 | 宁德 | 三明 | 莆田 | 衢州 | 鹰潭 | 丽水 | 龙岩 | 温州 | 赣州 | 抚州 | 泉州 | 潮州 |
| 投资安全性 | 温州 | 泉州 | 赣州 | 潮州 | 抚州 | 衢州 | 福州 | 丽水 | 龙岩 | 莆田 | 三明 | 鹰潭 | 漳州 | 汕头 | 上饶 | 宁德 | 梅州 | 厦门 | 南平 | 揭阳 |

**图 15－8　城市群各城市排名情况**

海峡西岸城市群属于城市群发展的第一阶段，以强核吸附为主要特征，核心城市福州、厦门吸附力较强。海峡西岸城市群等级体系较完善，海峡西岸城市群处在城市发展较好区、适中区、较弱区城市比例为0:8:12。核心城市福州、厦门处于快销区，一般城市大多处在进取区、挑货区、抛货区。如图 15－9 所示。

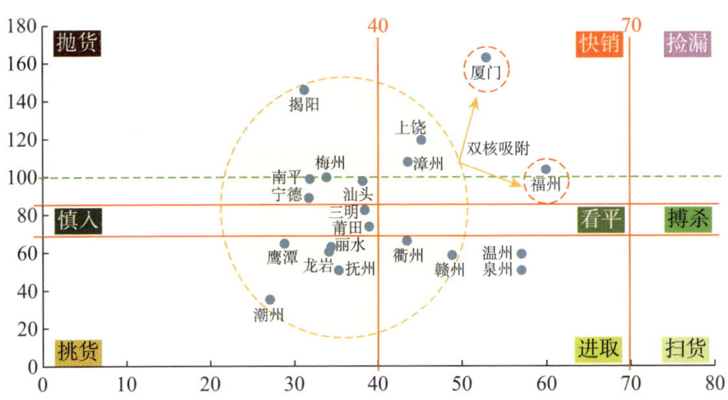


**图 15－9　海峡西岸城市群核心城市与一般城市区域分布**

根据九宫格阶梯筛选法则，处在阶梯阴影区为重点拓展城市。黄线框内的重点拓展城市，主要包括泉州、温州、赣州、衢州。如图 15 – 10 所示。

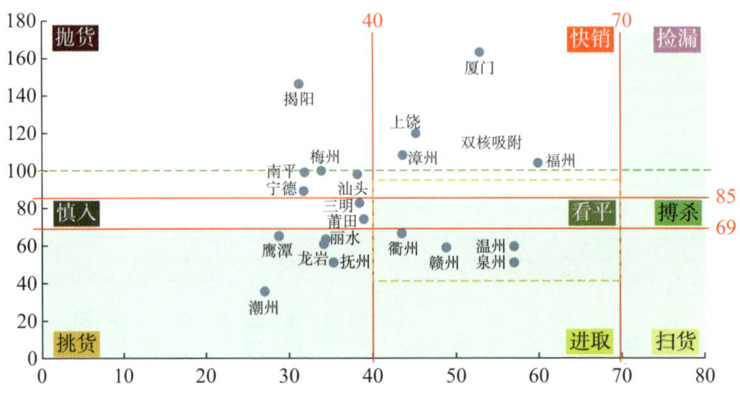


**图 15 – 10　海峡西岸城市群九宫格阶梯筛选**

# 第二节　城市基本面研判

## 人口发展潜力

人口是城市发展的基础，也是房地产发展的重要支撑。我们从人口发展基数和人口发展结构等层面研判城市人口发展潜力。

海峡西岸城市群人口基数及发展潜力较好，26 个城市人口基数均值为 427 万人。人口指数 TOP3 城市为泉州、赣州及温州。如图 15 – 11 所示。

从人口总量看，海峡西岸城市群常住户籍比为 0.96，属于人口流入城市群，2016 年人口流入近 347 万人。常住户籍人口比≥100% 以上的城市有 5 个；从人口分布看，户籍及常住人口均超过 800 万人的城市有 2 个，为温州及赣州。如图 15 – 12 所示。

TOP

| | 城市 | 人口指数 | 人口基数 |
|---|---|---|---|
| 1 | 泉州 | 90.48 | 858.00 |
| 2 | 赣州 | 89.74 | 854.71 |
| 3 | 温州 | 86.34 | 917.50 |
| 4 | 福州 | 81.11 | 757.00 |
| 5 | 衢州 | 78.89 | 216.20 |
| 6 | 上饶 | 74.95 | 675.20 |
| 7 | 厦门 | 68.51 | 392.00 |
| 8 | 漳州 | 68.47 | 505.00 |
| 9 | 抚州 | 65.63 | 400.18 |
| 10 | 莆田 | 62.77 | 289.00 |
| 11 | 梅州 | 56.44 | 436.08 |
| 12 | 汕头 | 55.59 | 560.82 |
| 13 | 宁德 | 55.45 | 289.00 |
| 14 | 丽水 | 54.91 | 216.50 |
| 15 | 三明 | 54.75 | 255.00 |
| 16 | 龙岩 | 54.47 | 263.00 |
| 17 | 揭阳 | 50.01 | 608.60 |
| 18 | 鹰潭 | 49.98 | 115.93 |
| 19 | 南平 | 47.71 | 266.00 |
| 20 | 潮州 | 40.23 | 265.08 |

备注：人口指数为综合评价指数；
人口基数为2016年常住人口（万人）.

【计算方法】

常住人口 40%
常住户籍人口比 15%
小学生增幅 10%
中小学生在校生人数 10%
城镇化率增幅 15%
城镇化率 10%

人口发展潜力 100分
=城市基本面×35%

#指标评价采用综合打分法进行打分评价.

【参考指标】

非公就业人口及占比

*数据来源为各城市国民经济与社会发展统计公报及中国城市发展年鉴.

**图 15－11　海峡西岸城市群人口发展潜力指数**

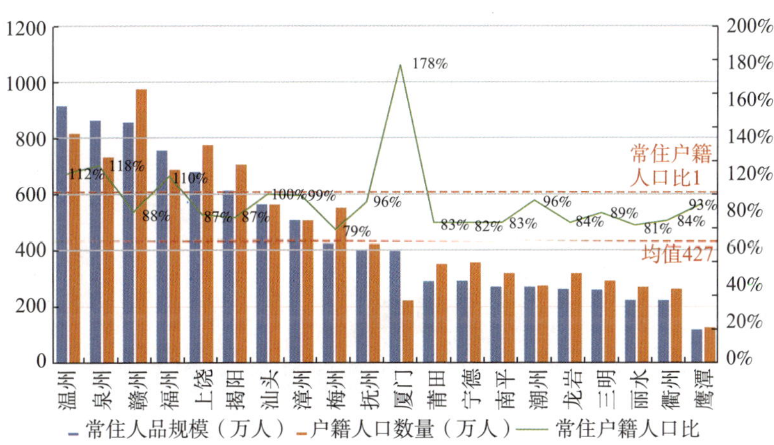


**图 15－12　海峡西岸城市群人口规模**

从小学生 2016 年在校生人数看海峡西岸城市群 2016 年小学生在校人数为 754 万人，占全国小学生在校人数 9913 万人的 7.61%，略高于城市群占全国总人口比重 6.68% 的水平；海峡西岸城市群 20 个城市小学生在校生人数总涨幅为 6.38%；重点关注城市泉州及福州。如图 15－

13 所示。

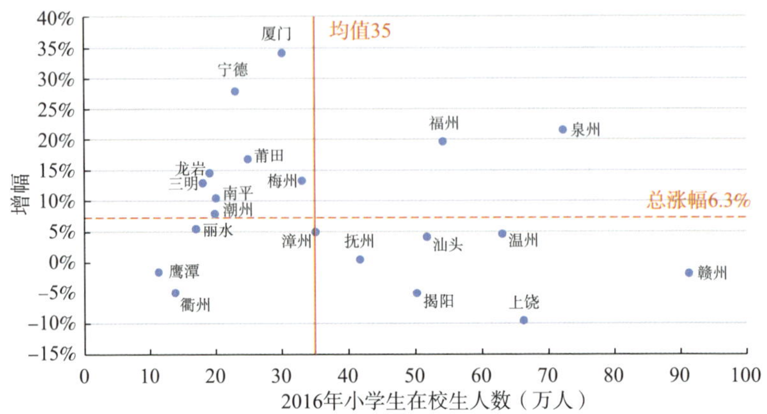


**图 15－13　海峡西岸城市群小学生 2016 年在校生人数及增幅**

中小学在校生人数从某个维度上代表这个城市刚需和刚改家庭的规模。海峡西岸城市中小学在校生人数均值 56 万人，超过 100 万人的城市有赣州、泉州、上饶及温州。这些城市的改善型购房需求较强。如图 15－14 所示。

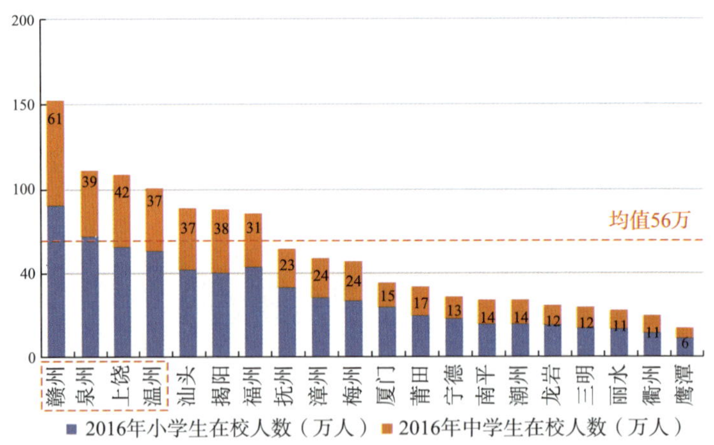


**图 15－14　海峡西岸城市群 2016 年中小学在校生人数**

海峡西岸城市群 20 个城市平均城镇化率在 58.6% 以上的城市共 7 个，分别为福州、厦门、泉州、温泉、鹰潭、汕头及潮州；20 个城市 2016 年城镇化率增幅在 0.1% ～3.5%，平均城镇化率增幅为 1.1%。厦门、汕头及揭阳增幅仅为 0.1%，增幅未达到 1% 的城市有 9 个，除上述 3 个外，还有潮州、梅州、宁德、南平、福州及泉州。如图 15－15 所示。

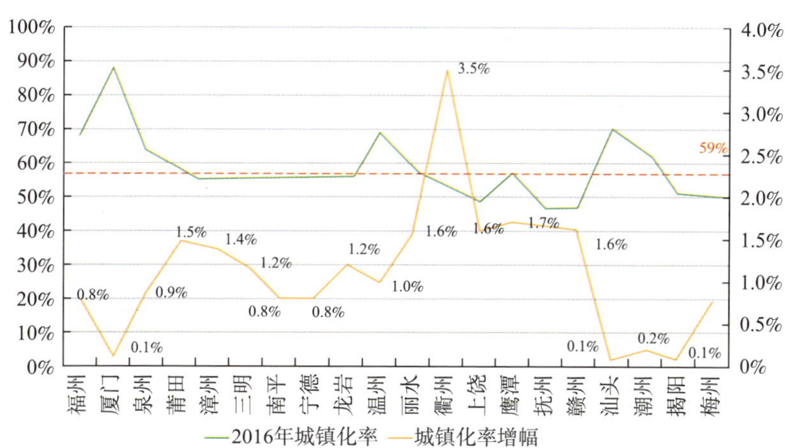


**图 15－15 海峡西岸城市群 2016 年城镇化率及增幅**

## 经济发展潜力

经济是城市发展的主要驱动力，也是房地产发展的重要支撑。我们从城市经济总量基数、人均收入基数、经济发展结构与活力、城市财力水平等层面综合研判城市经济发展潜力。

海峡西岸城市群城市经济总量基数均值为 2132 亿元，人均收入基数均值为 30519 元。经济指数 TOP3 的城市为福州、厦门及温州。如图 15－16 所示。

20 个城市中 GDP 超过均值 2132 亿元的共有 8 个，其中超过 5000 亿的城市有 3 个，为泉州、福州及温州。城市群一般预算收入的均值为 220 亿元，高于均值的城市共有 9 个，分别为泉州、福州、温州、厦门、漳州、赣州、龙岩、上饶及南平。如图 15－17 所示。

海峡西岸城市群整体第三产业增加值占 GDP 比重为 44%，低于全国 51.6% 的平均水平。从产业发展潜力看，20 个城市中，城市第三产业占 GDP 比重 > 城市群整体占比 44% 的有 7 个，为福州、温州、厦门、汕头、衢州、丽水及梅州；城市第三产业占 GDP 比重超过 50% 的有 3 个，为福州、温州及厦门。如图 15－18 所示。

TOP

| | 城市 | 经济指数 | 城市经济总量指数 | 人均收入基数 |
|---|---|---|---|---|
| 1 | 福州 | 72.46 | 6198 | 37833 |
| 2 | 厦门 | 68.94 | 3784 | 46254 |
| 3 | 温州 | 65.39 | 5045 | 47785 |
| 4 | 三明 | 61.56 | 1861 | 29677 |
| 5 | 泉州 | 61.26 | 6647 | 39656 |
| 6 | 汕头 | 44.58 | 2351 | 27175 |
| 7 | 漳州 | 39.08 | 3125 | 30726 |
| 8 | 丽水 | 36.51 | 1200 | 35968 |
| 9 | 衢州 | 36.45 | 1245 | 36188 |
| 10 | 赣州 | 34.39 | 2194 | 27086 |
| 11 | 龙岩 | 33.79 | 1896 | 30408 |
| 12 | 莆田 | 32.76 | 1823 | 31818 |
| 13 | 南平 | 32.00 | 1458 | 27818 |
| 14 | 上饶 | 31.64 | 1811 | 29153 |
| 15 | 梅州 | 29.61 | 1046 | 23642 |
| 16 | 揭阳 | 29.43 | 2151 | 24100 |
| 17 | 潮州 | 28.58 | 1074 | 22695 |
| 18 | 宁德 | 28.36 | 1623 | 28164 |
| 19 | 抚州 | 26.90 | 1211 | 27195 |
| 20 | 鹰潭 | 25.35 | 695 | 29116 |

备注：经济指数为综合评价指数；
城市经济总量基数为2016年城市GDP（亿元）；
人均收入基数为2016年城镇居民人均可支配收入（元）.

【计算方法】

城市GDP 40%
第三产业占GDP比重 15%
城镇人均可支配收入 12%
人均住户存款余额 8%
一般财政预算收入 10%
上市公司数量 15%

经济发展潜力 100分
=城市基本面×20%

#指标评价采用综合打分法进行打分评价.

*数据来源为各城市国民经济与社会发展统计公报、中国城市发展年鉴及各城市证监会网站.

图 15－16　海峡西岸城市群经济发展潜力指数

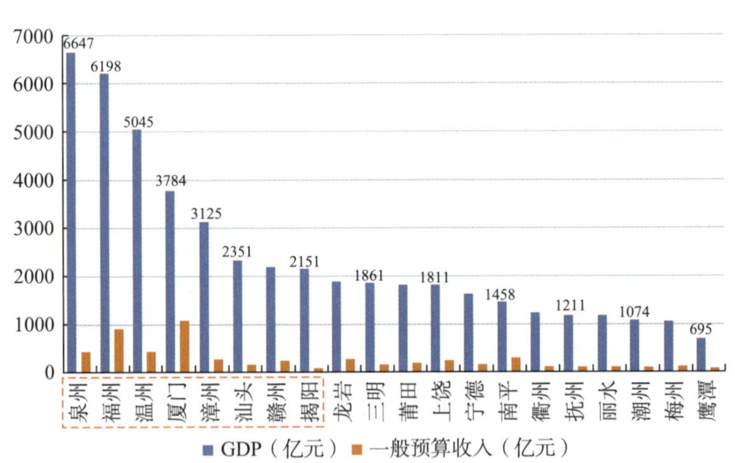


图 15－17　海峡西岸城市群 GDP、一般预算收入及增幅

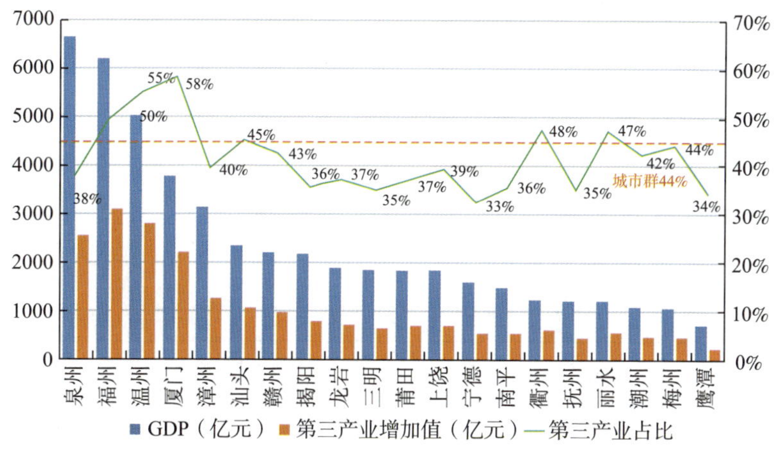


**图 15－18 海峡西岸城市群第三产业增加值占比**

城市群人均城镇居民可支配收入均值为 30519 元，低于全国人均城镇居民可支配收入 33616 元；城市群中有 8 个城市高于城市群均值，分别为温州、厦门、泉州、福州、衢州、丽水、莆田及漳州。城市群城镇在岗职工平均工资的均值为 60776 元，超过均值的城市共有 8 个，分别为衢州、丽水、温州、厦门、福州、三明、漳州及宁德。如图 15－19 所示。

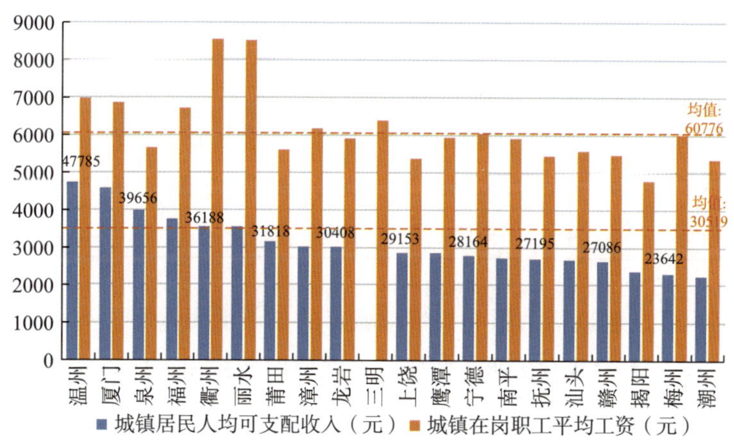


**图 15－19 海峡西岸城市群人均可支配收入及在岗职工平均工资**

海峡西岸城市群整体人均住户存款余额为 4. 34 万元，高于整体水平的城市有 6 个，分别为三明、温州、福州、厦门、丽水及衢州。如图 15－20 所示。

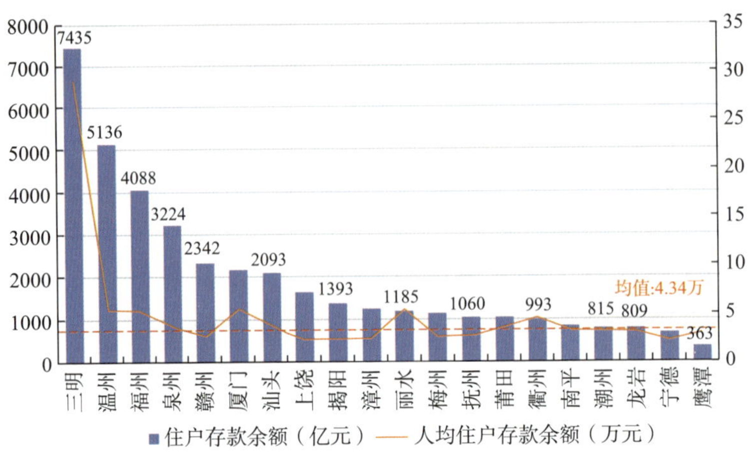


**图 15－20　海峡西岸城市群人均住户存款余额**

上市公司数量的多少是反映一个城市经济活力的重要指针。海峡西岸城市群 A 股上市公司数量相对数量适中，主要集中在核心城市。20 家以上有 3 个城市，汕头、福州及厦门等城市经济活力较强。如表 15－4 所示。

**表 15－4　海峡西岸城市群 A 股上市公司所在城市分布**

| | 个数 | 城市 |
|---|---|---|
| 20≤N<40 | 3 | 汕头、福州、厦门 |
| 10≤N<20 | 2 | 温州、泉州 |
| 5≤N<10 | 4 | 梅州、潮州、南平、衢州 |
| 2≤N<5 | 7 | 漳州、三明、龙岩、丽水、宁德、赣州、揭阳 |
| 0≤N<2 | 4 | 莆田、上饶、鹰潭、抚州 |

知名大学的创新活力影响和带动城市的创新活力水平。海峡西岸城市群“双一流”大学共有 2 所，主要分布在厦门及福州，代表这两个城市创新活力较强。如表 15－5 所示。

**表 15－5　海峡西岸城市群“双一流”大学所在城市分布**

| | 个数 | 高校 |
|---|---|---|
| 一流大学 | 1 | 厦门大学 |
| 一流学科 | 1 | 福州大学 |

2018年以来，各大城市纷纷出台人口新政，吸引高端人才落户，但各城市出台后的效果却各不相同。同样的政策效果大不相同，究其原因：一方面，是城市资源禀赋不同；另一方面，要想有流入，就要有级差。

一是所属城市与吸引辐射地区的吸引力级差。

二是当地的经济承载力和人口相比有较大空间，要确保人口增加后，人口与经济依然能均衡发展，这样人才才能真正落下来，城市才能获得新的发展动能。

我们对海峡西岸各个城市的人口与经济进行了均衡分析：

海峡西岸城市群人口与经济沿均衡线发展，均衡线以下且偏离越大的城市更应该关注产业发展，其中赣州、衢州、上饶、抚州等城市要重点关注新产业进驻，有可能会带来城市发展的巨变；均衡线以上且偏离越大的城市更应该关注人口政策，其中福州、厦门、温州、泉州、三明等城市要重点关注人口政策变化带来的人口集聚，有可能会带来人口短时膨胀。如图15－21所示。

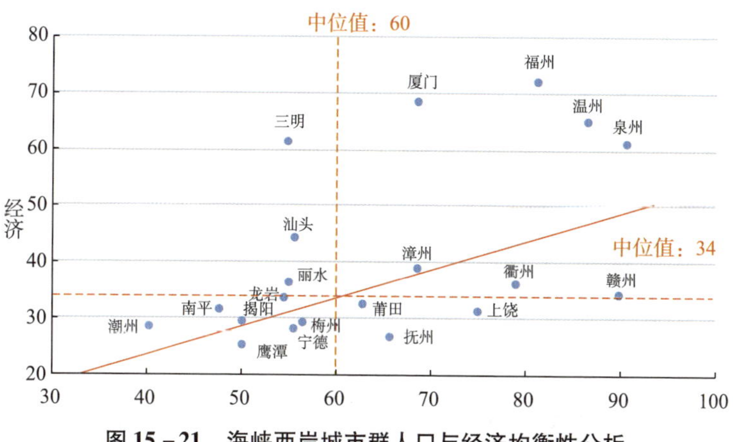


**图15－21　海峡西岸城市群人口与经济均衡性分析**

## 市场容量

市场容量指数重点考察城市市场销售规模水平、去化周期及房企进驻，是城市房地产发展的安全边界。该指数我们从市场容量、供地面积、购买能力、房企进驻热度等层面综合研判房地产市场安全属性。

海峡西岸城市群城市市场容量基数均值为141万平方米。市场容量及安全指数 TOP3 的城市为汕头、厦门及赣州。如图 15－22 所示。

TOP

|  | 城市 | 容量指数 | 容量基数 |
|---|---|---|---|
| 1 | 汕头 | 18.73 | 281.29 |
| 2 | 厦门 | 15.60 | 234.49 |
| 3 | 赣州 | 15.45 | 231.77 |
| 4 | 福州 | 14.93 | 223.65 |
| 5 | 莆田 | 14.87 | 222.68 |
| 6 | 温州 | 13.20 | 198.33 |
| 7 | 泉州 | 13.13 | 196.94 |
| 8 | 漳州 | 12.93 | 194.02 |
| 9 | 梅州 | 12.33 | 185.24 |
| 10 | 龙岩 | 9.00 | 134.71 |
| 11 | 揭阳 | 8.13 | 122.43 |
| 12 | 南平 | 7.93 | 119.02 |
| 13 | 上饶 | 7.82 | 117.24 |
| 14 | 抚州 | 7.04 | 105.56 |
| 15 | 衢州 | 6.67 | 100.45 |
| 16 | 鹰潭 | 6.25 | 93.68 |
| 17 | 宁德 | 6.00 | 90.13 |
| 18 | 潮州 | 5.73 | 85.95 |
| 19 | 丽水 | 4.87 | 72.74 |
| 20 | 三明 | 3.73 | 55.99 |

备注：市场容量为综合评价指数；
城市市场容量基数为2015-2017年城市市本级商品住宅平均销售面积（万平方米），

【计算方法】

三年平均销售建面 100%

市场容量 100分
=城市基本面×25%

【参考指标】

三年平均供地建面

#所有指标采用综合评分方法进行评价。

*数据来源为中指数据、吉屋网、中国城市发展年鉴。

**图 15－22　海峡西岸城市群市场容量指数**

海峡西岸城市群 20 个城市 2015－2017 年商品住宅市场平均年成交面积为 3066 万平方米；商品住宅成交面积在 200 万平方米以上的城市有 5 个，分别为汕头、厦门、赣州、福州及莆田。如图 15－23 所示。

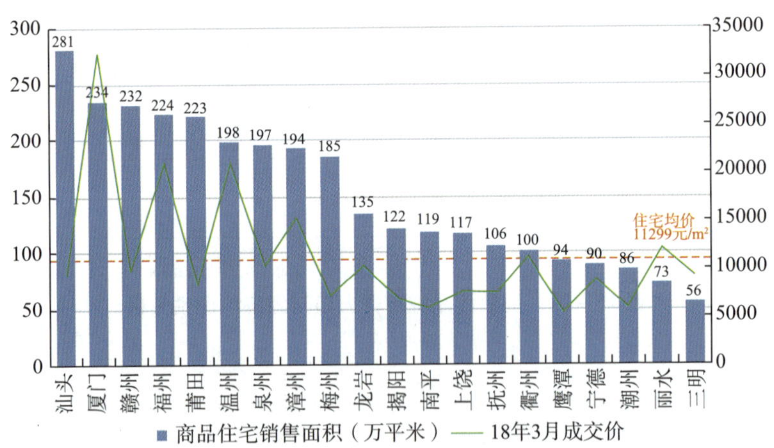


**图 15－23　海峡西岸城市群 2015－2017 年商品住宅销售情况**

海峡西岸城市群 20 个城市 2015－2017 年三年平均土地出让住宅总建设面积为 2588 万平方米，平均成交楼面均价为 5562 元/平方米。如图 15－24 所示。

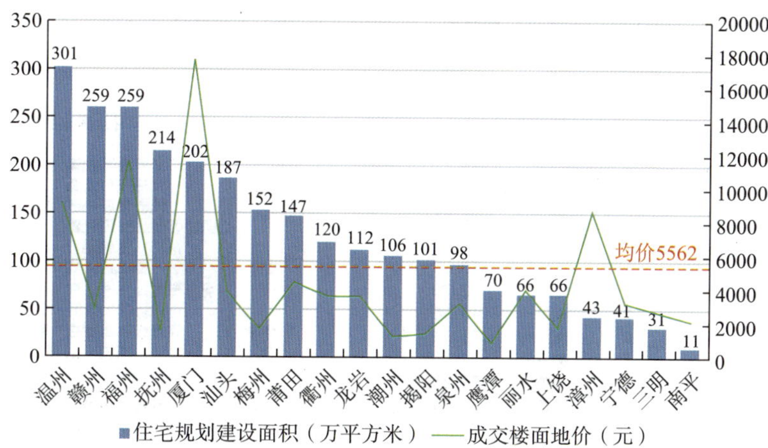


**图 15－24　海峡西岸城市群 2015－2017 年商品住宅土地供应情况**

市场容量从商品住宅销售面积和常住人口两个维度考虑。人口规模较大且距离轴线向下偏离越大，代表市场潜在容量越大。重点关注城市有温州、泉州、上饶、揭阳。如图 15－25 所示。

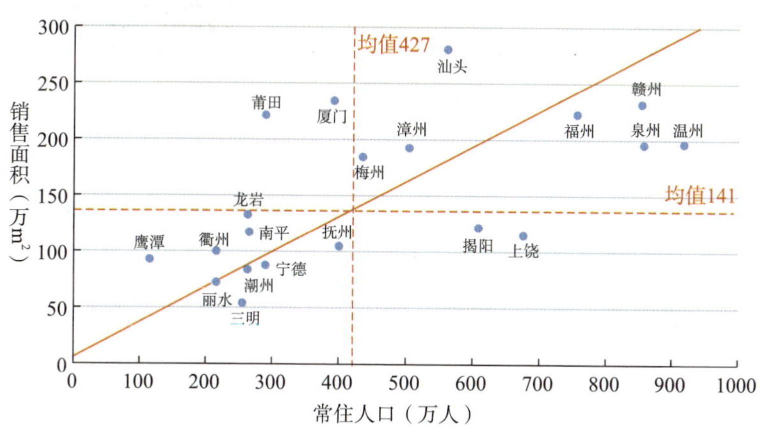


**图 15－25　海峡西岸城市群市场容量分析**

## 城市发展潜力

城市发展是城市的未来趋势，也是房地产发展迈向美好生活的主要路径。我们从城市配套、交通、旅游、规划等层面综合研判城市发展潜力。海峡西岸城市群城市发展指数 TOP3 的城市为福州、厦门及上饶。如图 15－26 所示。

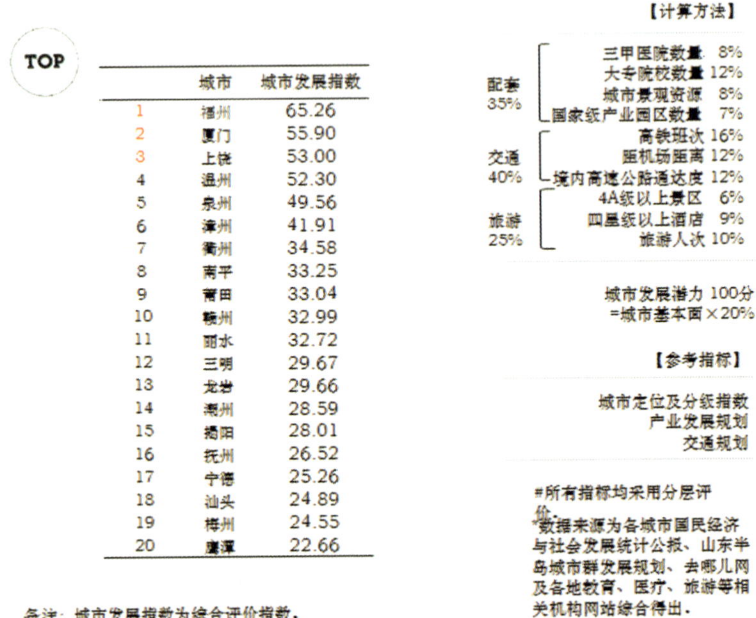


| | 城市 | 城市发展指数 |
|---|---|---|
| 1 | 福州 | 65.26 |
| 2 | 厦门 | 55.90 |
| 3 | 上饶 | 53.00 |
| 4 | 温州 | 52.30 |
| 5 | 泉州 | 49.56 |
| 6 | 漳州 | 41.91 |
| 7 | 衢州 | 34.58 |
| 8 | 南平 | 33.25 |
| 9 | 莆田 | 33.04 |
| 10 | 赣州 | 32.99 |
| 11 | 丽水 | 32.72 |
| 12 | 三明 | 29.67 |
| 13 | 龙岩 | 29.66 |
| 14 | 潮州 | 28.59 |
| 15 | 揭阳 | 28.01 |
| 16 | 抚州 | 26.52 |
| 17 | 宁德 | 25.26 |
| 18 | 汕头 | 24.89 |
| 19 | 梅州 | 24.55 |
| 20 | 鹰潭 | 22.66 |



**图 15－26　海峡西岸城市群城市发展指数**

### (1) 城市配套与环境

城市配套的好坏直接制约着城市整体房地产发展水平，尤其是重要的医疗、教育等配套资源。第一新财经发布的《中国城市再分级》，把城市从商业资源集聚度、城市枢纽性、城市人活跃度、生活方式多样性、未来可塑性进行了重新评价和定位，具有很好的参考价值。但本书仅从影响房地产市场选择最直接的几个指标进行论证。

从最直接影响房地产的医疗教育配套来看，海峡西岸城市群整体配套相对较少。三甲医院共有 74 所，占全国三甲医院总数 1599 所的 4%；海峡西岸城市群共有大专院校 104 所，占全国大专院校总数 2631 所的 4%。如图 15－27 所示。

### (2) 城市交通

城市是整个区域交通的枢纽，其交通的便利度和通达性是我们关注的重点。城市轨道交通是大城市房地产市场的重要助推器，影响大城市的板

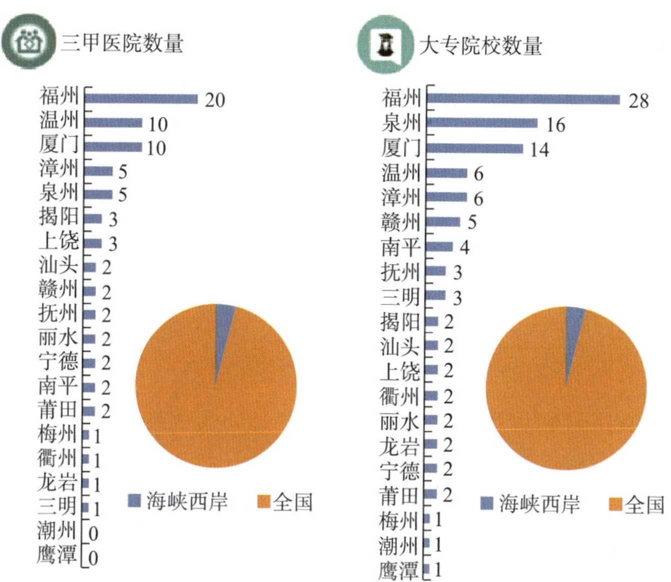


**图 15－27　海峡西岸城市群三甲医院及大专院校数量**

块市场，但本书主要研究城市之间的房地产市场对比，故暂未把城市轨道交通纳入研究范围。

海峡西岸城市群形成了区域内部的便捷交通走廊，根据区域空间节点分布特征及空间轴线分布特征，交通网的基本形态为以区域中心城市“环形”主骨架基础，以福州、厦门、泉州为中心多条放射型线路所组成的“环＋射”的网络特征。

一是构建了沿海地区的快速城际通道，强化了沿海城镇密集走廊的交通供给水平。

二是实现省内城市间的快速到达，实现区域 1～2 小时交通圈目标。

三是加强福州、厦门对区域的辐射，提升区域中心地位。

四是实现福建省内中心城市与相邻地区城市之间的快速到达。

海峡西岸城市群中福州及温州的交通便利度明显优于其他城市。如图 15－28 所示。

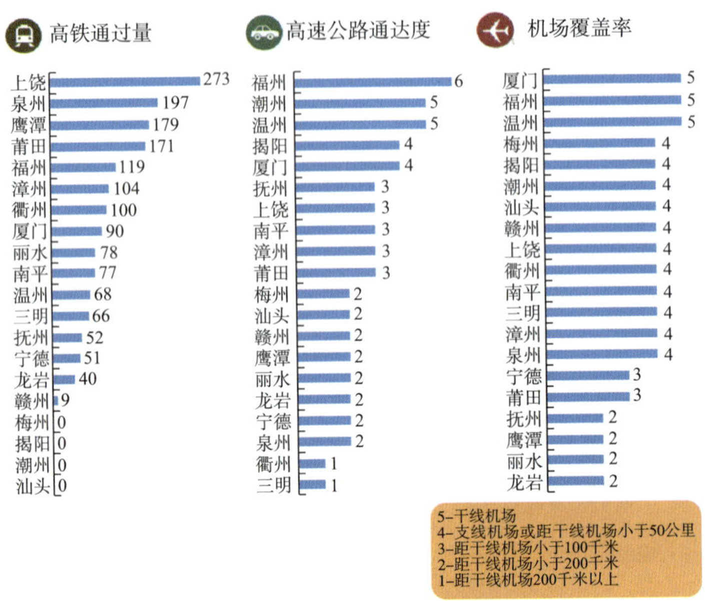


图 15-28　海峡西岸城市群交通便利度

### (3) 旅游商务

旅游反映了城市休闲配套资源情况和因旅游带来的短时流动人口流向。海峡西岸城市群2016年旅游人次达8.88亿人，约占全国旅游人次的比9%。其中，上饶、温州及厦门为重要的旅游城市。如图15-29所示。

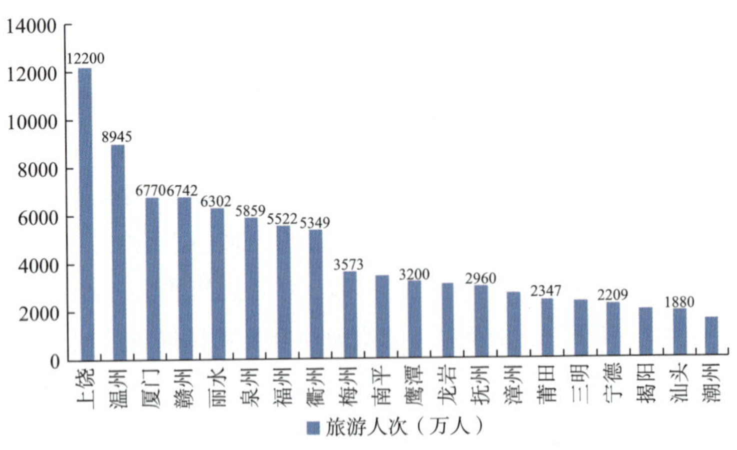


图 15-29　海峡西岸城市群2016年旅游情况

海峡西岸城市群依托《海峡西岸旅游区发展总体规划》，精心制定了

“三轴八区”旅游总体空间布局。

三轴：蓝色海滨景观轴；绿色生态景观轴；红色人文景观轴。

八区：闽南滨海商贸旅游区、闽北山林生态文化旅游区、闽折山海生态度假旅游区、闽中商务休闲旅游区、粤东潮汕文化旅游区、赣东人文生态旅游区、闽粤赣客家与红色文化旅游区、浙西南山水生态旅游区。

依托丰富的旅游资源及政府的积极推介，海峡西岸城市群目前共有4A级以上景区179个，占全国4A级以上景区1335个的13.41%。四星级以上酒店775个，其中四星级以上酒店达到100家以上的城市只有厦门，福州及上饶均超过80个。如图15－30所示。

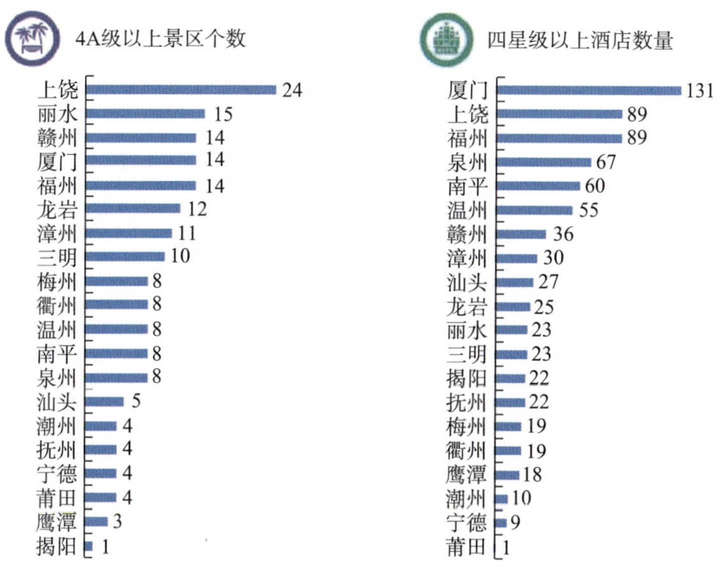


**图15－30　海峡西岸城市群4A级以上景区及酒店数量**

### （4）产业发展

产业是人口集聚的主要因素，产业反映了城市经济支撑资源情况，产业的规划发展状态可以带动人口的流向。海峡西岸城市群产业空间布局协调发展。积极承接台湾地区现代服务业的转移，现代服务业发展迅速；电子信息、石化、装备制造产业重点产业发展空间潜力大；区域产业发展协调，推动区内产业协作，推进跨省域产业协作。如表15－6所示。

表15－6 海峡西岸城市群产业规划

| 区域 | 产业发展方向 |
| --- | --- |
| 武夷新区 | 引导节能低碳的资源深加工、食品加工、轻工纺织、机械装备等产业集聚发展，积极培育电子信息、生物制药、环保装备等新兴产业，加快形成海峡两岸摩托型产业基地。 |
| 三明生态工贸区 | 重点发展冶金机械、装备制造、轻工纺织、林产加工等产业，积极培育新能源、新材料和生物医药产业等战略新兴产业，型号才能海峡西岸先进制造业的重要发展区域。 |
| 龙央岩产业集中区 | 重点发展装备制造业，钢铁和有色金属等产业，培育发展节能环保、新能源、新材料、生物与新医药等战略性新兴产业和现代服务业，打造产业总部经济区和先进制造汪密集区。 |
| 古雷－南太武新区 | 重点发展石油化工、装备制种过和港口物流业，积极培育新能源、新材料和海洋高新产业等战略性新兴产业，打造国家级千亿元古雷石化产业基地。 |
| 环三都澳 | 引导机械、船舶、机电、石化、冶金、物流等临港产业集聚，积极培育新材料、新能源、生物医药和海洋高新产业等战略性新兴产业，打造海峡西岸先进制造基地富有竞争力的新增长极。 |
| 闽江口 | 着力提升电子信息、机械装备、纺织服装、冶金化工等产业，培育壮大战略性新兴产业，加快形成先进制造业体系和现代服务中心。 |
| 平潭综合试验区 | 重点发展光电、新型制造、林产加工业，形成海峡西岸临港重化工业基地和现代物流集聚区。 |
| 湄洲湾 | 加快发展石没化工、装备制种过、林产加工业，形成海峡西岸临港重使用费工业基地和现代物流集聚区。 |
| 泉州湾 | 巩固提升纺织鞋服、食品饮料、建筑材料等传统优势产业，做大做强电子信息和装备制造等成长型产业，积极培育新能源、新材等新兴产业和现代服务业，加快形成两岸产业对接款范区、产业转型提升引领区和民营经济创新示范区。 |

海峡西岸城市群城市基本面综合排名TOP3的城市为福州、泉州及温州。处在城市发展较好区、适中区、较弱区城市比例为0:8:12。如表15－7、15－8所示。

**表 15 －7　海峡西岸城市群城市基本面评判指标及权重**

<table>
<tr><th>一级指标</th><th>一级指标分值</th><th colspan="2">指标维度</th><th>二级指标</th><th>二级指标权重</th></tr>
<tr><td rowspan="6">人口</td><td rowspan="6">35%</td><td colspan="2" rowspan="3">人口基数</td><td>常住人口</td><td>40%</td></tr>
<tr><td>常住户籍人口比</td><td>15%</td></tr>
<tr><td>小学生增幅</td><td>10%</td></tr>
<tr><td colspan="2">家庭结构</td><td>中小学生在校生人数</td><td>10%</td></tr>
<tr><td colspan="2" rowspan="2">变化趋势</td><td>城镇化率增幅</td><td>15%</td></tr>
<tr><td>城镇化率</td><td>10%</td></tr>
<tr><td>容量</td><td>25%</td><td colspan="2">市场容量基数</td><td>三年平均销售面积</td><td>100%</td></tr>
<tr><td rowspan="6">经济</td><td rowspan="6">20%</td><td colspan="2" rowspan="2">总量水平</td><td>GDP</td><td>40%</td></tr>
<tr><td>第三产业占 GDP 比值</td><td>15%</td></tr>
<tr><td colspan="2">财富水平</td><td>城镇人均可支配收入</td><td>12%</td></tr>
<tr><td colspan="2" rowspan="3">发展活力</td><td>人均住户存款余额</td><td>8%</td></tr>
<tr><td>一般财政预算收入</td><td>10%</td></tr>
<tr><td>上市公司数量</td><td>15%</td></tr>
<tr><td rowspan="10">城市发展</td><td rowspan="10">20%</td><td rowspan="4">配套</td><td>医疗</td><td>三甲医院数量</td><td>8%</td></tr>
<tr><td>教育</td><td>大专院校数量</td><td>12%</td></tr>
<tr><td>景观</td><td>城市景观资源</td><td>8%</td></tr>
<tr><td>产业</td><td>国家级产业园区数量</td><td>7%</td></tr>
<tr><td rowspan="3">交通</td><td>铁路</td><td>高铁班次</td><td>16%</td></tr>
<tr><td>飞机</td><td>距机场距离</td><td>12%</td></tr>
<tr><td>公路</td><td>境内高速通达数量</td><td>12%</td></tr>
<tr><td rowspan="3">旅游</td><td>景区资源</td><td>4A 级以上景区</td><td>6%</td></tr>
<tr><td>配套</td><td>星级酒店</td><td>9%</td></tr>
<tr><td>人次</td><td>旅游人次</td><td>10%</td></tr>
</table>

**表 15 －8　海峡西岸城市群城市基本面综合排名**

| | 城市 | 综合得分 |
|---|---|---|
| 1 | 福州 | 59.67 |
| 2 | 泉州 | 57.12 |
| 3 | 温州 | 57.06 |
| 4 | 厦门 | 57.85 |
| 5 | 赣州 | 48.75 |

续表

| | 城市 | 综合得分 |
|---|---|---|
| 6 | 上饶 | 45.11 |
| 7 | 衢州 | 43.48 |
| 8 | 漳州 | 43.40 |
| 9 | 莆田 | 38.85 |
| 10 | 三明 | 38.34 |
| 11 | 汕头 | 38.03 |
| 12 | 抚州 | 35.41 |
| 13 | 丽水 | 34.28 |
| 14 | 龙岩 | 34.00 |
| 15 | 梅州 | 33.67 |
| 16 | 南平 | 31.73 |
| 17 | 宁德 | 31.63 |
| 18 | 揭阳 | 31.03 |
| 19 | 鹰潭 | 28.66 |
| 20 | 潮州 | 26.95 |

## 第三节　房地产市场热度研判

根据新一线城市研究所最新的城市分类，海峡西岸城市群 20 个城市共有二线城市 4 个、三线城市 12 个、四线城市 3 个、五线城市 1 个。如表 15 - 9 所示。

**表 15 -9　海峡西岸城市群城市分类**

| 城市分类 | 城市名称 | 城市数量 |
|---|---|---|
| 二线城市 | 福州、厦门、泉州、温州 | 4 |

续表

| 城市分类 | 城市名称 | 城市数量 |
|---|---|---|
| 三线城市 | 莆田、漳州、三明、南平、宁德、龙岩、丽水、衢州、上饶、赣州、汕头、揭阳 | 12 |
| 四线城市 | 抚州、潮州、梅州 | 3 |
| 五线城市 | 鹰潭 | 1 |

市场热度指数重点考察市场房价、地价现状及涨幅情况，进驻潜力和市场竞争热度，来分析目前的市场热度。海峡西岸城市群地货比指数中位值为43%，整体来看市场机会适中，可适当进入。热度指数TOP3城市为厦门、揭阳及上饶。如图15－31所示。

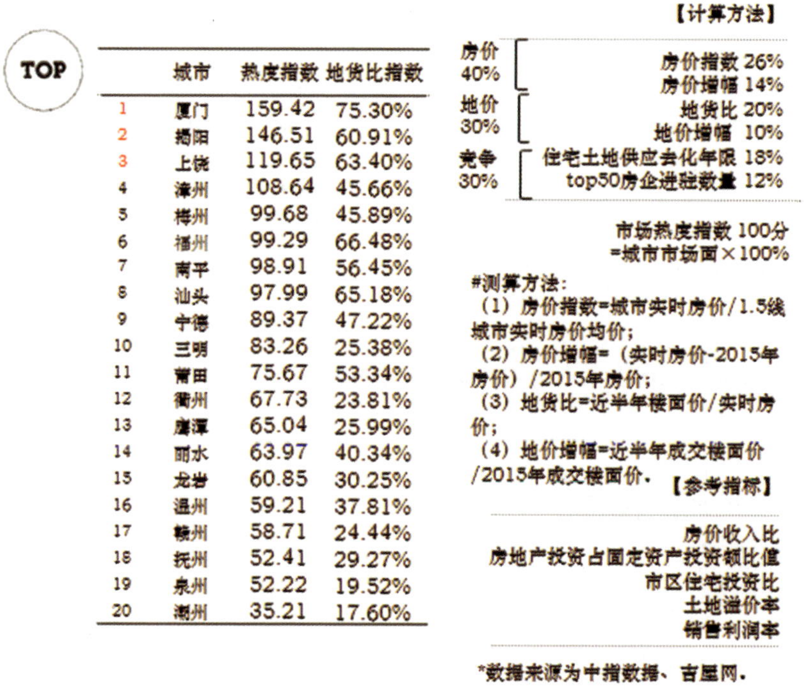

TOP

|  | 城市 | 热度指数 | 地货比指数 |
|---|---|---|---|
| 1 | 厦门 | 159.42 | 75.30% |
| 2 | 揭阳 | 146.51 | 60.91% |
| 3 | 上饶 | 119.65 | 63.40% |
| 4 | 漳州 | 108.64 | 45.66% |
| 5 | 梅州 | 99.68 | 45.89% |
| 6 | 福州 | 99.29 | 66.48% |
| 7 | 南平 | 98.91 | 56.45% |
| 8 | 汕头 | 97.99 | 65.18% |
| 9 | 宁德 | 89.37 | 47.22% |
| 10 | 三明 | 83.26 | 25.38% |
| 11 | 莆田 | 75.67 | 53.34% |
| 12 | 衢州 | 67.73 | 23.81% |
| 13 | 鹰潭 | 65.04 | 25.99% |
| 14 | 丽水 | 63.97 | 40.34% |
| 15 | 龙岩 | 60.85 | 30.25% |
| 16 | 温州 | 59.21 | 37.81% |
| 17 | 赣州 | 58.71 | 24.44% |
| 18 | 抚州 | 52.41 | 29.27% |
| 19 | 泉州 | 52.22 | 19.52% |
| 20 | 潮州 | 35.21 | 17.60% |

【计算方法】

房价40%：房价指数26%；房价增幅14%

地价30%：地货比20%；地价增幅 10%

竞争30%：住宅土地供应去化年限 18%；top50房企进驻数量 12%

市场热度指数100分
=城市市场面×100%

#测算方法：
（1）房价指数=城市实时房价/1.5线城市实时房价均价；
（2）房价增幅=（实时房价-2015年房价）/2015年房价；
（3）地货比=近半年楼面价/实时房价；
（4）地价增幅=近半年成交楼面价/2015年成交楼面价.

【参考指标】

房价收入比
房地产投资占固定资产投资额比值
市区住宅投资比
土地溢价率
销售利润率

*数据来源为中指数据、吉屋网.

图15－31 海峡西岸城市群市场热度指数

海峡西岸城市群整体房价中位值为9396元/平方米，地价中位值为3663元/平方米；海峡西岸城市群地货比中位值为39%。地货比较高的三个城市为厦门、福州、汕头，应及时捕捉市场信息，防控拿地风险；地货比较低的三个城市为潮州、南平及泉州，应作为重点关注城市，寻找机会适时进驻。如图 15－32 所示。

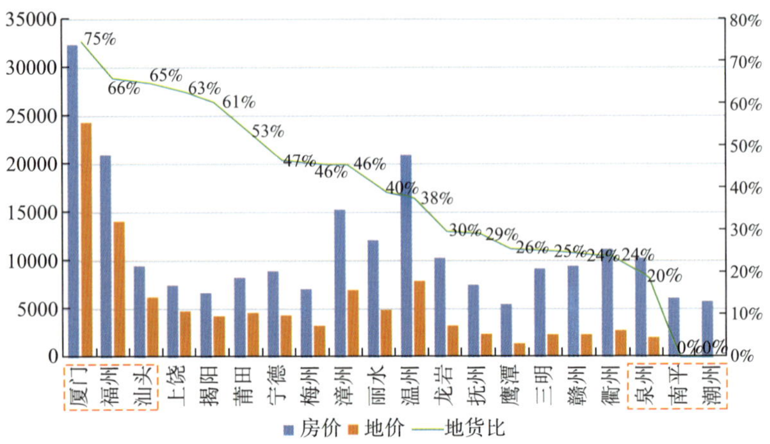


**图 15－32　海峡西岸城市群房地价及地货比**

海峡西岸城市群房价平均涨幅为 30%，地价平均涨幅为 135%。房价涨幅高于城市群整体平均增幅的城市共有 10 个，分别为漳州、厦门、衢州、抚州、赣州、福州、揭阳、梅州、三明及宁德；地价涨幅高于城市群整体平均增幅的城市共有 9 个，分别为揭阳、上饶、梅州、厦门、南平、三明、抚州、汕头及鹰潭。如图 15－33 所示。

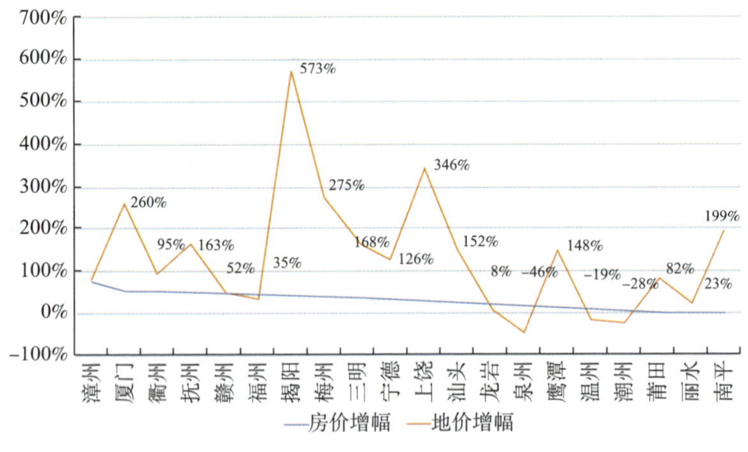


**图 15－33　海峡西岸城市群房价及地价增幅**

市场潜力从常住人口和地货比两个维度考虑，地货比较低且人口规模相对较大，代表市场潜力较大。战略进驻区域城市共 3 个，分别为温州、泉州、赣州；重点关注区域城市共 0 个；机会进驻区域城市共 1 个，为抚州。如图 15－34 所示。

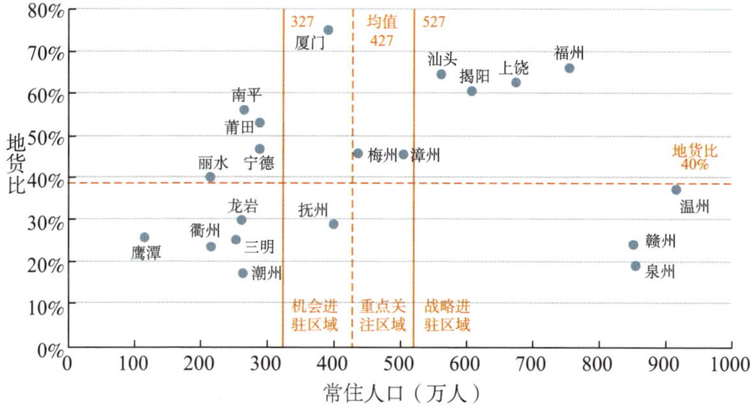


**图 15－34　海峡西岸城市群常住人口和地货比**

市场潜力从成交面积和地货比两个维度考虑，地货比较低且成交面积较大，代表市场潜力较大。战略进驻区域城市共 3 个，分别为赣州、温州及泉州；重点关注区域城市共 0 个；机会进驻区域城市共 4 个，分别为龙岩、抚州、衢州及鹰潭。如图 15－35 所示。

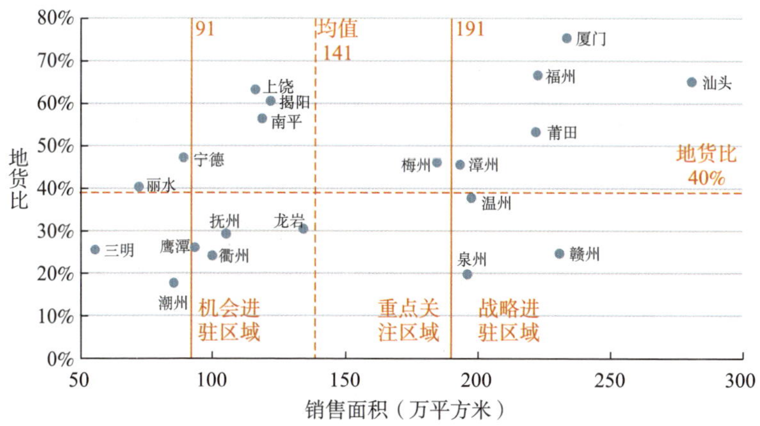


**图 15－35　海峡西岸城市群成交面积和地货比**

海峡西岸城市群住宅供应去化年限为 2.48 年，去化周期小于 3 年的有 15 个。整体来看，漳州、南平、泉州、汕头、莆田等城市市场供不应求；抚州、温州、抚州等城市市场供过于求。如图 15－36 所示。

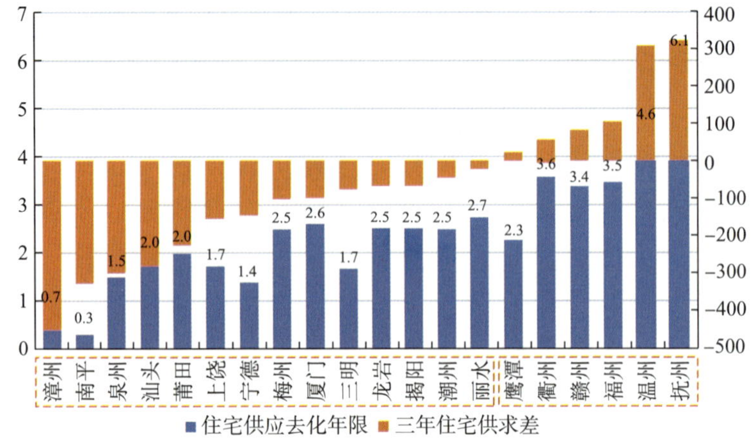


图 15 - 36　海峡西岸城市群去化周期及供应差

房价收入情况，在均值线下，居民收入较大且距离轴线向下偏离越大，代表房价上涨潜力越强。重点关注城市有泉州、鹰潭；一般关注城市莆田、鹰潭、上饶、南平等城市。如图 15 - 37 所示。

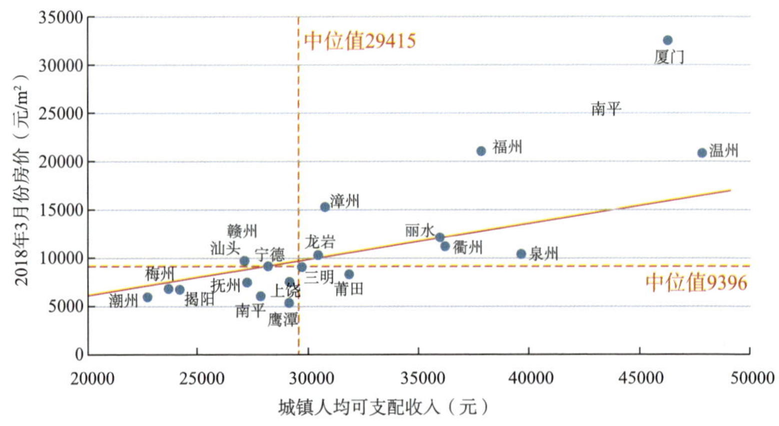


图 15 - 37　海峡西岸城市群房价收入情况

2016 年海峡西岸城市群房地产投资额为 6962 亿元，占全国房地产投资额 135284 亿元的 5. 15%；房地产投资额在均值 262 亿元以上的城市有 8 个，分别是福州、温州、厦门、泉州、漳州、莆田、汕头及赣州。房地产投资占固定资产投资比重超过 25% 的有 3 个，分别为厦门、福州及梅州，此区域房地产投资相对过热，建议谨慎拿地；介于 15% ~25% 的有 6 个，分别为温州、丽水、汕头、泉州、莆田及漳州，此区域为房地产合理投资区，建议重点关注；在 15% 以下的城市有 12 个，此区域房地产投资相对较少，存在潜在投资机会。如图 15－38 所示。

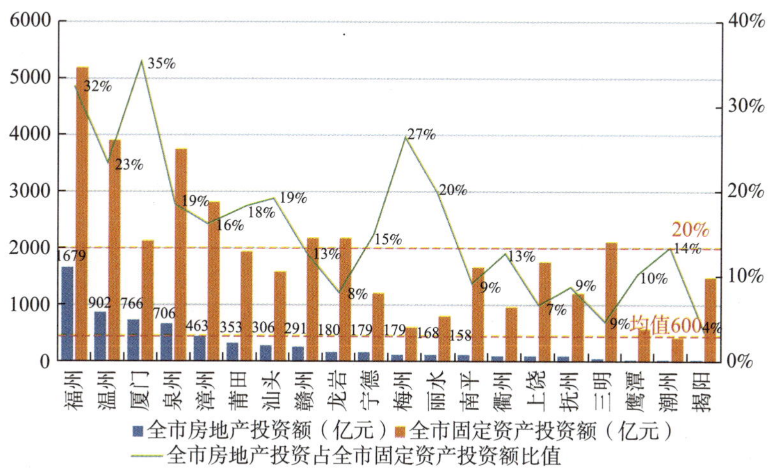


**图 15－38　海峡西岸城市群 2016 年房地产投资占固定资产投资比重**

2016 年海峡西岸城市群住宅投资额为 4687 亿元，住宅投资额在均值 176 亿元以上的城市有 8 个，分别为福州、温州、泉州、厦门、漳州、莆田、汕头及漳州。整个城市群住宅投资额占房地产投资额比重为 67%，市区住宅投资占全市住宅投资的 58%。市区住宅投资占比低于 50% 的城市有温州、泉州、漳州、丽水、宁德、福州、三明及上饶，以上城市所辖县级城市房地产投资较为活跃，应重点关注。如图 15－39 所示。

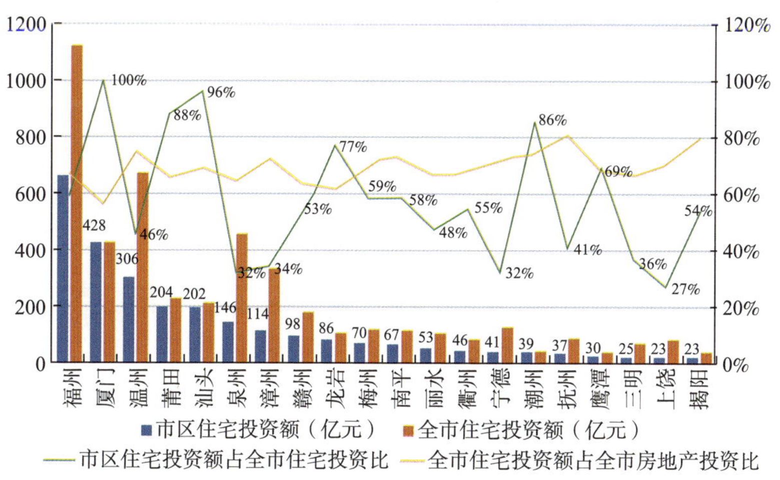


**图 15－39　海峡西岸城市群 2016 年住宅投资及比重**

福州、厦门及温州等城市 TOP50 房企进驻较多，市场竞争十分激烈；7 个城市已经有 5 家以上 TOP50 房企进驻。如图 15－40 所示。

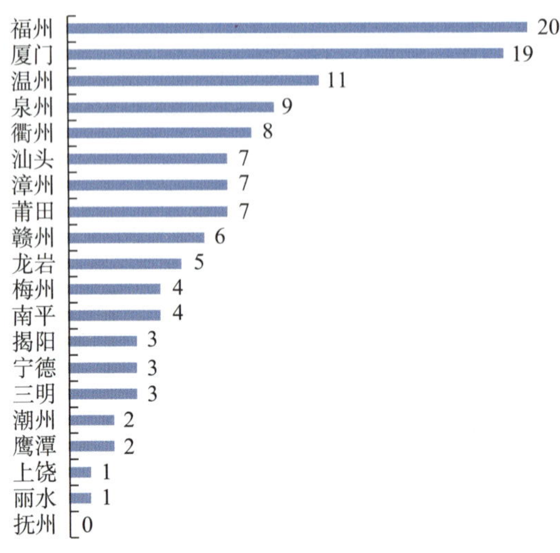


**图 15－40　海峡西岸城市群 TOP50 房企进驻数量**

土地市场热度从成交楼面地价和溢价率两个维度考虑，成交楼面地价和溢价率均较低代表土地市场潜在热度较大。重点关注城市有宁德、赣州、抚州、鹰潭、泉州及三明。如图 15－41 所示。（溢价率在 5% 以下市场公开程度较低，需谨慎关注。）

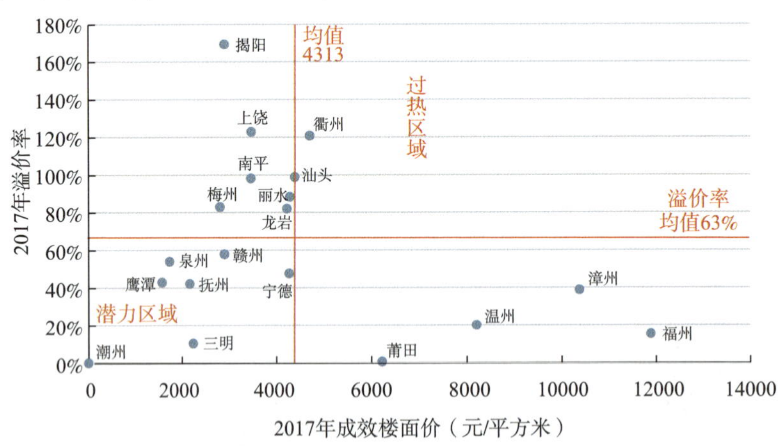


**图 15－41　海峡西岸城市群土地市场热度分析**

从销售利润率看，大于 25% 的城市有 10 个，为衢州、温州、赣州、泉州、潮州、南平、三明、龙岩、漳州及丽水。销售利润率 =（房价－地价－土地外成本－增值税）/房价，土地外成本按 3600 元估算。增值税＝（房价－地价）×10%/（1＋10%）－3600×8%。需要注意的是：销售价格为 2018 年 4 月份价格，楼面价为近 6 个月成交楼面价，北京、天津土地外成本按 5500 元/平方米测算。如图 15－42 所示。

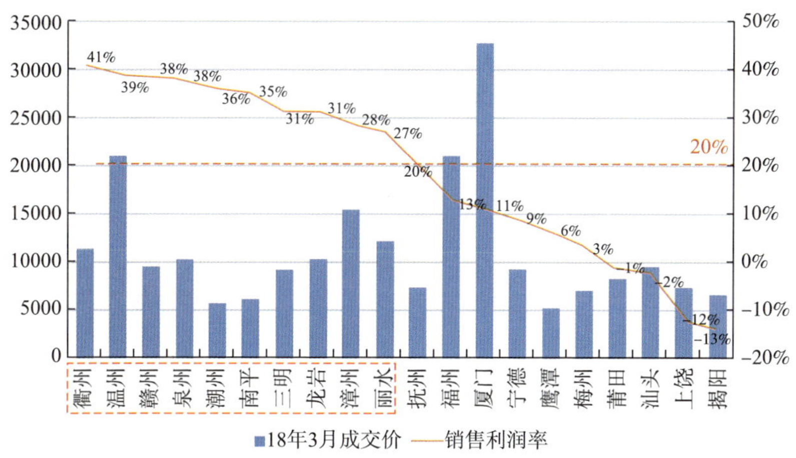


**图 15－42　海峡西岸城市群销售利润分析**

海峡西岸城市群城市市场热度综合排名 TOP3 的城市为：厦门、揭阳及上饶。如表 15－10、15－11 所示。

**表 15－10　海峡西岸城市群市场热度评判指标及权重**

| 评价维度 | 指标维度 | 一级权重 | 指标 | 权重 |
|---|---|---|---|---|
| 市场热度 | 房价热度 | 40% | 房价指数（实时房价/1.5 线城市实时房价均价） | 26% |
| | | | 房价增幅｛（实时房价－2015 年房价）/2015 年房价｝ | 14% |
| | 地价热度 | 30% | 地货比（近半年成交楼面价/实时房价） | 20% |
| | | | 地价增幅（最近半年成交楼面价/2015 年成交楼面价） | 10% |
| | 竞争热度 | 30% | 住宅土地供应去化年限 | 18% |
| | | | TOP50 房企进驻数量 | 12% |

表 15 – 11　海峡西岸城市群市场热度综合排名

| | 城市 | 综合得分 |
|---|---|---|
| 1 | 厦门 | 159.4 |
| 2 | 揭阳 | 146.5 |
| 3 | 上饶 | 119.6 |
| 4 | 漳州 | 108.6 |
| 5 | 梅州 | 99.7 |
| 6 | 福州 | 99.3 |
| 7 | 南平 | 98.9 |
| 8 | 汕头 | 98.0 |
| 9 | 宁德 | 89.4 |
| 10 | 三明 | 83.3 |
| 11 | 莆田 | 75.7 |
| 12 | 衢州 | 67.7 |
| 13 | 鹰潭 | 65.0 |
| 14 | 丽水 | 64.0 |
| 15 | 龙岩 | 60.9 |
| 16 | 温州 | 59.2 |
| 17 | 赣州 | 58.7 |
| 18 | 抚州 | 52.4 |
| 19 | 泉州 | 52.2 |
| 20 | 潮州 | 35.2 |

海峡西岸城市群城市房地产投资安全性综合排名 TOP3 的城市为温州、泉州及赣州。偏离度大于 1 的城市投资风险较高，应谨慎投资，主要城市有揭阳、南平、厦门、梅州、宁德、上饶、汕头、漳州、鹰潭及三明。如表 15 – 12 所示。

表 15－12　海峡西岸城市群房地产投资安全性综合排名

| | 城市 | 偏高度 |
|---|---|---|
| 1 | 温州 | 0. 04 |
| 2 | 泉州 | 0. 09 |
| 3 | 赣州 | 0. 20 |
| 4 | 潮州 | 0. 31 |
| 5 | 抚州 | 0. 48 |
| 6 | 衢州 | 0. 56 |
| 7 | 福州 | 0. 66 |
| 8 | 龙岩 | 0. 79 |
| 9 | 丽水 | 0. 87 |
| 10 | 莆田 | 0. 95 |
| 11 | 三明 | 1. 17 |
| 12 | 鹰潭 | 1. 27 |
| 13 | 漳州 | 1. 50 |
| 14 | 汕头 | 1. 58 |
| 15 | 上饶 | 1. 65 |
| 16 | 宁德 | 1. 83 |
| 17 | 梅州 | 1. 96 |
| 18 | 厦门 | 2. 02 |
| 19 | 南平 | 2. 12 |
| 20 | 揭阳 | 3. 72 |

# 第十六章

# 辽中子爵　东北贵胄

**“一朝发祥地，两代帝王都”，共和国的长子，东北振兴领军。**

**长期以来的资源和工业优势，养成雍容的贵族气质，人口外流、出生率低、创新不足成为发展瓶颈。经济复兴需要谋篇布局，还需要一步一个脚印的坚定勇气。**

# 第一节　辽中南投资策略综合分析

## 概况与特征

辽中南城市群主要包括以沈阳为中心的辽宁中部城市群，和以大连为中心的辽宁南部城市群，呈双核心城市群发展模式。辽中南城市群城市主要包含辽宁省的9个城市，集中在沈大铁路和高速公路沿线，具有很强的互补性。

辽中南城市群以沈阳和大连为中心，其他城市沿沈大铁路分布。

**辽中南城市群主要特征：**

**（1）辽中南城市群是国内发展较早的城市群区域，城市化率水平较高，但近些年发展缓慢，与其他城市群差距逐步拉大**

**（2）辽中南城市群工业基础较好，沈阳及周边区域是全国重要的综合性工业基地，大连是东北地区最大的贸易口岸城市**

**（3）辽中南城市群发展存在破除行政壁垒问题，产业结构调整上还需要进一步改革创新**

**（4）辽中南城市群的经济发展应沿京沈铁路加快与京津冀城市群的融合协调发展**

## 城市群综合分析

辽中南城市群土地面积为9.7万平方千米，占全国963.41万平方千米的1.0%，地区生产总值1.9万亿元，占全国63.65万亿元的3.0%，人口0.3亿人，占全国总人口13.68亿的2.2%。辽中南城市群单位面积产值0.2亿元，处于各个城市群较低的位置，人均产值6.3万元，仅低于山东半岛城市群。如图16－1所示。

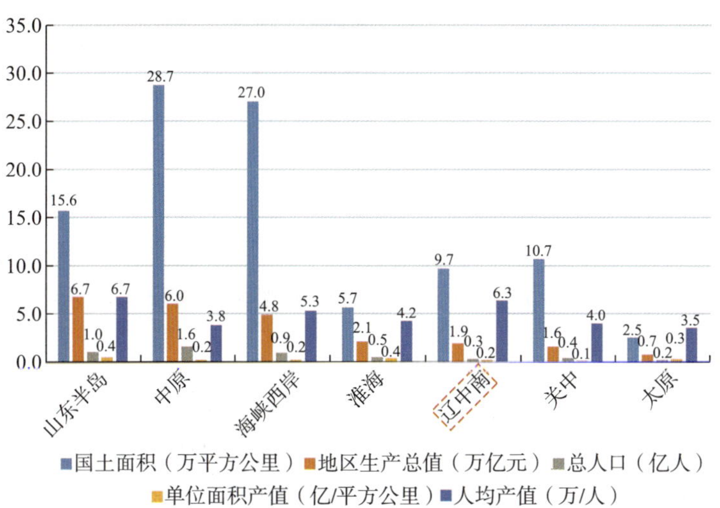


**图16－1　主要城市群对比**

辽中南城市群属于城市群发展的第一阶段，以强核吸附为主要特征，核心城市沈阳、大连吸附力较强。如图16－2。

辽中南城市等级体系呈现杯托型，处在城市发展较好区、适中区、较弱区城市比例为1:1:7。如图16－3所示。

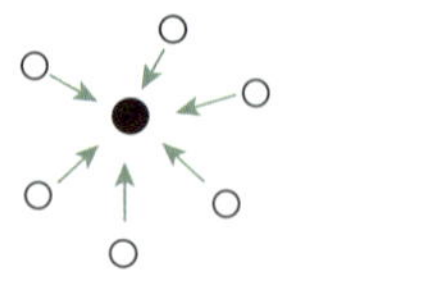

图 16－2　强核阶段模型

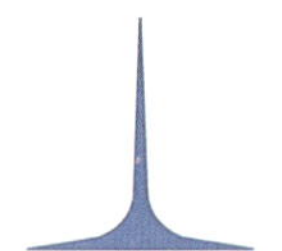

图 16－3　杯托型

从城市群投资潜力雷达图可以看出，辽中南城市群城镇化率、产业发展水平、市场热度较高，其他几个维度规模均较低。如图 16－4 所示。

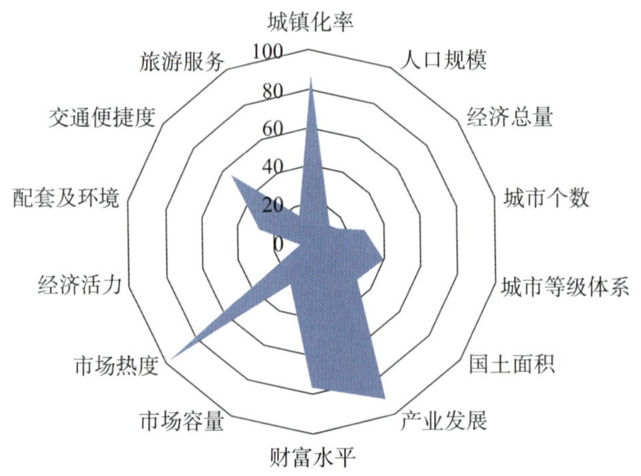


图 16－4　辽中南城市群投资潜力雷达图

辽中南城市群和京津冀城市群联系最为密切，其次与山东半岛城市群联系较为密切。

从辽中南内部城市经济联系强度表可以看出，沈阳与本溪（0.075）联系最为密切，其次沈阳与抚顺（0.027）、鞍山与辽阳（0.026）、沈阳与辽阳（0.025）、沈阳与鞍山（0.021）等城市联系较为密切。如表 16－1 所示。

## 城市房地产投资策略

我们从城市发展潜力、房地产市场热度、投资安全性三个单一维度给出城市群各城市排名情况如图 16－5 所示。

**表 16-1　辽中南内部城市经济联系强度表**

| | 沈阳 | 大连 | 鞍山 | 抚顺 | 本溪 | 丹东 | 辽阳 | 营口 | 盘锦 |
|---|---|---|---|---|---|---|---|---|---|
| 沈阳 | | 0. 003214 | 0. 021225 | 0. 026924 | 0. 074593 | 0. 001555 | 0. 024943 | 0. 004896 | 0. 002195 |
| 大连 | | | 0. 00177 | 0. 000445 | 0. 000548 | 0. 001008 | 0. 00071 | 0. 002301 | 0. 001568 |
| 鞍山 | | | | 0. 001306 | 0. 003418 | 0. 000489 | 0. 025635 | 0. 008154 | 0. 002439 |
| 抚顺 | | | | | 0. 003589 | 0. 000177 | 0. 001185 | 0. 000422 | 0. 00023 |
| 本溪 | | | | | | 0. 000349 | 0. 003777 | 0. 000795 | 0. 000378 |
| 丹东 | | | | | | | 0. 000289 | 0. 000397 | 0. 000212 |
| 辽阳 | | | | | | | | 0. 001841 | 0. 000757 |
| 营口 | | | | | | | | | 0. 014964 |
| 盘锦 | | | | | | | | | |

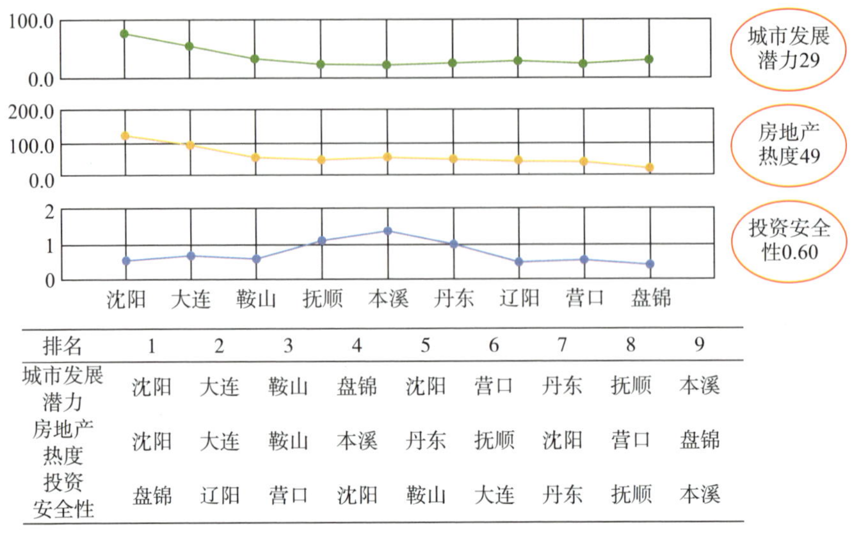


| 排名 | 1 | 2 | 3 | 4 | 5 | 6 | 7 | 8 | 9 |
|---|---|---|---|---|---|---|---|---|---|
| 城市发展潜力 | 沈阳 | 大连 | 鞍山 | 盘锦 | 沈阳 | 营口 | 丹东 | 抚顺 | 本溪 |
| 房地产热度 | 沈阳 | 大连 | 鞍山 | 本溪 | 丹东 | 抚顺 | 沈阳 | 营口 | 盘锦 |
| 投资安全性 | 盘锦 | 辽阳 | 营口 | 沈阳 | 鞍山 | 大连 | 丹东 | 抚顺 | 本溪 |

**图 16－5　辽中南城市群各城市排名情况**

核心城市沈阳处于捡漏区，大连处于快销区，沈阳市场偏热，目前重点应是提高品质、提升美誉度，方可抓住这一波市场红利，在波峰出货；一般城市均处在挑货区，城市发展较为缓慢，应谨慎进驻；辽中南城市群目前地货比整体都相对较低。如图 16－6 所示。

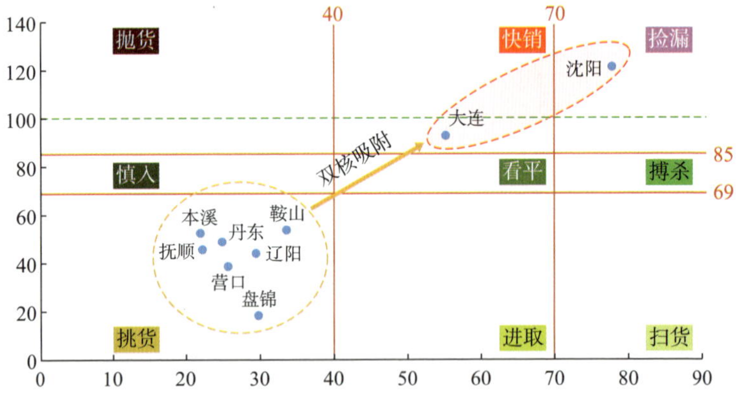


**图 16－6　辽中南城市群核心城市与一般城市区域分布**

根据九宫格阶梯筛选法则，处在阶梯阴影区为重点拓展城市。黄线框内的重点投资城市，主要包括大连；挑货区的重点拓展城市有鞍山、辽阳、营口、丹东、本溪、抚顺、盘锦等 7 个城市。如图 16－7 所示。

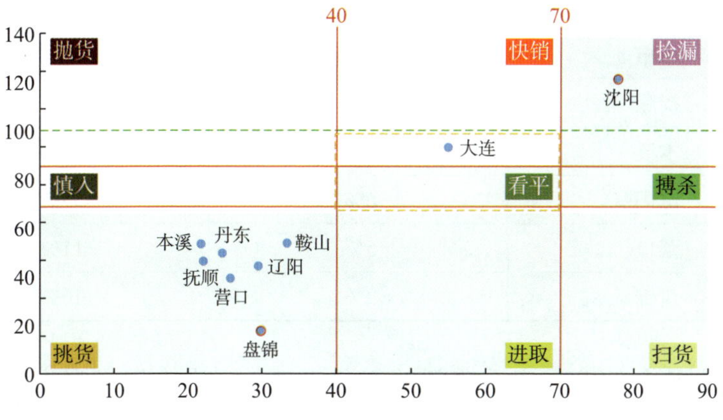


**图 16 –7 辽中南城市群九宫格阶梯筛选**

根据九宫格模型得出辽中南城市群作战地图，主攻城市大连。如图 16 –8 所示。

**图 16 –8 辽中南城市群作战地图**

以行业领先房企投资评审标准作为筛选器，抚顺、本溪、沈阳、营口、盘锦城市平均销售利润率低于 15%，应关注市场风险，重点把控好获取土地位置及价格。如表 16 –2 所示。

**表 16 –2 辽中南城市群城市筛选**

| 城市 | 销售利润率 | 地货比 |
|---|---|---|
| 大连 | 35% | 35% |
| 丹东 | 22% | 12% |
| 鞍山 | 19% | 14% |
| 辽阳 | 16% | 12% |

续表

| 城市 | 销售利润率 | 地货比 |
|---|---|---|
| 抚顺 | 10% | 18% |
| 本溪 | 8% | 11% |
| 沈阳 | 6% | 55% |
| 营口 | 5% | 11% |
| 盘锦 | 2% | 16% |

充分考虑 TOP50 房企之间的竞争平衡，辽中南城市群中的已进驻 TOP50 房企均未超过 30 个。如表 16－3 所示。

**表 16－3　辽中南城市群竞争平衡**

| 城市 | TOP50 房企进驻数量 |
|---|---|
| 沈阳 | 29 |
| 大连 | 18 |
| 鞍山 | 6 |
| 抚顺 | 4 |
| 本溪 | 3 |
| 丹东 | 4 |
| 辽阳 | 2 |
| 营口 | 4 |
| 盘锦 | 3 |

## 第二节　城市基本面研判

### 人口发展潜力

人口是城市发展的基础，也是房地产发展的重要支撑。我们从人口发

展基数和人口发展结构等层面研判城市人口发展潜力。

辽中南城市群 9 个城市人口基数均值为 291 万人。人口指数 TOP3 城市为沈阳、大连、盘锦。如图 16－9 所示。

TOP

| 排名 | 城市 | 人口指数 | 人口基数 |
| --- | --- | --- | --- |
| 1 | 沈阳 | 70 | 829 |
| 2 | 大连 | 66 | 699 |
| 3 | 盘锦 | 50 | 144 |
| 4 | 辽阳 | 48 | 179 |
| 5 | 鞍山 | 41 | 361 |
| 6 | 营口 | 29 | 244 |
| 7 | 本溪 | 27 | 171 |
| 8 | 抚顺 | 26 | 207 |
| 9 | 丹东 | 24 | 241 |

备注：人口指数为综合评价指数；
人口基数为2016年常住人口（万人）。

**【计算方法】**

| | |
| --- | --- |
| 常住人口 | 40% |
| 常住户籍人口比 | 15% |
| 小学生增幅 | 10% |
| 中小学生在校生人数 | 10% |
| 城镇化率增幅 | 15% |
| 城镇化率 | 10% |

人口发展潜力 100分
=城市基本面×35%

#指标评价采用综合打分法进行打分评价。

**【参考指标】**

非公就业人口及占比

*数据来源为各城市国民经济与社会发展统计公报及中国城市发展年鉴。

图 16－9　辽中南城市群人口发展潜力指数

从人口总量看，辽中南城市群常住户籍比为 1.09，属于人口流入城市群，常住户籍人口比≥1 以上的城市有 8 个。从人口分布看，户籍及常住人口均超过 500 万人的城市有 2 个，分别为沈阳、大连。如图 16－10 所示。

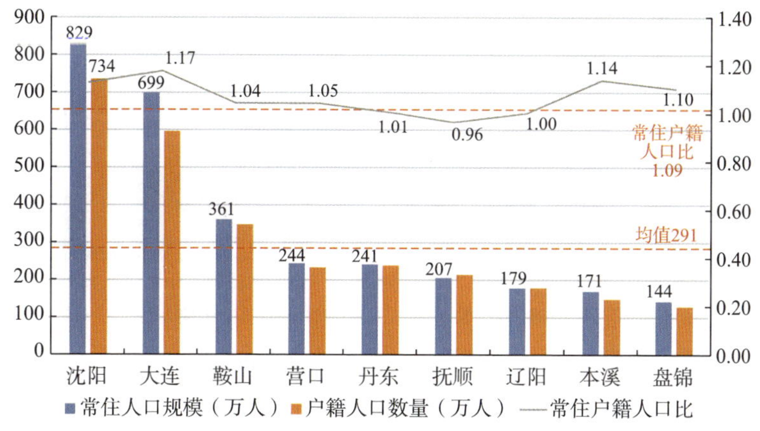


图 16－10　辽中南城市群人口规模

从小学生2016年在校生人数看，辽中南城市群2016年小学生在校人数为132万人，占全国小学生在校人数9913万人的1.33%，远低于城市群占全国总人口比重11%的水平；辽中南城市群13个城市小学生在校生人数总涨幅为－3.2%；重点关注城市大连、沈阳。如图16－11所示。

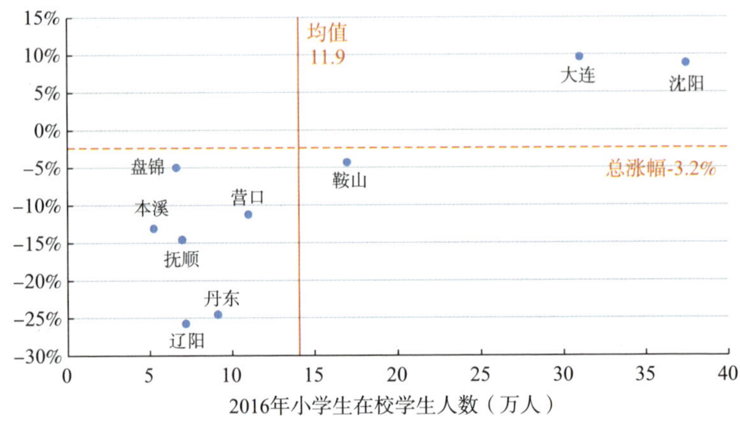


**图16－11　辽中南城市群小学生2016年在校生人数及增幅**

中小学在校生人数从某个维度上代表这个城市刚需和刚改家庭的规模。辽中南城市群城市中小学在校生人数均值26万人，超过50万人的城市有沈阳、大连，这些城市的改善型购房需求较强。如图16－12所示。

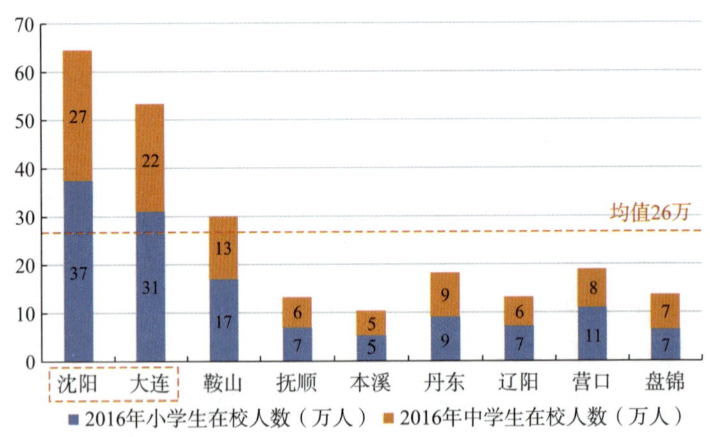


**图16－12　辽中南城市群2016年中小学在校生人数**

辽中南城市群9个城市城镇化率在75%以上的城市共4个，分别为沈阳、大连、本溪、抚顺；9个城市2016年城镇化率增幅为－0.02%～1.87%，平均城镇化率增幅为0.45%。本溪跟抚顺城镇化率呈现负增幅，辽阳与盘锦城镇化率相对来说较高。如图 16－13 所示。

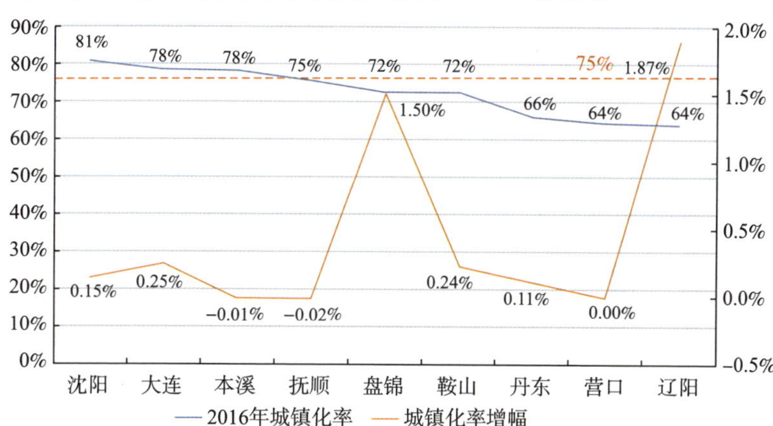


**图 16－13 辽中南城市群 2016 年城镇化率及增幅**

## 经济发展潜力

经济是城市发展的主要驱动力，也是房地产发展的重要支撑。我们从城市经济总量基数、人均收入基数、经济发展结构与活力、城市财力水平等层面综合研判城市经济发展潜力。

辽中南城市群城市经济总量基数均值为 1549 亿元，人均收入基数均值为 31672 元。经济指数 TOP3 的城市为大连、沈阳、鞍山。如图 16－14 所示。

TOP

| 排名 | 城市 | 经济指数 | 城市经济总量基数 | 人均收入基数 |
|---|---|---|---|---|
| 1 | 大连 | 74 | 6810 | 38050 |
| 2 | 沈阳 | 68 | 5460 | 39135 |
| 3 | 鞍山 | 40 | 1441 | 31443 |
| 4 | 盘锦 | 35 | 1007 | 34322 |
| 5 | 营口 | 34 | 1189 | 32318 |
| 6 | 丹东 | 33 | 748 | 26111 |
| 7 | 抚顺 | 31 | 760 | 28467 |
| 8 | 辽阳 | 31 | 654 | 28133 |
| 9 | 本溪 | 31 | 755 | 29137 |

备注：经济指数为综合评价指数；
城市经济总量基数为2016年城市GDP（亿元）；
人均收入基数为2016年城镇居民人均可支配收入（元）。

【计算方法】

城市GDP 40%
第三产业占GDP比重 15%
城镇人均可支配收入 12%
人均住户存款余额 8%
一般财政预算收入 10%
上市公司数量 15%

经济发展潜力 100分
=城市基本面×20%

#指标评价采用综合打分法进行打分评价。

*数据来源为各城市国民经济与社会发展统计公报、中国城市发展年鉴及各城市证监会网站。

**图 16－14 辽中南城市群经济发展潜力指数**

辽中南城市群 9 个城市中 GDP 超过均值 2092 亿元的共有 2 个，且均超过 5000 亿元，分别为沈阳、大连。辽中南城市群一般预算收入的均值为 205 亿元，高于均值的城市共有 2 个，分别沈阳、大连。如图 16 – 15 所示。

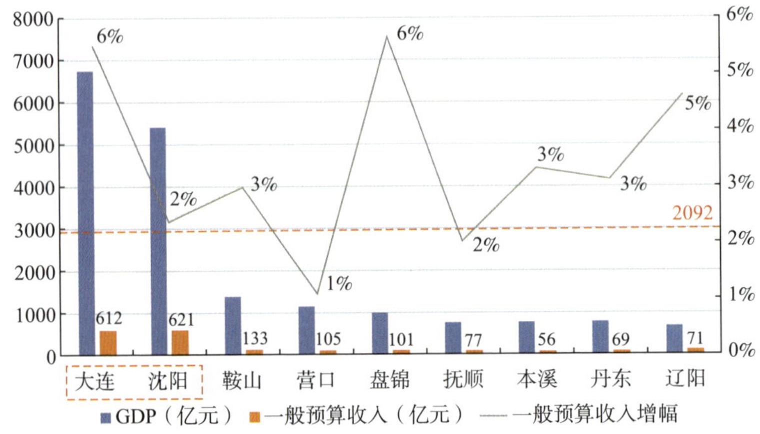


**图 16 – 15　辽中南城市群 GDP、一般预算收入及增幅**

辽中南城市群整体第三产业增加值占 GDP 比重为 52%，高于全国 51.6% 的平均水平。从产业发展潜力看，9 个城市中，城市第三产业占 GDP 比重 > 城市群整体占比 52% 的有 3 个，为沈阳、鞍山、丹东；城市第三产业占 GDP 比重超过 50% 的有 4 个，为大连、沈阳、鞍山、丹东。如图 16 – 16 所示。

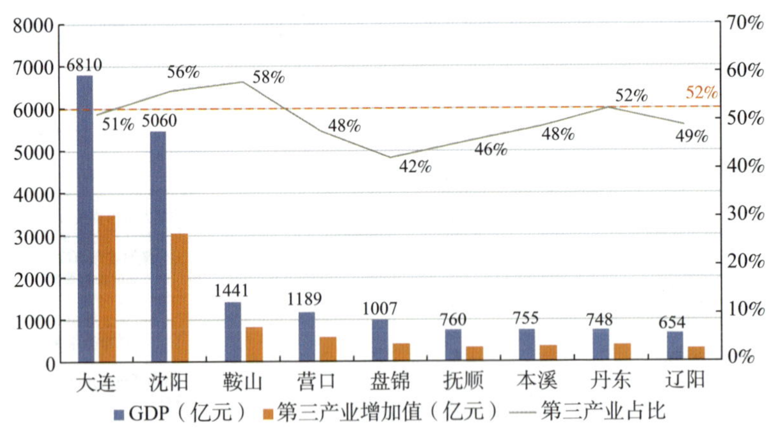


**图 16 – 16　辽中南城市群第三产业增加值占比**

辽中南城市群人均城镇居民可支配收入均值为 31672 元，低于全国人均城镇居民可支配收入 33616 元；城市群中有 4 个城市高于城市群均值，分别为沈阳、大连、盘锦、营口。城市群城镇在岗职工平均工资的均值为50302元，超过均值的城市共有4个，分别为沈阳、大连、抚顺、辽阳。如图16－17所示。

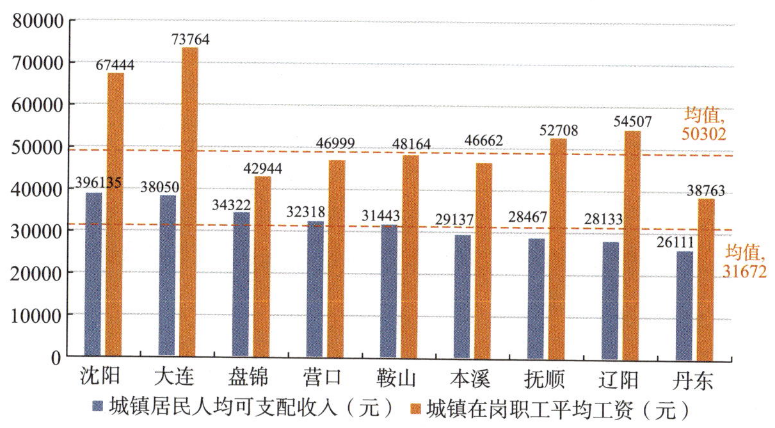


**图16－17　辽中南城市群人均城镇居民可支配收入及在岗职工平均工资**

人均存款余额反映当地居民的财富水平，辽中南城市群整体人均住户存款余额为5.89万元，高于整体水平的城市有4个，分别为沈阳、大连、鞍山、盘锦。如图16－18所示。

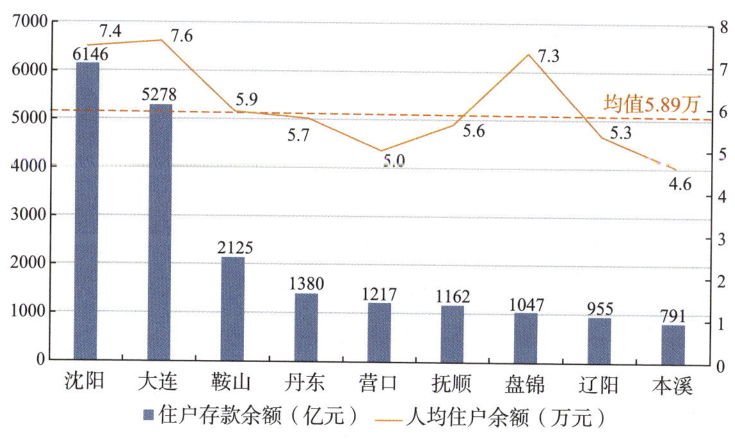


**图16－18　辽中南城市群人均住户存款余额**

上市公司数量的多少是反映一个城市经济活力的重要指针。辽中南城市群A股上市公司数量相对较少，20家以上有1个城市，大连城市经济活力较强。如表16－4所示。

 **表 16－4　辽中南城市群 A 股上市公司所在城市分布**

| | 个数 | 城市 |
|---|---|---|
| N≥20 | 1 | 大连 |
| 10≤N<20 | 1 | 沈阳 |
| 0≤N<5 | 7 | 鞍山、抚顺、本溪、丹东、辽阳、营口、盘锦 |

知名大学的创新活力影响和带动城市的创新活力水平。辽中南城市群“双一流”大学共有 4 所，主要分布在大连和沈阳，代表这两个城市创新活力较强。如表 16－5 所示。

**表 16－5　辽中南城市群“双一流”大学所在城市分布**

| | 个数 | 高校 |
|---|---|---|
| 一流大学 | 2 | 东北大学、大连理工大学、 |
| 一流学科 | 2 | 大连海事大学、辽宁大学 |

辽中南城市群人口与经济沿均衡线发展，均衡线以下且偏离越大的城市更应该关注产业发展，其中辽阳、盘锦城市要重点关注新产业进驻，有可能会带来城市发展的巨变；均衡线以上且偏离越大的城市更应该关注人口政策，其中大连、沈阳等城市要重点关注人口政策变化带来的人口集聚，有可能会带来人口短时膨胀。如图 16－19 所示。

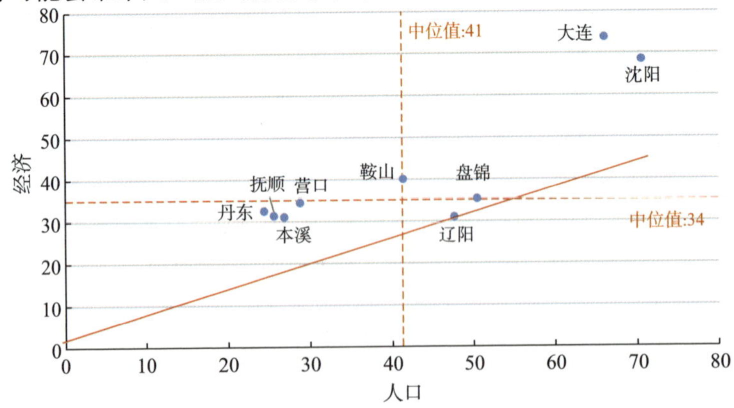


**图 16－19　辽中南城市群人口与经济均衡性分析**

## 市场容量

市场容量指数重点考察城市市场销售规模水平、去化周期及房企进驻，是城市房地产发展的安全边界。该指数我们从市场容量、供地面积、购买能力、房企进驻热度等层面综合研判房地产市场安全属性。

辽中南城市群城市市场容量基数均值为 244 万平方米。市场容量及安全指数 TOP3 的城市为沈阳、大连、鞍山。如图 16－20 所示。

TOP

| | 城市 | 容量指数 | 市场容量基数 |
|---|---|---|---|
| 1 | 沈阳 | 99 | 1489 |
| 2 | 大连 | 21 | 322 |
| 3 | 鞍山 | 19 | 283 |
| 4 | 丹东 | 13 | 198 |
| 5 | 营口 | 12 | 177 |
| 6 | 抚顺 | 8 | 117 |
| 7 | 辽阳 | 6 | 90 |
| 8 | 本溪 | 6 | 84 |
| 9 | 盘锦 | 3 | 40 |

备注：市场容量为综合评价指数；
城市市场容量基数为2015-2017年城市市本级商品住宅平均销售面积（万平方米）。

【计算方法】

三年平均销售建面 100%

市场容量 100分
=城市基本面×25%

【参考指标】

三年平均供地建面

#所有指标采用综合评分方法进行评价。

*数据来源为中指数据、吉屋网、中国城市发展年鉴。

图 16－20 辽中南城市群市场容量指数

辽中南城市群 9 个城市 2015－2017 年商品住宅市场平均年成交面积为 2799 万平方米；沈阳市住宅成交面积为 1489 万平方米，单个城市的销售面积占整个辽中南城市群成交总量的 53.2%；除沈阳外，其他城市商品住宅成交面积均在 350 万平方米以下。如图 16－21 所示。

辽中南城市群 9 个城市 2015－2017 年三年平均土地出让住宅总建设面积为 1353 万平方米，平均成交楼面均价为 1009 元/平方米。如图 16－22 所示。

市场容量从商品住宅销售面积和常住人口两个维度考虑。人口规模较大且距离轴线向下偏离越大代表市场潜在容量越大。重点关注城市有本溪、丹东等城市。如图 16－23 所示。

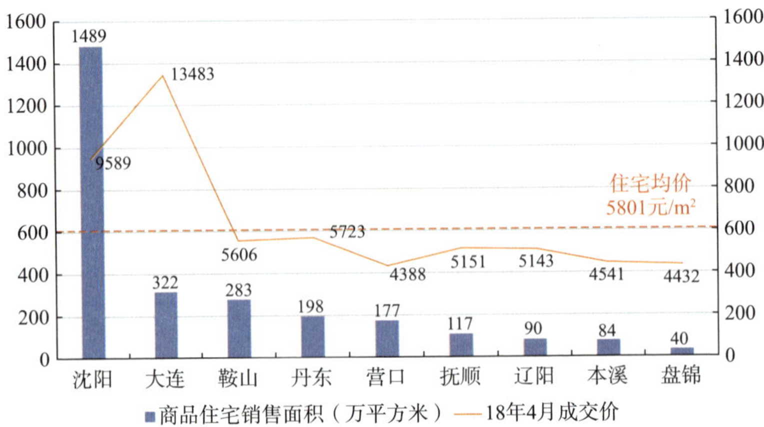


**图 16－21　辽中南城市群 2015－2017 年商品住宅销售情况**

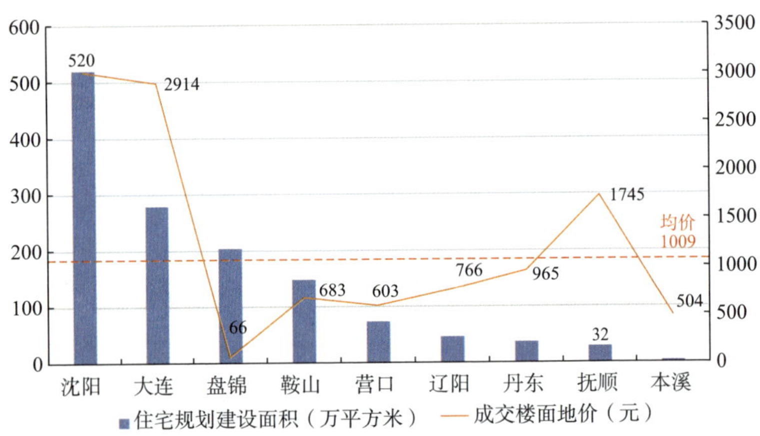


**图 16－22　辽中南城市群 2015－2017 年商品住宅土地供应情况**

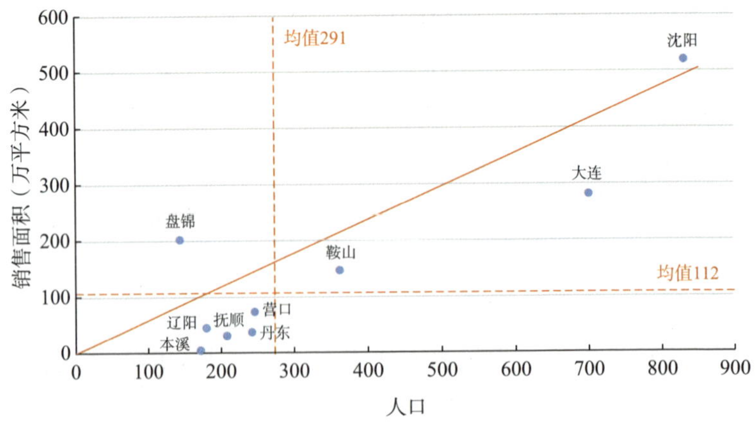


**图 16－23　辽中南城市群市场容量分析**

## 城市发展潜力

城市发展是城市的未来趋势，也是房地产发展迈向美好生活的主要路径。我们从城市配套、交通、旅游、规划等层面综合研判城市发展潜力。辽中南城市群城市发展指数 TOP3 的城市为沈阳、大连、丹东。如图 16－24 所示。

TOP

| | 城市 | 城市发展指数 |
|---|---|---|
| 1 | 沈阳 | 74 |
| 2 | 大连 | 60 |
| 3 | 丹东 | 32 |
| 4 | 鞍山 | 32 |
| 5 | 营口 | 29 |
| 6 | 辽阳 | 25 |
| 7 | 抚顺 | 25 |
| 8 | 本溪 | 25 |
| 9 | 盘锦 | 23 |

备注：城市发展指数为综合评价指数。

【计算方法】

| | 指标 | 权重 |
|---|---|---|
| 配套 35% | 三甲医院数量 | 8% |
| | 大专院校数量 | 12% |
| | 城市景观资源 | 8% |
| | 国家级产业园区数量 | 7% |
| 交通 40% | 高铁班次 | 16% |
| | 距机场距离 | 12% |
| | 境内高速公路通达度 | 12% |
| 旅游 25% | 4A级以上景区 | 6% |
| | 四星级以上酒店 | 9% |
| | 旅游人次 | 10% |

城市发展潜力 100分
=城市基本面×20%

【参考指标】

城市定位及分级指数
产业发展规划
交通规划

#所有指标均采用分层评价。

*数据来源为各城市国民经济与社会发展统计公报、去哪儿网及各地教育、医疗、旅游等相关机构网站综合得出。

图 16－24　辽中南城市群城市发展指数

### （1）城市配套与环境

城市配套的好坏直接制约着城市整体房地产发展水平，尤其是重要的医疗、教育等配套资源。第一新财经发布的《中国城市再分级》，把城市从商业资源集聚度、城市枢纽性、城市人活跃度、生活方式多样性、未来可塑性进行了重新评价和定位，具有很好的参考价值。但本书仅从影响房地产市场选择最直接的几个指标进行论证。

辽中南城市群整体配套相对较好，三甲医院共有 77 所，占全国三甲医院总数1599所的4.82%；辽中南城市群共有大专院校78所，占全国大专院校总数2631所的2.96%。如图16－25所示。

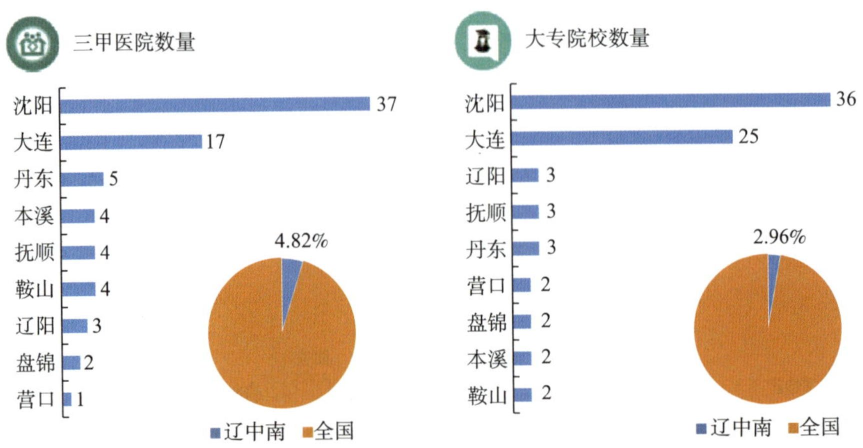


**图16－25　辽中南城市群三甲医院及大专院校数量**

**（2）城市交通**

城市是整个区域交通的枢纽，其交通的便利度和通达性是我们关注的重点。城市轨道交通是大城市房地产市场的重要助推器，影响大城市的板块市场，但本书主要研究城市之间的房地产市场对比，故暂未把城市轨道交通纳入研究范围。

国务院印发的《“十三五”现代综合交通运输体系发展规划》，到2020年，基本建成安全、便捷、高校、绿色的现代综合交通运输体系，部分地区和领域率先基本实现交通运输现代化。

机场方面：“十三五”期间，在东北地区建成松原、白城、建三江、五大连池、绥芬河等机场，研究建设大连新机场，扩建哈尔滨、沈阳等机场。

铁路及公路：“十三五”期间，建成北京至沈阳、哈尔滨至牡丹江等高速铁路，建设沈阳至敦化、牡丹江至佳木斯等高速铁路；推进京哈、沈海等8条主通道扩容工程。

城际：推进哈长、辽中南等城市群城际铁路建设，形成以轨道交通、高速公路为骨干、普通公路为基础，水路为补充，民航有效衔接的多层次、便捷化城际调通网络。

辽中南城市群中沈阳的交通便利度明显优于其他城市。如图16－26所示。

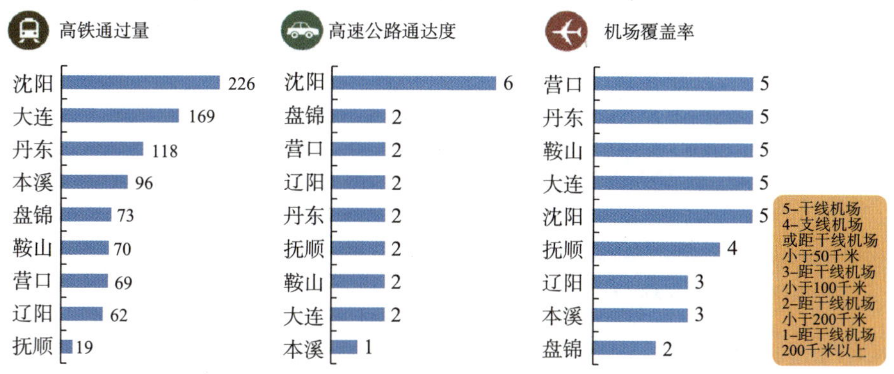


**图 16－26　辽中南城市群交通便利度**

**（3）旅游商务**

旅游反映了城市休闲配套资源情况和因旅游带来的短时流动人口流向。辽中南城市群 2016 年旅游人次达 3.65 亿人，旅游收入 3171 亿元。其中，大连、沈阳、丹东为重要的旅游城市，三个市旅游人次占整个辽中南城市群的 52.47%；辽中南城市群 2016 年人均旅游消费 868 元，超过整体水平的城市有 4 个，分别为大连、沈阳、鞍山、营口。如图 16－27 所示。

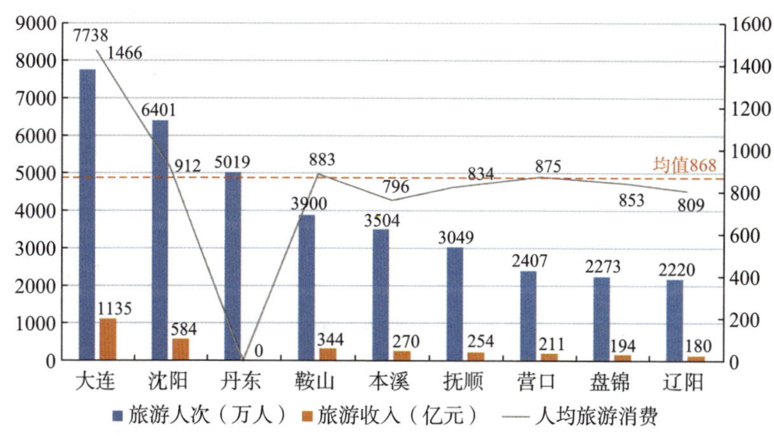


**图 16－27　辽中南城市群 2016 年旅游情况**

辽中南城市群主要旅游景点有本溪湖、本溪水洞、东北道教名山——九顶铁刹山；大连素有“东北之窗”“北方明珠”“浪漫之都”，先后获得国际花园城市、最佳旅游城市等荣誉。

辽中南城市群共有 4A 级以上景区 51 个，占全国 4A 级以上景区 1335

个的3.8%。四星级以上酒店354个，其中四星级以上酒店达到100家以上的城市有2个，分别为大连和沈阳。如图16－28所示。

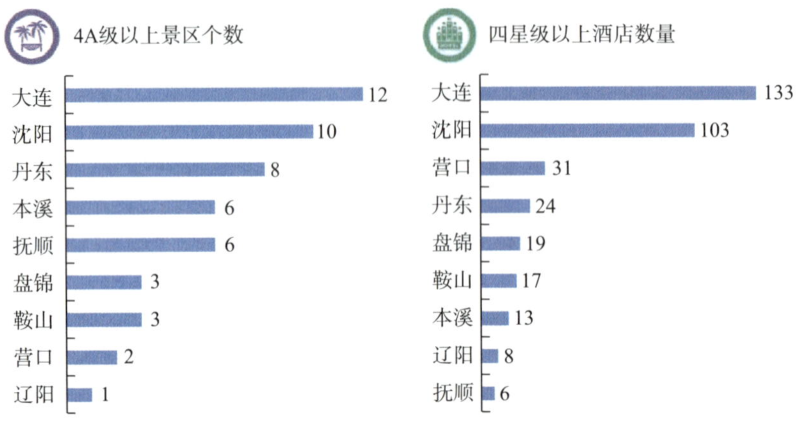


**图16－28　辽中南城市群4A级以上景区及酒店数量**

**（4）产业发展**

产业是人口集聚的主要因素，产业反映了城市经济支撑资源情况，产业的规划发展状态可以带动人口的流向。辽中南城市群是我国重要的工业基地，区域内有丰富的资源。其中，鞍山—本溪的钢铁工业、沈阳的机械工业、大连的造船工业和石油加工工业、抚顺的石油化工等一批工业企业，都是国家重工业的骨干。

辽中南城市群城市基本面综合排名TOP3的城市为沈阳、大连、鞍山。处在城市发展较好区、适中区、较差区的城市个数比为2:2:5。如表16－6、16－7所示。

**表16－6　辽中南城市群城市基本面评判指标及权重**

| 一级指标 | 一级指标分值 | 指标维度 | 二级指标 | 二级指标权重 |
|---|---|---|---|---|
| 人口 | 35% | 人口基数 | 常住人口 | 40% |
| | | | 常住户籍人口比 | 15% |
| | | | 小学生增幅 | 10% |
| | | 家庭结构 | 中小学生在校生人数 | 10% |
| | | 变化趋势 | 城镇化率增幅 | 15% |
| | | | 城镇化率 | 10% |
| 容量 | 25% | 市场容量基数 | 三年平均销售面积 | 100% |

续表

<table>
<tr><th>一级指标</th><th>一级指标分值</th><th colspan="2">指标维度</th><th>二级指标</th><th>二级指标权重</th></tr>
<tr><td rowspan="3">经济</td><td rowspan="3">20%</td><td colspan="2">总量水平</td><td>GDP<br>第三产业占 GDP 比值</td><td>40%<br>15%</td></tr>
<tr><td colspan="2">财富水平</td><td>城镇人均可支配收入</td><td>12%</td></tr>
<tr><td colspan="2">发展活力</td><td>人均住户存款余额<br>一般财政预算收入<br>上市公司数量</td><td>8%<br>10%<br>15%</td></tr>
<tr><td rowspan="10">城市发展</td><td rowspan="10">20%</td><td rowspan="4">旅游</td><td>医疗</td><td>三甲医院数量</td><td>8%</td></tr>
<tr><td>教育</td><td>大专院校数量</td><td>12%</td></tr>
<tr><td>景观</td><td>城市景观资源</td><td>8%</td></tr>
<tr><td>产业</td><td>国家级产业园区数量</td><td>7%</td></tr>
<tr><td rowspan="3">交通</td><td>铁路</td><td>高铁班次</td><td>16%</td></tr>
<tr><td>飞机</td><td>距机场距离</td><td>12%</td></tr>
<tr><td>公路</td><td>境内高速通达数量</td><td>12%</td></tr>
<tr><td rowspan="3">旅游</td><td>景区资源</td><td>4A 级以上景区</td><td>6%</td></tr>
<tr><td>配套</td><td>星级酒店</td><td>9%</td></tr>
<tr><td>人次</td><td>旅游人次</td><td>10%</td></tr>
</table>

**表 16－7　辽中南城市群城市基本面综合排名**

| | 城市 | 综合得分 |
|---|---|---|
| 1 | 沈阳 | 78 |
| 2 | 大连 | 55 |
| 3 | 鞍山 | 33 |
| 4 | 盘锦 | 30 |
| 5 | 辽阳 | 29 |
| 6 | 营口 | 26 |
| 7 | 丹东 | 25 |
| 8 | 抚顺 | 22 |
| 9 | 本溪 | 22 |

# 第三节　房地产市场热度研判

市场热度指数重点考察市场房价、地价现状及涨幅情况，进驻潜力和市场竞争热度，来分析目前的市场热度。辽中南城市群地货比指数中位值为14%，整体来看市场机会适中，可适当进入。热度指数TOP3城市为沈阳、大连、鞍山。如图16－29所示。

TOP

| | 城市 | 热度指数 | 地货比 |
|---|---|---|---|
| 1 | 沈阳 | 121 | 55% |
| 2 | 大连 | 93 | 35% |
| 3 | 鞍山 | 54 | 14% |
| 4 | 本溪 | 53 | 11% |
| 5 | 丹东 | 49 | 12% |
| 6 | 抚顺 | 46 | 18% |
| 7 | 辽阳 | 44 | 12% |
| 8 | 营口 | 39 | 11% |
| 9 | 盘锦 | 18 | 16% |

备注：热度指数为综合评价指数；
地货比指数为近6个月成交楼面地价/2018年4月成交房价。

销售利润率预估指数为经验数据预估值，
销售利润率=（房价-地价- 土地外成本- 增值税）/房价。

【计算方法】

房价 40%：房价指数 26%；房价增幅 14%
地价 30%：地货比 20%；地价增幅 10%
竞争 30%：住宅土地供应去化年限 18%；top50房企进驻数量 12%

市场热度指数 100分
=城市市场面×100%

#测算方法：
（1）房价指数=城市实时房价/1.5线城市实时房价均价；
（2）房价增幅=（实时房价-2015年房价）/2015年房价；
（3）地货比=近半年楼面价/实时房价；
（4）地价增幅=近半年成交楼面价/2015年成交楼面价。

【参考指标】

房价收入比
房地产投资占固定资产投资额比值
市区住宅投资比
土地溢价率
销售利润率

*数据来源为中指数据、吉屋网。

**图16－29　辽中南城市群市场热度指数**

辽中南城市群整体房价中位值为5151元/平方米，地价中位值为711元/平方米；辽中南城市群地货比中位值为14%。地货比较高的三个城市为沈阳、大连、鞍山，应及时捕捉市场信息，防控拿地风险；地货比较低的三个城市为辽阳、营口、盘锦，应作为重点关注城市，寻找机会适时进驻。如图16－30所示。

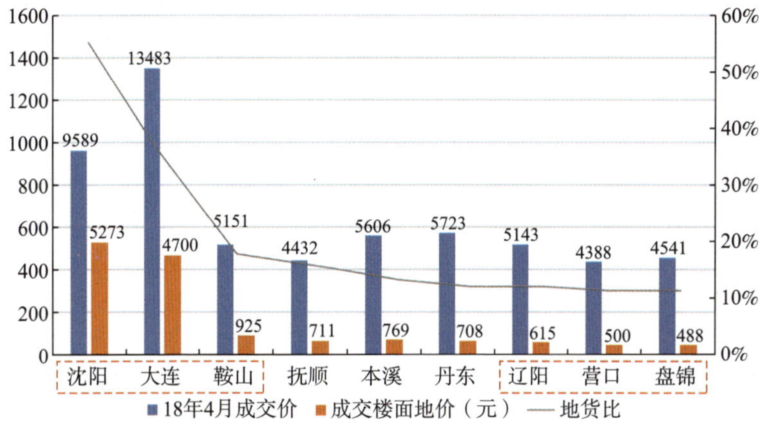


图 16－30　辽中南城市群房地价及地货比

辽中南城市群房价平均涨幅为 23%，地价平均涨幅为 37%。房价涨幅高于城市群整体平均增幅的城市共有 5 个，分别为沈阳、鞍山、丹东、辽阳、抚顺；地价涨幅高于城市群整体平均增幅的城市共有 2 个，分别为沈阳、大连。如图 16－31 所示。

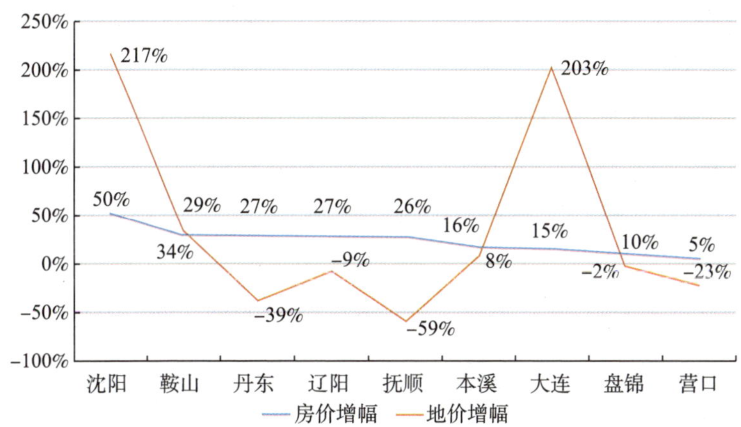


图 16－31　辽中南城市群房价及地价增幅

市场潜力从常住人口和地货比两个维度考虑，地货比较低且人口规模相对较大代表市场潜力较大。战略进驻区域城市共 1 个，为大连；重点关注区域城市共 1 个，为鞍山；机会进驻区域城市共 3 个，分别为抚顺、丹东、营口。如图 16－32 所示。

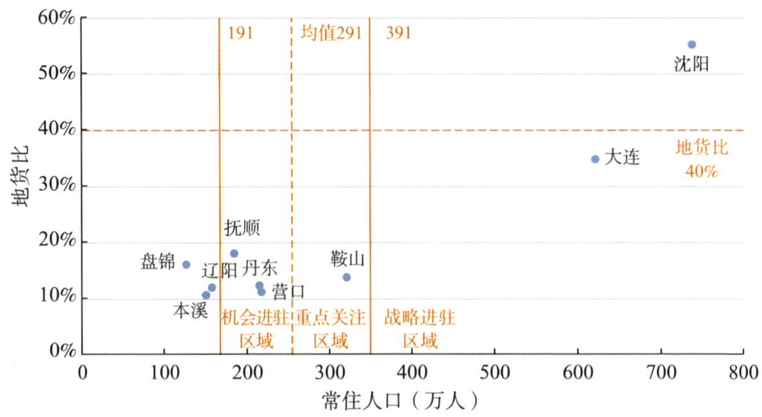


**图 16－32　辽中南城市群常住人口和地货比**

市场潜力从成交面积和地货比两个维度考虑，地货比较低且成交面积较大，代表市场潜力较大。战略进驻区域城市无；重点关注区域城市共 1 个，为鞍山；机会进驻区域城市共 2 个，分别为营口、丹东。如图 16－33 所示。（沈阳商品住宅面积为 1489 万平方米，地货比为 55%）

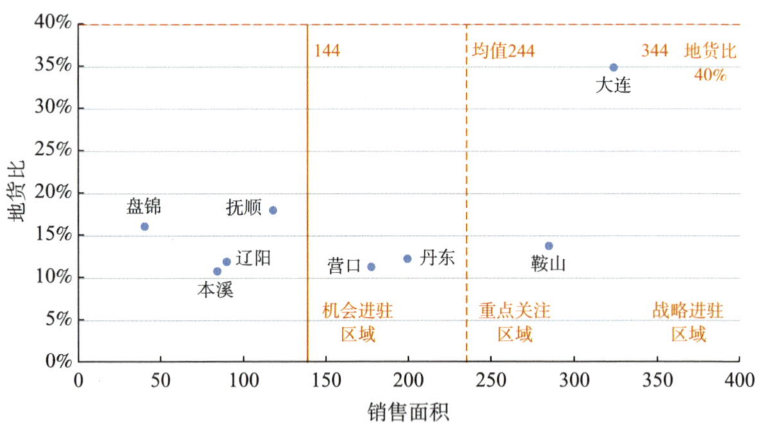


**图 16－33　辽中南城市群成交面积和地货比**

辽中南城市群住宅供应去化年限为 1.38 年，去化周期小于 3 年的有 8 个。整体来看，整个辽中南城市群供不应求。如图 16－34 所示。

房价收入情况，在均值线下，居民收入较大且距离轴线向下偏离越大，代表房价上涨潜力越强。重点关注城市有营口、盘锦；一般关注城市本溪。如图 16－35 所示。

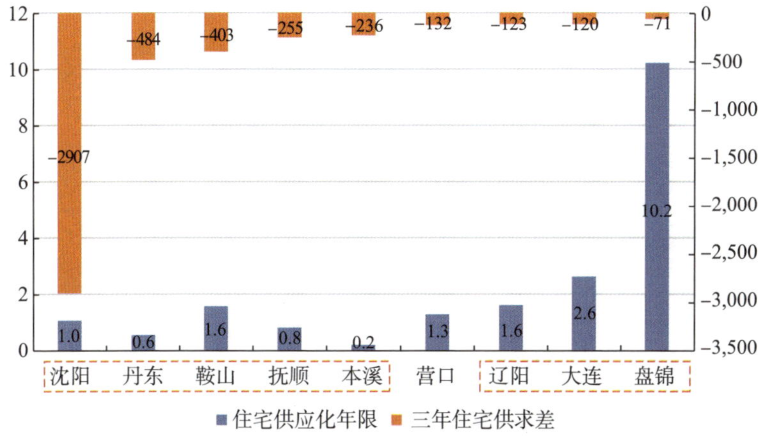


**图 16－34 辽中南城市群去化周期及供应差**

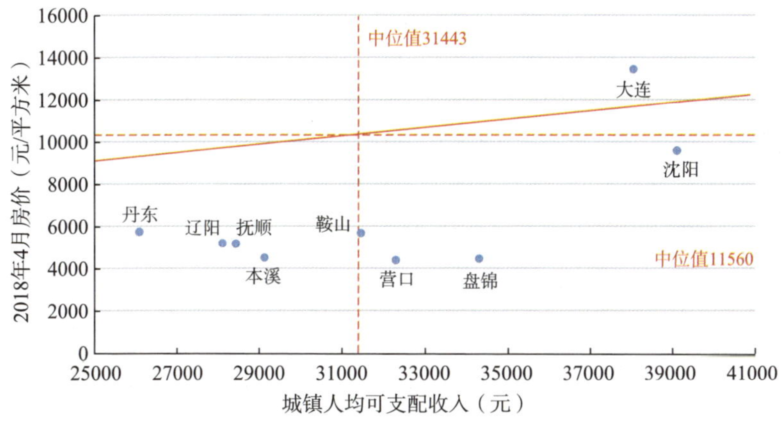


**图 16－35 辽中南城市群房价收入情况**

2016 年辽中南城市群房地产投资额为 1789 亿元，占全国房地产投资额 135284 亿元的 1.32%；房地产投资额在均值 143 亿元以上的城市有 3 个，分别是沈阳、大连、鞍山。房地产投资占固定资产投资比重超过 25% 的有 6 个，分别为沈阳、大连、鞍山、营口、丹东、抚顺，此区域房地产投资相对过热，建议谨慎拿地；介于 15% ~25% 的有 2 个，分别为盘锦、辽阳，此区域为房地产合理投资区，建议重点关注；在 15% 以下的城市有 1 个，此区域房地产投资相对较少，存在潜在投资机会。如图 16 －36 所示。

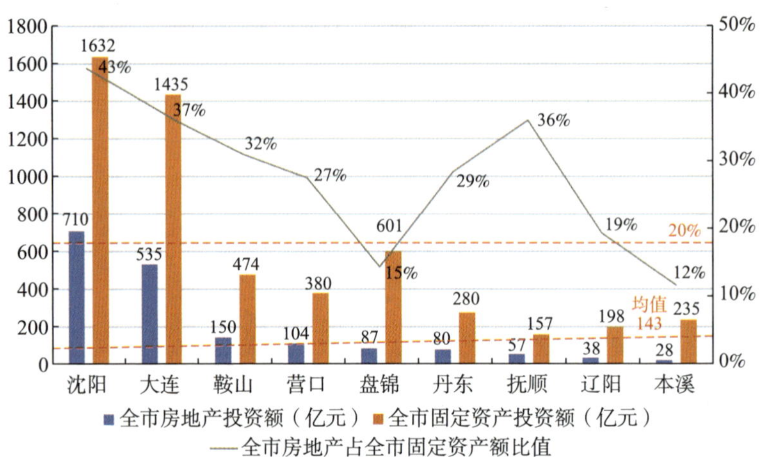


**图 16－36　辽中南城市群 2016 年房地产投资占固定资产投资比重**

2016 年辽中南城市群住宅投资额为 1275 亿元，住宅投资额在均值 105 亿元以上的城市有 3 个，分别为沈阳、大连、鞍山。整个城市群住宅投资额占房地产投资额比重为 71.3%，市区住宅投资占全市住宅投资的 88%。市区住宅投资占比低于 50% 的城市为丹东，以上城市所辖县级城市房地产投资较为活跃，应重点关注。如图 16－37 所示。

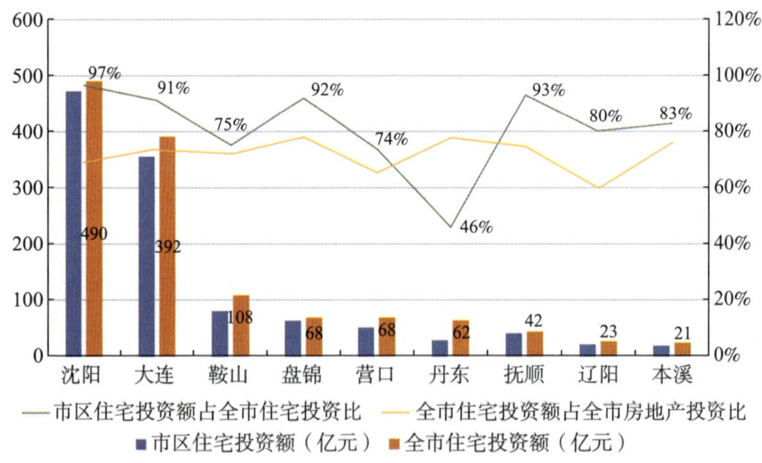


**图 16－37　辽中南城市群 2016 年住宅投资及比重**

沈阳市、大连市 TOP50 房企进驻相对较多；2 个城市已经有 10 家以上 TOP50 房企进驻。如图 16－38 所示。

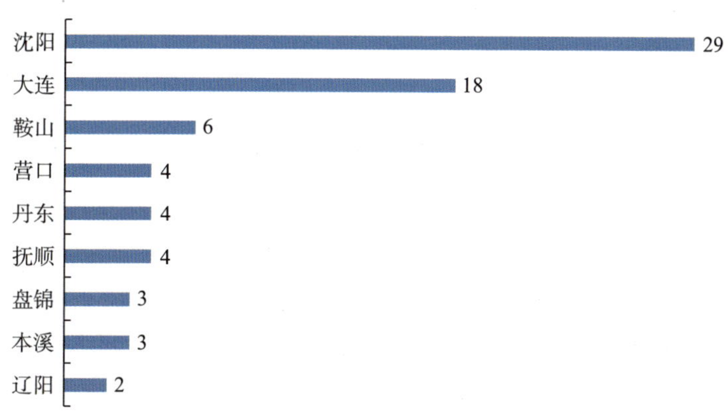


**图 16－38　辽中南城市群 TOP50 房企进驻数量**

土地市场热度从成交楼面地价和溢价率两个维度考虑，成交楼面地价和溢价率均较低代表土地市场潜在热度较大。重点关注城市有盘锦、营口、丹东、抚顺。如图 16－39 所示。（溢价率在 5% 以下市场公开程度较低，需谨慎关注）

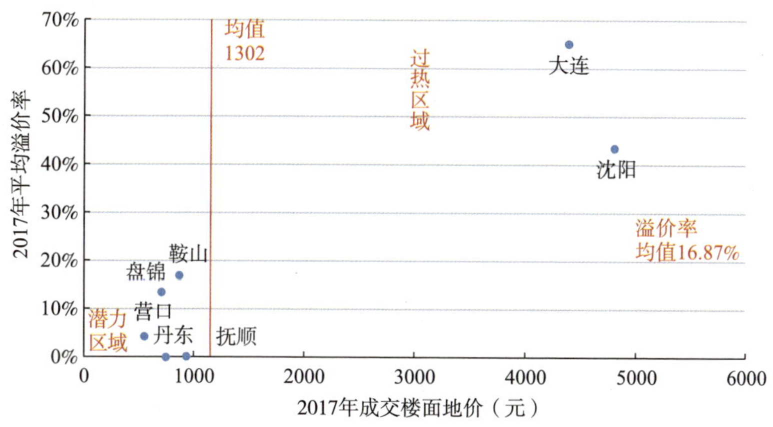


**图 16－39　辽中南城市群土地市场热度分析**

从销售利润率看，大于 25% 的城市有 1 个，为大连。销售利润率 =（房价－地价－土地外成本－增值税）/房价，土地外成本按 3600 元估算。增值税 =（房价－地价）×10%/（1＋10%）－3600×8%。需要注意的是：销售价格为 2018 年 4 月份价格，楼面价为近 6 个月成交楼面价。如图 16－40 所示。

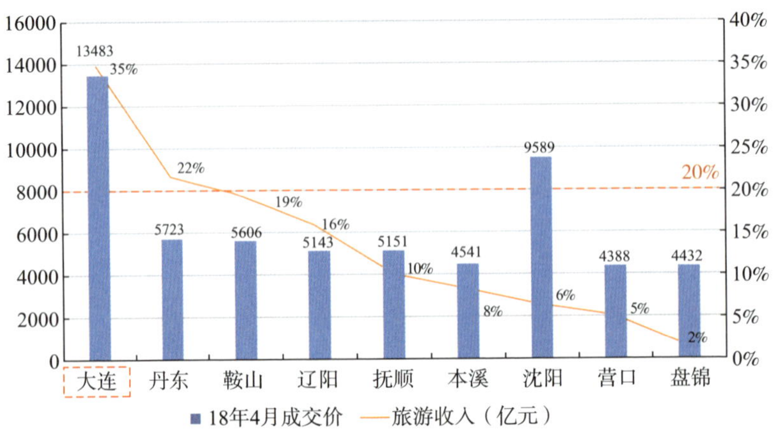


**图 16－40　辽中南城市群销售利润分析**

政府的限购等房地产调控政策在一定程度上也影响了房地产市场热度。如表 16－8 所示。

**表 16－8　辽中南城市群市场热度评判指标及权重**

| 评价维度 | 指标维度 | 一级权重 | 指标 | 权重 |
|---|---|---|---|---|
| 市场热度 | 房价热度 | 40% | 房价指数（实时房价/1.5 线城市实房价） | 26% |
| | | | 房价增幅［（实时房价－2015 年房价）/2015 年房价］ | 14% |
| | 地价热度 | 30% | 地货比（近半年楼面价/实时房价） | 20% |
| | | | 地价增幅（最近半年成交楼面价/2015 年成交楼面价） | 10% |
| | 竞争热度 | 30% | 住宅土地供应去化年限 | 18% |
| | | | TOP50 房企进驻数量 | 12% |

辽中南城市群城市市场热度综合排名 TOP3 的城市为沈阳、大连、鞍山。如表 16－9 所示。

表 16－9　辽中南城市群市场热度综合排名

| | 城市 | 综合得分 |
|---|---|---|
| 1 | 沈阳 | 121 |
| 2 | 大连 | 93 |
| 3 | 鞍山 | 54 |
| 4 | 本溪 | 53 |
| 5 | 丹东 | 49 |
| 6 | 抚顺 | 46 |
| 7 | 辽阳 | 44 |
| 8 | 营口 | 39 |
| 9 | 盘锦 | 18 |

辽中南城市群城市房地产投资安全性综合排名 TOP3 的城市为盘锦、辽阳、营口。偏离度大于 1 的城市投资风险较高，应谨慎投资，主要城市有本溪、抚顺、丹东。如表 16－10 所示。

表 16－10　辽中南城市群房地产投资安全性综合排名

| | 城市 | 偏离度 |
|---|---|---|
| 1 | 盘锦 | 0.40 |
| 2 | 辽阳 | 0.50 |
| 3 | 营口 | 0.53 |
| 4 | 沈阳 | 0.55 |
| 5 | 鞍山 | 0.60 |
| 6 | 大连 | 0.69 |
| 7 | 丹东 | 1.00 |
| 8 | 抚顺 | 1.10 |
| 9 | 本溪 | 1.40 |

# 第十七章

# 淮海男爵　南北通衢

东方雅典、五省通衢、彭祖故国、刘邦故里。如果城市有选美比赛，徐州是当之无愧的美男子。徐州之美来自历史传承、资源均衡和人文情怀，无奈美男子追求者众，地处五省交界，八方献礼，垂涎者多，归心者寡。男爵徐州的大淮海梦尚在路上，倘若再拥有刘邦的智慧、项羽的霸气，称王也许并不遥远。

# 第一节　淮海投资策略综合分析

## 概况及特征

徐州古称彭城，历史上为华夏九州之一，自古便是北国锁钥、南国门户、兵家必争之地和商贾云集中心，一直是淮海地区的政治、经济、文化中心。徐州有超过6000年的文明史和2600年的建城史，是著名的帝王之乡，有“九朝帝王徐州籍”之说。徐州是两汉文化的发源地，有“彭祖故国、刘邦故里、项羽故都”之称，因其拥有大量文化遗产、名胜古迹和深厚的历史底蕴，也被称作“东方雅典”。

淮海主要是指包括淮阴与海州地区（江苏连云港）在内的苏鲁豫皖四省交界地区，它东濒黄海、西连中原、南邻江淮、北接齐鲁。淮海地区是历史自然形成的经济区域，山水相连、习俗相似、道路相接、商旅相通，自古以来区域之间就保持和延续着密切的人际交往、经济贸易、文化往来和社会联系。

淮海城市群地处淮海流域，位于新亚欧大陆桥经济带与东部地区的交汇处，以徐州为中心城市，主要包括山东枣庄、济宁，江苏徐州、宿迁、连云港，安徽淮北、宿州及河南商丘等 8 个城市。如表 17－1 所示。

**表 17－1　淮海城市群构成**

| | 城市名单 |
|---|---|
| 江苏省（3） | 贵州、连云港、宿迁 |
| 安徽省（2） | 淮北、宿州 |
| 河南省（1） | 商丘 |
| 山东省（2） | 济宁、枣庄 |

徐州是该区域的核心城市，徐州四省通衢，交通发达，其余城市围绕徐州沿陇海和京广线分布。

**淮海城市群主要特征：**

**（1）淮海城市群为四省交界区域，区域经济整合难度较大，但具有较强的战略意义**

淮海城市群既是“一带一路”的交汇点，又是“丝绸之路经济带”东部开放的前沿阵地。从国家城市化战略布局看，必将有利于城镇化“两横三纵”战略的实施；从提升区域发展水平看，可以实现整合资源、差别竞争、一体化发展，对于提升这一区域的整体发展水平、优化全国生产力布局具有重要促进作用。

**（2）徐州定为国家中心城市，发展潜力巨大**

徐州是传统的淮海经济区的中心城市，具有重要的战略地位，同时国务院和江苏都支持徐州建设淮海中心城市。除了显著优越的地理位置之外，其经济、教育和产业结构等方面都具有较大的优势，并影响和辐射周边区域。

**（3）城市群交通发达，路网完善**

京沪、陇海两大铁路干线开往四方，4 条高速公路联通全国，20 条航线飞向世界，还有京杭大运河穿城而过，华东输油管网纵贯南北。徐州，放大区位优势，构成铁路、公路、水运、航空、管道“五通汇流”的现代化立体交通网络。

**（4）城市群地缘上和山东半岛城市群更接近**

从空间结构和历史维度看，淮海城市群和山东半岛城市群、中原城市群同属于黄淮海平原区域，其经济和人口往来非常密切；从城市群发展策略看，淮海经济区应积极与山东半岛城市群融合发展。

## 城市群综合分析

淮海城市群国土面积占全国的0.59%，地区生产总值占全国的3.3%，人口占全国的3.65%。淮海城市群，单位面积产值0.4亿元，在各个城市群中最高，人均产值4.2万元，高于中原城市群、太原城市群，与太原城市群相差不大。如图17－1所示。

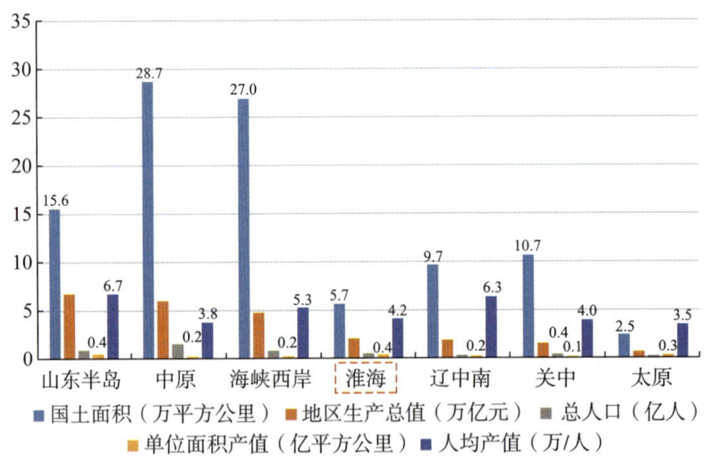


**图17－1　主要城市群对比**

目前，淮海城市群常住人口城镇化率为53%，低于我国常住人口城镇化率57.4%。如图17－2所示。

而从商品房销售金额对比来看，淮海城市群与长三角、珠三角、京津冀城市群相比差距非常大，其商品房销售金额仅为0.4万亿元，房地产市场成熟度低。如图17－3所示。

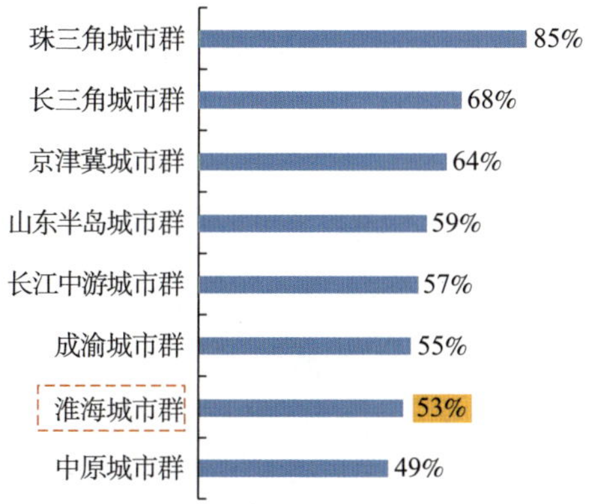


**图 17-2 主要城市群常住人口城镇化率对比**

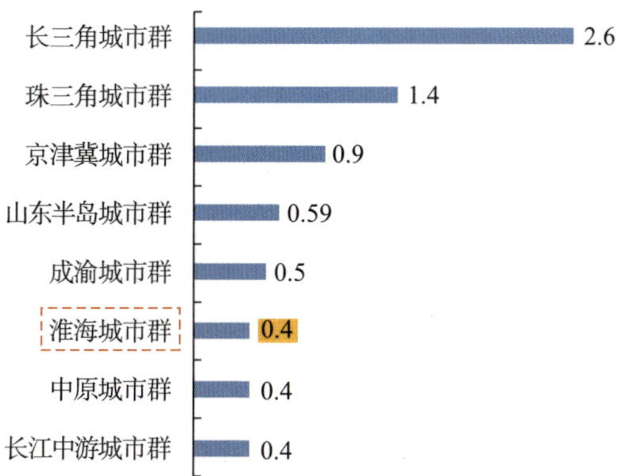


**图 17-3 主要城市群商品房销售金额对比**

淮海城市群属于城市群发展的第一阶段，以强核吸附为主要特征，核心城市徐州吸附力较强。如图 17-4 所示。

淮海城市等级体系较完善，为纺锤体结构，处在城市发展较好区、适中区、较弱区城市比例为1:5:2。如图 17-5 所示。

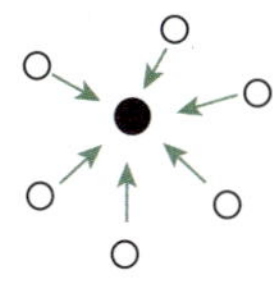

**图 17-4 强核阶段模型**

**图 17-5 纺锤体型**

从城市群投资潜力雷达图可以看出，淮海城市群的城市等级体系、产业发展水平以及财富水平较高，但人口、经济等其他维度均较低。如图 17 -6 所示。

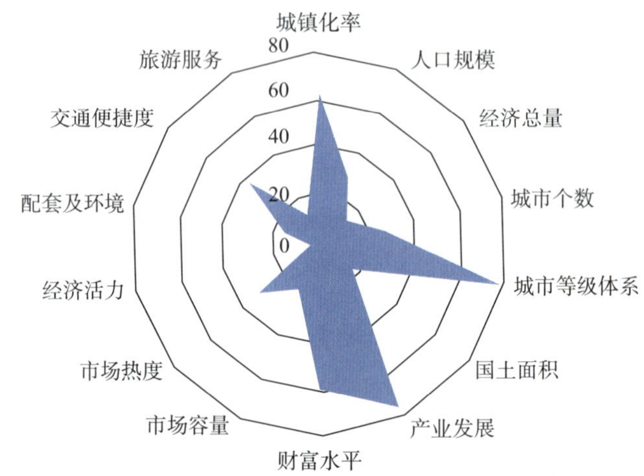


**图 17 -6　淮海城市群投资潜力雷达图**

淮海城市群和山东半岛城市群、中原城市群联系最为密切，其次与长三角城市群、长江中游城市群联系较为密切。

从淮海内部城市经济联系强度表可以看出，徐州和枣庄（0. 035）、徐州和宿州（0. 027）、徐州和淮北（0. 022）等城市联系较为密切。从整体来看，徐州相对于其他城市和周边城市联系较为密切。如表 17 -2 所示。

**表 17 -2　淮海内部城市经济联系强度表**

| | 徐州 | 连云港 | 宿迁 | 淮北 | 宿州 | 商丘 | 济宁 | 枣庄 |
|---|---|---|---|---|---|---|---|---|
| 徐州 | | 0. 005479 | 0. 019553 | 0. 021698 | 0. 028085 | 0. 00901 | 0. 012459 | 0. 034748 |
| 连云港 | | | 0. 005491 | 0. 000643 | 0. 001069 | 0. 000925 | 0. 0018 | 0. 001714 |
| 宿迁 | | | | 0. 001653 | 0. 004142 | 0. 001736 | 0. 002448 | 0. 00393 |
| 淮北 | | | | | 0. 018054 | 0. 00246 | 0. 001692 | 0. 002112 |
| 宿州 | | | | | | 0. 004398 | 0. 002682 | 0. 00336 |
| 商丘 | | | | | | | 0. 00934 | 0. 001729 |
| 济宁 | | | | | | | | 0. 012904 |
| 枣庄 | | | | | | | | |

宿州、淮北和商丘 3 个城市同时纳入淮海城市群与中原城市群势力范围，将 3 个城市分别与 2 个城市群的经济联系强度进行对比分析，3 个城市均更倾向于融入淮海城市群。如表 17 –3、图 17 –7 所示。

**表 17 –3　边缘城市经济联系强度对比**

| 城市群 | 宿州 | 淮北 | 商丘 |
| --- | --- | --- | --- |
| 淮海 | 0. 027 | 0. 021 | 0. 009 |
| 中原 | 0. 002 | 0. 001 | 0. 007 |

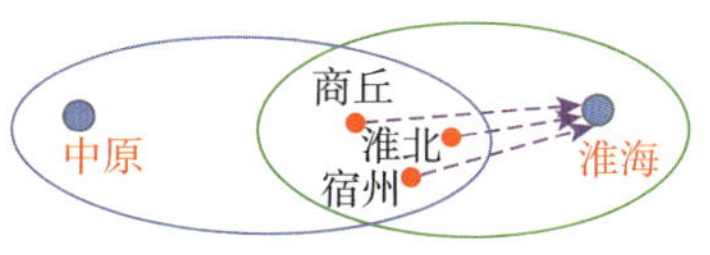


**图 17 –7　边缘城市的城市群选择**

## 城市房地产投资策略

我们从城市发展潜力、房地产市场热度、投资安全性三个单一维度给出城市群各城市排名情况如图 17 –8 所示。

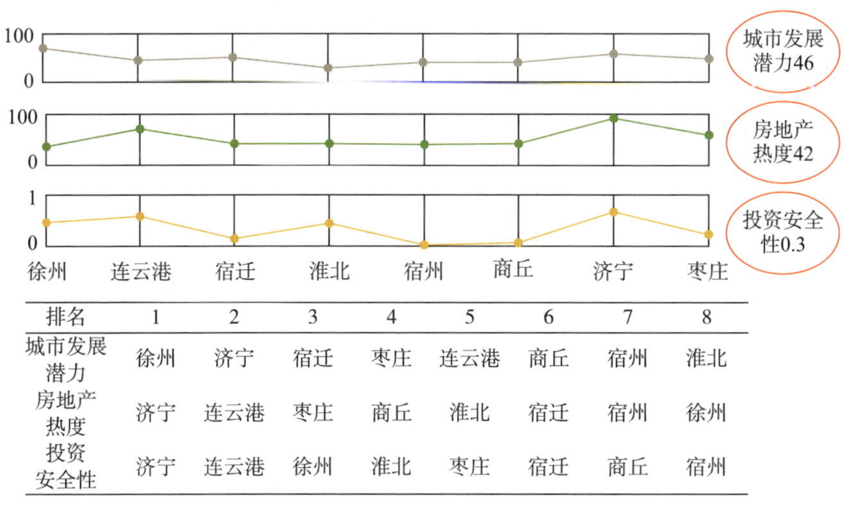


| 排名 | 1 | 2 | 3 | 4 | 5 | 6 | 7 | 8 |
| --- | --- | --- | --- | --- | --- | --- | --- | --- |
| 城市发展潜力 | 徐州 | 济宁 | 宿迁 | 枣庄 | 连云港 | 商丘 | 宿州 | 淮北 |
| 房地产热度 | 济宁 | 连云港 | 枣庄 | 商丘 | 淮北 | 宿迁 | 宿州 | 徐州 |
| 投资安全性 | 济宁 | 连云港 | 徐州 | 淮北 | 枣庄 | 宿迁 | 商丘 | 宿州 |

**图 17 –8　淮海城市群各城市排名情况**

淮海城市群核心城市徐州及一般城市大多处在进取区；徐州由于贾汪区大量的土地供应拉低了地价涨幅，增加了去化周期，导致市场热度不够高。但从整体来看，相比起徐州的城市基本面，其市场热度也不算高，应加大徐州的拓展力度；淮海城市群紧邻长三角，徐州新列为国家中心城市，人口基数大，具有较好的发展前景，目前地货比整体都相对较低。如图 17 -9 所示。

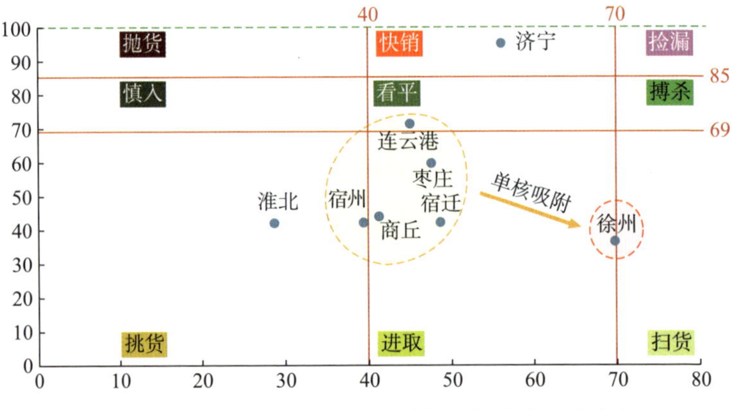


**图 17 -9　淮海城市群核心城市与一般城市区域分布**

根据九宫格阶梯筛选法则，处在阶梯阴影区为重点拓展城市。徐州处在扫货区与进取区交界，应重点关注；黄线框内的重点投资城市，主要包括商丘、宿迁、枣庄、连云港；挑货区的重点拓展城市有淮北、宿州。如图 17 -10 所示。

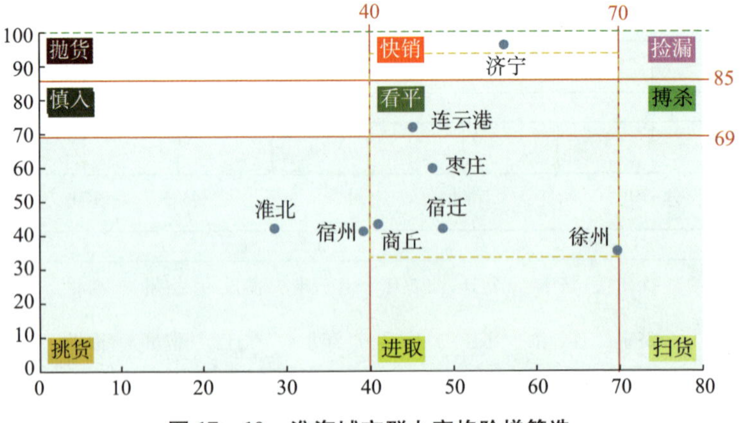


**图 17 -10　淮海城市群九宫格阶梯筛选**

根据九宫格模型得出淮海城市群作战地图，主攻城市有商丘、宿迁、枣庄、连云港和徐州等城市。如图 17－11 所示。

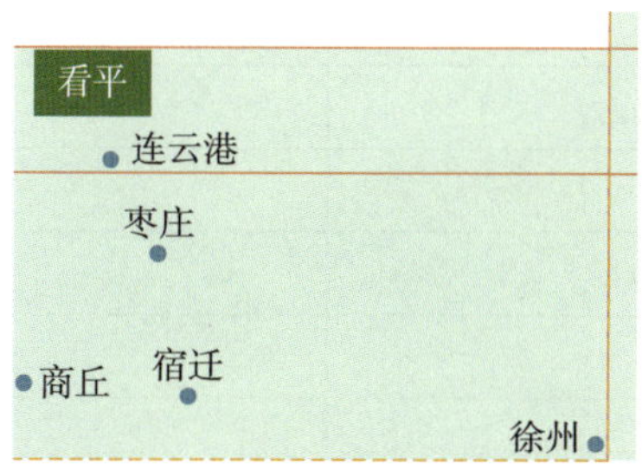


**图 17－11 淮海城市群作战地图**

以市场化公司一般选取的投资评审标准作为筛选器，安阳城市平均销售利润率低于 15%，应关注市场风险，重点把控好获取土地位置及价格。如表 17－4 所示。

**表 17－4 淮海城市群城市筛选**

| | 销售利润率 | 地货比 |
|---|---|---|
| 徐州 | 43% | 12% |
| 连云港 | 32% | 25% |
| 宿迁 | 29% | 13% |
| 淮北 | 18% | 20% |
| 宿州 | 17% | 17% |
| 商丘 | 3% | 26% |
| 枣庄 | －2% | 31% |
| 济宁 | －17% | 59% |

充分考虑 TOP50 房企之间的竞争平衡，已进驻 TOP50 房企均在 30 个以下。如表 17－5 所示。

**表 17－5 淮海城市群竞争平衡**

| 城市 | 房地产前 50 强进驻个数 |
|---|---|
| 徐州 | 26 |

续表

| 城市 | 房地产前50强进驻个数 |
| --- | --- |
| 连云港 | 8 |
| 宿迁 | 7 |
| 淮北 | 7 |
| 宿州 | 7 |
| 济宁 | 7 |
| 商丘 | 6 |
| 枣庄 | 3 |

# 第二节　城市群城市基本面研判

## 人口发展潜力

人口是城市发展的基础，也是房地产发展的重要支撑。我们从人口发展基数和人口发展结构等层面研判城市人口发展潜力。

淮海城市群8个城市人口基数均值为564万人。人口指数TOP3城市为济宁、徐州、宿迁。如图17－12所示。

从人口总量看，淮海城市群常住户籍比为0.87，属于人口流出城市群。常住户籍人口比≥1以上的城市有1个。

从人口分布看，常住人口跟户籍人口均超过800万人的城市有2个，分别是徐州、连云港。如图17－13所示。

从小学生2016年在校生人数看，淮海城市群2016年小学生在校人数为414万人，占全国小学生在校人数9913万人的4.18%，低于城市群占全国总人口比重11%的水平；淮海城市群8个城市小学生在校生人数总涨幅为13.9%；重点关注城市徐州与济宁。如图17－14所示。

TOP

| | 城市 | 人口指数 | 人口基数 |
|---|---|---|---|
| 1 | 济宁 | 106 | 835 |
| 2 | 徐州 | 103 | 871 |
| 3 | 宿迁 | 95 | 488 |
| 4 | 枣庄 | 82 | 392 |
| 5 | 连云港 | 75 | 450 |
| 6 | 宿州 | 75 | 560 |
| 7 | 商丘 | 74 | 728 |
| 8 | 淮北 | 52 | 221 |

备注：人口指数为综合评价指数；
人口基数为2016年常住人口（万人）。

**【计算方法】**

常住人口　40%
常住户籍人口比　15%
小学生增幅　10%
中小学生在校生人数　10%
城镇化率增幅　15%
城镇化率　10%

人口发展潜力 100分
=城市基本面×35%

#指标评价采用综合打分法进行打分评价。

**【参考指标】**

非公就业人口及占比

*数据来源为各城市国民经济与社会发展统计公报及中国城市发展年鉴。

图 17－12　淮海城市群人口发展潜力指数

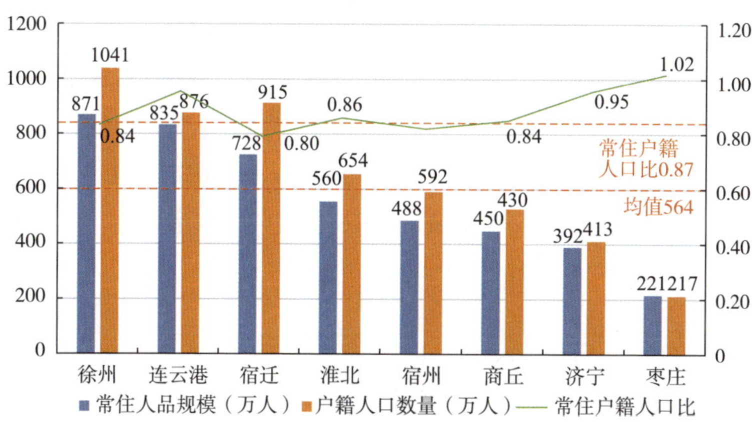


图 17－13　淮海城市群人口规模

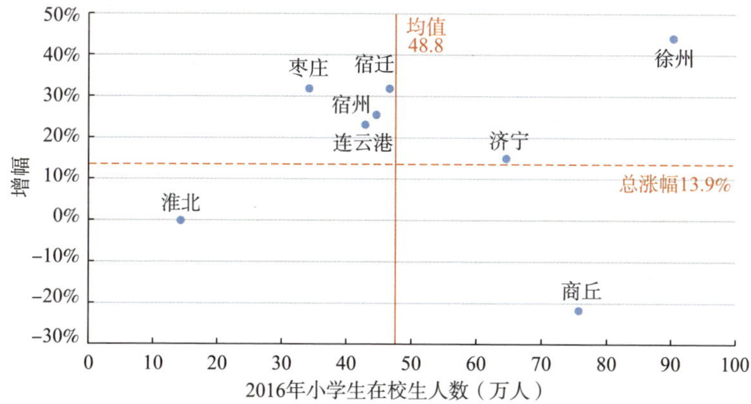


图 17－14　淮海城市群小学生 2016 年在校生人数及增幅

中小学在校生人数从某个维度上代表这个城市刚需和刚改家庭的规模。淮海城市群中小学在校生人数均值78万人，超过100万人的城市有徐州、商丘以及济宁，这些城市的改善型购房需求较强。如图17－15所示。

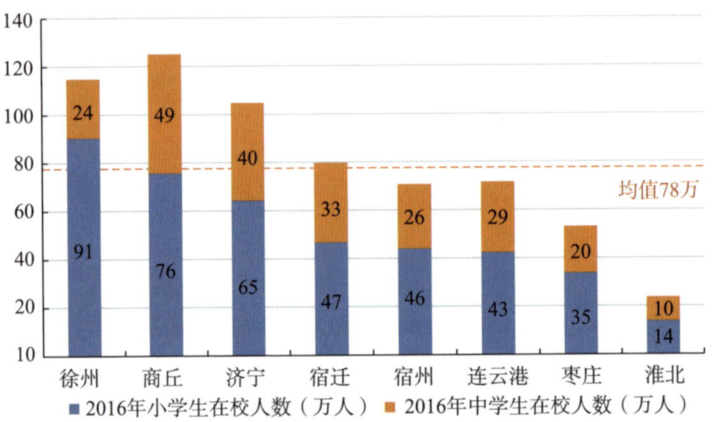


图17－15　淮海城市群2016年中小学在校生人数

淮海城市群8个城市中城镇化率在56%以上的城市共4个，分别为徐州、淮北、连云港、宿迁；8个城市2016年城镇化率增幅在1%～3%，平均城镇化率增幅为2%。如图17－16所示。

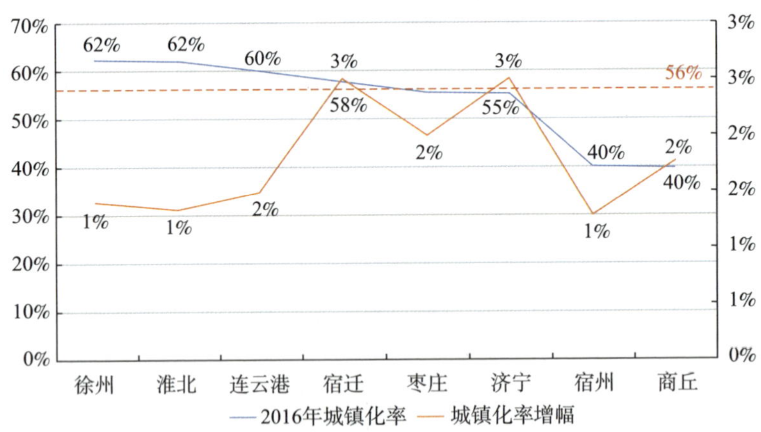


图17－16　淮海城市群2016年城镇化率及增幅

## 经济发展潜力

经济是城市发展的主要驱动力，也是房地产发展的重要支撑。我们从城市经济总量基数、人均收入基数、经济发展结构与活力、城市财力水平等层面综合研判城市经济发展潜力。

淮海城市群城市经济总量基数均值为2443亿元，人均收入基数均值为27242元。经济指数TOP3的城市为徐州、连云港、宿迁。如图17－17所示。

TOP

| | 城市 | 经济指数 | 城市经济总量指数 | 人均收入指数 |
|---|---|---|---|---|
| 1 | 徐州 | 56 | 5809 | 28421 |
| 2 | 连云港 | 36 | 2376 | 27853 |
| 3 | 宿迁 | 33 | 2351 | 24086 |
| 4 | 淮北 | 26 | 799 | 27248 |
| 5 | 宿州 | 29 | 1352 | 25533 |
| 6 | 商丘 | 31 | 1974 | 25217 |
| 7 | 济宁 | 47 | 4302 | 29987 |
| 8 | 枣庄 | 33 | 2143 | 27708 |

【计算方法】

城市GDP 40%
第三产业占GDP比重 15%
城镇人均可支配收入 12%
人均住户存款余额 8%
一般财政预算收入 10%
上市公司数量 15%

经济发展潜力 100分
=城市基本面×20%

#指标评价采用综合打分法进行打分评价。

*数据来源为各城市国民经济与社会发展统计公报、中国城市发展年鉴及各城市证监会网站。

备注：经济指数为综合评价指数；
城市经济总量基数为2016年城市GDP（亿元）；
人均收入基数为2016年城镇居民人均可支配收入（元）。

**图17－17 淮海城市群经济发展潜力指数**

淮海城市群8个城市中GDP超过均值2368亿元的共有2个，其中超过5000亿的1个，为徐州。淮海城市群一般预算收入的均值为228亿元，高于均值的城市共有3个，分别为徐州、济宁、宿迁。如图17－18所示。

淮海城市群整体第三产业增加值占GDP比重为43%，低于全国51.6%的平均水平。从产业发展潜力看，8个城市中，城市第三产业占GDP比重>城市群整体占比43%的有4个，为宿迁、枣庄、商丘、淮北；淮海城市群各城市第三产业占GDP比重均在50%以下。如图17－19所示。

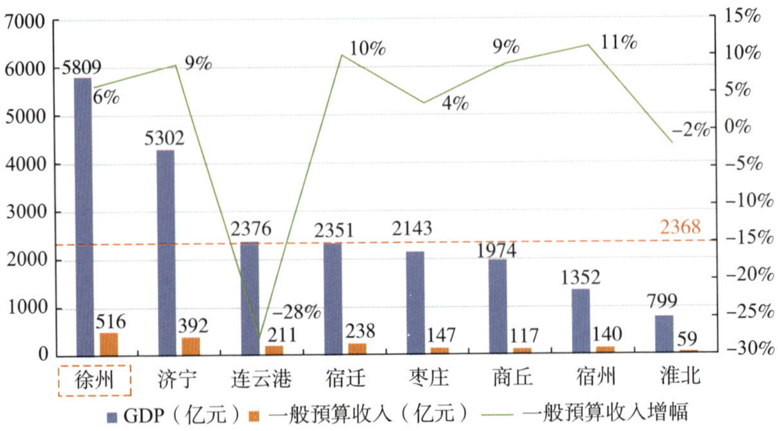


**图 17－18　淮海城市群 GDP、一般预算收入及增幅**

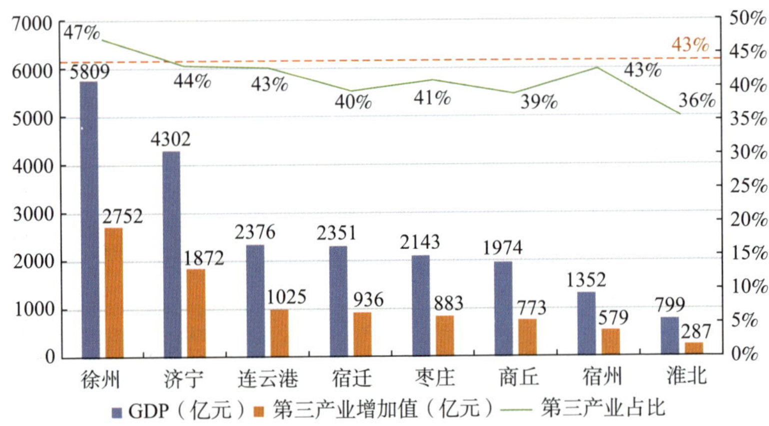


**图 17－19　淮海城市群第三产业增加值占比**

淮海城市群人均城镇居民可支配收入均值为 27242 元，低于全国人均城镇居民可支配收入 33616 元；城市群中的 8 个城市均低于城市群均值。淮海城市群城镇在岗职工平均工资的均值为 54323 元，超过均值的城市共有 4 个，分别为济宁、徐州、连云港、宿迁。如图 17－20 所示。

淮海城市群整体人均住户存款余额为 2.7 万元，高于整体水平的城市有 4 个，分别为徐州、济宁、枣庄、淮北。如图 17－21 所示。

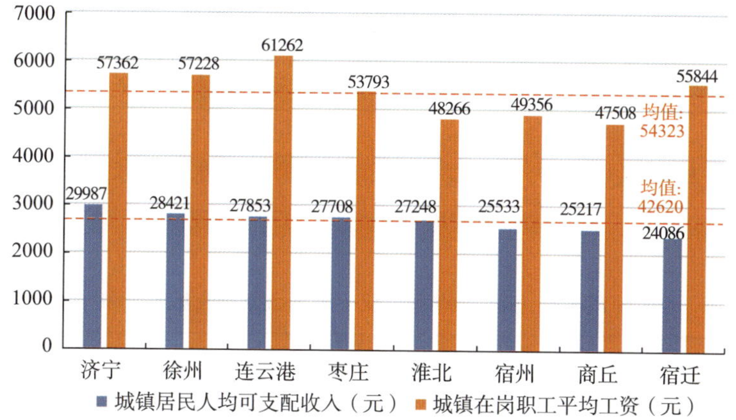


**图 17－20　淮海城市群人均可支配收入及在岗职工平均工资**

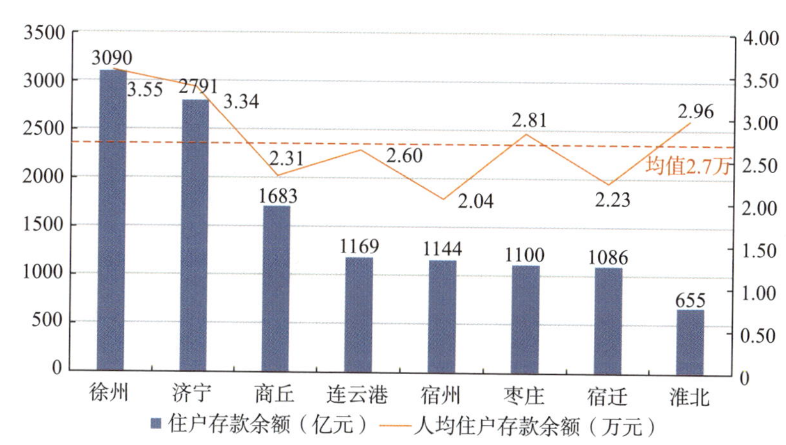


**图 17－21　淮海城市群人均住户存款余额**

上市公司数量的多少是反映一个城市经济活力的重要指针。淮海城市群 A 股上市公司数量相对较少，主要集中在核心城市。只有徐州在 10 家以上，整体上城市经济活力较弱。如表 17－6 所示。

**表 17－6　淮海城市群 A 股上市公司所在城市分布**

| | 个数 | 城市 |
|---|---|---|
| N≥10 | 1 | 徐州 |
| 5≤N<10 | 2 | 连云港、济宁 |

续表

| | 个数 | 城市 |
|---|---|---|
| 0≤N<5 | 5 | 宿迁、淮北、宿州、商丘、枣庄 |

知名大学的创新活力影响和带动城市的创新活力水平。淮海城市群“双一流”大学共1所，位于徐州，代表徐州城市创新活力较强。如表17－7所示。

**表17－7 淮海城市群“双一流”大学所在城市分布**

| | 个数 | 高校 |
|---|---|---|
| 一流大学 | 1 | 中国矿业大学 |

淮海城市群人口与经济沿均衡线发展，均衡线以下且偏离越大的城市更应该关注产业发展，其中宿迁、枣庄等城市要重点关注新产业进驻，有可能会带来城市发展的巨变；均衡线以上且偏离越大的城市更应该关注人口政策，其中淮北、连云港等城市要重点关注人口政策变化带来的人口集聚，有可能会带来人口短时膨胀。如图17－22所示。

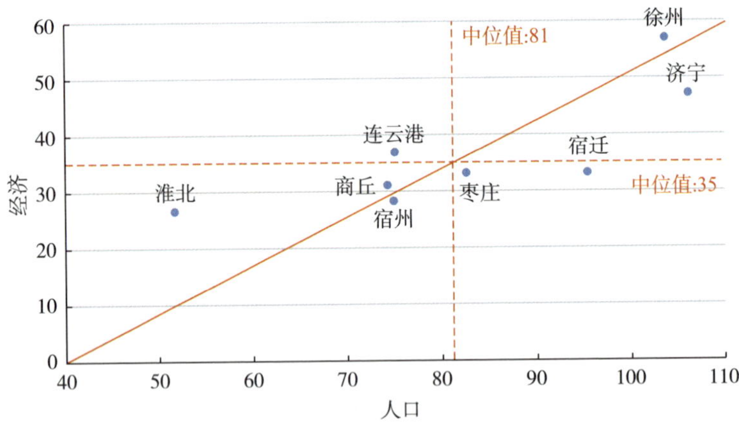


**图17－22 淮海城市群人口与经济均衡性分析**

## 市场容量

市场容量指数重点考察城市市场销售规模水平、去化周期及房企进驻，是城市房地产发展的安全边界。该指数我们从市场容量、供地面积、购买能力、房企进驻热度等层面综合研判房地产市场安全属性。

淮海城市群城市市场容量基数均值为 268 万平方米。市场容量及安全指数 TOP3 的城市为徐州、枣庄、连云港。如图 17 – 23 所示。

TOP

| | 城市 | 容量指数 | 市场容量基数 |
|---|---|---|---|
| 1 | 徐州 | 43 | 648 |
| 2 | 枣庄 | 26 | 389 |
| 3 | 连云港 | 19 | 287 |
| 4 | 宿迁 | 17 | 250 |
| 5 | 商丘 | 16 | 236 |
| 6 | 济宁 | 15 | 220 |
| 7 | 宿州 | 14 | 203 |
| 8 | 淮北 | 7 | 108 |

【计算方法】

三年平均销售建面 100%

市场容量 100分
=城市基本面×25%

【参考指标】

三年平均供地建面

备注：市场容量为综合评价指数；
城市市场容量基数为2015-2017年城市市本级商品住宅平均销售面积（万㎡），

#所有指标采用综合评分方法进行评价。

*数据来源为中指数据、吉屋网、中国城市发展年鉴。

**图 17 – 23　淮海城市群市场容量指数**

淮海城市群 8 个城市 2015 – 2017 年商品住宅市场平均年成交面积为 2341 万平方米；徐州和枣庄市住宅成交面积分别为 648 万平方米、389 万平方米，两个城市的销售面积占整个淮海城市群成交总量的 44.30%；除徐州外，其他城市商品住宅成交面积均在 500 万平方米以下。如图 17 – 24 所示。

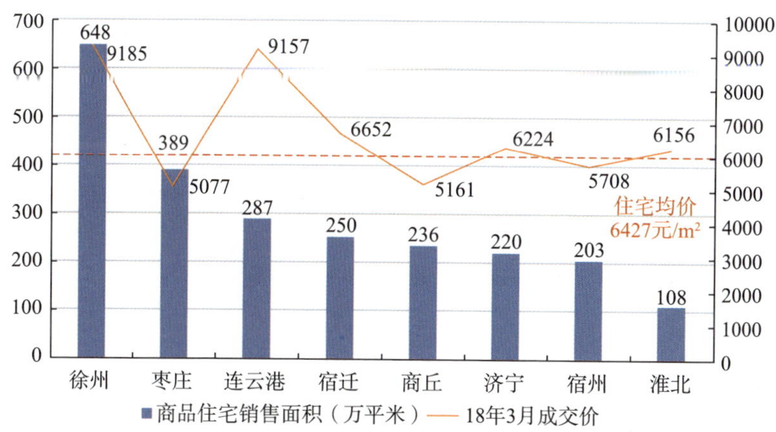


**图 17 – 24　淮海城市群 2015 – 2017 年商品住宅销售情况**

淮海城市群 8 个城市 2015 – 2017 年三年平均土地出让住宅总建设面积为

3191 万平方米，平均成交楼面均价为 1148 元/平方米。如图 17－25 所示。

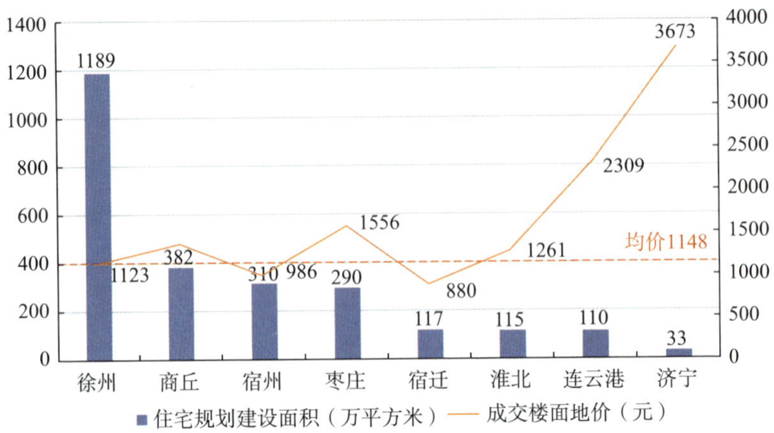


**图 17－25　淮海城市群 2015－2017 年商品住宅土地供应情况**

市场容量从商品住宅销售面积和常住人口两个维度考虑。人口规模较大且距离轴线向下偏离越大，代表市场潜在容量越大。重点关注城市有济宁、商丘。如图 17－26 所示。

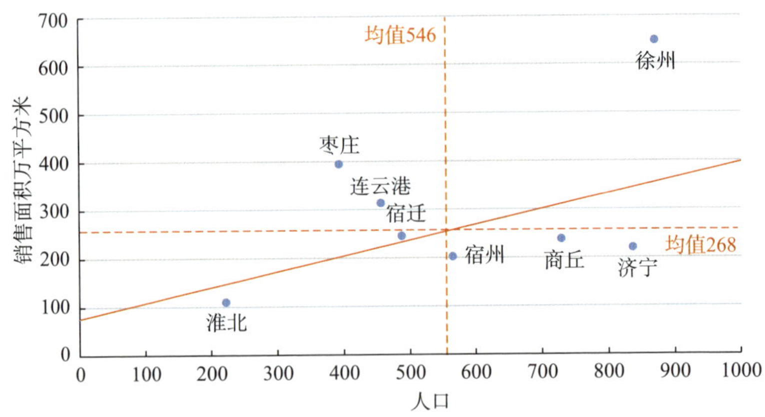


**图 17－26　淮海城市群市场容量分析**

## 城市发展潜力

城市发展是城市的未来趋势，也是房地产发展迈向美好生活的主要路径。我们从城市配套、交通、旅游、规划等层面综合研判城市发展潜力。

淮海城市群城市发展指数 TOP3 的城市为徐州、连云港、济宁。如图 17－27 所示。

TOP

| | 城市 | 城市发展指数 |
|---|---|---|
| 1 | 徐州 | 57 |
| 2 | 连云港 | 33 |
| 3 | 济宁 | 30 |
| 4 | 枣庄 | 28 |
| 5 | 宿迁 | 23 |
| 6 | 商丘 | 22 |
| 7 | 宿州 | 22 |
| 8 | 淮北 | 18 |

备注：城市发展指数为综合评价指数。

【计算方法】

配套 35%：
三甲医院数量　8%
大专院校数量　12%
城市景观资源　8%
国家级产业园区数量　7%

交通 40%：
高铁班次　16%
距机场距离　12%
境内高速公路通达度　12%

旅游 25%：
4A级以上景区　6%
四星级以上酒店　9%
旅游人次　10%

城市发展潜力 100分
=城市基本面×20%

【参考指标】

城市定位及分级指数
产业发展规划
交通规划

#所有指标均采用分层评价。

*数据来源为各城市国民经济与社会发展统计公报、去哪儿网及各地教育、医疗、旅游等相关机构网站综合得出。

图 17－27　淮海城市群城市发展指数

（1）城市配套与环境

城市配套的好坏直接制约着城市整体房地产发展水平，尤其是重要的医疗、教育等配套资源。第一新财经发布的《中国城市再分级》，把城市从商业资源集聚度、城市枢纽性、城市人活跃度、生活方式多样性、未来可塑性进行了重新评价和定位，具有很好的参考价值。但本书仅从影响房地产市场选择最直接的几个指标进行论证。

从最直接影响房地产的医疗教育配套来看，淮海城市群整体配套三甲医院共有 24 所，占全国三甲医院总数 1599 所的 1.5%；淮海城市群共有大专院校 34 所，占全国大专院校总数 2631 所的 1.29%。如图 17－28 所示。

（2）城市交通

城市是整个区域交通的枢纽，其交通的便利度和通达性是我们关注的重点。城市轨道交通是大城市房地产市场的重要助推器，影响大城市的板块市场，但本书主要研究城市之间的房地产市场对比，故暂未把城市轨道

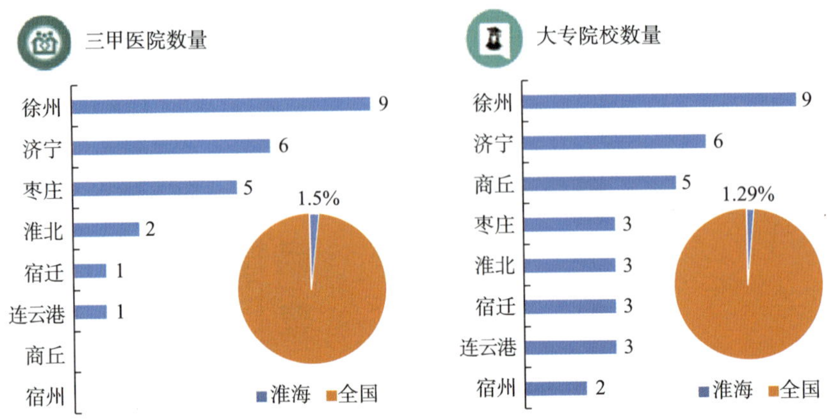


**图 17－28　淮海城市群三甲医院及大专院校数量**

交通纳入研究范围。

整体来看，淮海经济区具有便利的交通条件。

机场方面：徐州观音国际机场、连云港白塔埠机场、阜阳机场、济宁曲阜机场，航空线路基本覆盖经济区。

港口方面：连云港、日照港天然深水良港，京杭大运河穿境而过，鲁宁输油管道纵贯南北，便捷的交通使本区县具有货畅其流、人便其流的优势条件。

铁路及公路：淮海经济区内既有京沪、京九、陇海、新石二纵二横铁路干线形成“井”形框架布设在内部，京福、京沪、连霍、高速公路及国道干线构成的密集运输网络。如图 17－29 所示。

港口方面：连云港、日照港天然深水良港，京杭大运河穿境而过，鲁宁输油管道纵贯南北，便捷的交通使本区县具有货畅其流、人便其油的优势条件。

淮海经济区内既有京沪、京九、陇海、新石二纵二横铁路干线形成“井”形框架布设在内部，京福、京沪、连霍、高速公路及国道干线构成的密集运输网络。如图 17－30 所示。

淮海城市群中徐州的交通便利度明显优于其他城市。如图 17－31 所示。

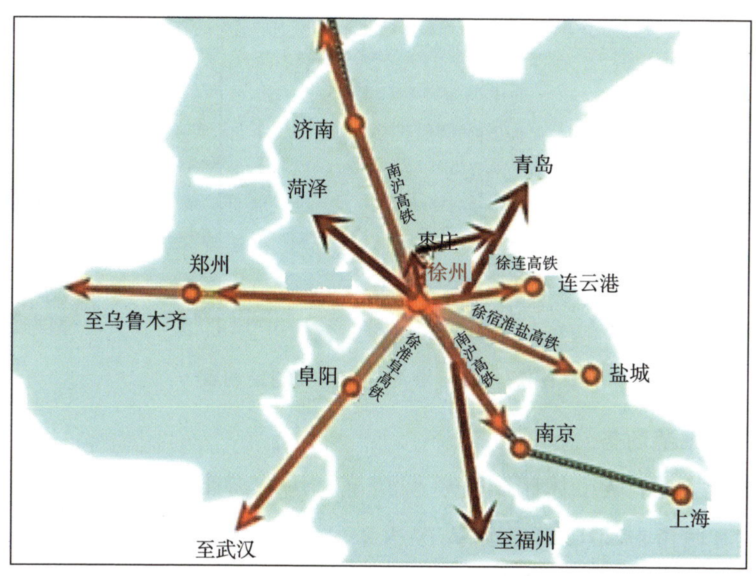


图 17－29　淮海城市群交通通道布局

徐州已与南京、郑州、济南，合肥4个省会城市构成“2小时交通圈”

- 徐州 ↔ 济南：1小时
- 徐州 ↔ 南京：1小时15分钟
- 徐州 ↔ 徐州：1.5小时
- 徐州 ↔ 合肥：1.5小时

徐州与周边各大城市通达性强，是我国重要交通枢纽城市之一

1小时交通圈覆盖多个市县

- 宿州 ↔ 徐州：18分钟
- 枣庄 ↔ 徐州：20分钟
- 兼县 ↔ 徐州：20分钟
- 蚌埠 ↔ 徐州：36分钟
- 商丘 ↔ 徐州：45分钟

未来以下地级市也将融入徐州1小时交通圈

2030年更多途径徐州高铁将开通

临沂、宿迁、淮安、阜阳、连云港及沿线区县也将实现1小时到达徐州，徐州与周边市县联系将更加紧密，全国性综合交通枢纽城市地位将进一步加强

图 17－30　淮海城市群交通圈

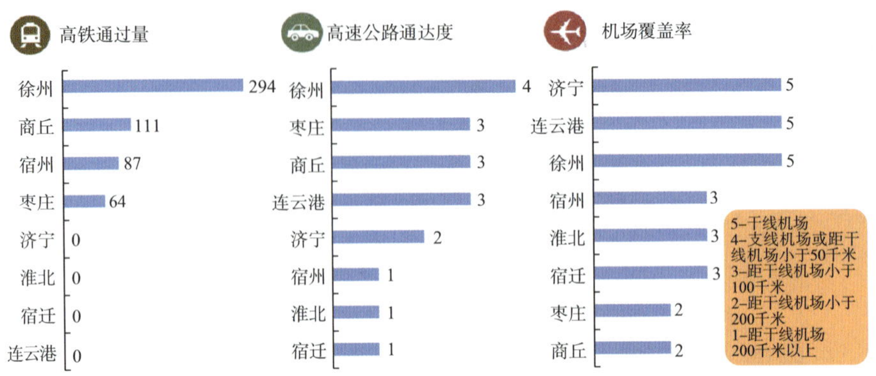


**图 17-31 淮海城市群交通便利度**

### (3) 旅游商务

旅游反映了城市休闲配套资源情况和因旅游带来的短时流动人口流向。淮海城市群 2016 年旅游人次达 2.18 亿人，旅游收入 2174 亿元。其中，济宁、徐州、连云港为重要的旅游城市，三个市旅游人次占整个淮海城市群的 62.8%；淮海城市群 2016 年人均旅游消费 999 元，超过整体水平的城市有 3 个，分别为徐州、连云港、宿迁。如图 17-32 所示。

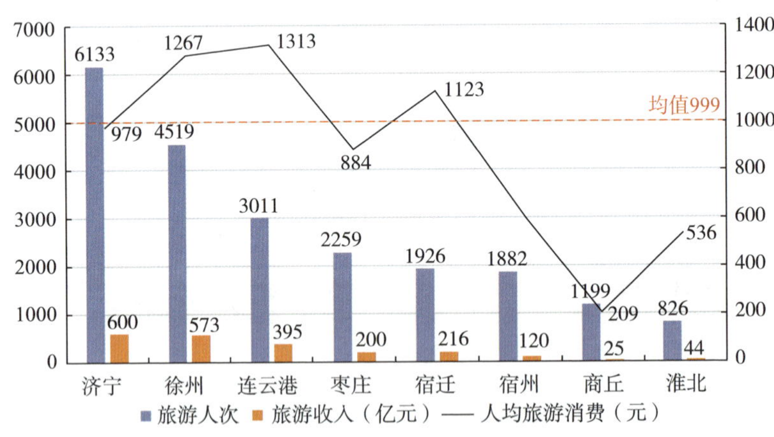


**图 17-32 淮海城市群 2016 年旅游情况**

淮海城市群旅游资源比较丰富，名胜古迹众多，有云龙湖、云龙山、彭祖园、戏马台、龟山汉墓、新沂、潘安水镇、窑湾古镇等旅游景点。除此之外，徐州和济宁都是国家历史文化名城、中国优秀旅游城市。徐州是汉文化的发源地，济宁是儒文化的发源地，均有着深厚的历史文化底蕴。

两个城市地缘相近、风俗相似，但在文化内涵上有差异，自然生态上有不同，旅游资源可以互补，形成差异化旅游。

淮海城市群共有4A级以上景区76个，占全国4A级以上景区1335个的5.69%。四星级以上酒店204个，其中四星级以上酒店达到50家以上的城市只有1个，为徐州。如图17－33所示。

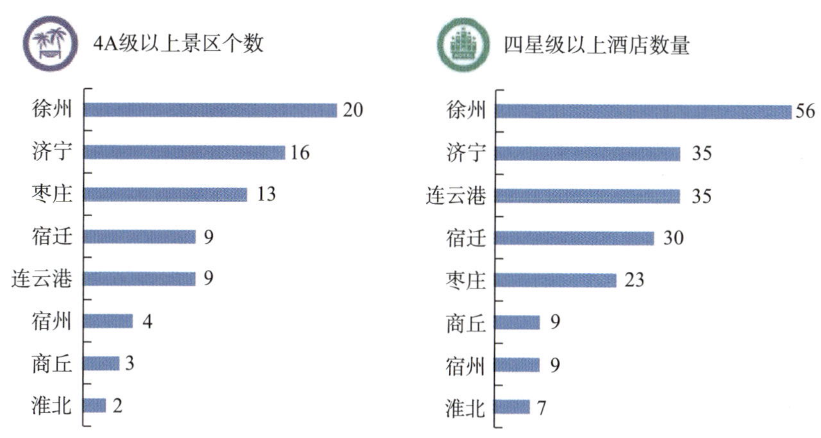


**图17－33　淮海城市群4A级以上景区及酒店数量**

**（4）产业发展**

产业是人口集聚的主要因素，产业反映了城市经济支撑资源情况，产业的规划发展状态可以带动人口的流向。淮海城市群产业发展水平不高，产业层次较低，第三产业发展滞后。各城市间产业分工不合理，产业同构现象突出，产业互补性、关联性和一体化程度差。

另外，产业结构的同质性加剧了引资大战，资源要素跨区域整合难度大，形成低水平的重复建设，导致资金和要素资源的浪费。城市间缺乏合理的分工合作机制，使城市群产业互补性得不到有效提升，“错位发展”成为空谈，导致恶性竞争加剧，严重制约了淮海城市群的开发开放和转型升级。

淮海城市群城市基本面综合排名TOP3的城市为徐州、济宁、宿迁。处在城市发展较好区、适中区、较差区的城市个数比为2:4:2。如表17－8、17－9所示。

**表 17－8　淮海城市群城市基本面评判指标及权重**

<table>
<tr><th>一级指标</th><th>一级指标分值</th><th colspan="2">指标维度</th><th>二级指标</th><th>二级指标权重</th></tr>
<tr><td rowspan="3">人口</td><td rowspan="3">35%</td><td colspan="2">人口基数</td><td>常住人口<br>常住户籍人口比<br>小学生增幅</td><td>40%<br>15%<br>10%</td></tr>
<tr><td colspan="2">家庭结构</td><td>中小学生的在校生人数</td><td>10%</td></tr>
<tr><td colspan="2">变化趋势</td><td>城镇化率增幅<br>城镇化率</td><td>15%<br>10%</td></tr>
<tr><td>容量</td><td>25%</td><td colspan="2">市场容量基数</td><td>三年平均销售面积</td><td>100%</td></tr>
<tr><td rowspan="3">经济</td><td rowspan="3">20%</td><td colspan="2">总量水平</td><td>GDP<br>第三产业占 GDP 比值</td><td>40%<br>15%</td></tr>
<tr><td colspan="2">财富水平</td><td>城镇人口均可支配收入</td><td>12%</td></tr>
<tr><td colspan="2">发展活力</td><td>人均住户存款余额<br>一般财政预算收入<br>上市公司数量</td><td>8%<br>10%<br>15%</td></tr>
<tr><td rowspan="3">城市发展</td><td rowspan="3">20%</td><td>配套</td><td>医疗<br>教育<br>景观<br>产业</td><td>三甲医院数量<br>大专院校数量<br>城市景观资源<br>国家级产业园区数量</td><td>8%<br>12%<br>8%<br>7%</td></tr>
<tr><td>交通</td><td>铁路<br>飞机<br>公路</td><td>高铁班次<br>距机场距离<br>境内高速通达数量</td><td>16%<br>12%<br>12%</td></tr>
<tr><td>旅游</td><td>景区资源<br>配套<br>人次</td><td>4A 级以上景区<br>星级酒店<br>旅游人次</td><td>6%<br>9%<br>10%</td></tr>
</table>

**表 17－9　淮海城市群城市基本面综合排名**

| | 城市 | 综合得分 |
|---|---|---|
| 1 | 徐州 | 69. 70 |
| 2 | 济宁 | 56. 03 |
| 3 | 宿迁 | 48. 72 |
| 4 | 枣庄 | 47. 44 |
| 5 | 连云港 | 44. 97 |

续表

| | 城市 | 综合得分 |
|---|---|---|
| 6 | 商丘 | 40.49 |
| 7 | 宿州 | 39.59 |
| 8 | 淮北 | 28.74 |

# 第三节　房地产市场热度研判

市场热度指数重点考察市场房价、地价现状及涨幅情况，进驻潜力和市场竞争热度，来分析目前的市场热度。淮海城市群地货比指数中位值为23%，整体来看市场机会适中，可适当进入。热度指数TOP3城市为济宁、连云港、枣庄。如图17－34所示。

| | 城市 | 热度指数 | 地货比指数 |
|---|---|---|---|
| 1 | 济宁 | 94.8 | 59% |
| 2 | 连云港 | 70.8 | 25% |
| 3 | 枣庄 | 59.2 | 31% |
| 4 | 商丘 | 4[illegible].0 | 26% |
| 5 | 淮北 | 41.7 | 20% |
| 6 | 宿迁 | 41.6 | 13% |
| 7 | 宿州 | 40.8 | 17% |
| 8 | 徐州 | 35.3 | 12% |

备注：热度指数为综合评价指数；
地货比指数为近6个月成交楼面地价/2018年4月成交房价。

销售利润率预估指数为经验数据预估值，
销售利润率=（房价-地价-土地外成本-增值税）/房价。

【计算方法】

房价 40%：房价指数 26%；房价增幅 14%
地价 30%：地货比 20%；地价增幅 10%
竞争 30%：住宅土地供应去化年限 18%；top50房企进驻数量 12%

市场热度指数 100分
=城市市场面×100%

#测算方法：
（1）房价指数=城市实时房价/1.5线城市实时房价均价；
（2）房价增幅=（实时房价-2015年房价）/2015年房价；
（3）地货比=近半年楼面价/实时房价；
（4）地价增幅=近半年成交楼面价/2015年成交楼面价。

【参考指标】

房价收入比
房地产投资占固定资产投资额比值
市区住宅投资比
土地溢价率
销售利润率

*数据来源为中指数据、吉屋网。

图17－34　淮海城市群市场热度指数

淮海城市群整体房价中位值为6190元/平方米，地价中位值为1306元/平方米；淮海城市群地货比中位值为23%。地货比较高的三个城市为济宁、枣庄、商丘，应及时捕捉市场信息，防控拿地风险；地货比较低的三个城市为徐州、宿迁、宿州，应作为重点关注城市，寻找机会适时进驻。如图17－35所示。

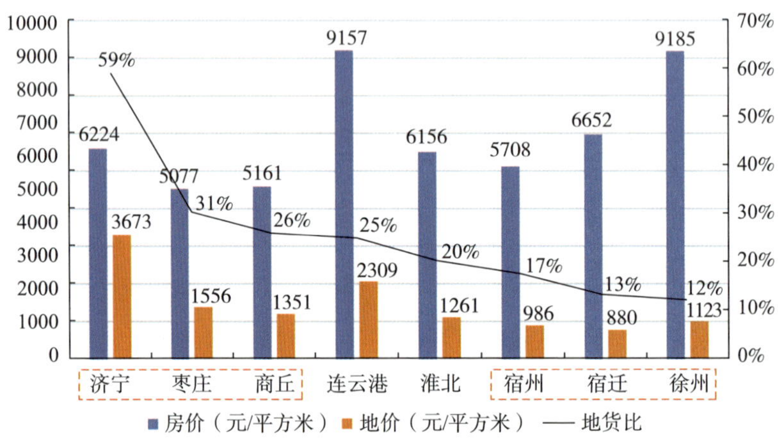


**图17－35　淮海城市群房地价及地货比**

淮海城市群房价平均涨幅为30%，地价平均涨幅为85%。房价涨幅高于城市群整体平均增幅的城市共有5个，分别为宿迁、徐州、宿州、商丘、枣庄；地价涨幅高于城市群整体平均增幅的城市共有2个，分别为济宁、连云港。如图17－36所示。

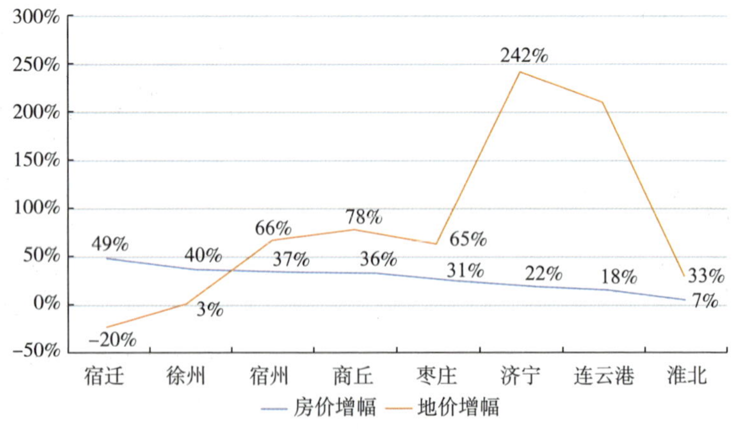


**图17－36　淮海城市群房价及地价增幅**

市场潜力从常住人口和地货比两个维度考虑，地货比较低且人口规模相对较大代表市场潜力较大。战略进驻区域城市共 2 个，分别为徐州、商丘；重点关注区域城市共 1 个，为宿州；机会进驻区域城市共 2 个，分别为宿迁、连云港。如图 17－37 所示。

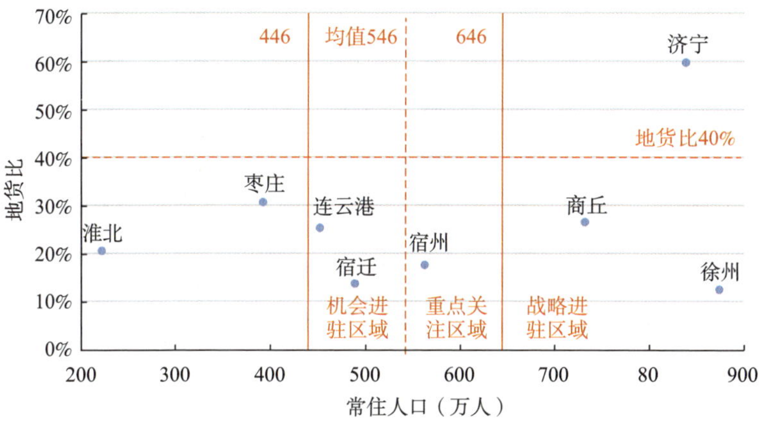


**图 17－37　淮海城市群常住人口和地货比**

市场潜力从成交面积和地货比两个维度考虑，地货比较低且成交面积较大代表市场潜力较大。战略进驻区域城市共 2 个，分别为枣庄、徐州；重点关注区域城市共 1 个，为连云港；机会进驻区域城市共 3 个，分别为宿州、商丘、宿迁。如图 17－38 所示。

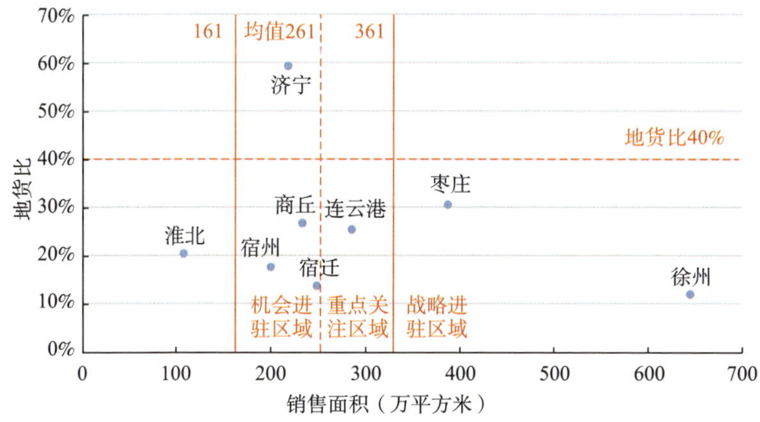


**图 17－38　淮海城市群成交面积和地货比**

淮海城市群住宅供应去化年限为 4.09 年，去化周期小于 3 年的有 2

个。整体来看，枣庄、济宁等城市市场供不应求；徐州、商丘、宿州等城市市场供过于求。如图 17－39 所示。

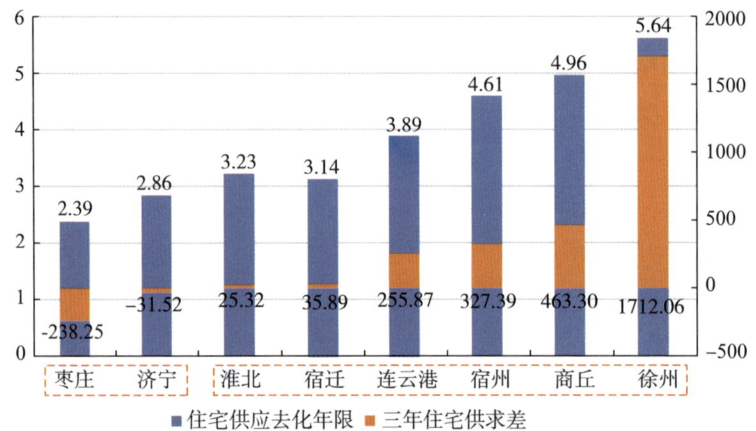


**图 17－39　淮海城市群去化周期及供应差**

房价收入情况，在均值线下，居民收入较大且距离轴线向下偏离越大，代表房价上涨潜力越强。重点关注城市有宿迁、徐州、连云港；一般关注城市淮北、宿州。如图 17－40 所示。

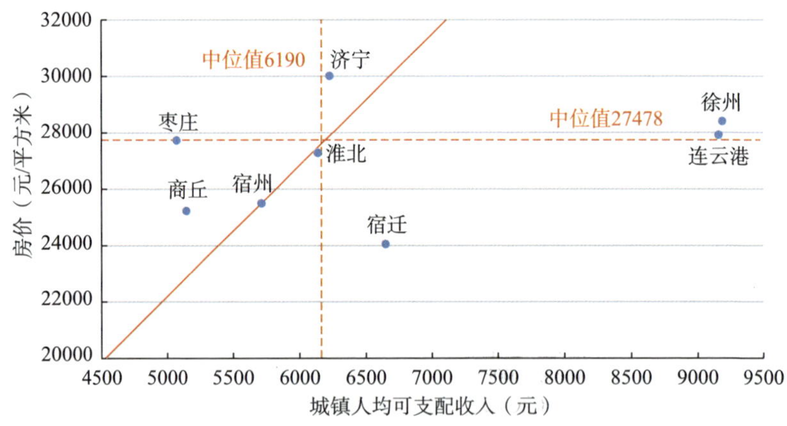


**图 17－40　淮海城市群房价收入情况**

2016 年淮海城市群房地产投资额为 2191 亿元，占全国房地产投资额 135284 亿元的 1.75%；房地产投资额均在均值 257 亿元以上的城市有 3 个，分别是徐州、济宁、宿迁。房地产投资占固定资产投资比重介于 15% ~ 25% 的有 3 个，分别为宿迁、商丘、宿州，此区域为房地产合理投资区，建议重点关注；在15%以下的城市有5个，此区域房地产投资相对较少，存在潜在投资机会。如图17－41所示。

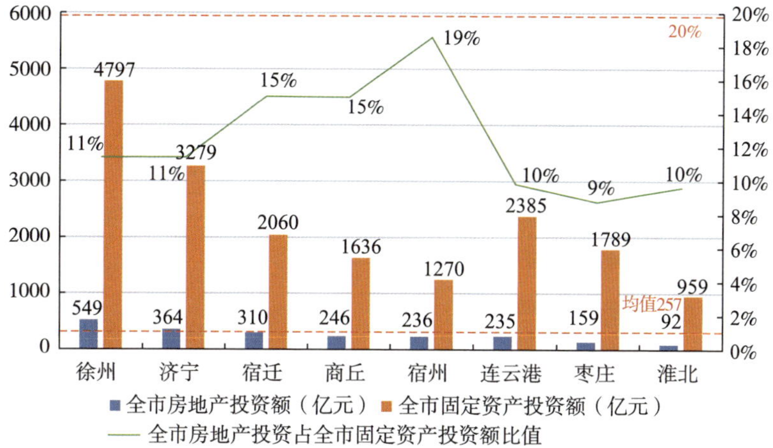


**图17－41　淮海城市群2016年房地产投资占固定资产投资比重**

2016年淮海城市群住宅投资额为1568亿元，住宅投资额在均值188亿元以上的城市有4个，分别为徐州、商丘、宿迁、连云港。整个城市群住宅投资额占房地产投资额比重为71.6%，市区住宅投资占全市住宅投资的53%。市区住宅投资占比低于50%的城市有商丘、宿迁、济宁，以上城市所辖县级城市房地产投资较为活跃，应重点关注。如图17－42所示。

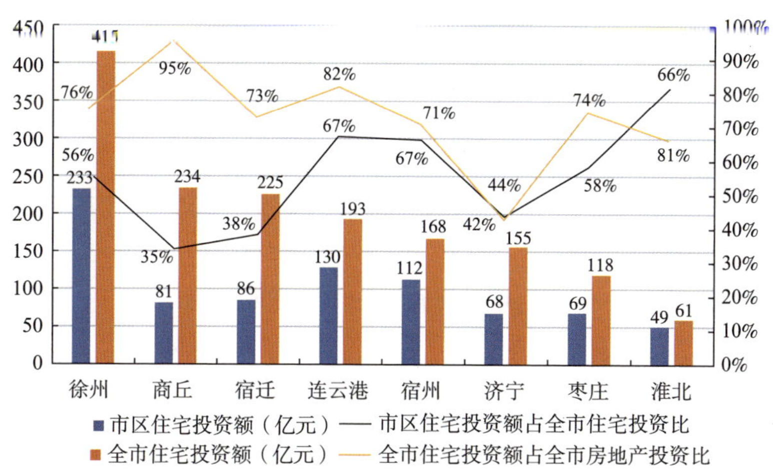


**图17－42　淮海城市群2016年住宅投资及比重**

徐州 TOP50 房企进驻相对较多，有一定的市场竞争力。如图 17 －43 所示。

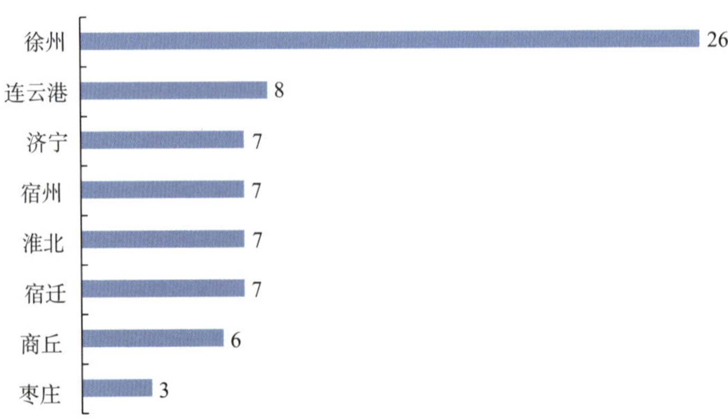


**图 17 －43　淮海城市群 TOP50 房企进驻数量**

土地市场热度从成交楼面地价和溢价率两个维度考虑，成交楼面地价和溢价率均较低代表土地市场潜在热度较大。重点关注城市有宿迁、徐州、商丘。如图 17 －44 所示。（溢价率在 5% 以下市场公开程度较低，需谨慎关注。）

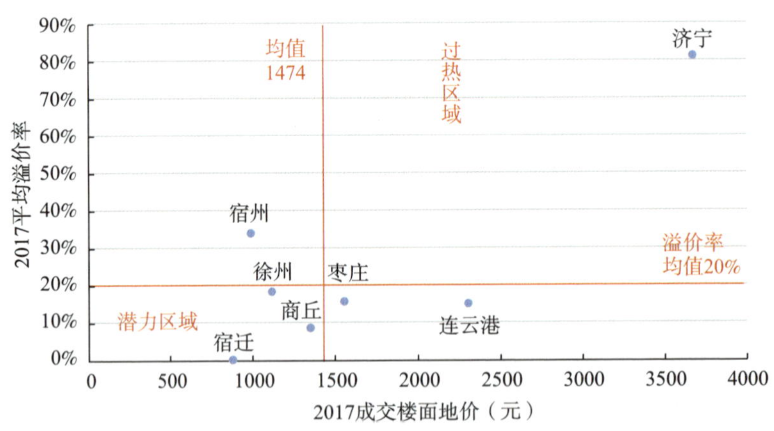


**图 17 －44　淮海城市群土地市场热度分析**

从销售利润率看，大于 25% 的城市有 3 个，为徐州、连云港、宿迁。销售利润率 = （房价 － 地价 － 土地外成本 － 增值税）/房价，土地外成本按 3600 元估算。增值税 = （房价 － 地价） ×10%/（1 +10%） －3600 ×

8%。需要注意的是：销售价格为2018年4月份价格，楼面价为近6个月成交楼面价。如图17－45所示。

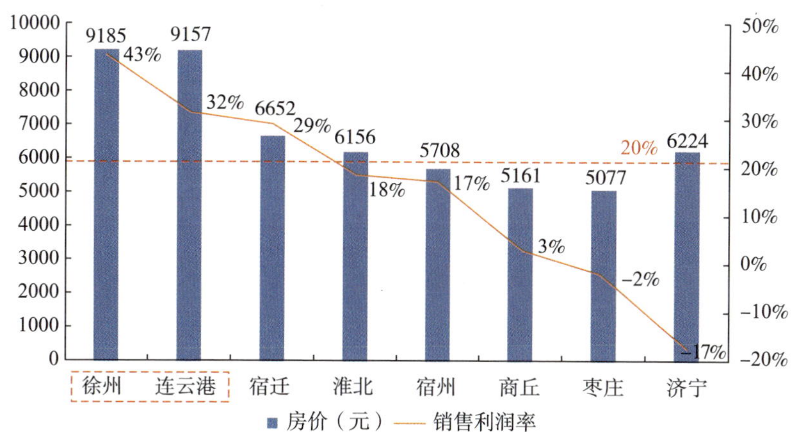


**图17－45　淮海城市群销售利润分析**

淮海城市群城市市场热度综合排名TOP3的城市为济宁、连云港、枣庄。如表17－10、17－11所示。

**表17－10　淮海城市群市场热度评判指标及权重**

| 评价维度 | 指标维度 | 一级权重 | 指标 | 权重 |
|---|---|---|---|---|
| 市场热度 | 房价热度 | 40% | 房价指数（实时房价/1.5线城市实时房价均价） | 26% |
| | | | 房价增幅｛（实时房价－2015年房价）/2015年房价｝ | 14% |
| | 地价热度 | 30% | 地货比（近半年楼面价/实时房价） | 20% |
| | | | 地价增幅（最近半年成交楼面价/2015年成交楼面价） | 10% |
| | 竞争热度 | 30% | 住宅土地供应去化年限 | 18% |
| | | | TOP50房企进驻数量 | 12% |

**表17－11　淮海城市群市场热度综合排名**

| | 城市 | 综合得分 |
|---|---|---|
| 1 | 济宁 | 95 |

续表

| | 城市 | 综合得分 |
|---|---|---|
| 2 | 连云港 | 71 |
| 3 | 枣庄 | 59 |
| 4 | 商丘 | 43 |
| 5 | 淮北 | 42 |
| 6 | 宿迁 | 42 |
| 7 | 宿州 | 41 |
| 8 | 徐州 | 35 |

淮海城市群城市房地产投资安全性综合排名 TOP3 的城市为宿州、商丘、宿迁。偏离度大于 1 的城市投资风险较高，应谨慎投资，该城市群城市的偏离度均小于 1。如表 17 – 12 所示。

**表 17 – 12　淮海城市群房地产投资安全性综合排名**

| | 城市 | 偏离度 |
|---|---|---|
| 1 | 宿州 | 0.03 |
| 2 | 商丘 | 0.06 |
| 3 | 宿迁 | 0.15 |
| 4 | 枣庄 | 0.25 |
| 5 | 淮北 | 0.45 |
| 6 | 徐州 | 0.49 |
| 7 | 连云港 | 0.57 |
| 8 | 济宁 | 0.69 |

第十八章

# 关中秦王　东进揽胜

十三朝古都、八水润长安。

称之关中秦王，乃战国时为秦国属地，帝王之尊已逝，豪放之情犹存；西安站在历史与现代的交汇，丝绸之路的起点，国家西部的中心城市，勇于担当、开拓创新是为发展之路，而城市群策略上，则要立足大中原，东进拓腹地，揽胜再称王。

## 第一节　关中投资策略综合分析

### 概况及特征

关中平原是华夏文明重要发祥地，是古丝绸之路的起点，城市群地处中国内陆中心，是亚欧大陆桥的重要支点，是西部地区面向东中部地区的重要门户，东邻中原城市群，南邻成渝城市群和长江中游城市群。

我们此次研究的关中城市群包含陕西省的 6 个城市、山西省的 2 个城市、甘肃省的 2 个城市。如表 18－1 所示。

**表 18－1　关中城市构成关中城市群城市**

| | 城市名单 |
|---|---|
| 陕西省（6） | 西安、宝鸡、咸阳、铜川、渭南、商洛 |

续表

| | 城市名单 |
|---|---|
| 山西省（2） | 运城、临汾 |
| 甘肃省（2） | 天水、平凉 |

**关中城市群主要特征：**

**（1）关中城市群区位交通优势明显，战略地位显著**

地处我国内陆中心，是亚欧大陆桥的重要支点，是西部地区面向东中部地区的重要门户。贯通西部地区的南北通道和新亚欧大陆桥在此交汇，以西安为中心的“米”字形高速铁路网、高速公路网加快完善，国际枢纽机场和互联网骨干直联点加快建设，全国综合交通物流枢纽地位更加凸显。

**（2）关中城市群历史文化底蕴深厚、人文旅游资源丰富**

南依秦岭、东跨黄河，具有独特的文化和地理标识，发源和兴盛于此的始祖文化、汉唐文化是中国元素的重要组成。西安、咸阳、宝鸡、天水、平凉、运城、临汾等城市历史悠久，拥有大量珍贵的历史文化遗产和丰富的人文自然资源。城市群内各城市文化同源、人缘相亲、民俗相近、交流合作密切、区域认同感强。

**（3）关中城市群现代产业体系完备**

工业体系完整，产业聚集度高，是全国重要的装备制造业基地、高新技术产业基地、国防科技工业基地。航空、航天、新材料、新一代信息技术等战略性新兴产业发展迅猛，文化、旅游、物流、金融等现代服务业快速崛起，产业结构正在迈向中高端。西北唯一的自由贸易试验区和一批国家级产业园区，为现代产业发展提供了重要平台和载体。

**（4）关中城市群科教创新资源丰富**

科教资源、军工科技等位居全国前列，2016 年，研发经费投入强度超过3%，拥有普通高校99 所，在校大学生超过100 万，两院院士64 人，各类科研机构 1100 多家，国家级重点（工程）实验室 25 家，国家级“双创”示范基地 4 家，承担着全面创新改革试验、自主创新示范、军民深度融合发展等国家重大改革创新任务。

**(5)从城市群融合发展看，由于关中城市群腹地较小，自我发展受限，关中城市群应和中原城市群相向发展，构建统一协调发展新机制**

## 城市群综合分析

关中城市群土地面积为5.7万平方千米，占全国963.41万平方千米的0.59%；地区生产总值为2.1万亿元，占全国63.65万亿元的3.3%；人口为0.5亿，占全国13.68亿的3.65%；关中城市群在主要城市群比较中处于相对较弱势的位置。单位面积产值0.15亿元，处于各个城市群最低，人均产值4.12万，高于中原城市群，与成渝城市群基本持平。如图18－1所示。

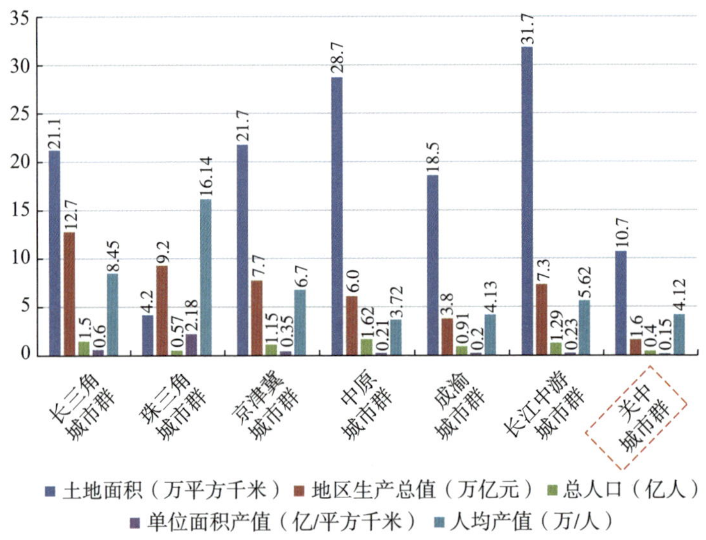


**图18－1　主要城市群对比**

关中城市群属于城市群发展的第一阶段，以强核吸附为主要特征，核心城市西安吸附力较强。如图18－2所示。

关中城市等级体系两极分化严重，处在城市发展较好区、适中区、较弱区城市比例为1∶1∶8。如图18－3所示。

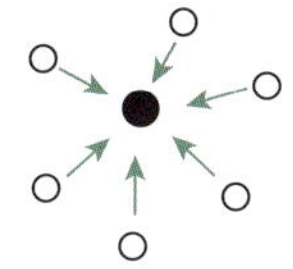

图 18－2　强核阶段模型

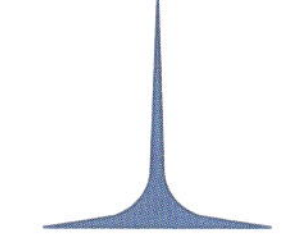

图 18－3　杯托型

关中城市群和中原城市群联系最为密切，其次与长江中游、成渝联系较为密切。

从关中内部城市经济联系强度表可以看出，西安与咸阳（0.286）联系最为密切，其次西安与渭南（0.049）、咸阳与渭南（0.012）等城市联系较为密切。如表 18－2 所示。

从城市群投资潜力雷达图可以看出，关中城市群城镇化率、产业发展、交通便捷度这几个维度发展较高，但其经济活力、市场容量等水平发展较低。如图 18－4 所示。

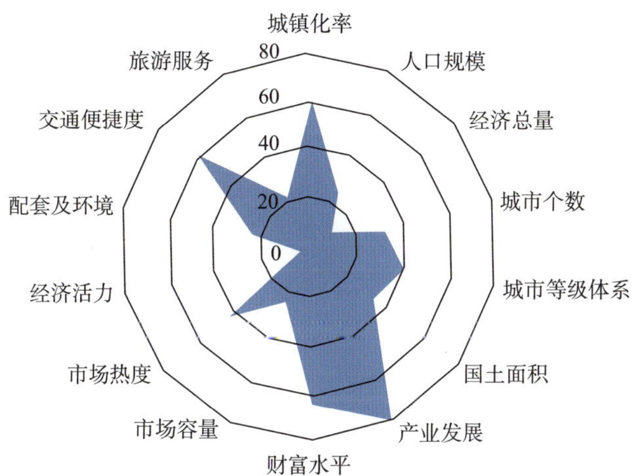


图 18－4　关中城市群投资潜力雷达图

**表18-2 关中内部城市经济联系强度表**

| | 西安 | 宝鸡 | 咸阳 | 铜川 | 渭南 | 商洛 | 运城 | 临汾 | 天水 | 平凉 |
|---|---|---|---|---|---|---|---|---|---|---|
| 西安 | | 0.006481 | 0.285516 | 0.00826 | 0.049755 | 0.005665 | 0.00318 | 0.00136 | 0.000872 | 0.00066268 |
| 宝鸡 | | | 0.004094 | 0.000262 | 0.001395 | 0.000386 | 0.000403 | 0.00023 | 0.00121 | 0.00063069 |
| 咸阳 | | | | 0.002458 | 0.012067 | 0.001853 | 0.001226 | 0.000552 | 0.00047 | 0.0003491 |
| 铜川 | | | | | 0.002328 | 0.000178 | 0.000167 | 0.000107 | 4.49E-05 | 5.76E-05 |
| 渭南 | | | | | | 0.002407 | 0.002037 | 0.00064 | 0.000242 | 0.00018966 |
| 商洛 | | | | | | | 0.000415 | 0.000174 | 8.11E-05 | 5.9543E-05 |
| 运城 | | | | | | | | 0.002847 | 0.000104 | 7.6469E-05 |
| 临汾 | | | | | | | | | 6.68E-05 | 5.4215E-05 |
| 天水 | | | | | | | | | | 0.00022936 |
| 平凉 | | | | | | | | | | |

运城同时纳入关中城市群与中原城市群势力范围，将运城分别与2个城市群的经济联系强度进行对比分析，运城更倾向于融入关中城市群。如表18－3、图18－5所示。

表18－3 运城经济联系强度对比

| 城市群 | 运城 |
| --- | --- |
| 关中 | 0.003 |
| 中原 | 0.002 |

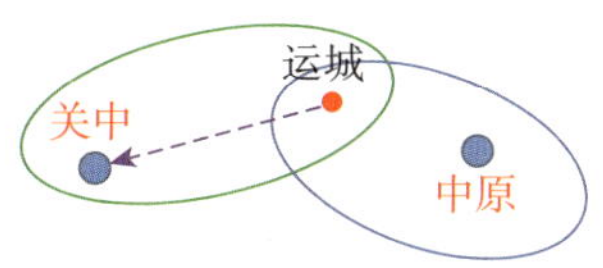


图18－5 运城的城市群选择

## 城市房地产投资策略

我们从城市发展潜力、房地产市场热度、投资安全性三个单一维度给出城市群各城市排名情况如图18－6所示。

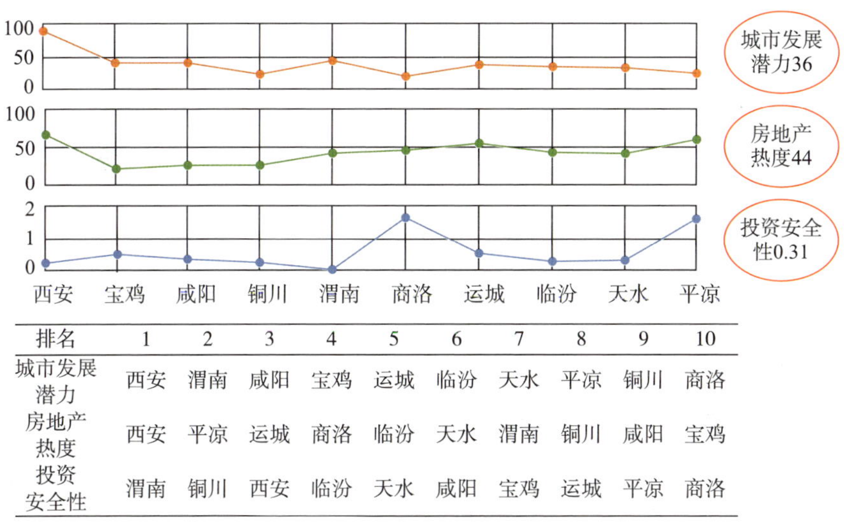


| 排名 | 1 | 2 | 3 | 4 | 5 | 6 | 7 | 8 | 9 | 10 |
| --- | --- | --- | --- | --- | --- | --- | --- | --- | --- | --- |
| 城市发展潜力 | 西安 | 渭南 | 咸阳 | 宝鸡 | 运城 | 临汾 | 天水 | 平凉 | 铜川 | 商洛 |
| 房地产热度 | 西安 | 平凉 | 运城 | 商洛 | 临汾 | 天水 | 渭南 | 铜川 | 咸阳 | 宝鸡 |
| 投资安全性 | 渭南 | 铜川 | 西安 | 临汾 | 天水 | 咸阳 | 宝鸡 | 运城 | 平凉 | 商洛 |

图18－6 关中城市群各城市排名情况

核心城市西安处于扫货区，主要是受政府调控影响，房价地价涨幅不大，且三年来的土地供销平衡，未来会存在一个补涨的机会，应抓紧时机，增大土地储备；一般城市大多处在挑货区，城市发展较为缓慢，应谨慎进驻；关中城市群整体发展缓慢，目前地货比整体都相对较低。

如图 18 －7 所示。

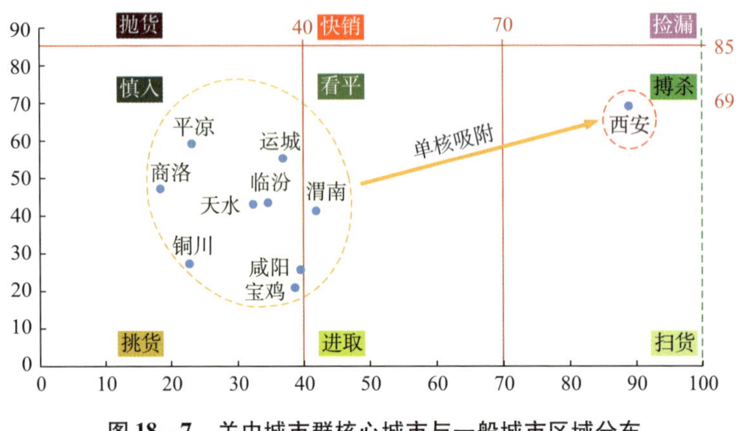


**图 18 －7　关中城市群核心城市与一般城市区域分布**

根据九宫格阶梯筛选法则，处在阶梯阴影区为重点拓展城市；扫货区积极拓展城市有西安，应积极扫货；黄线框内的重点拓展城市，主要包括渭南；挑货区的重点拓展城市有运城、平凉、商洛、临汾、天水、咸阳、宝鸡、铜川等 8 个城市。如图 18 －8 所示。

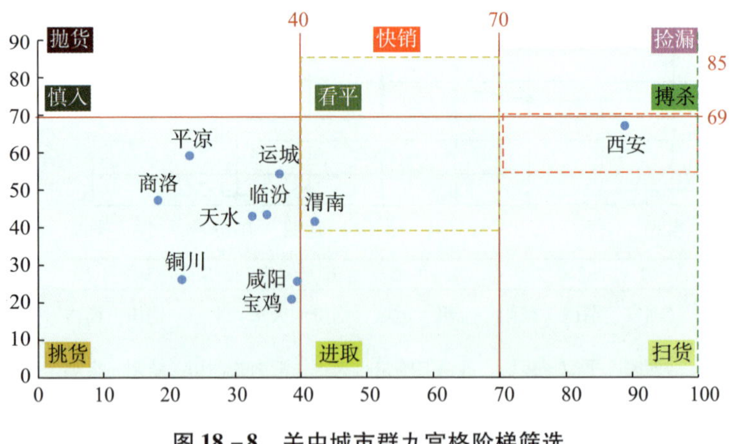


**图 18 －8　关中城市群九宫格阶梯筛选**

根据九宫格模型得出关中城市群作战地图，主攻城市渭南。如图 18 －9 所示。

以行业领先房企投资评审标准作为筛选器，商洛、渭南城市销售利润率为负，除战略考量外，能不进驻则不进驻；平凉、运城、宝鸡、临汾、铜川城市平均销售利润率低于 15%，应关注市场风险，重点把控好获取土

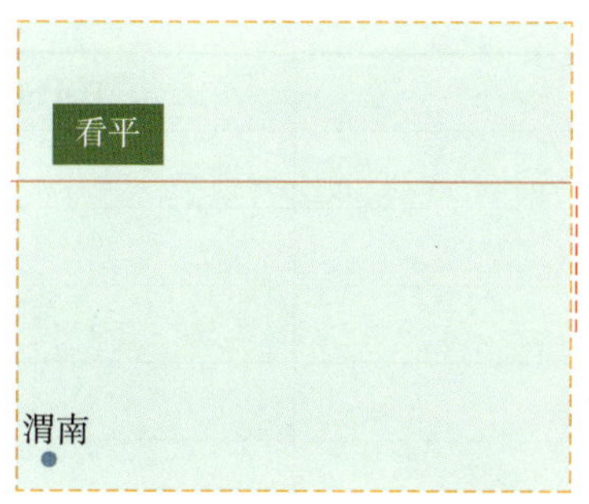


图 18－9　关中城市群作战地图

地位置及价格。如表 18－4 所示。

表 18－4　关中城市群城市筛选

| 城市 | 销售利润率 | 地货比 |
|---|---|---|
| 西安 | 41% | 19% |
| 咸阳 | 33% | 8% |
| 天水 | 17% | 29% |
| 平凉 | 14% | 18% |
| 运城 | 10% | 12% |
| 宝鸡 | 9% | 12% |
| 临汾 | 7% | 18% |
| 铜川 | 2% | 5% |
| 渭南 | －8% | 16% |
| 商洛 | －15% | 12% |

充分考虑 TOP50 房企之间的竞争平衡，关中城市群各城市中已进驻 TOP50 房企均未超过 30 个。如表 18－5 所示。

表 18－5　关中城市群竞争平衡

| 城市 | TOPSO 房企进驻数量 |
|---|---|
| 西安 | 23 |
| 咸阳 | 3 |

续表

| 城市 | TOPSO 房企进驻数量 |
| --- | --- |
| 渭南 | 2 |
| 运城 | 1 |
| 临汾 | 1 |
| 天水 | 1 |
| 宝鸡 | 0 |
| 铜川 | 0 |
| 商洛 | 0 |
| 平凉 | 0 |

# 第二节　城市群城市基本面研判

## 人口发展潜力

人口是城市发展的基础，也是房地产发展的重要支撑。我们从人口发展基数和人口发展结构等层面研判城市人口发展潜力。

关中城市群 10 个城市人口基数均值为 413 万人。人口指数 TOP3 城市为西安、渭南、咸阳。如图 18 – 10 所示。

从人口总量看，关中城市群常住户籍比为 0.98，属于人口流出城市群。常住户籍人口比≥1 以上的城市有 4 个；从人口分布看，户籍及常住人口均超过 500 万人的城市有 3 个，为西安、渭南、运城。如图 18 – 11 所示。

TOP

| | 城市 | 人口指数 | 人口基数 |
|---|---|---|---|
| 1 | 西安 | 79 | 883 |
| 2 | 渭南 | 79 | 537 |
| 3 | 咸阳 | 64 | 499 |
| 4 | 宝鸡 | 61 | 378 |
| 5 | 运城 | 60 | 531 |
| 6 | 天水 | 60 | 332 |
| 7 | 临汾 | 58 | 446 |
| 8 | 平凉 | 44 | 210 |
| 9 | 铜川 | 38 | 85 |
| 10 | 商洛 | 25 | 237 |

【计算方法】

常住人口 40%
常住户籍人口比 15%
小学生增幅 10%
中小学生在校生人数 10%
城镇化率增幅 15%
城镇化率 10%

人口发展潜力 100分
=城市基本面×35%

#指标评价采用综合打分法进行打分评价。

【参考指标】

非公就业人口及占比

备注：人口指数为综合评价指数；
人口基数为2016年常住人口（万人）。

*数据来源为各城市国民经济与社会发展统计公报及中国城市发展年鉴。

图 18－10　关中城市群人口指数

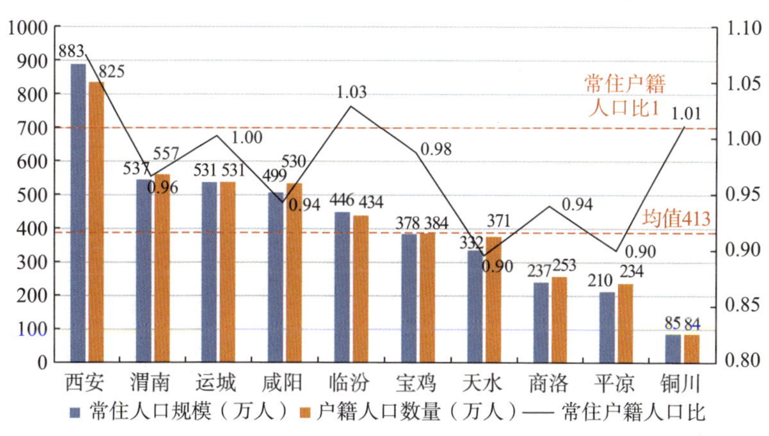


图 18－11　关中城市群人口规模

从小学生 2016 年在校生人数看，关中城市群 2016 年小学生在校人数为 253 万人，占全国小学生在校人数 9913 万人的 2.6%，远低于城市群占全国总人口比重 11% 的水平；关中城市群 10 个城市小学生在校生人数总涨幅为 －4%；重点关注城市西安、天水、渭南。如图 18 －12 所示。

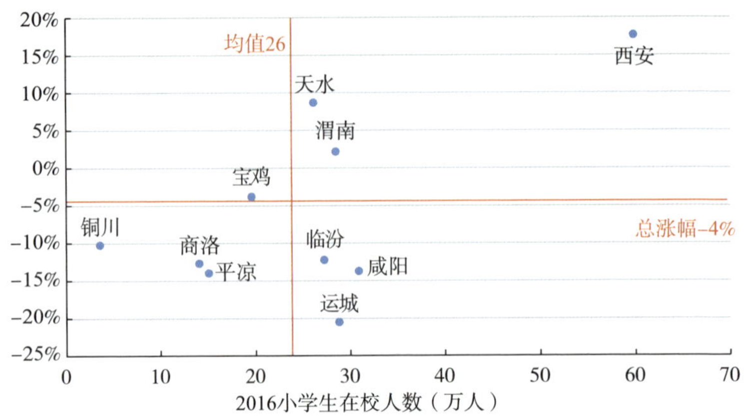


**图 18－12　关中城市群小学生 2016 年在校生人数及增幅**

中小学在校生人数从某个维度上代表这个城市刚需和刚改家庭的规模。关中城市群城市中小学在校生人数均值 47 万人，超过 100 万人的城市有西安，该城市的改善型购房需求较强。如图 18－13 所示。

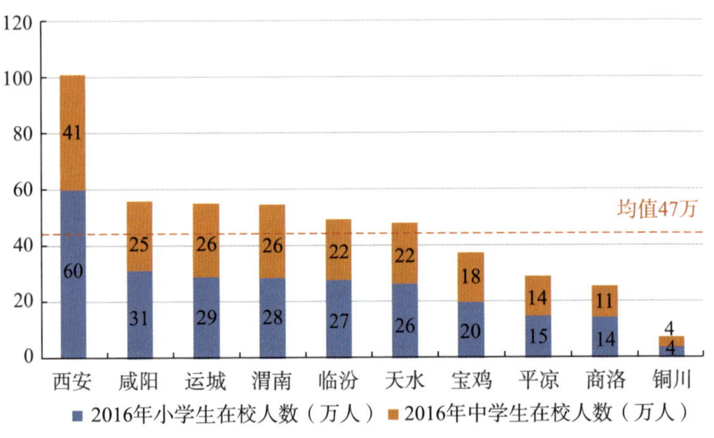


**图 18－13　关中城市群 2016 年中小学在校生人数**

关中城市群 10 个城市城镇化率在 53% 以上的城市共 2 个，分别为西安、铜川；10 个城市 2016 年城镇化率增幅在 －5. 63% ～2. 27%，平均城镇化率增幅为 1. 1%。商洛城镇化率呈现负增幅，西安因原有城镇化率水平较高，增幅缓慢，增幅达到 1%。如图 18－14 所示。

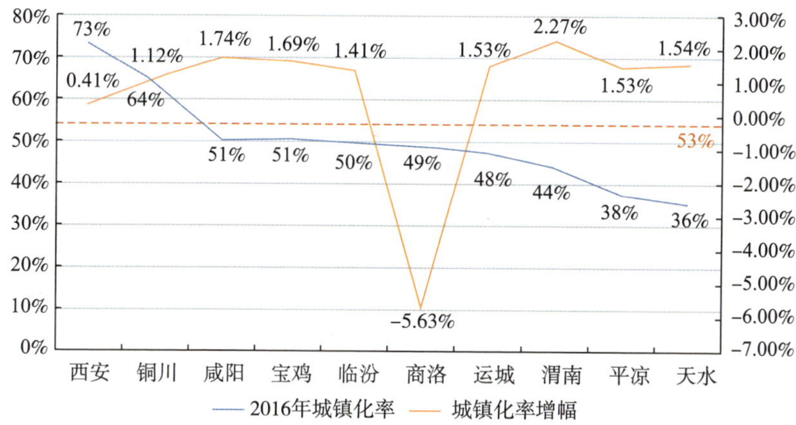


**图 18－14　关中城市群 2016 年城镇化率及增幅**

非公就业人口占比体现城市经济的活力和可持续性。关中城市非公就业人口占比中位值为 13%，高于 20% 的城市非公就业人口活力较强，除天水、咸阳、渭南、运城外，均高于 20% 。如图 18－15 所示。

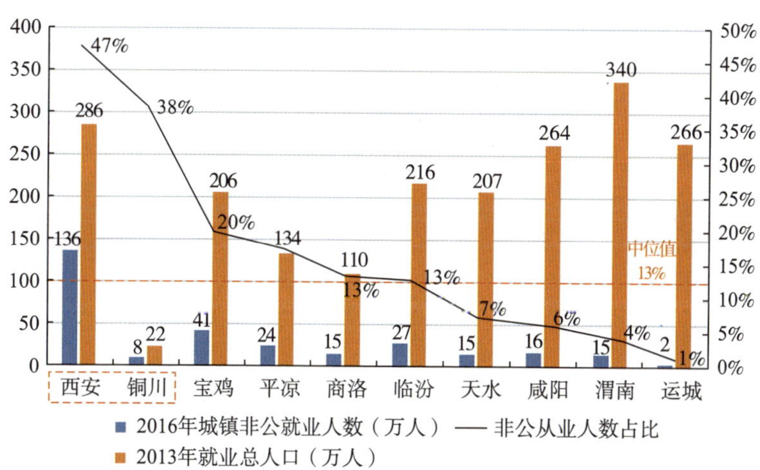


**图 18－15　关中城市群非公就业人口占比**

## 经济发展潜力

经济是城市发展的主要驱动力，也是房地产发展的重要支撑。我们从城市经济总量基数、人均收入基数、经济发展结构与活力、城市财力水平等层面综合研判城市经济发展潜力。

关中城市群城市经济总量基数均值为1428亿元，人均收入基数均值为27470元。经济指数TOP3的城市为西安、宝鸡、咸阳。如图18－16所示。

TOP

| | 城市 | 经济指数 | 城市经济总量基数 | 人均收入基数 |
|---|---|---|---|---|
| 1 | 西安 | 77 | 6257 | 35630 |
| 2 | 宝鸡 | 32 | 1932 | 31730 |
| 3 | 咸阳 | 32 | 2396 | 31662 |
| 4 | 临汾 | 30 | 1205 | 27085 |
| 5 | 运城 | 29 | 1222 | 25636 |
| 6 | 渭南 | 28 | 1489 | 27485 |
| 7 | 铜川 | 25 | 312 | 27594 |
| 8 | 天水 | 25 | 554 | 20809 |
| 9 | 商洛 | 24 | 699 | 25468 |
| 10 | 平凉 | 18 | 367 | 23446 |

【计算方法】

城市GDP 40%
第三产业占GDP比重 15%
城镇人均可支配收入 12%
人均住户存款余额 8%
一般财政预算收入 10%
上市公司数量 15%

经济发展潜力 100分
=城市基本面×20%

#指标评价采用综合打分法进行打分评价。

备注：经济指数为综合评价指数；
城市经济总量基数为2016年城市GDP（亿元）；
人均收入基数为2016年城镇居民人均可支配收入（元）。

*数据来源为各城市国民经济与社会发展统计公报、中国城市发展年鉴及各城市证监会网站。

图18－16　关中城市群经济发展潜力指数

关中城市群10个城市中GDP超过均值1643亿元的共有3个，其中超过5000亿元的1个，为西安；一般预算收入的均值为139亿元，高于均值的城市共有3个，分别为西安、宝鸡、商洛。如图18－17所示。

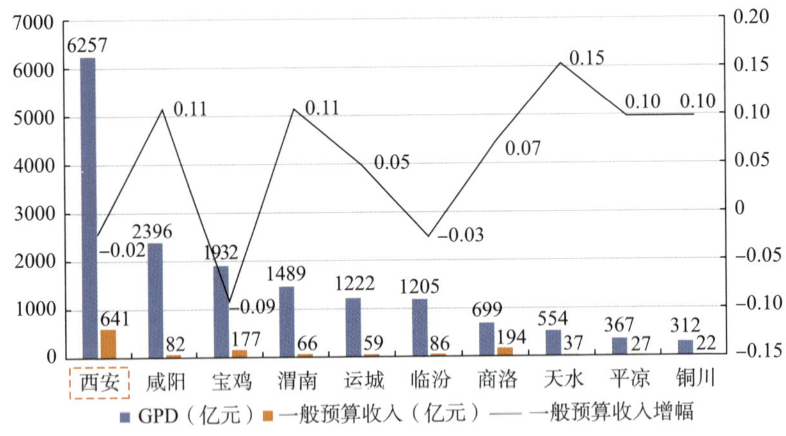


图18－17　关中城市群GDP、一般预算收入及增幅

关中城市群整体第三产业增加值占GDP比重为45%，低于全国51.6%的平均水平。从产业发展潜力看，10个城市中，城市第三产业占GDP比重>城市群整体占比45%的有4个，为西安、运城、临汾、天水；

城市第三产业占 GDP 比重超过 50% 的有 1 个，为西安。如图 18－18 所示。

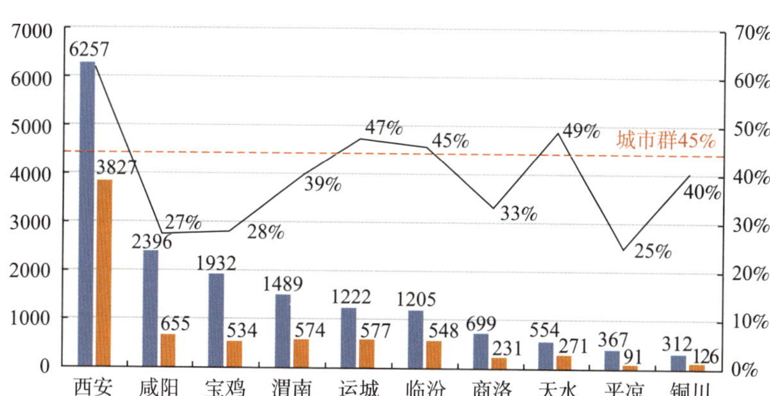


**图 18－18　关中城市群第三产业增加值占比**

城市群人均城镇居民可支配收入均值为 27470 元，低于全国人均城镇居民可支配收入 33616 元；城市群中有 5 个城市高于城市群均值，分别为西安、宝鸡、咸阳、铜川、渭南。城市群城镇在岗职工平均工资的均值为 52012 元，超过均值的城市共有 4 个，分别为西安、宝鸡、铜川、平凉。如图 18－19 所示。

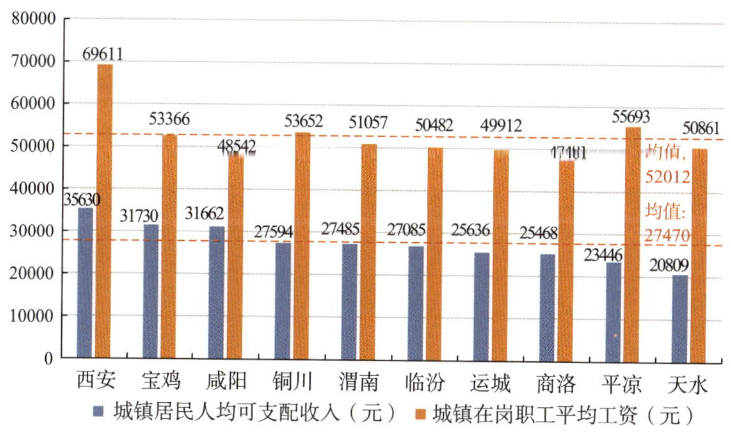


**图 18－19　关中城市群人均城镇居民可支配收入及在岗职工平均工资**

关中城市群整体人均住户存款余额为 3.25 万元，高于整体水平的城市有 5 个，分别为西安、咸阳、临汾、宝鸡、铜川。如图 18－20 所示。

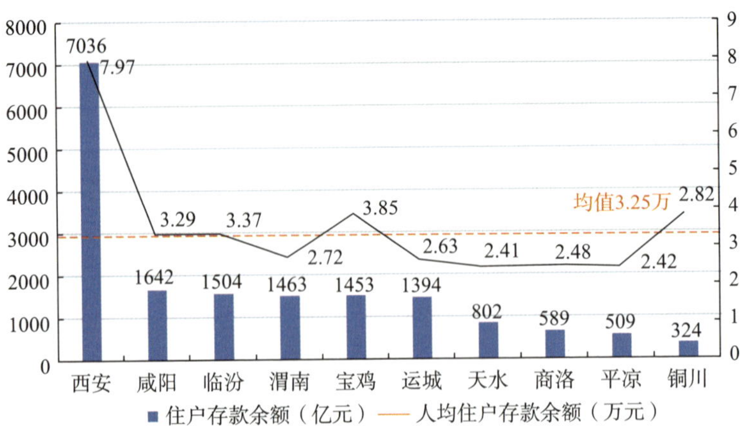


**图 18－20 关中城市群人均住户存款余额**

上市公司数量的多少是反映一个城市经济活力的重要指针。关中城市群A股上市公司数量相对较少，主要集中在西安；30家以上有1个城市，西安城市经济活力较强。如表18－6所示。

**表 18－6 关中城市群 A 股上市公司所在城市分布**

| | 个数 | 城市 |
|---|---|---|
| N≥30 | 1 | 西安 |
| 5≤N<10 | 1 | 宝鸡 |
| 0≤N<5 | 8 | 咸阳、铜川、渭南、商洛、运城、临汾、天水、平凉、 |

知名大学的创新活力影响和带动城市的创新活力水平。关中城市群“双一流”大学共有5所，都分布在西安，代表西安创新活力较强。如表18－7所示。

**表 18－7 关中城市群“双一流”大学所在城市分布**

| | 个数 | 高校 |
|---|---|---|
| 一流大学 | 2 | 西安交通大学、西北工业大学 |
| 一流学科 | 3 | 长安大学、西北大学、陕西师范大学 |

关中城市群人口与经济沿均衡线发展，均衡线以下且偏离越大的城市

更应该关注产业发展，其中天水、渭南等城市要重点关注新产业进驻，有可能会带来城市发展的巨变；均衡线以上且偏离越大的城市更应该关注人口政策，其中西安等城市要重点关注人口政策变化带来的人口集聚，有可能会带来人口短时膨胀。如图 18－21 所示。

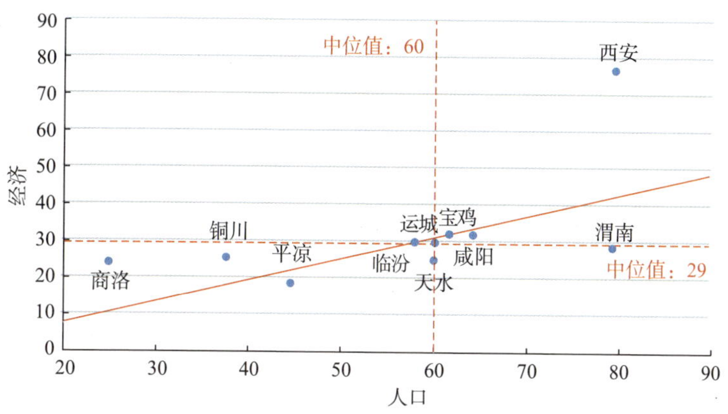


**图 18－21 关中城市群人口与经济均衡性分析**

## 市场容量

市场容量指数重点考察城市市场销售规模水平、去化周期及房企进驻，是城市房地产发展的安全边界。该指数我们从市场容量、供地面积、购买能力、房企进驻热度等层面综合研判房地产市场安全属性。

关中城市群城市市场容量基数均值为 215 万平方米。市场容量及安全指数 TOP3 的城市为西安、宝鸡、运城。如图 18－22 所示。

关中城市群 10 个城市 2015－2017 年商品住宅市场平均年成交面积为 2805 万平方米；西安住宅成交面积分别为 1544 万平方米，其销售面积占整个关中城市群成交总量的 55%；除西安外，其他城市商品住宅成交面积均在 300 万平方米以下。如图 18－23 所示。

关中城市群 10 个城市 2015－2017 年三年平均土地出让住宅总建设面积为 2887 万平方米，平均成交楼面均价为 587 元/平方米。如图 18－24 所示。

| TOP | 城市 | 容量指数 | 市场容量基数 |
|---|---|---|---|
| 1 | 西安 | 103 | 1544 |
| 2 | 宝鸡 | 18 | 271 |
| 3 | 运城 | 14 | 215 |
| 4 | 咸阳 | 13 | 202 |
| 5 | 渭南 | 11 | 172 |
| 6 | 临汾 | 9 | 128 |
| 7 | 平凉 | 6 | 88 |
| 8 | 天水 | 5 | 82 |
| 9 | 商洛 | 5 | 68 |
| 10 | 铜川 | 2 | 34 |

【计算方法】

三年平均销售建面 100%

市场容量 100分
=城市基本面×25%

【参考指标】

三年平均供地建面

#所有指标采用综合评分方法进行评价。

*数据来源为中指数据、吉屋网、中国城市发展年鉴。

备注：市场容量为综合评价指数；
城市市场容量基数为2015-2017年城市市本级商品住宅平均销售面积（万平方米），

图 18－22　关中城市群市场容量指数

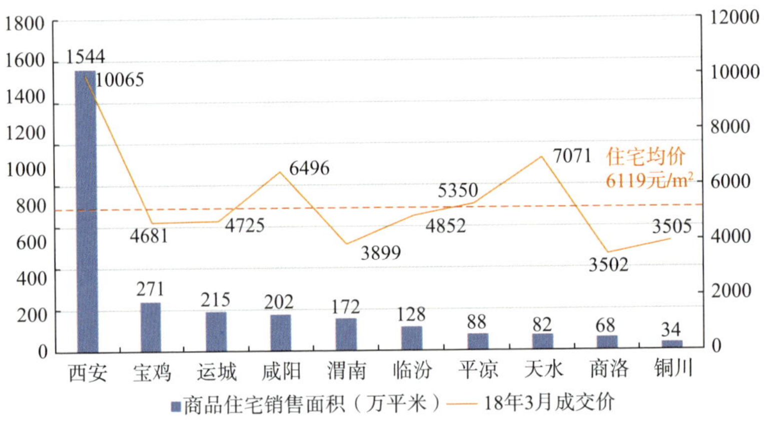


图 18－23　关中城市群 2015－2017 年商品住宅销售情况

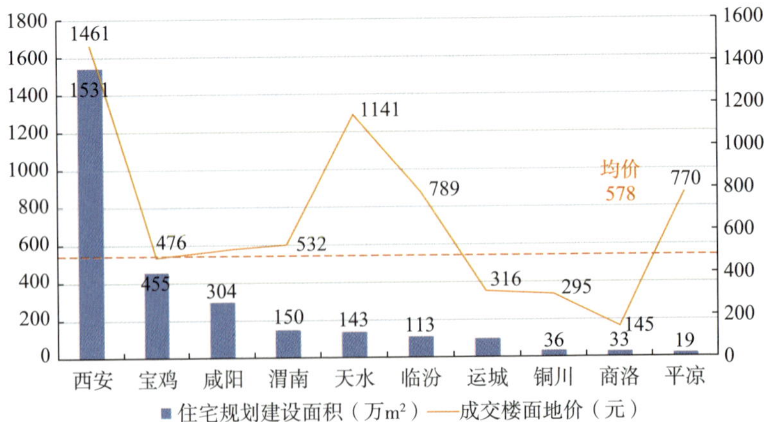


图 18－24　关中城市群 2015－2017 年商品住宅土地供应情况

市场容量从商品住宅销售面积和常住人口两个维度考虑。人口规模较大且距离轴线向下偏离越大，代表市场潜在容量越大。重点关注城市有渭南、临汾、天水等。如图 18－25 所示。（其中，西安商品住宅销售面积 1544 万平方米，常住人口规模 883 万人。）

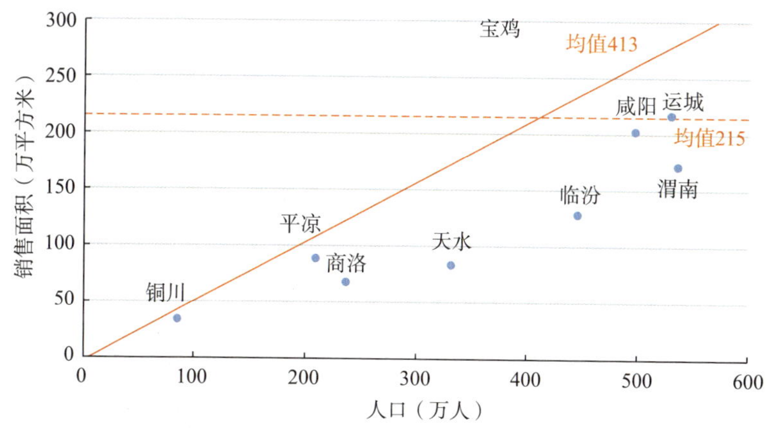


**图 18－25　关中城市群市场容量分析**

## 城市发展潜力

城市发展是城市的未来趋势，也是房地产发展迈向美好生活的主要路径。我们从城市配套、交通、旅游、规划等层面综合研判城市发展潜力。关中城市群城市发展指数 TOP3 的城市为西安、咸阳、宝鸡，如图 18－26 所示。

**（1）城市配套与环境**

城市配套的好坏直接制约着城市整体房地产发展水平，尤其是重要的医疗、教育等配套资源。第一新财经发布的《中国城市再分级》，把城市从商业资源集聚度、城市枢纽性、城市人活跃度、生活方式多样性、未来可塑性进行了重新评价和定位，具有很好的参考价值。但本书仅从影响房地产市场选择最直接的几个指标进行论证。

从最直接影响房地产的医疗教育配套来看，关中城市群中三甲医院共有 44 所，占全国三甲医院总数 1599 所的 3%；大专院校 81 所，占全国大专院校总数 2631 所的 3%。如图 18－27 所示。

TOP

| | 城市 | 城市发展指数 |
|---|---|---|
| 1 | 西安 | 99 |
| 2 | 咸阳 | 37 |
| 3 | 宝鸡 | 32 |
| 4 | 运城 | 32 |
| 5 | 临汾 | 30 |
| 6 | 渭南 | 28 |
| 7 | 天水 | 26 |
| 8 | 商洛 | 19 |
| 9 | 铜川 | 17 |
| 10 | 平凉 | 12 |

备注：城市发展指数为综合评价指数。

【计算方法】

配套 35%
- 三甲医院数量 8%
- 大专院校数量 12%
- 城市景观资源 8%
- 国家级产业园区数量 7%

交通 40%
- 高铁班次 16%
- 距机场距离 12%
- 境内高速公路通达度 12%

旅游 25%
- 4A级以上景区 6%
- 四星级以上酒店 9%
- 旅游人次 10%

城市发展潜力 100分
=城市基本面×20%

【参考指标】

城市定位及分级指数
产业发展规划
交通规划

#所有指标均采用分层评价。

*数据来源为各城市国民经济与社会发展统计公报、山东半岛城市群发展规划、去哪儿网及各地教育、医疗、旅游等相关机构网站综合得出。

图 18－26 关中城市群城市发展指数

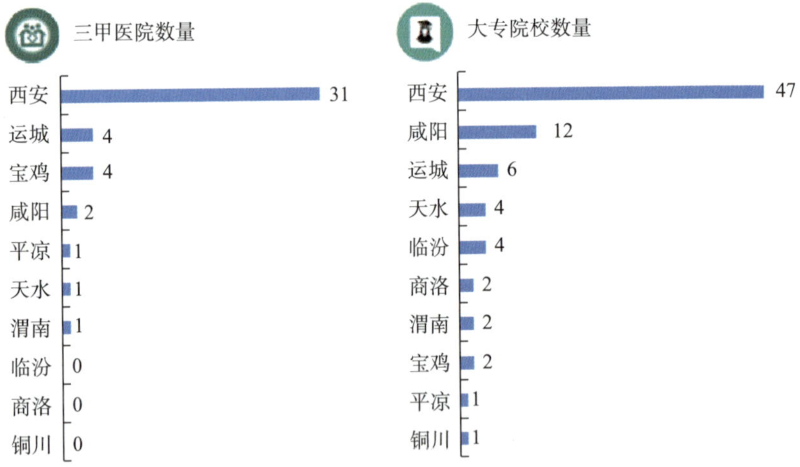


图 18－27 关中城市群三甲医院及大专院校数量

（2）城市交通

城市是整个区域交通的枢纽，其交通的便利度和通达性是我们关注的重点。城市轨道交通是大城市房地产市场的重要助推器，影响大城市的板

块市场，但本书主要研究城市之间的房地产市场对比，故暂未把城市轨道交通纳入研究范围。

整体看来，关中城市群地处我国内陆中心，是亚欧大陆桥的重要支点，是西部地区面向东中部地区的重要门户。贯通西部地区的南北通道和新亚欧大陆桥在此交汇，以西安为中心的“米”字形高速铁路网、高速公路网加快完善，国际枢纽机场和互联网骨干直联点加快建设，全国综合交通物流枢纽地位更加凸显。

机场方面：咸阳机场是中国主要的干线机场，是我国十大机场之一，也是民航总局规划的八大枢纽机场之一。

公路与铁路：关中城市群中公路线路呈“米”字形，横向主要为沪陕高速、连霍高速；纵向主要为京昆高速、包茂高速和福银高速；铁路线路呈“大”字形。横向主要为陇海铁路、宝中铁路和大西铁路。

关中城市群中西安的交通便利度明显优于其他城市。如图 18 – 28 所示。

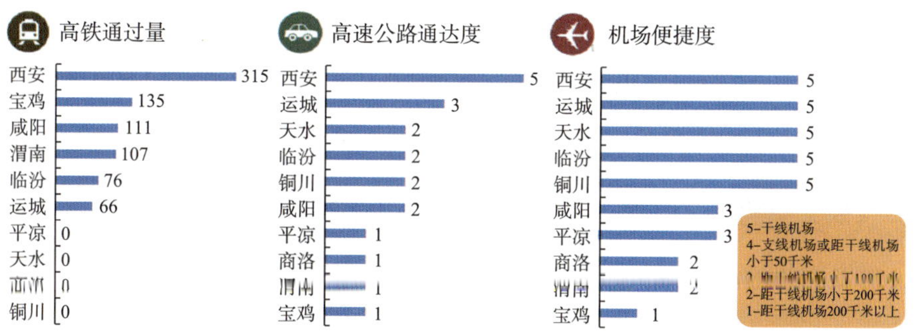


**图 18 – 28 关中城市群交通便利度**

## （3）旅游商务

关中城市群南依秦岭、东跨黄河，具有独特的文化和地理标识，发源和兴盛于此的始祖文化、汉唐文化是中国元素的重要组成。西安、咸阳、宝鸡、天水、平凉、运城、临汾等城市历史悠久，拥有大量珍贵的历史文化遗产和丰富的人文自然资源。城市群内各城市文化同源、人缘相亲、民俗相近、交流合作密切、区域认同感强。

旅游反映了城市休闲配套资源情况和因旅游带来的短时流动人口流

向。关中城市群 2016 年旅游人次达 4.98 亿人，关中城市群 2016 年旅游收入 3638 亿元。其中，西安为重要的旅游城市，单个市旅游人次占整个关中城市群的 21%；关中城市群 2016 年人均旅游消费 731 元，超过整体水平的城市有 4 个，分别为西安、运城、渭南、临汾。如图 18－29 所示。

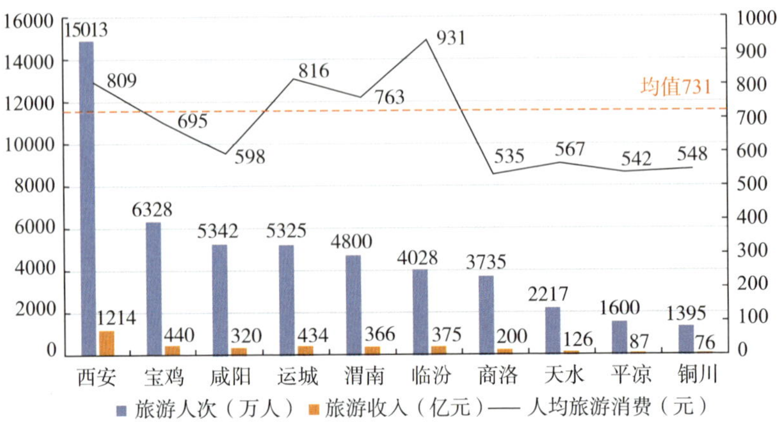


**图 18－29　关中城市群 2016 年旅游情况**

关中城市群共有 4A 级以上景区 108 个，占全国 4A 级以上景区 1335 个的 8%。四星级以上酒店 483 个，其中四星级以上酒店达到 200 家以上的城市有 1 个，为西安，其余均在 100 以下。如图 18－30 所示。

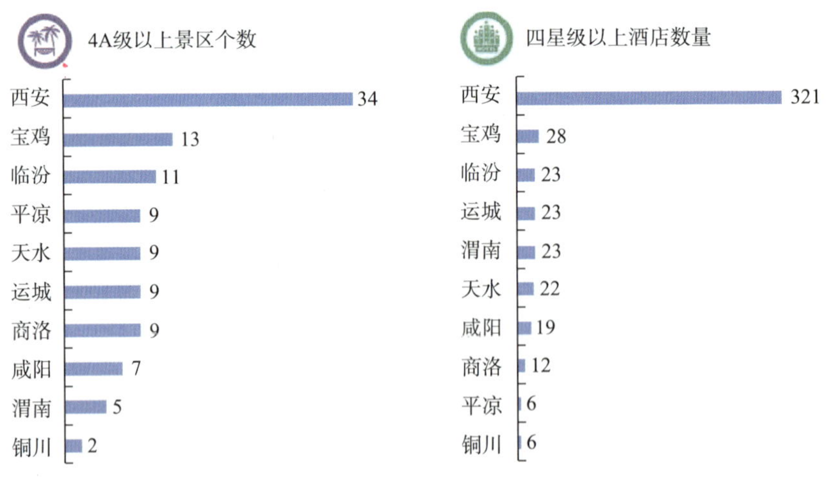


**图 18－30　关中城市群 4A 级以上景区及酒店数量**

### (4) 产业发展

产业是人口集聚的主要因素，产业反映了城市经济支撑资源情况，产业的规划发展状态可以带动人口的流向。

关中城市群工业体系完整，产业聚集度高，是全国重要的装备制造业基地、高新技术产业基地、国防科技工业基地。航空、航天、新材料、新一代信息技术等战略性新兴产业发展迅猛，文化、旅游、物流、金融等现代服务业快速崛起，产业结构正在迈向中高端。西北唯一的自由贸易试验区和一批国家级产业园区，为现代产业发展提供了重要平台和载体。

关中城市群城市基本面综合排名 TOP3 的城市为西安、渭南、咸阳。处在城市发展较好区、适中区、较差区的城市个数比为 3:4:3。如表 18－8、18－9 所示。

表 18－8 关中城市群城市基本面评判指标及权重

<table>
<tr><th>一级指标</th><th>一级指标分值</th><th colspan="2">指标维度</th><th>二级指标</th><th>二级指标权重</th></tr>
<tr><td rowspan="3">人口</td><td rowspan="3">35%</td><td colspan="2">人口基数</td><td>常住人口<br>常住户籍人口比<br>小学生增幅</td><td>40%<br>15%<br>10%</td></tr>
<tr><td colspan="2">家庭结构</td><td>中小学生的在校生人数</td><td>10%</td></tr>
<tr><td colspan="2">变化趋势</td><td>城镇化率增幅<br>城镇化率</td><td>15%<br>10%</td></tr>
<tr><td>容量</td><td>25%</td><td colspan="2">市场容量基数</td><td>三年平均销售面积</td><td>100%</td></tr>
<tr><td rowspan="3">经济</td><td rowspan="3">20%</td><td colspan="2">总量水平</td><td>GDP<br>第三产业占 GDP 比值</td><td>40%<br>15%</td></tr>
<tr><td colspan="2">财富水平</td><td>城镇人口均可支配收入</td><td>12%</td></tr>
<tr><td colspan="2">发展活力</td><td>人均住户存款余额<br>一般财政预算收入<br>上市公司数量</td><td>8%<br>10%<br>15%</td></tr>
<tr><td>城市发展</td><td>20%</td><td>配套</td><td>医疗<br>教育<br>景观<br>产业</td><td>三甲医院数量<br>大专院校数量<br>城市景观资源<br>国家级产业园区数量</td><td>8%<br>12%<br>8%<br>7%</td></tr>
</table>

续表

| 一级指标 | 一级指标分值 | 指标维度 | | 二级指标 | 二级指标权重 |
|---|---|---|---|---|---|
| 城市发展 | 20% | 交通 | 铁路 | 高铁班次 | 16% |
| | | | 飞机 | 距机场距离 | 12% |
| | | | 公路 | 境内高速通达数量 | 12% |
| | | 旅游 | 景区资源 | 4A 级以上景区 | 6% |
| | | | 配套 | 星级酒店 | 9% |
| | | | 人次 | 旅游人次 | 10% |

**表 18 –9　关中城市群城市基本面综合排名**

| | 城市 | 综合得分 |
|---|---|---|
| 1 | 西安 | 89 |
| 2 | 渭南 | 42 |
| 3 | 咸阳 | 40 |
| 4 | 宝鸡 | 39 |
| 5 | 运城 | 37 |
| 6 | 临汾 | 35 |
| 7 | 天水 | 33 |
| 8 | 平凉 | 23 |
| 9 | 铜川 | 22 |
| 10 | 商洛 | 18 |

# 第三节　房地产市场热度研判

市场热度指数重点考察市场房价、地价现状及涨幅情况，进驻潜力和市场竞争热度，来分析目前的市场热度。关中城市群地货比指数中位值为23.5%，整体来看市场机会适中，可适当进入。热度指数 TOP3 城市为西安、平凉、运城。如图 18 –31 所示。

TOP

| | 城市 | 热度指数 | 地货比指数 |
|---|---|---|---|
| 1 | 西安 | 66.7 | 19% |
| 2 | 平凉 | 59.4 | 18% |
| 3 | 运城 | 55.3 | 12% |
| 4 | 商洛 | 47.1 | 12% |
| 5 | 临汾 | 43.5 | 18% |
| 6 | 天水 | 42.8 | 29% |
| 7 | 渭南 | 41.3 | 16% |
| 8 | 铜川 | 26.6 | 5% |
| 9 | 咸阳 | 25.4 | 8% |
| 10 | 宝鸡 | 20.8 | 12% |

备注：热度指数为综合评价指数；
地货比指数为近6个月成交楼面地价/2018年4月成交房价。

销售利润率预估指数为经验数据预估值，
销售利润率=（房价-地价-土地外成本-增值税）/房价。

【计算方法】

房价 40%：房价指数 26%；房价增幅 14%
地价 30%：地货比 20%；地价增幅 10%
竞争 30%：住宅土地供应去化年限 18%；top50房企进驻数量 12%

市场热度指数 100分
=城市市场面×100%

#测算方法：
（1）房价指数=城市实时房价/1.5线城市实时房价均价；
（2）房价增幅=（实时房价-2015年房价）/2015年房价；
（3）地货比=近半年楼面价/实时房价；
（4）地价增幅=近半年成交楼面价/2015年成交楼面价。

【参考指标】

房价收入比
房地产投资占固定资产投资额比值
市区住宅投资比
土地溢价率
销售利润率

*数据来源为中指数据、吉屋网。

**图 18-31　关中城市群市场热度指数**

关中城市群整体房价中位值为 4789 元/平方米，地价中位值为 589 元/平方米；关中城市群地货比中位值为 14%。地货比较高的三个城市为天水、西安、平凉，应及时捕捉市场信息，防控拿地风险；地货比较低的三个城市为运城、咸阳、铜川，应作为重点关注城市，寻找机会适时进驻。如图 18-32 所示。

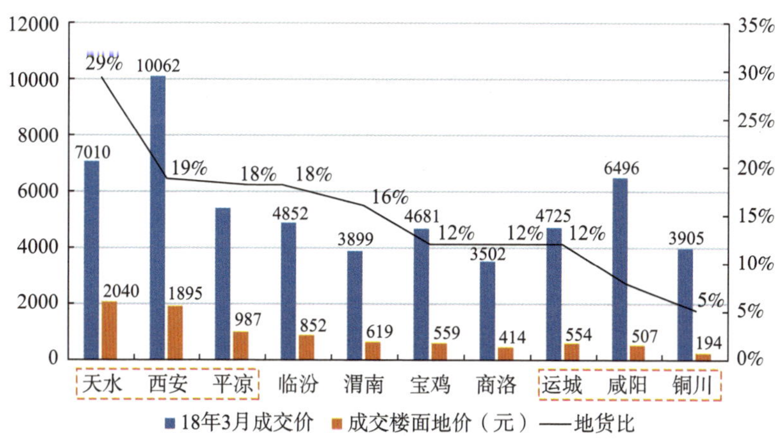


**图 18-32　关中城市群房地价及地货比**

关中城市群房价平均涨幅为25%，地价平均涨幅为33%；房价涨幅高于城市群整体平均增幅的城市共有3个，分别为西安、铜川、咸阳；地价涨幅高于城市群整体平均增幅的城市共有5个，分别为西安、运城、平凉、渭南、天水。如图18－33所示。

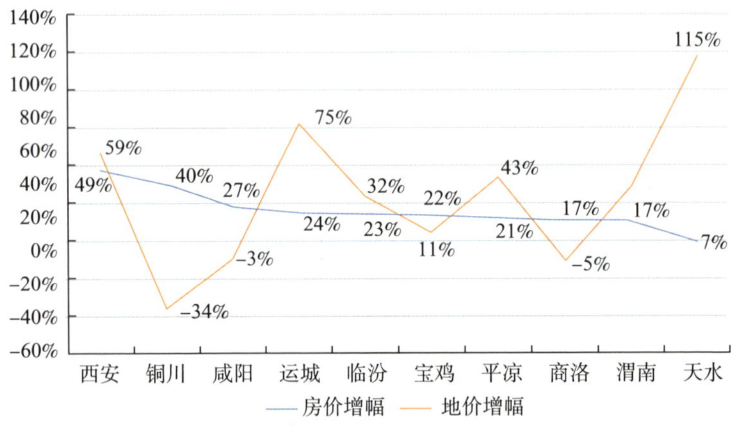


**图18－33　关中城市群房价及地价增幅**

市场潜力从常住人口和地货比两个维度考虑，地货比较低且人口规模相对较大代表市场潜力较大。战略进驻区域3个，城市西安、运城、渭南；重点关注区域2个，为临汾、咸阳；机会进驻区域城市共2个，分别为天水、宝鸡。如图18－34所示。

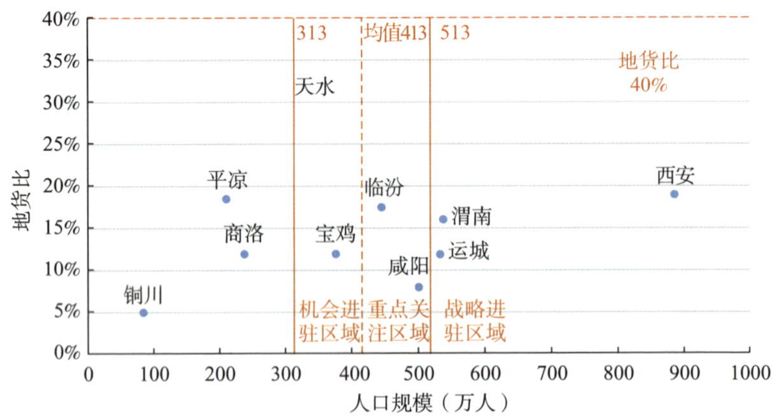


**图18－34　关中城市群常住人口和地货比**

市场潜力从成交面积和地货比两个维度考虑，地货比较低且成交面积较大代表市场潜力较大。重点关注区域1个，为宝鸡；机会进驻区域城市共4个，分别为临汾、渭南、咸阳、运城。如图18－35所示。

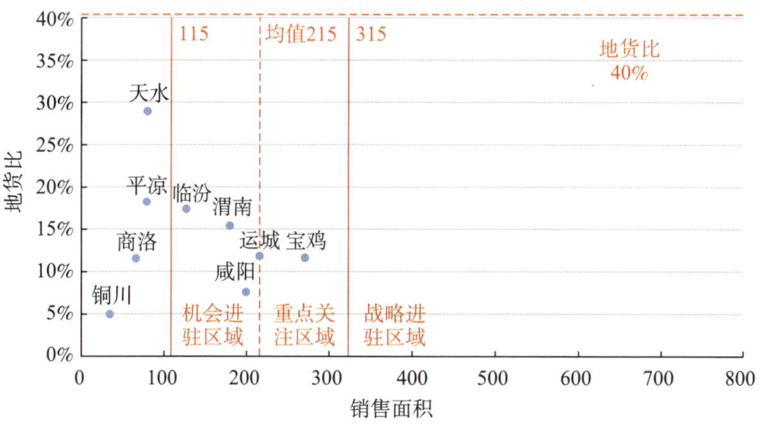


**图18－35 关中城市群成交面积和地货比**

关中城市群住宅供应去化年限为3.06年，去化周期小于3年的有6个。整体来看，平凉、商洛、运城、渭南、临汾、西安市场供不应求；宝鸡、咸阳、天水、铜川市场供过于求。如图18－36所示。

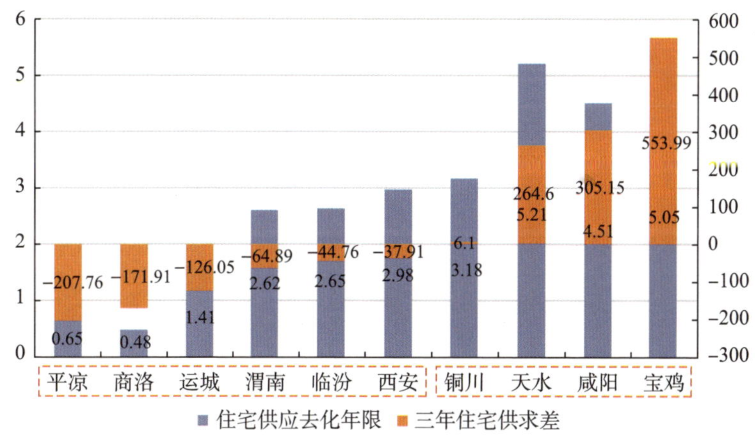


**图18－36 关中城市群去化周期及供应差**

房价收入情况，在均值线下，居民收入较大且距离轴线向下偏离越大，代表房价上涨潜力越强。重点关注城市有铜川、渭南、宝鸡；一般关注城市商洛。如图18－37所示。

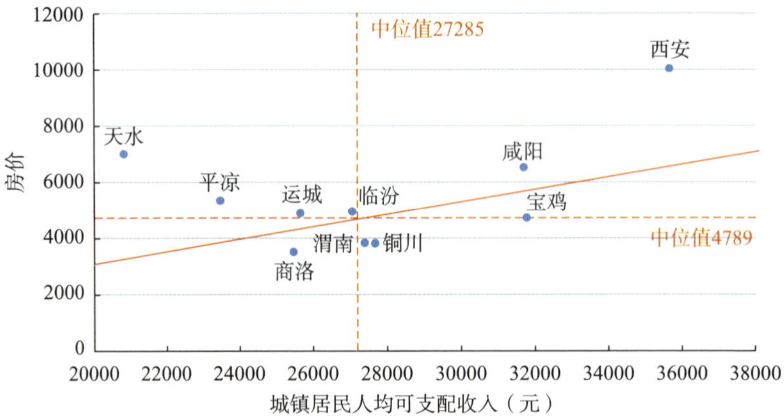


**图 18－37　关中城市群房价收入情况**

2016 年关中城市群房地产投资额为 2732 亿元，占全国房地产投资额 135284 亿元的 2.0%；房地产投资额在均值 185 亿元以上的城市有 1 个，为西安。房地产投资占固定资产投资比重超过 25% 的有 1 个，为西安，此区域房地产投资相对过热，建议谨慎拿地；在 15% 以下的城市有 9 个，此区域房地产投资相对较少，存在潜在投资机会。如图 18－38 所示。

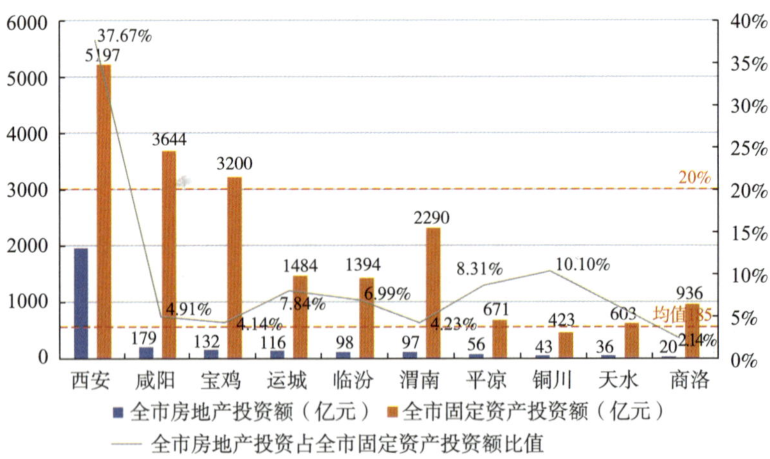


**图 18－38　关中城市群 2016 年房地产投资占固定资产投资比重**

2016 年关中城市群住宅投资额为 1925 亿元，住宅投资额在均值 129 亿元以上的城市有 2 个，分别为西安、咸阳。整个城市群住宅投资额占房地产投资额比重为70%，市区住宅投资占全市住宅投资的90.8%。市区住宅投资占比低于50%的城市有商洛，以上城市所辖县级城市房地产投资较为活跃，应重点关注。如图18－39所示。

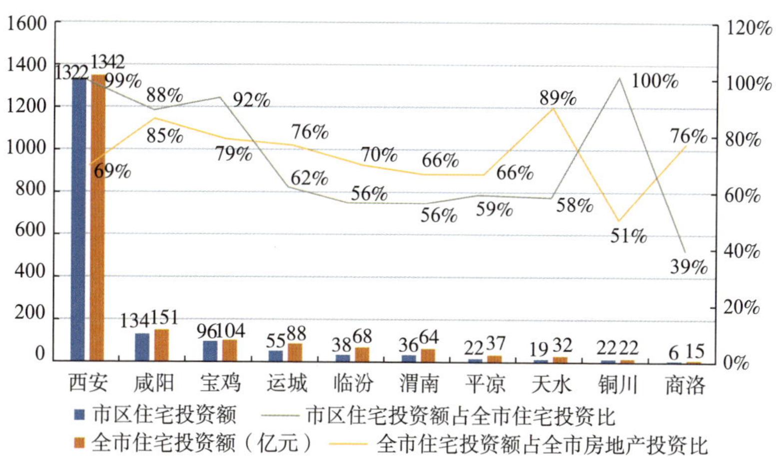


**图18－39　关中城市群2016年住宅投资及比重**

西安城市TOP50房企有1个城市已经10家以上TOP50房企进驻。如图18－40所示。

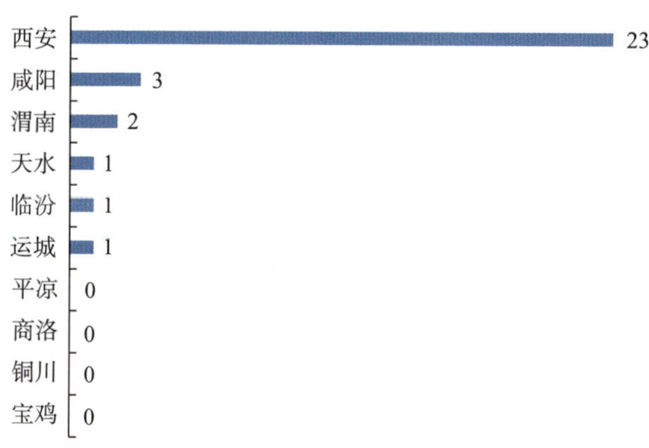


**图18－40　关中城市群TOP50房企进驻数量**

土地市场热度从成交楼面地价和溢价率两个维度考虑，成交楼面地价和溢价率均较低代表土地市场潜在热度较大。重点关注城市有运城、咸阳、平凉等城市。如图18－41所示。（溢价率在5%以下市场公开程度较低，需谨慎关注）

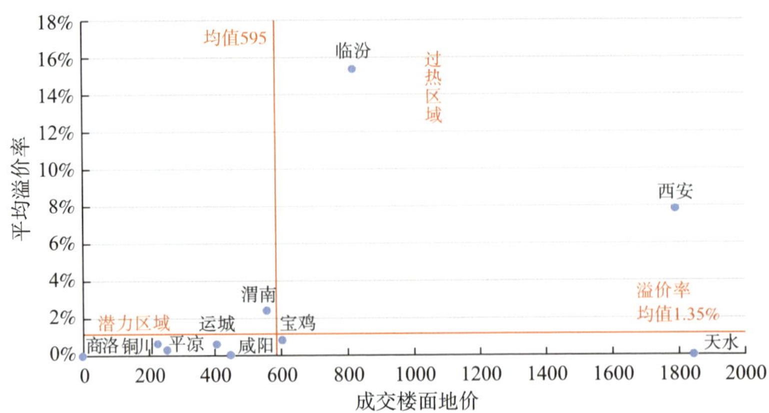


**图 18 –41　关中城市群土地市场热度分析**

从销售利润率看，大于 25% 的城市有 2 个，为西安、咸阳。销售利润率 =（房价 – 地价 – 土地外成本 – 增值税）/房价，土地外成本按 3600 元估算。增值税 =（房价 – 地价）×10%/（1 +10%）–3600 ×8%。需要注意的是：销售价格为 2018 年 3 月份价格，楼面价为近 6 个月成交楼面价。如图 18 –42 所示。

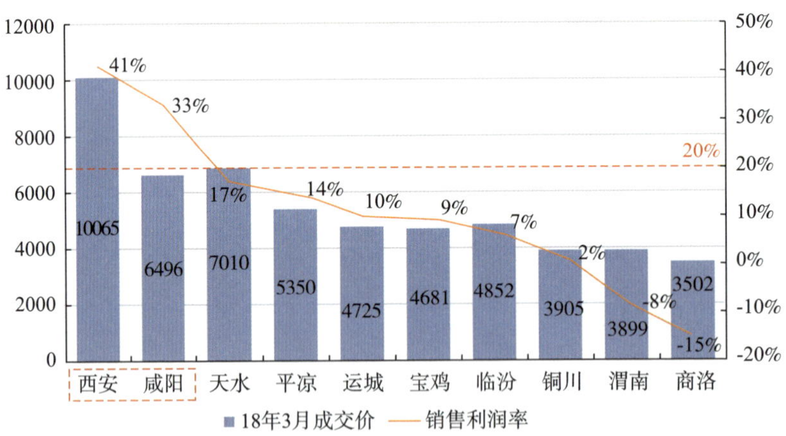


**图 18 –42　关中城市群销售利润分析**

关中城市群城市市场热度综合排名 TOP3 的城市为西安、平凉、运城。如表 18 –10、18 –11 所示。

**表 18－10　关中城市群市场热度评判指标及权重**

<table>
<tr><th>评价维度</th><th>指标维度</th><th>一级权重</th><th>指标</th><th>权重</th></tr>
<tr><td rowspan="6">市场热度</td><td rowspan="2">房价热度</td><td rowspan="2">40%</td><td>房价指数（实时房价/1.5 线城市实时房价均价）</td><td>26%</td></tr>
<tr><td>房价增幅｛（实时房价－2015 年房价）/2015 年房价｝</td><td>14%</td></tr>
<tr><td rowspan="2">地价热度</td><td rowspan="2">30%</td><td>地货比（近半年楼面价/实时房价）</td><td>20%</td></tr>
<tr><td>地价增幅（最近半年成交楼面价/2015 年成交楼面价）</td><td>10%</td></tr>
<tr><td rowspan="2">竞争热度</td><td rowspan="2">30%</td><td>住宅土地供应去化年限</td><td>18%</td></tr>
<tr><td>TOP50 房企进驻数量</td><td>12%</td></tr>
</table>

**表 18－11　关中城市群市场热度综合排名**

| 排名 | 城市 | 市场热度综合得分 |
|---|---|---|
| 1 | 西安 | 67 |
| 2 | 平凉 | 59 |
| 3 | 运城 | 55 |
| 4 | 商洛 | 47 |
| 5 | 临汾 | 44 |
| 6 | 天水 | 43 |
| 7 | 渭南 | 41 |
| 8 | 铜川 | 27 |
| 9 | 咸阳 | 25 |
| 10 | 宝鸡 | 21 |

关中城市群城市房地产投资安全性综合排名 TOP3 的城市为渭南、铜川、西安。偏离度大于 1 的城市投资风险较高，应谨慎投资，主要城市有平凉、商洛。如表 18－12 所示。

**表 18－12 关中城市群房地产投资安全性综合排名**

| | 城市 | 偏离度 |
|---|---|---|
| 1 | 渭南 | 0.01 |
| 2 | 铜川 | 0.19 |
| 3 | 西安 | 0.25 |
| 4 | 临汾 | 0.26 |
| 5 | 天水 | 0.31 |
| 6 | 咸阳 | 0.36 |
| 7 | 宝鸡 | 0.46 |
| 8 | 运城 | 0.50 |
| 9 | 平凉 | 1.57 |
| 10 | 商洛 | 1.59 |

第十九章

# 太原封侯　鼎盛京西

**古都太原，4700年历史，建城逾2500年，“襟四塞之要冲，控五原之都邑”。近现代繁华褪去，积极拥抱京津冀，交通纵横、产业承接、生态优美、历史厚重，以晋商的智慧和才能鼎盛京西才是持续发展之道。**

# 第一节　太原投资策略综合分析

## 概况及特征

太原城市群是国家重点建设的14个城市群之一，是以山西省省会太原为中心，以太原盆地城镇密集区为主体构成的城市群，该区域位于山西省中东部，是山西省经济最发达的地区。

《加快太原城市群和经济圈发展研究》初稿将太原、晋中、吕梁、阳泉、忻州的24个市县纳入太原城市群和经济圈中。这24个市县包括：太原市10个县（市、区）；晋中市榆次区、太谷县、祁县、平遥县、介休市；吕梁市交城县、文水县、汾阳市、孝义市、岚县；忻州市静乐县。如图19－1所示。

太原城市群以太原为核心，太原与晋中市榆次区已实现太榆一体化。城市群其他城市沿石太高铁、大运高铁分布。

**太原城市群重要特征：**

**（1）太原城市群是全国重要的能源和原材料基地，是我国传统的制造**

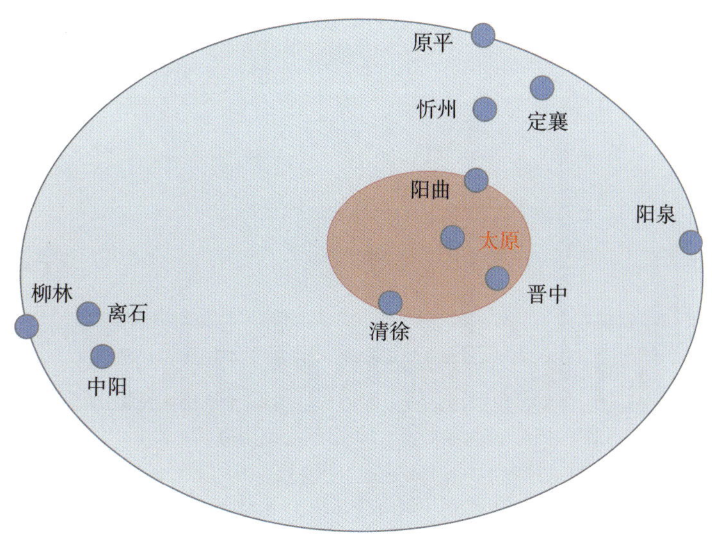


**图 19－1　太原城市群**

**业基地，也是东北地区产业转移的承接地，以新型工业的发展为龙头，强化竞争力**

**（2）城市群沿高铁高速等交通网络发展，石太、大运沿线城市为主要发展方向**

**（3）城市群历史和文化底蕴深厚，文化旅游资源丰富，依托乔家大院、平遥古城等文化 IP 打造新兴旅游等服务产业**

**（4）孤木难成林，太原城市群整体经济和人口规模较小，其发展应积极融合到京津冀城市群**

一是太原城市群包含在原先的环渤海经济区范围内，其经济发展具有协同效应。

二是其发展受京津冀政策影响较重，其规划和产业发展、环保措施和生态要求已纳入以京津冀为核心的“2＋26”城市之中。

三是从空间结构和历史发展角度看，自古太原城市群和太行山屏障就是首都外围经济与政治的重要保障。

## 城市群综合分析

太原城市群是我国目前刚刚兴起的城市群，土地面积占全国的 0.26%，地区生产总值占全国的1.04%，人口占全国的1.17%。如图19－2所示。

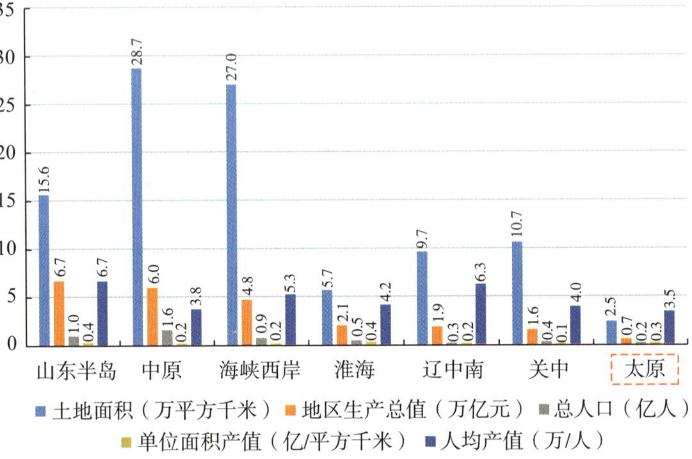


**图19－2　主要城市群对比**

目前，太原城市群常住人口城镇化率为60%，高于我国常住人口城镇化率57.4%。太原城市群5个城市中城镇化率高于60%的城市有2个，城镇化水平相较其他城市群发展较高。如图19－3所示。

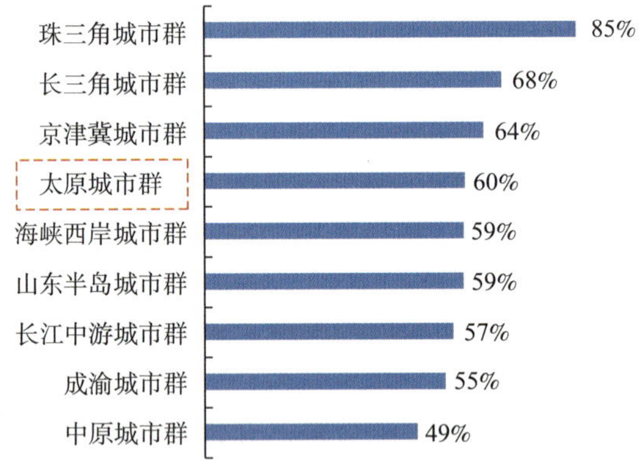


**图19－3　主要城市群常住人口城镇化率对比**

而从商品房销售金额对比来看，太原城市群不仅排在各主要城市群的末位，且与其余城市群存在很大差距，房地产市场成熟度较低。如图19－4所示。

太原城市群属于城市群发展的第一阶段，以强核吸附为主要特征，核心城市太原吸附力强。如图19－5所示。

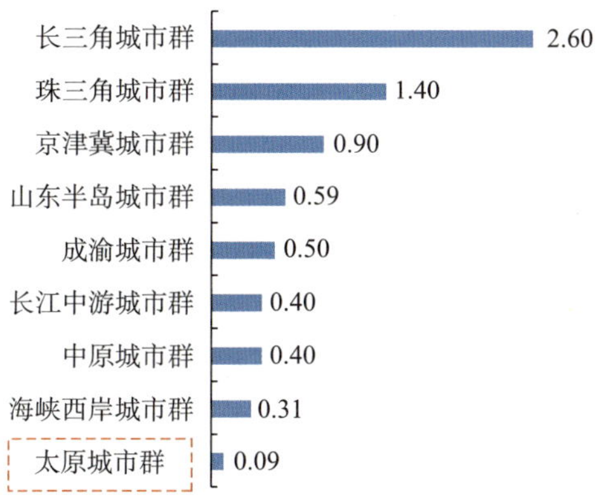


**图 19－4　主要城市群商品房销售金额对比**

太原城市群为杯托型城市等级结构，处在城市发展较好区、适中区、较弱区城市比例为0∶1∶4。如图 19－6 所示。

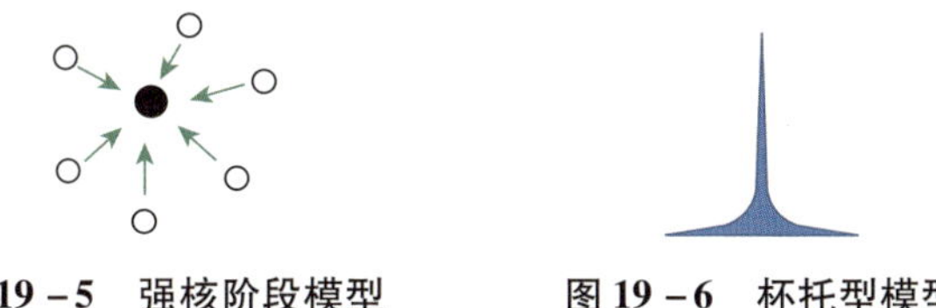

**图 19－5　强核阶段模型**　　**图 19－6　杯托型模型**

从城市群投资潜力雷达图可以看出，太原城市群除产业发展、财富水平、城镇化率及交通便捷度较好外，其他维度均较差。如图 19－7 所示。

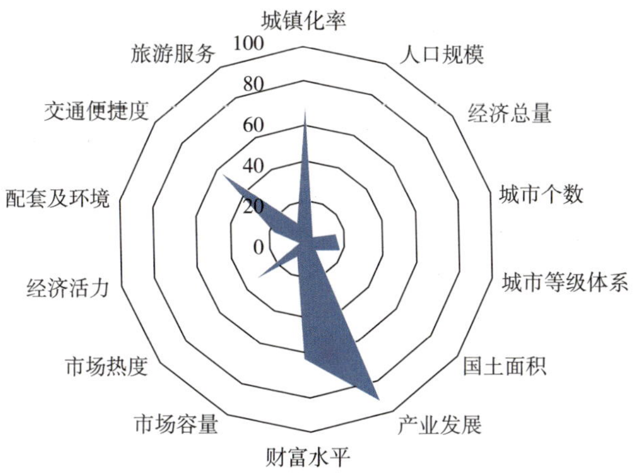


**图 19－7　太原城市群投资潜力雷达图**

从城市群经济联系强度图可以看出，由于其自身的经济和人口总量较小，太原城市群和其他城市群联系相对较弱，但相比而言与中原及京津冀城市群联系密切。

从太原内部城市经济联系强度表可以看出，太原和晋中（0.072）联系较为密切。如表 19 – 1 所示。

**表 19 – 1　太原内部城市经济联系强度表**

| | 太原 | 晋中 | 忻州 | 阳泉 | 吕梁 |
|---|---|---|---|---|---|
| 太原 | | 0.073 | 0.005 | 0.003 | 0.002 |
| 晋中 | | | 0.003 | 0.002 | 0.001 |
| 忻州 | | | | 0.000 | 0.000 |
| 阳泉 | | | | | 0.000 |
| 吕梁 | | | | | |

## 城市房地产投资策略

我们从城市发展潜力、房地产市场热度、投资安全性三个单一维度给出城市群各城市排名情况如图 19 – 8 所示。

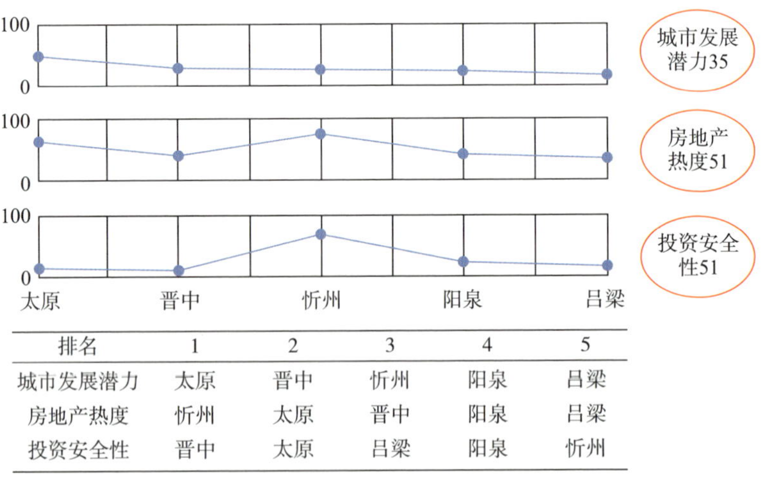


| 排名 | 1 | 2 | 3 | 4 | 5 |
|---|---|---|---|---|---|
| 城市发展潜力 | 太原 | 晋中 | 忻州 | 阳泉 | 吕梁 |
| 房地产热度 | 忻州 | 太原 | 晋中 | 阳泉 | 吕梁 |
| 投资安全性 | 晋中 | 太原 | 吕梁 | 阳泉 | 忻州 |

**图 19 – 8　太原城市群各城市排名情况**

太原城市群属于城市群发展的第一阶段，以强核吸附为主要特征，核心城市太原吸附力强。太原城市群为杯托型城市等级结构，处在城市发展较好区、适中区、较弱区城市比例为0:1:4。核心城市太原处于进取区，一般城市大多处在挑货区、慎入区。如图 19 –9 所示。

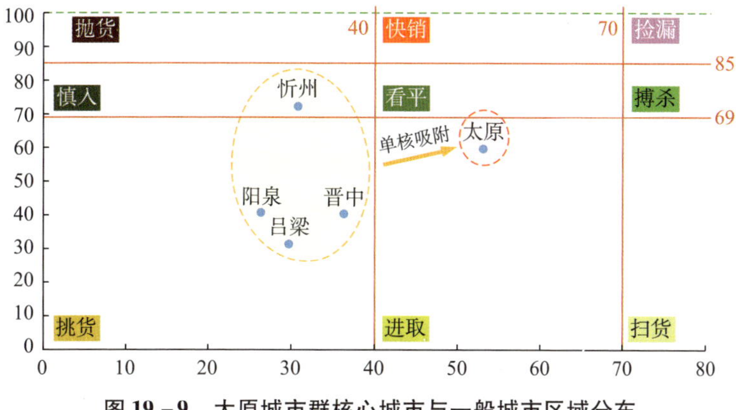


**图 19 –9　太原城市群核心城市与一般城市区域分布**

根据九宫格阶梯筛选法则，处在阶梯阴影区为重点拓展城市。黄线框内的重点拓展城市，主要包括太原。如图 19 – 10 所示。

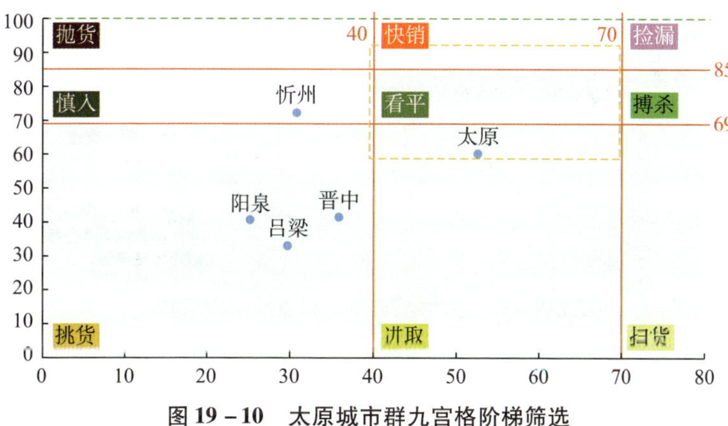


**图 19 – 10　太原城市群九宫格阶梯筛选**

# 第二节　城市基本面研判

## 人口发展潜力

人口是城市发展的基础，也是房地产发展的重要支撑。我们从人口发

展基数和人口发展结构等层面研判城市人口发展潜力。

太原城市群人口基数及发展潜力相对较差，5 个城市人口基数均值为 330 万人。人口指数 TOP3 城市为晋中、忻州、太原。如图 19－11 所示。

从人口总量看，太原城市群常住户籍比为 1.03，属于人口流入城市群，2016 年人口流入近 41 万人。常住户籍人口比≥100% 以上的城市有 3 个，分别为太原、忻州及阳泉；从人口分布看，户籍及常住人口均未有超过 500 万人的城市。如图 19－12 所示。

TOP

| | 城市 | 人口指数 | 人口基数 |
|---|---|---|---|
| 1 | 晋中 | 57.11 | 337.00 |
| 2 | 忻州 | 55.42 | 315.50 |
| 3 | 太原 | 54.62 | 434.44 |
| 4 | 吕梁 | 53.79 | 385.50 |
| 5 | 阳泉 | 38.61 | 140.36 |

备注：人口指数为综合评价指数；
人口基数为2016年常住人口（万人）.

【计算方法】

常住人口 40%
常住户籍人口比 15%
小学生增幅 10%
中小学生在校生人数 10%
城镇化率增幅 15%
城镇化率 10%

人口发展潜力 100分
=城市基本面×35%

#指标评价采用综合打分法进行打分评价.

【参考指标】

非公就业人口及占比

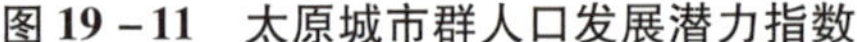

*数据来源为各城市国民经济与社会发展统计公报及中国城市发展年鉴.

图 19－11　太原城市群人口发展潜力指数

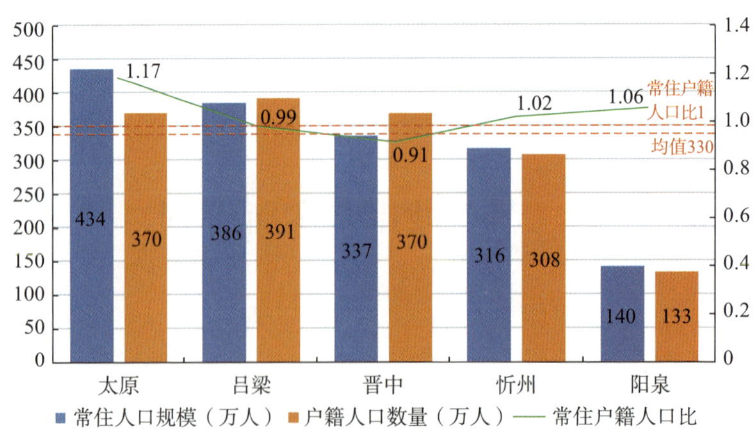


图 19－12　太原城市群人口规模

从小学生2016年在校生人数看，太原城市群2016年小学生在校人数为106.6万人，占全国小学生在校人数9913万人的1.07%；太原城市群5个城市小学生在校生人数总涨幅为-3.8%；重点关注城市太原及晋中。如图19-13所示。

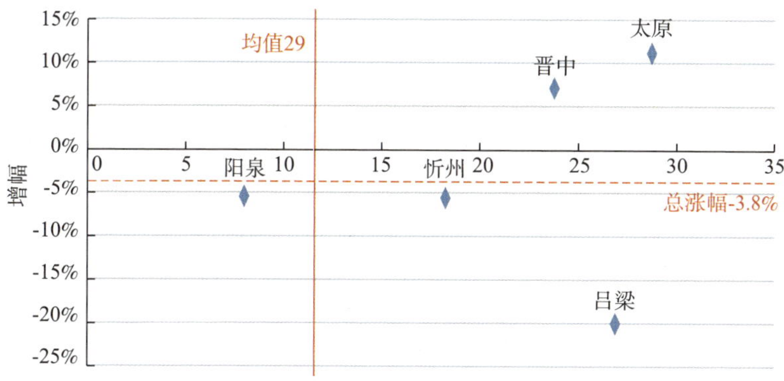


**图19-13 太原城市群小学生2016年在校生人数及增幅**

中小学在校生人数从某个维度上代表这个城市刚需和刚改家庭的规模。太原城市中小学在校生人数均值37万人，超过400万人的城市有太原、吕梁及晋中。这些城市的改善型购房需求较强。如图19-14所示。

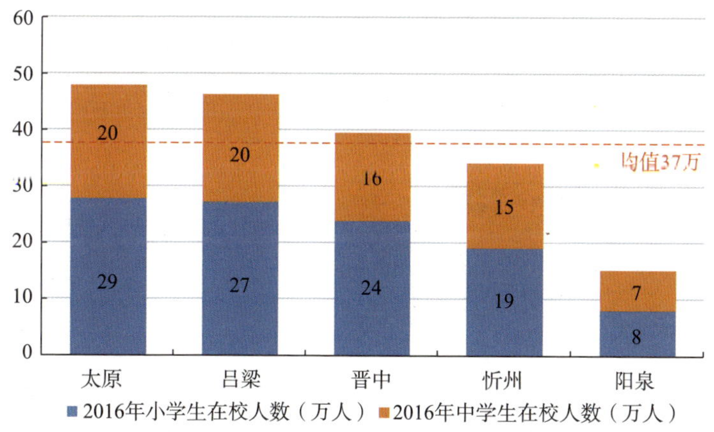


**图19-14 太原城市群2016年中小学在校生人数**

太原城市群5个城市城镇化率在60%以上的城市共2个，分别为太原及阳泉；5个城市2016年城镇化率增幅在0.15%~1.57%，平均城镇化率增幅为1.07%。太原因原有城镇化率水平较高，城镇化率增幅较小。如图

19－15 所示。

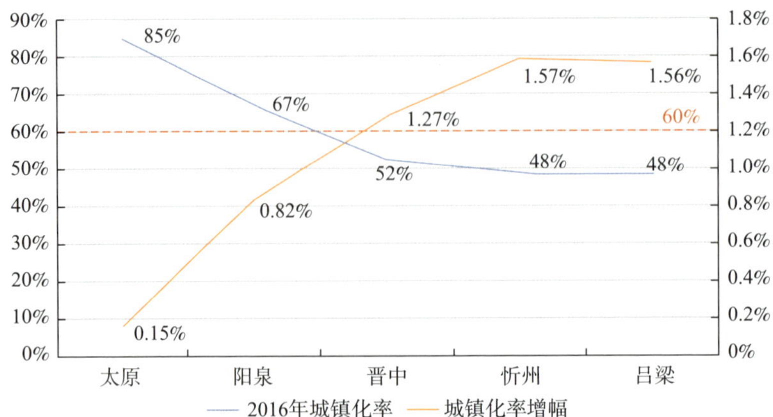


**图 19－15　太原城市群 2016 年城镇化率及增幅**

## 经济发展潜力

经济是城市发展的主要驱动力，也是房地产发展的重要支撑。我们从城市经济总量基数、人均收入基数、经济发展结构与活力、城市财力水平等层面综合研判城市经济发展潜力。

太原城市群城市经济总量基数均值为 1155 亿元，人均收入基数均值为 27653 元。经济指数 TOP3 的城市为太原、晋中、阳泉。如图 19－16 所示。

TOP

| | 城市 | 经济指数 | 城市经济总量指数 | 人均收入基数 |
|---|---|---|---|---|
| 1 | 太原 | 55.58 | 2956 | 29632 |
| 2 | 晋中 | 36.99 | 1285 | 30927 |
| 3 | 阳泉 | 31.71 | 623 | 27801 |
| 4 | 忻州 | 28.94 | 716 | 24987 |
| 5 | 吕梁 | 26.86 | 995 | 24180 |

备注：经济指数为综合评价指数；
城市经济总量基数为2016年城市GDP（亿元）；
人均收入基数为2016年城镇居民人均可支配收入（元）.

【计算方法】

城市GDP 40%
第三产业占GDP比重 15%
城镇人均可支配收入 12%
人均住户存款余额 8%
一般财政预算收入 10%
上市公司数量 15%

经济发展潜力 100分
=城市基本面×20%

#指标评价采用综合打分法进行打分评价.

*数据来源为各城市国民经济与社会发展统计公报、中国城市发展年鉴及各城市证监会网站.

**图 19－16　太原城市群经济发展潜力指数**

5个城市中GDP超过均值1155亿元的共有2个，为太原及晋中。城市群一般预算收入的均值为105亿元，高于均值的城市共有2个，分别为太原及晋中。如图19－17所示。

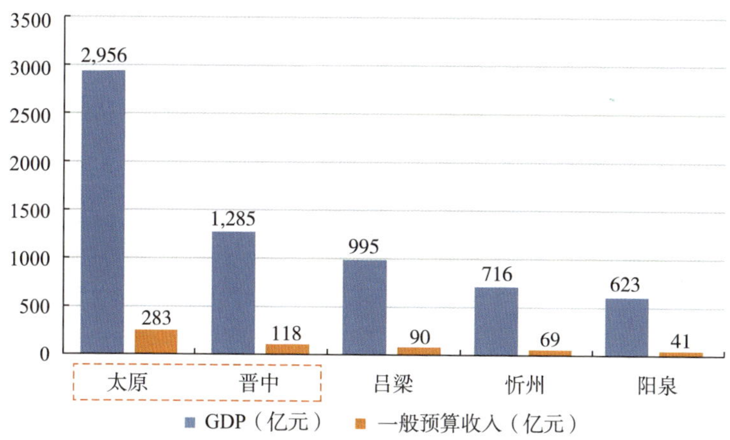


**图19－17 太原城市群GDP、一般预算收入及增幅**

太原城市群整体第三产业增加值占GDP比重为53%，高于全国51.6%的平均水平；从产业发展潜力看，5个城市中，城市第三产业占GDP比重＞城市群整体占比53%的有1个，为太原；城市第三产业占GDP比重超过50%的有1个，为阳泉。如图19－18所示。

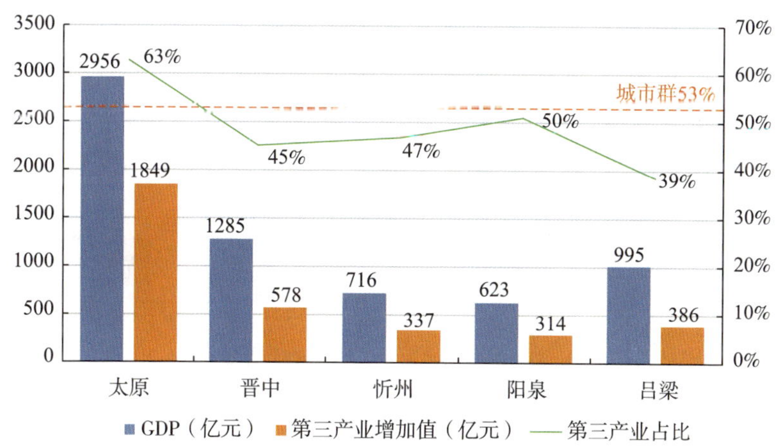


**图19－18 太原城市群第三产业增加值占比**

城市群人均城镇居民可支配收入均值为27653元，低于全国人均城镇居民可支配收入33616元；城市群中有3个城市高于城市群均值，分别为晋中、太原及阳泉。城市群城镇在岗职工平均工资的均值为53481元，超过均值的城市共有2个，分别为太原及吕梁。如图19－19所示。

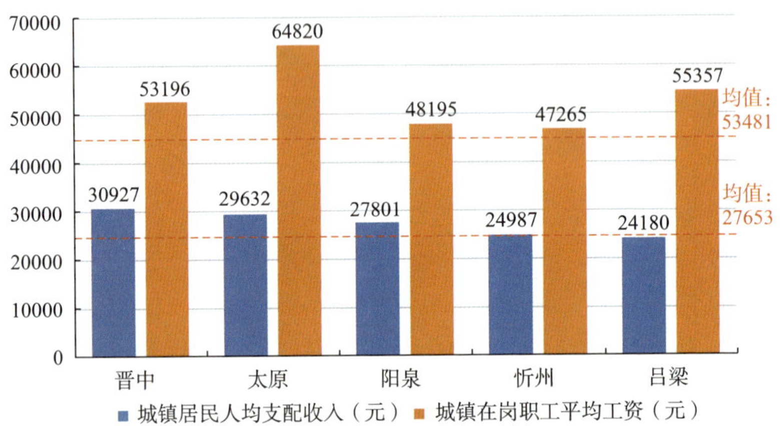


**图19－19　太原城市群人均可支配收入及在岗职工平均工资**

人均存款余额反映当地居民的财富水平，太原城市群整体人均住户存款余额为6万元，远高于其他城市群水平。高于整体水平的城市有2个，分别为太原及晋中。如图19－20所示。

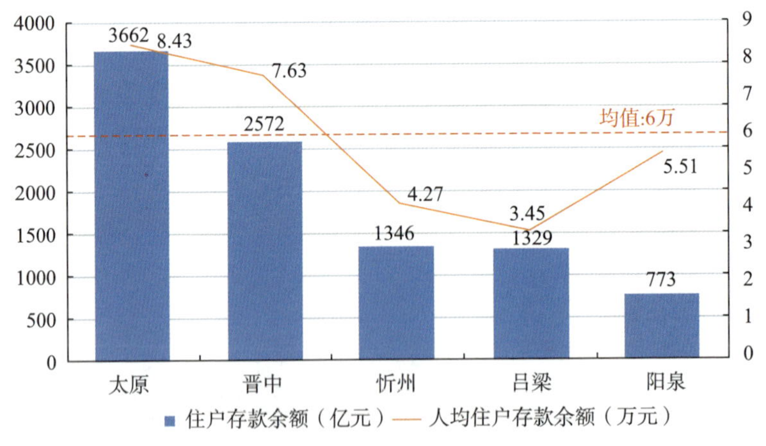


**图19－20　太原城市群人均住户存款余额**

上市公司数量的多少是反映一个城市经济活力的重要指针。太原城市群A股上市公司数量相对较少，主要集中在太原市。如表19－2所示。

 表 19－2 太原城市群 A 股上市公司所在城市分布

| | 个数 | 城市 |
|---|---|---|
| N≥10 | 1 | 太原 |
| 0≤N＜2 | 4 | 晋中、阳泉、忻州、吕梁 |

知名大学的创新活力影响和带动城市的创新活力水平。太原城市群“双一流”大学共有 1 所，只有太原 1 所。如表 19－3 所示。

表 19－3 太原城市群“双一流”大学所在城市分布

| | 个数 | 高校 |
|---|---|---|
| 一流学科 | 1 | 太原理工大学 |

太原城市群人口与经济沿均衡线发展，均衡线以下且偏离越大的城市更应该关注产业发展，其中吕梁、忻州等城市要重点关注新产业进驻，有可能会带来城市发展的巨变；均衡线以上且偏离越大的城市更应该关注人口政策，其中太原、阳泉等城市要重点关注人口政策变化带来的人口集聚，有可能会带来人口短时膨胀。如图 19－21 所示。

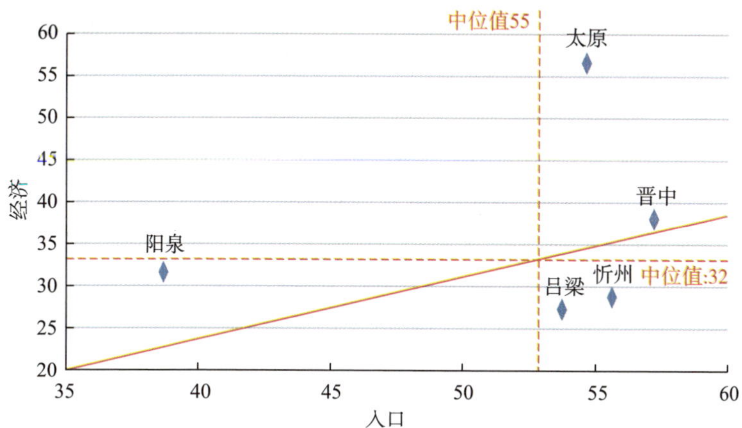


图 19－21 太原城市群人口与经济均衡性分析

## 市场容量

市场容量指数重点考察城市市场销售规模水平、去化周期及房企进驻，是城市房地产发展的安全边界。该指数我们从市场容量、供地面积、购买能力、房企进驻热度等层面综合研判房地产市场安全属性。

太原城市群城市市场容量基数均值为133万平方米。市场容量及安全指数TOP3的城市为忻州、太原、晋中。如图19－22所示。

TOP

| | 城市 | 容量指数 | 市场容量基数 |
|---|---|---|---|
| 1 | 忻州 | 73 | 79 |
| 2 | 太原 | 63 | 658 |
| 3 | 晋中 | 42 | 134 |
| 4 | 阳泉 | 42 | 36 |
| 5 | 吕梁 | 33 | 34 |

备注：市场容量为综合评价指数；
城市市场容量基数为2015-2017年城市市本级商品住宅平均销售面积（万平方米），

【计算方法】

三年平均销售建面 100%

市场容量 100分
=城市基本面×25%

【参考指标】

三年平均供地建面

#所有指标采用综合评分方法进行评价。

*数据来源为中指数据、吉屋网、中国城市发展年鉴。

**图19－22　太原城市群市场容量指数**

太原城市群5个城市2015－2017年商品住宅市场平均年成交面积为940万平方米；太原住宅成交面积分别为658万平方米，销售面积占整个太原城市群成交总量的70%。如图19－23所示。

太原城市群5个城市2015－2017年三年平均土地出让住宅总建设面积为1225万平方米，平均成交楼面均价为1019元/平方米。如图19－24所示。

市场容量从商品住宅销售面积和常住人口两个维度考虑。人口规模较大且距离轴线向下偏离越大，代表市场潜在容量越大。重点关注城市有吕梁，一般关注忻州及阳泉。如图19－25所示。

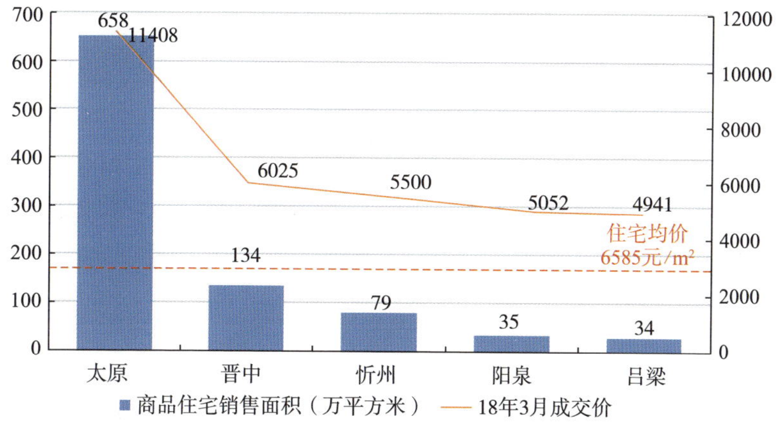


**图 19－23　太原城市群 2015－2017 年商品住宅销售情况**

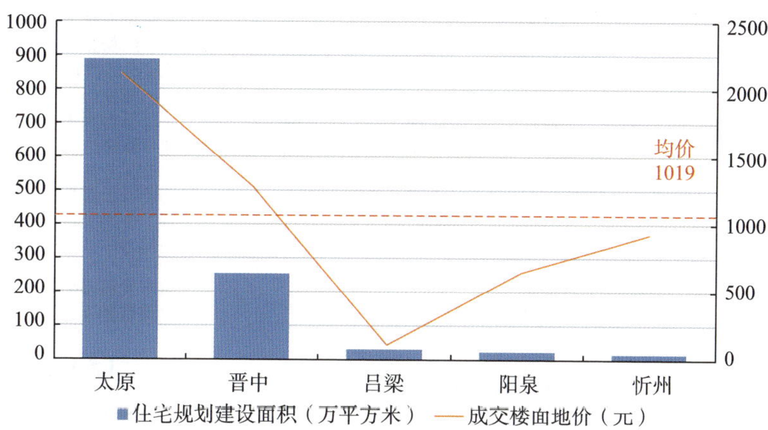


**图 19－24　太原城市群 2015－2017 年商品住宅土地供应情况**

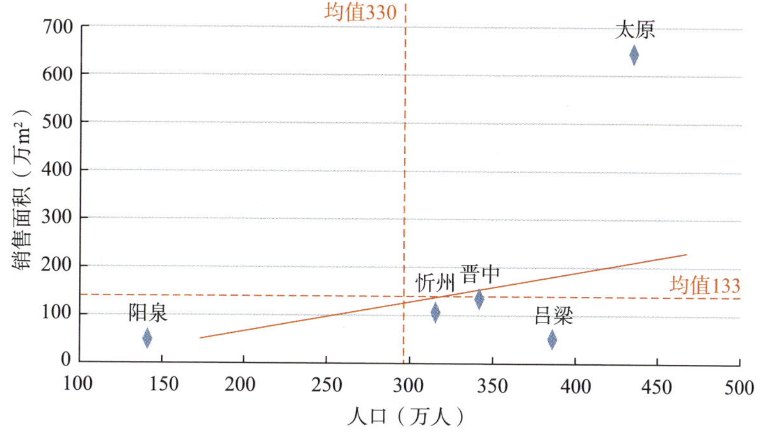


**图 19－25　太原城市群市场容量分析**

## 城市发展潜力

城市发展是城市的未来趋势，也是房地产发展迈向美好生活的主要路径。我们从城市配套、交通、旅游、规划等层面综合研判城市发展潜力。

太原城市群城市发展指数 TOP3 的城市为太原、晋中、阳泉。如图 19－26 所示。

TOP

| | 城市 | 城市发展指数 |
|---|---|---|
| 1 | 太原 | 56.91 |
| 2 | 晋中 | 33.59 |
| 3 | 阳泉 | 24.82 |
| 4 | 吕梁 | 22.96 |
| 5 | 忻州 | 21.03 |

备注：城市发展指数为综合评价指数。

#所有指标均采用分层评价。

*数据来源为各城市国民经济与社会发展统计公报、山东半岛城市群发展规划、去哪儿网及各地教育、医疗、旅游等相关机构网站综合得出。

【计算方法】

配套 35%：
三甲医院数量 8%
大专院校数量 12%
城市景观资源 8%
国家级产业园区数量 7%

交通 40%：
高铁班次 16%
距机场距离 12%
境内高速公路通达度 12%

旅游 25%：
4A级以上景区 6%
四星级以上酒店 9%
旅游人次 10%

城市发展潜力 100分
=城市基本面×20%

【参考指标】

城市定位及分级指数
产业发展规划
交通规划

**图 19－26　太原城市群城市发展指数**

### （1）城市配套与环境

城市配套的好坏直接制约着城市整体房地产发展水平，尤其是重要的医疗、教育等配套资源。第一新财经发布的《中国城市再分级》，把城市从商业资源集聚度、城市枢纽性、城市人活跃度、生活方式多样性、未来可塑性进行了重新评价和定位，具有很好的参考价值。但本书仅从影响房地产市场选择最直接的几个指标进行论证。

从最直接影响房地产的医疗教育配套来看，太原城市群整体配套相对较差，三甲医院共有32所，占全国三甲医院总数1599所的2%；太原城市群共有大专院校53所，占全国大专院校总数2631所的2%。如图19－27所示。

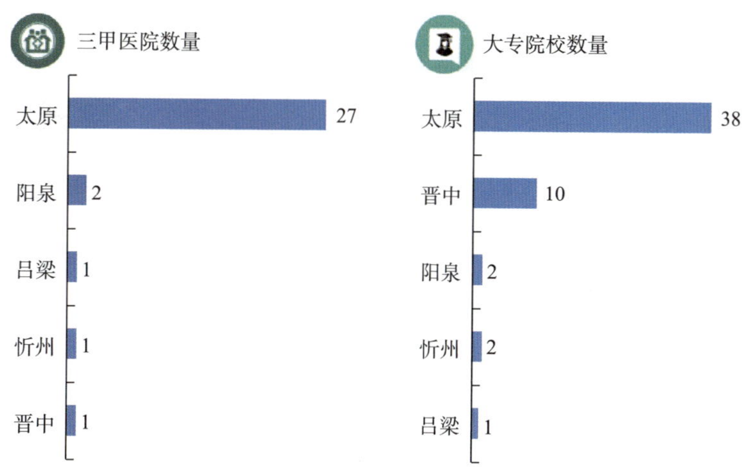


**图19－27　太原城市群三甲医院及大专院校数量**

**（2）城市交通**

城市是整个区域交通的枢纽，其交通的便利度和通达性是我们关注的重点。城市轨道交通是大城市房地产市场的重要助推器，影响大城市的板块市场，但本书主要研究城市之间的房地产市场对比，故暂未把城市轨道交通纳入研究范围。

太原城市群将"东融西进、外疏内联"定为综合交通的发展目标。具体包括完善区域通道，重点加强与环渤海的联系，提升太原交通枢纽的地位；加强煤炭运输通道建设；整合客货运枢纽建设；建设重要旅游景点与支线机场、高速公路、干线公路之间的便捷通道，实施"一小时通达"工程。

太原城市群中太原的交通便利度明显优于其他城市。如图19－28所示。

**（3）旅游商务**

旅游反映了城市休闲配套资源情况和因旅游带来的短时流动人口流向。太原城市群旅游资源丰富，拥有国家级资源多处，自然风光秀丽，文物古迹众多。

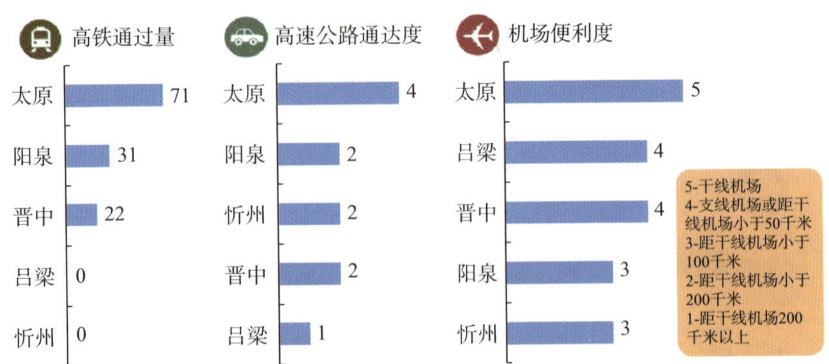


**图 19－28　太原城市群交通便利度**

为此太原城市群一方面致力于建立完整的四级历史文化保护体系，分为历史文化名城、历史文化保护区、文物古迹和非物质文化遗产四个层次；另一方面，创造性地管理历史文化遗产，针对独具特色的“晋商文化”和“晋阳文化”，形成“一心一脊三组团”的旅游发展总体格局。太原城市群2016年旅游人次达2.23亿人。如图19－29所示。

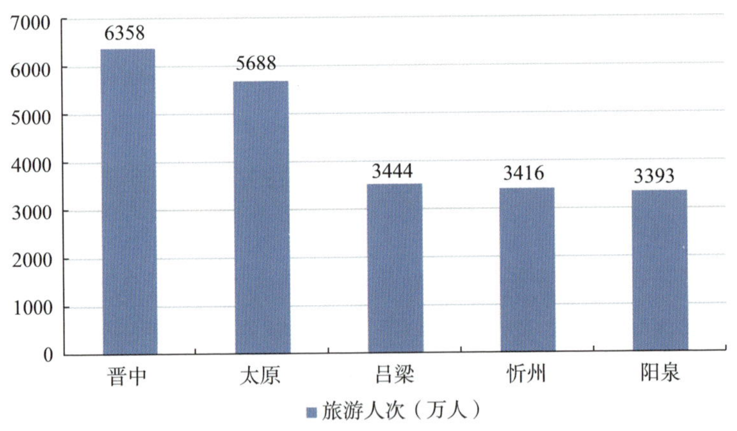


**图 19－29　太原城市群 2016 年旅游情况**

太原城市群共有4A级以上景区29个，占全国4A级以上景区1335个的2.17%。四星级以上酒店138个，其中四星级以上酒店达到50家以上的城市有2个，分别晋中及太原。如图19－30所示。

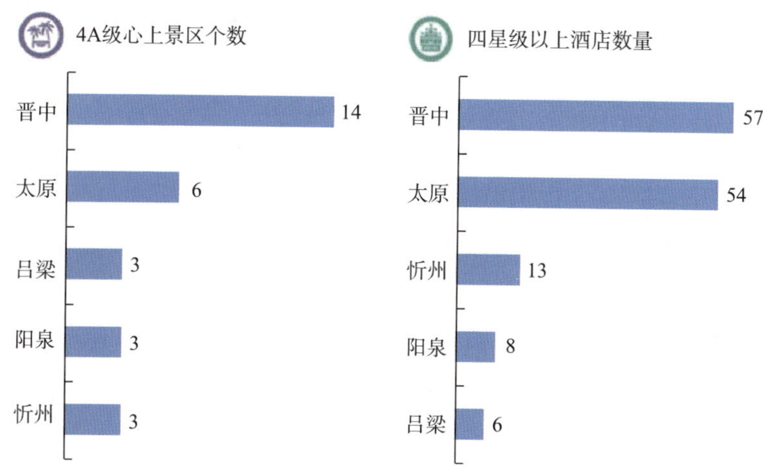


**图 19－30　太原城市群 4A 级以上景区及酒店数量**

### （4）产业发展

产业是人口集聚的主要因素，产业反映了城市经济支撑资源情况，产业的规划发展状态可以带动人口的流向。《太原经济圈规划（2008－2020）》提出实现产业规划的发展目标。具体包括：

第一，加强太原晋中双城产业发展的职能分工，整合协调太原技术开发区、晋中经济技术开发区、榆次工业园区。

第二，调整两地的产业布局，引导太原和晋中的新上工业、高新产业、物流业等产业向太原、晋中结合部集中，推荐产业对接。

太原城市群城市基本面综合排名 TOP3 的城市为太原、晋中、忻州。处在城市发展较好区、适中区、较弱区城市比例为 0:1:4。如表 19－4、19－5 所示。

**表 19－4　太原城市群城市基本面评判指标及权重**

| 一级指标 | 一级指标分值 | 指标维度 | 二级指标 | 二级指标权重 |
|---|---|---|---|---|
| 人口 | 35% | 人口基数 | 常住人口<br>常住户籍人口比<br>小学生增幅 | 40%<br>15%<br>10% |
| | | 家庭结构 | 中小学生的在校生人数 | 10% |

续表

<table>
<tr><th>一级指标</th><th>一级指标分值</th><th colspan="2">指标维度</th><th>二级指标</th><th>二级指标权重</th></tr>
<tr><td>人口</td><td>35%</td><td colspan="2">变化趋势</td><td>城镇化率增幅<br>城镇化率</td><td>15%<br>10%</td></tr>
<tr><td>容量</td><td>25%</td><td colspan="2">市场容量基数</td><td>三年平均销售面积</td><td>100%</td></tr>
<tr><td rowspan="3">经济</td><td rowspan="3">20%</td><td colspan="2">总量水平</td><td>GDP<br>第三产业占 GDP 比值</td><td>40%<br>15%</td></tr>
<tr><td colspan="2">财富水平</td><td>城镇人口均可支配收入</td><td>12%</td></tr>
<tr><td colspan="2">发展活力</td><td>人均住户存款余额<br>一般财政预算收入<br>上市公司数量</td><td>8%<br>10%<br>15%</td></tr>
<tr><td rowspan="3">城市发展</td><td rowspan="3">20%</td><td>配套</td><td>医疗<br>教育<br>景观<br>产业</td><td>三甲医院数量<br>大专院校数量<br>城市景观资源<br>国家级产业园区数量</td><td>8%<br>12%<br>8%<br>7%</td></tr>
<tr><td>交通</td><td>铁路<br>飞机<br>公路</td><td>高铁班次<br>距机场距离<br>境内高速通达数量</td><td>16%<br>12%<br>12%</td></tr>
<tr><td>旅游</td><td>景区资源<br>配套<br>人次</td><td>4A 级以上景区<br>星级酒店<br>旅游人次</td><td>6%<br>9%<br>10%</td></tr>
</table>

**表 19－5　太原城市群城市基本面综合排名**

| | 城市 | 综合得分 |
|---|---|---|
| 1 | 太原 | 52.6 |
| 2 | 晋中 | 36.3 |
| 3 | 忻州 | 30.7 |
| 4 | 吕梁 | 29.4 |
| 5 | 阳泉 | 25.4 |

## 第三节　房地产市场热度研判

根据新一线城市研究所最新的城市分类，太原城市群 5 个城市共有二线城市 1 个、四线城市 4 个、五线城市 3 个。如表 19－6 所示。

**表 19－6　太原城市群城市分级**

| 城市等级 | 城市 | 数量 |
| --- | --- | --- |
| 二线城市 | 太原 | 1 |
| 四线城市 | 晋中 | 4 |
| 五线城市 | 吕梁、忻州、阳泉 | 3 |

市场热度指数重点考察市场房价、地价现状及涨幅情况，进驻潜力和市场竞争热度，来分析目前的市场热度。太原城市群地货比指数中位值为 19%，整体来看市场机会适中，可适当进入。热度指数 TOP3 城市为忻州、太原及晋中。如图 19－31 所示。

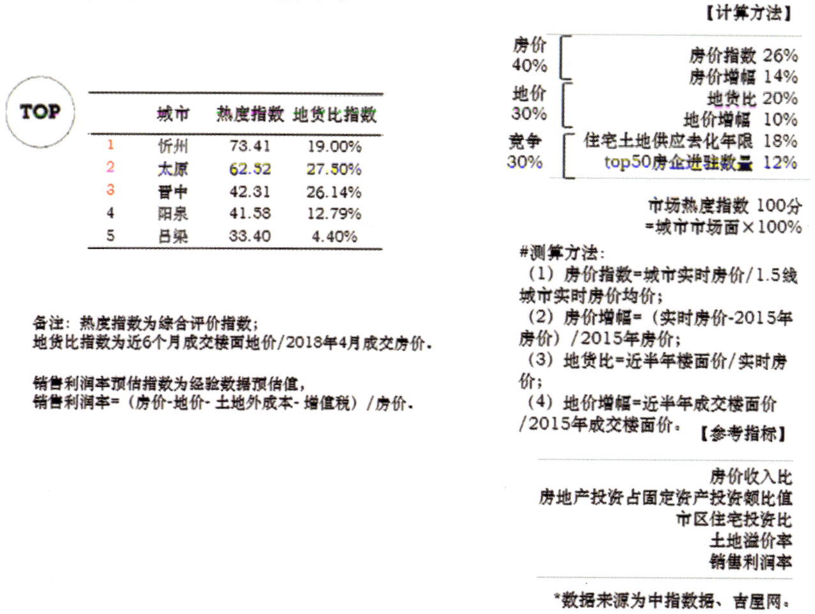

TOP

|  | 城市 | 热度指数 | 地货比指数 |
| --- | --- | --- | --- |
| 1 | 忻州 | 73.41 | 19.00% |
| 2 | 太原 | 62.52 | 27.50% |
| 3 | 晋中 | 42.31 | 26.14% |
| 4 | 阳泉 | 41.58 | 12.79% |
| 5 | 吕梁 | 33.40 | 4.40% |

备注：热度指数为综合评价指数；
地货比指数为近6个月成交楼面地价/2018年4月成交房价.

销售利润率预估指数为经验数据预估值，
销售利润率=（房价-地价-土地外成本-增值税）/房价.

【计算方法】

房价 40%：房价指数 26%；房价增幅 14%
地价 30%：地货比 20%；地价增幅 10%
竞争 30%：住宅土地供应去化年限 18%；top50房企进驻数量 12%

市场热度指数 100分
=城市市场面×100%

#测算方法：
（1）房价指数=城市实时房价/1.5线城市实时房价均价；
（2）房价增幅=（实时房价-2015年房价）/2015年房价；
（3）地货比=近半年楼面价/实时房价；
（4）地价增幅=近半年成交楼面价/2015年成交楼面价。

【参考指标】

房价收入比
房地产投资占固定资产投资额比值
市区住宅投资比
土地溢价率
销售利润率

*数据来源为中指数据、吉屋网。

图 19－31　太原城市群市场热度指数

太原城市群整体房价中位值为5500元/平方米，地价中位值为1045元/平方米；太原城市群地货比中位值为19%。地货比较高的是太原，应及时捕捉市场信息，防控拿地风险；地货比较低的市吕梁，应作为重点关注城市，寻找机会适时进驻。如图19－32所示。

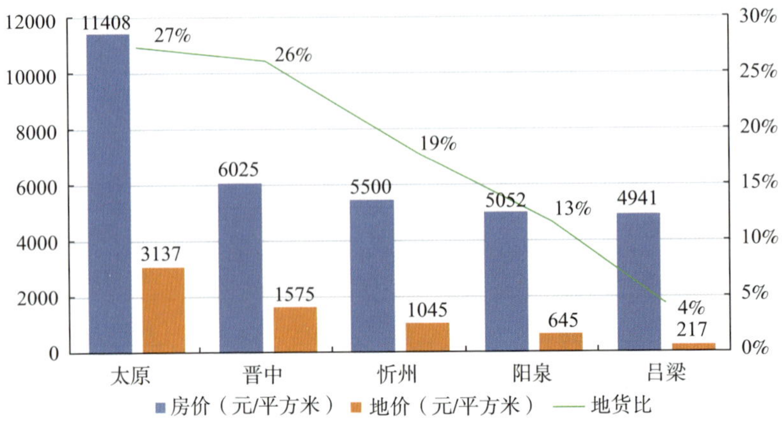


**图19－32　太原城市群房地价及地货比**

太原城市群房价平均涨幅为39%，地价平均涨幅为56%。房价涨幅高于城市群整体平均增幅的城市共有4个，分别为忻州、晋中、太原及吕梁；地价涨幅高于城市群整体平均增幅的城市共有3个，分别为忻州、晋中及太原。如图19－33所示。

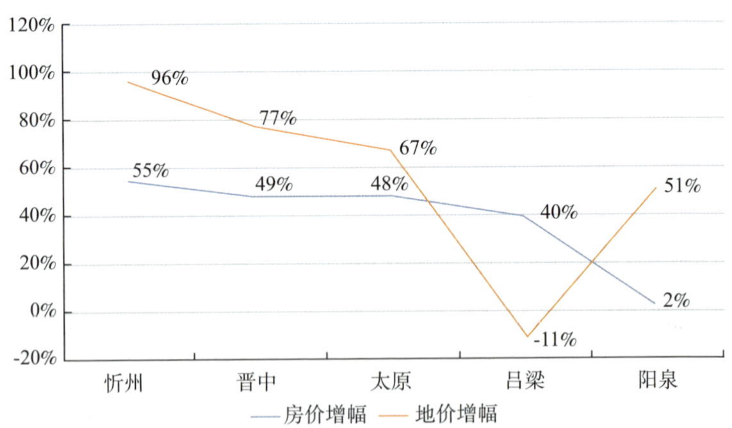


**图19－33　太原城市群房价及地价增幅**

市场潜力从常住人口和地货比两个维度考虑，地货比较低且人口规模相对较大，代表市场潜力较大。战略进驻区域城市共1个，为太原；重点关注区域城市共2个，分别为晋中、吕梁；机会进驻区域城市共1个，为忻州。如图19－34所示。

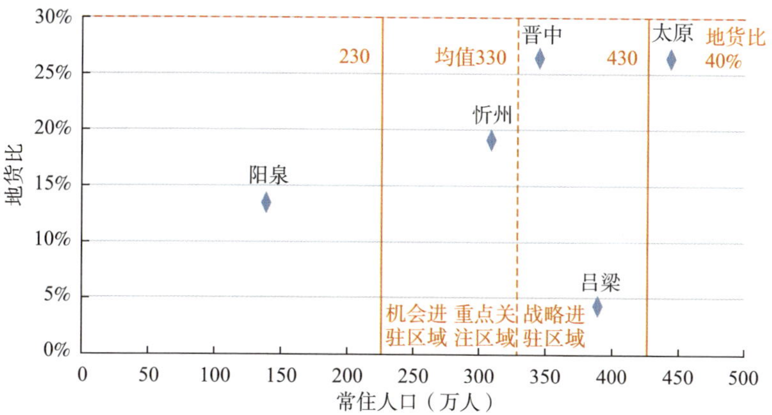


图19－34　太原城市群常住人口和地货比

市场潜力从成交面积和地货比两个维度考虑，地货比较低且成交面积较大，代表市场潜力较大。战略进驻区域城市共1个，为太原；重点关注区域城市共1个，为晋中；机会进驻区域城市共1个，为忻州。如图19－35所示。

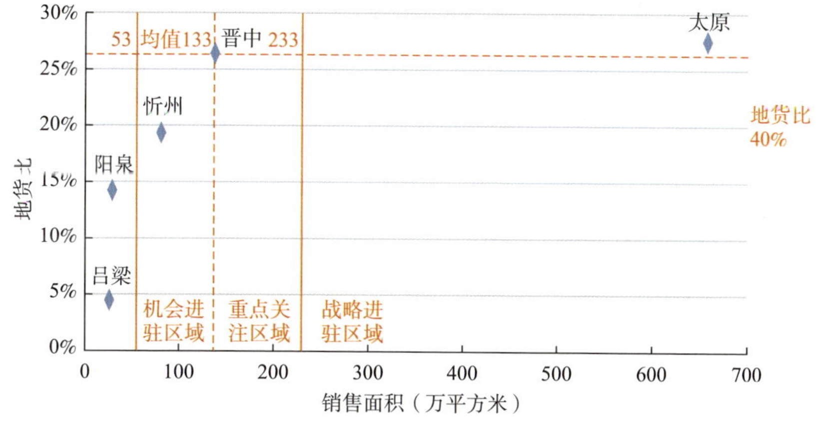


图19－35　太原城市群成交面积和地货比

太原城市群住宅供应去化年限为3.18年，去化周期小于3年的有3个。整体来看，忻州、阳泉等城市市场供不应求；太原、晋中及吕梁等城市市场供过于求。如图19－36所示。

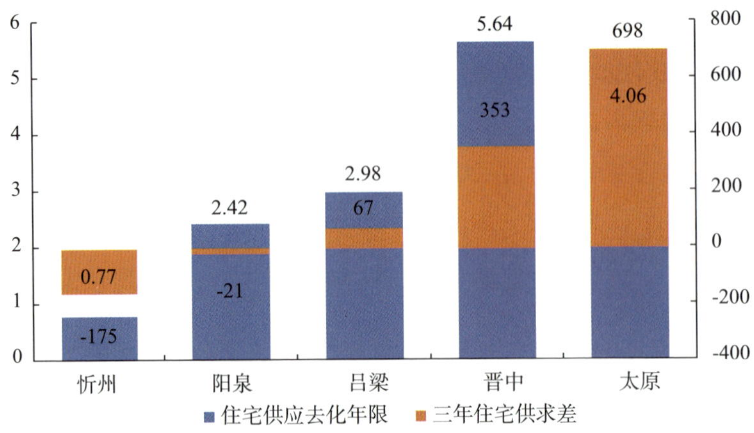


**图 19－36　太原城市群去化周期及供应差**

房价收入情况，在均值线下，居民收入较大且距离轴线向下偏离越大，代表房价上涨潜力越强。一般关注城市晋中及阳泉。如图 19－37 所示。

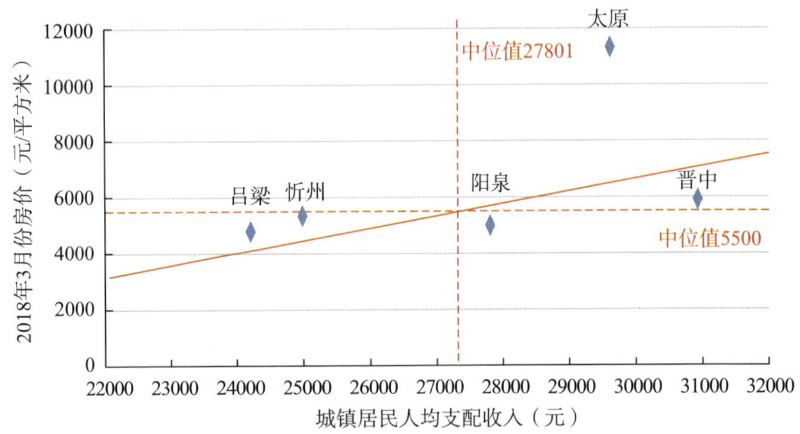


**图 19－37　太原城市群房价收入情况**

2016 年太原城市群房地产投资额为 1040 亿元，占全国房地产投资额 135284 亿元的 0.77%；房地产投资占固定资产投资比重超过 25% 的有 1 个，为太原，此区域房地产投资相对过热，建议谨慎拿地；在 15% 以下的城市有 4 个，此区域房地产投资相对较少，存在潜在投资机会。如图 19－38 所示。

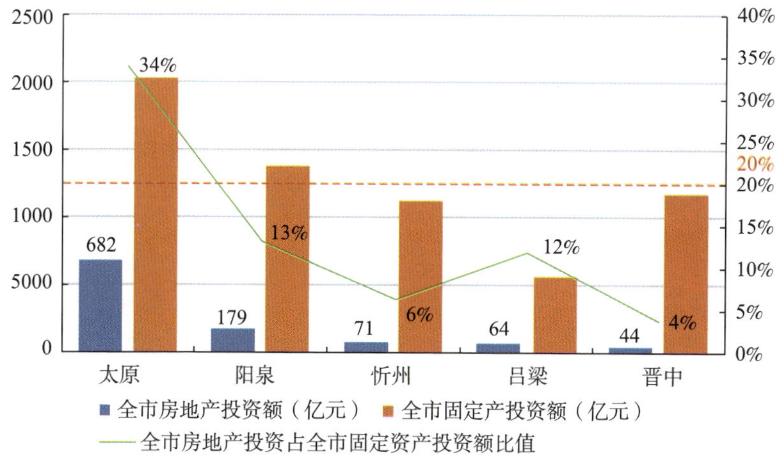


图 19－38 太原城市群 2016 年房地产投资占固定资产投资比重

2016 太原城市群住宅投资额为 761 亿元，住宅投资额在均值 103 亿元以上的城市有 1 个，为太原。整个城市群住宅投资额占房地产投资额比重为 73%，市区住宅投资占全市住宅投资的 69%。市区住宅投资占比低于 50% 的城市有阳泉、忻州、吕梁及晋中，以上城市所辖县级城市房地产投资较为活跃，应重点关注。如图 19－39 所示。

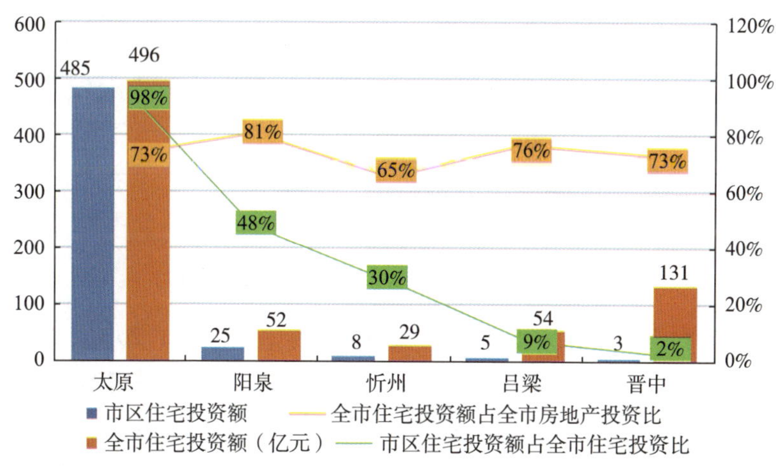


图 19－39 太原城市群 2016 年住宅投资及比重

仅太原就有 10 家以上 TOP50 房企进驻。如图 19－40 所示。

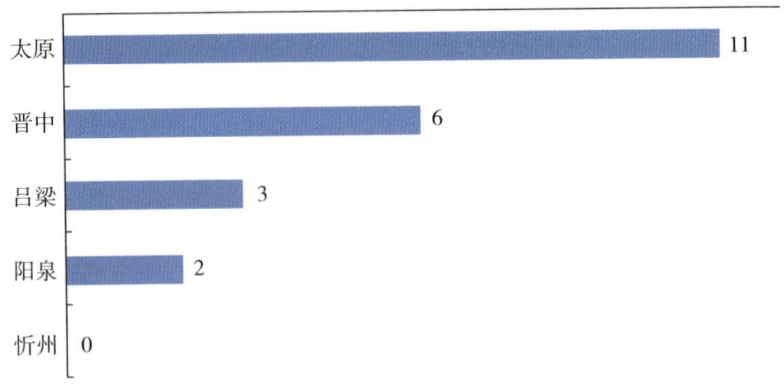


**图 19－40　太原城市群 TOP50 房企进驻数量**

土地市场热度从成交楼面地价和溢价率两个维度考虑，成交楼面地价和溢价率均较低，代表土地市场潜在热度较大。溢价率在 5% 以下市场公开程度较低，需谨慎关注。如图 19－41 所示。

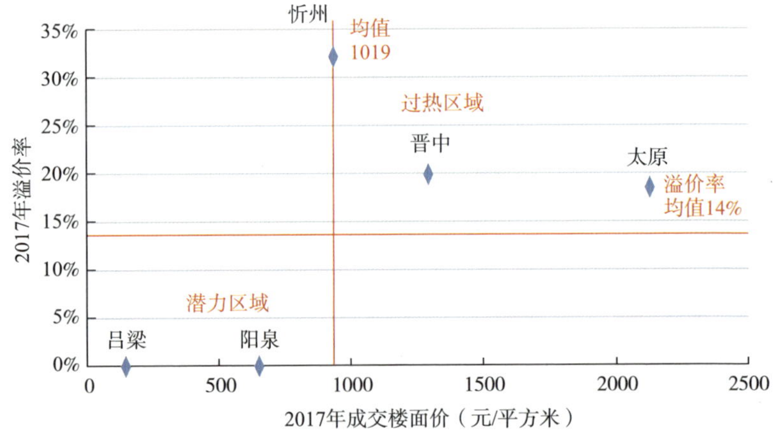


**图 19－41　太原城市群土地市场热度分析**

从销售利润率看，大于 25% 的城市有 1 个，为太原；20% ~25% 的城市有 1 个，为吕梁。销售利润率 =（房价 － 地价 － 土地外成本 － 增值税）/房价，土地外成本按 3600 元估算。增值税 =（房价 － 地价）× 10%/（1 +10%）－3600 ×8%。需要注意的是：销售价格为 2018 年 3 月份价格，楼面价为近 6 个月成交楼面价。如图 19－42 所示。

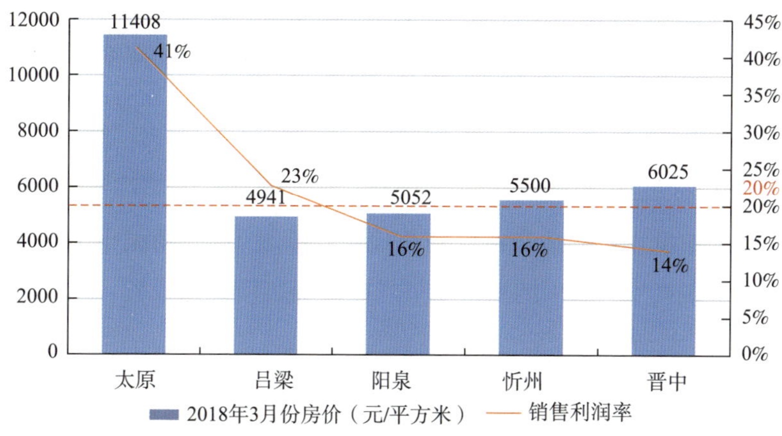


**图 19－42　太原城市群销售利润分析**

太原城市群城市市场热度综合排名 TOP3 的城市为忻州、太原及晋中。如表 19－7、19－8 所示。

**表 19－7　太原城市群市场热度评判指标及权重**

| 评价维度 | 指标维度 | 一级权重 | 指标 | 权重 |
|---|---|---|---|---|
| 市场热度 | 房价热度 | 40% | 房价指数（实时房价/1.5 线城市实时房价均价） | 26% |
| | | | 房价增幅［（实时房价－2015 年房价）/2015 年房价］ | 14% |
| | 地价热度 | 30% | 地货比（近半年楼面价/实时房价） | 20% |
| | | | 地价增幅（最近半年成交楼面价/2015 年成交楼面价） | 10% |
| | 竞争热度 | 30% | 住宅土地供应去化年限 | 18% |
| | | | TOP50 房企进驻数量 | 12% |

**表 19－8　太原城市群市场热度综合排名**

| | 城市 | 综合得分 |
|---|---|---|
| 1 | 忻州 | 73.4 |
| 2 | 太原 | 62.5 |
| 3 | 晋中 | 42.3 |

续表

| | 城市 | 综合得分 |
|---|---|---|
| 4 | 阳泉 | 41.6 |
| 5 | 吕梁 | 33.4 |

太原城市群城市房地产投资安全性综合排名 TOP3 的城市为晋中、太原及吕梁。偏离度大于 1 的城市投资风险较高，应谨慎投资，主要城市有忻州。如表 19－9 所示。

**表 19－9　太原城市群房地产投资安全性综合排名**

| | 城市 | 偏离度 |
|---|---|---|
| 1 | 晋中 | 1.16 |
| 2 | 太原 | 0.19 |
| 3 | 吕梁 | 0.31 |
| 4 | 阳泉 | 0.42 |
| 5 | 忻州 | 1.39 |

# 第四部分

## 胜局

故形兵至极，至于无形。无形，则深涧不能窥，
智者不能谋。因形而错胜于众，众不能知。
人皆知我所以胜之形，而莫知吾所以致胜之行。
故其战胜不复，而应形于无穷。

——《孙子兵法·虚实篇》

第二十章

# “经济战国”时代的五大预测

**“经济战国”时代的五大预测：**

（1）得人口者得天下。

人口何处来？无外乎内生和迁徙。而人口内生取决于文化，人口迁徙得益于政策和资源。

（2）产业结构定乾坤。

安居始于乐业，乐业共促安居，产业均衡则城安定，城市健康则百姓福，安居乐业共赢，则天下定矣！

（3）阡陌交通领头筹。

明德行远，交通天下；官道通则兼济天下，阡陌行则富甲一方。铁公基强则征战胜，人物信通则内力足……

（4）纵横争霸骋七雄。

竞争不可避免，战场方定胜负；空间蓄力发展，经济承载后方；改革引领优势，和谐创造美丽；七雄更替互现，地图锁定终局。

（5）生态环境笃未来。

“钓而不纲，弋不射宿”，城市群已悄然进入新的可持续发展阶段：生态环境适配阶段。

## 第一节 得人口者得天下

战国兴衰取决于人口多寡，人口是决定城市发展和房地产市场最重要的因素，且没有之一。城因人聚而兴，人因城兴而居。人口往往是决定一国或地区房地产市场规模及结构的重要因素。人口的增长模式、年龄结构和地域结构等都分别影响着房地产市场的规模和房价的走势。

对于中国人口的认知，我们千万不能躺在“地大物博、人口众多”的“常识”上，也不能只是呆呆地看着统计公报上“2016 年年末大陆总人口 138271 万人”这个没有什么概念的数字傻乐，真实的情况是：我国人口变化趋势已经发生了根本性的变化。

**(1) 代际数量急剧减少**

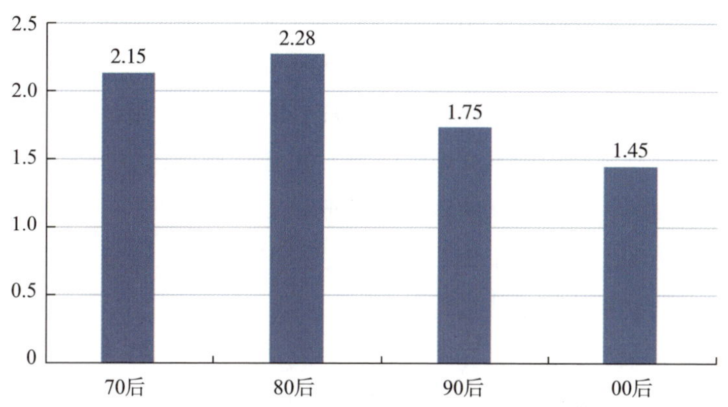


**图 20－1 第六次人口普查数量（亿人）**

如图 20－1 所示，总体来看，全国 90 后人口比 80 后少 23.24%，00 后人口比 80 后少 35.96%。中国年轻人口数量急剧减少。

**(2) 人口红利逐渐消失**

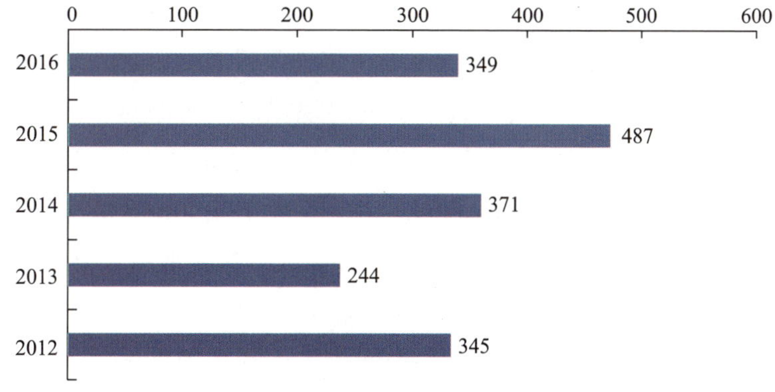


**图 20－2 每年净减少劳动力人数（万人）**

如图20－2所示，2017年．我国16－59岁劳动人口9.02亿人，比上年减少548万人，比上年多减近200万人。劳动力总量6年累计减少了2344万人。我国16～59岁劳动年龄人口2011年达到峰值，占总人口比重从2011年74.5%下降到2016年的65.6%。2018年中国人口数量红利彻底消失。

（3）生育意愿降低

中国近些年人口总和生育率常年维持在1.3以下，其中2010年第六次人口普查中国育龄妇女总和生育率为1.18，之后2011年、2012年、2013年的总和生育率分别为1.04、1.26、1.24，到2015年中国育龄妇女的总和生育率仅为1.047。即使考虑到漏报等诸多因素，这一数据仍然低得出乎意料，并且这一数据不及人口世代更替水平2.1的一半。

总和生育率是指该国家或地区的妇女在育龄期间，每个妇女平均的生育子女数。国际传统上妇女的育龄期一般以15～44岁或49岁为准。一般来讲，如果总和生育率小于2.1（对于发展中国家来说），新生人口是不足以弥补生育妇女和其伴侣数量的。

（4）老龄社会到来

中国已经成为世界上老年人口最多的国家，据国家统计局最新数据，2017年60周岁及以上人口24090万人，占总人口的17.3%。其中，65周岁及以上人口15831万人，占总人口的11.4%。

国际上有一个通用的指标，65岁及以上的人口占比达到7%，就是老龄化社会；如果达到了14%叫老龄社会；达到21%就是超老龄社会。中国2000年开始65岁及以上人口占比超过7%，2027年将超过14%正式进入地地道道的老龄社会；再过20年到2047年进入超老龄社会。

老龄化并不可怕，是人口政策和发展规律的一种必然。但可怕的是“未富先老”。世界主要发达国家一般是先富后老，进入老龄化社会（7%）时，人均国民收入均大于高收入国家标准12736美元（世界银行2015年分组标准）。如英国1930年进入老龄化社会时人均国民收入为22429美元，日本1970年进入老龄化社会时人均国民收入为15162美元，韩国1999年进入老龄化社会时人均国民收入为12778美元。而中国2000年进入老龄化社会时人均国民收入仅为1128美元，2016年才达到8260美元，仅为

12736 美元的 65%。

**（5）人口政策调整黄金期已过**

人口政策调整是有周期的，从 1978 年计划生育政策写入宪法，1980 年开始“提倡一对夫妇只生一个孩子”算起，其人口政策最多沿用一代人，也就是 20～25 年。换句话说，最晚在 2003 年左右应该重新制定调整人口政策。而我国在整整 10 年后的 2013 年，才决定实施“单独二孩”政策，到 2015 年才允许普遍二孩。

2013 年在“单独二孩”政策颁布之初，国家卫计委预计“大概每年增加 200 万人左右”。但 2014 年出生人口仅比上一年增加了 47 万。2015 年我国出生人口数比上年减少 32 万人。2016 年出生人口 1786 万人，比上年多增 131 万人，人口出生率为 12.95‰；2017 年全年出生人口 1723 万人，比上一年少生 63 万人，人口出生率重新下降到 12.43‰。

人口调整政策的效果令人失望，人们长期形成的少生优生的生育观很难短期扭转，再加上生育成本居高和人们对于生活品质的追求等因素，从时间窗口上看，人口政策调整的黄金期已过。2018 年 3 月，新组建的国家卫生和健康委员会取代卫生和计划生育委员会，从某种意义上宣告以鼓励少生优生为主的独生子女计划生育政策已悄然退出历史舞台。已经有部分地方政府意识到问题的严重性，出台以奖励和减税为手段的鼓励生育政策，但其广度和深度还远远不够。

**得人口者得天下之人口发展趋势预测：**

**预测一：生育文化传统区域获得新一轮人口发展数量红利。**

“不孝有三，无后为大”“子嗣多则家族兴旺”等传统观念在一些传统地区拯救了中国人口下滑趋势。在计划生育之后，越是执行政策到位的地方，其替代生育率越低，而且二胎政策放开后效果也一般，如东北地区黑龙江、吉林、辽宁三省人口替代生育率仅有 0.75 左右，且长期处于人口流出状态，人口危机已然来临。

但传统观念较强的区域，在计划生育政策期间，民间采取了诸多变通的办法保存了一定的人口基数，且在二胎政策放开后，也获得新一轮人口增长。

**预测二：高校和科技产业聚集区获得新一轮人口质量红利。**

新时代的希望是开发人口质量红利，人口质量红利的来源有三个：

一是高等教育带来的人力资源红利，中国人均受教育水平近年来飞速提升，20～24 岁的人口接受高等教育的比例从 1980 年的 0.9% 上升到 2010 年的 26%，略高于法国、瑞士、挪威等发达国家。2016 年高等教育毛入学率达到 42.7%，而北京、天津、上海等城市的高等教育入学率超过 50%。

二是制造业强国带来的工程师红利，改革开放以来中国的制造业迅猛发展，经历了从代加工、配套生产到自主创新的全部历程，培养了大量的工程师和技术工人，且和国外工程师相比，中国的工程师拥有人均费用低、工作时间长、任劳任怨的优点。

西门子公司董事会2004 年的一份内部汇报认为，华为的低成本优势主要来自低廉的研发成本，华为研发人员的人均费用为每年 2.5 万美元，而欧洲企业研发人员的人均费用为每年 12～15 万美元，是华为的 6 倍。华为研发人员的年均工作时间是 1300～1400 小时（周均 35 小时，但假日很多)，两者的人均工作投入时间比为 2:1。2004 年中国廉价工程师的人力成本以小时计算是欧美同水平工程师的 1/12，2015 年是 1/10。

三是改革创新带来的人口质量红利，通过改革创新解除对个体、企业创新的种种束缚，形成“万众创新、大众创业”的新态势，以创新创业带动新的人口价值。

从城市群角度看，除了具有传统优势的长三角、珠三角和京津冀城市群外，教育和科技产业资源丰富的长江中游城市群、成渝城市群、关中城市群具有较好的发展潜力。

2016 年全国高校数量排名前 20 的城市中，除了京津冀、长三角、珠三角城市群主要城市外，长江中游城市群的核心城市武汉、南昌、长沙三市共有高等院校 188 所，在校生数量 215 万人，拥有得天独厚的高校资源；成渝城市群核心城市成都、重庆共有高等院校121所，在校生数量152万人，也具有较大发展潜力。此外，中原城市群核心城市郑州、关中城市群核心城市西安大学生在校人数均超过80万人。

**预测三：政策与环境创新区获得新一轮人口迁徙红利。**

“天下熙熙，皆为利来；天下攘攘，皆为利往。”这是人口迁徙最好的理由。2018年以来，各大城市先后发布人才新政，加入人才争夺战，不足五个月时间内，便有超过35个城市发布了40多次人才引入政策。南京、天津、武汉、西安、长沙等城市纷纷加入人口争夺战，西安3天迁入落户1.5万人，天津发布海河人才新政当天就有30万人提出申请。而随着“抢人大战”所带来的人口数量增多和利好政策影响，一些地方房地产市场呈现升温迹象。

此轮新政中，京津冀城市群所涉及城市范围最广，长江中游城市群武汉、长沙等城市诚意最足，关中城市群西安执行力度最强，这些城市群将最先获得迁徙红利。如表20-1所示。

**表20-1 各城市人才引进目标**

| | |
|---|---|
| 长沙 | 未来5年引进120万名各层人才 |
| 武汉 | 5年内吸引100万大学生 |
| 西安 | 5年引才育才100万名高知人才 |
| 郑州 | 每年引进约21万名 |
| 合肥 | 5年吸引100万大学生就业创业 |
| 海南 | 2020年引进20万，到2025年实现百万人才的目标 |
| 沈阳 | 5年吸引70万名大学生及万名高精尖人才 |
| 南昌 | 5年累计引进约63万名各类人才 |

而随着城市化的进一步升级，以及人口政策的进一步放开，城市群内部各城市人口将逐步趋于稳定，而进入“经济战国”时代，各城市群之间

的竞争，也将由人口之争，直接升级演化为最直接的国土空间之争。如表20－2所示。

**表20－2　引入人才所在区域分布**

| 所在区域 | 代表城市 |
| --- | --- |
| 长三角 | 南京、杭州、无锡、杨州、宁波、滁州、合肥 |
| 珠三角 | 深圳、广州、中山、珠海、佛山、东莞 |
| 京津冀 | 北京、天津、石家庄、秦皇岛、邢台、承德、沧州、廊坊、保定、唐山、张家口 |
| 长江中游 | 长沙、南昌、武汉 |
| 成渝 | 成都、重庆 |
| 中原 | 郑州、洛阳 |
| 山东半岛 | 青岛、济南、烟台、聊城、淄博、济宁、临沂、潍坊 |
| 中关 | 西安 |
| 海峡西岸 | 福州、厦门 |
| 太原 | 太原 |
| 其他 | 兰州、呼和浩特 |

## 第二节　产业结构定乾坤

战国时期工商业的发展，改变了各诸侯国的产业结构，促进了诸侯国的发展，并涌现了一批当时的商业都会。同样，城市群内部产业结构的调整升级，也推动了城市化的升级和城市群的发展。随着工业化发展到一定阶段，城市化将升级，产业结构也顺应调整转移，进而城市之间产业资源重新分配，促进城市群的整体经济发展。“经济战国”时代，以农业和工业化为代表的第一、第二产业占比迅速下降，以信息、技术、文化、科技等服务业为代表的第三产业占比迅速上升。在这个过程中，城市就业人口和城市化率迅速提升，城市群内部产业资源得到了优化配置，经济发展取得领先优势。

一个国家或区域经济发达与否的重要指标是其服务产业占 GDP 的比重，当今世界级城市群或发达国家的经济中心是服务业，基本形成以服务业为主导的“三、二、一”经济结构。全球第三产业占 GDP 比重在 60% 以上，美国以金融服务业为主的第三产业占 GDP 的比重超过 80%，美国第一、第二、第三产业占比分别为 1:19:80。现代服务业是产业链最高端、高附加值的服务业对第一产业、第二产业整合能力巨大。

美国服务业就业人口占全部就业人口超过 70%，居民社会消费总额占 GDP 总值的 80%。东京都第三、第二、第一产业占 GDP 的比重分别为 89%、11% 和 0.1%，其周边城市群第三产业也超过 74%。中国 2016 年第三、第二、第一产业占 GDP 的比重分别为 51.6%、39.8% 和 8.6%，介于发达国家和发展中国家之间。其中，京津冀城市群的第三产业占比最高，但也仅为 57%，与美国东北部大西洋沿岸城市群和日本太平洋沿岸城市群的 96.7% 和 78.5% 相比还差得很远，但也说明未来发展潜力巨大。如表 20－3 所示。

近二十年，我国产业结构逐年升级。2002 年我国第一产业增加值首次降到了 15% 左右；2013 年我国第一产业增加值占比降到 10%，且第三产业增加值占比首次超过第二产业增加值占比，第三产业增加值占比近几年又稳步提升；2016 年和 2017 年我国第三产业占比均达到 51.6%。

中国整体第一、第二、第三产业占比比例为 8:40:52，世界平均水平三大产业占比比例为 5:31:64，而美国、日本等发达国家的三大产业占比比例为 2:22:76。从这个角度看，我国产业结构调整带来的经济发展仍有较大空间。如表 20－4 所示。

**表 20－3　世界级城市群与中国城市产业结构比较**

| 项目＼城市群 | 长三角城市群 | 珠三角城市群 | 京津冀城市群 | 长江中游城市群 | 成渝城市群 | 美国东北部大西洋沿岸城市群 | 日本太平洋沿岸城市群 |
|---|---|---|---|---|---|---|---|
| 第一产业产值（亿元） | 5560 | 1069 | 2966 | 2108 | 3063 | 105 | 432 |
| 第二产业产值（亿元） | 55568 | 25941 | 24049 | 17876 | 17637 | 4650 | 31264 |
| 第三产业产值（亿元） | 57204 | 30640 | 33236 | 13660 | 14997 | 141005 | 116060 |
| 第一产业产值占比 | 4.7% | 1.9% | 4.9% | 6.3% | 8.6% | 0.1% | 0.3% |
| 第二产业产值占比 | 47.0% | 45.0% | 39.9% | 53.1% | 49.4% | 3.2% | 21.2% |
| 第三产业产值占比 | 48.3% | 53.1% | 55.2% | 40.6% | 42.0% | 96.7% | 78.5% |
| 第一产业全国占比 | 10.1% | 1.8% | 5.1% | 3.6% | 5.2% | 1.6% | 12.0% |
| 第二产业全国占比 | 21.6% | 9.5% | 8.8% | 6.6% | 6.5% | 2.4% | 42.3% |
| 第三产业全国占比 | 20.7% | 10.0% | 10.9% | 4.5% | 4.9% | 20.0% | 52.2% |
| 主导产业 | 全国最大的综合性工业基地，以金融、电子、装备制造、物流、商贸、汽车、纺织服装产业为主 | 亚太地区最具活力的经济区之一，全国科技创新与技术研究发基地，以电子制造、家电产业为主 | 全国最主要的高新技术和重工业基地，以汽车、电子机械、钢铁等产业为主 | 著名老工业基地、中部地区经济中心，以光电子、汽车、钢铁、交通运输设备制造业等产业为主 | 长江上游地区经济、金融、商贸中心，国家高技术产业、现代制造业基地 | 英国最大的生不基地和商贸中心，世界最大的金融中心，英国高新技术区、钢铁炼油造船中心 | 日本重要工业基地，经济金融中心、以金融、教育出版、机械化工、造船、纺织、汽车产业为主 |

**表 20－4 近二十年中国三大产业占 GDP 比重**

| 年份 | GDP 总值（亿元） | 产业增加值（亿元） | | | 三大产业比重（%） | | |
|---|---|---|---|---|---|---|---|
| | | 第一产业 | 第二产业 | 第三产业 | 第一产业 | 第二产业 | 第三产业 |
| 1998 | 79553 | 14299 | 39150 | 79553 | 17.97% | 49.21% | 32.81% |
| 1999 | 82054 | 14212 | 40806 | 27036 | 17.32% | 49.73% | 32.95% |
| 2000 | 99215 | 14945 | 45556 | 38714 | 15.06% | 45.92% | 39.02% |
| 2001 | 95933 | 14610 | 49069 | 32254 | 15.23% | 51.15% | 33.62% |
| 2002 | 102398 | 14833 | 52982 | 34533 | 14.49% | 51.74% | 33.72% |
| 2003 | 116694 | 14724 | 61778 | 37669 | 14.78% | 52.94% | 32.28% |
| 2004 | 136515 | 20744 | 72387 | 43384 | 15.20% | 53.02% | 31.78% |
| 2005 | 182321 | 22718 | 86208 | 73395 | 12.40% | 47.30% | 40.30% |
| 2006 | 209407 | 24700 | 102004 | 82703 | 11.80% | 48.70% | 39.50% |
| 2007 | 246619 | 28910 | 121381 | 96328 | 11.70% | 48.20% | 39.10% |
| 2008 | 300670 | 34000 | 146183 | 120487 | 11.30% | 48.60% | 40.10% |
| 2009 | 335353 | 35477 | 156958 | 142918 | 10.60% | 46.80% | 42.60% |
| 2010 | 397983 | 40497 | 186481 | 171005 | 10.20% | 46.80% | 43.10% |
| 2011 | 471564 | 47712 | 220592 | 203260 | 10.10% | 46.80% | 43.10% |
| 2012 | 519322 | 52377 | 235319 | 231626 | 10.10% | 45.30% | 44.60% |
| 2013 | 568845 | 56957 | 249684 | 262204 | 10.00% | 43.90% | 46.10% |
| 2014 | 636463 | 58332 | 271392 | 306739 | 9.20% | 42.60% | 48.20% |
| 2015 | 676708 | 60863 | 274278 | 341567 | 9.00% | 40.50% | 50.50% |
| 2016 | 744127 | 63671 | 296236 | 384221 | 8.60% | 39.80% | 51.60% |
| 2017 | 827122 | 5065468 | 334623 | 427032 | 7.90% | 40.50% | 51.60% |
| 2018（第一季度） | 198783.7 | 8904.0 | 77451.3 | 112427.8 | 4.40% | 38.90% | 56.50% |

我们对 12 个主要城市群的 2016 年第三产业增加值占比地区生产总值比重和占全国第三产业增加值比重进行了整理分析，如图 20－3、20－4 所示。

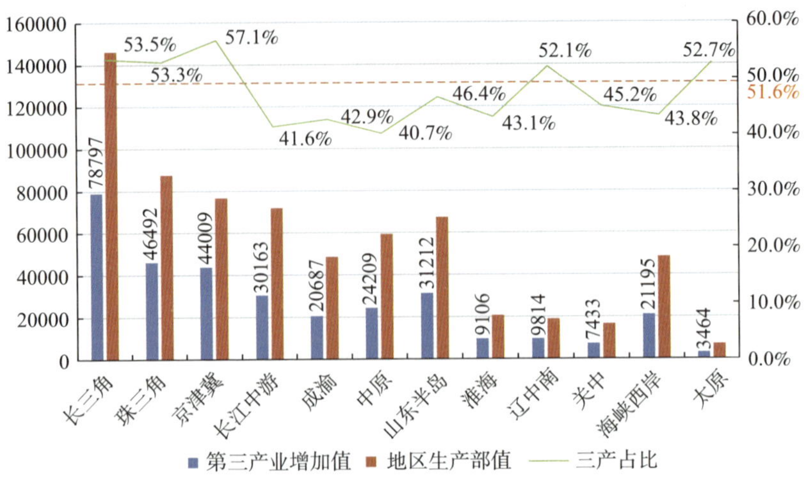


图 20－3　各城市群第三产业增加值及地区生产总值占比

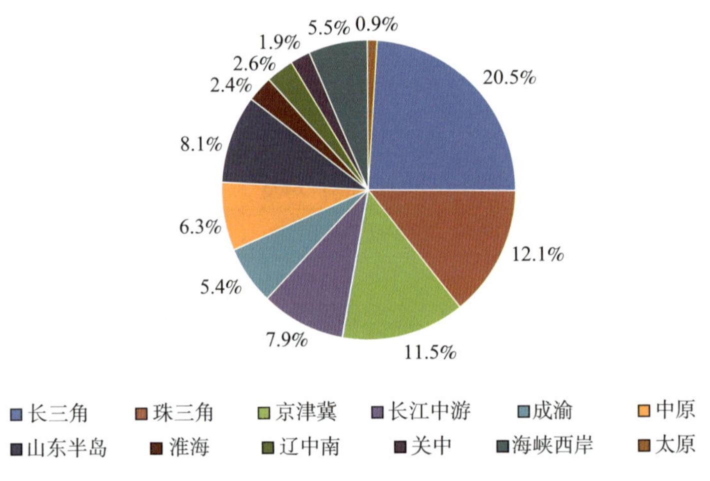


图 20－4　各城市群第三产业占全国生产总值占比

中国主要城市群三产占比超过全国整体三产占比 51.6% 的城市群有京津冀、长三角、珠三角、太原和辽中南城市群。整体来看，长三角、珠三角、京津冀城市群三产增加值与全国占比均超过 10%，经济发展程度较高。其中，长三角城市群整体第三产业增加值最高，超过全国三产增加值的 20%，产业集中度水平已经基本达到世界级城市群水准。如图 20－5 所示。

城市化水平与产业结构息息相关，从世界城市群发展规律来看，城市化水平越高第三产业越发达。2016 年我国城镇化率为 57.35%，按照我国

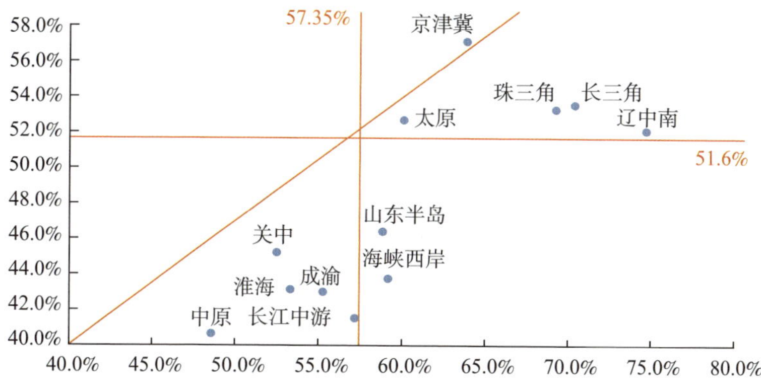


**图 20－5 主要城市群产业结构与城镇化水平**

城镇化率2035年实现70%跨过快速发展阶段的目标对比；2016年三产占比51.6%，按照达到发达国家三产占比70%的水平设置目标，绘制出城镇化率与三产结构的均衡线。

在城镇化率较低的且距离均衡线越远的地方，经济发展潜力越大。长江中游城市群、中原城市群、成渝城市群在下一轮城镇化进程中，将会由经济产业结构调整升级带来较大红利。

国家级产业园区和A股上市公司数量代表着城市群产业的现状基础，产业园区是重要的产业集聚地，其产业发展的带动作用很强，A股上市公司数量代表着科技创新和产业发展氛围状况。如图20－6所示。

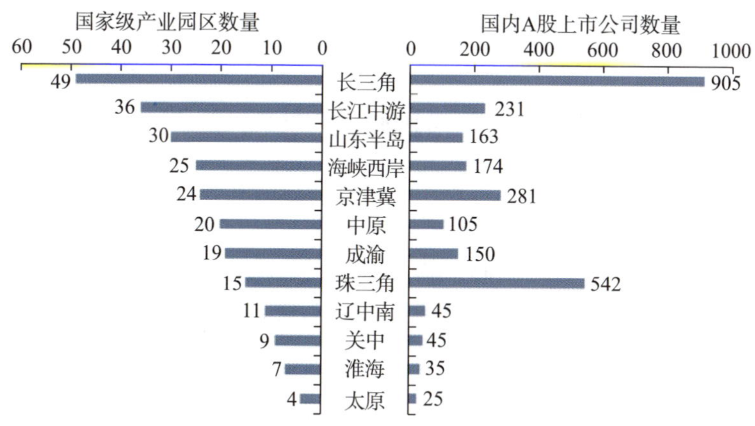


**图 20－6 主要城市群产业发展现状**

从图表看出，长三角、珠三角、京津冀城市群毫无疑问是产业发展的第一梯队；长江中游、山东半岛、海峡西岸和成渝城市群为产业发展第二梯队，有着较强的产业发展潜力。

高等院校数量代表着城市群的科研创新能力，是产业发展的重要支撑，工程师和产业发展的人才要靠高等院校培养。三甲医院数量代表着城市整体配套服务水平，医疗和教育是人才落户的关键性指标。如图 20－7 所示。

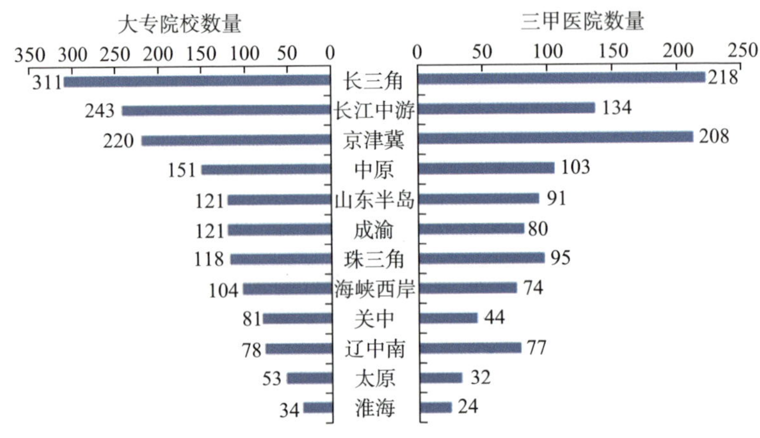


**图 20－7　主要城市群教育与医疗情况**

从图表看出，长三角、珠三角、京津冀城市群毫无疑问是产业配套资源较好的第一梯队；长江中游、中原、山东半岛和成渝城市群为产业发展第二梯队，有着较强的产业配套基础资源。

## 第三节　阡陌交通领头筹

交通改变历史，是跨越时空的有效工具，交通改变了居民生产生活方式。城际交通方式随着距离的远近，依次为飞机、高铁、高速公路，而市域内交通方式则主要看轨道交通发展水平，此外，由交通带来的商务旅游业的发展程度等都是城市群发展的重要指标。

**（1）机场便捷度**

城市有无机场及距离机场的远近是衡量机场便捷度的重要指标。2017

年中国民航局发布《中国民用航空发展第十三个五年规划》“十三五”期间全国续建、新建机场数量将达到74个，现代机场体系的完善将给旅客出行带来极大便利。除了新建机场带来交通便利性外，一般新建续建机场的城市会在机场周边建设空港新区，也会吸引房地产和产业投资，进而带动当地经济的发展。如表20－5所示。

**表20－5　“十三五”期间运输机场建设项目**

| “十三五”时期运输机场建设项目 | |
|---|---|
| 性质 | 机场名称 |
| 续建机场（30个） | 北京新机场：<br>承德、临汾、霍林郭勒、扎兰屯、乌兰察布、松原、白城、建三江、五大连池、三明、上饶、信阳、十堰、武冈、岳阳、琼海、西沙、南沙、巫山、巴中、仁怀、沧源、澜沧、陇南、果洛、祁连、莎车、若羌、图木舒克 |
| 新建机场（44个） | 成都新机场：<br>邢台、朔州、正蓝旗、林西/克什克腾、阿拉善左旗、东乌镇、四平、绥芬河、西水、嘉兴、抚湖/宜城、亳州、瑞金、蚌埠、菏泽、枣庄、商丘、安阳、鲁山、荆州、鄂州/黄冈、郴州、湘西、娄底、韶光、玉林、武隆、乐山、甘孜、威宁、黔北、红河、无阳、怒江、府谷、宝鸡、定边、平凉、共和、石嘴山、昭苏、于田、塔会库尔干 |

同时《规划》还提出，到2020年之前要完善华北、东北、华东、中南、西南、西北六大机场群，新增布局一批运输机场，建成机场超过50个，运输机场总数达260个左右。

我们以城市群的视角，对城市群城市拥有机场的覆盖率情况进行了整理分析。如图20－8所示。

城市群中拥有民用机场（一个城市有两个机场仍按照一个机场进行统计）的城市占比较高的城市群有长三角、京津冀、辽中南、山东半岛、太原、辽中南城市群，其机场的城市覆盖率较高，代表该城市群航空交通比较发达。

**（2）高铁便捷度**

我国高速铁路近些年飞速发展，2016年《中长期铁路网规划》正式印

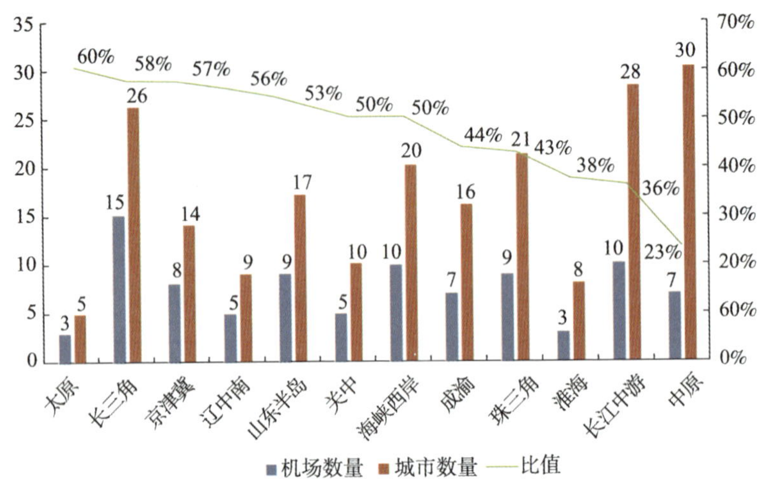


图 20－8　主要城市群机场覆盖

发，预计到2020年我国高速铁路将达到3万千米，覆盖80%以上的大城市。到2030年，“八纵八横”建成将使全国高速铁路网基本连接省会城市和其他50万人口以上的大中城市，实现相邻大中城市间1～4小时交通圈，城市群内0.5～2小时交通圈。

通过对城市群首位核心城市“八纵八横”高铁网络通达程度和当前高铁班次情况，从总体上反映城市群高铁便捷程度。如图20－9所示。

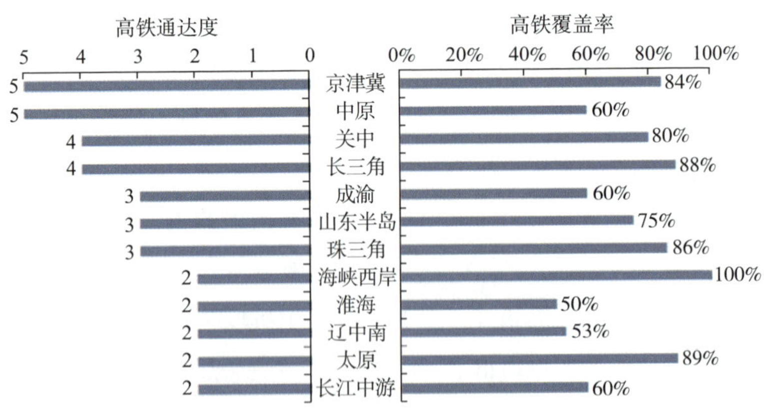


图 20－9　主要城市群高铁覆盖情况

受区位优势的影响，京津冀和中原城市群处在“米”字形高铁架构中心，其高铁交通通达性非常强；长三角、关中是中国东西部大动脉和“一带一路”的主要起始点，高铁交通通达性很强。此外，珠三角、成渝是“一带一路”重要节点和南部、西南部关键交通枢纽，高铁交通通达性也比较强。

（3）高速公路便捷度

2013年6月20日，《国家公路网规划（2013－2030年）》正式公布，中国国家高速公路网采用放射线与纵横网格相结合布局方案，由7条首都放射线、11条南北纵线和18条东西横线组成，简称为“71118”网，规划总里程11.8万千米，是世界上规模最大的高速公路系统。

通过对城市群首位核心城市市区高速公路网络通达程度，反映城市群高速公路的便捷程度。如图20－10所示。

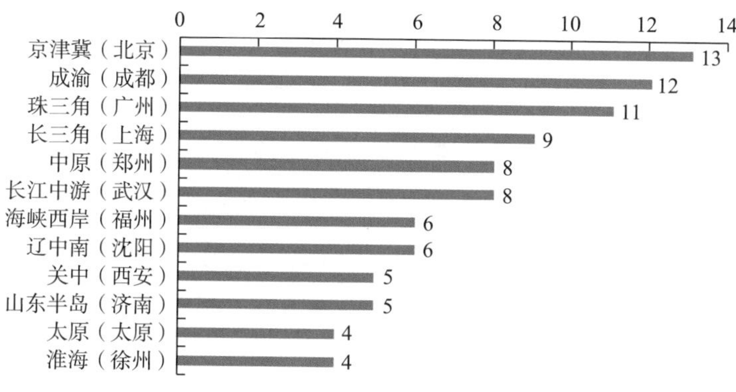


**图20－10 核心城市高速通达度**

珠三角、京津冀、成渝等城市群核心城市高速公路通达度高，处于第一梯队；长三角、长江中游、中原等城市群处在高速公路通达度第二梯队；其他城市群处在第三梯队。但相比而言，辽中南、海峡西岸城市群通达度更好。

（4）轨道交通便捷度

轨道交通是城市群核心城市内部高效运转的毛细血管，地铁网络的发达程度也是衡量城市群核心城市基础设施发展的关键因素。截至2017年年底，中国内地已有34座城市建成投运地铁线路，共计营运里程5033千米。

我们整理了各主要城市群地铁运营城市的数量、运营线路和里程，从总体上反映城市群城市内部交通便捷程度。如表20－6所示。

表 20－6　主要城市群地铁运营情况

| 城市群 | 地铁城市 | 运营线路 | 里程 |
|---|---|---|---|
| 长三角 | 7 | 39 | 1471.69 |
| 珠三角 | 3 | 22 | 714.43 |
| 京津冀 | 3 | 29 | 825.22 |
| 长江中游 | 3 | 12 | 354.15 |
| 成渝 | 2 | 14 | 497.58 |
| 辽中南 | 2 | 6 | 218.8 |
| 海峡西岸 | 2 | 2 | 55.19 |
| 中源 | 1 | 3 | 93.56 |
| 山东半岛 | 1 | 3 | 104.8 |

轨道交通发展中，长三角城市发展遥遥领先，地铁通达城市有 7 个，总运营里程超过 1400 千米，运营线路 39 条。珠三角和京津冀轨道交通发展较快，地铁通达城市均为 3 个，总运营里程超过 700 千米，运营线路超过 20 条；其次是长江中游城市群和成渝城市群，其轨道交通带来的城市内部交通便利性较强。

（5）旅游商务便捷度

交通的大发展带来人流、物流、信息流的发展，其旅游和商务服务业也会迅速发展。我们分别从四星级以上酒店数量考量城市商务交流和配套服务水平；从旅游人次和 4A 级以上景区数量考量交通带来的旅游发展水平。如图 20－11 所示。

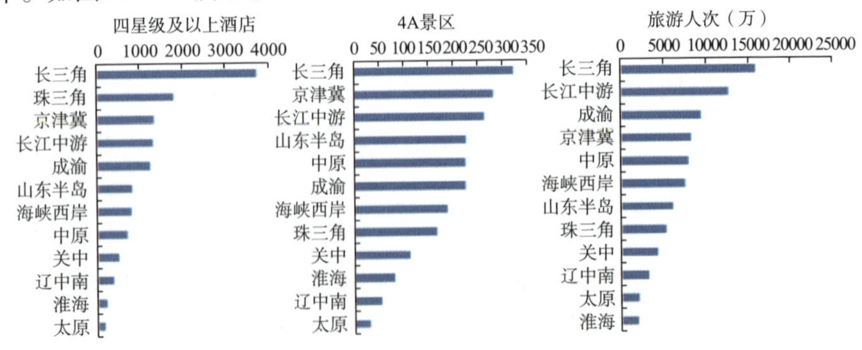


图 20－11　主要城市群旅游服务情况

从商务发展配套看，长三角、珠三角、京津冀、长江中游和成渝城市群拥有较多的四星级以上酒店，商务性人流较大；从景区资源看，长三角、京津冀、长江中游、成渝、中原、山东半岛城市群拥有较强的休闲旅游资源；从旅游人流看，长三角、长中游、成渝城市群旅游人次突破10亿人次，旅游出行和消费的意愿较强。

综合来看，除了传统的商务旅游目的地长三角、珠三角、京津冀城市群外，长江中游、成渝、中原和山东半岛等城市群人流、物流、信息流沟通较为密集，具有较好的发展潜力。

## 第四节 纵横争霸骋七雄

战国争霸更多的体现在地理空间上，新时代的争霸与其说是战场上的战争厮杀，倒不如说是新“经济战国”时代的并购重组。合纵连横就是战国七雄重组的绝佳手段，“重组”二字很是奇妙，“千里为重”，意指空间的转换和历史的深邃；“组”，偏旁为丝意指丝绳，部首为且寓意加力，指要抓住主干，理清乱麻。两个字组合起来，就是站在历史和战略的高度，发挥聪明才智，抓住问题主线，对事物构成要素重新进行排列组合，最终呈现最优战略组合。

本书在开篇描述过十二个“诸侯国”的缘起和现状，又对城市群进行了逐一分析，在“经济战国”时代，我们对十二个主要城市群进行筛分，很容易辨识出谁才是真正的“新战国七雄”。如表20－7所示。

**表20－7 十二个主要城市群筛分**

| 城市群 | 土地面积（万平方千米） | 地区生产总值（万亿元） | 总人口（亿人） | 城市个数 | 趋势 |
|---|---|---|---|---|---|
| 长三角 | 21.2 | 12.7 | 1.5 | 26 | 七雄 |
| 珠三角 | 4.2 | 9.2 | 0.6 | 21 | 七雄 |
| 京津冀 | 21.7 | 7.5 | 1.1 | 14 | 七雄 |

续表

| 城市群 | 土地面积（万平方千米） | 地区生产总值（万亿元） | 总人口（亿人） | 城市个数 | 趋势 |
|---|---|---|---|---|---|
| 长江中游 | 31.7 | 7.3 | 1.3 | 28 | 七雄 |
| 成渝 | 18.5 | 3.8 | 0.9 | 16 | 七雄 |
| 中原 | 28.7 | 6 | 1.6 | 30 | 七雄 |
| 山东半岛 | 15.6 | 6.7 | 1 | 17 | 七雄 |
| 海峡西岸 | 27 | 4.8 | 0.9 | 20 | 拆分 |
| 辽中南 | 9.7 | 1.9 | 0.3 | 9 | 重组 |
| 淮海 | 5.7 | 2.1 | 0.5 | 8 | 重组 |
| 关中 | 10.7 | 1.6 | 0.4 | 10 | 重组 |
| 太原 | 2.5 | 0.7 | 0.2 | 5 | 重组 |

从经济总量看，前八个城市群 GDP 相对较高，基本都在 4 万亿元以上，人口都在 1 亿以上，城市个数一般不少于 15 个。辽中南、淮海、关中、太原 4 个城市群只是作为区域小国存在，其最终命运不过是附属国罢了。成渝城市群虽然 GDP 稍差一些，但其战略定位高，且辐射面广，位列七雄之末。而海峡西岸城市群虽然 GDP 并不差，但整体缺少首位核心城市，城市等级体系结构不完善，在城市分散而且无法形成城市群合力，缺少城市群之魂，故不在七雄之列，且最后的结局无非是分散并入长三角和珠三角城市群。

“新战国七雄”的重组是科学也是艺术，太原城市群和辽中南城市群基本上属于原先的环渤海经济区，其本身的发展也受京津冀的辐射带动，融入京津冀一体化发展是迟早的事情；自古关中、中原便是一家，大周王朝西都长安、东都便是洛阳，陇海一线更是紧紧相连，至于新时代西安郑州谁主沉浮，发展才是硬道理，对人口的吸引能力将是承载力的关键，当然双轮驱动也是不错的选择；徐州本就是华北平原东南部，历史上曾隶属过山东，地缘更近，且以徐州为核心的淮海城市群本身仍是北方城市群，徐州加入山东半岛城市群将形成三角态势，改善城市等级结构体系，有助于山东半岛城市群跻身国家级城市群之列，至于青岛、济南、徐州的领头城市之争，则要看青岛和徐州谁能率先抢得国家战略机遇了。海峡西岸的结局就不再赘述了。

## 第五节　生态环境笃未来

**城市群发展在跨越了自然集聚和规划引领两个阶段后，已经悄然进入新的历史阶段：生态环境资源适配阶段。**

从传统的视角看，城市群的发展主要是基于人口自然集聚和政府规划引领两个层面的力量相互作用产生的结果，但事实上，我们常常忽略了一个重要的城市群发展变量即生态环境资源的适配。过去我们讲城市群内部城市之间的竞争主要是人口和经济的竞争，比如人口新政、产业争夺，现在的竞争则更进一步成为生态环境资源的争夺。

京津冀一体化之后，北京主动疏解人口和产业资源，但雄安新区设立的最重要因素是白洋淀作为重要的水生态资源纳入大北京都市圈生态统筹发展的大蓝图。此外，《京津冀及周边地区 2017 年大气污染防治工作方案》已经将环京津冀城市群的 2+26 个城市一并纳入统一考核，执行统一的行动方案和环保标准。

城市群发展到一定阶段，会发现对于核心城市而言，人口和低端产业流动了，还可以给我做贡献，种菜的流动到河北照样可以给我提供新鲜蔬菜，大红门批发市场转移了，通过网购一样有物美价廉的产品，而这些人口流动到外地就不会和我抢夺资源了。抢夺什么资源，是领先的教育资源吗？当然不是！有户口限制着，他们早就断了念想！北京真正害怕的是抢夺生态环境资源。

什么是生态环境资源呢？一方面从表层来看，是这个城市拥有的水、空气、阳光、耕地、林地、海岸等自然资源，北京可能是全球最缺水的城市，缺到什么程度，中国科学院发布的《中国可持续发展遥感监测报告（2016）》显示，北京人均水资源不足 100 立方米，仅为全国平均水平的 1/20；京津冀区域内 92% 的区县人均水资源量低于国际公认的 500 立方米极度缺水警戒线。空气质量同样堪忧，2016 年北京共发生重污染 39 天，PM2.5 年均浓度 73 微克/立方米，虽较 2015 年下降 9.9%，但仍超过国家标准（35 微克/立方米）109%。另一方面从深层次看，是这个城市的居住舒适度，首都变身“首堵”，北京上班平均通勤时间接近 1 小时，北京 2016 年因为交通拥堵而造成的人均损失高达 8717 元。

城市决策者们惊奇的发现，人口和经济的流失并不可怕，由于先天的城市资源优势，我们可以引进高端人才替换低端人口，高附加值产业替代低端制造业，但生态环境的恶化我们无法替换，更无法弥补。制约城市群可持续发展的最重要的要素，不是人口规模，也不是经济发展水平，而是生态环境资源的有限性。

我们尝试把城市生态位的概念引入到城市群发展的分析逻辑。置于城市群背景下，城市生态位可以定义为：城市生命体从其城市群所在区域所能获得的各种自然资源、生产资本、人力资源和社会资源等各种资源的综合，包括各种资本或资源的类型、数量及其在空间上和时间上的分布；反映了城市生命体在城市群中的性质、功能、地位、作用以及发展规模和速度的定位，代表了城市生命体在其所在城市群中的多维生态空间位置。

城市生态位是一个综合性、系统性的概念。我们进一步把生态学的态势理论引入城市竞争力，“态”就是城市单元的状态，是城市人口、经济和生态环境发展现状及相互作用的结果；“势”就是城市投资对城市单元发展的现实影响力或支配力，其核心是城市房地产投资及其相关联的城市基础设施投资。城市单元是指在一定范围内集聚的城市集合，在具体分类中可以是单个的城市中心区，可以是较大的城市独立个体，也可以是更大范围的城市群区域。

通过城市群背景下的城市生态位分析，我们可以更好地理解和研究城市群可持续发展的未来之路，主要有三点帮助：

一是关于城市群的边界，城市群的边界不是城市边界的简单叠加，也不是规划下的城市组合，过去城市群的边界受其历史演化、自然资源、文化习惯、经济互动等多重影响产生，而进入可持续发展的新时代之后，城市群区域的内涵将首先是一个统一的生态体，如果可以继续深入研究的话，或许我的下一本书就会叫“生态战国时代”了。

二是关于城市之间的相互关系，过去我们理解的经济行为下，城市之间的关系更多的只能定义为竞争与合作，然而城市结构的形成是城市个体间相互作用和生态行为和功能共同作用的结果。如果我们能放到生态的视角去看待城市关系，我们有可能打开了城市竞争力研究的另一个天窗。如果是正相互作用，我们可以细致研究他们是偏利共生还是互利共生；如果是负相互作用，我们可以描述为竞争、捕食、寄生、偏害。

三是关于城市化发展的互动机理，过去我们简单理解城市发展是在人口和经济共同作用的结果，其理由一是：城市化是工业化的载体，工业化引导大量农村剩余劳动力转向城市成为市民，是消除二元结构的根本出路，也是扩大国内需求的主要依托。二是城市化派生的投资和消费需求是拉动经济增长的主要动力。

这样的理解使我们缺少了一个很重要的维度去研究城市群的发展逻辑。所以我们一方面发现面对城市化发展带来转移3亿的农村剩余劳动力，但却占用了将近10亿亩农田，带来空气质量困扰、大城市病缠身、国家粮食安全难保证，人多地少喝缺水的基本国情仍然持续，这笔账不知该如何计算？另一方面中国的基本国情使得生产力布局的长期供求关系远离均衡点，城市化过程中生产、生活和生态长期割裂式发展，这样的格局难道也是实现可持续发展的客观选择。

生态学的理论方法给我指点迷津，根据城市生态学的划分方法，从研究城市不同功能因子入手，结合宜居城市指标体系，可将城市生态位划分为城市人口生态位、城市经济生态位和城市环境生态位三个具体指标维度。于是环境生态位的维度为我们研究城市竞争力提供了更好地依据和支撑。

打开了城市群生态位的大门，我们下一步将继续深化研究，把生态环境纳入城市群的研究体系。我们拟把环境生态位划分为生态基底、生态资源、生态能力、生态文化四个互动递进的维度。其中生态基底指的是城市人口赖以生存的基本生态环境，包括水资源、空气质量环境、土地林地资源等。生态资源维度重点衡量的资源的稀缺性，我们把城市景观资源种类、旅游景区、旅游配套纳入考量。城市生态能力重点来衡量人居环境的舒适性，拟用垃圾处理率、污水处理率、交通拥堵指数、人均公园绿地面积等指标来衡量。环境生态位的极致追求是这个城市可持续发展的生态文化凝聚为城市发展的全民共识。在这个维度上我们把城市是否有生态环境规划以及是否成为生态旅游城市纳入考量。如图 20 - 12 所示。

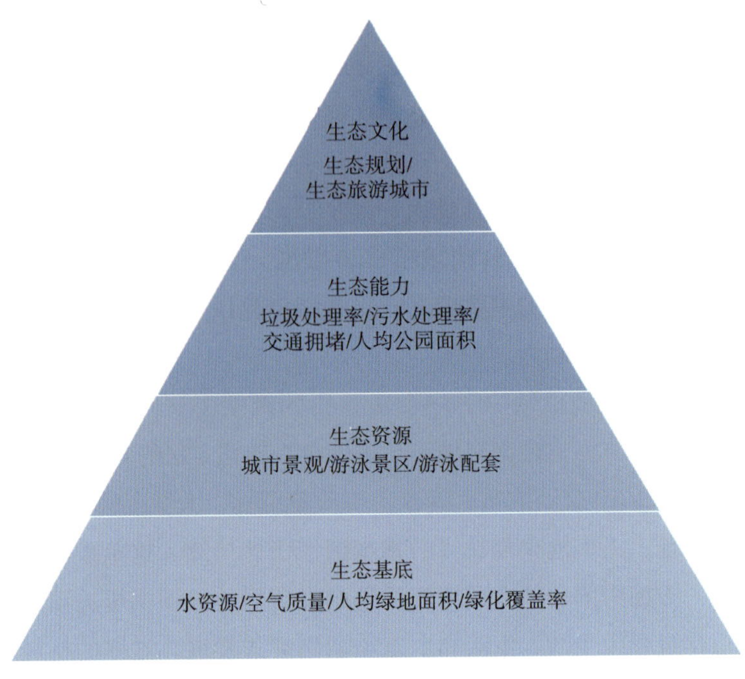


**图 20 - 12　城市群环境生态研究维度图**

站在通往未来的时光机上，生态为我们开启了未来城市群研究的新大门。人口、经济、环境环环相扣，生产、生活、生态生生不息，城市群发展是中国新时代可持续发展的重要基石，这需要我们以更大的智慧和勇气去探索新的可持续发展之路。从“经济战国时代”升级到“生态战国时代”将是历史发展的必然选择。

第二十一章

# 房企的战略思维与选择

# 第一节　房地产市场的城市群基因

## 一、房地产市场的城市群基因

企业做多大，首先要看这个行业的市场有多大。房地产企业近些年风生水起，靠得是一个足够大且有想象空间的市场规模。从总体来看，这是一个巨大的市场，2017 年全国商品房销售额为 13.4 万亿；从局部来看，各个城市群区域市场不均衡，给了众多房企一个有魔力有空间的想象市场。如下表 21－1。

**表 21－1　全国各区域房地产市场的分布**

| 城市群 | 销售额（万亿元） | 销售额贡献率 | 城市群 | 销售额（万亿元） | 销售额贡献率 |
|---|---|---|---|---|---|
| 长三角 | 3.53 | 26% | 中原 | 0.71 | 5% |
| 珠三角 | 1.88 | 14% | 海西 | 0.57 | 4% |
| 长江中游 | 1.43 | 11% | 东三省 | 0.54 | 4% |
| 京津冀 | 0.97 | 7% | 西北 | 0.34 | 3% |
| 成渝 | 0.97 | 7% | 海南 | 0.27 | 2% |

续表

| 城市群 | 销售额（万亿元） | 销售额贡献率 | 城市群 | 销售额（万亿元） | 销售额贡献率 |
|---|---|---|---|---|---|
| 山东半岛 | 0.81 | 6% | 关中 | 0.27 | 2% |
| 西南 | 0. 79 | 6% | 太原 | 0. 14 | 1% |

主要城市群中，第一梯队长三角、珠三角、长江中游2017年销售规模分别为3.5万亿元、1.9万亿元、1.4万亿元，分别贡献全国销售额的26%、14%、11%；第二梯队成渝、京津冀、山东半岛、中原2017年销售规模分别为1.13万亿、0.97万亿、0.8万亿、0.7万亿，分别贡献全国销售额的8%、7%、6%、5%。

长三角是全国房地产市场当之无愧的龙头，占据全国市场的四分之一。如果房企近些年深耕长三角，则必定会获得超额回报和飞速增长，所谓站对了城市群市场爆发的风口，房企必定会“飞”。你不信？上盘数据一起分享。

2017年房企同比增速排名前15位的房企，有9家企业总部位于长三角，且近些年均深耕长三角及周边区域。祥生起家于浙江三四线城市，近些年坚持区域聚焦和做熟做透，一方面聚焦长三角，深耕苏浙皖，浙江9个地级市共有72个项目，另一方面坚持做熟做透，以市场占有率为先导，20%叫作熟；30%叫深耕；40%叫作透，部分城市市场占有率高达45%。这样的清晰的城市群战略，再加上团队执行力和资金杠杆的力量，同比增速更是高达215%，这样的增速令人艳羡。但究其原因，这些房企的最大成功之处在于读懂了城市群发展的基因密码，乘势崛起、快速扩张。

## 二、房企的城市群基因缘起

除了城市群市场规模不同之外，每个品牌房企都有其深厚的城市群基因，其所处的城市群和起家的城市特色无不深深影响着房企的战略导向。我们整理分析了50强房企的发展历程。如表21－2，图21－1所示。

表 21－2　2017 年房企增速排行榜

| 增速排名 | TOP15 房企 | 2016 年排名 | 2016 年销售额 | 2017 年排名 | 2017 年销售额 | 同比增速 | 总部城市 |
|---|---|---|---|---|---|---|---|
| 1 | 祥生地产 | 90 | 180.0 | 35 | 567.6 | 215.3% | 杭州 |
| 2 | 新力地产 | 97 | 161.3 | 43 | 428.1 | 165.4% | 上海 |
| 3 | 泰禾集团 | 32 | 400.1 | 17 | 1007.2 | 151.7% | 福州 |
| 4 | 融创中国 | 7 | 1500.3 | 4 | 3620.0 | 141.3% | 北京 |
| 5 | 中梁地产 | 40 | 336.8 | 25 | 757.9 | 125.0% | 上海 |
| 6 | 美的地产 | 78 | 212.7 | 41 | 450.1 | 111.6% | 广东 |
| 7 | 蓝光发展 | 39 | 339.1 | 30 | 689.1 | 103.2% | 成都 |
| 8 | 俊发地产 | 86 | 190.1 | 50 | 381.3 | 100.6% | 昆明 |
| 9 | 中南置地 | 23 | 502.3 | 18 | 963.2 | 91.8% | 南通 |
| 10 | 海伦堡地产 | 88 | 185.7 | 57 | 351.1 | 89.1% | 广东 |
| 11 | 阳光城 | 26 | 487.2 | 19 | 915.3 | 87.9% | 上海 |
| 12 | 滨江集团 | 42 | 330.0 | 34 | 615.1 | 86.4% | 杭州 |
| 13 | 正荣集团 | 24 | 490.1 | 20 | 910.2 | 85.7% | 上海 |
| 14 | 光明地产 | 111 | 145.3 | 67 | 268.1 | 84.5% | 上海 |
| 15 | 新城控股 | 15 | 685.2 | 13 | 1260.1 | 83.9% | 上海 |

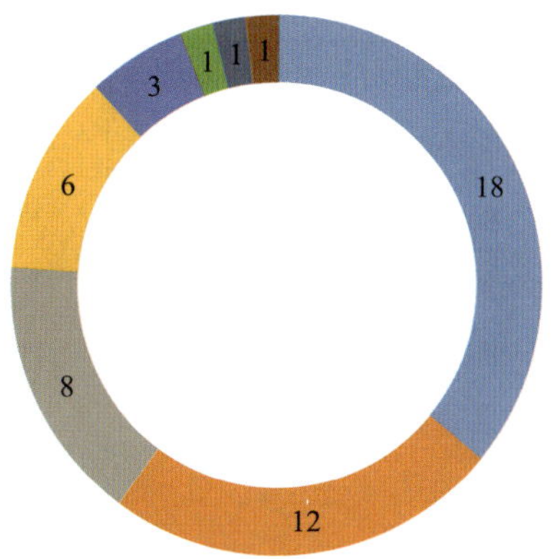


**图 21-1　50 强房企城市群基因分布图**

从 50 强房企城市群基因分布图可以得出，50 强房企中 36% 的房企在珠三角城市群起家，24% 的房企在长三角城市群起家，16% 的房企在京津冀城市群起家，它们的起家和成长都是伴随着所属城市群的大发展而迅速壮大的。

我们还发现一个有趣的规律，大部分从三四线城市起家的房企，主要的战略布局也在三四线城市，其公司发展模式也多是高周转模型。其典型代表企业就是在广东佛山顺德起家的碧桂园，这一类房企还有中南、荣盛、中梁、祥生、美的、龙光等 50 强房企。如表 21-3 所示。

**表 21-3　中国房企 50 强发展历程汇总**

| 排名 | 企业名称 | 起家城市 | 城市群基因 | 起家年份 | 总部所在城市 |
| --- | --- | --- | --- | --- | --- |
| 1 | 碧桂园 | 广东顺德 | 珠三角 | 1992 | 广东顺德 |
| 2 | 万科 | 广东深圳 | 珠三角 | 1988 | 广东深圳 |
| 3 | 恒大 | 广东广州 | 珠三角 | 1996 | 广东深圳 |
| 4 | 融创 | 天津 | 京津冀 | 2003 | 北京 |
| 5 | 保利 | 广东广州 | 珠三角 | 1992 | 广东广州 |
| 6 | 绿地 | 上海 | 长三角 | 1992 | 上海 |
| 7 | 中海 | 香港地区 | 珠三角 | 1979 | 香港地区/深圳 |
| 8 | 龙湖 | 重庆 | 成渝 | 1993 | 北京/重庆 |

续表

| 排名 | 企业名称 | 起家城市 | 城市群基因 | 起家年份 | 总部所在城市 |
|---|---|---|---|---|---|
| 9 | 华夏幸福 | 河北廊坊 | 京津冀 | 1998 | 北京 |
| 10 | 绿城 | 杭州 | 长三角 | 1995 | 杭州 |
| 11 | 金地 | 深圳 | 珠三角 | 1988 | 深圳 |
| 12 | 华润置地 | 北京 | 京津冀 | 1994 | 北京/香港地区 |
| 13 | 新城控股 | 江苏常州 | 长三角 | 1993 | 上海 |
| 14 | 招商蛇口 | 深圳 | 珠三角 | 1979 | 深圳 |
| 15 | 泰禾 | 福建福州 | 海峡西岸 | 1996 | 福建福州 |
| 16 | 大连万达 | 辽宁大连 | 辽中南 | 1988 | 北京 |
| 17 | 世茂 | 上海 | 长三角 | 2000 | 上海 |
| 18 | 旭辉 | 上海 | 长三角 | 2000 | 上海 |
| 19 | 中南 | 江苏南通 | 长三角 | 1988 | 江苏南通海门 |
| 20 | 正荣 | 福建福州 | 海峡西岸 | 1998 | 上海 |
| 21 | 阳光城 | 福建福州 | 海峡西岸 | 1995 | 上海 |
| 22 | 鲁能 | 山东 | 山东半岛 | 2002 | 北京 |
| 23 | 荣盛 | 廊坊/南京 | 京津冀 | 1996 | 河北廊坊 |
| 24 | 富力 | 广东广州 | 珠三角 | 1994 | 广东广州 |
| 25 | 雅居乐 | 广东中山 | 珠三角 | 1992 | 广东广州 |
| 26 | 融信 | 福建福州 | 海峡西岸 | 2003 | 上海 |
| 27 | 金科 | 重庆 | 成渝 | 1998 | 重庆 |
| 28 | 中梁 | 浙江温州 | 长三角 | 1993 | 上海 |
| 29 | 蓝光 | 四川成都 | 成渝 | 1990 | 四川成都 |
| 30 | 远洋 | 北京 | 京津冀 | 1993 | 香港地区/北京 |
| 31 | 金茂 | 上海 | 长三角 | 2004 | 北京 |
| 32 | 中国铁建 | 北京 | 京津冀 | 2007 | 北京 |
| 33 | 北京首都开发 | 北京 | 京津冀 | 2005 | 北京 |
| 34 | 祥生 | 浙江诸暨 | 长三角 | 1994 | 浙江杭州 |
| 35 | 杭州滨江 | 杭州 | 长三角 | 1996 | 杭州 |
| 36 | 龙光 | 广东汕头 | 珠三角 | 1996 | 广东深圳 |

续表

| 排名 | 企业名称 | 起家城市 | 城市群基因 | 起家年份 | 总部所在城市 |
|---|---|---|---|---|---|
| 37 | 首创 | 北京 | 京津冀 | 2003 | 北京 |
| 38 | 融侨 | 福建福州 | 海峡西岸 | 1989 | 福建福州 |
| 39 | 美的置业 | 广东顺德 | 珠三角 | 2004 | 广东顺德 |
| 40 | 佳源 | 浙江嘉兴 | 长三角 | 2004 | 浙江嘉兴 |
| 41 | 佳兆业 | 深圳 | 珠三角 | 1999 | 深圳/香港地区 |
| 42 | 新力 | 江西南昌 | 长江中游 | 2010 | 上海 |
| 43 | 卓越 | 深圳 | 珠三角 | 1996 | 深圳 |
| 44 | 奥园 | 广州 | 珠三角 | 1996 | 广州 |
| 45 | 金辉 | 福建福州 | 海峡西岸 | 1996 | 北京 |
| 46 | 广州时代 | 广东广州 | 珠三角 | 1999 | 广东广州 |
| 47 | 福晟 | 广东广州 | 珠三角 | 1993 | 福建福州 |
| 48 | 保利置业 | 上海 | 长三角 | 2003 | 上海/香港地区 |
| 49 | 合景泰富 | 广东广州 | 珠三角 | 1995 | 广东广州 |
| 50 | 越秀 | 广东广州 | 珠三角 | 1985 | 广州/香港地区 |

备注：50 强房企采用中指 2017 年中国房地产销售额 50 强企业榜单

## 三、房企的城市群基因改善

绝大部分房企秉承其城市群基因进行深耕发展，也有部分房企希望通过总部搬迁优化改善其文化基因，以实现新的战略意图。32% 的 50 强房企中共计 16 家进行了总部迁移，其中区域内迁移至核心一线城市的房企共有 5 家，主要有融创、华夏幸福、新城控股、祥生和龙光；跨城市群迁移的房企共有 11 家，主要有龙湖、万达、正荣、阳光城、鲁能、融信、中梁、金茂、新力、金辉、福晟等。

而 7 家典型的三四线城市起家的房企中，碧桂园、中南、荣盛、美的到目前为止，大本营仍设在其起家城市，其战略依然保持着原有的三四线大力扩张的路径；中梁、祥生、龙光已经做出调整，均是从起家城市搬迁到城市群内首位核心城市，既保持了原有的城市群基因，又站在更高的平台以期实现新一轮的战略布局。

我们对50强房企目前的总部所在城市群进行整理分析，如图21－2所示。

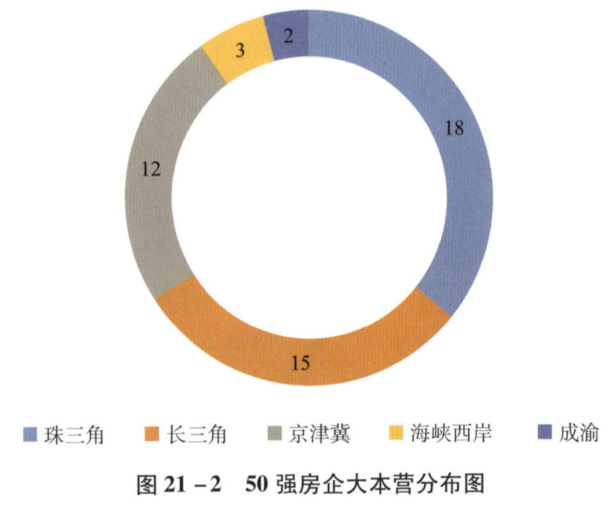


**图21－2　50强房企大本营分布图**

从50强房企大本营分布图可以得出，50强房企中36%的房企把大本营设在珠三角；30%的房企把大本营设在长三角，和城市群基因变化相比，主要是正荣、阳光城、融信3家闵系房企以及长江中游城市群的新力地产将总部迁到上海，同时金茂将总部迁出；24%的房企把大本营设在京津冀，和城市群基因变化相比，主要是龙湖、万达、金茂、金辉4家房企将总部迁到北京。

## 四、房企的城市群基因密码解读

无论房企如何打造其高大威猛的形象，其出身都有明显的城市群发展基因。从某个城市群出身的房企一定或多或少有着清晰的烙印。“上海钱多，北京权大，深圳胆肥”，房企的特性也无出其右。

长三角出身的房企，背靠金融中心，杠杆用足，资本扩张，房企扩张战略举手投足之间无不渗透着钱的味道，连资本充足的闽系房企进入扩张流程之后也纷纷将总部搬至上海，融资投资能力是长三角房企的重要法宝和标签；京津冀出身的房企，紧邻政治中心，政策用足，洞悉调控，把握政策走向布局下一轮风口是他们的拿手好戏。当然，京津冀一体化和雄安新区本身就是风口；珠三角出身的房企，贸易起家，创新制胜，规模化发展和高周转模型让这波房企做得风生水起，求新求变引领行业发展。

你永远无法预测下一秒会发生什么，但似乎有一个认知永远是对的，那就是：规模为王的时代，宇宙第一房企大概率还是会出在这个城市群，因为广州开埠大贸易、深圳特区爱创新、香港地区国际桥头堡，这就是房企的城市群基因。

城市群基因不是一成不变的。一般来讲，基因改变有两种路径：迁都和联姻。我们看到 50 强房企有 32% 进行了总部迁移，可能对外有战略布局、人才引进等冠冕堂皇的理由，其内生动力就是想改变自己的出身。迁都意味着舍得，舍的是原有基因下的利益格局和旧的人员体系，得的是新的城市群资源和人才架构。这一舍一得之间，需要创始人和高层决策层对未来的科学判断和运筹帷幄的大智慧。

联姻也会改变基因，让新的机构和人员加入，实现基因重组也是惯用的做法。深圳地铁成为万科第一大股东，无疑会加重其国企的基因背景；而平安成为华夏幸福的二股东，也无疑会帮助华夏幸福加强投资风险控制。而房企的城市群基因求变或不变，已经不是一厢情愿了，儿女大了，总要成家的。经济战国时代，行业的整合和企业重组已经展开群雄逐鹿。而究竟是要做婆家还是当娘家，需要首先看看你手里积累的财富吧。

## 第二节　房企的下一波红利在于城市群经济结构的梯次转型

在战略思维里，我们说当下规模为王的时代，宇宙第一房企大概率会出现在珠三角城市群。那么规模化究竟属于什么时代？下一个时代又是什么特征？我们该如何应对呢？回答这个问题，我们需要换一个维度，从社会学视角找寻答案。

## 一、生产型社会的房地产发展逻辑

我们说规模为王的时代，从社会学理解其实就是生产型社会。生产型社会有三大主要特征：

一是社会目标单一，全社会为了创造更多的财富而拼命努力，企业追求规模，城市追求 GDP。

二是产品单一且标准化生产，生产型社会最显著的特征就是一个产品打遍天下，做爆款产品，之后开动马力标准化生产，然后找到客户群把产品卖出去。从某种意义上讲，商品社会就是生产型社会。

三是社会需求单一，人们更关注的是物质满足，希望先解决有的问题，比如能住上一个满足基本品质要求的大房子。这个时期，社会的主要矛盾是人民日益增长的物质文化需要同落后的社会生产之间的矛盾。

**在以追求规模为王的生产型社会，做大规模严控成本产品倾销是房企制胜的法宝**。于是以碧桂园为代表的高周转房企在这一轮脱颖而出。碧桂园近些年飞速发展，合同销售额从 2009 年的 232 亿元，到 2013 年跻身千亿房企，2016 年位列中国房企前三强，2017 年以 5500 亿元销售额登上宇宙第一房企的宝座。如图 21 –3 所示。

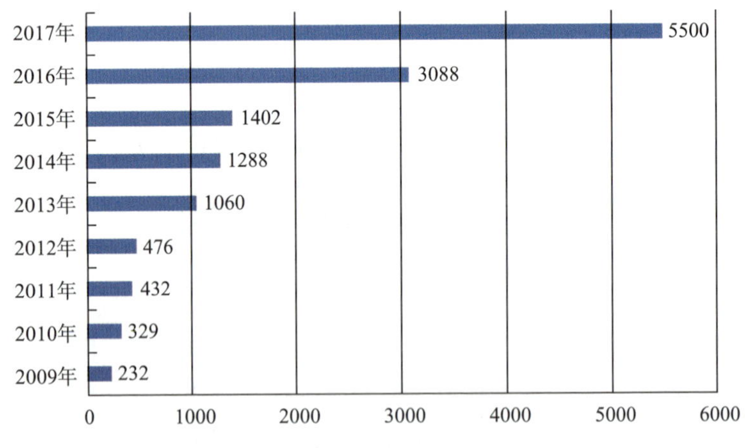


**图 21 –3　碧桂园合同销售额增长示意图**

碧桂园靠什么取胜，两个基因一个风口。碧桂园自带两个基因：

一是城市群基因。珠三角作为制造业和贸易发达的地区，深谙外贸出口之道，做品质还说得过去的产品，标准化之后压缩成本，然后贴个标签卖出去。其实在这些来自广东的企业家看来，卖房子和卖家电没什么区别，同样出自顺德的美的后来也学着做地产，一样做得风生水起，就是最好的例证。

二是三四线城市基因。碧桂园不去那些需求比较多元的大城市发展，专一扎在大城市周边郊区和三四线城市，不是不想要利润，而是因为产品满足不了客户需求，所以最简单的逻辑——降价倾销，产品减配。

而这个风口，有人说是抓住了中国城镇化的风口，我认为不准确。房地产行业整体是依托中国城镇化的发展而发展的，为什么只有碧桂园式的房企快速扩张成功，而其他房企没有赶上这波红利呢？我们看几个数据，如表 21－4 所示。

**表 21－4　碧桂园销售额增长与全国三产占比变化对比**

| 年份 | 碧桂园销售额 | 一产占比 | 二产占比 | 三产占比 |
|---|---|---|---|---|
| 2009 年 | 232 | 10.60% | 46.80% | 42.60% |
| 2010 年 | 329 | 10.20% | 46.80% | 43.10% |
| 2011 年 | 432 | 10.10% | 46.80% | 43.10% |
| 2012 年 | 476 | 10.10% | 45.30% | 44.60% |
| 2013 年 | 1060 | 10% | 43.90% | 46.10% |
| 2014 年 | 1288 | 9.20% | 42.60% | 48.20% |
| 2015 年 | 1402 | 9% | 40.50% | 50.50% |
| 2016 年 | 3088 | 8.60% | 39.80% | 51.60% |
| 2017 年 | 5500 | 7.90% | 40.50% | 51.60% |

2009 年至 2012 年，碧桂园的销售额也就是三四百亿规模，而同期全国三产占比也基本维持在 43% 左右；真正发生变化的是在 2013 年，碧桂园突然发力跻身千亿房企，而这个时间对应的是全国三产占比首次超过二产占比，且一产占比降到 10% 以下。2013 年之后，碧桂园规模迅速扩张，对应的是全国三产占比已经稳稳超过 50%。

这些数据的背后，是一个真实而巨大的投资逻辑。2013 **年开始，我国已经由生产型社会转变成消费型社会**。而绝大部分房企是在四年以后才得出了这个判断：2017 年 10 月，党的十九大提出，我国社会主要矛盾已经转化为人民日益增长的美好生活需要和不平衡不充分的发展之间的矛盾。这四年是碧桂园发展的黄金时期，读懂了这个密码，2017 年碧桂园已然成为宇宙第一房企。

## 二、梯次转型的时间跨度

解读到此，很多人会问我是不是错过了这波红利。头等舱已经没位置了，如果抓紧，有可能还能赶上这班车。能赶上这班车的你要感谢中国庞大的经济体量，中国的这次转型有两个特点：一是转变需要一个较长的时间跨度；二是由于我国区域经济不平衡的特点导致这一转变是以城市群为主体梯次展开的。

从三产占比和人均 GDP 指标来看，我国长三角、珠三角和京津冀已经进入消费型社会，其他城市群正处于生产型社会到消费型社会的转型期，是最好的上车机会。其中，中原城市群、长江中游城市群和成渝城市群三产占比在 42% 左右，按照规模化生产的高周转模式，仍具有较大发展空间。如表 21 –5 所示。

**表 21 –5　城市群第三产业增加值对比**

| 城市群 | 第三产业增加值 | 地区生产总值 | 三产占比 | 三产与全国三产占比 |
|---|---|---|---|---|
| 长三角 | 78797 | 147194 | 53.5% | 20.5% |
| 珠三角 | 46492 | 87251 | 53.3% | 12.1% |
| 京津冀 | 44009 | 77043 | 57.1% | 11.5% |
| 长江中游 | 30163 | 72542 | 41.6% | 7.9% |
| 成渝 | 20687 | 48177 | 42.9% | 5.4% |
| 中原 | 24209 | 59543 | 40.7% | 6.3% |
| 山东半岛 | 31212 | 67215 | 46.4% | 8.1% |

续表

| 城市群 | 第三产业增加值 | 地区生产总值 | 三产占比 | 三产与全国三产占比 |
|---|---|---|---|---|
| 淮海 | 9106 | 21105 | 43.1% | 2.4% |
| 辽中南 | 9814 | 18825 | 52.1% | 2.6% |
| 关中 | 7433 | 16434 | 45.2% | 1.9% |
| 海峡西岸 | 21195 | 48440 | 43.8% | 5.5% |
| 太原 | 3464 | 6575 | 52.7% | 0.9% |
| 全国 | 384221 | 744127 | 51.6% | 100.0% |

这一红利还能吃多久呢？按照全国三产占比上升速度来看，从2009年三产占比42.6%到2015年三产占比超过50%，大约用了6年时间。考虑到各个城市群的经济发展速度不同，即使是三产占比最低的中原、长江中游和成渝城市群，最多也就再有5~8年的红利期，之后全国大部分地区进入消费型社会。

## 三、消费型社会的房地产发展逻辑

消费型社会的投资逻辑会发生巨大的改变。生产型社会提供的产品是要满足百姓的物质文化需要，而消费型社会我们提供的产品是要满足百姓美好生活的中国梦。日本在20世纪90年代进入消费型社会后，提出的口号是“从猛烈到漂亮的转变”，猛烈指的是拼命工作，漂亮指生活潇洒。这时候，房产家电都普及了，衣食住行各个方面发达了，人们开始追求更丰富的生活内涵。

对应消费型社会也有三大主要特征：

一是社会目标多元，全社会不再只是创造财富，开始关注享受生活。

二是产品多元化，个性化定制式产品成为主流，产品技术更新迭代速度加快，创意设计成为标配。

三是社会需求多元，人们更多关注的是独立个体和个性张扬，希望具有身份标识的独一无二的产品，圈层文化成为主流。这个阶段，房地产属性已经跨越了居住、投资等属性，发展回归到本质的社会属性。

消费型社会带来的最大的困惑是社会的总体目标模糊了。生产型社会是一个有目标的社会，国家和城市发展有 GDP 目标，企业发展有达超规模排名的冲动，百姓有拥有大房子的愿望。一旦真正进入消费型社会，我们都傻了，城市发展不评比 GDP，政府官员不知道怎么才能出政绩；企业不看销售额排行榜，也无法知道行业地位和发展方向；百姓则不知道该要什么了。

这个时期，有强大的文化基因，能帮助百姓树立生活目标的房企将会获得消费型社会带来的红利。这时候，房企卖的一定不只是房子，而是一种有目标感的新型生活方式。谁能做到这一点，谁就是消费型社会的 TOP 房企。

当下，各个领先房企纷纷推出以客户需求为导向的产品战略，意在提前着手展开布局。如祥生提出了“产品极致是人”的超级理念，并打出了四招组合拳抢占市场：一是设立专门的客户和产品研究部门，专注于调研市场，了解客户需求，并转化成产品语言；二是注重产品迭代与创新，如把一二线城市的产品、服务标准带到发展中城市中，抢产品迭代的时间差；三是研究客户行为模式，注重打造生活方式。如针对儿童、中青年及老年人等不同年龄段感官视觉与实用需求，进行园区场景的打造、产品升级、业主体验及生活服务等多元化社区功能场；四是着力打造以客户为导向的“四全打法”。如图 21 - 4 所示。

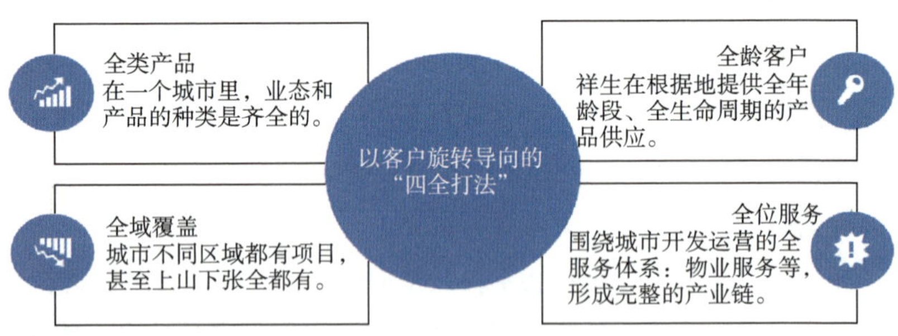


**图 21 - 4　祥生以客户为导向的“四全打法”**

旭辉提出了“全家庭生命周期”的产品设计理念，通过构建从出门到回家充满仪式感的“六重场景”展现一天的维度；通过构建 0 ~ 80 岁的专属空间，精选出 6 + 3 全龄人居系统，为每一年龄阶段的人开启悦生活。如

图 21 - 5、21 - 6 所示。

**图 21 - 5　旭辉的客户需求分析**

旭辉还提出新的产品服务创新，一方面通过悦生活体验服务，着力打造智能家居 6 个“慧”：慧出行、慧居家、慧安心、慧健康、慧养老、慧服务；另一方面通过全方位的精细化物业服务和温馨的社区活动，打造精致化的生活品质。

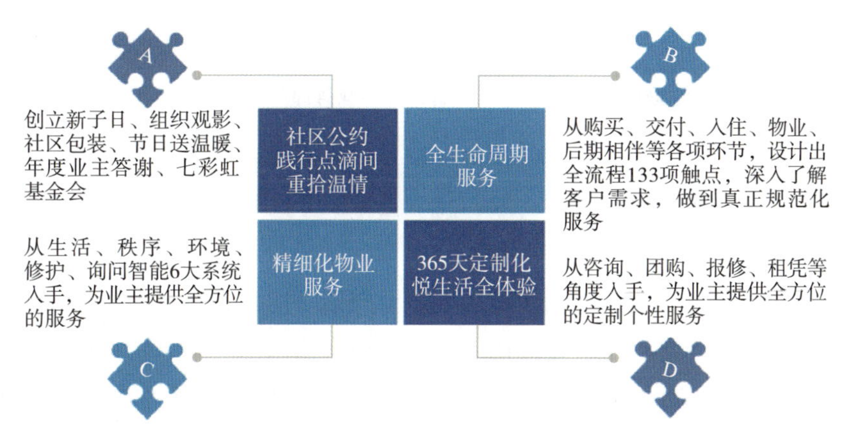


**图 21 - 6　旭辉的悦生活服务体验**

在产品保障体系建设上，旭辉也有其独特的打法。一是通过标准化产品 + 属地化创新确保产品能快速落地且具有超强竞争力；二是搭建专业的机构，打通客户调研——产品研发——设计落位之间的瓶颈，实现互联互通，共同服务客户；为保障效果，在产品正式推出前，在集团搭建 1:1 的样板间，看效果和实现的情况，并进行多个城市的客户深访，看客户是否喜欢，真正做到以客户为中心。如图 21－7、21－8 所示。

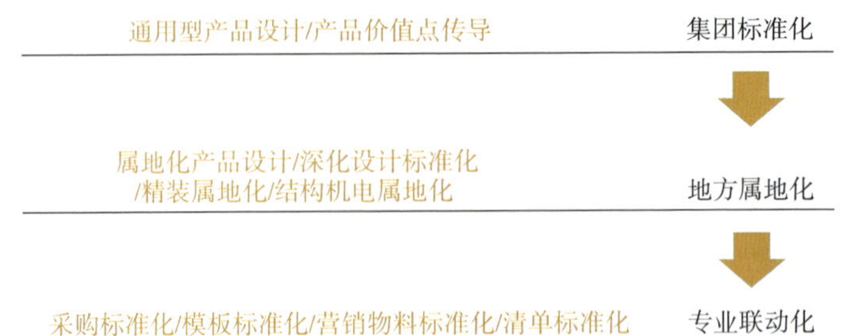


**图 21－7　旭辉的产品创新流程**

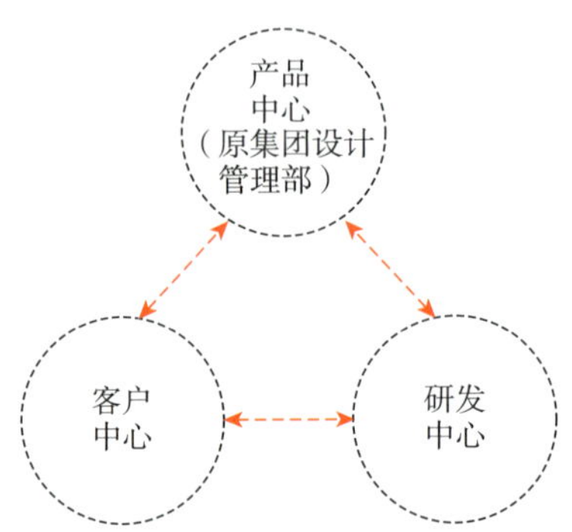


**图 21－8　旭辉的产品与客户服务部门关系图**

产品力是房企征战消费型社会最重要战略资源，谁拥有高端的产品和高端的客群谁就能笑到最后。融创北京壹号院等高端产品不断刷新我们对于高端客群的认知。

从城市群角度看，在消费型社会，中国第一房企大概率会出现在京津冀城市群。从世界城市群发展史看，引领消费需求的一定是权贵阶层，中国的权贵阶层集中在北京及周边。中国现职省部级以上干部大约有 3000 人，一多半在北京，离退休的省部级干部大约有 3 万人，一多半都在北京。中国独角兽企业 100 强中 52 家位于北京，小米等互联网新兴企业一旦上市将迅速培育出一大批新兴权贵，他们的消费需求可能就是下一代人理想的生活目标。如图 21－9、表 21－6 所示。

从这个角度看，京津冀城市群是新型房企腾飞跨越进入消费型社会的最好平台。

表 21－6　典型房企城市群销售面积分布

| 销售面积占比 | 融创中国 | 保利地产 | 碧桂园 | 中国恒大 | 融信中国 | 泰禾集团 | 世茂房地产 | 蓝光发展 | 远洋集团 | 滨江集团 | 荣盛发展 | 阳光城 | 首开股份 | 金科股份 | 中商建设 | 全国区域占比 |
|---|---|---|---|---|---|---|---|---|---|---|---|---|---|---|---|---|
| 京津冀 | 8.5% | 4.7% | 5.0% | 7.4% | 4.0% | 18.7% | 8.6% | 3.2% | 36.9% | 0.0% | 30.91% | 3.8% | 33.2% | 0.0% | 3.4% | 7.3% |
| 长三角 | 26.4% | 10.6% | 25.0% | 15.2% | 41.0% | 17.9% | 22.8% | 18.1% | 18.5% | 100.0% | 28.33% | 20.0% | 15.9% | 6.8% | 69.5% | 26.4% |
| 珠三角 | 5.7% | 23.9% | 28.0% | 10.6% | 0.0% | 10.0% | 0.0% | 0.3% | 17.3% | 0.0% | 3.47% | 18.7% | 3.3% | 0.0% | 0.0% | 14.1% |
| 成渝 | 14.1% | 13.2% | 0.0% | 10.2% | 0.0% | 0.0% | 11.6% | 40.3% | 0.0% | 0.0% | 7.66% | 12.0% | 11.1% | 67.2% | 0.6% | 8.5% |
| 海西（福建） | 0.1% | 6.1% | 0.0% | 2.5% | 30.6% | 38.9% | 22.6% | 0.0% | 0.0% | 0.0% | 2.70% | 3.0% | 19.4% | 0.0% | 0.0% | 4.3% |
| 中部 | 13.2% | 17.6% | 16.0% | 22.3% | 2.9% | 13.1% | 6.4% | 10.4% | 9.0% | 0.0% | 0.00% | 28.2% | 8.2% | 7.6% | 5.8% | 17.1% |
| 西部 | 14.9% | 5.7% | 8.0% | 12.8% | 4.4% | 0.0% | 9.2% | 26.4% | 0.0% | 0.0% | 0.00% | 14.2% | 4.0% | 14.4% | 0.5% | 9.7% |
| 环渤海（东三省＋山东） | 14.5% | 7.5% | 3.0% | 11.4% | 0.0% | 1.4% | 18.8% | 0.8% | 13.5% | 0.0% | 19.96% | 0.0% | 4.0% | 4.0% | 16.8% | 10.1% |
| 海南 | 2.6% | 1.6% | 0.0% | 5.9% | 0.0% | 0.0% | 0.0% | 0.0% | 4.7% | 0.0% | 6.97% | 0.0% | 0.9% | 0.0% | 3.4% | 2.0% |
| 三大城市群合计 | 40.6% | 39.3% | 58.0% | 33.3% | 45.0% | 46.6% | 31.4% | 21.6% | 72.7% | 100.0% | 62.7% | 42.6% | 52.4% | 6.8% | 72.9% | 47.8% |

区域省份构成：

京津冀：北京、天津、河北；

长三角：上海、浙江、江苏、安徽；

珠三角：广东；

环渤海（东三省及山东）：黑龙江、辽宁、吉林、山东；

中部：山西、河南、湖北、湖南、江西；成渝；重庆、成都；

西部：陕西、甘肃、宁夏、青海、新疆、西藏、云南、贵州、广西；

海西：福建、台湾

注：部分公司区域合计占比低于 100%，主要是由于公司年报仅披露主要项目分布

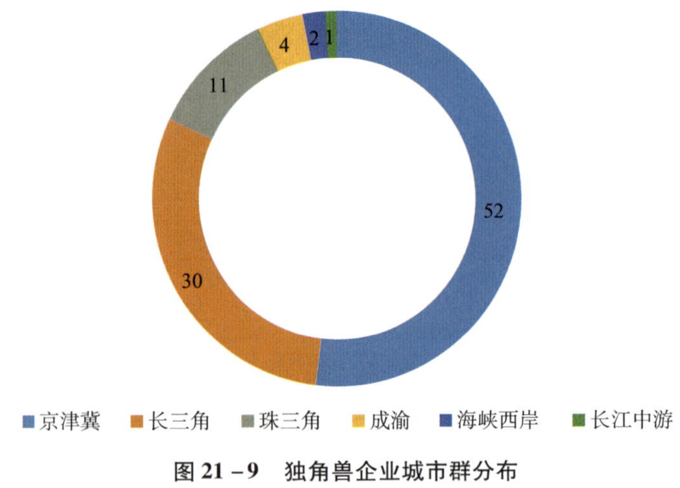


图 21 –9　独角兽企业城市群分布

# 第三节　赢得全国布局的关键在于拿下核心城市群局部战场

## 一、房企的城市群均衡战略选择

除了宇宙第一房企和已经完成全国或全球化布局的少数大型房企外，对于大部分房企而言，制定公司战略需要综合考虑以下因素：

- 公司成长的城市群基因。
- 组织资源的有限性。
- 战略布局的可行性。
- 风口与时机的选择。

综观当前优势房企的发展轨迹，大部分潜力房企抓住近些年房地产发展的有利时机，从单一城市的聚力发展到周边多城市的辐射发展，进而推进区域深耕的城市群战略，并以此为平台跳板，寻求跨区域布局以期实现全国化战略。

典型房企绝大部分从我国热点的城市群京津冀、长三角、珠三角起家开始进行全国布局，部分房企仍然处在城市群聚焦发展的战略阶段，如滨江集团 100% 全部布局在长三角，中南、金科长三角布局占到全国布局的 2/3 以上；部分房企已经实现了全国化布局，其传统的优势城市群区域占比已经降至 1/3 以下，如恒大、世贸、保利、融创、碧桂园、阳光城等。

城市群战略的要义是均衡：一方面既要保持传统城市群的市场优势地位，另一方面还要走出传统的城市群舒适区，从市场安全与战略发展的高度实现全国布局与资源配置的均衡发展。

战国争霸的谋略王道不是关注对手如何强大，而是关注自身实现结构配置的最佳状态，在局部的关键位置形成压倒性优势。对于当前战略机遇期的房企，局限于自身资源，需要握紧拳头合力出击，以攻占目标城市群为先导，逐一破阵，统一“战国七雄”，才能顺利实现全国化布局。

当前发展迅猛的几匹房企黑马，大多已经意识到“新战国七雄”的战略要义，并构建了新型战略选择。

## 专题：中梁的战略演化路径

我们给出中梁的战略演化路径作为参考：

第一步，根植温州，深耕浙江，布局长三角。浙江进驻城市最多的开发商，超 60 个品质标杆项目，开发在建面积超 600 多万平方米。

第二步，深耕长三角，面向华东，辐射全国。200 多个精品项目，2800 多万平方米开发面积，14 万家庭，42 万客户品质生活。

第三步，聚焦长三角，辐射京津冀和珠三角，延伸至“一带一路”经济带。300 多个精品项目，16 万家庭，48 万客户品质生活。

中梁战略带给所有房企三个层面的思考：

**一是把握风口的实质是战略聚焦。**

房企竞争从宏观上的强弱是客观存在的，但竞争在时间上是绵延的，是动态的，关键局部的强弱对比是可以调整的。宏观上，中梁和万科、碧桂园等大型房企根本不在一个等量级上，但中梁先是做温州老大，然后将全部力量集中在浙江，可能就是压倒性优势，螺旋上升后将战略焦点锁住长三角，每一步都是可控范围内的局部战争，最终逆袭超车。

2016年，在战略的牵头指引下，中梁总部从温州迁到上海，开启了深耕长三角、面向华东、辐射全国，冲刺规模，剑指千亿的新征程，华丽转身成为全国性战略布局的房企。业界因其发展速度和战略布局之快，称其为“小碧桂园”。其实现战略竞争的关键，是设计力量和资源投放的结构。

**二是赢得局部战场的核心要素是时间维度。**

所有的房企都希望像万科一样早早实现全国布局，很多房企哪怕是没有完整的战略也希望布局深耕大家都看好的长三角、珠三角、京津冀等城市群，至少这几个国家级城市群是大家公认的核心局部战场。

空间维度对了，但少了一个时间维度。理解关键局部，不仅仅指空间上的关键区域，也可以是局势演化的关键时刻，是一个时间维度上的局部。打仗需要分兵作战，分兵不是把资源分配给不同区域去多头作战，而是在同一个战略目标下，在时间这个维度上寻找最佳的力量配置结构，寻找关键的决胜点。中梁战略打破了过去“空间布局在前、时间动态推进”的传统战略构建，比如很多企业就喜欢用3~5年实现全国布局的字眼来描述战略目标；而中梁战略的创新在于构建“时间资源聚集、空间布局推进”的新型战略体系。

**三是战略执行的核心是组织的变革。**

战略规划的推进需要同期完成组织规划和人力资源配置。中梁有其与战略匹配的组织规划体系，要求总部有“鹰”的眼界，对宏观市场和整个布局的研究，包括模板，要求战略清晰、投资精准、人员精干、制度精细；要求区域要有“狐”的策略，经营者要会算账，能做“强”区域，在规模、人员、执行及竞争力上都要强；要求在项目上有“狼”性执行力，紧盯目标，执行要到位，把自己的事做好。

套用生态学观点，中梁的角色设置和画像其实在描绘战略组织的生态系统构建，从而在房企大的竞争环境下，给出了大鹏、鹰、狐狸、狼清晰的生态位，最终获得战略性的组织生态优势。而这个生态基因一旦构筑完成，将会是房企征战的“利剑”，再加上完整准确的战略目标，一架房企的无敌战车将驰骋在“经济战国”时代。如表21-7所示。

**表 21－7 中梁的角色设置和画像**

| 角色定位 | 组织 | 龙头 | 保障 | 支持 | 角色画像 | | 功能定位 |
|---|---|---|---|---|---|---|---|
| 组委会 | 控股 | 战略、资本 | 组织、文化 | 生态、系统 | 大鹏（敢干） | | 战略模式<br>生态系统 |
| 裁判员＋教练员（顶、压、倒逼） | 区域集团 | 投资、产品（地产） | 运营、融资（地产） | 人力、财务（地产） | 鹰（会干） | | 经营创新<br>业务支持 |
| 运动队<br>运动员 | 区域公司<br>事业部 | 拓展、营销<br>开发、进度 | 大项目管理<br>设计、质量 | 财务、融资<br>成本、客服 | 狐狸（能干）<br>狼（想干） | | 实现经营<br>加强竞争 |

2016 年，中梁调整丰富了公司架构，新成立了 10 个区域公司，形成了适应集团发展的一整套组织架构及操作流程。集团总部一级职能部门使用中心制，下设投资发展中心、产品研发中心、运营内控中心等职能部门，承担业务支撑、风险监控等工作。城市公司负责所在城市的项目运营管理。如图 21－10 所示。

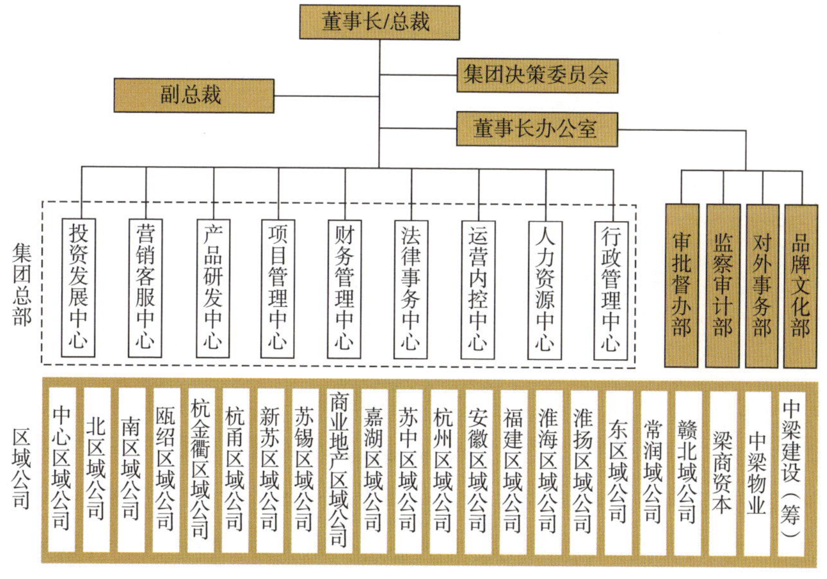


**图 21－10 中梁地产集团组织架构图**

为了组织更好地运行，中梁还建立了充分授权的闭合机制，以市场化、商业化、契约化为原则，加大对组织的经营管理授权。给予区域和下属经营充分的自主性和创造性，并推动内部实现契约化，加大业务授权，严格管理授权。另外，在关键点上的关键数据尽量做到固化、量化、自动化，建立闭合的监控系统。比如跟投软件系统，每个员工输入 ID 后就能看到每个项目的进展情况。

## 二、房企城市群战略布局的落位模型

城市群战略不只是一个简单的城市投资布局，更是资源配置与战略导向的投资工具。制定战略我们不仅要有清晰的城市群理论分析框架，在制定具体战略时还要综合运用一些落位模型辅助进行投资布局。

**城市投资布局的广度与深度的路线选择，**是房企遇到较多的问题，在资源有限的前提下，房企究竟是要做城市深耕，还是要广泛布局，这是公司做战略投资决策的先决思维模式。如图 21－11 所示。

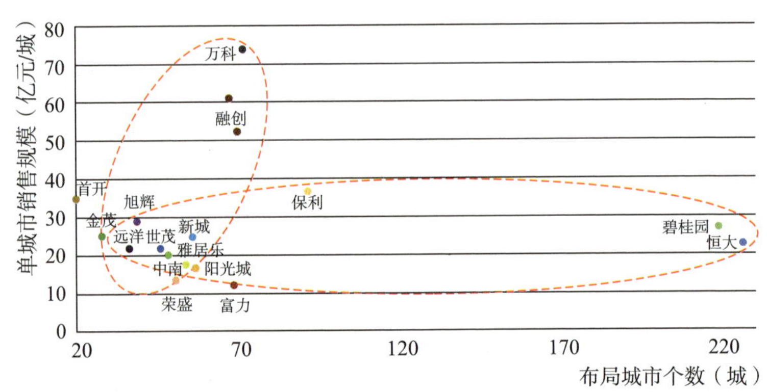


**图 21－11　典型房企城市布局广度与深度策略图**

销售规模的扩张不是一蹴而就的，持续稳定的规模增长需要每一个销售单元的支撑。最基础的销售单元为城市数量，也就是市场数量，城市深度（单城市销售规模）和城市广度（覆盖城市数量）的稳定拓展才能够使房企获得稳定的销售规模的增长。在同类型的城市，布局策略是不同的，从结果上看，战略布局三四线城市的公司，如恒大、碧桂园，普遍追求广度，进驻城市个数均超过 220 个；而战略布局一二线城市的公司，如融创、万科，则更倾向于稳定深耕，单城市销售规模超过 80 亿元。

**表 21－8　典型房企城市广度与深度的战略选择**

| 行业 TOP5 | 销售规模 | 布局城市数量 | 单城市销售规模 | 战略选择 |
|---|---|---|---|---|
| 中国恒大 | 5010 | 228 | 24 | 广度 |
| 碧桂园 | 5508 | 220 | 25 | |
| 保利地产 | 3092 | 92 | 46 | 均衡 |
| 万科 | 5299 | 72 | 82 | 深度 |
| 融创中国 | 3653 | 70 | 83 | |

**城市布局结构是城市群战略重要的投资工具**，一般在一个城市群内部，随着城市群发展阶段的不同，纺锤体型城市等级结构是成熟城市群的重要标志。无独有偶，纺锤体型城市布局结构是行业内成熟型领先房企的重要体现。如按照新财经的城市分类标准，融创 2017 年进驻的 56 个城市（不含海南 5 县）中，一线、新一线、二线、三线、四线、县级城市个数比例为 4:15:22:7:4:4，新城控股进驻的 54 个城市中新一线、二线、三线、四线及以下城市个数比例为 11:17:14:12，均属于较为成熟的纺锤体城市布局结构。如图 21－12 所示。

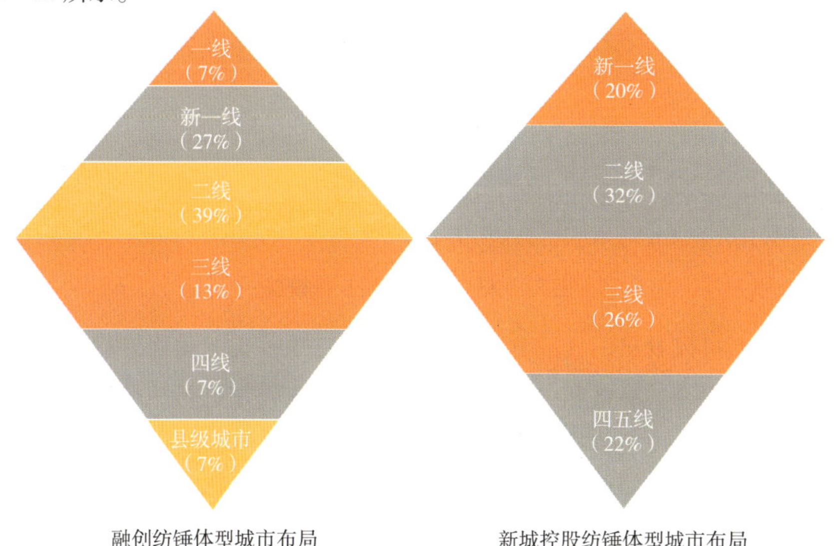


**图 21－12　典型房企城市布局结构图**

行业内成长型房企尤其是以三四线城市布局为主的房企绝大部分呈现金字塔型布局，建议在城市群战略实施过程中，逐步调整过渡到纺锤体型布局，可以有效控制市场风险，拓展战略纵深。

## 三、房企城市群战略的路径推演

从城市群起步，如何推演形成独特的发展战略，中梁给出一个战略推演的完整路径：**城市群深耕——三角模型演化——弓箭布局。**

通常以所在城市群和发展区域深耕作为战略支点定位，而后通过潜意识战略布局渗透到周边区域，完成三角模型演化，形成规模化效率和品牌效应，作为整体战略发力的跳板和平台。如图 21－13 所示。

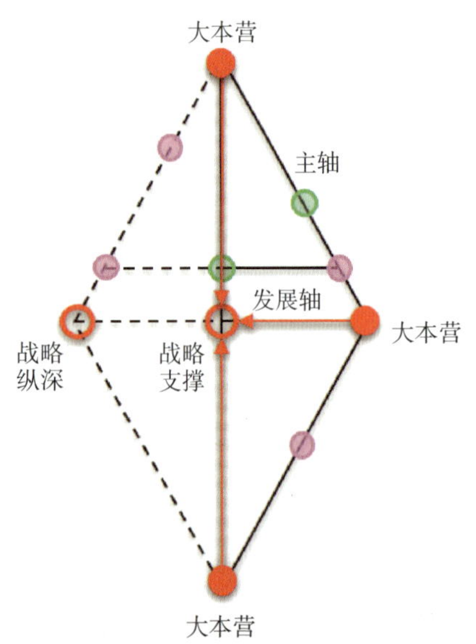


**图 21－13　房企战略三角模型**

从模型可以看出，大部分潜力房企以珠三角、长三角或京津冀作为大本营区域，以京沪高铁和沿海高铁作为主要发展轴带进行战略延伸，在建立大后方之后，应攻占长江中游城市群作为重要战略支撑，进而向西挺进成渝和关中。如果北方京津冀等城市群起家的房企一时无法战略布局长江中游，也应大举攻占中原城市群，在陇海线建立战略防御工事，深耕京沪、陇海、京广三角战区，择机冲击长江中游和关中城市群，并借助地利优势巩固战略布局。

房企的战略路径可以简单概括为**“强基”——“扩角”——“拉弓”**，在强化属地城市群战略基础，通过三角模型扩充战略阵地之后，真正的战略意图即将呈现。

## 第四节　房企的终极战略选择——“弓箭”战略

不妨将中国城市群的发展形象地比喻为“弓箭”战略，京津冀城市群、珠三角城市群分别是弓的南北两端，东部沿海地区城市群（包括山东半岛城市群、淮海城市群、长三角城市群、海峡西岸城市群）是弓背，京广铁路和京珠高速公路沿线城市群是弓弦（包括中原城市群、长江中游城市群），长江经济带和陇海铁路沿线城市群则是弓箭。

对于房企而言，弓背是承载区，是房企发力的基础，拉弓有力关键还要看弓背的材质；弓弦是发力区，弦有多大的弹性，决定箭能射多远，而弦的拉伸是空间，是战略纵深；箭是竞争力，箭之所指，唯快不破。

实施“弓箭”战略需要三大步骤，即“置弓——定弦——发力”，置弓的核心是摆位，要把弓放在合适的位置是决定弓箭能否发力的最重要环节。对于房企而言，弓箭战略的理想布局是南北两端分置于珠三角和京津冀，瞄准器搭设在长三角，这是万科等全国性房企的战略布局方式。在置弓的基础上，通过长江中游城市群和中原城市群定弦，而后在西部成渝城市群、关中城市群，以及黔中、滇中城市群布局形成战略纵深。最终在国家“一带一路”的宏伟蓝图下，箭指全球，布局未来。

“弓箭”战略是完美的，然而实现“弓箭”战略是需要一定先决条件的。简单来说，至少需要满足四个方面的条件：即**规模够大、资金够足、组织够强、目标笃定**。在中国当下的领先房企中，规模超过千亿的上市公司不少，但健康强大有活力且拥有强大文化自信和目标笃定的强企业组织不多，万科算一个。**规模为王的时代终将过去，战略格局才是纵横“经济**

**战国”时代的制胜法宝。**

然而除了极个别的大型房企外，大部分房企规模仅在百亿至千亿之间，组织管理模式没有实现全国区域化布局，资金的融资管理和调配仍然是企业最大的掣肘，全国化的目标只是停留在地图上。

“弓箭”战略是一个逐步递进的过程，对于大多数房企来说，不妨从小弓箭开始，目标定在你周边的“战国七雄”，倘若做不成秦始皇，至少曾经做过霸主。无需艳羡他人，河南建业的中原城市群聚焦战略也不失为一种战略风范。

当然，“一带一路”背景下，领军房企还要有两个战略高地需要跨越：

一是要立足中国城市群发展契机，做好世界城市群视角下的全球战略布局。

二是解读好新时代房地产发展的逻辑和规律性认知，全力迎接美好生活的到来，不再只是提供简单的房子，而是提供带来美好生活的新型物业。同时，将传统的房地产企业蜕变升级为带来美好生活方式的新型生活服务商。

# 后　记

本书是近些年我们开展区域研究工作的总结和升华，从研究启动到最终成稿大约经历了九个月时间，一路走来，感谢各位良师益友、朋友伙伴和亲人家庭的关心和帮助，在此，谨撰写此文表达诚挚谢意。

能和刘宏总裁携手完成这本书，是我们共同的夙愿更是我的荣幸。刘宏总裁不仅是我曾经的领导，更是我一生的恩师和领路人。回想多少个点灯熬战的夜晚，我们“水煮战国”纵论历史，大胆提出“经济战国时代”的创新论点；曾几何时，我们“爆炒数据”案例推演，几十个指标几百个案例几万个数据验证求索，终得“九宫格模型”真谛……

攻坚克难，我们永远微笑前行正能量满满；小心求证，我们坚定执着而又充满智慧。感谢和我们一起奋斗过的小伙伴们！感谢陈晓敏自始至终全程协助我开展了大量的数据搜集、基础研究和模块化分析工作；感谢王猛、刘林对于模型构建和案例推演所做的努力；感谢李师宁、张晓丹在关键节点以及马荣花、郑天亮、白道成在局部基础工作所做出的努力。

画龙点睛有明灯，神来之笔助腾飞。感谢钦点智库创始人、人民日报社《中国城市报》社副总编辑、中国城市管理研究院院长陈柳钦教授，天津国资研究院陈林云院长，区域经济研究专家、河北工业大学博士生导师孙丽文教授对全书成稿提出的宝贵修改意见。感谢湖南农业大学副校长、生态学博士生导师邹冬生教授以及湖南农业大学生态学博士高珍帮助我们开启了生态学方法论的大门，并共同开展了城市群生态位的前瞻性研究，经济与生态的双轨研究模型为我们继续深入研究城市群的未来发展提供了强大的方法论。

感谢中指、万得、明源、赛普等咨询机构和房地产同行给我们提供了很好的数据、案例以及分析工具等方面的支持，你们的工作和产品非常有价值，为你们点赞，也感谢你们为房地产行业发展做出的努力！

感谢博瑞森图书机构所做的努力，尤其是李俊丽老师精心的策划和指导。

由于作者水平有限，书中不足之处敬请批评指正，也欢迎各位读者多多交流提出宝贵意见：您的意见对我们很重要！

“吾生也有涯，而知也无涯”。我将谨记在心，求索前行，乐知乐享，学无止境。

吕俊博

2018 年 8 月

# 推荐作者得新书！

## 博瑞森征稿启事

**亲爱的读者朋友：**

感谢您选择了博瑞森图书！希望您手中的这本书能给您带来实实在在的帮助！

博瑞森一直致力于发掘好作者、好内容，希望能把您最需要的思想、方法，一字一句地交到您手中，成为管理知识与管理实践的桥梁。

但是我们也知道，有很多深入企业一线、经验丰富、乐于分享的优秀专家，或者忙于实战没时间，或者缺少专业的写作指导和便捷的出版途径，只能茫然以待……

还有很多在竞争大潮中坚守的企业，有着异常宝贵的实践经验和独特的洞察，但缺少专业的记录和整理者，无法让企业的经验和故事被更多的人了解、学习……

**对读者而言，这些都太遗憾了！**

博瑞森非常希望能将这些埋藏的“宝藏”发掘出来，贡献给广大读者，让更多的人从中受益。

所以，我们真心地邀请您，我们的老读者，帮我们搜寻：

**推荐作者**

可以是您自己或您的朋友，只要对本土管理有实践、有思考；可以是您通过网络、杂志、书籍或其他途径了解的某位专家，不管名气大小，只要他的思想和方法曾让您深受启发。

可以是管理类作品，也可以超出管理，各类优秀的社科作品或学术作品。

**推荐企业**

可以是您自己所在的企业，或者是您熟悉的某家企业，其创业过程、运营经历、产品研发、机制创新，等等。无论企业大小，只要乐于分享、有值得借鉴书写之处。

**总之，好内容就是一切！**

博瑞森绝非“自费出书”，出版费用完全由我们承担。您推荐的作者或企业案例一经采用，我们会立刻向您赠送书币 1000 元，可直接换取任何博瑞森图书的纸书或电子书。

感谢您对本土管理原创、博瑞森图书的支持！

推荐投稿邮箱：bookgood@126.com　　推荐手机：13611149991

# 1120本土管理实践与创新论坛

这是由100多位本土管理专家联合创立的企业管理实践学术交流组织，旨在孵化本土管理思想、促进企业管理实践、加强专家间交流与协作。

论坛每年集中力量办好两件大事：第一，**“出一本书”**，汇聚一年的思考和实践，把最原创、最前沿、最实战的内容集结成册，贡献给读者；第二，**“办一次会”**，每年11月20日本土管理专家们汇聚一堂，碰撞思想、研讨案例、交流切磋、回馈社会。

**论坛理事名单**（以年龄为序，以示传承之意）

## 企业案例·老板传记

| | 书名．作者 | 内容/特色 | 读者价值 |
|---|---|---|---|
| 企业案例·老板传记 | **你不知道的加多宝：原市场部高管讲述**<br>曲宗恺　牛玮娜　著 | 前加多宝高管解读加多宝 | 全景式解读，原汁原味 |
| | **借力咨询：德邦成长背后的秘密**<br>官同良　王祥伍　著 | 讲述德邦是如何借助咨询公司的力量进行自身与发展的 | 来自德邦内部的第一线资料，真实、珍贵，令人受益匪浅 |
| | **娃哈哈区域标杆：豫北市场营销实录**<br>罗宏文　赵晓萌　等著 | 本书从区域的角度来写娃哈哈河南分公司豫北市场是怎么进行区域市场营销，成为娃哈哈全国第一大市场、全国增量第一高市场的一些操作方法 | 参考性、指导性，一线真实资料 |
| | **六个核桃凭什么：从0过100亿**<br>张学军　著 | 首部全面揭秘养元六个核桃裂变式成长的巨著 | 学习优秀企业的成长路径，了解其背后的理论体系 |
| | **像六个核桃一样：打造畅销品的36个简明法则**<br>王　超　范　萍　著 | 本书分上下两篇：包括“六个核桃”的营销战略历程和36条畅销法则 | 知名企业的战略历程极具参考价值，36条法则提供操作方法 |
| | **解决方案营销实战案例**<br>刘祖轲　著 | 用10个真案例讲明白什么是工业品的解决方案式营销，实战、实用 | 有干货、真正操作过的才能写得出来 |
| | **招招见销量的营销常识**<br>刘文新　著 | 如何让每一个营销动作都直指销量 | 适合中小企业，看了就能用 |
| | **我们的营销真案例**<br>联纵智达研究院　著 | 五芳斋粽子从区域到全国/诺贝尔瓷砖门店销量提升/利豪家具出口转内销/汤臣倍健的营销模式 | 选择的案例都很有代表性，实在、实操！ |
| | **中国营销战实录：令人拍案叫绝的营销真案例**<br>联纵智达　著 | 51个案例，42家企业，38万字，18年，累计2000余人次参与…… | 最真实的营销案例，全是一线记录，开阔眼界 |
| | **双剑破局：沈坤营销策划案例集**<br>沈　坤　著 | 双剑公司多年来的精选案例解析集，阐述了项目策划中每一个营销策略的诞生过程，策划角度和方法 | 一线真实案例，与众不同的策划角度令人拍案叫绝、受益匪浅 |
| | **宗：一位制造业企业家的思考**<br>杨　涛　著 | 1993年创业，引领企业平稳发展20多年，分享独到的心得体会 | 难得的一本老板分享经验的书 |
| | **简单思考：AMT咨询创始人自述**<br>孔祥云　著 | 著名咨询公司（AMT）的CEO创业历程中点点滴滴的经验与思考 | 每一位咨询人，每一位创业者和管理经营者，都值得一读 |
| | **边干边学做老板**<br>黄中强　著 | 创业20多年的老板，有经验、能写、又愿意分享，这样的书很少 | 处处共鸣，帮助中小企业老板少走弯路 |
| | **三四线城市超市如何快速成长：解密甘雨亭**<br>IBMG国际商业管理集团　著 | 国内外标杆企业的经验+本土实践量化数据+操作步骤、方法 | 通俗易懂，行业经验丰富，宝贵的行业量化数据，关键思路和步骤 |
| | **中国首家未来超市：解密安徽乐城**<br>IBMG国际商业管理集团　著 | 本书深入挖掘了安徽乐城超市的试验案例，为零售企业未来的发展提供了一条可借鉴之路 | 通俗易懂，行业经验丰富，宝贵的行业量化数据，关键思路和步骤 |

## 互联网+

| | 书名．作者 | 内容/特色 | 读者价值 |
|---|---|---|---|
| 互联网+ | **新营销**<br>刘春雄　著 | 新营销的新框架体系是场景是产品逻辑，IP是品牌逻辑，社群是连接逻辑，传播是营销逻辑 | 助力品牌商实现由传统营销到新营销的理念和行动的跨越，助力企业打赢升级转型之仗 |
| | **企业微信营销全指导**<br>孙　巍　著 | 专门给企业看到的微信营销书，手把手教企业从小白到微信营销专家 | 企业想学微信营销现在还不晚，两眼一抹黑也不怕，有这本书就够 |

续表

| | | | |
|---|---|---|---|
| 互联网+ | **企业网络营销这样做才对：B2B大宗B2C**<br>张　进　著 | 简单直白拿来就用，各种窍门信手拈来，企业网络营销不麻烦也不用再头疼，一般人不告诉他 | B2B、大宗B2C企业有福了，看了就能学会网络营销 |
| 互联网+ | **互联网时代的银行转型**<br>韩友诚　著 | 以大量案例形式为读者全面展示和分析了银行的互联网金融转型应对之道 | 结合本土银行转型发展案例的书籍 |
| 互联网+ | **正在发生的转型升级·实践**<br>本土管理实践与创新论坛　著 | 企业在快速变革期所展现出的管理变革新成果、新方法、新案例 | 重点突出对于未来企业管理相关领域的趋势研判 |
| 互联网+ | **触发需求：互联网新营销样本·水产**<br>何足奇　著 | 传统产业都在苦闷中挣扎前行，本书通过鲜活的案例告诉你如何以需求链整合供应链，从而把大家熟知的传统行业打碎了重构、重做一遍 | 全是干货，值得细读学习，并且作者的理论已经经过了他亲自操刀的实践检验，效果惊人，就在书中全景展示 |
| 互联网+ | **移动互联新玩法：未来商业的格局和趋势**<br>史贤龙　著 | 传统商业、电商、移动互联，三个世界并存，这种新格局的玩法一定要懂 | 看清热点的本质，把握行业先机，一本书搞定移动互联网 |
| 互联网+ | **微商生意经：真实再现33个成功案例操作全程**<br>伏泓霖　罗晓慧　著 | 本书为33个真实案例，分享案例主人公在做微商过程中的经验教训 | 案例真实，有借鉴意义 |
| 互联网+ | **阿里巴巴实战运营——14招玩转诚信通**<br>聂志新　著 | 本书主要介绍阿里巴巴诚信通的十四个基本推广操作，从而帮助使用诚信通的用户及企业更好地提升业绩 | 基本操作，很多可以边学边用，简单易学 |
| 互联网+ | **阿里巴巴实战运营2：诚信通热卖技巧**<br>聂嵘海　著 | 诚信通TOP商家赚钱的密码箱，手把手教你操作，拿来就用 | 图文并茂，内容齐全，直接可以对照使用 |
| 互联网+ | **抖音营销如何做：未来抖商**<br>刘大贺　著 | 解密从0到1亿粉丝的实操路径，深度剖析抖音营销全系统策略 | 企业做抖音营销的第一书 |
| 互联网+ | **微商团队长：从入门到精通**<br>罗品牌　著 | 由浅入深，涵盖微商团队长必学技能的方方面面 | 只要照着做，就能当好微商团队长 |
| 互联网+ | **互联网精准营销**<br>蒋　军　著 | 怎么在互联网时代整体策划、包装品牌和产品，并在此基础上为企业设计商业模式，技术实现并运营落地 | 为有基础的小微企业（大企业的新项目）1年实现销售额过亿，2年对接资本，3年左右准IPO |
| 互联网+ | **今后这样做品牌：移动互联时代的品牌营销策略**<br>蒋　军　著 | 与移动互联紧密结合，告诉你老方法还能不能用，新方法怎么用 | 今后这样做品牌就对了 |
| 互联网+ | **互联网+"变"与"不变"：本土管理实践与创新论坛集萃·2016**<br>本土管理实践与创新论坛　著 | 本土管理领域正在产生自己独特的理论和模式，尤其在移动互联时代，有很多新课题需要本土专家们一起研究 | 帮助读者拓宽眼界、突破思维 |
| 互联网+ | **创造增量市场：传统企业互联网转型之道**<br>刘红明　著 | 传统企业需要用互联网思维去创造增量，而不是用电子商务去转移传统业务的存量 | 教你怎么在"互联网+"的海洋中创造实实在在的增量 |
| 互联网+ | **重生战略：移动互联网和大数据时代的转型法则**<br>沈　拓　著 | 在移动互联网和大数据时代，传统企业转型如同生命体打算与再造，称之为"重生战略" | 帮助企业认清移动互联网环境下的变化和应对之道 |
| 互联网+ | **画出公司的互联网进化路线图：用互联网思维重塑产品、客户和价值**<br>李　蓓　著 | 18个问题帮助企业一步步梳理出互联网转型思路 | 思路清晰、案例丰富，非常有启发性 |
| 互联网+ | **7个转变，让公司3年胜出**<br>李　蓓　著 | 消费者主权时代，企业该怎么办 | 这就是互联网思维，老板有能这样想，肯定倒不了 |
| 互联网+ | **跳出同质思维，从跟随到领先**<br>郭　剑　著 | 66个精彩案例剖析，帮助老板突破行业长期思维惯性 | 做企业竟然有这么多玩法，开眼界 |

续表

| 行业类:零售、白酒、食品/快消品、农业、医药、建材家居等 | | | |
|---|---|---|---|
| | 书名.作者 | 内容/特色 | 读者价值 |
| 零售·超市·餐饮·服装 | **总部有多强大,门店就能走多远**<br>IBMG 国际商业管理集团　著 | 如何把总部做强,成为门店的坚实后盾 | 了解总部建设的方法与经验 |
| | **超市卖场定价策略与品类管理**<br>IBMG 国际商业管理集团　著 | 超市定价策略与品类管理实操案例和方法 | 拿来就能用的理论和工具 |
| | **连锁零售企业招聘与培训破解之道**<br>IBMG 国际商业管理集团　著 | 围绕零售企业组织架构、培训体系建设等内容进行深刻探讨 | 破解人才发现和培养瓶颈的关键点 |
| | **中国首家未来超市:解密安徽乐城**<br>IBMG 国际商业管理集团　著 | 介绍了乐城作为中国首家未来超市从无到有的传奇经历 | 了解新型零售超市的运作方式及管理特色 |
| | **三四线城市超市如何快速成长:解密甘雨亭**<br>IBMG 国际商业管理集团　著 | 揭秘一家三四线连锁超市的经验策略 | 不但可以欣赏它的优点,而且可以学会它成功的方法 |
| | **新零售　新终端**<br>迪智成咨询团队　著 | 梳理和提炼新零售的系统打法,将之落地在新终端建设上 | 让新零售这一看似形而上的商业概念有了可以落地的立足点 |
| | **新零售动作分解:建材　家居　家具**<br>盛斌子　著 | 第一本锁定在家居建材、家电、家装等耐用消费品领域谈新零售的书 | 第一本谈新零售的具体动作、策略、方法、招术的书,拿来就用 |
| | **新零售进化趋势与未来格局**<br>李政权　著 | 通过业态、品类、体验、场景等,逐一呈现新零售的未来进化 | 就新零售未来的发展方向与进化趋势给出一个确定性的未来 |
| | **涨价也能卖到翻**<br>村松达夫　【日】 | 提升客单价的 15 种实用、有效的方法 | 日本企业在这方面非常值得学习和借鉴 |
| | **移动互联下的超市升级**<br>联商网专栏频道　著 | 深度解析超市转型升级重点 | 帮助零售企业把握全局、看清方向 |
| | **手把手教你做专业督导:专卖店、连锁店**<br>熊亚柱　著 | 从督导的职能、作用,在工作中需要的专业技能、方法,都提供了详细的解读和训练办法,同时附有大量的表单工具 | 无论是店铺需要统一培训,还是个人想成为优秀的督导,有这一本就够了 |
| | **百货零售全渠道营销策略**<br>陈继展　著 | 没有照本宣科、说教式的絮叨,只有笔者对行业的认知与理解,庖丁解牛式的逐项解析、展开 | 通俗易懂,花极少的时间快速掌握该领域的知识及趋势 |
| | **零售:把客流变成购买力**<br>丁　昀　著 | 如何通过不断升级产品和体验式服务来经营客流 | 如何进行体验营销,国外的好经营,这方面有启发 |
| | **餐饮企业经营策略第一书**<br>吴　坚　著 | 分别从产品、顾客、市场、盈利模式等几个方面,对现阶段餐饮企业的发展提出策略和思路 | 第一本专业的、高端的餐饮企业经营指导书 |
| | **餐饮新营销**<br>杨　勇　程绍珊　著 | 在新环境下,对餐饮营销管理进行了全面深入的解读,提供了方式方法 | 全面性、系统性,区别于市面上的纯操作类作品 |
| | **电影院的下一个黄金十年:开发·差异化·案例**<br>李保煜　著 | 对目前电影院市场存大的问题及如何解决进行了探讨与解读 | 多角度了解电影院运营方式及代表性案例 |
| | **赚不赚钱靠店长:从懂管理到会经营**<br>孙彩军　著 | 通过生动的案例来进行剖析,注重门店管理细节方面的能力提升 | 帮助终端门店店长在管理门店的过程中实现经营思路的拓展与突破 |
| 耐消品 | **商用车经销商运营实战**<br>杜建君　王朝阳　章晓青　等著 | 从管理到经营,从销售到服务,系统化运作全指导 | 为经销商经营开阔思路,掌握方法 |
| | **汽车配件这样卖:汽车后市场销售秘诀 100 条**<br>俞士耀　著 | 汽配销售业务员必读,手把手教授最实用的方法,轻松得来好业绩 | 快速上岗,专业实效,业绩无忧 |

续表

| | | | |
|---|---|---|---|
| 耐消品 | **润滑油销售:这样说这样做更有效**<br>张金荣　著 | 针对渠道、经销商、终端的超实用话术 | 上车看,下车用,3 分钟就能学会。 |
| | **新经销:新零售时代,教你做大商**<br>黄润霖　著 | 从选址、产品、促销、团队、规模阐述新经销变与不变的市场手法和操作思路 | 实地拜访近 100 位经销商在传统营销手法上的创新、新营销工具的发现 |
| | **珠宝黄金新营销**<br>崔德乾　著 | 营销、品牌、产品、连接、场景、社群、服务、传播、管理及产业价值链 | 新营销在珠宝行业的实战应用,业内必备第一书 |
| | **跟行业老手学经销商开发与管理:家电、耐消品、建材家居**<br>黄润霖　著 | 全部来源于经销商管理的一线问题,作者用丰富的经验将每一个问题落实到最便捷快速的操作方法上去 | 书中每一个问题都是普通营销人亲口提出的,这些问题你也会遇到,作者进行的解答则精彩实用 |
| 白酒 | **酒水饮料快消品餐饮渠道营销手册**<br>朱伟杰　著 | 主要针对快消品(酒水、饮料)的餐饮渠道,提供了区域、商圈、不同业态的规划和促销安排等多种工具,并提出了经销商、批发商等相关人员的管理方法 | 一本酒水饮料如何在餐饮渠道销售的全能手册,内容深入翔实,可以直接照搬套用,这样的便利简直千金不换 |
| | **白酒到底如何卖**<br>赵海永　著 | 以市场实战为主,多层次、全方位、多角度地阐释了白酒一线市场操作的最新模式和方法,接地气 | 实操性强,37 个方法、6 大案例帮你成功卖酒 |
| | **变局下的白酒企业重构**<br>杨永华　著 | 帮助白酒企业从产业视角看清趋势,找准位置,实现弯道超车的书 | 行业内企业要减少 90%,自己在什么位置,怎么做,都清楚了 |
| | **1. 白酒营销的第一本书(升级版)**<br>**2. 白酒经销商的第一本书**<br>唐江华　著 | 华泽集团湖南开口笑公司品牌部长,擅长酒类新品推广、新市场拓展 | 扎根一线,实战 |
| | **区域型白酒企业营销必胜法则**<br>朱志明　著 | 为区域型白酒企业提供 35 条必胜法则,在竞争中赢销的葵花宝典 | 丰富的一线经验和深厚积累,实操实用 |
| | **10 步成功运作白酒区域市场**<br>朱志明　著 | 白酒区域操盘者必备,掌握区域市场运作的战略、战术、兵法 | 在区域市场的攻伐防守中运筹帷幄,立于不败之地 |
| | **酒业转型大时代:微酒精选 2014－2015**<br>微酒　主编 | 本书分为五个部分:当年大事件、那些酒业营销工具、微酒独立策划、业内大调查和十大经典案例 | 了解行业新动态、新观点,学习营销方法 |
| 快消品·食品 | **中国快消品营销的这些年**<br>史贤龙　著 | 作者精华文章的合集,一本书浓缩了过去十五年,中国营销的实战历程与前沿思考 | 快消品营销行业的案例和方法都原汁原味呈现,在反映当时风貌的同时,展望与反思 |
| | **营销中国茶:2 小时读懂茶叶营销**<br>史贤龙　著 | 从不同视角对中国的茶营销进行了思考,内容涉及中国茶产业战略困境、茶企规模化、茶品牌崛起、茶文化、茶营销、茶消费、茶零售、茶道等 | 内容丰富扎实,文字流畅,浓缩的都是精华,让你 2 小时读懂茶叶营销 |
| | **这样打造快消品标杆市场**<br>罗宏文　著 | 帮助你解决如何成功打造标杆市场和进行持续增量管理两大问题 | 一套系统的方法论,通俗易懂,可以直接套用 |
| | **5 小时读懂快消品营销:中国快消品案例观察**<br>陈海超　著 | 多年营销经验的一线老手把案例掰开了、揉碎了,从中得出的各种手段和方法给读者以帮助和启发 | 营销那些事儿的个中秘辛,求人还不一定告诉你,这本书里就有 |
| | **快消品招商的第一本书:从入门到精通**<br>刘　雷　著 | 深入浅出,不说废话,有工具方法,通俗易懂 | 让零基础的招商新人快速学习书中最实用的招商技能,成长为骨干人才 |
| | **乳业营销第一书**<br>侯军伟　著 | 对区域乳品企业生存发展关键性问题的梳理 | 唯一的区域乳业营销书,区域乳品企业一定要看 |

续表

| | | | |
|---|---|---|---|
| 快消品·食品 | 金龙鱼背后的粮油帝国<br>余　盛　著 | 讲述金龙鱼品牌及母公司丰益国际的商业冒险故事 | 在精彩的阅读体验中学到营销管理的方法 |
| | 食用油营销第一书<br>余　盛　著 | 10 多年油脂企业工作经验，从行业到具体实操 | 食用油行业第一书，当之无愧 |
| | 中国茶叶营销第一书<br>柏　龑　著 | 如何跳出茶行业“大文化小产业”的困境，作者给出了自己的观察和思考 | 不是传统做茶的思路，而是现在商业做茶的思路 |
| | 调味品企业八大必胜法则<br>张　戟　著 | 八大规律性的关键成功要素，背后都有本土调味品企业的成功实践 | “观点阐述＋案例描述”，行业必读 |
| | 调味品营销第一书<br>陈小龙　著 | 国内唯一一本调味品营销的书 | 唯一的调味品营销的书，调味品的从业者一定要看 |
| | 快消品营销人的第一本书：从入门到精通<br>刘　雷　伯建新　著 | 快消行业必读书，从入门到专业 | 深入细致，易学易懂 |
| | 变局下的快消品营销实战策略<br>杨永华　著 | 通胀了，成本增加，如何从被动应战变成主动的“系统战” | 作者对快消品行业非常熟悉、非常实战 |
| | 快消品经销商如何快速做大<br>杨永华　著 | 本书完全从实战的角度，评述现象，解析误区，揭示原理，传授方法 | 为转型期的经销商提供了解决思路，指出了发展方向 |
| | 快消品营销：一位销售经理的工作心得 2<br>蒋　军　著 | 快消品、食品饮料营销的经验之谈，重点图书 | 来源与实战的精华总结 |
| | 快消品营销与渠道管理<br>谭长春　著 | 将快消品标杆企业渠道管理的经验和方法分享出来 | 可口可乐、华润的一些具体的渠道管理经验，实战 |
| | 成为优秀的快消品区域经理（升级版）<br>伯建新　著 | 用“怎么办”分析区域经理的工作关键点，增加 30% 全新内容，更贴近环境变化 | 可以作为区域经理的“速成催化器” |
| | 销售轨迹：一位快消品营销总监的拼搏之路<br>秦国伟　著 | 本书讲述了一个普通销售员打拼成为跨国企业营销总监的真实奋斗历程 | 激励人心，给广大销售员以力量和鼓舞 |
| | 快消老手都在这样做：区域经理操盘锦囊<br>方　刚　著 | 非常接地气，全是多年沉淀下来的干货，丰富的一线经验和实操方法不可多得 | 在市场摸爬滚打的“老油条”，那些独家绝招妙招一般你问都是问不来的 |
| | 动销四维：全程辅导与新品上市<br>高继中　著 | 从产品、渠道、促销和新品上市详细讲解提高动销的具体方法，总结作者 18 年的快消品行业经验，方法实操 | 内容全面系统，方法实操 |
| 农业 | 饲料营销有方法：策略　案例　工具<br>陈石平　著 | 跳出饲料看饲料，根据饲料营销的关键成功要素（KSF）提出 7 大核心命题 | 紧跟农牧产业发展大势，提高饲料企业营销竞争力 |
| | 新农资如何换道超车<br>刘祖轲　等著 | 从农业产业化、互联网转型、行业营销与经营突破四个方面阐述如何让农资企业占领先机、提前布局 | 南方略专家告诉你如何应对资源浪费、生产效率低下、产能严重过剩、价格与价值严重扭曲等 |
| | 中国牧场管理实战：畜牧业、乳业必读<br>黄剑黎　著 | 本书不仅提供了来自一线的实际经验，还收入了丰富的工具文档与表单 | 填补空白的行业必读作品 |
| | 中小农业企业品牌战法<br>韩　旭　著 | 将中小农业企业品牌建设的方法，从理论讲到实践，具有指导性 | 全面把握品牌规划，传播推广，落地执行的具体措施 |
| | 农资营销实战全指导<br>张　博　著 | 农资如何向“深度营销”转型，从理论到实践进行系统剖析，经验资深 | 朴实、使用！不可多得的农资营销实战指导 |
| | 农产品营销第一书<br>胡浪球　著 | 从农业企业战略到市场开拓、营销、品牌、模式等 | 来源于实践中的思考，有启发 |
| | 变局下的农牧企业 9 大成长策略<br>彭志雄　著 | 食品安全、纵向延伸、横向联合、品牌建设…… | 唯一的农牧企业经营实操的书，农牧企业一定要看 |

续表

| | | | |
|---|---|---|---|
| 医药 | **在中国，医药营销这样做：时代方略精选文集**<br>段继东　主编 | 专注于医药营销咨询15年，将医药营销方法的精华文章合编，深入全面 | 可谓医药营销领域的顶尖著作，医药界读者的必读书 |
| | **医药新营销：制药企业、医药商业企业营销模式转型**<br>史立臣　著 | 医药生产企业和商业企业在新环境下如何做营销？老方法还有没有用？如何寻找新方法？新方法怎么用？本书给你答案 | 内容非常现实接地气，踏实谈问题说方法 |
| | **医药企业转型升级战略**<br>史立臣　著 | 药企转型升级有5大途径，并给出落地步骤及风险控制方法 | 实操性强，有作者个人经验总结及分析 |
| | **新医改下的医药营销与团队管理**<br>史立臣　著 | 探讨新医改对医药行业的系列影响和医药团队管理 | 帮助理清思路，有一个框架 |
| | **医药营销与处方药学术推广**<br>马宝琳　著 | 如何用医学策划把“平民产品”变成“明星产品” | 有真货、讲真话的作者，堪称处方药营销的经典！ |
| | **医药行业大洗牌与药企创新**<br>林延君　沈　斌　著 | 一方面，围绕着变革，多角度阐述药企的应对之道；另一方面，紧扣实践，介绍近百家医药企业创新实践案例 | 医改变革10年，医药企业如何应对大洗牌？重磅出击的药企人必读书 |
| | **新医改了，药店就要这样开**<br>尚　锋　著 | 药店经营、管理、营销全攻略 | 有很强的实战性和可操作性 |
| | **电商来了，实体药店如何突围**<br>尚　锋　著 | 电商崛起，药店该如何突围？本书从促销、会员服务、专业性、客单价等多重角度给出了指导方向 | 实战攻略，拿来就能用 |
| | **OTC医药代表药店销售36计**<br>鄢圣安　著 | 以《三十六计》为线，写OTC医药代表向药店销售的一些技巧与策略 | 案例丰富，生动真实，实操性强 |
| | **OTC医药代表药店开发与维护**<br>鄢圣安　著 | 要做到一名专业的医药代表，需要做什么、准备什么、知识储备、操作技巧等 | 医药代表药店拜访的指导手册，手把手教你快速上手 |
| | **引爆药店成交率1：店员导购实战**<br>范月明　著 | 一本书解决药店导购所有难题 | 情景化、真实化、实战化 |
| | **引爆药店成交率2：经营落地实战**<br>范月明　著 | 最接地气的经营方法全指导 | 揭示了药店经营的几类关键问题 |
| | **引爆药店成交率：专业化销售解决方案**<br>范月明　著 | 药品搭配分析与关联销售 | 为药店人专业化助力 |
| | **处方药合规推广实战宝典**<br>赵佳震　著 | 推广体系搭建、推广人员岗位工作内容、推广服务外包商管理等六个方面 | 解决“医药代表转型”和“推广服务外包商管理”的困惑 |
| | **医药代理商实操全指导：新环境　新战法**<br>戴文杰　著 | 结合医药市场政策环境解读新环境下医药招商的战法，着重分析药品产业链的盈利机会 | 医药销售业务人员的必备读物 |
| | **攻略基层诊所：医药营销这样做**<br>张江民　著 | 对基层诊所的开发、维护和动销，拿来就用的方式方法 | 实战是本书的主旨，只要用心去看，就能在基层诊所市场中运用 |
| | **互联网医药的未来**<br>动脉网　编著 | 介绍了互联网医药发展的现状与趋势 | 帮助创业者和投资人看清未来，把握当下 |
| | **处方药零售这样做**<br>田　军　著 | 阐述了处方药零售的重要性，以及做处方药零售市场的具体措施和方法 | 系统性了解和掌握处方药零售方法 |
| 建材家居 | **成为最赚钱的家具建材经销商**<br>李治江　著 | 从销售模式、产品、门店等老板们最关注和最需要的方面解决问题、提供方法 | 只要你是建材、家具、家居用品的经销商老板，这就是一本必读的书 |
| | **定制家居黄金十年**<br>韩　锋　翁长华　著 | 梳理了定制家居的商业模式和发展情况 | 帮助定制家居看清方向，把握当下 |
| | **家具建材促销与引流**<br>薛　亮　李永峰　著 | 十大促销模式的详细方法和工具 | 让你天天签大单 |

续表

| | | | |
|---|---|---|---|
| 建材家居 | **家具行业操盘手**<br>王献永　著 | 家具行业问题的终结者 | 解决了干家具还有没有前途？为什么同城多店的家具经销商很难做大做强等问题 |
| | **建材家居营销：除了促销还能做什么**<br>孙嘉晖　著 | 一线老手的深度思考，告诉你在建材家居营销模式基本停滞的今天，除了促销，营销还能怎么做 | 给你的想法一场革命 |
| | **建材家居营销实务**<br>程绍珊　杨鸿贵　主编 | 价值营销运用到建材家居，每一步都让客户增值 | 有自己的系统、实战 |
| | **家居建材门店 6 力爆破**<br>贾同领　著 | 合盘道出一线品牌销量秘籍 | 6 力招招见血，既有招数，又有策略 |
| | **建材家居门店销量提升**<br>贾同领　著 | 店面选址、广告投放、推广助销、空间布局、生动展示、店面运营等 | 门店销量提升是一个系统工程，非常系统、实战 |
| | **10 步成为最棒的建材家居门店店长**<br>徐伟泽　著 | 实际方法易学易用，让员工能够迅速成长，成为独当一面的好店长 | 只要坚持这样干，一定能成为好店长 |
| | **手把手帮建材家居导购业绩倍增：成为顶尖的门店店员**<br>熊亚柱　著 | 生动的表现形式，让普通人也能成为优秀的导购员，让门店业绩长红 | 读着有趣，用着简单，一本在手、业绩无忧 |
| | **建材家居经销商实战 42 章经**<br>王庆云　著 | 告诉经销商：老板怎么当、团队怎么带、生意怎么做 | 忠言逆耳，看着不舒服就对了，实战总结，用一招半式就值了 |
| 工业品 | **销售是门专业活：B2B、工业品**<br>陆和平　著 | 销售流程就应该跟着客户的采购流程和关注点的变化向前推进，将一个完整的销售过程分成十个阶段，提供具体方法 | 销售不是请客吃饭拉关系，是个专业的活计！方法在手，走遍天下不愁 |
| | **解决方案营销实战案例**<br>刘祖轲　著 | 用 10 个真案例讲明白什么是工业品的解决方案式营销，实战、实用 | 有干货、真正操作过的才能写得出来 |
| | **变局下的工业品企业 7 大机遇**<br>叶敦明　著 | 产业链条的整合机会、盈利模式的复制机会、营销红利的机会、工业服务商转型机会…… | 工业品企业还可以这样做，思维大突破 |
| | **工业品市场部实战全指导**<br>杜　忠　著 | 工业品市场部经理工作内容全指导 | 系统、全面、有理论、有方法，帮助工业品市场部经理更快提升专业能力 |
| | **工业品营销管理实务**<br>李洪道　著 | 中国特色工业品营销体系的全面深化、工业品营销管理体系优化升级 | 工具更实战，案例更鲜活，内容更深化 |
| | **工业品企业如何做品牌**<br>张东利　著 | 为工业品企业提供最全面的品牌建设思路 | 有策略、有方法、有思路、有工具 |
| | **丁兴良讲工业 4.0**<br>丁兴良　著 | 没有枯燥的理论和说教，用朴实直白的语言告诉你工业 4.0 的全貌 | 工业 4.0 是什么？本书告诉你答案 |
| | **资深大客户经理：策略准，执行狠**<br>叶敦明　著 | 从业务开发、发起攻势、关系培育、职业成长四个方面，详述了大客户营销的精髓 | 满满的全是干货 |
| | **两化融合管理系统贯标流程与方法**<br>戴　勇　张华杰　张百荣　编著 | 全面梳理贯标流程和方法 | 帮助企业成功贯标 |
| | **一切为了订单：订单驱动下的工业品营销实战**<br>唐道明　著 | 其实，所有的企业都在围绕着两个字在开展全部的经营和管理工作，那就是“订单” | 开发订单、满足订单、扩大订单。本书全是实操方法，字字珠玑、句句干货，教你获得营销的胜利 |
| 金融 | **交易心理分析**<br>(美)马克·道格拉斯　著<br>刘真如　译 | 作者一语道破赢家的思考方式，并提供了具体的训练方法 | 不愧是投资心理的第一书，绝对经典 |
| | **精品银行管理之道**<br>崔海鹏　何　屹　主编 | 中小银行转型的实战经验总结 | 中小银行的教材很多，实战类的书很少，可以看看 |

续表

| | | | |
|---|---|---|---|
| 金融 | **支付战争**<br>Eric M. Jackson　著<br>徐　彬　王　晓　译 | PayPal 创业期营销官，亲身讲述 PayPal 从诞生到壮大到成功出售的整个历史 | 激烈、有趣的内幕商战故事！了解美国支付市场的风云巨变 |
| | **中外并购名著专业阅读指南**<br>叶兴平　等著 | 在 5000 多本并购类图书中精选的 200 著作，在阅读的基础上写的读书评价 | 精挑细选 200 本并一一评介，省去读者挑选的烦恼，快捷、高效 |
| | **新三板信息披露全流程：操作与工具**<br>和珩科技　著 | 详细拆解董秘日常工作过程中所需的信息披露流程 | 董秘案头必备用书 |
| | **成功并购 300 本：一本书搞定并购难题**<br>浩德军师并购联盟　著 | 从财务，税务，法律等角度详细解答疑问 | 能解决 80% 的并购问题 |
| | **互联网时代的银行转型**<br>韩友诚　著 | 以大量案例形式为读者全面展示和分析了银行的互联网金融转型应对之道 | 结合本土银行转型发展案例的书籍 |
| 房地产 | **产业园区/产业地产规划、招商、运营实战**<br>阎立忠　著 | 目前中国第一本系统解读产业园区和产业地产建设运营的实战宝典 | 从认知、策划、招商到运营全面了解地产策划 |
| | **人文商业地产策划**<br>戴欣明　著 | 城市与商业地产战略定位的关键是不可复制性，要发现独一无二的“味道” | 突破千城一面的策划困局 |
| | **中国城市群房地产投资策略**<br>吕俊博　著 | 全方位、多角度分析城市群房地产现状是趋势 | 让亿元资产投资更理性、更安全 |
| | **电影院的下一个黄金十年：开发·差异化·案例**<br>李保煜　著 | 对目前电影院市场存大的问题及如何解决进行了探讨与解读 | 多角度了解电影院运营方式及代表性案例 |
| 能源 | **全能型班组：城市能源互联网与电力班组升级**<br>国网天津市电力公司　编著 | 借鉴国内外优秀企业的转型升级思路，通过对于新型班组组织模式和运行机制的大胆设想，力图构建充分适应内外环境变化的全能型班组 | 看看庞大的国企在新环境下是如何顺应时代的 |
| | **国网天津电力全能型班组建设实务**<br>国网天津市电力公司　编著 | 本书聚焦于天津电力公司在探索全能型班组转型升级时的优秀实践 | 电力行业的班组实践，具体、可操作性强 |

## 经营类：企业如何赚钱，如何抓机会，如何突破，如何“开源”

| | 书名. 作者 | 内容/特色 | 读者价值 |
|---|---|---|---|
| 抓方向 | **让经营回归简单. 升级版**<br>宋新宇　著 | 化繁为简抓住经营本质：战略、客户、产品、员工、成长 | 经典，做企业就这几个关键点！ |
| | **混沌与秩序Ⅰ：变革时代企业领先之道**<br>**混沌与秩序Ⅱ：变革时代管理新思维**<br>彭剑锋　尚艳玲　主编 | 汇集华夏基石专家团队 10 年来研究成果，集中选择了其中的精华文章编纂成册 | 作者都是既有深厚理论积淀又有实践经验的重磅专家，为中国企业和企业家的未来提出了高屋建瓴的观点 |
| | **活系统：跟任正非学当老板**<br>孙行健　尹　贤　著 | 以任正非的独到视角，教企业老板如何经营公司 | 看透公司经营本质，激活企业活力 |
| | **重构：快消品企业重生之道**<br>杨永华　著 | 从 7 个角度，帮助企业实现系统性的改造 | 提供转型思想与方法，值得参考 |
| | **公司由小到大要过哪些坎**<br>卢　强　著 | 老板手里的一张“企业成长路线图” | 现在我在哪儿，未来还要走哪些路，都清楚了 |
| | **企业二次创业成功路线图**<br>夏惊鸣　著 | 企业曾经抓住机会成功了，但下一步该怎么办？ | 企业怎样获得第二次成功，心里有个大框架了 |
| | **老板经理人双赢之道**<br>陈　明　著 | 经理人怎养选平台、怎么开局，老板怎样选/育/用/留 | 老板生闷气，经理人牢骚大，这次知道该怎么办了 |

续表

| | | | |
|---|---|---|---|
| 抓方向 | **简单思考:AMT 咨询创始人自述**<br>孔祥云 著 | 著名咨询公司(AMT)的 CEO 创业历程中点点滴滴的经验与思考 | 每一位咨询人,每一位创业者和管理经营者,都值得一读 |
| | **企业文化的逻辑**<br>王祥伍 黄健江 著 | 为什么企业绩效如此不同,解开绩效背后的文化密码 | 少有的深刻,有品质,读起来很流畅 |
| | **使命驱动企业成长**<br>高可为 著 | 钱能让一个人今天努力,使命能让一群人长期努力 | 对于想做事业的人,'使命'是绕不过去的 |
| 思维突破 | **盈利原本就这么简单**<br>高可为 著 | 从财务的角度揭示企业盈利的秘密 | 多方面解读商业模式与盈利的关系,通俗易懂,受益匪浅 |
| | **经营:打造你的盈利系统**<br>高可为 著 | 从盈利角度梳理了系统化的经营方式 | 让企业掌舵者把控经营全局 |
| | **创模式:23 个行业创新案例**<br>段传敏 著 | 23 位行业精英的创新对话 | 创业者、转型者的实战参考 |
| | **企业良性成长:用顶层设计突破瓶颈**<br>刘建兆 著 | 全方位介绍企业顶层设计的方法和思路 | 帮助企业用顶层设计突破成长瓶颈 |
| | **移动互联新玩法:未来商业的格局和趋势**<br>史贤龙 著 | 传统商业、电商、移动互联,三个世界并存,这种新格局的玩法一定要懂 | 看清热点的本质,把握行业先机,一本书搞定移动互联网 |
| | **画出公司的互联网进化路线图:用互联网思维重塑产品、客户和价值**<br>李 蓓 著 | 18 个问题帮助企业一步步梳理出互联网转型思路 | 思路清晰、案例丰富,非常有启发性 |
| | **重生战略:移动互联网和大数据时代的转型法则**<br>沈 拓 著 | 在移动互联网和大数据时代,传统企业转型如同生命体打算与再造,称之为"重生战略" | 帮助企业认清移动互联网环境下的变化和应对之道 |
| | **创造增量市场:传统企业互联网转型之道**<br>刘红明 著 | 传统企业需要用互联网思维去创造增量,而不是用电子商务去转移传统业务的存量 | 教你怎么在"互联网 +"的海洋中创造实实在在的增量 |
| | **7 个转变,让公司 3 年胜出**<br>李 蓓 著 | 消费者主权时代,企业该怎么办 | 这就是互联网思维,老板有能这样想,肯定倒不了 |
| | **跳出同质思维,从跟随到领先**<br>郭 剑 著 | 66 个精彩案例剖析,帮助老板突破行业长期思维惯性 | 做企业竟然有这么多玩法,开眼界 |
| | **互联网 +"变"与"不变":本土管理实践与创新论坛集萃·2016**<br>本土管理实践与创新论坛 著 | 加速本土管理思想的孕育诞生,促进本土管理创新成果更好地服务企业、贡献社会 | 各个作者本年度最新思想,帮助读者拓宽眼界、突破思维 |
| | **消费升级:实践 研究(文集)**<br>本土管理实践与创新论坛 著 | 38 位管理专家及 7 位学者的精华思想,从经营、管理、行业及思想研究四个方面阐述中国企业在消费升级下的实践与研究 | 思想启发,行业借鉴 |
| 财务 | **写给企业家的公司与家庭财务规划——从创业成功到富足退休**<br>周荣辉 著 | 本书以企业的发展周期为主线,写各阶段企业与企业主家庭的财务规划 | 为读者处理人生各阶段企业与家庭的财务问题提供建议及方法,让家庭成员真正享受财富带来的益处 |
| | **互联网时代的成本观**<br>程 翔 著 | 本书结合互联网时代提出了成本的多维观,揭示了多维组合成本的互联网精神和大数据特征,论述了其产生背景、实现思路和应用价值 | 在传统成本观下为盈利的业务,在新环境下也许就成为亏损业务。帮助管理者从新的角度来看待成本,进一步做好精益管理 |

续表

| | | | |
|---|---|---|---|
| 财务 | 财报背后的投资机会<br>蒋　豹　著 | 以具体的公司案例分析，教你迅速看出财务报表与企业经营的关系、所反映的企业经营现状，从而找到投资机会 | 前四大会计所员工为读者解密财报，发现投资机会 |

## 管理类：效率如何提升，如何实现经营目标，如何“节流”

| | 书名．作者 | 内容/特色 | 读者价值 |
|---|---|---|---|
| 通用管理 | 让管理回归简单·升级版<br>宋新宇　著 | 从目标、组织、决策、授权、人才和老板自己层面教你怎样做管理 | 帮助管理抓住管理的要害，让管理变得简单 |
| | 让经营回归简单·升级版<br>宋新宇　著 | 从战略、客户、产品、员工、成长、经营者自身等七个方面，归纳总结出简单有效的经营法则 | 总结出的真正优秀企业的成功之道：简单 |
| | 让用人回归简单<br>宋新宇　著 | 从用人的原则、用人的难题与误区、用人的方法和用人者的修炼四大方面，总结出适合中小企业做好人才管理工作的法则 | 帮助管理者抓住用人的要害，让用人变得简单 |
| | 历史深处的管理智慧1：组织建设与用人之道<br>刘文瑞　著 | 对历史之典故、政事、人事、政制进行管理解析，鉴照企业人才的选用育留 | 推动理论与实践的对接，实现理性与情感的渗透，用中国话语说明管理智慧 |
| | 历史深处的管理智慧2：战略决策与经营运作<br>刘文瑞　著 | 对历史之典故、政事、人事、政制进行管理解析，鉴照企业战略设计与经营实践 | 推动理论与实践的对接，实现理性与情感的渗透，用中国话语说明管理智慧 |
| | 历史深处的管理智慧3：领导修炼与文化素养<br>刘文瑞　著 | 对历史之典故、政事、人事、政制进行管理解析，鉴照企业领导职业能力提升与文化修养 | 推动理论与实践的对接，实现理性与情感的渗透，用中国话语说明管理智慧 |
| | 管理的尺度<br>刘文瑞　著 | 对管理中的种种普遍性问题进行了批评 | 提高把握管理尺度的能力 |
| | 管理学在中国<br>刘文瑞　著 | 系统性介绍了管理学在中国的发展和演变 | 了解管理学在中国的发展脉络，更清晰理解管理学的本质 |
| | 看电影，懂管理<br>刘文瑞　著 | 16部经典电影，带你感悟管理智慧 | 能够帮助读者放松身心，驰骋想象，在不知不觉中增长智慧 |
| | 管理：以规则驾驭人性<br>王春强　著 | 详细解读企业规则的制定方法 | 从人与人博弈角度提升管理的有效性 |
| | 打造集成供应链：走出挂一漏十的改善困境<br>王春强　著 | 详解集成供应链全过程 | 帮助企业优化供应链管理 |
| | 用好骨干员工：关键人才培养与激励<br>王　敏　著 | 系统化分享关键人才打造与激励方法 | 企业能实在用人的最大化价值 |
| | 改变世界的管理学大师1：管理学的前世今生<br>刘文瑞　编著 | 介绍了古典管理学时期的大师事迹和思想 | 深入了解管理大师们的思想和智慧 |
| | 成为企业欢迎的咨询师<br>张国祥　著 | 从调研到落地，手把手教你咨询流程 | 不走弯路，方便直接的学到老咨询师的套路 |
| | 员工心理学超级漫画版<br>邢　雷　著 | 以漫画的形式深度剖析员工心理 | 帮助管理者更了解员工，从而更轻松地管理员工 |
| | 老板有想法，高层有干法：企业中的将帅之道<br>王清华　著 | 深入剖析老板与高管的异同 | 各司其职，各行其是，相辅相成 |
| | 分股合心：股权激励这样做<br>段磊　周剑　著 | 通过丰富的案例，详细介绍了股权激励的知识和实行方法 | 内容丰富全面、易读易懂，了解股权激励，有这一本就够了 |
| | 边干边学做老板<br>黄中强　著 | 创业20多年的老板，有经验、能写、又愿意分享，这样的书很少 | 处处共鸣，帮助中小企业老板少走弯路 |

续表

| | | | |
|---|---|---|---|
| 通用管理 | **成为敏感而体贴的公司**<br>王　涛　著 | 本书为作者对企业的观察和冥想的随笔记录。从生活中的一个现象入手,进而探索现象背后的本质 | 从全新角度认识公司 |
| | **中国企业的觉醒:正直　善良　成长**<br>王　涛　著 | 围绕着企业人如何发生转化展开,对中国人、中国文化及由此导致的企业现状的观察和思考 | 企业除了要利润,还需要道德 |
| | **有意识的思考:轻松化解问题的7个思考习惯**<br>王　涛　著 | 本书是对思想、思考过程、思考方式进行的细致观察 | 养成好的思考习惯,更深刻地看问题 |
| | **中国式阿米巴落地实践之从交付到交易**<br>胡八一　著 | 本书主要讲述阿米巴经营会计,"从交付到交易",这是成功实施了阿米巴的标志 | 阿米巴经营会计的工作是有逻辑关联的,一本书就能搞定 |
| | **中国式阿米巴落地实践之激活组织**<br>胡八一　著 | 重点讲解如何科学划分阿米巴单元,阐述划分的实操要领、思路、方法、技术与工具 | 最大限度减少"推行风险"和"摸索成本",利于公司成功搭建适合自身的个性化阿米巴经营体系 |
| | **中国式阿米巴落地实践之持续盈利**<br>胡八一　著 | 把企业做成平台,企业才能做大(格局);把平台做成阿米巴,企业才能做强(专业);把阿米巴做成合伙制,企业才能做久(机制) | 中国式阿米巴落地实践三部曲的最后一部,告诉你企业如何做大做强做久 |
| | **集团化企业阿米巴实战案例**<br>初勇钢　著 | 一家集团化企业阿米巴实施案例 | 指导集团化企业系统实施阿米巴 |
| | **阿米巴经营的中国模式**<br>李志华　著 | 让员工从"要我干"到"我要干",价值量化出来 | 阿米巴在企业如何落地,明白思路了 |
| | **欧博心法:好管理靠修行**<br>曾　伟　著 | 用佛家的智慧,深刻剖析管理问题,见解独到 | 如果真的有'中国式管理',曾老师是其中标志性人物 |
| | **领导这样点燃你的下属**<br>孟广桥　著 | 领导者如何才能让员工积极主动地工作?如何让你的员工和下属保持工作的热情,自动自发?看了这本书就知道 | 只要你希望手下的"兵将"永远充满工作的斗志,这本书将使你获益良多 |
| 流程管理 | **1. 用流程解放管理者**<br>**2. 用流程解放管理者2**<br>张国祥　著 | 中小企业阅读的流程管理、企业规范化的书 | 通俗易懂,理论和实践的结合恰到好处 |
| | **跟我们学建流程体系**<br>陈立云　著 | 畅销书《跟我们学做流程管理》系列,更实操,更细致,更深入 | 更多地分享实践,分享感悟,从实践总结出来的方法论 |
| | **人人都要懂流程**<br>金国华　余雅丽　著 | 当前各企业流程管理方面最为典型的痛点现象及问题案例 | 通俗易懂,适合企业全员阅读 |
| 质量管理 | **IATF16949质量管理体系详解与案例文件汇编:TS16949转版IATF16949:2016**<br>谭洪华　著 | 针对IATF的新标准做了详细的解说,同时指出了一些推行中容易犯的错误,提供了大量的表单、案例 | 案例、表单丰富,拿来就用 |
| | **五大质量工具详解及运用案例:APQP/FMEA/PPAP/MSA/SPC**<br>谭洪华　著 | 对制造业必备的五大质量工具中每个文件的制作要求、注意事项、制作流程、成功案例等进行了解读 | 通俗易懂、简便易行,能真正实现学以致用 |
| | **ISO9001:2015新版质量管理体系详解与案例文件汇编**<br>谭洪华　著 | 紧密围绕2015年新版质量管理体系文件逐条详细解读,并提供可以直接套用的案例工具,易学易上手 | 企业质量管理认证、内审必备 |
| | **ISO14001:2015新版环境管理体系详解与案例文件汇编**<br>谭洪华　著 | 紧密围绕2015年新版环境管理体系文件逐条详细解读,并提供可以直接套用的案例工具,易学易上手 | 企业环境管理认证、内审必备 |

续表

| | | | |
|---|---|---|---|
| 质量管理 | ISO9001:2015完整文件汇编:制造业<br>贺红喜　著 | 按照ISO9001标准并超出标准的要求,提供了一套完整的制造业的质量管理体系文件 | 原汁原味完整收入,直接可以拿来就用 |
| | SA8000:2014社会责任管理体系认证实战<br>吕　林　著 | 作者根据自己的操作经验,按认证的流程,以相关案例进行说明SA8000认证体系 | 简单,实操性强,拿来就能用 |
| | 精益质量管理实战工具<br>贺小林　著 | 制造类企业日常工作中所需要的精益管理工具的归纳整理,并进行案例操作的细致分析 | 可以直接参考,实际解决生产中的具体问题 |
| 战略落地 | 重生——中国企业的战略转型<br>施　炜　著 | 从前瞻和适用的角度,对中国企业战略转型的方向、路径及策略性举措提出了一些概要性的建议和意见 | 对企业有战略指导意义 |
| | 公司大了怎么管:从靠英雄到靠组织<br>AMT金国华　著 | 第一次详尽阐释中国快速成长型企业的特点、问题及解决之道 | 帮助快速成长型企业领导及管理团队理清思路,突破瓶颈 |
| | 低效会议怎么改:每年节省一半会议成本的秘密<br>AMT王玉荣　著 | 教你如何系统规划公司的各级会议,一本工具书 | 教会你科学管理会议的办法 |
| | 年初订计划,年尾有结果:战略落地七步成诗<br>AMT郭晓　著 | 7个步骤教会你怎么让公司制定的战略转变为行动 | 系统规划,有效指导计划实现 |
| 人力资源 | HRBP是这样炼成的之"菜鸟起飞"<br>新　海　著 | 以小说的形式,具体解析HRBP的职责,应该如何操作,如何为业务服务 | 实践者的经验分享,内容实务具体,形式有趣 |
| | HRBP是这样炼成的之中级修炼<br>新　海　著 | 本书以案例故事的方式,介绍了HRBP在实际工作中碰到的问题和挑战 | 书中的HR解决方案讲究因时因地制宜、简单有效的原则,重在启发读者思路,可供各类企业HRBP借鉴 |
| | HRBP是这样炼成的之高级修炼<br>新　海　著 | 以故事的形式,展现了HRBP工作者在职业发展路上的层层深入和递进 | 为读者提供HRBP在实际工作中遇到种种问题的解决方案 |
| | 新任HR高管如何从0到1<br>黄渊明　著 | 全景式展现新任高管华丽转身全过程 | 助力新任高管安全着陆 |
| | HR的劳动法内参<br>李皓楠　著 | 100个劳动法案例和分析 | 轻松掌握劳动法知识,方便运用 |
| | 把面试做到极致:首席面试官的人才甄选法<br>孟广桥　著 | 作者用自己几十年的人力资源经验总结出的一套实用的确定岗位招聘标准、提升面试官技能素质的简便方法 | 面试官必备,没有空泛理论,只有巧妙的实操技能 |
| | 人力资源体系与e-HR信息化建设<br>刘书生　陈　莹　王美佳　著 | 将作者经历的人力资源管理变革、人力资源管理信息化咨询项目方法论、工具和成果全面展现给读者,使大家能够将其快速应用到管理实践中 | 系统性非常强,没有废话,全部是浓缩的干货 |
| | 回归本源看绩效<br>孙　波　著 | 让绩效回顾"改进工具"的本源,真正为企业所用 | 确实是来源于实践的思考,有共鸣 |
| | 世界500强资深培训经理人教你做培训管理<br>陈　锐　著 | 从7大角度具体细致地讲解了培训管理的核心内容 | 专业、实用、接地气 |

续表

| | | | |
|---|---|---|---|
| 人力资源 | **曹子祥教你做激励性薪酬设计**<br>曹子祥　著 | 以激励性为指导，系统性地介绍了薪酬体系及关键岗位的薪酬设计模式 | 深入浅出，一本书学会薪酬设计 |
| | **曹子祥教你做绩效管理**<br>曹子祥　著 | 复杂的理论通俗化，专业的知识简单化，企业绩效管理共性问题的解决方案 | 轻松掌握绩效管理 |
| | **把招聘做到极致**<br>远　鸣　著 | 作为世界500强高级招聘经理，作者数十年招聘经验的总结分享 | 带来职场思考境界的提升和具体招聘方法的学习 |
| | **人才评价中心．超级漫画版**<br>邢　雷　著 | 专业的主题，漫画的形式，只此一本 | 没想到一本专业的书，能写成这效果 |
| | **走出薪酬管理误区**<br>全怀周　著 | 剖析薪酬管理的8大误区，真正发挥好枢纽作用 | 值得企业深读的实用教案 |
| | **集团化人力资源管理实践**<br>李小勇　著 | 对搭建集团化的企业很有帮助，务实，实用 | 最大的亮点不是理论，而是结合实际的深入剖析 |
| | **我的人力资源咨询笔记**<br>张　伟　著 | 管理咨询师的视角，思考企业的HR管理 | 通过咨询师的眼睛对比很多企业，有启发 |
| | **本土化人力资源管理8大思维**<br>周　剑　著 | 成熟HR理论，在本土中小企业实践中的探索和思考 | 对企业的现实困境有真切体会，有启发 |
| 企业文化 | **36个拿来就用的企业文化建设工具**<br>海融心胜　主编 | 数十个工具，为了方便拿来就用，每一个工具都严格按照工具属性、操作方法、案例解读划分，实用、好用 | 企业文化工作者的案头必备书，方法都在里面，简单易操作 |
| | **企业文化建设超级漫画版**<br>邢　雷　著 | 以漫画的形式系统教你企业文化建设方法 | 轻松易懂好操作 |
| | **华夏基石方法：企业文化落地本土实践**<br>王祥伍　谭俊峰　著 | 十年积累、原创方法、一线资料，和盘托出 | 在文化落地方面真正有洞察，有实操价值的书 |
| | **企业文化的逻辑**<br>王祥伍　著 | 为什么企业之间如此不同，解开绩效背后的文化密码 | 少有的深刻，有品质，读起来很流畅 |
| | **企业文化激活沟通**<br>宋杼宸　安　琪　著 | 透过新任HR总经理的眼睛，揭示出沟通与企业文化的关系 | 有实际指导作用的文化落地读本 |
| | **在组织中绽放自我：从专业化到职业化**<br>朱仁健　王祥伍　著 | 个人如何融入组织，组织如何助力个人成长 | 帮助企业员工快速认同并投入到组织中去，为企业发展贡献力量 |
| | **企业文化定位·落地一本通**<br>王明胤　著 | 把高深枯燥的专业理论创建成一套系统化、实操化、简单化的企业文化缔造方法 | 对企业文化不了解，不会做？有这一本从概念到实操，就够了 |
| 生产管理 | **精益思维：中国精益如何落地**<br>刘承元　著 | 笔者二十余年企业经营和咨询管理的经验总结 | 中国企业需要灵活运用精益思维，推动经营要素与管理机制的有机结合，推动企业管理向前发展 |
| | **300张现场图看懂精益5S管理**<br>乐　涛　编著 | 5S现场实操详解 | 案例图解，易懂易学 |
| | **高员工流失率下的精益生产**<br>余伟辉　著 | 中国的精益生产必须面对和解决高员工流失率问题 | 确实来源于本土的工厂车间，很务实 |
| | **车间人员管理那些事儿**<br>岑立聪　著 | 车间人员管理中处理各种“疑难杂症”的经验和方法 | 基层车间管理者最闹心、头疼的事，‘打包’解决 |

续表

| | | | |
|---|---|---|---|
| 生产管理 | **1. 欧博心法:好管理靠修行**<br>**2. 欧博心法:好工厂这样管**<br>曾　伟　著 | 他是本土最大的制造业管理咨询机构创始人,他从400多个项目、上万家企业实践中锤炼出的欧博心法 | 中小制造型企业,一定会有很强的共鸣 |
| | **欧博工厂案例1:生产计划管控对话录**<br>**欧博工厂案例2:品质技术改善对话录**<br>**欧博工厂案例3:员工执行力提升对话录**<br>曾　伟　著 | 最典型的问题、最详尽的解析,工厂管理9大问题27个经典案例 | 没想到说得这么细,超出想象,案例很典型,照搬都可以了 |
| | **工厂管理实战工具**<br>欧博企管　编著 | 以传统文化为核心的管理工具 | 适合中国工厂 |
| | **苦中得乐:管理者的第一堂必修课**<br>曾　伟　编著 | 曾伟与师傅大愿法师的对话,佛学与管理实践的碰撞,管理禅的修行之道 | 用佛学最高智慧看透管理 |
| | **比日本工厂更高效1:管理提升无极限**<br>刘承元　著 | 指出制造型企业管理的六大积弊;颠覆流行的错误认知;掌握精益管理的精髓 | 每一个企业都有自己不同的问题,管理没有一剑封喉的秘笈,要从现场、现物、现实出发 |
| | **比日本工厂更高效2:超强经营力**<br>刘承元　著 | 企业要获得持续盈利,就要开源和节流,即实现销售最大化,费用最小化 | 掌握提升工厂效率的全新方法 |
| | **比日本工厂更高效3:精益改善力的成功实践**<br>刘承元　著 | 工厂全面改善系统有其独特的目的取向特征,着眼于企业经营体质(持续竞争力)的建设与提升 | 用持续改善力来飞速提升工厂的效率,高效率能够带来意想不到的高效益 |
| | **3A顾问精益实践1:IE与效率提升**<br>党新民　苏迎斌　蓝旭日　著 | 系统的阐述了IE技术的来龙去脉以及操作方法 | 使员工与企业持续获利 |
| | **3A顾问精益实践2:JIT与精益改善**<br>肖志军　党新民　著 | 只在需要的时候,按需要的量,生产所需的产品 | 提升工厂效率 |
| | **化工企业工艺安全管理实操**<br>黄　娜　编著 | 化工企业工艺安全管理全指导 | 帮助企业树立安全意识,强化安全管理方法 |
| | **手把手教你做专业的生产经理**<br>黄　娜　著 | 物流、信息流、资金流,让生产经理管理有抓手 | 从菜鸟到能把控全局 |
| 员工素质提升 | **TTT培训师精进三部曲(上):深度改善现场培训效果**<br>廖信琳　著 | 现场把控不用慌,这里有妙招一用就灵 | 课程现场无论遇到什么样的情况都能游刃有余 |
| | **TTT培训师精进三部曲(中):构建最有价值的课程内容**<br>廖信琳　著 | 这样做课程内容,学员有收获培训师也有收获 | 优质的课程内容是树立个人品牌的保证 |
| | **TTT培训师精进三部曲(下):职业功力沉淀与修为提升**<br>廖信琳　著 | 从内而外提升自己,职业的道路一帆风顺 | 走上职业TTT内训师的康庄大道 |
| | **培训师,如何让你的事业长青:自我管理的10项法则**<br>廖信琳　著 | 建立了一套完整的培训师自我管理体系,为培训师的职业成长与发展提供有益的指引 | 培训师如何在自己的职业道路上越走越高,事业长青,一直有所收获与成长?本书将给你答案 |
| | **管理咨询师的第一本书:百万年薪　千万身价**<br>熊亚柱　著 | 从问题出发,发现问题、分析问题、解决问题,让两眼一抹黑的新人快速成长 | 管理咨询师初入职场,让这本书开启百万年薪之路 |

续表

| | | | |
|---|---|---|---|
| 员工素质提升 | **手把手教你做专业督导：专卖店、连锁店**<br>熊亚柱　著 | 从督导的职能、作用，在工作中需要的专业技能、方法，都提供了详细的解读和训练办法，同时附有大量的表单工具 | 无论是店铺需要统一培训，还是个人想成为优秀的督导，有这一本就够了 |
| | **跟老板"偷师"学创业**<br>吴江萍　余晓雷　著 | 边学边干，边观察边成长，你也可以当老板 | 不同于其他类型的创业书，让你在工作中积累创业经验，一举成功 |
| | **销售轨迹：一位快消品营销总监的拼搏之路**<br>秦国伟　著 | 本书讲述了一个普通销售员打拼成为跨国企业营销总监的真实奋斗历程 | 激励人心，给广大销售员以力量和鼓舞 |
| | **在组织中绽放自我：从专业化到职业化**<br>朱仁健　王祥伍　著 | 个人如何融入组织，组织如何助力个人成长 | 帮助企业员工快速认同并投入到组织中去，为企业发展贡献力量 |
| | **企业员工弟子规：用心做小事，成就大事业**<br>贾同领　著 | 从传统文化《弟子规》中学习企业中为人处事的办法，从自身做起 | 点滴小事，修养自身，从自身的改善得到事业的提升 |
| | **手把手教你做顶尖企业内训师：TTT培训师宝典**<br>熊亚柱　著 | 从课程研发到现场把控、个人提升都有涉及，易读易懂，内容丰富全面 | 想要做企业内训师的员工有福了，本书教你如何抓住关键，从入门到精通 |
| | **28天速成文案高手**<br>秦　士　安　丽　著 | 解构优秀品牌和出彩文案背后的逻辑，28天循序渐进成为文案高手 | 让优质文案变成"智慧工厂"般的工序管理与稳定出品 |
| | **让投诉顾客满意离开：客户投诉应对与管理**<br>孟广桥　著 | 立足于投诉处理的实践，剖析了不同投诉者投诉的特点和应对措施，并提供各种技巧方法、赢得客户信赖所需培养的品质修炼、处理投诉应掌握的法律法规等工具 | 是投诉处理人员适应岗位职能需要、提升工作技能的良师益友，是企业变诉为金、培养业务骨干的法宝 |

## 营销类：把客户需求融入企业各环节，提供"客户认为"有价值的东西

| | 书名．作者 | 内容/特色 | 读者价值 |
|---|---|---|---|
| 营销模式 | **精品营销战略**<br>杜建君　著 | 以精品理念为核心的精益战略和营销策略 | 用精品思维赢得高端市场 |
| | **变局下的营销模式升级**<br>程绍珊　叶　宁　著 | 客户驱动模式、技术驱动模式、资源驱动模式 | 很多行业的营销模式被颠覆，调整的思路有了！ |
| | **动销操盘：节奏掌控与社群时代新战法**<br>朱志明　著 | 在社群时代把握好产品生产销售的节奏，解析动销的症结，寻找动销的规律与方法 | 都是易读易懂的干货！对动销方法的全面解析和操盘 |
| | **弱势品牌如何做营销**<br>李政权　著 | 中小企业虽有品牌但没名气，营销照样能做的有声有色 | 没有丰富的实操经验，写不出这么具体、详实的案例和步骤，很有启发 |
| | **老板如何管营销**<br>史贤龙　著 | 高段位营销16招，好学好用 | 老板能看，营销人也能看 |
| | **洞察人性的营销战术：沈坤教你28式**<br>沈　坤　著 | 28个匪夷所思的营销怪招令人拍案叫绝，涉及商业竞争的方方面面，大部分战术可以直接应用到企业营销中 | 各种谋略得益于作者的横向思维方式，将其操作过的案例结合其中，提供的战术对读者有参考价值 |
| | **动销：产品是如何畅销起来的**<br>吴江萍　余晓雷　著 | 真真切切告诉你，产品究竟怎么才能卖出去 | 击中痛点，提供方法，你值得拥有 |
| | **1000铁杆女粉丝**<br>张兵武　著 | 连接是女性与生俱来的特质。能善用连接的营销人员，就像拿到打开女性荷包的钥匙 | 重新认识女性的传播力量 |
| | **360°谈营销：一位营销咨询师20年实战洞察**<br>王清华　古怀亮　著 | 各个角度，全方位，多视点剥营销 | 思路单一，此书帮你破 |

续表

| | | | |
|---|---|---|---|
| 营销模式 | 营销按钮:扣动一触即发的力量<br>老 苗 著 | 提供各种奇形怪状的营销武器 | 一定会带给你不一样的思维震撼 |
| | 孙子兵法营销战<br>刘文新 著 | 逐句解读孙子兵法,以及在营销方面的感悟 | 帮助营销人用智慧打营销仗 |
| 销售 | 资深大客户经理:策略准,执行狠<br>叶敦明 著 | 从业务开发、发起攻势、关系培育、职业成长四个方面,详述了大客户营销的精髓 | 满满的全是干货 |
| | 大客户销售这样说这样做<br>陆和平 著 | 大客户销售十大模块68个典型销售场景应对策略和话术,直接拿来就用 | 从"为什么要这么干"到"干什么、怎么干" |
| | 成为资深的销售经理:B2B、工业品<br>陆和平 著 | 围绕"销售管理的六个关键控制点"一一展开,提供销售管理的专业、高效方法 | 方法和技术接地气,拿来就用,从销售员成长为经理不再犯难 |
| | 销售是门专业活:B2B、工业品<br>陆和平 著 | 销售流程就应该跟着客户的采购流程和关注点的变化向前推进,将一个完整的销售过程分成十个阶段,提供具体方法 | 销售不是请客吃饭拉关系,是个专业的活计!方法在手,走遍天下不愁 |
| | 向高层销售:与决策者有效打交道<br>贺兵一 著 | 一套完整有效的销售策略 | 有工具,有方法,有案例,通俗易懂 |
| | 学话术 卖产品<br>张小虎 著 | 分析常见的顾客异议,将优秀的话术模块化 | 让普通导购员也能成为销售精英 |
| 组织和团队 | 升级你的营销组织<br>程绍珊 吴越舟 著 | 用"有机性"的营销组织替代"营销能人",营销团队变成"铁营盘" | 营销队伍最难管,程老师不愧是营销第1操盘手,步骤方法都很成熟 |
| | 用数字解放营销人<br>黄润霖 著 | 通过量化帮助营销人员提高工作效率 | 作者很用心,很好的常备工具书 |
| | 成为优秀的快消品区域经理(升级版)<br>伯建新 著 | 用"怎么办"分析区域经理的工作关键点,增加30%全新内容,更贴近环境变化 | 可以作为区域经理的"速成催化器" |
| | 成为资深的销售经理:B2B、工业品<br>陆和平 著 | 围绕"销售管理的六个关键控制点"一一展开,提供销售管理的专业、高效方法 | 方法和技术接地气,拿来就用,从销售员成长为经理不再犯难 |
| | 一位销售经理的工作心得<br>蒋 军 著 | 一线营销管理人员想提升业绩却无从下手时,可以看看这本书 | 一线的真实感悟 |
| | 快消品营销:一位销售经理的工作心得2<br>蒋 军 著 | 快消品、食品饮料营销的经验之谈,重点突出 | 来源于实战的精华总结 |
| | 销售轨迹:一位快消品营销总监的拼搏之路<br>秦国伟 著 | 本书讲述了一个普通销售员打拼成为跨国企业营销总监的真实奋斗历程 | 激励人心,给广大销售员以力量和鼓舞 |
| | 用营销计划锁定胜局:用数字解放营销人2<br>黄润霖 著 | 全方位教你怎么做好营销计划,好学好用真简单 | 照搬套用就行,做营销计划再也不头痛 |
| | 快消品营销人的第一本书:从入门到精通<br>刘 雷 伯建新 著 | 快消行业必读书,从入门到专业 | 深入细致,易学易懂 |
| 产品 | 产品开发管理方法·流程·工具:从作坊式到规范化<br>任彭枞 著 | 产品研发管理体系全指导 | 既有工具,又能开拓思路 |
| | 新产品开发管理,就用IPD(升级版)<br>郭富才 著 | 10年IPD研发管理咨询总结,国内首部IPD专业著作 | 一本书掌握IPD管理精髓 |

续表

| | | | |
|---|---|---|---|
| 产品 | **这样打造大单品：案例　策略　方法**<br>迪智成咨询团队　著 | 囊括十三个不同行业、企业的实际案例，从不同角度详细剖析、总结了这些品牌厂家打造大单品的成功经验或者失败教训 | 厘清大单品打造的策划与路径，得出持续经营的思路与方法 |
| | **研发体系改进之道**<br>靖　爽　陈年根　马鸣明　著 | 提出一套系统性的方法与工具 | 指引企业少走弯路，提高成功率 |
| | **资深项目经理这样做新产品开发管理**<br>秦海林　著 | 以IPD为思想，系统讲解新产品开管理的细节 | 提供管理思路和实用工具 |
| | **产品炼金术Ⅰ：如何打造畅销产品**<br>史贤龙　著 | 满足不同阶段、不同体量、不同行业企业对产品的完整需求 | 必须具备的思维和方法，避免在产品问题上走弯路 |
| | **产品炼金术Ⅱ：如何用产品驱动企业成长**<br>史贤龙　著 | 做好产品、关注产品的品质，就是企业成功的第一步 | 必须具备的思维和方法，避免在产品问题上走弯路 |
| 品牌 | **中小企业如何建品牌**<br>梁小平　著 | 中小企业建品牌的入门读本，通俗、易懂 | 对建品牌有了一个整体框架 |
| | **采纳方法：破解本土营销8大难题**<br>朱玉童　编著 | 全面、系统、案例丰富、图文并茂 | 希望在品牌营销方面有所突破的人，应该看看 |
| | **中国品牌营销十三战法**<br>朱玉童　编著 | 采纳20年来的品牌策划方法，同时配有大量的案例 | 众包方式写作，丰富案例给人启发，极具价值 |
| | **今后这样做品牌：移动互联时代的品牌营销策略**<br>蒋　军　著 | 与移动互联紧密结合，告诉你老方法还能不能用，新方法怎么用 | 今后这样做品牌就对了 |
| | **中小企业如何打造区域强势品牌**<br>吴　之　著 | 帮助区域的中小企业打造自身品牌，如何在强壮自身的基础上往外拓展 | 梳理误区，系统思考品牌问题，切实符合中小区域品牌的自身特点进行阐述 |
| 渠道通路 | **深度分销：掌控渠道价值链**<br>施　炜　著 | 制造商通过掌控渠道价值链，将管理触角延伸至零售层面及顾客现场，对市场根部精耕细作，从而挖掘需求，构筑区域市场尤其是三四级市场的竞争壁垒 | 深度分销是中国企业对世界营销的独特贡献。实践证明，互联网时代深度分销仍有生命力 |
| | **快消品营销与渠道管理**<br>谭长春　著 | 将快消品标杆企业渠道管理的经验和方法分享出来 | 可口可乐、华润的一些具体的渠道管理经验，实战 |
| | **传统行业如何用网络拿订单**<br>张　进　著 | 给老板看的第一本网络营销书 | 适合不懂网络技术的经营决策者看 |
| | **采纳方法：化解渠道冲突**<br>朱玉童　编著 | 系统剖析渠道冲突，21个渠道冲突案例、情景式讲解，37篇讲义 | 系统、全面 |
| | **学话术　卖产品**<br>张小虎　著 | 分析常见的顾客异议，将优秀的话术模块化 | 让普通导购员也能成为销售精英 |
| | **向高层销售：与决策者有效打交道**<br>贺兵一　著 | 一套完整有效的销售策略 | 有工具，有方法，有案例，通俗易懂 |
| | **通路精耕操作全解：快消品20年实战精华**<br>周　俊　陈小龙　著 | 通路精耕的详细全解，每一步的具体操作方法和表单全部无保留提供 | 康师傅二十年的经验和精华，实践证明的最有效方法，教你如何主宰通路 |

## 管理者读的文史哲·生活

| | 书名．作者 | 内容/特色 | 读者价值 |
|---|---|---|---|
| 思想·文化 | **德鲁克管理思想解读**<br>罗　珉　著 | 用独特视角和研究方法，对德鲁克的管理理论进行了深度解读与剖析 | 不仅是摘引和粗浅分析，还是作者多年深入研究的成果，非常可贵 |
| | **德鲁克与他的论敌们：马斯洛、戴明、彼得斯**<br>罗　珉　著 | 几位大师之间的论战和思想碰撞令人受益匪浅 | 对大师们的观点和著作进行了大量的理论加工，去伪存真、去粗存精，同时有自己独特的体系深度 |

续表

| | | | |
|---|---|---|---|
| 思想·文化 | **德鲁克管理学**<br>张远凤　著 | 本书以德鲁克管理思想的发展为线索,从一个侧面展示了20世纪管理学的发展历程 | 通俗易懂,脉络清晰 |
| | **王阳明"万物一体"论:从"身-体"的立场看(修订版)**<br>陈立胜　著 | 以身体哲学分析王阳明思想中的"仁"与"乐" | 进一步了解传统文化,了解王阳明的思想 |
| | **自我与世界:以问题为中心的现象学运动研究**<br>陈立胜　著 | 以问题为中心,对现象学运动中的"意向性""自我""他人""身体"及"世界"各核心议题之思想史背景与内在发展理路进行深入细致的分析 | 深入了解现象学中的几个主要问题 |
| | **作为身体哲学的中国古代哲学**<br>张再林　著 | 上篇为中国古代身体哲学理论体系奠基性部分,下篇对由"上篇"所开出的中国身体哲学理论体系的进一步的阐发和拓展 | 了解什么是真正原生态意义上的中国哲学,把中国传统哲学与西方传统哲学加以严格区别 |
| | **中西哲学的歧异与会通**<br>张再林　著 | 本书以一种现代解释学的方法,对中国传统哲学内在本质尝试一种全新的和全方位的解读 | 发掘出掩埋在古老传统形式下的现代特质和活的生命,在此基础上揭示中西哲学"你中有我,我中有你"之旨 |
| | **治论:中国古代管理思想**<br>张再林　著 | 本书主要从儒、法墨三家阐述中国古代管理思想 | 看人本主义的管理理论如何不留斧痕地克服似乎无法调解的存在于人类社会行为与社会组织中的种种两难和对立 |
| | **车过麻城　再晤李贽**<br>张再林　著 | 系统全面而又简明扼要地展示了李贽独到的学术眼力和超拔的理论建树 | 帮助读者重新认识李贽的思想 |
| | **中国古代政治制度(修订版)上:皇帝制度与中央政府**<br>刘文瑞　著 | 全面论证了古代皇帝制度的形成和演变的历程 | 有助于读者从政治制度角度了解中国国情的历史渊源 |
| | **中国古代政治制度(修订版)下:地方体制与官僚制度**<br>刘文瑞　著 | 全面论证了古代地方政府的发展演变过程 | 有助于读者从政治制度角度了解中国国情的历史渊源 |
| | **中国思想文化十八讲(修订版)**<br>张茂泽　著 | 中国古代的宗教思想文化,如对祖先崇拜、儒家天命观、中国古代关于"神"的讨论等 | 宗教文化和人生信仰或信念紧密相联,在文化转型时期学习和研究中国宗教文化就有特别的现实意义 |
| | **史幼波《大学》讲记**<br>史幼波　著 | 用儒释道的观点阐释大学的深刻思想 | 一本书读懂传统文化经典 |
| | **史幼波《周子通书》《太极图说》讲记**<br>史幼波　著 | 把形而上的宇宙、天地,与形而下的社会、人生、经济、文化等融合在一起 | 将儒家的一整套学修系统融合起来 |
| | **史幼波《中庸》讲记(上下册)**<br>史幼波　著 | 全面、深入浅出地揭示儒家中庸文化的真谛 | 儒释道三家思想融会贯通 |
| | **梁涛讲《孟子》之万章篇**<br>梁　涛　著 | 《万章》主要记录孟子与万章的对话,涉及孝道、亲情、友情、出仕为官等 | 作者的解读能帮助读者更好地理解孟子及儒学 |
| | **两晋南北朝十二讲(修订版)**<br>李文才　著 | 作为一本普及性读物,作者尊重史实,运用"历史心理学"的叙事方法,分12个专题对两晋南北朝的历史进行阐述 | 让读者轻松了解两晋南北朝的历史 |
| | **每个中国人身上的春秋基因**<br>史贤龙　著 | 春秋368年(公元前770-公元前403年),每一个中国人都可以在这段时期的历史中找到自己的祖先,看到真实发生的事件,同时也看到自己 | 长情商、识人心 |
| | **与《老子》一起思考:德篇**<br>**与《老子》一起思考:道篇**<br>史贤龙　著 | 打通文史,回归哲慧,纵贯古今,放眼中外,妙语迭出,在当今的老子读本中别具一格 | 深读有深读的回味,浅尝有浅尝的机敏,可给读者不同的启发 |

续表

| | | | |
|---|---|---|---|
| 思想·文化 | **说服天下:《鬼谷子》的中国沟通术**<br>翟玉忠　著 | 由内圣而外王,从心力的培育到具体的说服理论,再到生动的说服案例 | 从商业到军事再到日常生活,沟通说服已经变得越来越重要 |
| | **读《管子》,知天下财富:轻重术与中国古典经济思想**<br>翟玉忠　著 | 中国农业社会规模庞大的市场产生了复杂发展的经济理论——以《管子》轻重十六篇为核心的轻重术 | 本书分为道、术两大部分,有思想、有谋略,相信你会从中有所收获 |
| | **中国商道:从古典商书说开去**<br>翟玉忠　著 | 对中国先秦和明清两个商品经济大发展时期商业典籍的第一次系统整理和诠释 | 中华商道一脉相承,造就了无数商业奇迹,成就了无数商业巨子。今人读之,必能获益 |
| | **跟陈忠建学写名家书法Ⅰ**<br>**跟陈忠建学写名家书法Ⅱ**<br>陈忠建　著 | 中国台湾著名书法教育家,用视频手把手教你摹写历代名家笔触 | 用拟古千字文的形式,学习名家的技巧 |
| | **像美国人一样讲话:教你记住800句最地道的美语**<br>马方旭　著 | 本书基本囊括了在美国最常用最地道的800习惯用语表达,包含中英双语翻译,以及清晰明了的注解帮助增强记忆,加入视频等流行的记忆方法 | 易读易懂,趣味十足 |
| | **别让你的执着毁了孩子**<br>廖信琳　著 | 让职场人在家庭教育中不再焦虑,重塑亲子互动模式 | 只要放下你的执拗,孩子可以更优秀 |
| | **非暴力抵抗的诞生**<br>甘　地　著 | 甘地在南非的自传,介绍了非暴力抵抗诞生的历史 | 深入了解甘地及其伟大思想 |
| | **中东历史与现状二十讲**<br>黄民兴　著 | 介绍了中东历史和现状的20个重要问题 | 为研究和教学人员提供指导和依据 |
| | **郑子太极拳理拳法**<br>杨竣雄　著 | 走进郑子太极拳完整训练体系的大门,随着书中另一主角——师父的课程安排与每日功课的练习 | 当您学完这套书后,在掌握拳架的同时具备诸多正确的太极理念与系统知识 |
| | **内功太极拳训练教程**<br>王铁仁　编著 | 杨式(内功)太极拳(俗称老六路)的详细介绍及具体修炼方法,身心的一次升华 | 书中含有大量图解并有相关视频供读者同步学习 |
| | **中医治心脏病**<br>马宝琳　著 | 引用众多真实案例,客观真实地讲述了中西医对于心脏病的认识及治疗方法 | 看完这本书,能为您节约10万元医药费 |